近代社会思想コレクション 26

西村　稔　編訳
Minoru Nishimura

フンボルト
国家活動の限界

Ideen zu einem Versuch die Grenzen der Wirksamkeit des Staats zu bestimmen

京都大学
学術出版会

凡　例

一、底本

第一部　『国家活動の限界』

　原題はIdeen zu einem Versuch die Grenzen der Wirksamkeit des Staats zu bestimmen, 1792（『国家活動の限界を画定する試みのための思想』）であり、底本はWilhelm von Humboldts Gesammelte Schriften, hrsg. v. der Königlich Preussischen Akademie der Wissenschaften, Bd. I, Berlin 1903: Photomekanischer Nachdruck Berlin 1968, S.97-254である。

第二部　『国家活動の限界』の周辺

第一章　国家体制についての理念——新フランス憲法を契機として（一七九二年一月）

　原題はIdeen über Staatsverfassung, durch die neue französische Konstitution veranlaßt, Januar 1792であり、第一部と同じくアカデミー版フンボルト全集第一巻所収（S.77-85）を底本とした。

第二章　『国家活動の限界』草稿——ゲンツ宛フンボルト書簡二通（一七九二年一月九日など）

　底本はAlbert Leitzmann, Politische Jugendbriefe Wilhelm von Humboldts an Gentz, in: Historische Zeitschrift, Bd.131, 1935, S.49-89である（ただし、部分訳）。

第三章　フォルスター宛フンボルト書簡（一七九二年六月一日）

　底本はWilhelm von Humboldt's gesammelte Werke, Bd.1, Berlin 1841, S.294-300であるが、Wilhelm von Humboldt. Sein Leben und Wirken, dargestellt in Briefen, Tagebüchern und Dokumenten seiner Zeit, Bd.2, hrsg. v. Rudolf Freese, Darmstadt 1986, S.115-118も、欠落部分

を補うために参照した（ただし、一部を省略した箇所がある）。

第三部　官僚制・国家試験・大学

第一章　高等試験委員会の組織に関する鑑定書（一八〇九年七月八日）

原題はGutachten über die Organisation der Ober-Examinations-Kommission, 8. Juli 1809であり、第一部と同じくアカデミー版フンボルト全集第一〇巻所収（S.81-93）を底本とした。

第二章　ベルリン大学設立の提議（一八〇九年七月二四日）

原題はAntrag auf Errichtung der Universität Berlin, 24. Juli 1809であり、第一部と同じくアカデミー版フンボルト全集第一〇巻所収（S.148-154）を底本とした。

第三章　宗教・公教育局報告（一八〇九年一二月一日）

原題はBericht der Sektion des Kultus und öffentlichen Unterrichts, 1. Dezember 1809であり、第一部と同じくアカデミー版フンボルト全集第一〇巻所収（S.199-224）を底本とした。

第四章　ベルリンの高等学問施設の内面的および外面的編制について（一八一〇年？）

原題はÜber die innere und äussere Organisation der höheren wissenschaftlichen Anstalten in Berlin, 1810であり、第一部と同じくアカデミー版フンボルト全集第一〇巻所収（S.250-260）を底本とした。

第四部　参考資料　ドイツ憲法論

第一章　ドイツ憲法論（一八一三年一二月）

底本は第一部と同じくアカデミー版フンボルト全集第一一巻所収（S.95-112）である。

第二章　フンボルトのゲンツ宛覚書（一八一四年一月）

底本は第一部と同じくアカデミー版フンボルト全集第一一巻所収（S.113-116）である。

第三章　ドイツ憲法起草委員会の基本原則（一八一四年四月）

原題は «Bases qui pourraient servir de norme au comite qui sera charge de la redaction de la Constitution Germanique, 1814» であり、底本は第一部と同じくアカデミー版フンボルト全集第一一巻所収（S.211-217）である。ただし、Quellen zur Geschichte des Wiener Kongresses 1814/1815, hrsg. v. Klaus Müller, Darmstadt 1986 所収のドイツ語版（S.304-311）も参考にした。

第四章　全ドイツ臣民の権利及び陪臣化された侯・伯の権利について（一八一四年四月）

原題は «Exposé des droits de tout sujet allemand en general et des princes et comtes médiatisés en particulier, 1814» であり、底本は第一部と同じくアカデミー版フンボルト全集第一一巻所収（S.217-219）である。ただし、第三章と同じく、ミュラー編ウィーン会議資料集所収のドイツ語版（S.311-313）も参考にした。

補充資料（一）　シュタイン　ドイツ憲法について（一八一三年八月）

底本は Freiherr vom Stein, Briefe und amtliche Schriften, Bd.4, bearbeit. v. Erich Botzenhart, neu hrsg. v. Walther Hubatsch, Stuttgart 1961, S.242-248 である。

補充資料（二）　ゲンツのフンボルト宛覚書（一八一三年一二月）

底本は Quellen zur Geschichte des Deutschen Bundes. Für die Historische Kommission bei der Bayerischen Akademie der Wissenschaften, hrsg. v. Lothar Gall, Abteilung I: Quellen zur Entstehung und Frühgeschichte des Deutschen Bundes 1813-1830, Bd.1: Die Entstehung des Deutschen Bundes 1813-1815, bearbeit. v. Eckhardt Treichel, München 2000, S.88-89 である。

補充資料（三）　シュタイン　フンボルト憲法論についての所見（一八一四年一月）

底本は補充資料（一）と同じく、シュタイン書簡・公文書集第四巻所収（S.428-430）である。

補充資料（四）　シュタイン　ドイツ憲法問題のための覚書（一八一四年三月一〇日）

底本は補充資料（一）と同じく、シュタイン書簡・公文書集第四巻所収（S.612-614）である。

二、表記

（a）原註は、一部を除き、字下げして本文内に置いた。原註で言及されている文献には匿名で出版されたものや出版地および出版年が記されていないものもあるが、書誌情報が判明しているものについては註記することなく、それらの情報を記している。

（b）引用文献のうち日本語訳のあるものについては、訳者が確認できた限りで、それらの書誌情報も記している。ただし、本文で引用されている版と日本語訳の依拠した版が同じであるとは限らない。引用文について既存の和訳は、原則としてそのまま使用したが、仮名遣い、漢字等は適宜変更した。

（c）文献引用は、本文・原註・訳註とも、原則として（必要と認められる場合以外は）、欧文のままとした。

（d）原文が書簡である場合（第二部第二章および第三章、第四部第一章、第二章および補充資料）、書簡体は用いず、通常の文体にし、敬称、敬語等は一部を除いてほとんど省略した。また第三部第一章、第二章、第三章の公文書についても、同様である。

（e）第一部につき、読者の便宜のため、訳者の責任により原文にない改行を適宜行い、また小見出しを付した。小見出し、第三章の小見出しに付した記号（（a）、（b））も訳者による。目次は訳者による。原著の目次（底本アカデミー版では末尾に置かれているが、カウアー版では最初に置かれている）は、「付　フンボルトによる目次」として第一部の末尾に訳出したので、参照されたい。なお、訳者の目次の章の表題については、一部「付　フンボルトによる目次」を参照した。

（f） 第二部の章の表題は訳者による。第二章の節、小見出しおよび小見出しに付した数字（（1）、（2）、（3））もすべて訳者による。また、第二章では、訳者の責任により原文にない改行を適宜行った。

（g） 第三部第一章につき、訳者の責任により原文にない改行を適宜行った。第三章につき、小見出しに付した番号・記号（（1）、（2）、（3）、（4）、（a）、（b）、（c））は訳者による。

（h） 第四部第一章につき、小見出しの一部および番号一、二、三、（1）、（2）、（3）は訳者による。

（i） 原文の隔字体（ゲシュペルト）は、訳文では傍点で示してある。

（j） 固有名詞の表記は、よく知られたものは慣例にしたがい、一般には現地音を採用したが、どうしても判別できないものは原文の音をうつした。

（k） 訳出にあたっては、論旨の展開を明確にするために、（ ）や——を適宜利用した。このため、これらの記号に限っては、原著とは必ずしも対応していない。原語を示したほうがよいと判断したごく少数のものについては、ルビをふった。

（l） 訳註および解説の引用文中の傍点は、断りのない限り引用者による。

三、解説および訳註について

（a） アカデミー版全集（Gesammelte Schriften）は引用にあたってGSと略記した。

（b） 底本の編者（Albert Leitzmann および Bruno Gebhardt）による註は適宜取捨選択し、引用した場合はそれぞれ《L》、《G》と表記したが、頁は省いた。

（c） コッタ版五巻本著作集（Werke in fünf Bänden, hrsg. v. Klaus Giel und Andreas Flitner, Stuttgart 1960-81）の第五巻所収の Giel および Flitner による註・コメントから引用した場合

には《GuF》と表記し、Ulrich Herrmann、Markus Bok および Günter Erdmann の場合は《HBuE》と表記した。

（d）第一部『限界』初版（Wilhelm von Humboldt, Ideen zu einem Versuch, die Gränzen der Wirksamkeit des Staats zu bestimmen, hrsg. v. Eduard Cauer, Breslau 1851）からの引用は Cauer-Ausgabe と表記した。

（e）一般的な歴史的事実や人物の説明などについては、特別の場合を除いて、いちいち出典を明記しなかった。

（f）第一部『限界』につき、旧英訳本（The Sphere and Duties of Government, translated by Joseph Coulthard, London 1854）からの引用は《C》と表記し、新英訳本（The Limits of State Action, edited by John Wylon Burrow, Indianapolis 1993 からの引用は《B》と表記した。

（g）第二部第二章第二節ゲンツ宛フンボルト書簡（一七九二年一月九日）のうち、割愛した部分については、「ゲンツ宛書簡」、Brief an Gentz, 1792 と表記して引用した。

四、既存訳について

『国家活動の限界』の一部および本書に収録したフンボルトの諸論稿には、管見の限り、先行して以下の邦訳があり、本訳において必要に応じて適宜参照させていただいた。

第一部第一章　江島正子『フンボルトの人間形成論』（ドン・ボスコ社、一九九六年）三四―四八頁。

第一部第二章および第三章前半　「市民福祉に関する国家の関与はどこまで及ぶか」（クレメンス・メンツェ編、クラウス・ルーメル／小笠原道雄／江島正子訳『人間形成と言語』（以文社、一九八九年））二三―四〇頁。

第一部第六章　川瀬邦臣訳「公的国家教育について」『西洋教育史研究』第一号、一九七二年二月、八〇―八八頁、「公的国家教育について」（メンツェ前掲邦訳書）四一―五三頁（抄訳）。

第一部第一六章　馬場昭夫「ヴィルヘルム・フォン・フンボルト『国家活動の限界を決定するための試論』の研究」『暁星論叢』第四一号、一九九七年一二月、五一―六頁（抄訳）。

第二部第一章　西村貞二訳「フランス新憲法によって誘発された国家憲法に関する諸理念」（同訳『人間の諸問題』（創元社、一九五〇年））三―一六頁。

第三部第二章「一八〇九年七月二四日付 ベルリン大学設置申請書」（メンツェ前掲邦訳書）一六九―一七五頁。

第三部第四章　天野貞祐訳「ベルリンにおける最高学府の内的および外的組織について」『図書』第六一号、一九四一年二月、二―八頁（『天野貞祐著作集Ⅱ教育論』（細川書店、一九五〇年）七三―八一頁に再録）（抄訳）、小倉志祥訳「ベルリン高等学術機関の内外の組織について」『実存主義』第四七号、一九六九年四月、七二―七九頁、梅根悟訳「ベルリン高等学問施設の内的ならびに外的組織の理念」（梅根悟／勝田守一監修『世界教育学選集五三 大学の理念と構想』（明治図書、一九七〇年））二〇九―二二二頁、「ベルリン高等学術施設の内的ならびに外的組織について」（メンツェ前掲邦訳書）一七六―一八八頁。

第四部　第一章・第二章、補充資料（二）　石澤／阪本訳「ドイツ憲法論」他『行政社会論集』第二八巻第三号、二〇一六年一月、一一一―一四九頁。

第四部　補充資料（一）・（三）　カール・フォム・シュタイン、阪本／石澤訳「ドイツ憲法について」『行政社会論集』第二九巻第一号、二〇一六年六月、九三―一一三頁。

訳者からのメッセージ

本書は、ヴィルヘルム・フォン・フンボルトという、二〇一七年に生誕二五〇年を迎えたドイツの一思想家が遺した膨大な量の作品・記述・記録・書簡等のうち、一部を翻訳したものにすぎない。もっとも、精確にいえば、フンボルトを「思想家」と捉えてよいかどうかは疑問である。フンボルトは、一面では、フランスのヴォルテールやディドロ、ルソーやモンテスキュー、ドイツでいえばクリスチャン・ヴォルフやカントといった一八世紀の「フィロゾーフ（Philosoph）」に通じる面をもっていたが、しかし世代的にはもはや彼らの仲間ではなかった。とはいえ、「学者」という規定もあてはまらない。一九世紀後半期以降のドイツの「学者（Gelehrte）」のイメージは、ドイツがまさに世界に冠たる「博士」（と「詩人」）の国であっただけに、「大学」と切っても切れない関係にあったが、フンボルト自身は学位をとっておらず、それどころか、大学の法学部に登録したのはよいが、さほど熱心な聴講者ではなかった。彼は、大学に入る以前にすでに哲学、経済学、法学についてプロイセンの啓蒙官僚から私的講義を受け、ベルリンの文芸サロンで詩人・作家と交流していた。大学卒業後、司法官になったのはよいが、わずか一年ほどで辞職している。フンボルトは貴族であり、生活のために働く必要がなかった。では辞めて何をするのか。「自己陶冶（Selbstbildung）」である。すなわち、新人文主義という時代思潮の中でギリシャ人という古典的な人間の模範像を探求し、それに倣うべく研鑽したいと思ったのである。そういう人間にとって、「職業（Beruf）」は容易に「使命（Beruf）」とはなりえなかった。彼にとっては社会も国家もある意味ではどうでもよかった。むしろ、サロンや書簡によって媒介された友人たちとの交際こそ、若きフンボルトにとって至高の世界であった。

そういう人間が国家を論じるとなると、国家はできる限り個人生活への口出しを遠慮すべきだ、という結論にたどりつかざるをえない。本書第一部の『国家活動の限界』はある意味でそういう主張を中核としている。だが、往々にして忘れられているのは、フンボルトがこの著作によって政治学の理論を構築しようとしたということである。しかも、フンボルトは、国家は彼自身の「観点」だけからではなく、もう一つの——バークやゲンツなどの——「観点」からも考察されうるということを承知していた。彼は決して「アナーキスト」ではなかった。ただ、マックス・ウェーバーが二〇世紀になって大学の「教職の自由」（Lehrfreiheit）」のために、「アナーキスト」の国家論の意義を認めた言葉になぞらえて言えば、フンボルトは自分の国家理論もまた、政治学の「アルキメデスの点」になりうるということを意識していたはずである。彼は、みずからの立場を、「自分の理念によって環境を支配しようと試みる」哲学者と特徴づけた。こうした視角は、『国家活動の限界』をいくら眼光紙背に徹して読みこんでみても、容易に見えてこないように思われる。その意味で、本書の第二部は、少なくとも我国におけるフンボルトの政治思想研究にいくらかの素材を提供できると自負することができるかもしれない。

しかし、フンボルトは、シュタイン＝ハルデンベルクの改革でいま一度「官僚」（宗教・公教育局長官）として（今度は積極的に）活動し、ついには政治家になった。それは、『国家活動の限界』最終章の発想から言えば、彼の理論が実践となりうる願ってもないチャンスであった。フンボルトは「官僚」の限界を守らざるをえなかったが、その発言を見る限り、いくらか強引な――ある意味では形式論理一点張りの――面があって辟易させられるところがあるものの、自己の理論を決して放棄しなかった。彼の主導で行われた教育改革、とりわけベルリン大学の設立は久しく称揚の的であった。もっとも、近年それに対する疑念が噴出しており、本書第三部はこの議論に多少なりとも貢献することができるであろう。はたしてフンボルトは新しい大学理念を構築しようとしたのか。その内実についてすら定説があるわけではないのだ。

理論的見地から国家活動の介入を可能な限り抑制するという論理と、理論の根底にある人間の多様な活動を可能にするという理念を実現するために国家的改革の手段を駆使することとは、必ずしも矛盾ではない。フンボルトの理論は、一切の改革や変革が「下から」でなくては行えないとは言っていない。むしろ逆である。フンボルトは、「上から」の漸進的改革でよいと考えた。だからといって、その改革構想の中身が微温的であったというわけではない。むしろ、フランスを打倒した後のドイツの国制をめぐる各国の確執の中でフンボルトは可能な限り、国民国家の理念を活かそうとした。また、国制の改革についてはシュタインの理念を後ろ盾にして、かなりラディカルな方向に進もうとした。後にプロイセン憲法問題に携わった時にフンボルトは、理論の実践化——法学的にいえば自然法の実定化——のために努力し、財産・人格の安全、良心の自由、出版の自由といった基本権カタログを憲法に明記しようとした。

本書は、第一に従来教育学、教育史、政治思想史、政治哲学などの領域でしばしば論及されながら部分訳しか存在しなかった『国家活動の限界』の全訳を提供することによって、これらの分野の研究の進展に寄与するとともに、現代政治思想の論議にもささやかな貢献をなすことを目指し、第二にシュタイン＝ハルデンベルクの改革およびウィーン会議ないしいわゆる「ドイツ問題」に関して一九世紀プロイセン史・思想史研究のために資料を提供しようとするものであるが、なお第三に現代の大学改革論議に間接的ながら刺激を与えることができるのではないかとひそかに期待している。これは、大学生にはいささか荷が重い内容であるかもしれないが、現代日本の大学が孕む危機的状況を自覚する者にとっては、十分考えるヒントとなるであろう。

目　次

第二部　『国家活動の限界』の周辺

第三部　官僚制・国家試験・大学

第四部　参考資料　ドイツ憲法論

第一部　国家活動の限界（一七九二年）

困難なのは、必要な法律だけを公布すること、社会の真に本質的なこの原理に永遠に忠実であり続けること、統治への熱狂的な情熱、つまり近代の諸政府にとって最も不吉な病を警戒することである。

Mirabeau l'aîné, sur l'éducation publique, p.69.(1)

第一章　序論

最も留目すべきいくつかの国家体制《シュターツフェアファッスング》をそれぞれ対比し、またそれらを最も定評ある哲学者や政治学者の見解と突き合わせてみると、なぜ、まっさきに目を引くと思われる問題をほとんど取り上げず、厳密な答えも提出していないのか、といぶかったとしても、咎められるいわれはないであろう。問題とは、「国家制度は全体としてどのような目的を目指して活動すべきか、国家活動にどのような制約を設けるべきか」ということである。これまで国家の改変を手がけ、あるいは政治改革のための提言を行ってきた大方の人々が取り組んできたことといえば、国民もしくはその各部分を構成する個々人が統治について担うべき様々な役割を定めること、国家行政の多様な部門をしかるべく按分すること、そして一部の者が他人の権利を奪うことのないように必要な予防措置を講じること、それのみであった。しかし、思うに、新たに国家を編制するにあたってはつねに、二つの対象――そのうちどちらを見過ごしてもゆゆしい弊害なしには済まされない――を念頭に置くべきではないか。一つ目は、国民の中で支配する部分と服従する部分を定め、実際に政府を組織するのに必要となるあらゆる事項を決めること、二つ目は、こうして組織された政府がみずからの活動をどこまで拡張してよいかということだけでなく、同時に活動をどこまで制限しなければならないかということを決めることである。後者の問題は、本来市民の私生活への介入に関わっており、市民の自由闊達な活動範囲を決めることになるのであるから、実際はこちらの方が真の最終目標(2)であって、前者はこの目標を達するために必要な手段にすぎない。しかしそれにもかかわらず、もし目を凝らして前者の過程をたどった人がいるとしたら、自分の活動のなんでもない成り行きが真実を穿っていることを実感するはずである。

健全でたくましい人間が幸福になるには、ただ一つの目標に向かって努力し、身体的および精神的力を注ぎ込んで目標を達成できなければならない。所有《ベジッツ》とは張り詰めた力を休息の手に委ねてくれるものであって、それが刺激となるのはあてにならない想像の世界の話である。たしかに、人がたえず活動への力をみなぎらせ、周りの自然の方もたえず活動への刺激を与えるような状態にある時には、休息とこの意味の所有は観念の中にしか存在しない。しかし、頭の固い人間にとって、休息は、表出を――たった一つの表出ですら――やめることを意味し、無教養な人間にとっては、一つくらい対象を与えられても、ほとんど表出の素材にはならない。したがって、――繊細さを要するような感覚の領域ではとくに――所有は厭うべきものだと説かれるのだが(3)、この説は、想像力が描くことのできる人間の理想像にはまったく当てはまらない。むしろそれが完璧に当てはまるのは、まったく無教養な人間の方である。教養が高くなってゆき、あの理想像に近づくにつれて、所有倦厭説は当てはまらなくなるのだ。こういうところからすれば、征服者が領土の征服よりも勝利に楽しみを覚え、改革者が改革の成果の平穏な享受よりも改革に伴う危険に満ちた不穏を喜ぶように、総じて人間にとって支配することは自由よりも刺激的であり、あるいはそこまでいわなくとも、自由を何とか維持しようと心を砕く方が、自由の享受よりも刺激的である。自由とはいわば無限に多様な活動の可能性にすぎないが、それに対して一般に支配と統治は、個々ばらばらであっても、現実に存在する活動である。自由への憧れが往々にして自由の欠如の感覚によってはじめて生じるのはそのためである。

とはいうものの、国家活動の目的と制約について研究することがきわめて重要であり、ことによれば政治に関するその他の研究よりも重要であるということは、依然として否定できない。この研究のみがいわばあらゆる政治の最終目的に関わるということは、いましがた述べたところである。しかもこの研究のみが比較的容易に、またかなり広範囲にわたって応用することができる。本来の国家革命やその他の政府の編制は、多くの——往々にして偶然に生じる——事情が競合しなければ行うことができず、たえず多方面にわたって有害な結果を伴う。これに対して、国家活動の境界線の拡張ないし限定は、すべての統治者が——民主政国家であれ、貴族政国家であれ、あるいは君主政国家であれ——静かに誰も気づかないうちに行うことができる。統治者は、人目を引く新奇な行為を避けることによって、その分確実にみずからの究極目的に到達することができるのである。最も優れた人為的な操作は、自然の業《わざ》をこのうえなく忠実に模倣するものである。ところが、大地が静かに誰も気づかないうちに宿した芽は、不可避であるがつねに破滅を伴う荒れ狂う火山の噴火よりも、豊潤優美な恵みをもたらしてくれる。そのうえ、我々の時代がまことに当然のことながら文化と啓蒙[4]に関してどの時代にもひけをとらないのだと胸を張ることができるとすれば、我々の時代に適しているのはこの種の改革をおいてほかにはない。

こういうわけで、国家活動の限界をめぐる有意義な研究を進めれば——容易に予見できるように——諸能力の自由は拡大し、状況はいっそう多様になるはずである。事実、高度の自由が可能となるためには、陶冶の程度が等しく高くなって、いわばみんな一丸となって行動したいという欲求が減退し、個人の行動が勢いを増し、思う存分多様にならなければならない。それゆえ、現代がこの陶冶、この強さ、この多様性の豊かさにおいて優っているのであれば、そこから要求されてしかるべき自由も現代に認められなければならない。それと同様に、改革を実現するとすれば、そのためにとるべき手段は、陶冶の進展――そうしたものを仮定しての話だが――にとってはるかにふさわしいものとなる。それと違って国民が剣を抜いて支配者の物理的な力を制限するならば、啓蒙と文化は支配者の思想と意志を征服したことになり、事態の改変があっても、それは、国民の事業というよりも、むしろ支配者の事業であるように見える。人民がみずからの人権と市民権を満腔に感じながら、我が身を縛る鎖を引きちぎる姿は、魂を震わせる美しい光景であるが、しかし――法律に対する好意と尊敬の念が作り出すものは、困窮と欲求によってゆすり取られたものよりも美しく崇高なのだから――、君主が国民の鎖を手ずから解いて自由を認めてやり、その行いがみずからの慈悲深い善意から実った果実ではなく、みずからの欠くべからざる第一の義務の遂行だとみなすのを目にする方が、はるかに美しく感動的であるにちがいない。国民が国制《フェアファッスング》の変更によって得ようとする自由と、既存の国家が与えうる自由との関係は、希望と享受、構想と完成の関係と同じであるから、なおさらのことである。

諸々の国家体制の歴史を一瞥してみると、どれをとってみても、国家活動の制約の範囲を厳密に示すことはいちじるしく困難であると思われる。というのも、どの国家体制でもおそらくこの点について、考え抜かれた単純明快な原則に基づく計画に従ってことをなしたためしはないからである。中でも市民の自由の範囲はつねに二重の観点から制限されてきた。一つには、国制を整備ないし確保する必要性の観点から、いま一つは、国民の物質的ないし道徳的状態を配慮する有用性の観点からである。国制はそれ自体として権力を備えているが、国制が権力以外の支柱を要するか否かに応じて、あるいは立法者の展望が広いか否かに応じて、人々はある時には第一の観点に、またある時には第二の観点に立脚してきたが、この二つの理由が一つになって作動したこともしばしばあった。

古代国家では、市民の私生活に関係する諸制度のほぼすべてが、最も厳密な意味において政治的であった。なぜなら、古代国家の国制は本来の強制権力をわずかしか持たなかったため、国制の存続は主として国民の意志にかかっており、国制の性格をこの意志と合致させるためには、様々な手段を考案しなければならなかったからである。同じことは現在でも小規模の共和政国家に当てはまる。それゆえ、――この見地からのみ問題を見るのであれば――私生活の自由はつねに社会公共の自由の低下につれて高まっていくが、それに対して安全は社会公共の自由とつねに歩調を合わせるというのは、まちがいのない事実である。しかし、昔の立法者もまたしばしば――そして古代哲学者たちはつねに――、最も厳密な意味において人間に配慮を示した。彼らは人間において道徳的価値が至高のものであると考えたので、例えばプラトンの『国家』は、ルソーがいみじくも付けた註釈に従えば、国家論というよりも教育論なのである。(5) 比較のために最近の国家を見てみると、きわめて多くの法律や制度は、市民の私生活に対して、よくあるように決まりきった形式を押しつけようとするが、そこに市民自身とその福祉のために図ろうとするもくろみがあることはまちがいない。現代の諸々の国制では、まず国内がしっかり固められて、国民の性格の特定の色調に引きずられにくくなり、ついでもっぱら知性を働かせる人々――つまりその本性上比較的幅広く大きな着眼点をつかむことのできる人々――の影響力が強まり、国民の日常的な活動対象を前よりうまく加工ないし利用することを教える工夫が増え、最後にとりわけ、市民の将来の道徳的福祉についても統治者に対していわば責任を負わせるある種の宗教観念が登場し、これらのことが合わさって、現代における変化を生み出すのに貢献してきた。しかし、個々のポリツァイ法[6]や制度の沿革をたどってみると、その起源はしばしば、臣民から税金を徴収しようとする国家の——実際の、時には名目だけの——必要に発しており、その限りでふたたび古代国家との類似が問題となる。というのも、これらの制度は古代国家と同じく国制の維持を目的にしているからである。

だが、国家よりもむしろ国家を構成する個人を対象とする諸制度に関していえば、依然として古代国家と近代国家との間には重大な相違がある。古代人は人間が人間として持つ力と陶冶の世話を焼いたが、近代人は人間の福祉、財産、生計能力の面倒を見る。古代人は徳を追求したが、近代人は幸福を追求する。そのため、古代国家において自由を制限する諸制度は、一面において今より抑圧的で危険であった。というのも、それらの制度は人間独自の本質を成すもの、すなわち人間の内面生活にじかに手をつけたからである。それゆえ、すべての古代国民は一面性をあらわにする。この一面性は、——今ほど洗練された文化や広範にわたる意志疎通が欠けていたことは別にしても——たいてい、ほとんどあらゆる場所で導入された共同の市民教育と、意図的に調整された共同の市民生活によって生み出され、育まれたものである。しかし他面では、古代人におけるこれらすべての国家制度も、人間の活動力を維持し、高めた。たくましく節度ある市民を陶冶するという、決して見失われることのなかった観点でさえ、精神と性格の働きに一段と弾みをつけた。翻って我々の時代では、なるほど人間自身が直接制限を受けることは少なく、むしろ周囲の事物に窮屈な形式があてがわれ、そこからすると、この外面的な束縛に対して、内面の力による闘いを開始することが可能であるように見える。しかし、現代の国家における自由の制限は、人間が何であるかということよりも、圧倒的に人間が何を持っているかということに狙いを定めており、人間が何であるかということに関わる場合でも、古代人のように身体的、知的、道徳的な力をひたすら――たとえ一面的であっても――訓練するのではなく、むしろはっきり指定した思想を法律としてそうした力に押しつけるという性質を持っている。こうした性質はすでにそれだけでも、いわばあらゆる能動的な徳の源泉であり、より高次の、より多面的な人間形成の必要条件である活力を抑圧するに足るものである。したがって、古代の諸国民では力が強いことによって一面性の欠点が埋め合わされるとすれば、近代の諸国民にあっては力が弱いという欠点が一面性によってなお助長されるのである。

総じて古代人と近代人の間にあるこの違いは、どの点をとってみても見まがうべくもない。この数世紀間、最も我々の注意を引いているのが、進歩の達成のスピード、人の手になる発明の数と普及、新設の事業の規模の大きさであるとすれば、古代においてとりわけ我々の目を引くのは、つねにただ一人の人間の生とともに消えてしまう偉大さ、すなわち想像力の開花、精神の深み、意志の強さ、唯一人間に真の価値を与える全存在の統一性である。かつては人間が、それも人間の力と人間の陶冶こそがあらゆる活動を喚起した。ところが現代では、ほとんど諸個人を忘れたかのように観念的な全体だけが、あるいは少なくとも諸個人の内面的な本質ではなく、諸個人の平穏、裕福、幸福だけが往々にして幅を利かせている。古代人は幸福を徳の中に求めたが、近代人は幸福から徳を生み出そうとあまりに久しく骨を折り続けてきた(*)。そして、限りなく純粋な形で道徳性を観察し、記述した人物でさえ、[**]きわめて人為的なからくりによって、実に、彼の人間の理想に、幸福というものを――たしかに、みずから勝ち取った財産としてというよりもむしろ外から与えられた報酬として――付け足さなくてはならないと考えたのである。古代人と近代人のこうした違いについてはこれ以上贅言を弄すまい。ただ、アリストテレスの倫理学（1178a）から一箇所引用して締めくくりとしたい。「各人にとってその本性上固有なものが、彼にとって最善であり、最も快い。したがって人間の場合も――すなわちその本質が理性のうちに最も多く存するとするならば――理性に従った生活が彼を最も幸福にするのである。[7]」

（＊）この違いについていちばん注目に値するのは、近代の哲学者が古代の哲学者について批評した場合である。例として、プラトンの『国家』の中のまことにすばらしい部分の一つについてティーデマンが示している箇所を挙げておく。「現在、正義はその本性上私たちに喜ばしいものだが、それでも、もしそれを実践することがいかなる利益ももたらさなかったならば、もし正しき人が同胞たちが言い立てることのすべてを我慢しなければならなかったならば、不正義が正義よりも優先されることになるであろう。というのも、私たちの幸福にとりわけ資することは、疑いの余地なく、他のことよりも優先されなければならないからである。現在、肉体的苦痛、赤貧、飢餓、不名誉、その他、正しき人に降りかかったと同胞が認めたことはすべて何であれ、おそらく、正義から流出する霊的な喜びよりもはるかに重要である。そうであるならば、不正義が正義よりも優先され、徳目の一つに位置づけられなければならないであろう。[8]」Tiedemann,in:argumentis dialogorum Platonis. Ad l.2.de republica.[9]

（＊＊）カントの『道徳形而上学序論』と『実践理性批判』における最高善の論述。[10]

国家は国民の安全のみを図るべきなのか、それとも総じて国民の完全な物質的および道徳的な福祉を図るべきなのか、このことは国法学者の間で一再ならず論争の的となってきた[11]。私生活の自由に配慮する人は、たいてい前者の主張に行き着いたのに対し、「国家は単なる安全以上のものを与えることができ、自由の制限の濫用はありえないことではないが必ず起こるとは限らない」という無邪気な発想をとる人は、後者の主張を支持した。またこの後者の方が理論においても実践においても主流であることは否定できない[12]。このことは大多数の国法体系や近時の哲学的法典[13]、そしてたいていの国家の命令の歴史が示すとおりである。農業、手工業、あらゆる種類の工業、そして商業、芸術、学問そのものに至るまで、すべてが国家によって生かされ、統御される。例えば官房学やポリツァイ学が示すように、この原則に従って諸々の国家学の研究の編成が変えられた[14]。またこの原則に従って、内務行政関係省庁、製造関係省庁、財政関係省庁など、まったく新しい国家行政部門が成立したのである。しかし、この原則がどれほど一般的であろうとも、やはりつぶさに吟味する必要があるように思われる。そしてこの吟味は個々人とその最高の究極目的から出発しなければならない[15]。

第二章　人間の究極目的[1]

陶冶の条件――自由と多様性

人間の真の目的――これは有為転変する性向ではなく、永遠不変の理性が人間に示してくれるものである――とは、自分の諸能力を最も均斉のとれた最高の形で一個の全体へと陶冶することにある。この陶冶のためには自由が第一の必須条件である。とはいえ、人間の諸能力が発展するためには、自由のほかにもなお、それと緊密に結びついているけれども、それとは別種のもの、すなわち状況の多様性が必要である。どれほど自由闊達で独立不羈の人であっても、画一的な状態に置かれると、みずからの陶冶を完成しにくくなる。たしかに、一方で多様性はつねに自由の帰結であり、他方では、人間を制限するのではなく、人間の周囲の事物に任意の型を押し付けるある種の抑圧も存在している。だから自由と多様性はある意味でまったく同一物である。[2] しかしそれにもかかわらず、思想を明確にするためには両者をたがいに分離する方が適切であろう。どんな人間も、活動する際には一時にただ一つの力しか使うことができない。あるいはむしろ、人間の存在全体が一時にただ一つの活動にしか合わせられないようにできている。そこからすれば、人間は一面的であるように定められているように見える。あれこれの対象に手を出すとすぐに活力が衰弱するからだ。しかし、人間はこの一面性を免れることがある。往々にしてばらばらに使っている個々の力を一つにまとめ上げようとした時とか、消えかかっている火花とこれから燃え上がろうとしている火花を人生の各段階で同時に協働させようとした時とか、自分が働きかける対象ではなくて、働く際に使う諸力を結合することで何倍にもしようとする時である。そうした場合にいわば過去・未来と現在を結びつけるものが、社会にあっては他人との結合を引き起こす。事実また、人生の各段階を経ていくといっても、誰しもいわば人類全体の性格を形作る諸々の完全無欠性のうちのただ一つを達成できるにすぎない。

それゆえ、存在の内面から発する数々の結合を通して、人は他人の持つ豊かさを我が物としなければならない。性格を陶冶するこのような結合の例としては、――最も粗野な部類も含めたあらゆる国民の経験に照らして考えてみると――両性の結合を挙げることができる。とはいえ、この両性の結合では、両性の差異とともに合一への憧れがある程度まで強く表現されているけれども、だからといってこの二つのうちのどちらかが強さにおいて劣るというわけではなく、ただどちらか一方が感じられにくいというのにすぎない。だが、まさにそれゆえに、たとえ差異などまったく無視した場合や同性間の結合の場合であっても、かえってどちらか一方が力強く作用する。こうした思想をさらに追求し、もっと厳密に展開していけば、おそらく、古代人、とくにギリシャ人にあって立法者ですら利用した結合現象――これについてはしばしばまことに無粋なことに、ありふれた愛とも、あるいは不当にも単なる友情とも呼ばれた――をもっと的確に説明することができるかもしれない。

このような諸々の結合が陶冶にとって効用を持つかどうかは、つねに、結合する人々の自立性が同時に結合の親密性をどの程度まで保つことができるかどうかにかかっている。なぜなら、この親密さを欠いた時に一方は他方を十分につかまえることができないとするならば、つかまえたものをいわば自分の存在へと転移するには、自立性が不可欠となるからである。ところが、自立性と親密性の両者は個人の力と差異を必要とする。差異は、一方が他方をつかまえられなくなるほど大きくなってはいけないが、相手の所有物に対するなにがしかの讃嘆とか、それを自分の所にも移したいという願望をかきたてないほど小さくてもいけない。この個人の力とこの多様な差異はいっしょになって独創性となる。つまり、人間の偉大さの全体が最終的に拠り所とするもの、個々人がそれを求めて永久に闘わなくてはならないもの、人間に影響を及ぼしたいと望む者が決して見失ってはならないもの、これこそが個人の力と陶冶の独自性なのである。この独自性は、行動の自由と行動する者の多様性から影響を受けるとともに、逆にこの二つを生み出しもする。永遠不変の法則に則ってつねに均一な歩みを続ける、生命なき自然ですら、自惚れた人間の目には、それなりに独自性を持った存在と映る。人間はいわば自分自身を自然の中に投影するのである。かくして、誰でもみずからの胸に宿しているのとちょうど同じだけの豊かさと美しさを自分の外にも見出すというのは、最高の意味で真実である。それにしても、人間がただ感じ、外界の印象をつかまえるだけではなく、みずから能動的に活動する時に、結果はどれだけ原因の似姿にならなければならないのであろうか。

内面生活への適用

こうした思想を個々の人間につぶさに適用することによって、さらに精確な吟味を試みるとするならば、個々人について一切を形相と質料に還元することができる。ここでは、最も薄い外皮に覆われた純粋な形相を理念と呼び、ほとんど形の体《てい》をなしていない質料を肉体的感覚《ジンリッヘ・エンプフィンドゥング》と呼ぶことにしよう。質料の結びつきから形相が生まれる。質料が豊かで多様であればあるほど、形相は崇高になる。神々の子は不死の親からしか生まれない。形相は、形相のままではなく、いわばもっと美しいもう一つの形相の質料となる。そのようにして花が果実になり、果実の種子からは、あらためて若い花をたくさんつける新しい幹が生え出る。質料の洗練とともに多様性が増すにつれ、それだけ力は高まる。すなわちそれだけ両者のつながりは緊密になる。さながら形相は質料の中に、質料は形相の中に溶け込んでゆくかのようである。あるいは比喩を使わずにいえば、人間の感情が理念を湛えれば湛えるほど、そして人間の理念が感情豊かになればなるほど、人間の崇高さは比類なきものとなる。なぜなら、形相と質料との、もしくは多様性と統一性とのこの永遠の交合によって、人間として一つにまとまっている二つの本性の融合が可能となり、またこの融合によって人間の偉大さが可能となるからである。しかし、交合の強さは、交合する要素の強さにかかっている。人間の最高の瞬間はこの開花の瞬間である。(*) 花と比べて魅力に乏しくそっけない果実の姿はほとんどそれ自体で、そこから開くことになる花の美しさを暗示している。はたして、すべてはひたすら開花へ向けて歩を速める。はじめに種子から芽吹くものは花の魅力からはまだほど遠い。茎が目一杯太くなり、葉が幅広くなってたがいに離れていくためには、まだもっと造形を完成させていかなければならない。ちょうど幹についた芽が頭をもたげていくように、この造形も徐々に進んでいく。ひ弱な葉は、いわばたがいに一つになることに憧れてますます密集してゆき、最後にはまるで萼がこの欲望を満たしてくれるかのようである。(**) しかし、植物という種族は運命に祝福されない。花が落ち、果実からはふたたび幹が生まれ、同じように粗野でありながら、同じようにしだいに気品を増していく。人間の場合、花はしぼむと、あのより美しい花に座を譲るのであって、最も美しい花の魅力はといえば、永遠に極めがたい無限によって我々の目から隠されているのである。ところで、人間が外から受け取るのは種子のみである。たとえその種子がどれほど美しいものであっても、それを人間にとってこのうえなく実りの多いものにするには、まず人間の精力的な活動がなければならない。しかし、種子は、たくましく、独自であればあるほど、それだけ人間に裨益する。もし人間存在が共存する上で最高の理想があるとすれば、それはそれぞれの存在が自分だけから出発し、自分のためだけに発展するような場合ではないかと私には思われる。物質的自然と道徳的自然はきっとこうした人間たちをたがいに近づけることになるであろう。そして、戦争における闘いの方が闘技場における闘いよりも誉れ高く、憤激した市民の闘いの方が、戦闘に駆り出された傭兵の闘いよりも高い名声を与えるのと同様、こうした人間の力が繰り広げる格闘は、最高の活力を発揮すると同時にその生みの親になるであろう。

（＊）Blühte. Reife. Neues deutsches Museum, 1791. Julius, nr.3.
（＊＊）ゲーテの植物変態論[3]。Goethe, Über die Metamorphose der Pflanzen.

歴史的確証

これこそまさに我々がギリシャ・ローマの時代に対して、あるいは総じてあらゆる時代の人間がはるか過ぎ去った時代に対して感じるなんとも名状できない魅力ではないか。これら過去の人々が運命との、そしてまた人間との今よりも厳しい闘いに耐え抜かなければならなかったこと、あるいは昔は今よりも大きな根源的な力と独自性がぶつかりあって、新たな驚嘆すべき諸々の型《ゲシュタルト》を生み出したことは、すばらしいことではないか。多様性にかけては、後から来る時代はすべて先立つ時代の後塵を拝する運命にある（そしてこの関係は今後ますます加速せざるをえないのではないか）。自然の多様性については、広大な森が切り拓かれ、沼が埋め立てられていること等々によって、人間の多様性については、いま挙げた二つの根拠を通じて人間活動の伝播と統合がますます進展していくことによって。(*)(4) こうしたことが最も主要な原因の一つとなって、新奇なもの、見慣れないもの、不可思議なもののイメージは昔と比べてはるかに稀薄になり、驚きのあまり呆然としたり、おののき震えたりすることは恥辱も同然となり、未知の新しい救済策の考案、それどころか身構える暇もなくいきなり決断することだけでも、以前と比べてずっと必要でなくなった。なぜこういう具合になったのかといえば、一つには、我々は外部の状況に対処する道具を昔よりもたくさん備えているため、外部の状況に迫られてもあまりこたえないということがあるが、また一つには、古代人はそうした外部の状況に対して各人が自然から付与された力を使いさえすればよかったのが、今やその程度の力だけでは抵抗できなくなっているということもある。さらに最後に、知識が拡大したために工夫することがあまり必要でなくなり、学習は着想に必要な力ですら鈍らせるようになったということもある。しかし逆に、物質的な多様性が縮小した分、それに代って知的、道徳的な多様性が格段に大きな充足感を与え、また我々の以前よりも洗練された精神が見せる様々なニュアンスや差異を見逃さず、それを、我々の――必ずしもそれほど強靭に陶冶されていないとはいえ――魅力的で洗練された性格によって実生活に応用するようになったことも否定できない。こういうことはおそらく古代の賢者ですら気づかなかったものと思われる。あるいはたかだか賢者だけが気づくことができたかもしれない。

（＊）まさにこれをかつてルソーは『エミール』で述べた。[5]

以上のような変化は個々の人間のみならず人類全体をも襲った。粗野は廃れ、洗練が残ったのだ。かりに全人類が一人の人間であったとしたら、あるいはある時代の力が、その時代の書物や発明と同じように、次の時代へと受け継がれるのだとしたら、まちがいなくそれはおおいに世に裨益することであろう。だがこれはおよそ現実からかけ離れている。たしかに、現代の洗練も力を持ち、その力はおそらく古代人の力よりもまさに洗練度が増した分だけ強さの点で勝っている。しかし、問題は、粗野を通じて行われた昔の陶冶が今より必ずしも優れていないといえるかどうか、というところにある。なにしろ、どんな時でも肉体的感覚はすべての精神的なものの最も生気に満ちた表現であるとともに、その最初の萌芽なのだから。こうした検討をあえてやってみようとするだけでも、この場にふさわしくないが、しかしこれまで述べてきたことからこれだけのことはいえるであろう。すなわち、少なくとも我々がいまだ持ち合わせている独自性と力を――それらを養うあらゆる手段とともに――細心の注意を払って見守らなくてはならない、と。

したがって、以上のことから、私は次の点を立証することができたものと考える。

真の理性が人間に対して望むことができる状態とは、ほかでもない、各個人が自分自身に発して、独自性を保持しつつ、みずからを発展させる、限りなく束縛のない自由を享受するだけでなく、同時に物質的自然の側も、ほかでもない、各個人が自分の欲求と性向を尺度にして――ただし彼の力と権利の限界による制約を受けながら——、自分の意志で自然に対してあてがった当の型を、人間の手から受け取るような状態である。

私見では、理性はこの原則について、原則そのものを維持するためにどうしても必要である以上のものを追加してはならない。したがってこの原則はつねに、あらゆる政治学の基礎、とりわけここで論じている問題に対する解答の基礎にもなるはずである。

第三章　市民の積極的福祉と国家

積極的福祉の概念

ごく一般的な定式で表現するならば、国家活動の真の範囲と呼ぶことができるのは、国家がたった今述べた原則を破らずに社会の福祉のためになしうる一切のことであるといってよいだろう。また、ここからはただちにより詳細な規定、すなわち他人による権利侵害に直接関わらないような市民同士の私事に国家が介入しようとする営為はすべてしりぞけられるべきである、という規定が帰結することになるであろう。とはいえ、提起した問題を委曲を尽くして解明するにはやはり、国家の通常の活動、もしくは想定可能な活動の個々の部分を一つひとつ厳密に見ていく必要がある。

具体的にいうと、国家の目的は二通り考えられる。国家は幸福を促進しようとすることもあれば、ただ害悪を防止しようとするだけのこともある。後者の場合、自然による害悪と人間による害悪が防止の対象となる。もし目的を後者に限定するのであれば、安全だけを追求することになるが、ここではあえて、安全以外のありとあらゆる目的を積極的福祉という名でひとまとめにしたうえで、それに安全を対置することにしたい(1)。また、国家の用いる手段は色々あるが、その違いに応じて国家活動の領域は様々に広がっていく。すなわち、国家は、強制――命令・禁止を行う法律、つまり刑罰――によって、もしくは督励や先例によって、その目的を直接追求することもあれば、市民の境遇に対して国家にとり好都合な型をあてがい、市民がいわばそれと違ったように行動しないようにすることで、その目的を間接的に追求しようとすることもあり、はては市民の性向を国家に合致させ、彼らの頭や心に影響を及ぼそうとすることすらある。第一の場合、さしあたって国家が規定するのは個々の行為だけであるが、第二の場合になるとさらに行為様式全体に、第三の場合に至っては性格や思考方法まで及ぶ。またそうした制限が及ぼす効果は、第一の場合に最小で、第二の場合には大き目で、第三の場合になると最大となる。こうした違いが生じるのは、一つには、国家の影響が複数の行為の発生源まで及ぶからであり、また一つには、影響の可能性自体を考慮に入れるならば、複数の措置が必要となるためである。しかし、ここでいわば国家活動の諸部門がどれほど枝分かれしているように見えるとしても、複数の領域に同時に属していないような国家制度というものはめったにない。例えば安全と福祉はたがいにおおいに依存し合っているし、またたとえ個々の行為だけを規定するような制度であっても、繰り返し行われて慣習を生み出すと、性格に作用を及ぼすからである。それゆえ、探究を進めていくのにふさわしい、制度全体の分類をここに見つけ出すのはきわめて困難である。しかし、いちばんよい方法は、国家が国民の安全だけを目指すべきか、それとも国民の積極的福祉をも目指すべきかということをまず吟味し、あらゆる制度について、それらが主として何を対象とし、何をもたらすのかということを観察し、またこの両目的の各々について国家が用いてもよい手段は何かということを吟味することであろう。

　したがって、私がここで問題とするのは、第一に国民の積極的福祉を増進しようとする国家の努力の総体、第二に土地の全住民に対するあらゆる配慮、すなわち一部は直接的に救貧院を通じて、一部は間接的に農業や工業や商業の奨励を通じて行われる住民の扶養、第三に（積極的福祉の目的がある場合に限るが）あらゆる金融・貨幣鋳造事業、輸出入の禁止等々、そして最後に自然災害の予防または災害からの復興のためのあらゆる措置——要するに国民の物質的福祉の維持もしくは促進を目的とするあらゆる国家制度である。物質的福祉に限定するのは、道徳的福祉はともすればそれ自体のためではなく、安全のために促進されるからであるが、これについては後段で論じることにしたい。

さて、私に言わせるならば、これらすべての制度は有害な帰結を伴うものであり、真の政治学——つまり至高ではあるがたえず人間的な観点から出発する政治学——にふさわしくない。

積極的福祉の弊害

（1）画一化と多様性の喪失

このような制度のいずれにおいても人を統治する精神が優位を占めており、この精神は、どれほど賢明で有益であろうとも、国民のうちに画一的な態度とよそよそしい行為様式を生み出す。つまり、人は、たとえそのために排他的な所有と享受を失うはめになろうとも、社会に足を踏み入れて自分の諸能力を研ぎ澄ますのではなく、かえって自分の諸能力を犠牲にして様々な財を手に入れるのである。ほかでもない多数の人の結合から生じる多様性こそ、社会が与えてくれる最高の財であるが、この多様性は国家が介入すればするほど確実に失われてしまう。そこでは人々はもはや共同体の中でともに生きる国民の一員ではなくて、国家——すなわちその統治で優位を占めている精神——と関わりを持つ個々の臣民にすぎず、しかもその関わりにおいて、彼らの諸能力は国家の圧倒的な力のために自由に活動することができない。一様の原因は一様の作用をもたらす。それゆえ国家がこの作用に関係すればするほど、作用を引き起こす側がどれもこれも似てくるだけでなく、作用を受ける側もすべて似てくる。まさにこのことが国家の狙いでもある。国家は繁栄と安寧を望む。ところがこの二つは、個々人が相争うことが少なくなるのに応じて手に入れやすくなる。しかし、人間が目指すもの、また目指さなければならないものは、それとはまるで別物、すなわち多様性と活動である。ただこれのみが多面的で力強い性格を授けてくれるのである。そしてたしかに、自分一個のために偉大さよりも繁栄や幸運を優先するほど堕落した者はいまだ一人としていない。他人のために繁栄や幸運を優先すべきだとくどくど説くような輩は、人間性を誤認して、人間から機械を作ろうとしているのではないかと疑われても文句はいえない。

(2) 自発性と活力の縮減

そういうわけで、第二の有害な帰結は、国家のこうした諸制度が国民の諸能力を弱めることだといってよかろう。自発的な質料から形相が生まれ、その形相を通じて質料そのものはますます充溢し美しくなる。——形相は、当初矛盾していたものの結合でなくていったい何であろうか。この結合のためには、つねに新たな結節点を見つけ出すことが、つまり結合以前の差異が大きいほどそれに比例してたえず増えてくるいわば大量の新発掘が必要となる。——これと同じように、質料に対して形相が外部から与えられると、そのために質料は無化されてしまう。なぜなら、こうなるといまだ存在しないものが存在するものを抑圧するからである。人間のうちにあるすべてのものは有機体である。人間のうちで生育することになるものは、人間のうちに蒔かれなければならない。あらゆる力には熱中が不可欠であるが、熱中はつねに、その対象を自分の財産と思い込むという条件を不可欠とする。ところが、自分の最初の能力から決して退化していかない人間は、持っている物よりもむしろ行っていることを自分のものだとみなす。それゆえ、ことによると庭を手入れする園丁は、庭を見て楽しむ無為の享楽家以上に真の意味で庭の所有者であるかもしれない。[2] またことによると、このあまりにも一般的な推論は、現実に適用することができないと思われるかもしれない。それどころか、ことによると、多くの学問の拡大は、ひとり大規模な実験を行うことのできる国家の前述の制度や類似の制度のおかげをとくにこうむっているのだから、むしろ国家の制度は知的諸力の向上とそれによる文化・性格一般の向上に役立っているかのように見えるかもしれない。しかし、知識による充実がただちに洗練に――知的な力だけの洗練にすら――つながるとは限らないし、たとえ知識の充実により実際に洗練が誘発されるとしても、それは国民全体ではなく、主として統治者側の一部の者たちの話にすぎない。

そもそも人間の知性は、人間諸力の他のあらゆる部分と同様、みずから活動し、みずから工夫し、あるいは他人の手になる発明をみずから利用することでしか陶冶されることはない。ところが、国家の指図はつねに大なり小なり強制を伴い、たとえそうでなくとも、人はそうした指図により、みずから打開策を工夫する習慣を持つようになるよりも、むしろ往々にして他人からの教化、他人からの指導、他人からの援助をあてにする習慣にはまってしまう。国家が市民を教化することができるほとんど唯一の方法とは、すなわち、国家がみずから最善だと宣言するもの、いわば国家の研究成果を提示して、それを、直接的に法律を通じて、もしくは間接的に市民を拘束する何らかの制度を通じて命じるか、それとも国家的名誉や報酬の約束やその他の奨励手段によってその気にさせるか、あるいは最後にただ理屈によって勧めることである。しかし、これらすべてのうちのいずれの方法を採ろうとも、国家は教えるということの最善の道からつねにかけ離れてしまう。というのも、最善の道は疑いもなく、いわば問題のありとあらゆる解決策を並べて見せることによって、人々に最適の解決策をみずから選ぶ準備をさせるだけに留めること、あるいは――こちらの方がずっとよいが――すべての困難をしかるべく提示するだけで、そこから自分で解決策を考え出すようにすることにあるからだ。国家はこの教育方法を実施するにあたって、成人市民については、ただ消極的な形で、つまり自由を通じて行い――自由は障害を発生させると同時にそれを除去する強さと手腕を与えるのだから――、自己陶冶を始めたばかりの市民については、積極的な形で、つまり真の国民教育を通じて行うことができる。ここではややもするとこういう異論が出るかもしれない。「ここで問題になっている任務を果たそうと思えば、これを遂行する人がそれについてどんな教育を受けているかということよりも、実際にことが行われることの方が重要だ（例えば農民が最も優れた農場経営者であることよりも、畑がうまく耕されることの方が重要だ）」と。これについても、後に詳しく検討することにしたい。

しかし、国家が過度の配慮を行うことによって行動の活力一般と道徳的性格が受ける被害はこれよりもずっと甚大である。それについてはくだくだしく説明する必要はほとんどない。他人から頻繁にしかも大幅に指導される者は、まだ残っている自発性もいわば進んで犠牲に供するところにまで簡単にいってしまう。そういう人は、面倒は他人が引き受けてくれるから、他人の指導を待ち受けて従うだけで満足できると考える。こうして、功績と責務について彼が抱くイメージは歪められてしまう。功績の観念に駆り立てられることもなければ、苦しい罪の感情に苛まれることもめったになく、罪の感情が効果を発揮することもあまりない。功績や責務を、自分の境遇とか、当の境遇に対して形式をあてがった人間とかに転嫁する方がはるかに気楽だからである。それに加えて、彼は、国家の意図は必ずしも純粋ではなく、また国家はこちらの利益だけを慮ってくれるのではなく、少なくともそれと同時に怪しげな下心も抱いていると思うようになる。そうすると道徳的意志の力だけではなく、その質にまで害が及ぶこととなる。今や彼は、国家が明文で課したものでなければどんな義務にも従わなくてもよいし、我が身の状態の改善ですら一切しなくてもよいと思うようになり、ことによると、改善でもしようものなら、新しいチャンス到来とばかりに国家に利用されるのではないかと心配までする。そして国家の法律そのものからできる限り逃れようとし、法律の網をかいくぐることができればいつでも得をすると考える。国民のうちの少なからぬ部分にとって、国家の法律と制度がいわば道徳の範囲を区切る目印になっているということを考慮に入れるならば、最も神聖な義務と最も気ままな指図がしばしば同じ口から語られ、往々にしてどちらの違反に対しても同じ罰が加えられるとは、なんとも意気の上がらない光景である。これに劣らずいちじるしいのは、市民同士の振舞い方に見られる例の悪影響である。市民の誰もがみずから国家のありがたい援助をあてにし、またそれと同じように、それどころかはるかにそれを踏み越えて、同輩である市民の運命を国家の援助の手に委ねるとなると、同情心は弱まり、相互扶助は不活発になる。何事によらず各市民だけを基礎にすべきだという感情が最も活き活きとしている所では、少なくとも共同扶助は非常に積極的であるはずだし、また経験が示すように、一民族のうちで抑圧された、いわば政府から見捨てられた部分は倍ほども強固に団結する。ところが、市民同士がたがいに冷淡な所では、夫婦もたがいに冷淡になり、家父は家族に冷淡になる。

人間は、あらゆる行為や運動において自分しか頼るものがなく、もともと自前《じまえ》で調達したわけでもない他人の援助を一切受けられなくなったならば、やはり往々にして――自分の責任によるかどうかは無関係に――窮地に陥り、不幸な状態に落ち込むことになるであろう。しかし、人間が享受してしかるべき幸福もみずからの力で調達した幸福以外にはない。そしてほかでもないこうした境遇こそが、知性を磨き、性格を陶冶するのである。では、国家が微に入り細を穿った介入を行うことによって自発性を阻害した場合には、そうした災厄は生じないのだろうか。(3) その場合にも災厄に見舞われるし、そのため一度他人の力に寄りかかることに慣れてしまった人間は今やいっそうみじめな運命へと追いやられるのである。なにしろ、奮闘と積極的な働きは不幸をやわらげるが、絶望的な（ことによると裏切られた）期待は、それと同じ程度に、いやその何層倍も不幸をつらいものにするからである。ここで話題にしているような国家は、たかだか病を治療し、死を遠ざける医者にそっくりであるにすぎない。医者がいなかった時代には、健康か死しか知られていなかったのである。

（3）成果主義

（a）仕事

人間が携わる一切の事柄は、たとえ物質的欲求を直接間接に満たすべく、あるいは総じて外面的目的を達成すべく定められているのだとしても、内面的な知覚ときわめて緊密に結びついている。時には外面的究極目的と内面的究極目的が並存していることもあれば、時にはそれどころか、後者の方が本来狙った目的であって、前者は必然的または偶然にこの目的に結びついているにすぎないということもある。人間が不可分の一体性を備えるようになるにつれて、みずから選んだ外面的な仕事はますます自由な形で内面的存在から生じるようになり、仕事を自由に選ばなかった場合でも、内面的存在は外面的な仕事といっそう頻繁に、またいっそう強く結びつくようになる。それゆえ人を惹きつける《インテレサント》人間は、どんな境遇にあっても、どんな仕事をしていても人を惹きつけるものである。だからこそそういう人間は、自分の性格に見合った生き方をしながら、人をうっとりとさせるほどに美しく花開くのだ。

そうすると、あらゆる農民や手工業者から芸術家を——すなわち自分の生業を生業のために愛し、持てる力を独力で統御し、独力で工夫することによって自分の生業を改善し、それを通じて知的な力を洗練させ、性格を高貴にし、享受の能力を高める人間を——作り上げることができるかもしれない。そうすると、それ自体どんなに美しくても今のところたえず人間性を貶める道具となっているそんな物であっても、人間性を高貴にすることができるであろう。人間は、理念と知覚の中に生きることに習熟してゆき、またみずからの知的、道徳的な力が強くなり、繊細になってゆくにつれて、内面的人間にもおおいに糧を与えてくれる外面的な状況を自分で選びとろうとする方向に、あるいは運命によって投げ込まれた外面的な状況から、せめて内面的人間に合致した面をもぎ取ろうとする方向にますます進んでいく。もし内面生活がつねに第一の座を固守し、つねに一切の活動の最初の源泉にして最終目標であり、一切の身体的なもの、外面的なものは内面生活の外皮ないし道具にすぎない、という方向を不断に目指すならば、それによって偉大さや美しさについて収穫できる利益は計り知れないものとなる。

一例を挙げれば、ある民族において平穏無事に行われる農耕が培ってきた性格は、歴史の中で群を抜いて際立っていないだろうか。大地に捧げた労働と大地が褒美として与えてくれる収穫物は、その民族を田畑と家庭の竈に心地よくつなぎ止める。骨は折れるが実りの多い作業にそろって従事し、それにより得たものをともに享受することで、どの家族も深い愛情の絆で結びつき、ともに働く種牛でさえあながちこの絆から締め出されているわけではない。実を得るには種蒔きと収穫の必要があるものの、実は毎年帰ってきてはその姿を見せ、めったに期待を裏切らず、だからこそ人は辛抱強く、ものを疑わず、慎ましやかになる。自然の手から直接実りを受け取るたびに、人間の手は種を蒔かなければならないけれども、成長と繁茂の源ではないのだ、という感情がたえず胸に迫ってくる。天候の良し悪しに永遠に依存しなくてはならないために、人々は高次の存在を予感して、ある時には恐れおののき、ある時には歓喜に震え、畏敬と希望が代る代る心のうちに湧き起こり、祈りと感謝の念を捧げるようになる。どこまでも単純な崇高さ、何ものにも乱されることのない秩序、そしてどこまでも慈悲深い善意を生き生きと思い描くことによって人々の魂は素朴に、偉大に、柔和になり、習俗と法律に喜んで服するようになる。農夫は、破壊することではなく、物を生み出すことに慣れ親しんでいるため、平和を好み、侮辱や復讐には無縁であるが、しかしいわれのない攻撃の不当に感極まって、誰であれ自分たちの平和を乱す者にひるまず立ち向かう勇気に満ちあふれる。

しかし、もちろん自由が必須の条件である。それがなければ、どれほど世に裨益する仕事であっても、この種の有益な効果を産み出すことができないからだ。自分で選び取る――たとえ他人から制約を受け指導されてでも――のでなければ、仕事は自分の本質とならず、いつまでもなじみのないもののままに留まる。そのような仕事は厳密には人間に備わった力によってではなく、機械的な技量で捌かれるにすぎない。古代人、わけても古代ギリシャ人は、何はさておき肉体労働に携わること、あるいは内面的陶冶ではなく外面的な財の獲得を目的とする仕事に携わることを、すべて有害で恥ずべきものとみなしていた。そのために、こよなく人間を愛したギリシャの哲学者でさえ奴隷制を是認したのだが、それは、いわば不正で野蛮な手段で他人を犠牲にして一部の人間に至高の力と最高の美を保証するためであった。しかし、このような理屈全体が誤謬に基づいていることは理性と経験に照らして明白である。どんな仕事であってもそれに携わることで、人は高貴になり、みずからにふさわしい決まった型を自分にあてがうことができるようになる。ただ問題は、その仕事がどんなふうに行われるか、というところにある。そこで一般的規則として次のようなことを仮定することができるであろう。すなわち、仕事が有益な作用を示すのは、仕事そのものとそれに使うエネルギーがとりわけ魂を満たす場合に限られるが、反面、無益でしばしば有害な作用を示すのは、仕事がもたらす成果の方に多くの注意を向け、仕事そのものを単なる手段とみなす時である、と。というのも、それ自体において魅力的なものは何事につけ敬意と親愛の念を呼び覚ますが、単なる手段として利益を約束するものはすべて利害関心を呼び覚ますにすぎないからである。そしてまた人間は、敬意と親愛の念によっておおいに人格が高められるが、それとまったく同じ程度で、利害関心によって人格が汚されてしまう恐れがある。そこで、国家は、ここで問題とするような積極的配慮を行う場合、その視点をもっぱら種々の成果に絞り、それさえ守れば成果の達成に一直線につながるような規則を確立することができるのである。

（b）婚姻

このように成果だけを考慮に入れる視点を国家が採用した時、最も大きな害をこうむるのは、人間の真の目的が完全に道徳的もしくは知的なものであるような場合、あるいはそこまで限定せずとも、ある事柄が、それのもたらす成果ではなく、それ自体のために企図され、成果の方は事柄の帰結として偶然または必然についてくるにすぎないような場合である。例えば、学問的な研究や宗教上の見解に関わる場合、あるいは人間相互のあらゆる結合に関わる場合、そして最も自然で、国家にとっても個々の人間にとっても最も重要な結びつきである婚姻に関わる場合がそれである。

婚姻は、もし最も正確に定義するとしたならば、ずばり、性の差異に基づいた二つの性の人格的結合、ということになるかもしれないが、それは、性の差異の見方やそこから生じる心情的な好みや理性のもくろみが多様な形態をとることができるのと同じように、多様な形で考えることができる。そして各人それぞれについて、その人の道徳的性格の全体、とくに感受性の強さと性質は婚姻においてあらわになるであろう。外面的な目的の方を重視して追求するのか、それともむしろ自己の内面的な本性に活躍の場を与えるのか。知性を活発に働かせるのか、それとも感情の方か。勢いよく抱きしめてさっと手放すのか、それともおもむろに迫り忠実に守り通すのか。緩やかな結びつきのままでいるか、それともぴったりくっつくのか。最も親密な関係の中にあってどの程度の自立性を保持するのか。――その他無数の規定要因によって、婚姻生活における人のあり方は実に様々に変化する。しかし、このあり方がどのように規定されるにしても、それが当人の本性と幸福に影響を及ぼすことはまちがいないし、また、その本性が完全性へと向かうか、それとも萎えてしまうかは、おおむね、自分の内面に発する気分に従って現実を発見したり、形作ったりする試みが成功するか失敗するかにかかっている。この影響は、このうえなく繊細に、しかもいとも軽やかに物事をつかんで、胸の奥深くしまっておくことのできる、最高に魅力的な人間においてとくに強く現れる。

一般にこのような人間類型に属すると考えられるのは当然のことながら男性よりも女性の方であるが、そうするとこの人間類型の性格は何よりも一国民の家族のあり方にかかっていることになる。女性は、非常に多くの外面的な仕事から完全に解放されており、おおむね内面的本性をほとんど妨げられることなく自由に働かせることのできる仕事だけに取り巻かれている。女性は、何ができるかということよりも、何者でありうるかということによって強みを発揮し、外に現れた感情よりも、むしろ内に秘めた感情によって、豊かな表情を見せる。女性は、男性よりもしなやかな体つき、敏捷に動く目、はっとさせる声によって、最も直截的で意表を衝く表現能力のすべてに恵まれている。女性は、他者との関係において、相手の意を迎えるよりも、待ち構えて受け入れるように定められている。女性は、自分一人では男性よりも弱い存在であるが、その弱さのためというのではなく、他者の偉大さと強さへの讃嘆の念から、男性よりも心をこめて仲間に加わることができる。女性は、人と接する際には、全存在をかけて迎え入れ、迎え入れたものをみずからの中で育み、その上で戻そうとたえず努める。それと同時に女性は、愛の気配りと気強さ——反抗ではなく耐え忍ぶ屈服をものともしない気強さ——が奮い起こす勇気によって気高く魂を鼓舞される。——要するに、女性は本来、男性よりも人間性の理想に近いのである。そしてもし女性の方が男性よりもこの理想に近づくのが稀であるという説がまちがっていないとすれば、それはおそらく、遠回りをするよりも急な坂を一気に登る方がいつでも困難であるからにすぎない。ところが、これほど魅力的で、これほど自己の中で一つにまとまっており、したがってどんなものからも影響を受けないではおられず、あらゆる影響が部分ではなく全体をつかむようなこの存在は、外面的な不調和によっていたくかき乱されることになる。だが、それについてはこれ以上とやかく言う必要はない。しかしそれにしても、気の遠くなるほどたくさんのことが社会における女性の性格形成にかかっている。どんな類の卓越性も——こう言ってよければ——存在のあり方として現れるというのが誤った表象でないとするならば、女性の性格は倫理の全財産を守っているのである。

男は自由を、女は礼節をこころざしているものですわ。

もしこの心底から発する本物の詩人の箴言[4]どおりに、男性が成長の妨げとなる外面的な垣根を取り払おうと努めるとすれば、気配りの利く婦人の手は、思いやりのこもった内面的な垣根を張り巡らせ、その内部での充溢した力が開花へと向かって純化できるようにする。しかも、婦人の方が人間の内面生活をより深く感じ取り、多様な人間関係をより巧みに見抜き、またあらゆる感覚を思う存分操り、往々にして真理を曇らせる屁理屈から自由であるだけに、いっそう巧みに垣根を張り巡らせるのである。

さらにもしぜひとも必要なようだということになったら、歴史を動員してこの推論の正しさを証明し、諸国民の倫理が至る所で女性への敬意と緊密な関係にあることを示すこともできるであろう。したがって、以上のことから明らかになるのは、婚姻の作用は個人の性格と同様に多種多様であるということ、またそれゆえ、国家が諸個人のその時々の性質とこれほど密接に関わっている結びつきを法律により規定しようとしたり、制度を通じてこの結びつきを、個人のありのままの性向以外の事情に従属させようとしたりする時には、このうえなく有害な結果が生じるにちがいないということである。このことは、国家がこうした法律や制度の規定においてややもすると、結果、つまり人口増や子弟の教育等々しか眼中にないだけに、なおさら疑いえないことである。なるほど、このうえなく美しい内面生活に最高度に注意を払うことにより、まさにこれら人口増等について同じ成果が得られるということは、まちがいなく証明することができる。なにしろ、細心の注意を払って行われた実験では、一人の夫と一人の妻の切り離すことのできない結合の持続が人口増にとっていちばん効果のあることが明らかになっているし、同時に本物の、自然でまっとうな愛情からは、これ以外のいかなる結合関係も生じてくることはまずないといってよいからである。さらに、このような愛情は、ほかでもない我々の習俗や法律に必然的に伴う当の境遇（つまり出産、各家庭の教育、財産も一部含めた生活共同体、夫による対外的な仕事の差配、妻による家政の管理）以外に及ぶこともない。しかし、問題は法律がこれを命じるという点にあるように思われる。なにしろ、婚姻のような関係は外部の指図ではなく、もっぱら個々人の性向から生じうるものであり、また強制や指導が個々人の性向と相容れないとなると、性向が正道に戻ることはなおさら困難となるからである。

それゆえ、私が思うには、国家は単に個人間の紐帯をもっと自由にし、もっと広げるだけでなく、――ここでは婚姻一般ではなく、婚姻で非常に目立つ、国家制度による制限の個々の短所を論じているので、右であえて試みた所論のみに従って判定を下すことをお教しいただくとして——そもそもその活動全体を婚姻から撤退させ、むしろ婚姻を個人の自由な選択および個人により締結される多様な契約（契約一般だけでなく、契約の修正も含めて）に全面的に委ねるべきであろう。「こんなことを行えば家族関係が何もかも破壊されるではないか」とか、「もしかしてそもそも家族関係の成立すら阻害されるのではないか」と心配する声が上がるかもしれないが、——たとえそういう心配があれこれの地域的な事情に十分根拠を持つとしても——私は、ただ人間の本性と国家一般だけに留意しているので、そのような声にひるむことなどないであろう。というのも、経験に照らしてみれば、法律がばらばらにした当のものを習俗がくっつけるということは稀ではないからだ。外面的強制という思想は、婚姻のような、性向と内面的義務にのみ基づいた関係にとってまるで異質なものである。まして制度による強制で生じた結果が本来意図されていたことと一致するなど絶対にありえない。[5]

（4）[6]

（5）個性と独自性の阻害

積極的福祉に対する国家の配慮は、人間の道徳的な、総じて実践的な生活においてその個性や独自性を妨げる。[7] なぜなら、人間は、この領域でもただいわば規則を遵守し——しかしこの規則はおそらく法の諸原則のみに限定されるが——、つねに自分自身と他人のできるだけ独自な人格形成という最高の観点を忘失せず、つねにこの純粋な意図を導きの星とし、とりわけ他のあらゆる関心を、この、感覚的動機を一切混ぜないで認識した法則に従属させる存在であるからだ。しかし、人間が陶冶しようとするあらゆる側面はみごとなまでに緊密に結びついており、そのつながりは、知的領域では、身体的領域におけるほど密接ではないけれども、少なくともそれよりはっきりして目立つとすれば、道徳的領域ではなおさらのことである。それゆえ人々は、各人の独自性はそのままにしておきながら、他者を締め出す孤立状態を解消するために、相互に結びつかなくてはならない。他者と結合するからといって、その存在を他方の存在へと転移する必要はないが、いわば一方から他方に近づくための通路が開かれていなければならない。つまり、各人は、自分が独自に持っているものを、他者から受け取ったものと比較し、これに照らして修正しなければならないが、しかしそれによって自分独自のものを抑えこむに任せておく必要はない。というのも、知性の王国において真理同士の争いが決して起らないのと同様、道徳性の領野で真の意味で人間にふさわしいものが争うことなど決してないからである。したがって、独自の性格同士の緊密で多様な結びつきは、たがいに干渉されずに存在し続けているものを維持し、養い、さらにそれよりずっと美しい新たな胎児を孕ませるのに必要であるが、それと同時に、並存することができず、それゆえまた単独では偉大さと美に届かないものを抹殺するためにも必要なのだ。

それゆえ、他者の最内奥の独自性をつかまえ、それを利用し、それを自由な存在の独自性として心底から尊重して、それに対して働きかけようとする不断の努力は、この尊重心があるために、自分自身をさらし、いわば他人の眼前で自分と他人を比較する以外の手段をとることがなかなかできないような働きかけであるように見える。(8)――これが、おそらくこれまで誰もが最も等閑視してきた交際術というものの最高の原則である。この等閑視の一種のいいわけとして、どうかすると、「交際は気晴らしであり、骨の折れる仕事であってはならない」とか、「残念ながらきわめて多くの人間からは興味を惹くような何らかの独自の側面を引き出すことはほとんどできない」といった主張が引き合いに出されることがある。だが、誰でも、自分自身を尊重しすぎると、転変きわまりない関心の方向以外に、もっといえばまさに自分の最も高潔な力を不活発にするような事柄以外に気晴らしを求めることができなくなり、逆に人類にあまりに畏敬の念を持ちすぎると、人類の中のたった一人に向かってすら、「おまえは人に利用されたり、感化によって今とは違った風に修正されたりする資格がない人間だ」と言えなくなるはめになる。しかし、およそ人間を相手にし、人間に働きかけることを真の仕事とする者であれば、少なくともこのような観点を看過することは許されない。したがって、その限りで国家は、外面的、物質的福祉だけを積極的に配慮する場合でも、――この福祉が内面生活につねに緊密に結びついている以上――個性の発展を妨げることが避けられないのだから、右の観点は、絶対的に必要な場合を除いて、そのような配慮を決して許さないための新たな根拠となる。

これらのことは、国家が市民の繁栄のために行う積極的な配慮から生じる、特筆すべき有害な帰結であるかもしれない。なるほどその帰結は主としてその配慮のある種の実行方法と結びついているが、しかし総じて、私見では、実行そのものと切り離すことができないものである。これまで私は、市民の物質的福祉に対する国家の配慮だけを問題にしようと考えてきたし、事実どの場合にももっぱらその観点から出発し、道徳的福祉だけに関わるものはすべて厳密に切り離してきた。しかし、私は一等最初に、扱っている対象自体が厳密に分離できないものだということを断っておいたので、もしこれまで展開してきた推論の非常に多くの部分を積極的配慮全般についても適用することになっても、これに免じてお赦しいただきたい。とはいえ、私はこれまで、ここで問題にしている国家の諸制度がかなり現実どおりに描かれているのではないかと考えてきた。そこで、なお論じなければならないのは、国家が下す指図それ自体において実際に示される二、三の障害だけである。

(6) 行政の肥大

たしかに国家の指図に関して何にもまして必要なのは、それによって達成しようとする長所を、短所、とくに指図とつねに結びついた自由の制限という短所と比較衡量することであろう。しかし、そうした衡量のためには、非常な苦労と細心の注意が必要であり、それを完璧にやり遂げることはおそらくまったく不可能であろう。なにしろ、制限を加える制度はつねに、諸力の自由で自然な発露と衝突し、数え切れないほどの新しい関係を生み出し、そのため、(たとえ物事が一様に推移すると仮定し、絶対起こらないとはいえない何らかの予測できない重大な偶然をすべて度外視するとしても)制度が引き起こす数多くの副産物を予見することなどできないのであるから。高等国家行政に携わる機会を持った人なら、誰しも経験から、元来、直接かつ無条件の必然性を持つ処置がいかにわずかで、逆に、相対的かつ間接的な、先例に依存する必然性しか持たない処置がいかに多いかということがきっとわかるはずである。こういうところから、思ったよりはるかに大量の手段が必要となってくるのだが、ほかでもないそうした手段こそ、本来の目的の達成と無縁のものなのだ。

このような国家は歳入を増やさざるをえなくなるだけでなく、本来の政治的安全を維持するための手の込んだ施設を作らなければならなくなるが、そうすると国家の諸部門の結びつきはおのずと弛緩してくるし、国家の配慮ははるかに活発にならざるをえなくなる。さて、ここから、困難であると同時に、残念ながら始終ゆるがせにされる計算――すなわち国家の自然な諸力はどうしても必要とされる手段をすべて調達するのに十分かどうかという計算――を行わなければならないことになるのだが、もしこの計算の結果が凶と出て、本物の不均衡が存在するということになれば、新規の人為的な措置は自然な諸力の手に負えなくなる。これこそ、この原因だけからではないにせよ、あまりにも多くの近代国家が抱えている悪弊である。

ここには、人間と人間の陶冶に非常に深く関わっているためにとくに見過ごしてはならない弊害がある。すなわち、国務の本来の運営が巻き添えを食うことになり、混乱に陥らないために信じられないほど多量の細分化された制度が必要となり、同じ数だけの人員を働かせなくてはならなくなるのだ。といっても、その大多数は、書類に判子を押したり、書式にまとめたりする仕事に関係しているにすぎない。そのため、おそらくは優秀である数多くの頭脳が考える能力を発揮できず、元来有能であるはずの数多くの働き手は着実な成果を出すことができないばかりか、彼らの精神的能力自体が、これらの、一部は空虚な、一部はあまりにも一面的な仕事によって蝕まれる。こうして国務の管理という日常業務が新しく発生するのだが、そうなると国家官吏は、本来奉仕すべき国民よりも、俸給を支払ってくれる国家の統治階級の方にはるかに強く依存するようになる。しかし、ここからさらにそれ以上のどれほどの欠陥（国家の援助に対する期待、自立心の欠如、偽りの自尊心、怠惰、それどころか惨めさ）が生じるかということは、明々白々に経験が示すところである。

こうした欠陥は悪弊の源になるのと同時に、主客転倒して悪弊の方が欠陥を生み出すことにもなる。

このような形で一度国務の運営に携わった人々は、事柄の内容それ自体からますます目を逸らして形式だけに注目するようになり、形式について——正しいかもしれないが、事柄の内容自体に十分目をやらず、それゆえしばしば事柄の内容にとって欠陥となってしまうような——改良策をのべつ提案し、かくして新たな形式、新しい煩雑な手続き、そして往々にして新たな制限令が生まれ、そこからは、まことに当然のことながら、またしても国務の運営に携わる人間の新規増員というはめになる。そのため、大部分の国家では、何十年にもわたって国家官吏の人員が増え、書類は嵩を増す一方で、臣民の自由は縮減する。このような運営を行うとなると、もちろん一切は厳正このうえない監督ときわめて綿密で行き届いた管理にかかってくるのだが、その両方ともが失敗するケースは成功例よりはるかに多い。だから、何事もできるだけ多くの人の手を経るようにし、誤謬と横領を芽のうちから摘んでしまおうとするのは不当とはいえない。ところが、そのような試みによって仕事はほぼ完全に機械的になり、人間は機械になる。そして真の熟練と誠実さは信頼もろともたえず低減していく。最後に、ここで問題にしている諸々の仕事はおおいに重視されており、また筋を通すとすれば、当然重視されなければならないのだが、以上のような事態が進展することによって、総じて何が重要であるか重要でないか、何がりっぱな行為であるか軽蔑すべき行為か、どれが究極目的であるか二次的な目的であるかを見極める視点が混乱させられてしまう。しかもこの種の仕事は、たとえ欠陥があっても、やはり誰でもすぐにわかる多くの有益な結果によって埋め合わすことができるから、その必要性を否定することはできない。そこでこれ以上この問題にかかずらわないで、いよいよ最後の考察に——これまで展開してきた議論はすべていわばそのための準備として必要であった――、すなわち国家の積極的配慮が誘発する視点の混乱一般に歩を進めよう。

(7) 人間諸能力の軽視

探究のこの部分を、諸般の事情を十分考慮した一般的考察で締めくくるとすれば、国家活動において人間は物のために、諸能力は成果のためにゆるがせにされる、ということになる。この仕組《システーム》に従えば、国家とは、活動し満足を得る諸能力の集合というよりも、効率と満足のための、生物・無生物をとりまぜた道具を積み上げた集合に似ている。ここでは行動する存在の自発性をゆるがせにするから、働きかける対象は幸福と満足だけであるように見える。しかし、幸福と満足について正しく判断できるのは享受する者の感覚だけであるから、この計算は、たとえ正しいとしても、やはりつねに人間の尊厳から程遠いところにある。さもなければ、まさに平穏だけを目指すこの仕組が、人間にとって最高の満足を――いわばその反対物を心配するあまり――進んで断念してしまう、というような事態は、いったいどうして生じることになるのか。人間の満足が最高潮に達するのは、自分の能力が極限にまで達して、自分が一つのまとまった存在として最高度に完成していると感じる瞬間である。もちろん、その瞬間にも人間はこのうえない悲惨の真際にいる。なぜなら、緊張の瞬間の後を継ぐことができるのは同じ緊張だけであり、そこから満足に向かうか、それとも欠乏に向かうかは、抗いがたい運命の手に握られているからである。だが、もし人間のうちにある最高のものを感じることが、およそ幸せと呼ぶにふさわしいのであれば、苦痛や苦悩でさえ、その形を変える。人間の内面は禍福のすみかとなるが、人間は自分をさらっていく大波と運命をともにすることなどできないからだ。私の感覚では、かの仕組は、結局、苦痛から逃れようとする不毛な努力に行き着くしかない。真に満足を知る者ならば、逃げても追いすがってくる苦痛を耐え忍び、運命の静かな成り行きにたえず喜びを感じる。そしてついに偉大なものを目の当たりにして、うっとりと釘づけになる――ことがそう運ぶにせよ、水泡に帰すにせよ。だからこそ彼は――むろん夢想家なら始終起こることだが――、自己の破滅を感じる瞬間さえも恍惚の瞬間だと感じるに至るのである。

ことによると、これまで列挙した弊害は誇張したものだとお叱りを受けるかもしれない。しかし、私は国家の介入の作用――これこそがここで問題なのだ――を細大漏らさず叙述しなければならなかった。そして自明のことながら、これらの弊害は国家の介入それ自体の程度や性質に応じて実に多種多様なのである。総じて、この論稿は普遍的な事柄を扱っているけれども、現実との比較はまったく度外視していただきたいという私のわがままをお赦し願いたい。ある事例が現実の中でそのまま純粋な形で現れることは稀であり、かりに現れたとしても、個々の事柄の個々の作用が他と切り離されて独立した形で現れることはない。それに、これも忘れてならないことだが、ひとたび有害な影響が出現するようになったら、破滅は猛烈な速度で先へ進み続ける。大きな力が他の大きな力と合わさって、倍する大きな力を生むように、小さな力も他の小さな力と合わさって、倍する小さなものへと堕落する。いったいいかなる思想がみずからあえてこの進展のスピードについていこうとするだろうか。だが、たとえこれらの弊害がさほど深刻ではないことを認めた場合でも、ここで披露した理論が正しいことは、もし理論どおりにことが運ぶならば――そういうことが、むろんいろいろ問題があるにしてもいつの日にか完全に可能になるとして――そこからきっと生じるはずの、まことにえもいえぬ至福の状態によって、はるかに確実に立証されると私は信じている。なにしろ、たえず活動し、決して休むことのない、事物に内在する力は、有害なあらゆる制度と戦い、有益なあらゆる制度を促進するのであるから、悪をなそうとどれほどあがいてみても、いつどこでもおのずと善が生まれる勢いに勝つことはできないというのは、最高の意味で真実である。

さてここで、何物にも縛られない最高の自由のうちに生き、自他の環境の最大の多様性の中に生きているようなある民族のすばらしい雛形をこしらえて、その様子を観覧に供してみてもよかろう。そこでは、多様性と独創性は、あの名状しがたいほど魅力的な古代と比べて、勝るとも劣らないほど美しく、気高く、霊妙な姿で現れるはずである。古代では、民族の開化度が低いため独自性はつねに粗野で荒削りであるが、性格の強さ、ひいては性格の豊かさまでがつねに繊細さとともに成長し、あらゆる国民・地域がほとんど境界を越えてたがいに結合することで、その構成要素だけでもいわば無数になるのだ。さて、この民族では、各存在は自分自身に基づいて編成され、このうえなく美しい諸々の形姿に永遠に取り囲まれて、自由を通じて永遠に鼓舞される無制限の自発性の力によって、それらの形姿をみずからの中に転移する時、すばらしい強靭さが花開くはずである。また、人間の内面生活は繊細優美に自己を磨き上げ、そうすることが人間にとって優先すべき仕事になり、身体的、外面的なものはすべて内面的、道徳的、知的なものへと移行し、そして人間の中のこの二つの本性をつなぐ紐帯は、――あらゆる人間的営為が精神と性格へと自由に遡及することを阻むものはもはや何もなくなることによって――一段と頑丈になる。さらに、何人もいわば他人の犠牲に供されることがなくなり、誰もが自分に割り当てられた力のすべてを自分のためにとっておくが、だからこそ、その力を他人のために使おうとする、はるかに崇高な気持に突き動かされる。そして、各人の独自性が前進すると、美しい人間的性格の織りなすさらに多様で繊細なニュアンスが発生し、一面性は、そもそもつねに弱さや不足の帰結にすぎないだけに、ますます稀になる。それは、自分を模範にせよと他人に強いる者はもはやいなくても、他人との結合の必要が続く限り、各人が他人に倣ってあれこれと自分を修正したいとより切実に願うようになるからでもある。つまり、この民族においては人間生活の向上と満足のためのどんな力やどんな働き手も決して失われることがない。最後に、このことだけからしても、この民族において万人の視点もまたそちらの方向に振り向けられ、その他すべての偽の――あるいはそうは言わないまでも人類にあまりふさわしからぬ――究極目的から別の方面に逸らされることになる。――さてそこで次の点に注意を喚起することでこの話を締めくくってもよかろう。すなわち、このような基本構造《コンスティトゥティオン》から生じるこれらの有益な帰結が、どの民族でもよいが、ある民族の間に伝播していくならば、たとえ人間には確かに決して完全に消えることのない不幸（自然災害、敵対的な性向から生じる堕落、飽くなき享楽欲に走る放埒）があるとしても、それが持つおぞましさの限りなく大きな部分を取り除くことができるであろう、と。しかし、ここでは雛形を描いただけでよしとすることにしよう。私にとってはこのイメージをスケッチするだけで十分である。後はもっと判断力が成熟したお方の吟味にお任せすることにしよう。

　これまでの推論全体から最終結論の導出を試みるとすれば、本研究におけるこの部分の第一原則は次のようになるはずである。

国家は市民の積極的福祉のためのいかなる配慮も差し控えるべきであり、市民同士の争いと外敵から市民の安全を確保するために必要である範囲以上には一歩も踏み出してはならず、他のいかなる究極目的のためであっても国家は市民の自由を制限してはならない。

積極的福祉の手段

さて次には、このような配慮を能動的に行使するための手段の方に目を向けなくてはならないということになるが、しかし私は、その配慮そのものを――私の原則に従うならば――まったく是認することができないので、ここでは手段について何も言わず[10]、ごく一般的に次のように述べるだけで満足することにしよう。福祉のために自由を制限する手段は、直接的には法律、奨励、褒賞、間接的には例えば領邦君主がみずから他に抜きん出た土地所有者であったり、他をしのぐ権利や独占権などを特定の市民に認めたりすることなど、非常に多様な性質を持ちうるが、どの手段も、程度や性質こそ色とりどりであるとはいえ、弊害を伴う、と。たしかに、たとえこの主張の核心部に対して異論が起らなかったとしても、個人であれば誰にでも許されていること（褒賞の機会を設けたり、援助を行ったり、土地所有者になったりすること）を国家に対して認めようとしないのは奇妙に見える。国家は抽象概念の上では二重の人格から構成されるが、かりにこれを実行に移すことが可能になるとすれば、それに対して咎めだてすることは何もないかもしれない。もしそうなれば、事態は、私人が強力な影響力を持っている場合とまったく変りがないということになるであろう。だが、よく持ち出される、理論と実践の違いは別にしても、私人の影響力は他人との競争や財産の分割、さらに死亡によっても終りを迎えることがあるのに対して、そうしたことはどれもこれも国家には全然当てはまらないのであるから、国家は安全と関わりのない問題に関して一切介入してはならないという原則が、——それがまさに国家的強制の本性だけから導き出されたような論証によって支えられたのでは決してないだけになおさらのこと——依然として立ちはだかるのである。そのうえ、私人は国家と異なる根拠に基づいて行動する。例えば個々の市民が褒賞を出す場合（そしてその褒賞はそれ自体、国家の与える褒賞と同じぐらい効果的であると——そんなことは多分絶対ないが——仮定するとして）、市民がそれを行うのは自分の利益のためである。ところが、彼は他のすべての市民とたえず交渉し、また他のすべての市民と平等の立場に立っているのだから、彼の利益は、他者の利益と不利益、それゆえ他者の状態と密接に関わっている。したがって、彼が達成しようとする目的はある意味ですでに眼前に用意されており、それゆえにこそ有益な効果をもたらす。これに対して国家の行動の根拠は理念と原則であり、これについてはどんな精密な予測でさえしばしばあてにならない。そして、もしその根拠が国家の私的立場から汲み出されたものであるとすれば、この私的立場はすでにそれ自体、市民の繁栄と安全を繰り返し危険にさらすことになるし、またまさにその危険度において市民の立場と平等ではない。もしも国家の私的立場が市民と平等であるなら、実際にもはや国家が行動していることにならないのだから、その場合にはこの、国家と私人を区別する推論はその性質自体からして、結局適用することができないということになる。

しかし、まさにこれを含めたこれまでの推論全体は、もっぱら人間の力そのもの、つまり人間の内面的陶冶だけを対象とする観点から出発した。もしこの推論が、そもそも人間の力を働かせようと思えばどうしてもその存在を認めざるをえない成果というものをまったく等閑に付していたとすれば、それを一面的だと言われても致し方あるまい。すると、ここでさらに次の問いが生まれる。この推論で国家の配慮など不要だとした当のこれらの対象は、国家をぬきにして独力で成長し栄えることができるのだろうか。そうだとすれば、ここで、農業、工業、商業といった個々の種類の実業やその他私がここでまとめて問題にしている一切合切をいちいち吟味し、自由と自恃がそれらにどのような利益と不利益をもたらすのかという問題を専門知識によって分析してしかるべきだということになるであろう。ところが、ほかでもないこの専門知識が私には不足しているため、そのような検討に立ち入ることができない。それに、そうした検討をこれ以上行うことが問題それ自体のために必要であるとも思わない。しかしそれにもかかわらず、この検討は、もし適切に、とりわけ歴史を踏まえて行うならば、これらの思想を広く推奨し、同時にそれを大幅に修正して実行する可能性——なにしろいったん成立した現実の事物の秩序はどのような国家においても無条件の実行を許さないであろう——があるかどうかを判断するのにおおいに役立つであろう。しかしここでは、若干の一般的所見を述べるだけに留めざるをえない。どんな仕事も——種類を問わず——結果のためよりも仕事それ自体のために行った方がうまくいく。このことは人間の本性にあまりにも深く根ざしているため、最初利益のためだけに選んだことが、最後はそれ自体として魅力を獲得するのがふつうである。ところが、そうなるのは、ひとえに人間が所有《ベジッツ》よりも活動の方を好むというところから来ている（ただし活動といっても自発的活動に限られる）。だが、よりにもよって人一倍元気で活発な人間に限って、誰にもまして、強制された仕事よりも無為の方を選ぶものだ。そのうえ、所有の観念は自由の観念といっしょにしか成長せず、我々がまさに最も力強く活動することができるのは所有の感情のおかげである。

国家的結合体と国民的結合体

偉大な究極目的を達成しようと思えばつねに指示の統一性が必要である。それはまちがいない。重大な事故、飢饉、洪水などの予防や防止の場合も同様である。とはいえ、この統一性を生み出すことができるのは国家組織だけではない。国民的組織[11]にもまたそれが可能である。国民の個々の部分には——あるいは全体としての国民自体にしてもそうだが——、契約を通じて結合する自由が与えられなければならない。しかし、国民的組織と国家制度との間には決定的に重大な差異がつねに残る。前者は間接的な強制権力を持つだけだが、後者には直接的な強制権力がある。したがって、同じ結合体でも加入、脱退、修正については前者の方が自由である。最初はすべての国家結合体もまずまちがいなくこの種の国民の結社にすぎなかった。しかし、この点につきまさに経験が示すところによると、安全を維持しようとする意図とその他の究極目的を達成しようする意図がたがいに結合した時には、有害な結果が生じる。安全維持を果たす役目を担った者は、そのために絶対的強制権力を持たなければならないが、そうなると彼はこの強制権力を安全以外の対象にまで拡大していき、かくして制度が発生時から遠のいていけばいくほど、それだけ権力は増大し、根本契約の記憶はそれだけ薄れていく。それに対して国家内の一組織は、この根本契約とその威信を保持している限りでのみ、強制権力を持つ。この理由だけでも両組織の違いを示すのに十分であるように見えるかもしれない。しかし、たとえ根本契約が厳格に維持され、また最狭義の国家結合体が国民的結合体であったとしても、個々人の意志は代表を通してしか表明できないであろうし、多数の代表者たるものは、代表される個々人の意志のさほど忠実な機関とはなりえない。ところが、右で説明したどの根拠からしても、あらゆる個々人の合意を得ることがどうしても必要になる。しかし、ほかでもないこのあらゆる個々人の合意は同時に多数決を排斥する。しかもそれでいてこうした国家結合体はかの市民の積極的福祉に関わる対象までカヴァーする以上、そこにおいて多数決以外の決定方法は考えられないであろう。そうすると、合意を拒む者たちに残されているのは、社会から離脱し、それによって社会の管轄から免れ、多数決が自分たちについてはもはや有効ではないと主張することだけであろう。しかしこれは、社会からの離脱が同時に国家からの離脱を意味するのであれば、ほとんど不可能といってよいほどに困難である。そのうえ、将来の不確定な場合に備えて比較的一般的な結合について取り決めるよりも、個別的な機会に個別的な結合について合意する方がよほどましである。

最後に、一国民内の自由な人間の団体の方も相当大きな困難を伴わずには成立しえない。このことが一面では諸々の究極目的の達成にとって障害となるにしても――それに対してやはり考慮に入れなければならないのは、いわば長い試練を経た力は一心同体になるのだから、一般に成立に困難を伴うものは同時に持続性が高いということである――、しかし総じて規模が大きくなればどんな団体もたしかに裨益するところが少ない。人は一人で活動することが多ければ多いほど、それだけよく自分を陶冶することができる。規模の大きい団体では、人はあまりにも容易に単なる道具となる。また、団体が大きいせいで、しばしば具体的事柄に代って抽象的記号が登場し、それがつねに陶冶の支障となる。死せるヒエログリフ[12]は、血の通った自然[13]と違って人に感動を与えなどしないのだ。ここではくだくだしく例を挙げるよりも、救貧院のことを指摘するだけにしておこう。そこでは真の意味におけるあらゆる同情の念、すなわち期待はしても要求がましくないあらゆる懇願や人間に対する人間のあらゆる信頼を、何か別のものが殺してしまうのではないだろうか。もしも一人の乞食が赤貧の苦しみを幾度も耐え忍んだ果てに、同情心あふれる心の持ち主（小銭を投げてよこす手合いではない）に出くわすよりも、むしろ救貧院で一年間快適に養ってもらう方を選ぶとするならば、誰しもこの乞食を軽蔑するのではないだろうか。だから、私としては、人類が――こう言ってよければ――この数世紀に大規模に活動することがなかったならば、我々がこのような急速な進歩を成し遂げることはできなかったことを認めるけれども、しかし「急速な」という点は認めようと思わない。果実はそれほど速く熟さないが、それでも熟しはする。ゆっくり熟したおかげで、その分、人のためになったのではないか。

そこでこの異論を離れて本題に戻ってもよいかと思うのだが、結論を下すにはまだ吟味すべき二つの異論が残ったままである。第一に、ここでは国家が国民に積極的配慮をすべきではないとしたが、それで国民の安全を維持することができるのかどうか、第二に、少なくとも国家の活動のためにどうしても容認せざるをえない手段の調達という点からすれば、国家という機械の歯車が市民間の諸関係に幾重にも介入してくることが不可避になりはしないか、という異論である。

第四章　市民の消極的福祉と国家

もしも、正当に引かれた境界線を越えてたえず他人の領分に干渉したいという人間の欲求[*]と、そこから発生する不和によりもたらされる害悪が、自然の物理的な害悪や、その点では少なくともこれに匹敵する道徳的な害悪――満足や欠乏の過剰、あるいはその他生存維持の必要条件と一致しない行為により自滅に至るような害悪――と同じようなものであるとしたら、国家団体などまったく必要ではないであろう。前者の害悪は人々の勇気と思慮深さと慎重さが、後者の害悪は経験の教える智慧がおのずと防いでくれるであろうし、少なくとも、両方とも、害悪を除去すれば、ひとまず争いは収まるのだから。それゆえ、最も厳密な意味において国家概念を構成する、有無を言わせぬ究極的な権力は不可欠ではない。だが、人間同士の様々な不一致となるとまったく事情が違う。これはたった今言った権力を絶対に必要とする。なにしろ、不和のある所、争いに次ぐ争いが生じるのであるから。侮辱を受ければ報復しなければならないが、報復すると新たな侮辱を生む。ここに至って、新たな報復を許さない報復――そしてそれが国家の刑罰なのだが――か、あるいは紛争当事者たちが納得せざるをえないような決定、すなわち裁判官の決定に頼らざるをえない。

（＊）私がここでまわりくどく表現しているものを、ギリシャ人はたった一語でプレオネクシア（πλεονεξία）と呼ぶ。他のどのような言語にもこれとまったく同じ意味の言葉を見出すことができないが、しかしもしかするとドイツ語では「飽くことなき欲求」[1]と表現することができるかもしれない。もっとも、これは不当という観念を同時に示すわけではない。たしかに、このような観念は、語義においてではないにしても、（少なくとも私が経験した限りでは）著作家の恒常的な用法によれば、ギリシャ語の表現に含まれている。しかしそれでもなお、少なくとも言語慣用に従えば、おそらく意味の範囲はまったく同じではないが、「甘い汁を吸う」と訳した方が適切かもしれない。(2)

加えて、人間が人間に向かって何かを企てる場合ほど、強制的な命令と無条件の服従を必要とするものはない。それは、外敵の駆逐や国家自体の安全の維持を考えてみるだけでわかる。安全がなければ人間は自分が持つ諸能力を磨き上げることも、その果実を享受することもできない。安全のない所に自由はないからである。しかしそれと同時に、安全は人間が単独でみずから手に入れることのできないものでもある。このことは、たった今説明した——というよりもさっと触れただけの——理由からも、また次のような経験からもわかることである。すなわち、現代の国家は、非常に多くの条約や同盟によってたがいに縛られており、したがって恐怖心のためにいきなり実力に訴えることができないことが多いので、かりに自然状態の人間を思い浮かべてよいとすれば、それよりもたしかにずっと安全を享受できる状況にあるが、それにもかかわらず、ごくありきたりの国制下に暮す最も卑しい身分の臣民でさえ恩恵に与っている安全を享受することができないのである。私は今まで多くの事柄について国家の配慮をしりぞけてきたのだが、その理由は、国民がそれらの事柄を自力でも十分に、しかも国家の配慮に紛れ込む弊害をこうむらずに手に入れることができるというところにあった。しかし、そうだとすれば、まさにそれと同じ理由で今度は、国家の配慮を、個々の人間が自分の力だけで獲得できない唯一のものとしての安全(*)の方に向けるようにしなければならない。

（＊）「個人の安全と自由は、孤立した人間が自分の力だけでは獲得できるはずのない唯一のものである。」Mirabeau, s. l'éducat. publ., p.119.

したがって、これまでは、国家の配慮の限界を、少なくともこれ以上拡大してはならないということをただ消極的に規定しようと試みてきたのに対して、ここではじめて積極的な原則——といってもそれは以下でもっと厳密に規定し、限定することになるが——を立てることができると思う。

外部の敵と内部の紛争に対する安全の維持は、国家の目的を構成し、国家活動が携わる対象とならなければならない。

この主張は、歴史をひもとくと、古い時代のあらゆる国民において王がまさに戦時の統率者、もしくは平時の裁判官であったという事実からも、十分に裏づけることができる。ここで私が「王」と言うのは、——脱線になることをお赦しいただくとして——人間がまだごくわずかな財産しか持たないため、個人的な力しか頼るすべがなく、その力を最大限自由に発揮することに無上の喜びを見出し、自分の自由の感情を最高の価値と考えた、まさにそのような時代の歴史が我々に示すのが、いかに奇妙に思われようとも、王と君主だけだからである。例えばアジアのあらゆる国家体制、あるいはギリシャ、イタリア、そして最も自由を愛する種族であるゲルマン民族の最古の国家体制がそうであった（＊）。このことの理由についてよく考えてみると、まさに君主の選挙こそ、選挙人たちの自由の最高の証明だという真実に幾分驚きを禁じえない。命令権者という考えが生まれるのは、上述のように、ただ統率者もしくは裁定者が必要であるという感情があるからにほかならない。この場合、ただ一人の指導者もしくは決定者は、まちがいなく最も目的にかなった存在なのだ。真の自由人は、指導者や裁定者のうちから誰か一人だけが支配者になるかもしれないという不安を知らず、その可能性を予感することすらない。彼は、いかなる人間にも自分の自由を抑圧できる力はないし、いかなる自由人も支配者となる意志がないと信じている。——事実また、支配欲の強い人間は自由の気高い美しさには鈍感で、自分は奴隷になりたくないくせに人を隷属させることを愛する。かくして道徳が悪徳とともに生じるように、神学は異端とともに生じ、政治学は奴隷制とともに生まれた。ただ、現代の君主たちは当然のことながら、ホメロスやヘシオドスの作品の王たちのように、蜜のように甘い言葉を使わないだけである。(**)

(*)「王たち（なぜなら、王が地上で最初の支配権《インペリウム》の名称であったから）云々。」Sallustius in Catilin. c.2.(3)「当初、あらゆるギリシャの都市国家は王により支配されていた云々。」Dion. Halicarn. Antiquit. Rom. I.5.

(**)「ゼウスの愛《め》でる王たちの誰であれ
大いなるゼウスの娘たちが愛で　その出生を
見守りたもう者には　その者の舌に　甘い露を滴《したた》らす。
するとその者の唇からは優美な言葉が流れだすのだ。」
および
「というのも心ある王たちがこの世にあるのも　こうしたわけだからである
すなわち民人《たみびと》らが集会の場で誤った道を踏み迷うとき（心ある王たちは）矯《た》めなおしの仕事を

やすやすとやってのける　優しい言葉で説き聴かせて。」Hesiodus in Theogonia.(4)

第五章　外敵からの安全――戦争と陶冶[1]

本題に戻るとして、外敵に対する安全については、それを個々の対象のすべてに順次適用していっても主要理念の明晰化に資することはないので、これまでほとんど触れる必要がなかったが、しかしここで個々の対象への適用を行うのは無駄ではないであろう。まして、戦争が国民の性格に――したがってこの研究全体の中で主要なものとして選んだ観点に――及ぼす影響に的を絞るということになれば、なおさらのことである。

今この観点から問題を考察するとすれば、私にとって戦争は人類の陶冶に最大限裨益する現象の一つであり、したがって戦争が徐々にではあるがますます表舞台から退きつつあるのは私の遺憾とするところである。ほかでもないこのいかにも恐ろしい極限を通して、危険と労働と艱難に対するあらゆる積極的な勇気が試されて鍛えられ、この勇気が後になってから人間の生における実に様々の微妙な色合いへと形を変え、そしてこの勇気だけが人間の風貌全体に力強さや多様性を与え、これを欠けば敏捷さはひ弱さになり、一体性は虚ろなものになる。こう言えば反論が返ってくるであろう。戦争のほかにも勇気を与えてくれる手段、つまり種々の仕事における肉体的な危険、あるいは官房の中でびくともせず堂々と構えている国政家[2]や孤独な独房にいる腹の座った思想家に訪れるかもしれない――こういう表現が許されるなら――様々な種類の道徳的な危険があるではないか、と。しかし、私は、こうした事態は、すべて精神的なものが有形物に咲くあでやかな花であるのと同然であるというイメージをどうしても払拭することができない。なるほど花芽がつくことのできる幹は過去によって生きている。しかし、過去の印象はますます色あせてゆき、国民の中でそれから影響を受ける人の数は減り続け、たとえ影響が残ってもインパクトは低下していく。同じように危険に満ちた他の仕事、例えば航海や鉱山などには、戦争ときわめて密接に結びついた偉大さや名声の観念が大なり小なり欠けている。そして、この観念は実際、絵空事ではない。この観念は圧倒的な力のイメージに基づいている。人間はそのような自然の力に打ち勝とうとするよりは、それから逃れ、その暴威を耐え忍ぼうとする。

——さなり　神々と
いかなる人も
くらぶべからず(3)

窮地から脱しても勝利したことにはならない。運命が恵みをたれて施してくれたものは、人間の勇気や人間の創意工夫が利用するだけであって、優越した力の成果でもなければ証でもない。また戦時には誰しも正義は我にありと考え、侮辱に報いようと思う。ところが、自然人は、最高の文明人でも是認せざるをえない感情を備えており、生活必需品を採集することよりも、屈辱を晴らすことに重きを置く。

よもや誰も、私が豪放磊落なプリニウスのような人間の死(4)や、あるいは（おそらくあまり顕彰されていない男を挙げるとすれば）ロベール・ピラートル・ド・ロジエの死(5)よりも、戦《いくさ》に倒れた一戦士の死の方が美しいと称するとは思わないであろう。しかし、前者のような例は稀であり、後者がいなければ、前者がそもそも存在するのかどうかさえ誰にもわからないであろう。それに、私はわざわざ戦争にとって都合のいい話を選り出したわけではない。テルモピレーの戦い[6]におけるスパルタ人を思い描いていただきたい。こうした例が国民にどんな影響を与えるのか、一人ひとりに尋ねてみたいものである。なるほど、まさにこの種の勇気、まさにこの種の自己否定こそ、人生のあらゆる局面で登場しうるものであり、また現に登場するということを、私も承知している。しかし、感じやすい人間が戦争におけるこのうえなく生き生きした表現に何にもまして心を奪われたとしても、人は咎めだてしようと思うだろうか。あるいは、この種の表現が少なくとも公衆の圧倒的多数に対して効果を発揮することを否認できるだろうか。そして私も、死よりおぞましいような災難についてこれまで色々耳にしたことはあっても、あふれんばかりに充実した人生を享受しながら死をものともしない者を——夢想家であるなら別だが——いまだかつて実際目にしたことがない。ところが、このような人間は古代に最も少なかった。当時はまだ、名よりも実《じつ》を、未来よりも現在を高く評価していたからである。それゆえここで戦士に関して述べていることが当てはまるのは、プラトンの『国家』に登場する戦士[7]のように、教養がなく、物事や生死をありのままに受け取る戦士たち、つまり至高のものを目にしながら、それを危険にさらして平気でいられるような戦士たちだけである。極端と極端がいわばたがいに結びついている状況は、どれもこれもこのうえなく興味をそそり、いちばん人を教育する力を持っている。だが、戦争ほどこの状況に似つかわしい場はどこにあるだろうか。そこでは性向と義務、そして人間としての義務と市民としての義務がはてしなく葛藤を続けているように見えながら、——いざ正当な防御のために武器が配られる段になるとたちまち――こうした衝突はすべて申し分なく解消されるのである。

もっぱらこの観点から私は戦争を有益で不可欠なものとみなすのであるが、すでにそれだけでも、(私見によれば) 国家において戦争を利用せざるをえないということを十分に説明している。戦争は精気を生み出すが、この精気のためには、国民の全構成員の中にあふれかえる自由を与えてやらなければならない。この点を考えただけても、常備軍には不利である。そのうえ、常備軍や近時の戦争技術一般は、いうまでもなく、人間の陶冶にとっていちばん有用と思われる理想からかけ離れている。総じて戦士というものは自分の自由を犠牲にしてまるで機械のようにならなければならないとはいえ、現代の戦争遂行方法を見れば、戦士の機械化は今後はるかに進展せざるをえない。この方法を採れば、その分だけ個々人の持つ剛毅、勇敢、技能は重要でなくなっていくからだ。そこで、もしも諸国民の大半が平時において、将来起こるやもしれぬ戦争のためだけに何年か、それどころか往々にして一生涯この機械のような生活を続けさせられるとしたら、どれほど有害な事態を招くはめになるだろうか。この事例はおそらく、人間の事業に関する理論は、それが完成していくにつれて、事業に携わる人間に役立たなくなっていくということを最もよく示している。近代人の間で戦法が信じられないほどの進歩を遂げたことは否定すべくもないが、戦士の高貴な性格にめったにお目にかからなくなったことも、まさにそれと同じくらい否定できない。戦士の最高の美しさはわずかになお古代史の中にしか存在しない。少なくとも――この言い方が誇張だとおっしゃる方があるならこう言っておこう――、戦士の精神は、古代ではたいてい国民にとってたいへん有益な効果を伴っていたのに対して、現代ではたいてい有害でしかない効果をもたらしている。しかし、現代が擁する常備軍は、こう言ってよければ、平和の真只中に戦争を持ち込んでいる。戦時の勇猛はりっぱな平和的美徳と結びついてこそ尊く、軍紀は至高の自由感と結びついてこそ尊い。二つの要素が分離してしまうと――そしてそのような分離は平時に武装した戦士によってどれほど甚だしく助長されていることか――たちまち軍紀は奴隷制に、戦時の勇猛は粗野と放埒に成り下がる。

断っておくが、私はこんな風に常備軍をこきおろしているけれども、目下の観点に必要である以上に及ばないようにしている。常備軍には議論の余地のないほど大きな効用があることを私が見誤るはずもない。だからこそ、常備軍は、欠点だけが暴走して、あらゆる地上の存在と同様、とめどなく破滅に呑み込まれかねない衝動とバランスをとることができるのだ。常備軍は、思い上がった人間理性の計画によってではなく、運命の確かな腕によってこしらえられてきた全体の中の一部なのである。もし現代を原寸どおりに的確にスケッチして、昔の世界と突き合わせてみる絵をあえて描いてみたならば、常備軍がそれ以外の一切のもの、今の時代に特有のものの中にどれほど食い込んでいるか、常備軍が我々の特徴といってよい善悪の功罪をどれほど現代と共有しているかということをきっと示すことができるであろう。あるいは、もし人々が、私の見解によれば国家は折にふれて戦争を引き起こす定めにある、と信じるようなことになれば、まことにみじめなことに私は自分の思想同士の対決に陥ってしまうことになるであろう。私は、「戦争は自由を与えるが、それと同じ自由を隣国も享受する」と言っていることになるからだ。人間はどんな時代に生まれても人間であり、決して根源的な情熱を失うことはない。戦争はおのずから起こるだろう。しかしかりにおのずと起こらないとすれば、少なくとも、平和が暴力によって強要されるものでもなければ、人為的に活気を奪うことによって生み出されるわけでもないということは、信じてもらえるだろう。そうすれば、もちろん諸国民の平和は、――大地を耕す農民の絵の方が血まみれの戦士の絵よりも魅力的であるのとまったく同じように――戦争よりもありがたい贈物となるであろう。そして、もし人々が、全人類は世代を経るごとに進歩していくと考えるとしたら、後に続く時代はつねに前の時代よりも平和を好むはずであろう。それは確かである。しかしそうであるならば、平和は人間存在の内面的諸力から生まれたのである。そうであるならば、人間は、もっとはっきりいえば、自由な人間は平和を好むようになったのだ。現在、――ヨーロッパ史の中のどの一年をとってみてもわかるように――我々は平和の果実を享受しているが、それは平和愛好の果実ではない。人間の諸力はいわば無限の活動をたえず求め続けるが、顔を突き合わせたとたんに、一つにまとまったり、争い合ったりする。闘争がいかなる形態をとるか――戦争か競争か、あるいはその他どのようなニュアンスを付け加えるにせよ――、それは主として人間的諸力がどの程度洗練されているのかということにかかっている。

ここでも以上の推論から私の究極目的に役立つ原則を引き出さなければならないとすれば、こういうことになる。

国家は断じて戦争を奨励してはならないが、しかしそれと同じように、どうしても必要となった時に無理に戦争を阻止してもいけない。国家は、精神と性格に与える戦争の影響が全国民の間にあふれかえるままに完全に任せておかなければならない。そして国家は、とくに国民を戦争のために鍛えるようなあらゆる積極的制度に訴えることを差し控えなくてはならない。もしくは、そのような制度が例えば市民の軍事訓練のようにどうしても必要になった時には、市民に兵士としての勇敢、技量、服従を教えるだけでなく、つねに祖国のために戦う用意ができている真の戦士としての、あるいはむしろ気高い市民としての精神を吹き込むような方向にもっていかなくてはならない。

第六章　市民相互の安全——公教育と道徳(1)

国内における市民相互の安全に対する国家の配慮については、これまでよりも深部にまで及ぶ、立ち入った吟味を要するが、以下ではこの問題に取り組んでみたい。このような安全の維持を単に一般的に国家の義務とするだけでは不十分であり、むしろその義務について特別の限界を定め、あるいはそれを一般的に行うことが無理なら、せめてそれが無理である理由を分析し、適切な事例に即してその理由を認識できるような指標を提示することが必要だと思われるからである。市民の安全に対する配慮がその究極目的を達成するために多かれ少なかれ手を広げうるということは、ごくつたない経験からでもわかることである。この配慮は、すでに起ってしまった混乱を収拾して罰することだけに甘んじることもあれば、前もって混乱一般を予防しようとすることもあり、はてはこの究極目的のために、市民を、ということはつまり市民の性格と精神を、狙いどおりに方向転換させようとすることもある。さらにいわば拡張策を様々なレベルで講じることもできる。市民の権利や国家の直接的権利の侵害を取り調べ、告発するだけのこともあるが、市民とは力を尽くして国家に奉仕する義務を負う存在であり、したがってこの力を破壊したり弱めたりすることはいわば国家の財産を奪うことになるとみなすことによって、行為者自身にしか影響を及ぼさないような行為にまで監視の目を向けることもある。

私はこれらすべての問題をここでひとまとめにし、それゆえ社会公共の安全の促進のために作られる国家のあらゆる制度について一般的に論じることにしたい。それと同時にここでは、恒常的に安全を目的にしていない制度や、安全だけを目的にしていない制度であっても、市民の道徳的福祉に関わる制度はすべておのずと対象になる。というのも、すでに右で述べておいたように、問題自体の性質上、厳密な分離はできないとはいえ、通例この種の制度はとくに国家の安全と平穏を狙ったものであるからである。この作業に際して、私はこれまでたどってきた行程をそのまま踏襲するつもりである。すなわち、これまではまずはじめに国家活動の最大限の可能性を想定し、その上で徐々に、そこから切り離さなくてはならない対象について吟味しようと試みたが、今残されているのは安全に対する配慮の問題だけであり、これについてもふたたび同じ方法で議論を進めなくてはならない。そこで、まず安全に対する配慮の最大の範囲について考察し、徐々に範囲を絞ってゆき、適切と思われるいくつかの原則へと向かうこととしよう。この行程があまりにまどろこしく長たらしいと思う人がひょっとしているとすれば、教養学的な[2]論文なら正反対の方法が要求されるということは喜んで認めよう。しかし、本稿のようなひたすら探究に打ち込む論文については、こうした方法をとることによって、少なくとも、対象の全範囲を網羅して何も見逃さず、諸原則については、それを実際に別々に導出したのとまったく同じ順序で説明したということを納得していただけるだろう。

国家において違法行為の予防と道徳的手段の使用を迫る声が、とくに最近になってかまびすしくなってきている。実をいうと、私は、これとか類似の要求を耳にするたびに、自由を制限するこのような道徳的手段の使用が我が国でますます縮小されてきており、ほとんどすべての国家の情勢においてますます実現しにくくなっている、とほくそえんでいるのだ。古代のギリシャやローマを引き合いに出してこうした要求を正当化する人もいるが、それらの国制をもっと正確に知れば、この比較がいかに不適切であるかということがたちどころに明らかになるだろう。まず、ギリシャやローマは共和政国家であり、そこに備わっていたこの種の組織は自由な国制の拠り所であった。市民はこの自由な国制に熱狂したが、それは私的自由の制限の悪影響をあまり感じさせず、性格の持つ活力にあまり害を及ぼさない類のものであった。それに加えて、別の点でも彼らは我々よりも大きな自由を享受していたし、自由を犠牲にするにしても、それは別の活動、すなわち統治への参加のためであった。現代の国家はたいてい君主政をとっており、すべての事情がまるで異なる。道徳的手段のうちで、おそらく古代人が使用したと思われるもの、すなわち国民教育、宗教、習俗規範はすべて、現代に持ってくれば益少なくして害のみ大きいものとなるであろう。それから、現代人が往々にして古代の立法者の賢慮の成果とみなしているものも、たいていは、すでに正真正銘の——ただおそらく確固不動でなかったために法律の制裁を要した——民衆の習俗にすぎなかった。リュクルゴスの定めた諸制度が大半の粗野な諸民族の生活様式と一致していることは、すでにファーガスンがみごとに示したとおりである。[3] そして高度の文化が民族を洗練したため、事実の上でも残ったのはリュクルゴスの制度の影でしかなかった。最後に、人類は現在相当高い文化段階、すなわちそこからもっと上に舞い上がるには個人の陶冶を完成しさえすればよい段階に達している。こうした諸々の理由から、この陶冶の完成を妨げ、人間をますますひとかたまりに凝固させていく現在のすべての制度は昔よりも有害なのである。

このようにちょっと観察してみるだけでも、——さしあたりいわば思いきり手を広げてくる道徳的手段について述べるとすれば——公教育、つまり国家から指示ないし指導を受けた教育は、少なくとも多くの面で疑わしいように思われる。これまでの推論全体からすれば、どこから見ても、すべては最高に多様な形で人間の陶冶を完成していくことにかかっているが、(4)しかし公教育は、たとえこのような欠陥を回避して、教師の任命と俸給の支給だけに事業を切り詰めたいと思っても、つねに一定の形式を助長せずにはおかない。そのため公教育には、すでに本稿第一章で説明したあらゆる欠点が顔を出してくる。そこでここでなお付け足す必要があるのは、どんな制限であっても、道徳面で人間に関わってくるといっそう有害になるということ、そしてもし個々人に対する活動を要求する何らかのものがあるとしたら、それがとりもなおさず個々人を陶冶すべき教育だということ、これだけである。まさにそこから次のようなきわめて有益な結論が出てくることは否定できない。すなわち、人間は、自分の境遇や環境によりあらかじめあてがわれた型の中で、つまり国家の中で自発的に活動するのだが、ここに——こう言ってよければ——国家に指示された境遇と当人自身が選んだ境遇との間に衝突が生じると、それによってある時には当人がそれまでと違う形に変えられ、別の場合には国家体制そのものが変化せざるをえなくなるのである。事実また、こうした変化は、——もちろん一見しただけではほとんどわからないけれども——国民の性格が変容した後のあらゆる国家にはっきり認められることになる。しかし、このような事態は、少なくとも市民が幼年期からすでに市民となるべく陶冶を受けるようになるにつれて、つねに解消されてゆく。かりに人間的関係と市民的関係が限りなく重なり合うことがあるとすれば、それはたしかに結構なことである。しかし、これは何といっても、市民的関係がほとんど独自の性質を要求せず、人間としての自然な形態が何も犠牲にしないで生き延びることができる場合に限っての話である。——そしていってみれば、ここにこそ、本稿で私があえて展開しようとする一切の理念がひたすら目指す目標がある。しかし、もし人間が市民のために犠牲にされてしまったなら、この目標は金輪際有益でなくなってしまう。というのも、そうすれば両者の間の不均衡により生じる有害な帰結はなくなるとしても、それと同時に人間は、まさに一つの国家にまとまることで確保しようとしたものまで失ってしまうからである。

したがって、私見によれば、人間の陶冶は、およそ市民的関係などほとんど意に解さない、最高度に自由なものであるから、いつでもまっさきに行わなければならないということになる。人間はそのように陶冶され、その後で国家に足を踏み入れなければならないのだから、国家体制はいわばそうした人間に即して吟味されなくてはならない。私は、このような闘争によってのみ国民による国制の真の改善がなされると思う。また、こうした闘争によってのみ人間に対する市民的制度の悪影響を心配しなくても済むようになるであろう。というのも、たとえ市民的制度が大きな欠陥を持つ場合でさえ、どのようにすれば、まさにその制度の窮屈な束縛を通して、それに歯向かう人間の活力が、あるいは束縛にもかかわらずたくましさを失わない活力が勝利を収めるのかということを考えることができるからである。しかし、これは人間の活力があらかじめ自由に発展している場合にのみ可能なことであろう。年端もいかないころから例の束縛に押さえつけられていても、なお抗って、びくともしないでいられるには、いったいどれほどの非凡さが必要であろうか。ところが、いかなる公教育も、つねに統治の精神が君臨しているので、人間に一定の市民的な形式をあてがうのだ。

ところで、古代国家や、おそらくは今でも少なからぬ共和政国家に見られるように、そのような形式が本来明確であり、その中身が――一面的であっても――美しいような所では、その形式を実行に移すことが容易であるのみならず、内容そのものも害が少ない。しかし、我々のような君主政的国制には――これはたしかに人間の陶冶にとって少なからず幸いなことだが――そのような決まった形式がまったく存在していない。なにしろ君主政的国制ではおよそ国家結合を手段としかみなすことができないので、共和政国家に比べてこの手段のためにさほど個人の諸能力を費やす必要がないということは、かなりの欠点を伴うものの、明らかに君主政的国制の長所に数えることができるのだ。臣民が法律に従い、我が身と一族郎党に豊かな暮らしと無害な活動をさせてもらえるならば、どうやって生活していくかの細かい点について国家をわずらわすことはない。したがって君主政的国制では、公教育は、すでにそれ自体として、たとえ暗黙のうちにであっても、私教育のように人間ではなく、市民や臣民を相手にするのだとすれば、特定の美徳や人間の生き方を目的にすることはないであろう。むしろ公教育はいわば万人の均衡を求める。ほかでもないこの均衡こそ、他の何にも増して当の君主政国家がいちばん力を入れて実現しようとする平穏をもたらし、維持してくれるからである。しかし、このような努力は、すでに別の機会に示そうと試みたように[5]、行き詰るか、活力不足に至るかのいずれかである。これに対して、私教育に特有である個々の側面の追求は、同じ均衡を、生活の様々な関係や結びつきを通して、より確実に、活力を犠牲にしないで生み出すことができる。

しかし、もし公教育に対してあれこれの種類の人間形成の積極的促進をすべて禁じようと思ったり、あるいは公教育の義務を、人間の持つ諸能力の固有の発展を後押しすることだけに絞りたいと思ってたりしても、そういうことは本来実行可能ではない。なぜなら、一つには、指示の段階で統一性を持っているものは作用の段階でもつねにある程度の画一化を伴うからであり[6]、それからまた、こうした前提の下では、公教育なるものが持つ効用を見極めることができないからである。実際、子供をまったく無教育のままに放置しないことだけが狙いだとすれば、怠慢な親に後見人をつけたり、貧しい親を支援したりする方がよほど簡単であり、害も少ない。さらに、公教育は、みずから定めた目的、すなわち国家が国家にとって最適とみなした範型に従って習俗を改めるという目的ですら達成することができない。たとえ教育の影響がどれほど重要であり、全人生に感化を及ぼすとしても、やはり全人生を通じて人間についてまわる境遇の方がずっと重要である。したがって、すべてが調和しているわけではない所で、ひとりこの教育だけが浸透することなどできない。

そもそも、もし教育が、人間にあてがうべき一定の市民的形式など顧慮せずに人間を陶冶することになれば、国家など必要ない。自由な人間たちの間では、あらゆる産業はもっとうまくゆき、あらゆる芸術はもっと美しく花開き、あらゆる学問は拡大していく。そこではあらゆる家族の結束も固くなり、親はもっと熱心に子供の世話に励み、暮し向きが豊かになり、この点で子供の願望に応じる能力も高まる。自由な人間たちの所では、たがいに切磋琢磨しようとする気風が生まれ、自分の運命は自分の労働の成果しだいで決まるので、国家からの援助をあてにしなくてはならない場合よりもりっぱな教育者が育成される。それゆえそこでは配慮の行き届いた家庭教育も、非常に有用で不可欠な共同教育のための施設も不足することはないだろう[*]。

(＊)「逆に、よく整序された社会では、人々は、あらゆることから自分たちが生まれつき持っている能力を陶冶するように促される。それに余計な介入をしなければ、教育はよいものとなるであろうし、教師の技量と生徒の切磋琢磨に委ねれば委ねるほど、ますます教育はよいものとなりさえするであろう。」Mirabeau, s. l'éducat. publ., p.11.

しかし、もし公教育が人間に一定の形式をあてがうことになれば、それは、誰が何といおうと、法律違反の防止、安全の強化のためにほとんど何もしなかったのと同然である。なぜなら、美徳と悪徳は人間のあれこれの生き方に左右されるのでもなければ、人間の性格のあれこれの側面と必然的に結びついているわけでもないからだ。美徳や悪徳についてそれよりはるかに重要なのは、様々な性格的特徴の間に調和がとれているかどうか、人間の持つ生まれながらの諸々の性向等の総計との均衡がとれているかどうかということである。したがって、一定の性格形成はすべて気ままな逸脱の危険があり、実際にも道を踏み外すのである。そのため、もし全国民が主として一定の性格形成だけを施されたとすれば、それに抗おうとする力はすべて失われ、したがってあらゆる均衡も崩れてしまう。それどころかもしかすると、古代国家が頻繁に国制を変更した理由もここにあるのではなかろうか。あらゆる国制は国民の性格に甚大な影響を及ぼし、この性格は一定の形に成型された後、退化し、新しい国制を生み出した。

とどのつまり、公教育の目的の完全な達成を容認しようとすれば、公教育の影響はあまりに大きくなりすぎるのである。一国家内で必要な安全を維持するために、習俗そのものを改める必要はない。しかし、どういう根拠によって私がこうした主張を支持しようと思っているのかという点については、この続きにとっておくことにする。(7) というのも、この根拠は習俗に影響を及ぼそうとする国家の志向全体に関わっており、これに付随した個々の手段のうちのいくつかについて前もって論じるべきことがまだ残っているからである。以上の点からして、公教育は、国家が活動を控えなければならない境界線のはるか外側に位置しているように私には思われる。(＊＊)

（＊＊）「こうして、おそらく問題なのは以下のことを知ることである。フランスの立法者は、公教育の進歩を保護する以外の目的で公教育に専心しなければならないのか、そして人間としての自己の発展に最も好ましい憲法と各人を適所に配置するのに最もふさわしい諸法律が、人民が我々に期待しているはずの唯一の教育ではないのかどうか、ということである。」Mirabeau. s. l'éducat. publ., p.11.「それによれば、厳格な諸原理は、国民議会が、みずからの影響力を損ないうる諸権力や諸団体から教育を取り戻すことだけを目的として、教育に専心することを要求しているように思われる。」Mirabeau, s. l'éducat. publ., p.12.

第七章　宗教

教育手段としての宗教

国家は、国民の性格と習俗に働きかけるために、青少年に対する本来の教育のほかにもう一つ手段がある。これを通じて国家は、いわば大人になり成熟した人間を教育し、全生涯にわたって彼らの行為様式や思考方法を嚮導して、それにあれこれの方向づけを施そうとし、あるいは少なくともそれをあれこれの逸脱から守ってやろうとする。すなわち宗教である。歴史が示すところでは、てんでに意図は異なり、程度も様々だが、あらゆる国家がこの手段を利用してきた。古代人の場合、宗教は国家体制ときわめて密接に結びついており、国制の真に政治的な支柱もしくは原動力であった。それゆえ、これについても、古代人の類似の制度に関してこれまで述べてきたことがすべて当てはまる。キリスト教が、諸国民のかつての特殊な神々に代って万人のための普遍的な神を教示し、それを通じて、人類の異なった種族をたがいに引き離していた最も危険な壁のうちの一つを突き崩し、またそれとともに真の人間の美徳、人間の発展、人間の結合のすべてにわたる真の基礎を据えた時——もしこれらがなかったならば、啓蒙も知識も学問自体も、永久とはいかなくとも、今よりはるかに長い間、少数者の稀有な財産に留まっていたであろう——、国家体制と宗教との結びつきは弛緩した。しかし、その後、蛮族の侵入がこのような啓蒙精神を蹴散らし、よりにもよってキリスト教の誤解が盲目的で不寛容な改宗熱を吹き込み、それと同時に国家の政治形態が大きく変化した結果、市民の代りに臣下、それも国家ではなく君主の臣下しかいなくなってしまうと、キリスト教の保護と布教は、「これこそ神御みずから私にお任せになったことだ」とばかりに諸侯が自分一個の良心に基づいて取り計らうべき事柄になった。時代が下るとこのような思い込みはだんだん珍しくなってゆくが、しかし国内の安全と倫理の見地から——これを守るすこぶる堅固な砦として——法律や国家制度による宗教の奨励が諸侯自身の努力に劣らずしきりに推し進められた。おおよそこれらが、思うに、国家における宗教の歴史の主要な時代区分であろう。上掲の動因のそれぞれが、とくに最後に挙げた動因がどの時期にもともに働いていたことを否定するつもりはないが、しかしもちろん、そのうちの一つだけがそれぞれの時期に最も有力であった。

宗教理念を通して習俗に働きかけようとする志向がある時、特定の宗教の奨励を信仰心一般の奨励と区別しなくてはならない。前者が後者に比べて抑圧的で腐敗しやすいことは論を俟たない。しかし概して、前者をぬきにして後者だけを実行に移すことは容易でない。というのは、ひとたび国家が道徳性と信仰心は不可分に結合していると信じ、後者の手段を通じて働きかけることが可能であり、許されているとみなしたならば、——様々な宗教的見解が、真の（もしくは偽りの）理念に即して作られた道徳性に様々な形で対応している以上——国家がどれか一つの宗教的見解を優先して保護しないなどということはほとんどありえないからだ。また、国家は、たとえこのような事態を完璧に回避し、さながら全宗派の保護者・擁護者として振舞ったとしても、保護すべきかどうかの判断基準を外面的な行為に置くしかないのであるから、これら諸宗派の見解を、そこから逸脱する可能性のある個々人の見解の抑圧によって優遇せざるをえない。そして少なくとも国家は、人生に感化を及ぼすような、一つの神への信仰を世間一般において支配的な信仰にしようとする限り、どんな場合にもたった一つの見解にしか関心を持たない。さらに、これらすべての点のほかになおこういう事情が付け加わる。すなわち、あらゆる表現には曖昧さがつきまとっており、たった一つの言葉に何度でも置き換えられる理念はいくらでもあるものだが、そこで国家は、信仰心という表現を一つの基準として何らかの形で利用しようと思えば、必ずみずからその表現に特定の意味を付与するということになるのである。それゆえ私見では、国家が宗教問題に介入しようとすれば、どうしてもある特定の見解の優遇という罪を大なり小なり犯さざるをえず、したがってこの優遇に由来する、自分にとって不利な根拠を認めざるをえないということになる。それに、私は、このような介入の仕方を行えば、少なくともある程度まで指導を、つまり個人の自由の抑圧を伴わざるをえないと思う。というのは、宗教理念に浸るように文字どおり強制すること、あるいはただそうするように要請するだけのこと、はてはそうする機会を単に斡旋するだけのこと、この三つの間には、影響力の点で、まことに当然のことながらおおいに差異があるけれども、右で類似した複数の制度についてかなり詳しく示そうと試みたように、この最後の場合においてすら、つねに国家的発想法が確実に優位を占め、それが自由を圧迫するからである。これらの点を先に述べておく必要があると考えたのは、以下の研究が宗教一般の奨励のための国家の配慮ではなく、個々の種類の宗教についてのみ論じているのではないかという異論を予防するためと、その研究が、想定される個々の事例を神経質なまでに精査することによってあまりにも細切れになってしまわないようにするためである。

宗教の本質

あらゆる宗教、もっともここで言うのは、倫理と幸福に関わり、それゆえ感性の領域にまで移行したという意味での宗教であって、理性が何らかの宗教的真理を実際に認識し、もしくは認識したと思い込んでいる場合は含まず（なぜなら真理の認識は意欲や欲望のあらゆる影響から独立しているのだから）、また、啓示が何らかの宗教的真理の裏づけとなっている場合も含まない（なぜなら歴史的な信仰もおそらくこの種の影響に服していないであろうから）。——こういう意味ですべての宗教は魂の欲求に基づいているのだ。我々が希望を胸に抱き、何かを予感するのは我々がそれを願うからである。いまだ精神的文化のわずかな痕跡も見られない所では、人間の欲求も肉体的感覚にすぎない。自然界の出来事は人間の想像力によって自発的に活動する存在に変えられ、人間がそれに接した時の畏敬と希望の念が宗教全体の本質を形作る。精神的文化の端緒が開かれると、それではもはや不十分となる。以後魂は、完全性——すなわち魂の内なる火花のかすかな光源であり、魂が自己の外部にはるかに高次の規矩を予感する源となる完全性——をじかに観ることに憧れる。そしてそれを観るとたちまち驚嘆の念が湧き、自分自身とかの存在との関係を連想すると、驚嘆は愛に変り、そこから似たものになりたいという欲求、つまり一体化の欲求が起こってくる。これはいまだ陶冶のごく低い段階にある諸民族にすら見られる。というのは、最も粗野な諸民族にあってさえ、国民の中の有力者たちが「我々は神々の末裔であり、神々の下へ立ち帰るのだ」と空想するのだとすれば、これも右のような欲求に発しているからである。ただ、各時代・各国民によって完全性の支配的なイメージが異なるのに応じて、神のイメージにも区々たるものがある。最古のギリシャ人とローマ人の神々、あるいははるかかけ離れた我々の祖先の神々は、身体の力や強さの理想を表していたが、感覚的な美という観念が発生し、洗練されてくると、擬人化された感覚的な美しさが神の玉座にまで高められ、かくして芸術の宗教とでも呼べるような宗教が成立した。人間が感覚的なものから純粋に精神的なものへ、美から善と真へと進んでいくと、あらゆる知的、道徳的完全性の本質が崇拝の対象となり、宗教は哲学の財産となった。もし宗教が個々人ではなく、国民や宗派に応じて異なるのだとすれば、この基準に従って、異なった宗教の価値を比較衡量することができるかもしれない。とはいえ、宗教はまったく主観的であり、もっぱら各人固有の発想法に基づいている。

神という観念が真の精神的陶冶の所産であるとすれば、それはひるがえって内面的な完全性に対して麗しく有益な作用を及ぼす。あらゆる事物は、理性を欠く偶然の産物と違って、すべてを見通す意図の被造物という姿で我々の前に現れる。我々の行為に、ひいては知的諸力の向上にぜひとも必要な叡智、秩序、意図の観念は、我々がそれを至る所に発見した時にはすでに我々の魂の中にしっかり根づいている。事物の極限においてただ一つの原因が秩序を与えており、精神的実体が永続していることに思いをめぐらせる時、有限はさながら無限に、無常は常住に、移ろいやすきものは恒常的なるものになり、もつれた糸は一筋になる。もし我々にとって一切の真理の源泉にして一切の完全性の本質であるような一つの存在があるのだとすれば、我々の真理の探究と完全性の希求はいっそう確固として揺るぎないものになる。確信と希望が魂に結びつくと、魂は逆境に対して鈍感になる。今所有しているものはすべて愛の御手から受け取ったのだという感覚は、同時に幸福感と道徳的な善意を高揚させる。すでに受けた歓喜に感謝し、これから先の歓喜を待ち焦がれてその到来を信じることによって、魂は自分自身を超え出る。そして内に閉じこもって自分だけの気持ち、意図、心配事、希望についてたえず思いわずらうことがなくなる。自分一人で何でもできるという思い上がった感覚を持たないでいられるようになった時、魂は他者の愛の中に生きているという恍惚の感覚を味わう。その感覚の中で、みずからの完全性は他者の完全性と交わるのである。魂は、他者にとっての自分の存在が、ちょうど自分にとっての他者の存在となるような気分になる。だから、自分が何一つ他者から受け取らないことを望まないのと同じように、他者が何もかも自前で済ますことを望まない。ここでは本研究の主要な観点にざっと触れただけである。この対象になお立ち入って論じても、ガルヴェのみごとな説明の後では、無益であるばかりか、不遜でもあるだろう(1)。

宗教と道徳

さて、一面において宗教理念が道徳的完成を目指すにあたって寄与するところはたいへん大きいものの、他面、この二つは切っても切れない関係にあるというわけではない。精神的完全性という純然たる理念は偉大で、充実し、高潔であり、それ以上に別の外皮や形姿を必要としないほどであり、しかもあらゆる宗教の根底には、程度の差こそあれ、擬人化、一種の具象化、神人同形説が横たわっている。あの完全性の理念は、すべての道徳的善の総和をただ一つの理想にまとめ、この存在との関係の中でものを考える習慣がない人間の頭にもたえず浮かび上がってきて、活動の原動力に、つまりあらゆる幸福の種になるであろう。彼は、自分の精神は進歩してだんだん強くなる能力があるのだ、と経験を通じて堅く信じ、何物も恐れず、自分が立てた目標に向かって突き進むであろう。想像力に惑わされて虚無の中に虚無を感じるということがなくなると、自分の存在の消滅の可能性という考えにおびえなくなるであろう。成す術もなく外面的な運命に引きずられていったとしても、へこたれることはない。なぜなら、外面的な満足や欠乏など意に介さず、ひたすら純粋に知的で道徳的なものに目を向け、どんな運命を前にしても魂の内なるものは微動だにしないからである。精神は、自足によって不羈独立を感じとり、自分の理念の充溢と自分の内的な強さの自覚によって事物の移ろいから超越していると感じる。そこで、もし彼が自分の過去に戻って、事件が起こるたびにどのようにしてそれをあれこれの方法で役立てたか、どのようにして今の自分になっていったのかということを、一歩一歩探っていくとすれば、そしてそうすることで原因と結果、目的と手段の一切が自分の中で一体となっているさまを見て、その後で、有限の存在であるからこそ持つことのできる高潔この上ない誇りを心底から感じつつ、

聖なる火に燃える心よ
おまえはすべてを自分自身で成し遂げたのではなかったのか(2)

と叫ぶならば、その時どうして、孤立無援、庇護・慰藉・助力の欠如の観念——それは通例有限なるものの連鎖の原因を個人や秩序や理性により説明できない時に人が信じるものであるが——がことごとく彼の中から消え去らずにいられようか。この自己感情、この自分の中にあり自分を貫いている存在のおかげで、彼は他者に対して酷薄にも無感覚にもならず、その心は愛をともにすることと、善意のあらゆる性向に開かれて

いる。この完全性の理念はまことに冷たいだけの悟性の理念ではなく、彼の活動全体に関わる真心のこもった暖かい感情であるといってよいのだが、まさにこの理念こそ、彼の存在を他者の存在へと引き移すものである。それどころか、他者の中にはより偉大な完全性に至るための能力が等しく備わっていて、この完全性を彼は生み出したり、高めたりすることができる。彼が自己や他者を個々ばらばらに考察する余地がある限り、すなわち彼の想像の中で、すべての精神的存在が、それぞれ個々ばらばらの分散状態にある完全性の総和としてまとまった形になっていない限り、彼はまだすべての道徳性の最高の理想を完全に確信していない。おそらく、彼の運命と彼と同種の他の存在の運命が、彼の想像の上で、もっぱら彼と彼らに左右されるようになればなるほど、彼と彼らの結びつきはもっと親密になり、彼らの運命に対する彼の共感もずっと暖かいものになるであろう。

おそらくこのような描写に対しては、それがリアリティを持つには精神と性格が並外れて（単なる凡人の域を超えて）強靭でなければならないという異論が出てもおかしくはないが、他方でそれは、宗教的感情が冷淡と熱狂から等しく距離をおいた真に美しい生活をもたらすとされる場合と同断だということを忘れてもらっては困る。それに、もし私が最後に描いて見せた雰囲気の奨励をとくに推し進めようとしたとでもいうのであれば、この異論もおおむね当たっているかもしれない。しかし私の意図はまさに、道徳性は、人間というものを極限まで押し詰めたとしても、決して宗教に依存しておらず、あるいはそもそも宗教と必然的に結びつくわけでもないということを示すこと、またそれを通じて私なりに、不寛容のわずかな影ですら取り除き、人間の思考様式や感覚様式についてつねに心がけるべき尊敬の念の奨励に寄与すること、ただそれだけである。このような発想法の正しさをさらに擁護するために、ここで別の側面から、宗教一辺倒の雰囲気がそれと正反対の雰囲気と同じく、どれほど有害な影響を及ぼしうるかということを描こうと思えばできるであろう。しかし、どう見ても愉快とはいえない描写に時間を費やすのは厭うべきことであり、すでに歴史学にはそうした描写が存分に陳列されている。また、道徳性の性質そのものに目をやって、人間の信仰心だけでなく、人間が持っている宗教的な心的系統《システーム》も人間が備えている感覚的な心的系統と緊密に結合していることを一瞥すれば、おそらくもっと明白な証拠も得られるであろう。

宗教の実効性

さて、道徳を義務として命じるものは何かという問いも、あるいは道徳法則をいわば裁可するものは何か、道徳法則に意志への関心を付与するものは何かという問いも、宗教理念に左右されるわけではない。もし左右されれば道徳的意志の純粋性ですら毀損してしまうことになるという主張[3]をここで引くことはしない。もしかすると、本稿のような、経験から汲み出して、経験に適用することができる推論では、この原則に十分な妥当性を認めることはできないという人もいるかもしれない。しかし、ある行為を義務となす場合の行為の性質は、一つには人間の魂の本性から、一つには人間相互の関係への具体的な適用から生じる。そしてこの性質が圧倒的に宗教的感情により推し進められることは否定できないとしても、それは唯一の手段でもなければ、ましてあらゆる性格に適用できる手段でもない。むしろ、宗教の効力はまさに人間の個人的な性質に基づいており、最も厳密な意味で主観的である。認識が決して感覚に変ることがない冷徹な熟考型の人間にとっては、事物と行為の関係を洞察して、それによって意志を決めるだけで十分であるから、有徳に振舞い、自分の性格に即して可能な限り有徳であるためには、宗教的根拠を要しない。それに対して、逆に感受性が非常に強く、あらゆる思考が容易に感情に変る人間の場合はまったく事情が異なる。しかしここでもニュアンスは無限に多様である。魂がみずからを抜け出し他のものへと姿を変えて、他の魂と結合したいと願う強い傾向を持つ場合は、宗教理念が有効な原動力となるだろう。これとは違って、あらゆる理念や感覚の非常に緊密な一貫性が優位を占めているような性格もある。この場合、性格は、認識と感情の非常に奥深くまで及ぶので、そこから強靭さや自主性が生まれてきて、存在全体を見知らぬ存在に委ねたり、見知らぬ力を信頼したりすること（宗教の影響はすぐれてそのような形を通じて現れる）を要求せず、またそれを許しもしない。宗教理念に立ち返るために必要とされる事情ですら、性格の違いによって様々である。ある人は、喜びであれ悲しみであれ、つねに強い感動が必要だが、他の人にとっては、満足感から生じる感謝の念だけで十分である。後者の性格がまさか最低の評価を受けることはないであろう。この性格は一方で不運のさなかにあっても他人の助けを求めないだけの強さを備えており、他方では愛されるという感情にあまりにも敏感なので、満足の観念に愛情あふれる施し手という観念を進んで結びつける。また、よくあるように、宗教理念への憧れも、性格によってはかなり高貴で純粋な、こう言ってよければむしろ知性的な淵源から生じることがある。

人間は、自分の周りで何かを目にした時、感覚器官の媒介によってしかそれをつかまえることができない。事物の純粋な本質が人間に直接開示される所はどこにもない。自分の愛を最も激しくかきたて、自分の内面全体をおよそ抗うことできない力でつかむもの、その肝心のものが最も厚いヴェールに包まれているのだ。全人生を通じて人間の活動はそのヴェールを突き破ろうとする努力であり、愉しみはといえば、象徴の謎の中に真実を予感し、生きている限りいつの日にか媒介物なしに直観することを願うことである。さてそこで、精神は霊妙な美しい調和の中に、現実の人生の媒介物ぬきの直観を倦むことなく探り、心はそれを求めて恋い焦がれながら、概念の不足のために思惟する力の深みを得ることができず、意味と想像の幻像のために感情の温もりに達することができないとなると、信仰は、あらゆる概念を——すべての制約を除去して理想にまで——拡張しようとする理性固有の衝動にずるずる引きずられ、他のあらゆる存在を包摂して、純粋に媒介ぬきに実在し、直観し、創造する一つの存在にしがみつくことになる。しかし他方、比較的温厚な人間はしばしば信仰を経験の範囲内に限定する。なるほど、往々にして感情は、ここでも理性特有の理想に好んで慰みを得ようとするが、しかしそれ以上に歓喜に満ちた刺激を求め、そのために、感情の受け皿として授けられた世界に身を切り詰めて、感覚的性質と非感覚的性質をより緊密に撚り合わせ、象徴にもっと豊かな意味を与え、真理にはもっとわかりやすくイメージに富んだ象徴を与えようと努める。そしてここでは往々にして人は、視線を永遠の彼方にさまよわせることをみずからに禁じることによって、あのわくわくする陶然と酔いしれる感激は得られないけれども、その埋め合わせとして、自分の努力はきっと成功するはずだという意識にたえず導かれる。彼の足取りはさほど大胆ではないが、よりしっかりしている。彼の固執する悟性概念はたいして豊かではないけれども、より明瞭である。感覚的直観はさほど真理に忠実ではないけれども、経験による検証の義務を彼が果たすのには適している。総じて人間の精神が進んでみずからの感情の満腔の同意を得て讃嘆するのは、多様で、ことによるとたがいに争いかねない諸個人の無数の集合の中にある含蓄に富んだ秩序をおいてほかにない。一方、中にはこの讃嘆の念を桁外れに強く感じる人々がいて、そのために、たった一つの存在が世界を創造し、秩序づけただけでなく、行き届いた思慮でそれを維持しているという発想法を誰よりも好んで追い求めようとする。しかし、別の人々にとっては、命令の普遍性よりもいわば個人の力の方が神聖であり、そちらに魅せられる。それゆえ、後者の人たちの目には、こう言ってよければ、反対の道の方がより頻繁に、またより自然に姿を現す。つまり、この道をたどるうちに、諸個人の存在そのものが、自己の中で発展し、感化を通じて相互に修正し合うことによって、人間の精神が心とともに唯一やすらぐことのできる調和した状態に自分自身を適合させるのである。

こうしたわずかばかりの叙述で、いくら分類しようとしてもしきれないほど豊かな多様性を持つこの素材を論じ尽くしたなどとはさらさら思っていない。私はただ、真の信仰心が、あらゆる真の宗教的な心的系統と同じように、最高の意味において人間の諸々の感覚様式の最も内的なつながりから生じるということを、例示のような形で、この叙述で示そうと思っただけである。

なるほど、純粋に知的な性質を持つ宗教理念の中にあるもの、つまり意図、秩序、合目的性、完全性といった概念は感覚と性格の違いに左右されない。しかし、一つには、ここで問題となるのはこれらの概念それ自体よりむしろ、人間に対する概念の影響である（いうまでもなくこの影響は概念に匹敵する独立性を確保することができない）。それから、これらの概念はもっぱら宗教独自のものだというわけではない。完全性の理念は、まず生ける自然から汲み出され、ついで死せる自然へと移し変えられ、最後にしだいに完全無欠のものにのぼっていってあらゆる制約が取り払われるに至る。ところが、ここで生ける自然と死せる自然は同じ段階に留まるのか、最初の一歩を踏み出しておきながら、最後の一歩の手前で踏み留まることはありえないのか。そこで、もしあらゆる信仰心が全面的に性格、とくに感情の多様な変容に基づくのだとすると、倫理に対する信仰心の影響もまったくもって、受容した教義のいわば内容をなす素材ではなくて、教義を受容し、確信し、信仰する行為の形式に依存していなければならない。このような考え方は、すぐ後でおおいに役立てるつもりだが、これまでの論述によってその正しさは証明できたものと思う。ここでまだ危惧してしかるべきことがあるとすれば、それはただ一つ、これまでの私のすべての発言において念頭にあったのは、素質と環境に非常に恵まれ、魅力のある、まさにそれゆえにめったにいない人間のみだ、という非難だけである。しかし、私がいかにも多数を占めている群衆のことを決して無視などしていないことは、以下述べるところが示すことになると思うし、人間こそが研究の関心を引く当の対象である限り、いつでも最高の視点から出発しないのは、はしたないことのように見える。

道徳的手段としての宗教

宗教と人生における宗教の影響について以上の一般的な見通しを得たからには、いまや、国家は宗教を通じて市民の習俗に働きかけてもよいかどうかという問題に戻らなければならないが、その場合、立法者が道徳的陶冶のために用いる手段が、人間の能力と性向の内的発達を促進すればするほど有用で目的にかなっているということはまちがいない。なぜなら、あらゆる陶冶はひたすら魂の内部から湧き出るものであり、外面的な措置がきっかけになることはあっても、決してそれによって生み出されることはないからである。ところで、理念、感覚、内的確信に全面的に依拠している宗教がそのような手段であるということに議論の余地はない。我々が芸術家を育てる時には、芸術の傑作を手本にして眼力を鍛え、古代の成果である美しい形象によって想像力を養うという方法を用いる。それと同様に、倫理的な人間を育てるには、高次の道徳的完全性をじかに観たり、実生活の中で人とつきあったり、実用的な歴史研究を行ったり、あるいは最後に神の像における最高の理想的完全性をじかに観ることが必要である。しかし、この後者の見解は、前述の箇所で示したと思うが、万人の目に合わせて作られていない。あるいは比喩を使わずにいえば、こうした発想法はどんな性格の持ち主にもふさわしいというわけではない。しかも、たとえふさわしいとしても、この発想法が効果を発揮するのは、それがあらゆる理念や感覚のつながりから生じる場合と、それが外部から魂にあてがわれるのではなく、むしろ魂の内部からおのずと生まれ出てくる場合に限られる。したがって、人々が宗教理念に親しむのを妨げる障害を除去し、自由な探究精神を促進することだけが、立法者が用いてもよい唯一の手段である。もし立法者がそこからさらに歩を進め、信仰心を直接に奨励ないし指導しようとしたり、ましてある特定の理念を保護して、真の確信ではなく権威への信仰を要求したりすれば、精神の持つ向上心や魂の諸力の発展を妨げてしまう。そのようにすることで立法者は、あるいは想像力の獲得を通じて、あるいは瞬間的な感動を通じて、市民を法律に則って行動させることができるかもしれないが、決して真の徳を生み出すことはない。なぜなら真の徳は、命令づくの、権威への信仰に基づいたあらゆる宗教から独立しており、かつそれと相容れないからである。

とはいえ、ある種の宗教的原則が曲がりなりにも法律に則った行為を生み出すとすれば、それだけで——一般的な思考の自由を犠牲にしてでも——その宗教原理を流布する権限を国家に与えるのに十分な理由にならないであろうか。国家の意図は、みずから定めた法が厳格に守られるならば、それで達成されるし、立法者は、賢明な法律を制定し、それを市民に遵守してもらえるならば、自分の義務を果たしたことになる。それに、右で示した徳の概念は、国家の構成員のうちごくわずかの階級、すなわち外面的状況が自分の時間と力の大部分を内面的陶冶の仕事のために割くことを可能にするような階級にしか当てはまらない。国家の配慮はもっと多数の人間まで及ぶものでなければならないが、彼らは道徳性のあの高度な段階に達する能力がない。

本稿の最初の方で説明を試みた命題はこうであった。すなわち国家制度はそれ自体が目的ではなく、人間の陶冶の手段にすぎず、したがってまた立法者は自分の宣告に権威を与えようと思えば、同時に権威を発揮するための手段が善きものであるか、あるいは少なくとも無害であるようにしなければならない。そしてこの命題は、事実上右のような異論の根拠に対する反論になっているので、ここではこれ以上触れない。しかしそれとともに、国家にとって重要なのは市民の行為とその適法性だけだという主張も正しくない。国家とは非常に多くの構成物からなる複雑な機械であるから、つねに単純かつ一般的で、できるだけ少数であることを旨とする法律がこの点に関して単独で十分な役割を果たすことなどできない。たいていのことは、市民の一致した自発的努力の果たすべきこととしてつねに残っている。この命題を納得していただくには、開化され、啓蒙された国民の繁栄と、自然のままの無教養な民衆のみじめな有様を比較してもらえばよい。それゆえ、かつて国家制度の研究に没頭してきた人たちのあらゆる努力はつねに、国家の福祉を市民自身の関心事にすること、また国家を機械——すなわち自前《じまえ》の原動力の内的な力によって動き続け、たえず外から新たな感化を受けないで済むような機械——に変えることに傾けられてきた。近代の国家が古代国家より優れていると自負できるとすれば、それはとりわけこの原則を実現する力が強いというところにある。国家が宗教を陶冶の手段として利用しているということさえその証となる。だが、ある一定の教義を通じて善き行為だけを生み出すとか、総じて積極的な指導によって習俗に影響を及ぼすと言われる限りにおいて——ここでは実際にそうなっているのだが——宗教もまた異質の、つまり外から働きかける手段である。それゆえ、市民の教養を向上させて、「国家目的を促進するあらゆる原動力は、自分たちの個々の意図を達成するために国家制度が保証してくれる効用の観念にのみある」と考えるところまで引き上げることこそ、立法者の究極の目標、といっても——真の人間知がいずれすぐに立法者にわからせることだが——最高度の自由の保障によってのみ達成できる目標でなければならない。だがこの洞察に至るためには、啓蒙と高度の精神的陶冶が不可欠である。それらは自由な探究精神が法律によって制限される所では繁栄することができない。

精神の自由と啓蒙

もし右の考察に耳を貸さないでいられる人がいるとすれば、それは、一定の宗教教義への信仰がなければ、あるいはせめて市民の宗教に対する国家の監視がなければ、外面的な平穏や倫理も存立することができないとか、それらがなければ、民間の強制力では法律の威信を維持することができないといった確信を持ち続けているからにすぎない。けれどもこのような形で採用された宗教教義や、総じて国家的措置により促進されたあらゆる信仰心が持つとされる影響力については、まずそれなりに厳密で正確な吟味を行うことが必要であろう。民衆の中でも比較的未熟な階層の者たちに対しては、あらゆる宗教上の真理のうちで因果応報にまつわる観念がいちばん有効だとみなされる。この種の観念は、不道徳な行為に及ぶ性癖を緩和するわけではなく、善行への性向を促進することもなく、したがって性格も改善せず、ただ想像力だけに作用し、それゆえ——空想された情景一般がそうであるように——行為様式に対して影響力を持つけれども、この影響力は同時に、想像力が活発に働いてありとあらゆるものを麻痺させるために減殺され、相殺されてしまう。さらにもう一つの事情が加わる。これらの見込みは実にはかなく、だからこそ、最も信心深い人の想像するところからしても、非常に不確かであるため、事後の悔悛、将来の改心、赦しの希望といった——ある種の宗教概念によりおおいに引き立てられている——観念によってせっかくの効果を削がれてしまうのだ。そうだとすれば、そうした観念は、悔悛しても事後に改心しても罰から逃れられないけれども、もし子供のころから道徳的行為と不道徳な行為のあれこれの結末を市民に知らせておきさえすれば、手軽に——りっぱな警察施設でもあれば確実に——逃れることができる、という市民の刑罰のイメージと比べて、どれほど効果を発揮するか怪しいものである。

むろん、民衆の大部分に見られる、ほとんど啓蒙されていない宗教概念でも、いくらか高尚な仕方で効果を発揮することは否定できない。全知全能の存在の配慮の対象になっているという想念は彼らの品位を高め、命は未来永劫に続くという確信は彼らを高次の視点に導いて、より意識的、計画的な行動をさせ、神が持つ愛に満ちた善意の感情は彼らの魂にそれと類似した雰囲気を与える。要するに、宗教は徳の美に対する感性を彼らに吹き込むのである。宗教はこれらの作用を及ぼすとされるが、しかしそのためには、宗教はすでに諸々の理念や感覚がつながりあう状態に完全に移行していなくてはならないけれども、この状態は、自由な探究精神が阻害され、一切が信仰に還元される時には容易に実現できず、またそのためには、心を善くすることに対する感性がすでに存在していなくてはならない。さらに、宗教は倫理へと向かう未発達の性癖から生じるものなのに、右の宗教の作用にあっては、むしろ後になってあらためてこの性癖に影響を及ぼすにすぎない。たしかに、一般に倫理に対する宗教の影響がまったくないなどと考える人は一人もいないであろう。ただ、問題は、この影響が特定のいくつかの宗教教義に依存しているのかどうか、そしてたとえ依存していても、その影響は道徳性と宗教が不可分に結合しているというほど決定的なものかどうか、というところにある。私の考えでは、両方の問いには否と答えざるをえない。徳は人間の根源的な性向とぴたりと符合している。愛や協調や公正に対する感情にはまことに甘美なところがあり、非利己的な活動を行いたいという感情、他人のために犠牲を払おうとする感情にはまことに崇高なところがある。家庭生活や社会生活一般の中でこれらの感情から生じる諸関係はすばらしいものであるから、有徳な行動のための新たな原動力を探し出す必要はほとんどなく、むしろすでに魂の中におのずと備わっている原動力をもっと自由気ままに活動させてやるだけで十分である。

しかし、かりにもっと進んで、道徳の新しい促進手段を付け足したいと思ったところで、それにかまけてその手段の得失の釣り合いをとることを忘れてはならないであろう。とはいえ、思考の自由の制限による不利益がどれほど多岐にわたるかということについては、これまで幾度も話題になり、ここでも繰り返したのだから、これ以上煩瑣な議論をするには及ばないであろう。また、すでに本章の冒頭でも、国家による信仰心のあらゆる積極的な促進がもたらす弊害につき言うべきことはすべて言った。もしこの害が研究の結果に及ぶだけであり、我々の学問的認識の不完全性や不正確を引き起こすだけであれば、そこから人間の性格について期待される——もしくは期待されてもよい？[ママ]——効用によって害の埋め合わせをしようとするのは、いくらかもっともらしく見えるかもしれない。しかし、そうはいっても弊害の方が比較にならないほど重大である。自由な探究のもたらす効用は、我々の思考様式全体のみならず、行為様式全体にまで及ぶ。真理と誤謬について、外面的な状況を顧慮せず、他人と対峙して一人で判断し、また他人からの判断に耳を傾けることに慣れている人間は、探究が探究そのものに内在していない事情にたえず引きずられる人間と比べて、あらゆる行動原則をずっと徹底して考え抜き、より首尾一貫し、より高い観点から引き出す。探究やそこから生じる確信は自発的な活動であるが、信仰は他人の力、他人の知的、道徳的完全性への信頼である。それゆえ、探究し続ける思索家の中には自発性と堅忍不抜の精神がより多く生まれてくるのに対して、信頼し続ける信者の中には弱さと無為がより多く生まれてくる。

たしかに、信仰は、全面的な支配権を獲得して一切の疑いを封じこめるならば、ふつうよりもはるかにへこたれない勇気やはるかにしぶとい強靭さすら生み出す。それはあらゆる狂信者たちの歴史が教えるところである。しかし、この強靭さが望ましいのは、機械的な活動しか要しない一定の外面的成果を得ることが重要である場合だけであって、自分自身の決断や理性の根拠に基づく考え抜かれた行動、まして内面の完全性が期待されるような場合にはその限りではない。というのも、信仰による強靭さ自体はただ理性固有の活動の一切の抑圧にのみ基づいているからである。懐疑は、信じる者にとってだけ苦しみとなるのであり、みずからの探究にひたすら従う者にとっては決してそうではない。なぜなら、概して後者は前者に比べて成果を重視することがはるかに少ないからである。後者は、探究している間、つまり活動している間、自分の魂の強さを自覚し、自分の真の完全性と幸福が本来この強さに基づいていると感じる。つまり、これまで真実とみなしていた命題に対する疑念が彼を苛むのではなくて、以前に隠されたままであった誤謬を洞察するだけの力を自分の思考力が獲得したことに喜びを感じるのである。これに対して信仰は、成果自体にしか興味を見出すことができない。信仰にとっては、認識された真実にはそれ以上何も付け足すものはないからである。理性が呼び覚ます懐疑は信仰を悩ませるだけである。というのも、懐疑は、自分の頭で考える場合と違って、真理へと到達する新たな手段にはならず、信仰から確信を奪うばかりで、別の方法で確信をふたたび得る手段を示さないからである。

この考察をさらに押し進めていくと気づくのは、個々の成果に重きを置きすぎて、他の非常に多くの真理や、非常に多くの――内面的または外面的な――有益な効果が個々の成果に左右されると信じることが決して好ましいことではない、ということである。成果を重視しすぎると、探究においてはいとも簡単に思考停止に陥り、そうなれば時には、最も自由で啓蒙された主張が、ほかでもない、それ自身の繁栄にとって不可欠であったような基盤に逆らって進むことがある。精神の自由は重要であるが、それだけにその制限はすべて有害である。ところが、他方で国家は、法律を維持して犯罪を予防するための手段にこと欠かない。国家制度自体の中に見られる不道徳な振舞いの芽を可能な限り摘むなり、犯罪の発生に対する警察の監視を厳しくするなり、目的にかなった方法で刑罰を科すなり、的を外すことはないであろう。だがそもそも、精神の自由そのものと、その保護によってのみ繁栄する啓蒙は、安全のあらゆる促進手段のうちで最も効果的であるということを忘れているのではないか。他のすべての手段が犯罪の突発だけを食い止めるものであるとすれば、精神の自由は性向と心性に働きかける。他のすべての手段が外面的な行為の均一だけをもたらすものだとすれば、精神の自由は意志と志向の内面的な調和を創り出す。それにしても、人間はいつになったら、行為の外面的な帰結がその源泉である内面的、精神的な気質よりも重要だと考えなくなるのだろうか。ルソーは教育に関する見方を、外面的、物質的な成果から人間の内面的陶冶の観点へと引き戻したが、立法の分野でルソーと同じ役割を果たす人はいつになったら現れるのだろうか。

それとともに信じてもらっては困るのは、あの精神の自由と啓蒙は民衆の中の少数部分だけに向けられたものであって、いうまでもなく生活上の物質的必要の心配にかまけている大多数の民衆には役立つ見込みもなく、それどころか有害にすらなり、彼らに働きかけるには特定の教義を流布し、思考の自由を制限するしかないという見解である。どんな人間を相手にするにせよ、一人の人間であるという権利を認めないような思想には、それだけですでにいささか人間性を貶めるようなところがある。何人も、もっと高い段階に進むことができないほど低い文化段階にいるわけではない。なるほど、啓蒙的色彩の濃い宗教的、哲学的思想は大多数の市民に直接伝わりにくいし、この階層の人々に真理を説こうとすれば、彼らの思想にしっくり合うように、ふだん選ぶのとは違った衣装を真理にまとわせなければならず、彼らの冷たい理性よりも想像力と心とに訴えかける必要に迫られるかもしれない。しかしたとえそうだとしても、すべての学問的認識は自由と啓蒙によって拡張され、ついにはこの階層にまで及び、また自由な無制限の探究の有益な帰結は、全国民の精神と性格に広がって、ついには世間にさげすまれた輩にまで及ぶのである。

こうした推論は、大部分、国家が一定の宗教教義の流布に力を入れた場合だけに関わっているので、これをもっと一般的なレベルで理解していただくためには、前に展開した命題にいま一度注意を喚起しなければならない。すなわち、倫理に対する宗教のあらゆる影響は、宗教が人間を荘厳な気分にさせる教義の内容よりも、いわば宗教が人間の内部で存在する形式に――それだけでないにせよ――はるかに大きく左右される、という命題である。ところが、同じく右で示そうと試みたように、国家の措置はすべて、大なり小なりこの内容の方に働きかけるが、その一方国家がくだんの形式――この表現を引き続き使わせてもらうと――に至る道はほぼ全面的に閉ざされているのである。どのようにして宗教が一人の人間のうちで自然に生じるのか。どのようにしてその人間が宗教を受け入れるのか。――こうしたことは、その人間の生き方、考え方、感じ方全部にそっくりかかっている。かりに国家がその意図に都合のよいようにこの生き方、考え方、感じ方を変形することができるような状態を想定するとすれば――そんなことができないのはたぶん明白であるが――、私は、これまでの論述全体で提起した自説を弁明するはめになり、まことにみじめな気分に陥ってしまったことであろう。どんな場合でも国家が人間の個別的目的を無視して自己の意図のために人間を強権的に利用してはならないことの根拠を、ここでなお逐一再説しなければならなくなるからだ。そのようにする絶対的な必要があるなら、それこそ例外の弁明をしなければならないことになるだろうが、ここでもそうした必要が生じないことは、これまで証明しようと試みてきた、宗教からの道徳性の独立性が示すとおりである。それは別の根拠によってもっと明白になるであろう（この根拠によって私はすぐ後で、国内の安全維持のために習俗一般に特定の方向を与える必要がないことを示そうと思う）。

しかし、もし何らかのものが市民の魂の中に宗教のための肥沃な地盤を固めることができるのだとすれば、そしてもし何らかのものが、しっかり根を張って人々の思考と感覚的な心的系統にまで移行した宗教を、世に裨益するように倫理に反作用させるのだとしたら、国家の積極的配慮によって——たとえわずかでも——被害をこうむるのはやはり自由である。なぜなら、人間がますます多様な形で独自に自分を磨き上げてゆき、その感情がますます高く舞い上がっていけば、それにつれてその視線も、自分を取り囲む移ろいゆく狭い圏域からますます軽々と転じて、その狭い枠とその転変の根底を無限性と統一性の力によって包み込む圏域へと向かうようになるからである（そこで彼がそうした存在が見つかったと思い込むにせよ、見つからなかったと思い込むにせよ）。さらに、人は自由であればあるほど、心構えにおいていっそう自立し、他者に対していっそう好意を持つが、好意あふれる愛情ほど、人を神の下に導くものはない。そして自立性、すなわち足るを知り分を弁える力ほど、神の欠如が倫理に及ぼす害を除去してくれるものはない。最後に、人間における力の感覚が鋭くなり、力のあらゆる表出が自由になれば、それだけいっそう人間はみずから進んで、自分を嚮導してくれる内面的紐帯を探し求め、そのようにして倫理に対して忠実であり続ける。この紐帯が彼にとって神への畏敬と愛情を意味するにせよ、彼の自己感情への報償を意味するにせよ。

したがって、私から見ると、自由のあるなしによる違いはこういうものであると思われる。宗教問題についてまったく自分しか頼ることのできない市民の場合、個人的性格に応じて、宗教的感情を自分の内面に織り込むこともあれば織り込まないこともあるだろうが、いずれにせよ、彼の思想の心的系統にはより強い一貫性があり、彼の感情はより深くまで及び、彼の存在にはより統一性があり、その結果彼は倫理性と遵法においてより際立った存在になる。それに対して、様々な指図によって制限されている市民の場合、――命令にもかかわらず――上記の市民と同様、異なった宗教理念を受け入れることもあれば、受け入れないこともあるだろうが、いずれにせよ、考え方の一貫性や感覚の深み、存在の統一性は劣っており、その結果彼は倫理にさほど敬意を払わず、しょっちゅう法律を逃れようとする。

そこで、これ以外の理由を挙げることはせずに、以上によって――それ自体としては目新しくはないものの――こういう命題を提起してもよいかと思う。すなわち、宗教に関わる一切の事柄は国家活動の限界外にあること、そして、説教者や一般に聖職者全体は、国家による一切の特別な監督を免れるべき、教区民のための制度でなければならない。

第八章　習俗の改良[1]

国家が安全の促進という究極目的に適した習俗改革を実行に移すのに通例用いる最終手段は、個々の法律と命令である。しかし、この方法では倫理や徳を直接促進することはできない。そこで当然のことながら、この種の個々の制度は、一部は他人の権利を侵害しなくてもそれ自体不道徳である市民の個々の行為を、一部は不道徳に陥りやすい個々の行為を禁止したり、指定したりすることに限定されざるをえない。これに属するのはとくにすべての奢侈禁止令である。というのも、魂の中の肉体的感覚《ジンリッヒカイト》の並外れた過剰、もしくは諸々の性向や欲求一般と、それらの充足のために外面的境遇が提供してくれるキャパシティとの間にある不均衡こそ、まちがいなく、不道徳な行為の、それどころか違法な行為の、どこにでもあるまことに豊かな水源であるからだ。人間は節制や節度によって自分たちに割り当てられた範囲に満足することが多ければ、他人の権利を侵害するようなやり方で、あるいは少なくとも自分自身の満足や幸福を害するようなやり方で、その範囲を逸脱しようとすることが少ない。それゆえ、肉体的感覚——そもそもここから人間同士のあらゆる軋轢が生じるのであって、精神的感情が優位を占める所では、いつでも平和共存が可能なのだ——をしかるべく制限することこそ、国家の真の究極目的に合致するように見える。それに、いうまでもないが、これこそ、できるだけ多くのことを抑制するための最も簡便な手段であるように見えるという理由もある。

これに対して、これまで私が主張してきた原則に忠実に、とにかくまず、国家が利用してもよい手段は何かということを、人間の真の関心に即して吟味するとすれば、人間の生活、陶冶、活動、幸福に及ぼす肉体的感覚の影響を、当面の究極目的に役立つ範囲内で、もっと探究することが必要となるであろう。この探究は、活動し享受する人間一般を内面から描写しようと試みることによって、同時に人間一般にとって制限と自由がどれほど有害でどれほど有益であるかということをより具体的に説明するであろう。これを行ってはじめて、市民の習俗に積極的に働きかける国家の権限を最も一般的なレベルで評価し、それとともにすでに提起した問いの解決のこの部分に決着をつけることができるであろう。

肉体的感覚と芸術

人間においてまっさきに、しかも最も先鋭な表現として姿を現すのは、肉体的な感覚、性向、情熱である。文化がこれらを洗練する前に、あるいは魂の活力に別の方向を与える前に、これらが沈黙してしまえば、あらゆる力も死滅し、善なるものも偉大なるものも決して繁栄することができない。それらは、いわば、少なくとも最初に魂に暖かい生気を吹き込み、最初に魂を独自の活動へと駆り立てる存在である。それらは魂に生命と伸張力を覚え込ませる。満ち足りない時には活動させ、構想を練るための工夫を与え、実行の勇気を与え、満ち足りている時には軽やかで気ままな観念の戯れの後押しをする。総じて肉体的感覚や性向は、あらゆる観念にダイナミックで多様な動きを促し、新しい見方を示し、前には気づかなかった新たな側面へ導いてくれるのである。ただし、肉体的感覚や性向を充足する様々な方法がどのように肉体と組織に反作用し、またこちらはこちらで——もちろん我々には結果として見えるようになるにすぎないような何らかのやり方で――どのように魂に反作用するのかということは別の話だが。

しかし、肉体的感覚や性向の影響は、作用の強度においても作用の仕方においても多様である。これは、一つにはそれら自体の強弱によるが、また一つにはそれらが――こう表現してよければ――非肉体的感覚《ウンジンリッヘ》とどの程度近いかということ、つまりそれらを動物的享楽から人間的な喜びに高めるのがどの程度容易かということにもよる。例えば、目は、その感覚の質料に、我々にとってたいへん愉快でイメージに富んだ型としての形相をあてがい、耳は、その質料に均整のとれた音の時間的連続の形相をあてがう。これらの感覚の様々な性質やそれらの作用の仕方について、おそらく多くの美しいことやいくらか新奇なことが言えるかもしれないが、どう見てもここはそれにふさわしい場ではない。ただ、魂の陶冶にとって目や耳が持つ様々な効用について一言だけ触れておきたい。目は、こう言ってよければ、ある程度まで準備の整った素材を悟性に提供する。目を通じて、人間の内面は、いわば人間の事物と、もしくはその他我々の想像の中でたえず人間に関わっている事物とともに、明確に、個別的な状態のまま、型として我々にあてがわれる。耳は、感覚としてだけ見れば――つまり言葉を受け取らない存在である限り――、目と比べてはるかにわずかしか明確性を保証してくれない。だからカントも音楽より造形芸術の方が優れていると認めた。しかし、カントは実に的確に、この評価は、芸術が人の心に与えてくれる文化を基準として前提したものでもあると述べている[2]が、私もこう付け足しておきたい。芸術が人の心に直接に与えてくれる文化を基準として、と。とはいえ、これが正しい基準であるかどうかは問題である。私の考えでは、活力こそ人間の最初にして唯一の徳である。人の活力を高めるものは、活力の素材を人に与えるだけのものよりもずっと価値がある。ところが、人は一時《いちどき》にただ一つのことしか感じることができないが、それと同様に、ただ一つのことが同時に人に提示するものが最も大きな影響を及ぼす。これと同じように、次々と続いていく一連の感覚の中で、各々の感覚には、それ以前のすべての感覚から影響を受け、それ以後のすべての感覚に影響を及ぼす段階がある。つまり、この段階の中で個々の構成要素は類似した関係にある。もっともこうしたことはすべて音楽の話である。そのうえ、音楽に特有であるのはこの時間的連続だけであり、これだけが音楽において明確である。音楽が表現する一連の感覚が明確な感覚を強要することはめったない。それは、さながら限りなく多くの歌詞をつけることができる一つのテーマである。したがって、聴き手の魂が――聴き手がそもそもいわばジャンルのうえで身内のような気分でいる限り――現実に音楽に対して歌詞のように付けるものは、音楽そのものの充溢の中から実に自由奔放に生じてくるのである。かくして魂は、おのれに与えられるものよりもおのれが歌詞のように付けるものを、また多くの場合、感受されものよりも心を奪われるもの、気を引かれるものを、まちがいなく熱く抱擁するのである。音楽の持つこれ以外の特徴ないし長所としては、例えば、音楽は自然な対象から響きを引き出すので、絵画や彫刻や詩歌といった他の芸術よりもはるかに自然に近いということが挙げられるが、ここでは省略する。音楽とその性質について真正面から吟味することが目下の私の問題ではなく、ただ肉体的な感覚の様々な性質をより明快に叙述するために例として音楽を使っただけなのだから。

たった今描写した作用の仕方はなにも音楽にだけ特有のものではない。カントは、まさにこうした作用の仕方が混じり合った色彩の移り変りにおいても起こりうるものだと述べているし(3)、我々が感覚を通して受け取るものにおいては、その度合はいっそう高い。味覚の場合でさえこの作用の仕方は見まがうべくもない。味覚においても、いわば解放に焦がれて快感が高まり、解放に至った後は振動が微弱になり、しだいに消えていく。これが最も曖昧なのは嗅覚の場合であろう。感受する人間においては、感受する過程、つまり感受の段階、感受の高揚と衰微の移り変り、あるいはこう表現してよければ、感受が純粋かつ完全に調和した状態がそもそもいちばん魅力的である。それは素材そのものよりも魅力的である。というのはつまり素材の性質がとりわけ段階を、そしてそれ以上にかの過程の調和を規定するということが忘れられている限りにおいてであるが。あるいはまた、感受する人間は、さながら花々の芽吹く春の化身にも等しく、まさに最も興味を惹く光景である。だからまた人間は、他の何よりもいわば自分の感受のこの化身を、すべての芸術の中に探し求めるのである。例えば絵画は、あるいは彫刻でさえも、これを我がことと心得ている。グイド・レーニの手になるマリア像[4]の瞳はいわばかりそめの一瞬に囚われていない。ボルゲーゼの闘士[5]の引き締まった筋肉はこれから果たそうとしているひと突きを予告している。そして詩歌はそれに輪をかけてこれを活用する。

　ここで芸術の等級について語るつもりはないが、私の考えを明らかにするために、せめて次のことを付言することをお赦しいただきたい。芸術は二重の作用を引き起こす。どの芸術にあってもつねにこの二つが統合された形で出てくるが、しかしまたどの芸術にあっても混ざり方は実に様々である。芸術は思想を直接与えることもあれば、感受を励起することもある。あるいは、魂の音調を整えることもあれば、――こう表現してもさほど不自然に見えないとすれば――魂の力をもっと豊かにしたり高めたりすることもある。そこで、一方の作用が他方の助けを借りれば借りるほど、その作用自体の印象は弱まる。詩歌は比類ないほど完璧に両者を統合するが、だからこそ詩歌は、ある面ではすべての芸術のうちで最も完成されたものでありながら、他の面では最も弱いものでもある。詩歌は、対象を活き活きと描くことにかけては絵画や彫刻に及ばないが、感覚に訴えかけることにかけては歌唱や音楽に及ばないのである。とはいえもちろん、こうした欠点は等閑視されやすい。というのも詩歌は――さきほど述べた多面性をさておくとすれば――、内面的な真の意味での人間のいわば最も深い所まで踏み込み、思考と感覚を、最も軽やかな外皮で覆ってくれるからである。

肉体的な感覚は――なにしろこれについて説明するためだけに私はここで芸術を論じているのだ――エネルギッシュに作用するが、その作用の仕方はさらに、一つにはその過程が最適の釣り合いを実際に備えているかどうかによって、また一つにはその構成要素自体（いわば質料）が魂をどれほど強く捉えるかによって、異なってくる。例えば人の声は、等しく正確で美しければ、生命を持たぬ楽器よりも強く作用する。ところが、我々にとって自分の身体的な感覚ほど身近なものはない。つまり、この感覚自体が関与している時に効果は最高になる。しかし、質料が過度に強い時にはつねにいわば華奢な形相を圧殺してしまうが、同じことはしばしばこの場合にも起こる。したがって二つの作用の仕方の間には、適正な釣り合いがなければならない。釣り合いを欠く所に均衡をもたらすためには、片方の力を高めるか、もう片方の強さを弱めるという方法がある。だが、力を弱めることで均衡を作り出すのはつねにまちがったやり方である。あるいは、その強さが自然なものではなく、無理に作られたものであるというのなら話は別だが。そうでないのであれば、強さを制限してはならない。強さのあまり自壊する方が、ゆっくりと朽ち果てていくよりもましである。

しかしこれについてはもう十分だろう。この研究にあたって当惑したことを私は進んで告白するが、それでも私の考えが十全に説明できていれば幸いである。当惑したというのはつまり、一つには対象が重要であるにもかかわらず、他の著作から——私の当面の観点と同じところから出発した著作は知らないので——必要な成果を借りてくることが不可能であるために、どんどん風呂敷を広げざるをえなかったからであり、もう一つはこの考えがそれ自体としてではなく、ただ補説として目下の論考に関係するにすぎないという遠慮が、私をしかるべき制限のうちに引き留めたからである。この先続く箇所でも、同様のご寛恕をお忘れなきようお願いしなければならない。

肉体的感覚と非肉体的感覚

私はここまで肉体的な感覚を——完全にこれだけを切り離すことなどできないにもかかわらず——ただ肉体的な感覚としてのみ語ろうとしてきた。しかし、肉体的感覚と非肉体的感覚は謎に満ちた絆で結ばれており、目には見えなくても、この絆を感性によって予感することはできる。目に見える世界と目に見えない世界とのこの二重の性質、後者の世界への生まれながらの憧憬と前者の世界へのいわば甘美な切望の感覚という二重性があるからこそ、我々は、まぎれもなく人間の本質から発するあらゆる一貫した哲学体系を得ることができるのであるが、まさに同じこの二重性のせいでまったく正気を失った狂信も発生する。これら二つの世界のどちらもがなるべく他方を侵さないような形で両者を統合しようと永遠に努力し続けることこそ、つねに人間叡知の真の目標であると私には思われた。このような審美的感性は至る所にはっきり存在しているが、そのおかげで我々にとって肉体的感覚は精神的なものを覆うヴェールとなり、精神的なものに生気を与える感覚世界の原理となる。この自然の観相学の永遠の研究が真の人間を陶冶する。なぜなら、肉体的感覚の中に非肉体的感覚の表情を見出し、我々を取り囲むあらゆる自然の業《わざ》と芸術作品の中に崇高、単純、美の表情を見出すことほど、人間の性格全体に広範な影響を及ぼすものはないからである。そしてここで同時に、エネルギッシュに作用する感覚とその他の肉体的感覚との違いがいま一度明らかになる。我々のまことに人間的なすべての努力が目指す先は、ただ一つ真に存在するものを――たとえそれを始原的形態において見ることは永遠にかなわないとしても――我々と他者の中に発見し、養い、創り出すことだけだとすれば、すなわち目指す先は、それを予感するとその象徴の一つひとつをきわめて貴重で神聖なものだと我々に感じさせるものだけだとすれば、我々は、永遠に活動するそのエネルギーの像を直観した時、それに一歩近づくことになる。我々はこの真に存在するものと――難解で往々にして理解できないけれども、しかしまた往々にして最も確実な真理の予感であっと驚かせる言葉を使って――いわば対話を行う。ただし、その形態、――もう一度こう言うことを許されるのなら(6)――あの活力の像は真理からはるかにかけ離れているのだが。この土壌の上で(そこだけではないが主としてそこにおいて)こそ、美もまた花開き、それにもまして人間を神性にいわばさらに近づける崇高も花開くのである。

あらゆる目的を離れた、ある対象に対する純粋な快感がやむにやまれず迫ってくるのを覚えて、概念の媒介なしに、人間は、自分がいわば不可視の存在の子孫であり、その縁戚なのだという確信を得る。そして自分はこの途方もない相手にはふさわしくないという感情は、あたかも人間が神に対するように、無限の偉大さを献身的な恭謙に結びつける。人間は、美がなければ、自己目的として物を愛することはなく、崇高がなければ、どんな報酬にも目をくれず、卑劣な恐怖をものともしないで服従することはないだろう。美の探究は良き趣味を授けてくれるし、崇高の探究は――そもそものような探究があるとして、また崇高の感情と描写が天才の賜物とは限らないとして――真に均衡のとれた偉大さを授けてくれる。しかし、大いなる心のみが節度を必要とし、力強い精神のみが自制を必要とするのだから、趣味はつねに偉大さを基礎にしていなければならず、したがって趣味だけが、完璧に調律した楽器のあらゆる音色を魅力的なハーモニーに統合することができる。趣味は、我々の――精神だけに関わるものも含めた――あらゆる感覚や性向に、例えば穏やかなもの、節度あるもの、ひたむきなものを覚え込ませる。趣味が欠けている所では、肉体的欲望は粗暴で野放しの状態であり、そこでは学問探究ですら、たまたま明敏さや洞察力を持つことがあっても、繊細さもなければ、洗練もなく、応用に際して成果も得られない。総じて趣味がなければ、精神の深みや該博な知識は生命を奪われて不毛になり、道徳的意志が持つ高貴さと強さはそれ自体粗野となり、人を熱くさせる祝福の力を失う。

肉体的感覚の影響

探究することと創造すること――人間の営為は、直接間接を問わず、すべてこの二つを軸として回っているか、少なくともこの二つと関係がある。探究は、いやしくも事物の根源あるいは理性の限界にまで達すべきものだとすれば、深遠に及ぶだけでなく、精神のあふれるばかりの多様性と真摯な集中、人間諸能力をひとまとめにし投入することを前提としている。ひたすら分析に打ち込む哲学者だけが、おそらく、平穏であるばかりか冷徹でもある理性の単純な操作によって、みずからの究極目的を達成することができる。しかし、綜合的命題同士を結びつける紐帯を見つけ出すためには、真の深遠と、自分の諸力のすべてに平等な強さを配分できるだけの精神が不可欠である。そのため、カントの――心の底からこう言ってよいだろう――決して凌駕されることのない深遠な思考は、今も昔も、しばしば道徳と美学の分野で狂信の罪を着せられる。[8] ここで告白することをお赦しいただくとすれば、私自身が見てもこの非難に値するように映る箇所が稀ではあるがいくつかあるようだ（ここでは例として『判断力批判』の虹色の解釈を挙げておこう[9]）が、これは、ひとえに私の知性の諸能力に深みが欠けているせいだと認めざるをえない。もしも私がこの考えをここでさらに追求することができたならば、たしかに極度に困難であるが同時にまたすこぶる興味を引く研究――すなわち形而上学者と詩人の精神形成にはそもそもどのような違いがあるかという研究――に直面するはめになるだろう。そして繰り返し完全な吟味を行っても、おそらくこれに関するこれまでの私の熟考の結果がふたたび覆ることがないものと仮定していえば、この違いは次のような点だけに絞ることができるであろう。すなわち、哲学者がひたすら知覚に勤しむのに対して、詩人は感興に勤しむが、その他の点では両者ともに同じ節度と精神力の陶冶を必要とする、と。しかし、このような研究を行っていくと、目下の究極目的からかけ離れてしまうことになり、私としては、――右で挙げたわずかの根拠からしても――、どれほど平穏な思索家を陶冶するためであっても、しばしば感覚と想像力の悦びが魂をめぐって鎬を削ったはずだということを十分に証明できたものと思いたい。しかし、もし我々が超越論的研究から心理学的研究へと完全に移行するとすれば、つまりありのままの人間が我々の研究対象となるとすれば、人間は実に多様な形態を持つ種族を徹底的に探求し、このうえなく真に迫った、生き生きした描写を行うことになるが、その形態のかけらですら当の研究する人間の感覚にとって異質のものだというのに、どうしてそんな研究ができるであろうか。

それゆえ、このように陶冶された人間は、いざ実生活に足を踏み入れることになった時、すなわち自分の中に受け入れたものを自分の内外における新しい創造物のために役立てる段になると、このうえなく美しい姿で立ち現れることになる。造形的本性の法則と精神的創造の法則の類似性は、まことに無限の才気にあふれた眼光が見て取って、みごとな解説を施すことによってすでに証明済みになっている。(*)とはいえ、ことによるとこれよりずっと魅力的な説明も可能であったかもしれない。胚芽が成長していく神秘的な法則の探究の代りに、心理学を用いて、精神的創造を、さながら肉体による産出の微妙な開花のように、きめ細かく示していたならば、もっと豊かな教示が得られていたかもしれないからである。

(*) F. v. Dalberg vom Bilden und Erfinden.(10)

道徳生活の領域に関しても、まず、冷たい理性の純然たる産物であると思われるものから論じるとすれば、こういうことになる。すなわち、無条件に命令する法則に従おうと思えば、なるほどもちろん感情を媒介にする以上、人間にふさわしいやり方が必要であるが、しかし幸・不幸など一顧だにしないためには神のような私心なきやり方で行うしかないのであるから、これを可能にするのは崇高の観念だけである、と。道徳法則は人間の力の及ぶところではないと感じ、最も有徳な人になれるのは、道徳法則が手の届かないほど高く自分の上にそびえていることを心の底から感じる者だけだとしみじみ自覚するところに、尊敬の念が生まれる。この尊敬の感覚は、必要以上に——つまり死すべき人間の目を純粋の輝きによって眩ませないために必要である以上に——肉体のヴェールで包まれていないように見える。ところで道徳法則があらゆる人間を自己目的とみなすように命じると、美的感性はこの法則と一体になる。美的感性は、好んで塵一つにすら生命を吹き込むことによって、それにも固有の存在のあることを認めて楽しむ。また、美的感性は概念から独立しており、概念が——それもばらばらでまとまりなく——単独で包括できるわずかの数の指標の枠などに縛られないだけに、いっそう人間を完全かつ優美に受け入れ、包み込むのである。

そうした美的感性が混入すると、一見、道徳意志の純粋さが損なわれるように見える。たしかにそれは十分ありうる話であり、この感性が真の意味で人間にとって道徳性へ向かう原動力であるということになれば、実際にもそうなることであろう。しかし、美的感性がひたすらなすべきことは、冷徹な、したがってこの場合には疑いもなく無骨な悟性の手に負えないような、道徳法則のためのいわばかなり多様な応用例を探し出す義務を引き受けること、そして人間に対して——人間に禁じられているのは徳と非常に密接に結びついた幸福を受け取ることではなく、いわばこの幸福の値段について徳と商談することだけであるから——このうえなく甘美な感性を授ける権利を享受することである。私は、総じてこの対象について熟考すればするほど、いましがた言及した違いが単なるこじつけ、もしかしたら夢想にすぎないなどとは思えなくなってきた。どれほど満足を目指して突き進もうとも、あるいはどれほど徳と幸福を永遠に——どんなに不利な状況下でも――一体のものと考えたいと思っても、人間の魂はやはり道徳法則の偉大さに対して感じる心を持っているのである。魂は、この偉大なるものが行動せよと迫る激しい圧力に抗うことができず、ひたすらこの感情に心を奪われ、どんな不幸を想像しても決して別の振舞いなどしないという心の底からの自覚を失わないがゆえに、満足などおかまいなしに行動するのである。

とはいえもちろん、魂がこの強さを獲得するには、ただ一つの道、上述した場合と類似の道をたどらなければならない。すなわち、力強い内的衝動と様々な外面的な抗争の道を通るほかないのである。あらゆる強さ――いわば質料――は肉体的感覚に由来し、そして、どれほどその出自から隔たろうとも、やはりあいかわらず（こう言ってよければ）その上に安んじているのである。さて、自分の力をたえず増進させ、くりかえし満足を得ることで若返らせようとする者、肉体的感覚に依存しない独立の精神を守りぬくために性格の強さをしばしば必要とする者、例えばこの独立の精神をぴりぴりするような神経過敏と一つにしようと苦心する者、率直かつ深い感性で倦むことなく真理を探究する者、バランスの取れた繊細な美的感性によってあらゆる魅力的な形姿に気づかずにはおかない者、自分の外部に感じ取ったものを内部に受け入れ、内部に受け入れたものを受胎させて新たな胎児にし、あらゆる美を自分の個性に変え、あらゆる美と自分の全存在を結びつけながら、新たな美を産出しようとする意欲を持つ者――そのような者の胸には、満足感が育くまれるかもしれない。人類の大胆この上ない夢想さえもあえて繰り広げて見せる理想に通じるまっとうな道を、自分は歩んでいるのだ、と。

肉体的感覚の弊害

以上の描写は、それ自体としては政治学的研究にあまり馴染まないとはいえ、諸理念を私の選んだ配列に従って示す上で不可欠なものであり、これによって私が示そうと試みたのは、肉体的感覚が、人間の生の全体とあらゆる営為を通じて、有益な結果とどのように絡み合っているのかということであった。これによって肉体的感覚に自由と敬意を獲得させること、それが私の意図するところであった。しかし、まさにこの肉体的感覚こそ幾多の物質的および道徳的な害悪の源泉でもあるということを忘れるわけにはいかない。道徳の領域においてさえ、この感覚は、精神的諸力の鍛錬としかるべく均衡している場合に限って有益であって、ともするとそれが優位に立って有害な影響を及ぼすことがある。そうなってしまえば、人間的な喜びも動物的な快楽に成り下がり、趣味は消え失せるか、不自然な方向に向かう。もっとも、この「不自然」という表現については、とくにある種の一面的な評価が下される恐れがあるので、どうしても一言述べておきたい。この表現は、必ずしも自然のあれこれの目的を叶えることができないという意味ではなく、むしろ自然の普遍的な究極目的を人間もろとも台無しにするという意味にほかならない。そしてこの自然の究極目的は、人間の本質がますます高次の完全性に向かって自己陶冶すること、それゆえとくに、人間の考える力と感じる力の二つが、勢いの均衡を保ちながら離れがたく合体することなのである。ところが、さらにいえば、人間が自分の持つ諸能力を磨く方法、つまるところそれを活動させる方法と、境遇が与えてくれる作用や享受の手段との間にも不均衡が生じることがあり、それが害悪の新たな源泉になる。しかし、前述の諸原則に照らせば、国家は積極的な究極目的を掲げて市民の境遇に作用を及ぼすことを許されない。そこからすれば、市民の境遇はそれほど明確な無理な形式をあてがわれることはない。そしてこのような境遇の自由が比較的大きいことや、まさにその自由そのものによって境遇が主として市民の思考様式や行為様式に左右されることから、右の不均衡は緩和される。とはいえ、それにもかかわらず、まことに看過できない危険がつねに残っているため、法律と国家制度によって習俗の堕落に対処しなければならない、という考えが呼び覚まされるかもしれない。

しかし、たとえその種の法律や制度が効果を発揮するとしても、その効果が上がるにつれて、害も大きくなるであろう。相手が最善の法律であってもそのような手段を通じて市民に従うように強要したり、勧奨したりするような国家は、平穏で温和で裕福な国家であるかもしれないが、しかしそうした国家は、私の目にはやはり、法の限界を超えた時を除いて拘束を受けない自由な人間の結合体ではなく、飼われた奴隷の群のように映る。ただ単に一定の行為や心情を生み出すだけのことなら、もちろん非常に多くの方法がある。しかし、そのうちのどれ一つとして真の道徳的完全性に到達することはできない。一定の行動に踏み出そうとする肉体的な衝動があり、それを思い留まる必要があるところから、慣習というものが生まれる。そして慣習を通じて、はじめは衝動と結びついていただけの快楽が行動そのものに伝染し、あるいははじめは必要を前にして鳴りをひそめていただけの性癖が完全に息の根を止められると、人間は有徳の行動へ、またある程度までは有徳の心情へと導かれる。しかし、それによって彼の魂の力が高められることはない。それによって自分の使命や自分の価値についての彼の理念がさらに啓蒙されることもなければ、支配的な傾向に打ち勝とうとする彼の意志が力を得ることもなく、したがってあるべき真の完全性という点で彼が得るところは何もない。それゆえ、人間を外的な目的の方に引き寄せようとするのではなく、人間を陶冶しようとする者は、これらの手段を決して用いることはないだろう。なぜなら、強制と統御は断じて徳を生み出さないということは別としても、そうした手段はやはりどうしても力を萎えさせることになるからである。それにしても道徳的な強さや徳を欠いた習俗とはどんな代物であろうか。それに、習俗の堕落が生む悪弊は、たとえどれほど大きくとも、有益な結果をもたらすことさえある。人間は智慧と徳との間の小道に達するには、どうしても両端を通らなければならない。両端は、遠くまで光が届く巨大な発光体さながら、広範な影響を及ぼさずにはおかない。身体のいちばん端の毛細血管に血液を供給するには、かなりの量の血液が太い血管にめぐっていなければならない。ここでは、自然の摂理を攪乱しようとすることは、物質的な害悪を防ごうとして道徳的な害悪をしでかすことを意味する[11]。

しかし私の考えでは、習俗が堕落する危険はかなり大きくて、差し迫っているという主張もまた適切ではない。そしてこの点の正しさについてはこれまで縷々述べてきたのであるが、もっと詳しく証明するために以下の所見を示しておいても無駄ではないであろう。

①人間はもともと利己的に行動するよりも人のために行動する傾向がある。未開人の歴史ですらそのことを示している。家庭内の徳には情愛のこもったところがたっぷりあり、市民の公共的な徳には偉大で我を忘れさせるようなところがたっぷりあるので、人間一般も、堕落してさえいなければ、それらの魅力に抗うことはめったにない。

②自由は人の持つ力を向上させ、強さを増すにつれて、つねにある種の寛容の性質を帯びてくる。強制は諸力を窒息させ、弱さゆえのあらゆる利己的な願望や、あらゆる下劣な奸計へと導いていく。強制はともするとかなり多くの違法行為を阻止するかもしれないが、しかし法律に則った行動から美しさを奪うこともある。自由はともするとかなり多くの違法行為の誘因となるかもしれないが、しかし悪徳にすらあまり卑しくない形姿を与える。

③自分しか頼ることのできない人間は正しい原則になかなか達することができないが、しかしその原則は彼の行為様式にぬぐいがたい痕跡を残す。わざわざ人の指導を受ける人間は正しい原則を難なく受け入れるが、その原則は、彼の（それも減退した）活力にすら道を譲る。

④あらゆる国家制度は、実に多種多様な関心を一つにまとめなければならないが、それによって様々な衝突を引き起こす。これらの衝突から人間の欲することとなしうることの間に不均衡が生じるが、さらにそこから違法行為が生じる。それゆえ――こう言ってよければ――国家が何もしなければしないほど、違法行為の数は少なくなる。かりに（とりわけ今問題にしている場合に関して）、警察制度が誘発する害悪とそれが防止する害悪を正確に数え上げることができるとすれば、前者の数の方がいつも大きくなることであろう。

⑤実際に起こった犯罪をどこまで厳密に捜査すれば、公正かつ的確であるけれども必要不可欠な刑罰が、したがってめったに免除されることがない刑罰が可能となるかということは、実地ではまだ十分に試験されたことがない。

以上、私の意図するところに関していえば、国家が習俗の何らかの――ただし直接他人の権利を侵害しない――放縦に対処し、ましてそれを未然に防ぐために孜々努力することはすべて危険であり、そのような営為からは倫理そのものに対して格別有益な結果をほとんど期待することができず、また、国民の性格自体に対するそのような働きかけが安全の維持に必要ではないということを十分に示すことができたと思う。そこで、積極的目的を狙ったあらゆる国家活動を是認できない理由（これは本章の冒頭に説明した）は、道徳的人間こそあらゆる制限をいちばん痛切に感じるだけに、国家の習俗改良の試みに関していっそう価値を増すことになるので、ここでこの点を考慮に入れるとすれば、そしてまた、何らかの性質を持つ陶冶がこのうえなく美しく輝くのは自由のおかげであり、これこそ習俗と性格の陶冶であるということを忘失しないでおくとすれば、次の原則の正しさについてこれ以上とやかく言われることはないであろう。

国家は、直接間接を問わず、国民の習俗や性格に働きかけようとするあらゆる努力を、それとは別のどうしても必要な国家の処置からおのずと生じる自然な帰結として避けられない場合を除いて、絶対に控えなければならないということ、そしてこのもくろみを助長する恐れのある一切のもの、とりわけ教育、宗教施設に対するすべての特別な監視、奢侈禁止令等々は、何としても国家活動の枠外に置くべきだということである。

第九章　安全と国家

かくして当面の研究のうち最重要で最難関の部分を論じ終え、いよいよ提起した問題の完全な解決に近づいてきたのであるから、ぜひともいま一度振り返ってこれまで展開してきたことの全体を一瞥しておきたいと思う。まず第一に我々は、国家の配慮を、市民の対外的、国内的な安全にとって必要ではないあらゆる対象と切り離した。ついで、まさにこの安全こそが国家活動の本来の対象であることを説明した。最後に、安全を促進し維持するためには、国民の習俗と性格それ自体に作用を及ぼしたり、国民の性格を特定の方向に導いたり、もしくは特定の方向に向かわせないようにしたりしてはならないという原則を確認した。ここからすれば、国家はいかなる制約の下に活動しなければならないのかという問題も、ある意味でもう十分に解答を与えられていると思われるかもしれない。国家の活動は安全の維持に限定されているからである。あるいはそのための手段との関連でもっと正確にいえば、国家の活動は、国民を国家の究極目的に向けていわば陶冶しようとする意図、というよりはむしろそこに引き寄せるようとする意図と関わりのない手段に限定されているからである。事実、たとえこの規定が消極的なものにすぎないとしても、こうした分離を実行した後に何が残るのかはおのずと明らかである。すなわち、国家は、他人の権利を直接むき出しに侵害する行為だけに活動範囲を絞り、係争中の権利に裁定を下し、侵害された権利を回復し、侵害者を処罰することだけを行ってもよいということになる。

しかし、安全という概念の詳細な規定については、これまでのところ、外敵からの安全と同胞自身による侵害からの安全を論じただけで、そのため概念の範囲はあまりにも広く、意味も多様であるため、もっと厳密に議論する必要がある。なにしろ、一面では説得だけをもくろむ助言に始まって執拗な勧奨へ、さらにそこから有無をいわさぬ強制に至るまでのニュアンスは実に様々であり、また不公平ないし不公正の程度にしても、自分の権利の枠内で行使されても、場合によっては他人に害となる行為に始まって、同じく自分の権利の枠から外れていなくても、他人の所有権享受の軽微な妨害もあれば恒常的な妨害もあり、さらには他人の所有権の実際の侵害に至るまで、多種多様である。それからまた安全の概念の範囲にしても、安全の意味に応じて、安全の脅威となる強制の程度の違いや、権利侵害行為の直接間接の差異もあるから、やはり様々である。しかし、まさにこの範囲こそ非常に重要なものである。それが拡張されすぎたり、縮小されすぎたりするならば、ここでもまた、名称こそ違っても、あらゆる境界線がごちゃ混ぜになってしまう。したがって、安全という概念の範囲の厳密な規定なしには、この境界線を修正することなど思いも及ばないのである。

それから手段に関しても、国家が使用してもよいかどうかという点についてはもっと厳密に論議し、吟味しなければならない。というのも、習俗を実際に改革しようとする国家の努力は、これまでの論述に従えば、推奨に値しないように見えるが、それでもここにはなお国家が活動する余地があまりにも曖昧な形で残されているからだ。例えば、国家の発する制限的法律は、他人の権利を直接侵害する行為とどれほど隔たっているのか、あるいは、国家は現実の犯罪を防止するためにその水源を堰き止めようとするが、それがどの程度まで市民の性格にまで及ばないで、犯罪遂行の機会だけに留まるようにできるのかという問題は、まだほとんど考究されていない。もっとも、この点での行きすぎがどこまで可能か、そしてどれほど大きな弊害をもたらさざるをえないかということは、次の点を考えただけでも明白である。ほかでもない自由に対する配慮は何人かの優秀な頭脳を動かして、市民一般の福祉について国家に責任を負わせるべきだと考えさせるに至ったが、それは彼らが、このより一般的な観点が諸力の自在な活動を促進するはずだと信じたからであった。それゆえ、これらの考察から私はこう告白せざるをえない。ここまで、事実上かなり明白に国家活動の枠外にある大きな部分を分離抽出してきたけれども、より精確な境界線は——まさにどちらか決められず、議論の余地があるのではないかと思った場合について——まだはっきり指し示していなかった、と。

これが今私のやり残していることであり、たとえ完全に成功しないとしても、せめて成功しなかった根拠をできるだけ明確かつ十全に説明できるところまで努力しなければならないと考えている。しかしいずれにせよ、この作業のために必要とするすべての原則を上記の箇所で、少なくとも私の力の及ぶ限り検討し、証明しているので、考えていることを手短にまとめることができるのではないかと思う。

一国家内の市民が、自分に帰属すべき権利を——それが人格に関わると財産に関わるとを問わず——行使することを、他人の介入によって妨げられない時、私は彼らが安全であると呼ぶ。したがって、安全とは、——表現が簡潔すぎて、それゆえともすれば曖昧に見えるのでなければ——合法的な自由の確実性である。ところで、人の持つ諸力の何らかの働きやその財産の何らかの享受を妨害する行為が何もかも安全の脅威となるのではなく、そうしたことを違法になした行為のみが脅威となる。この規定と右の定義は、私がここで勝手に付け加えたり、採用したりしたものではない。両者とも、これまで展開してきた推論から直接に導出したものである。安全という表現に後者の意味を持たせる場合にのみ、前者の応用が可能になる。事実、権利が実際に侵害された場合にのみ、各個人が持っているのと異なった力が必要となる。そしてこの侵害を防止するものだけが、真の人間形成に純粋に役立つのであって、国家の他のあらゆる努力は人間形成の道に障害物を置くようなものである。とどのつまり、このことだけが明確な必然性の原理から出てくる。他の一切は、まやかしの蓋然性によって見積もった有用性という不確かな根拠の上に築かれているにすぎないからである。

安全を確保すべき対象は、一方ではすべての市民——完全に平等な形において——であるが、他方では国家自体である。国家自体の安全は、国家の権利を拡張するか制限するかに応じて、対象の範囲が広くなったり狭くなったりする。したがってここで安全を規定することは、その目的をどう規定するかにかかってくる。そこで、ここまで国家目的の規定を試みたところによれば、国家は、みずからに許容された権力とみずからに帰属することが認められた財産以外のものについて安全を要求することはできないということになるであろう。それに対して、市民が本来の権利を損なわずに——したがってまた市民が戦時のように国家との特殊な人的もしくは一時的関係に立っていないと仮定して——自己または自己の所有権について国家に手を引かせるような行為については、国家はこの安全という観点から制限することはできないということになるであろう。なぜなら、国家的結合は副次的手段にすぎず、そのために真の目的である人間を犠牲にしてはならないからである。ただし、個々人が自己を犠牲に供する義務を負っていなくても、多数者が個々人を犠牲者とみなす権利があるというような軋轢が生じた場合は別である。しかしいずれにせよ、これまで展開してきた原則によれば、国家は市民の福祉について配慮することは許されず、市民の安全を守るのが目的であるなら、まさに自由を、したがって安全までも廃棄してしまうようなものが必要となるはずがない。

安全を阻害するのは、それ自体として他人の権利を侵害する行為であるか、それとも結果としてそうなる恐れがあるにすぎない行為であるかどちらかである。国家はこの両種の行為を、修正を加えつつ（これについてはすぐに考察の対象にする）——禁止し、防止するように努めなければならない。そして、国家は、もしそれらの行為が行われたとなると、生じた損害に対して法的に実現される賠償を通じて、できる限り行為を無害なものにし、また刑罰を科することによって、この先そうした行為を減少させるように努力しなくてはならない。ここから、——通常の用語法を忠実に守るとすれば——ポリツァイ法、民事法、刑事法が生まれる。しかし、このほかにさらに、独特の性質を持っているためにまったく独自に扱うべき対象が付け加わる。すなわち、右で展開した諸原則が——これはなにしろふつうの諸能力を備えた人間を前提としているから——かなり違った形でしか当てはまらない市民の一階級がいる。つまり、まだ成年に達していない人たち、あるいは錯乱や精神薄弱によって人間としての能力を使用することができない人々のことである。国家はこれらの人々の安全のために同じように配慮しなければならず、彼らの状態は、——はじめから予見できることであるが——往々にして独自の扱いを要する。したがってなお最後に、国家が、通例こう呼ばれるが、上級後見人として市民のうちのすべての未成年者に対してどういう関係にあるのかということを考察しなければならない。

さて、外敵からの安全については、以前言ったとおり、おそらくもはや何も付言する必要はないから、以上で私は国家が注意を向けなくてはならないすべての対象のアウトラインを描き終えたとみなしてよいと思う。そこで、ここで挙げた非常に広範囲にわたる難しいテーマに何らかの形で深入りするつもりは毛頭ないので、それぞれのテーマについて、本研究に関わる限りでなるべく短く、最高原則を展開することで満足するつもりである。これらを成し遂げてはじめて、提起した問題を十全に論じ尽くし、あらゆる側面から国家活動の適切な境界線を画定する試みが曲りなりにも完了したと称することができるであろう。

第一〇章　個人の行為と安全——ポリツァイ法

ポリツァイ法の意味とその適用

今や、人間というものの後を追って、人生のありとあらゆる多様な関係を経めぐるという仕事にとりかからなければならないが、そのためには、最も単純な関係、つまり人間が他者と接して生きながら、まったく自分の所有物の枠内に留まり、直接正面から他者と関わることは何もしないような場合から始めるのが妥当であろう。このような場合を扱っているのがいわゆるポリツァイ法の大部分である。事実、この表現がどれほど定着していないとしても、おそらく最も重要で最も一般的な意義を持っているのは、ポリツァイ法が、他人の権利を直接侵害する行為にそれ自体として関わっておらず、そのような侵害を予防する手段だけを問題にしているということである。ポリツァイ法は、結果自体が他人の権利を容易に危険にさらしかねない行為、もしくは通例法律違反につながるような行為を制限し、あるいはまた国家自身の権力の維持と行使のために必要な事項を規定することができる。市民の安全ではなく福祉を目的とする命令もまた、ほとんどすべてがポリツァイ法という名称で呼ばれているが、この点はここでの意図に資するところがないので、無視することにする。さて、前述のところで確認した諸原則に従えば、ここでは——この単純な人間関係においては——国家は、十分な根拠があって国家固有の権利もしくは市民の権利を侵害する恐れがあると想定される行為以外は禁止してはならない。しかも、国家の権利については、ポリツァイ法という表現の意味について一般的に注意を喚起した点をここでも適用しなければならない。つまり、利益または損害が所有権者だけに関わる場合には、国家は禁止法令による制限を勝手に行ってはならない、ということだ。しかしまた、何らかの行為が他人に損害を与えるということだけでは、こうした制限を正当化するのに十分ではない。行為が他人の権利を縮減するという条件が必要なのである。そこで、この第二の規定についてさらに説明しなければならない。すなわち、権利の縮減は、人が同意なしに、もしくは意思に反して、自分の所有権の一部もしくは人格的自由の一部を奪われた時にだけ、つねに存在する。それに対して、こうした剥奪が行われていない場合、つまり誰かが他人の権利のいわば圏内に侵入していない場合には、たとえ彼にとってどれほど損失が生じても、権能の縮減は存在しない。また、損失をこうむった側でも能動的になって、その行為を――いってみれば――つかまえるか、少なくとも行為の作用に自分なりに反対行動をとるに至るまでは、損害そのものが発生しないというような場合も、やはり権能の縮減は存在しない。

これらの規定を適用するとどういうことになるかということはおのずとから明らかである。ここでは注目すべき二つの事例に注意を喚起するだけにしておく（つまりとくに宗教や習俗に関して感情を毀損する行為について言われていることは、上記の原則に従って、すべて省略する）。他人の良心や倫理を中傷するようなことを口にしたり、それを行為で表したりする者は、もちろん不道徳な行為をしていることになるが、しかしそれが押しつけがましい行いだと人から非難されない程度であれば、権利を侵害したことにはならない。その気になれば彼から離れることができるし、事情によりそれが無理だとなれば、自分と似ても似つかぬ連中と接するという避けがたい不愉快を甘受することになるが、相手の方もこちら側の風変りなところを見て気分を害したのかもしれないということを忘れてよいわけではない。なにしろ、どちらの側に権利があるのかという問いは、決定を下す権利が存在していない時に限っていつも重要となるからである。これよりはるかに悪質なことが明らかな場合、すなわちあれこれの行為を眺めたり、あれこれの推論を傾聴したりしたために、徳や理性、あるいは常識を惑わされた場合ですら、自由の制限は許されないだろう。そのように振る舞ったり話したりした人は、そのことによりそれ自体としては誰の権利も侵害しなかったのであり、またそれを見たり聞いたりした方は、その気になれば心の中で意志の力や理性の根拠を持ち出して、いやな印象を打ち消すこともできたのである。それゆえそこから生じる害悪が大きいことがよくあるとしても、他面ではまたよい結果が生じないとも限らない。つまり後者の事例では性格の強さが、前者の事例では寛容さと物の見方の多面性が試され、改善されるのである。ここであらためて注意するにも及ばないと思うが、私はこれらの事例について、それが市民の安全を阻害するかどうかという観点以上に一歩も進まなかった。なぜなら、安全が国民の倫理とどのような関係にあるのか、そしてこの点に関して国家に許されうるのは何で、許されえないのは何かについては、すでに前述箇所で分析を試みてきたからである。

とはいえ、ことの当否を判断するには、万人共通ではない実際的な知識が必要な場合もいくらかあり、もし人が故意または軽率のゆえに他人の無知につけこむといった事態になると、市民の安全が損なわれかねないので、こうした場合に市民がその気になればいつでも国家にいわば助言を乞うことができるようにしなければならない。これに関するとくに顕著な例としては、需要の頻度、判断の難しさ、そして憂慮されるべき害の大きさに鑑みて、医師と、紛争当事者の用をなすべく定められた法律家を挙げることができる。ところで、これらの場合、国民のこうした要望にあらかじめ応えようとするならば、国家がその種の職業を志望する人々に対して試験を——本人に受験の意志がある限り——課し、その結果が優良であれば合格の認証を与え、この方法で認められた者だけが確実に信頼できる者であることを市民に周知することが、推奨に値するばかりか不可欠ですらある。(1) しかしやはりそれ以上のこと、すなわち試験を拒否するか、不合格になった者に職業訓練を禁じたり、国民にその利用を禁じたりすることは、国家には許されないであろう。そうだとすれば、国家は、次に挙げる職業以外にこの種の措置を拡大してもいけないということになる。一つは、人間の内面ではなく外面にのみ作用するとされる職業である。つまり、人がみずから協働するのではなく、ただ従順で受動的《ライデント》であることを必要とし、したがって結果の真偽だけが重要であるような職業である。二つ目は、判断を下すにあたって、他と完全に区別された独立した領域を構成する知識、つまり悟性や実践的判断力の訓練では獲得できず、気軽に相談することすらできないほど稀少な知識を前提としているような職業である。国家は、もし後者の規定に反して行動するならば、国民を怠惰で、不活発で、つねに他人の知識や意志をあてにするように仕立ててしまう恐れがある。なぜなら、信頼できる確実な援助がないからこそ、かえって自分の経験や知識をもっと豊かにする刺激が与えられるだけでなく、同時に市民相互の関係においても、たがいの助言にもっと依存することになって、いっそう緊密で多様な結びつきが生まれるからである。もし国家が前者の規定を忠実に守らなければ、いましがた述べた弊害と並んで、本章冒頭で詳しく説明したあらゆる弊害まで生じることになる。それゆえ、そのような措置は——ここでもまた注目すべき例を選ぶとすれば——説教師に関して何としてもやめなくてはならない。[2] いったい国家は彼らの何を試験するというのだろうか。特定の教養か。——だが宗教は右で詳しく述べたとおりそれに依存しているわけではない。では、知力一般の程度か。——しかし、聴衆の個性ときわめて密接に関連している事柄を講じる使命を持つ説教師の場合、彼の悟性が聴衆の悟性に対してどのような関係にあるのかということがほとんど唯一の重大事である以上、そのことだけですでに国家が試験の判定を下すのは不可能だということになるだろう。それなら、説教師の誠実さと性格を試験するのか。——しかし、これについては、国家の立場からするとまことに厄介な試験、つまり当人の種々の事情やそれまでの行状等々の調査しかできない。結局のところ、総じてこの種の措置は、右で私自身が承認した場合についても、やはり、国民の明白な意志が要請する時に限って行われるべきであろう。なぜならこの種の措置は、それ自体としては、自由そのものによって陶冶された自由人の間では決して必要不可欠なものではないし、つねに多くの濫用の危険にさらされていると思われるからである。

そもそもここで私にとって重要なのは、個々の対象の詳述ではなく、ただ諸原則の確定だけあるから、私がその種の制度について言及した際にもっぱら拠り所とした観点をいま一度手短に挙げておこう。すなわち、国家は決して市民の積極的福祉に配慮すべきではなく、それゆえ市民の生活や健康についても——他者の行為が市民を危険にさらすような場合は別として——配慮すべきではないが、市民の安全についてはしっかり配慮すべきである。そして、無知につけ込んだ詐欺によって安全そのものが損なわれうる場合に限って、市民の危険を防ぐための監視は国家活動の限界内にあるといってよかろう。だが、この種の欺罔の場合、つねに騙される側がなるほどと思うような説得工作が行われているはずであるが、そういう場合、様々なニュアンスが入り混じっていて、それだけでも一般的な規則を打ち立てることはほとんど不可能であり、しかもよりにもよって自由が欺罔を働く余地を与えるのだから、そのおかげで人間に磨きがかかって前よりおおいに慎重になり賢明になることができる。だから、私は、特定の応用から距離をおいた理論においては、他者の意思をぬきにして、それどころか意思に反して行われる場合だけに禁止法の範囲を限る方がよいし、原理にかなってもいると考える。しかしながら、前述の推論は、それ以外の事例も――どうしても必要とあれば――すでに立てた諸原則に従ってどのように扱わなければならないかを示すのにつねに役立つことであろう。(*)

(*) 註記。ここで挙げた事例は、まさしく他人に関係する行為に関わるのであるから、本章ではなくて次章にふさわしいように見えるかもしれない。しかし、私はここでも、例えば医師が実際に患者を扱い、法律家が訴訟を実際に引き受けるような場合ではなくて、人がこのような生き方や生活の仕方を選ぶ場合について語っているのである。私の念頭にあるのは、国家がこのような選択を制限してもよいかどうかということであるが、この単純な選択は直接何人にも関わっていない。

蓋然性の判断

ここまでは、ある行為を国家の監督に委ねた時、その行為の結果がどのようなものになるのかということを議論の対象としてきたとすれば、まだ残っている問題は、そのような結果を招く可能性が予見できるというだけで、あらゆる行為を制限してもよいか、それとも結果との間に必然的な関係がある行為だけを制限してよいかということである。前者を肯定すれば自由が、後者を肯定すれば安全が、それぞれ危険にさらされることになるだろう。そこからすると、中庸の道をとらざるをえないということはもちろん見やすい道理である。しかし、私は、中庸の道を一般的に描いて見せることは不可能だと思う。たしかに、この種の事例についてじっくり議論しようと思えば、どうしても同時に損害、得られる成果の蓋然性、そして現行法に即した自由の制限の考察を伴わずにはおかないであろう。しかしこれら三つの部分のどれ一つとして実際に一般的な基準を与えてくれるものはない。とくに蓋然性の計算はつねに人を欺くものでしかない。それゆえ理論は、問題を考える際におなじみの例のきっかけを告げるということ以上のことはできない。もしも理論を適用するとすれば、思うに、事例の一般的性質ではなく、特殊な状況に目を向け、そしてまた、過去の経験と現代の考察によってそれが必要だとなれば、制限を命じなければならないであろう。自然法は、多数の人間の共同生活に適用される際にはっきり境界線を引く。自然法は、ある者が自己の責任で他者の領域に介入した場合、したがって損害が本来の過失から生じた場合、あるいは損害がつねに、もしくは少なくとも相当の蓋然性をもって――行為者に損害の認識があるか、最低でも責任を問われないで損害を見落としていないと思われる程度に――損害と結びついている場合、そうした行為を一切是認しない。そのほかに損害が生じるとすれば、それはどれも偶然の産物であり、行為者に賠償の義務はない。これ以上範囲を拡大しようとするならば、共同生活者の暗黙の契約から、つまりここでもたしかに実定的なものから引き出すほかないであろう。しかし、国家側からしてもそれでこと足れりとするのは、とりわけ生じる恐れのある害の重大さと、自由の制限がほんのわずかしか市民にとって不利益とならない可能性を考慮に入れるとしたら、当然憂慮すべきことであるように見えるかもしれない。実際、こういう場合に関して国家側の権利を否定することはできない。なぜなら、国家は、権利の侵害が生じた時に補償させるだけでなく、侵害行為を阻止しなければならないという点では、安全に配慮すべきであるからである。また、判決を下すことになっている第三者は、ただ外面的徴表だけに従って決定を下すことができる。それゆえ、国家は、市民が危険な行為に際してしかるべき注意を払う努力を怠っていないかどうかを見守ることに甘んじていてはならず、また、市民が損害の蓋然性を予見しているかどうかということばかりにかかずらわっていてもいけない。むしろ国家は、現実に懸念される状況が差し迫っている場合には、それ自体無害な行為であっても制限しなければならないのである。

以上により、おそらく次のような原則を立てることができるであろう。

行為者だけに直接関わる行為のうち、国家が市民の安全に配慮するために禁止または制限しなければならないのは、結果として他者の権利を侵害する行為、すなわち他者の同意なしに、もしくは意思に反して、彼らの自由や財産を縮減する行為、あるいはそうしたことが蓋然的に懸念されうるような行為である。蓋然性を判断する際には、懸念されうる損害の大きさと禁止法によって発生する自由の制限とを必ず同時に配慮しなければならない。しかし、これ以外の、もしくは他の観点からなされる、私的自由の制限はすべて国家活動の限界外にある。

私的意思の確保

ここで展開してきた私の考えに従えば、右のような制限を課すことのできる唯一の根拠は他者の権利の保護であるから、この根拠がなくなると同時に当然、私的自由の制限も解除しなくてはならないであろう。つまり、例えばたいていのポリツァイ上の措置では、危険の及ぶ範囲は村や町など地域共同体に限られるから、それらの共同体がきっぱり一致して措置の廃止を要求した場合がそれにあたる。そうすると、国家は引き下がって、故意または有責の権利侵害によって生じる毀損を処罰するだけで満足しなくてはならないであろう。なぜなら、このこと、つまり市民相互の不和を阻むことだけが国家のあるべき真の関心事であって、国家がこれを推進しようするのを、個々の市民の意思――それが被害にあった市民自身の意思であっても――が妨げることは許されないからである。かりに啓蒙された人間たち、つまり自分の真の利益を教えられ、したがってたがいに好意を持ち合う人間たちが固い絆で結ばれているような状態を想定してみると、彼らの間に、自分たちの安全を目指す自由意思による契約――例えばあれこれの危険きわまる仕事は特定の場所または一定の時間にのみ行うことにするとか、あるいはまったく行わないことにするといった契約――が難なく自然に発生するであろう。この種の契約は国家の命令よりも格段に優先されなくてはならない。というのは、そのような契約をみずから締結する人々がその利点と欠点を――それもまるでそうしたい欲求があるかのように――実感している以上、そうした契約は、何よりも、現実に必要である場合以外にはきっと容易に成立しそうにないからである。それに、そうした契約は、自由意思により締結されるのであるから、そうでない場合よりも首尾よく、厳格に遵守されるということもある。そして最後に、そうした契約は、たとえ自由を相当制限することがあっても、性格を損なうことは少なく、むしろある程度の啓蒙と好意があってこそ成立するところからすれば、かえってこの二つの意義を増すことに貢献するのである。それゆえ、国家が真に目標とすべきことは、これやそれと類似の様々な場合に国家に代って活動できる地域共同体がもっと容易に発生する方向に、自由を通じて人間を導くというところにある。

ここまでは、国家のために、もしくは市民相互のために、あれこれのことを犠牲にしたり行ったりする積極的な義務を市民に課すような法律にまったく触れなかったが、そうした法律は我々の周りの至る所に存在している。しかし、どの市民も必要とあらば国家のために尽力しなければならない場合は別にして（これについては後ほど話題にする機会がまだあるだろう）、国家が、市民に対して、その意思に反して他人のために何かをするように強制するのは、たとえそれに対して申し分のない形で補償がなされるとしても、やはり適切とみなすことができない。なにしろ、どんな事柄も、あるいはどんな仕事も、人間らしい気まぐれや好みの無限の違いに応じて、およそ見通しがつかないほど異なった効用をあらゆる人に与え、しかもその効用も同じく多様な形で利害に係わり、重要性を帯び、不可欠のものとなるのだから、ある人にとってよいことと他の人にとってよいことのどちらを優先すべきかを決める際には、――たとえ判断が難しくてまったく決められないことはないにしても――たえずどこか酷薄なところ、つまり他人の感受性と個性を軽率に批評するような態度がついて回るものだ。ちょうどこれと同じ理由で、本来何かの代りとなることができるのはそれと同種のものだけであるから、本当の意味の補償も往々にしてまったく不可能であり、またほとんど一般的に規定することができない。この種の最良の法律にすらこうした欠点があるうえに、さらに濫用されやすいという欠陥がある。他方では、安全――なんといってもこれだけが国家にその活動を控えるべき限界を指示するのだが――のためには、総じてこの種の措置は必要不可欠ではない。いうまでもなく、このような措置が行われる場合はすべて例外でなければならないからだ。また、人間は、自己愛と自由の感覚が他人の側からする本来の強制権によって傷つけられたと感じることが少なくなれば、それだけいっそうたがいに好意的になり、進んで助け合うようになる。そして、たとえ人間の気まぐれとまったく理不尽なわがままのため事業がうまくいかなくなったとしても、それはただちに国家権力が介入しなくてはならないような類の事態ではない。物質的自然の領域で旅人の道を塞ぐ岩をいちいち国家権力が爆破などしていられないのだから。障害があると活力がかき立てられ、才智は磨かれる。ただし、人間の間に不公正をもたらす障害は百害あって一利なしである。しかし、わがままはそうした障害ではない。個々の場合について法律によってわがままを挫くことができるが、それを改善するとなると自由によるしかない。ここでごく手短にとりまとめたこれらの根拠は、思うに、十分しっかりしているから、後はただ鉄の必然性に道を譲るだけでよい。そしてここからすると、国家は、我が身をほろぼさないために他人の自由と所有権を犠牲にする人間の権利――これは既成の結合体の外部においてすでに存在しているのだ――を保護することで満足しなければならない。

最後に、固有の――といっても単独ではなく――共同の権利の限界内で行われるような行為からは、少なからぬ数のポリツァイ法が生まれる。ここでは当然、自由の制限が問題となることははるかに少ない。というのも、共有財産において、各共有者は異議を申し立てる権利を持っているからである。その種の共有財産としては、例えば、複数の所有地を通る道路や河川、あるいは都市の広場や街路等々がある。

第一一章　私的関係と安全——民事法

以上の場合と違って、直接真正面から他者の行為に関わる行為はかなり錯綜しているけれども、目下の研究に関する限りこれはさほど難題ではない。というのも、そうした行為によって権利が侵害される場合、国家は当然それを抑止し、行為者に対して、与えた損害の賠償をするよう強制しなければならないからだ。しかし、これまでの考察で立証した定義に従えば、こうした行為が他者の権利を侵害するのは、それが相手の意思に反して、もしくは同意なしに、相手の自由や財産から何らかのものを奪い取る場合のみである。ある人が他人から権利を侵害されたとすると、彼には賠償を請求する権利が発生するが、しかし彼は社会の中で生きる以上、私的報復権を国家に移譲したのだから、賠償請求以上の権利はない。それゆえ、加害者は被害者に対してできれば奪ったものを返却するか、それが無理なら補償する義務を負い、自分の財産と、（それにより収入を得られる場合には）労力を補償に充当しなければならない。我々の社会では例えば返済能力のない債務者から自由が剥奪されるが、これは、その義務を負う者の人格もろとも彼の将来の収入を奪う危険がないように、副次的手段としてのみ実施できるにすぎない。ところで、国家は、被害者が補償を求めるための正当な手段を禁じることはできないが、しかしこれが加害者に対する復讐のための口実になることも防がなければならない。自然状態に生きているのであれば、被害者が権利の限界を踏み越える場合には加害者が被害者に抵抗するだろうが、そうではなくて社会の中では、国家の抗しがたい力が加害者に補償を要求するだけに、また、第三者が判定を下さなければならない時に必ず必要となる一般的規定が、つねにこの種の口実に有利な判断材料を提供しがちであるだけに、なおさらそういうことが必要となる。それゆえややもすれば、例に挙げたような債務者の人格の保証には、それに関するたいていの法律が許しているよりもずっと多くの例外が必要となるだろう。

意思表示と国家の義務

相互の合意の下に行われる行為は、一個の人間が単独で、他者への直接の関係なしに遂行する行為とまったく同じである。それゆえこうした行為の場合には、自分のみに関係する行為についてこれまで述べてきたのと同じことを繰り返すほかないであろう。しかしそれでもなお、そのような行為の中には、まったく固有の規定が必要となる種類のものが一つだけある。すなわち、その場で一回限りですぐに完結するのではなく、後に尾を引く行為である。片務的なものにせよ双務的なものにせよ、表意者の完全義務[1]の原因となるあらゆる意思表示がこの種の行為に属する。こうした意思表示によって財産の一部が一方から他方に譲渡されるが、譲渡者が約束の不履行によってその譲渡物をふたたび取り戻そうとすれば、安全性が損なわれる。それゆえ、意思表示を維持することは国家の最重要の義務の一つである。しかし、あらゆる意思表示が課す強制は、第一に表意者だけがそれによって制約される場合に、第二に表意者が——ふだんから、そして意思表示の時点で——少なくとも相応の思考能力を持ち、自由な決定によって行為する場合にのみ、正当かつ有益である。そうでない時にはどんな場合にも、強制は有害であるとともに不当である。また、一方では将来のことはつねにきわめて不完全にしか考えられないものであり、他方では少なからぬ義務は、自由に対して、完全な人間形成にとって妨げとなる束縛を加えるという性質を持っている。このゆえに、国家の第二の義務が生じる。すなわち、正義にもとる意思表示に法律の支持を与えず、そしてまた、単なる一時の思慮不足のために完全な人間形成を阻害ないし抑制する束縛を加えることを防止するために、すべての（ただし財産の安全と一致しうる）予防措置を講じる義務である。

契約もしくは意思表示一般が有効であるために何が必要であるかは、法の理論がしかるべく説明してくれる。[2] ただ、この理論の対象に関してここで注意を喚起したいと思っていることがまだ残っている。すなわち、さきほど説明した原則に従えば、国家の責務は完全に安全の維持に限られているから、国家は、すでに法の一般的概念自体からして例外となるような対象か、もしくは例外を設ける際に同様に安全への配慮によって正当化されるような対象のほかは、例外となすことを許されない、ということだ。これに属するものとしてとくに目立つのは次のような事例だけである。①約定者が、相手の目的の単なる手段に自分を貶める時には強制権を譲渡できない場合（例えば奴隷状態を目的としたすべての契約）。②約定者自身が、約束したことの履行について——その本性上——強制力を持っていない場合（例えば感覚の対象や信仰の対象がこれにあたる）。③約束そのものまたはその結果が、他人の権利に実際に対立するか、もしくは少なくともそれに危険を及ぼす場合（これについては、個々の人間の行為を論じた際に展開した原則がすべて適用される）。以上の事例の間の違いは、一番目と二番目の場合では、国家が法律の強制権を拒否しなければならないだけで、その他の点については、この種の意思表示もその遂行も、これらが双方の同意の下でのみ行われる限り、妨害してはならないが、それに対して最後に挙げた場合では、国家は単なる意思表示それ自体も禁止できるし、また禁止しなければならないということだけである。

契約解消の緩和

とはいえ、契約または意思表示の正当性に対してなんら異議をさしはさむことのできない場合であっても、国家は、自由意思によるとはいえ双方に課される強制を緩和するために、契約により生じた結合関係の解消を容易にすることによって、ある時点で下した決断が人生のあまりにも長い期間にわたって自由な選択を制約しないようにしてやることができる。ただ、契約が物の譲渡だけを目的とし、それを越えて対人関係にまで及ばない場合には、国家によるそのような措置は得策ではないと思う。というのは、一つには、物は、その性質上、契約当事者の間の持続的関係に至ることがはるかに稀であり、次に、物についてかけられた制限もまたはるかに有害な形で取引の安全を脅かすからであるが、さらに最後に、一度口にした約束は取り消しできない拘束力を持つべしという要求は、様々な面から見て、とくに判断力を磨き上げ、性格の堅忍不抜を促進するのに有益であり、したがってこの強制は、どうしても必要な場合——そうした事態は人間活動のあれこれの実践が妨げられても、活力そのものは容易に弱められない物の譲渡では生じない——を除いて、決して緩和してはならないからである。

それに対して、人的な給付を義務づけたり、それどころか本来の対人関係を生じさせたりするような契約の場合、事情はまるで異なってくる。こうした契約において強制を課すことは、人間の最も高貴な諸能力にとって有害であるが、契約の力によって生じる取引自体の成否は、程度の差こそあれ、当事者たちの持続的合意にかかっている以上、そうした契約の場合でもこの種の制限はさほど有害ではない。それゆえ、個々人の行動を要求するだけでなく、最も厳密な意味において人格と生き方全般に関わるような対人関係が契約によって生じる場合、すなわち給付されるもの、もしくは断念されるものが内から発する感情にぴたりと一致する場合にあっては、対人関係の解消は、いつ何時でも、そのための根拠をことごとく並べなくても許されなければならない。(3) 例えば婚姻がそれにあたる。婚姻ほどでなくても、それと同じように人格的自由を強く制限するような関係の場合、思うに、国家は、期間を定め（その長さは一方では制限の重要さによって、他方では事柄の性質によって定めうるであろう）、期間中は当事者のいずれもが一方的に関係を解消できないけれども、期間終了後には、更新のない限り、契約が強制権を生じさせられないようにしなければならないであろう。かりに当事者たちが契約締結時にこの法律上の利益を放棄していたとしても同様である。なぜなら、たとえそのような命令があたかも法律の単なる恩恵にすぎず、またそれが他の何らかの命令と同じく誰彼に押しつけられてはならないように見えるとしても、その命令によって何人も全生涯にわたって続く関係を結ぶ権能まで奪われるのではなく、ただ、強制が一方の当事者の最高の目的にとって障害となるかもしれない場合に、相手方に対して強制を加える権利が当人から奪われるにすぎないからである。まして、ここで挙げた事例やとくに婚姻の例（すなわち自由な選択がもはやその関係に伴わなくなった場合）は、一方の側が進んで他方の側の目的の単なる手段となり、あるいはむしろ他方の側によって手段にされるような場合と程度の差しかないだけに、そうした命令は単なる恩恵ではないのである。そしてここでは、契約から不当な形で生じた強制権と正当な形で生じた強制権の間に境界線を引く権能を、国家すなわち社会の共同意思に認めないわけにはいかない。というのも、契約から生じる制限が、意向を変更した者を実際に他人の手段にまで貶めるのかどうかという問題を、寸分の狂いなく、真実に即して決定することは、それぞれ個別的な場合についてしか可能ではないと思われるからである。結局のところ、もし恩恵をあらかじめ放棄する権能をなくしてしまえば、それはまた恩恵の押しつけを意味するはずがないのだ。

相続と国家

(1) 遺言相続

法の第一の原則がおのずから教えてくれるように、またすでに前にもはっきり述べたとおり、何人も、実際に自分の所有物ではないもの、つまり自分の行為または自分の財産に属さないものについて、有効に契約を締結することができず、あるいは総じて意思表示を行うことができない。また、契約ないし意思表示が市民の安全に影響を及ぼす限り、これに対する国家の配慮の最重要の部分がこの命題の実行を監視することにあるということもまちがいない。それにもかかわらず、この命題の適用がまったくできないような種類の案件もまた相当数見られる。例えばあらゆる死因処分がこれにあたる。――それがどのような方法でなされようと、直接であると間接であると、別の契約の機会に限ってであろうと、契約においてであろうと、遺言においてであろうと、性質を問わず何らかの他の処分においてであろうと。すべての権利は直接的にはつねに人だけに関わりうるものであり、権利が物に関わるのは、物が行為を通じて人に結びつけられている場合しか考えられない。それゆえ人の消滅とともにこの権利も失われる。それゆえ人間はなるほど生きている間は自分の物を随意に処分し、物の全部または一部を、つまりその元物《ズブスタンツ》またはその利用を、あるいはその占有権を譲渡してよいし、また自分の行為、自分の財産に関する処分を、好きなように、あらかじめ制限してもよい。しかし、死後自分の財産をどのように保全すべきか、あるいは将来のその占有者がどのように行為すべきか行為すべきでないかということを、他人にとって拘束力のあるような形で決める権能は与えられていない。これらの命題に対しては異論もあろうが、それに長々とかかずらうつもりはない。その根拠もそれに反対する根拠も、遺言の有効性に関するよく知られた論争問題において、自然法に照らしてすでに十分に議論が尽くされている。また、法の観点はここでは概してそれほど重要ではない。というのも、いうまでもなく、終意の意思表示には、他の場合では認められない有効性を積極的に付与する権能が社会全体にあることは否定できないからである。

しかし、少なくとも、我々の立法の大部分が我々の普通法の体系(4)に従って(この体系においてローマ法学者の重箱の隅つつきがつまるところ社会全体の分断を招く封建制の支配欲と一つになっているのだが)終意の意思表示を拡大したため、これが人間形成にとって必要不可欠な自由を妨げ、本稿全編で展開したあらゆる原則にもとるものとなっているのだ。なぜなら、終意の意思表示は、ある世代が別の世代にルールを指図するためのとっておきの手段であり、また、ルールの発生時にはどうしても避けられず、ルールの存在にはどうしても必要であった様々な理由があった場合、ふつうならそれ以上に生き延びにくいはずの濫用や偏見が何百年にもわたって受け継がれる手段であり、そして最後に、人間が事物に型をあてがうはずのところを、人間自身を事物の軛に服させるための手段であるからだ。また、終意の意思表示は、人間の目の付け所を真の力とその形成からできるだけ逸らせて、外面的な占有物や財産に向ける。なんといっても、財産は死後もなお意思に服従を強いることのできる唯一のものであるからだ。結局のところ、終意による指示の自由はたいていの場合、よりにもよって驕りや支配欲、虚栄心等の人間の卑しい情熱のとりこになる。それはちょうど——一般にこれよりはるかに頻繁にお目にかかることだが——たいして賢明でもない人間や善良でもない人間に限ってそうした驕りなどを利用するのと同じようなものである。というのは、ある程度賢明な人間なら、自分の短慮の個別的事情が隠されているというのに、よりにもよってそれが隠されている時期に何か指示を出すことには慎重であるし、ある程度善良な人間なら、他人の意思を制限しなければならない場面に出くわさないことを喜ぶのであって、そんな場面をあくことなく探し求めることなどしないからである。そのうえ、周りの人の判断から安心して秘密を守ることができるということが後押しして、ふつうなら恥ずかしくて行えないような処分をやってしまう場合も珍しくないようである。これらの根拠は、私が見たところでは、少なくとも遺言による処分が市民の自由を脅かす危険に対して予防する必要があることを十分に示していると思われる。

(2) 法定相続と遺留分

だが、国家が死亡という出来事に関係する指示を出す権能——事実また原則の厳密な適用はいうまでもなくそれを要求するのだが——をもし完全に放棄すれば、何がそれに取って代ることになるのであろうか。平穏と秩序を守るためには誰にでも占取を許すわけにはいかない以上、答えが国家の定める無遺言相続以外にないことは明らかだ。しかし他面、被相続人本人の意思表示を全面的に廃止すると、国家がこの無遺言相続を通じて非常に強い積極的影響力を得ることになるが、これを容認するのは、これまで展開してきた原則の多くが禁じるところである。無遺言相続に関する諸法令と国家の政治体制との密接な関連はすでに一再ならず指摘されているし、この手段を他の目的にも使おうと思えば雑作はない。そもそも、全体としていえば、個々の人間の変りやすい多様な意思は、国家の一様で不変の意思よりも優先されなければならない。また、遺言に何らかの弊害の罪を着せるのがどれほど正当であっても、死後も自分の財産によってあれこれの人に恩恵を施したいという思いを抱く無垢の喜びを人間から奪うのは酷であるように見える。そして遺言をあまり助長すると財産への配慮を重視しすぎることになるとすれば、遺言をまったく廃止することも逆の悪弊に導きかねない。そのうえ、自分の財産を自分の意思で遺す自由は人々の間に新たな紐帯を生み出す。これはなるほどしばしばひどく濫用されるが、しかしまた有益に利用できる場合も多い。そして実際、ここで提示した理想が社会におけるあらゆる鎖を破砕しながら、しかし同時にできる限り多くの相互の紐帯によって社会を撚り合わそうと努力する方向に、理想のもくろみ全体をもっていくことができるといってもおそらく不当ではないであろう。孤立した人間は、鎖につながれた人間とまったく同じように、自己を陶冶することができない。最後に、死の瞬間に自分の財産を実際に贈与するか、それとも遺言によって遺すかはほんのささいな違いである。なぜなら、何人も前者を選ぶ明白で奪うことのできない権利があるからである。

ここで列挙した遺言に賛成する根拠とそれに反対する根拠は矛盾に陥っているような外観を呈していた

が、これは、終意による指示に二種の規定が含まれうると見ることによって解消されると思う。第一は、誰が直接に遺産の次の占有者になるべきかという規定であり、第二は、占有者になった人が遺産をどのように処分し、誰にこの遺産をさらに残し、総じてその後順次どのように遺産が処理されるべきかという規定である。これまで論じてきた遺言のすべての欠点は第二の規定にのみ当てはまり、それに対してすべての利点は第一の規定にだけ当てはまる。なぜなら、もし法律が――むろんそうあらねばならないのだが――遺留分の適切な規定によっていかなる被相続人も真の不公平や不公正をなしえないよう配慮していさえすれば、死後もなお誰かに贈与しようという純粋に好意に発する考えに、とりたてて危惧すべきところがあるようには思われないからである。同じくまた、この点に関して人々が従っている原則は、ある一つの時代だけをとれば、たしかにつねにかなりの程度共通したものであろうし、遺言がなされるのが頻繁か稀かは、立法者自身にとっても、自分が導入した無遺言相続制度がいまだに適切か否かを測る指標として役に立つであろう。ここからすれば、この対象の持つ二つの性質に倣って、国家の処置についても対象に関して二つに分けることがあるいは得策ではないだろうか。すなわち、一方では、遺留分に関する制限は別にして、何人も自分の財産を死後誰が占有すべきかを定めることができるけれども、他方では、その他の点で相続人が相続財産をどのように扱い、処分すべきかを――方法のいかんを問わず――指示することを禁じる、というように分けるのである。たしかに、そうなると、国家が許容した事柄が、国家が禁じた事柄を行うための手段として濫用されかねない。しかし、立法は個々の厳密な規定によって、このような事態を未然に防ぐように努めなければならないであろう。ここはこのテーマに深入りする場ではないので、こうした規定の例として次のようなものを提案することができるであろう。すなわち、相続人は、実際に相続人となるために、被相続人の死後に充足しなければならないような条件を付けることによって指定されてはならない。被相続人が指名できるのはつねに彼の財産の次の占有者だけであり、それ以降の占有者を指名して、それによって前の占有者の自由を制限してはならない。被相続人は複数の相続人を指名することができるが、それをあからさまに行ってはならない[5]。また、ある物件を範囲に従って分割することはできるが、例えば元物と用益権といったように、権利に従って分割してはならない、等々。実際、こうした点から、あるいはまた相続人は被相続人の役を演じるというこれと密接に結びついた発想からも（この発想は、私の大きな思い違いでなければ、今なお我々にとってきわめて重要となっている他の多くの事柄と同様、ローマ人の要式性[6]に、つまりようやく開化したばかりの民族の司法組織の不完全な制度に基づいている）、様々な不都合や自由の制限が生じてくるのである。しかし、これらすべては、被相続人はせいぜい相続人を指名することができるだけであって、それ以上のことが許されてはならないという命題を見失うことがなければ、免れることができるものである。こうした相続が有効になされた場合、国家は相続人が遺産を占有できるように取り計らってやらなければならないが、被相続人がそれ以上踏み込んだいかなる意思表示をしていても、それを支持することは拒否しなければならない。

被相続人による相続人指名が行われなかった場合について、国家は無遺言相続を定めておかなければならない。しかし、こういう場合や、遺留分の規定の基礎とすべき命題を詳述することは、私の目下の意図にそぐわないので、次の所見を述べることでこと足りるのではないかと思う。ここでも国家は、例えば家門の栄光や繁栄を維持するとか、それと反対の極端に走る、関与者の大幅な増加によって財産を分散するとか、あるいはそれどころか需要が大きい側に多く与えるといった、現実の究極目的を念頭に置くのではなく、ひたすら権利の概念にのみ従わなければならない。この場合、その概念は、被相続人の生前の共有財産だけに限定されるかもしれない。例えば、第一に家族の権利、次に共同体の権利等々と認めていくのである。(＊)

(＊) これまでの推論で私はミラボーのこのテーマに関する講演を非常にたくさん借用してきたが、ミラボーが本稿の目下の意図とまったく無縁の政治的観点を追求していない場合には、この先ももっと利用することができるであろう。Collection complette des travaux de M. Mirabeau l'aîné à l'Assemblée nationale. T.V., pp.498–524.(7)

(3) 生前契約

相続財産というテーマとたいへん密接に関わっているのは、存命者同士の間で結ばれた契約はどの程度まで相続人に引き継がれなければならないかという問題である。答えはすでに確認した原則から明らかになるはずである。原則とは次のようなものであった。人は生きている間は好きなように自分の行為を制限し、自分の財産を譲渡してもかまわないが、死に臨んでその後自分の財産を占有する者の行為を決めようとすることも、これに関して何らかの種類の指図をすることも許されない（ただし相続人の単なる指名が是認される場合は別であるが）。そうすると、現実に所有権の一部の譲渡を含み、したがってすでに被相続人の資産を減少ないし増加させてしまった債務はすべて、相続人に引き継がれ、彼の意思に反して履行されなければならないことになる。これに対して、被相続人の行為を基礎としていたか、もしくは彼の人格だけに関わっていた債務は引き継がれる必要がない。しかし、たとえこうした制約を加えても、被相続人が存命時に結んだ契約によって、子孫が拘束力のある関係に巻き込まれる可能性は依然としてあまりにも大きい。なぜなら、財産の一部と同じように権利もまた譲渡可能であり、権利の譲渡はいやおうなく、被相続人自身とまったく同じ境遇に入るかもしれない相続人に義務を課するものとならざるをえず、そこで同一物に対して複数の人間が権利を分有すればつねに強制的な対人関係を伴うことになるからである。それゆえおそらく、国家がこの種の契約を存命時以外に行うことを禁じるか、あるいはせめて、かりにそのような関係がひとたび発生したら、財産の現実の分割を実行する手段を簡便なものとすることは、不可欠ではないにせよ、少なくともおおいに推奨すべきことだといってよいであろう。そのような指示の詳細な規定もやはりこの場にはふさわしくない。それは、私の見るところ、一般的な原則の確定によってよりもむしろ特定の契約を目的とした個別の法律によってなされるべきものであるだけに、なおさらのことである。

法　人

人間は、自分の意思の要求どおりに行動できるようになり、あるいは自分の力の及ぶ限り行動できるようになればなるほど、国家内に生きる彼の状況は有望になる。この真理——もともと本稿で提示したすべての理念はただこの真理を軸として展開されているのだが——との関係から我々の民事法学の分野を見渡してみると、他のあまり重要でない対象と並んで、きわめて重大な対象が姿を見せる。結社である。すなわち自然人に対して法人と呼び慣わされているものである。結社は、その構成員の数のいかんに関わらず、わずかに変化するだけで長年にわたって存続する一つの統一体をつねに含んでいるので、それが引き起こす弊害は少なく見積もっても、先に終意の指示の結果として描いた弊害の全部を下まわることはない。というのも、その害のかなり多くの部分は現代社会では結社の性質と必ずしもつながらない制度——すなわちある時は国家が明示的に、他の時には慣習が黙示的に結社に付与する排他的特権（これを通じて結社はしばしば本物の政治団体と化す）——から生じるからであるが、しかしたとえそうだとしても、結社はそれ自体としても相変らずかなりの量の不都合を背負っている。とはいえ、これらの不都合が生じるのはつねに、結社の定款が全構成員に——その意思に反して——共同体の手段をあれこれ利用するように強制するか、あるいは少なくとも全員一致の必要から少数派の意思が多数派の意思を拘束することを許している場合だけである。それ以外の点では、結社や団体は、それ自体で有害な結果をもたらそうとするところなど毛頭なく、まさに人間形成を促進し、加速させるための最も確実で目的にかなった手段のうちの一つである。したがって、これに関して国家に期待すべき最も優れた措置があるとすれば、それは、いかなる法人ないし結社も、その時々の構成員の結合以上のものとみなすことはできず、それゆえ構成員が共同の力と手段の使用について多数決により随意に決議することを妨げることはできないという指示を出すことだけであろう。ただし、十分注意しなければならないのは、この構成員とみなすことができるのは、結社が現実に拠り所としている人々だけであって、構成員がいわば道具として使っている人々ではないということである。こうした取り違えは稀ではなく、とくに聖職者階級の権利の判断に際してなされている。

さて、これまでの推論から今や次のような原則が是認されることと思われる。

人間が自分の諸能力と財産の範囲内だけに留まっていないで、直接他人に関わる行為をなす場合、安全に対する配慮は国家に以下の義務を課す。

1．国家は、他者の意思なしに、もしくは他者の意思に反して行われる行為について、それによって他者がその諸能力の享受を、あるいはその財産の占有を侵害されることを禁止しなければならない。これに違反した場合、国家は生じた損害を加害者に賠償するように強制しなければならないが、被害者がこれを口実に、もしくはその他の理由で私的報復を行うことを防止しなければならない。

2．国家は、他者の自由な同意を得てなされた行為に対して、上記において個々人の行為に指示されたのとまったく同じ制限を課さなければならないが、しかしそれより強い制限を課してはならない（上述一一七頁参照）。

3．同上の行為のうち、将来当事者間に権利・義務が発生するような行為（片務的ないし双務的な意思表示、契約等）については、そこから生じる強制権の譲渡が、相応の思考能力のある状態で、譲渡者の処分に委ねられた対象を目的として、自由な決意によってなされた場合には、つねに国家はこの強制権を保護しなければならない。それに対して、行為者自身にこれらの要件の一つが欠けているか、あるいは第三者が彼の意思に反して、もしくは同意なしに不法に制限を受けることになる場合には、決して保護してはならない。

4．たとえ有効に契約がなされた場合でも、そこから自由をきわめて強く制限するような対人的な義務が、あるいはむしろ対人的な関係が生じる時には、国家は、一方の意思に反してでも、制限が内面的陶冶の完成に及ぼす害の程度に応じて、つねに契約を容易に解消できるようにしてやらなければならない。そしてそれゆえ、関係から生じる義務の履行が内面的な知覚と緊密に結びついている場合には、国家は契約の解消を、時期を定めず、いつでも認めなければならないが、それに対して、制限は強くても、義務の履行と内面的な知覚の結びつきがない場合には、制限の重要性とともに案件の性質によって定めるべき期間が経過した後に、解消を認めなければならない。

5. 死に臨んで自分の財産を処分しようとする場合、財産を随意に処分できる能力を制限する何らかの条件を付加せずに、次の相続人の指名を承認するのが得策であろう。しかし反対に

6. これ以外にこの種の処分を行うことはすべて完全に禁止することが必要である。またそれと同時に、無遺言相続と一定の遺留分を確定しなければならない。

7. 存命者同士の間で締結された契約は、それが遺産に別の形態を与えていた場合、相続人に引き継がれ、また相続人の意思に反して履行されなければならないとしても、国家はこの命題をそれ以上拡張することを承認してはならないだけでなく、むしろ当事者間に狭い限定的な関係を生じさせる個々の契約（例えば一つの物に対する権利を複数の人間で分割する場合）を被相続人の存命時にのみ締結することを認めるか、あるいは少なくとも、いずれか一方の相続人が容易に契約を解消できるようにしてやる方が得策であろう。というのも、ここでは、たとえ上述の対人的な関係の場合と同じ理由が生じないとしても、相続人たちの合意もまたさほど自由ではなく、その関係がどれくらい続くかさえ不確定だからである。

これらの原則は、もし完全に私のもくろみに沿って首尾よく整理されているとすれば、民事立法が安全の維持について配慮しなければならないようなあらゆる事例に最高の指針をきっと示してみせられるものと思う。例えばこれらの原則で私は法人に言及しなかったが、それは、そのような結社が終意意思によって成立するか、契約によって成立するかに応じて、終意意思や契約のことを論じた原則に従って判断することができるからである。しかしもちろん、民事立法に含まれる事例はたっぷりあるのだから、以上の企図が首尾よくいったなどとうぬぼれるわけにはいかないが。

第一二章　法的紛争の解決と安全——訴訟手続

社会において市民の安全がとりわけ拠り所にしているのは、自力による権利追求をすべて国家に委任することである。しかし、この委任から国家の側にも、市民がもはや自分では調達できないものを市民に施す義務が生じ、そこからはまた、市民の間で紛争の的になった権利に裁定を下し、権利があると認められた側の権利の保有を保護する義務が生じる。ここでは国家は単独で、しかもみずからの利害を一切差し挟まずに市民の立場を代理しなければならない。なぜなら、ここで安全が実際に損なわれるのは、不当な仕打ちをこうむった者（もしくはそう思い込んだ者）がそれを黙って受け容れようと思わない時だけであって、彼がそれを是認するか、あるいは少なくとも自分の権利を追求しようと思わない理由がある場合は、その限りではないからである。それどころか、たとえ無知や怠惰がきっかけで自身の権利をなおざりにする者がいても、国家はみずから進んでそこに介入することはできないであろう。国家は、複雑で曖昧な法律を作ったり法律をしかるべく周知させたりしないことで、そのような過ちのきっかけを与えさえしなければ、義務を果たしたことになるのである。そこで、まさにこれと同じ根拠は、市民が権利を実際に追求するにあたって、国家が権利を発見するために利用するあらゆる手段についても当てはまる。つまり、この点に関して国家はあえて当事者の意思を一歩たりとも踏み越えてはならないのである。それゆえ、あらゆる訴訟規則の第一の原則は必然的に、真実それ自体を万難を排して探求することではなくて、そもそも真実の探求を要求する資格のある当事者が求める範囲に限って探求することでなければならないであろう。

しかし、ここでもさらに新たな制約が現れる。すなわち、国家が応じる当事者の要求はどんなものであってもよいというわけではなく、次のようなものに限られるのである。係争中の権利の解明に役立ちうる要求、そして、たとえ国家結合体の外部にあっても人間が人間に対して——しかも彼らの間で権利だけが争われている場合、つまり相手が何も奪っていないか、あるいは少なくとも明白に奪ったわけではないような場合に——用いることのできるような手段の適用を狙った要求である。たしかにそこに国家の強制力が一枚かんでいるとしても、これは右の手段の適用を確保し、その実効性を支える以上のことはできない。ここから、民事手続きと刑事手続きとの間の差異が生じる。すなわち、前者では宣誓行為こそが真実の究明のための究極の手段であり、後者では国家が相対的に大きな自由を享受するのである。ところで、裁判官は、係争中の権利の確認に際していわば両当事者の間に立っているのだから、当事者の一方が相手方の責により意図の達成を全面的に妨害されるか、あるいは少なくとも足を引っ張られることのないようにするのが裁判官の義務である。かくして、第二の、これまた必要不可欠な原則が生まれる。すなわち、当事者の手続きを、訴訟がなされている間、特別の監視下に置き、訴訟が共通の究極目的に近づくどころか、かえってそこから遠ざかってしまうことのないようにする、というものである。

これら二つの原則の各々を最高かつ最も厳密に遵守するならば、思うに、最良の訴訟規則が生み出されるであろう。なぜなら、第二の原則を看過すれば、当事者の権利濫用、弁護士の怠慢や利己的なもくろみが跋扈する恐れがあまりにも大きくなり、そうなれば訴訟は込み入り、長引き、費用もかさみ、それなのに判決はいびつで、本題にも当事者の意向にもしばしばそぐわなくなるからである。それどころかこの欠点が一役買って、法的紛争はますます頻繁になり、訴訟熱の温床となる。それに対して、第一の原則に背けば、手続きは糺問訴訟のようになって[1]、裁判官はあまりにも強大な権力を手にして、市民のごく些細な私的事情にまで立ち入るようになる。様々な実例はこの両極端から発して現実の中で出会う。そして経験からわかるように、最後に叙述した一方の極は自由をあまりにも狭く、不法に制限し、最初に提示したもう一方の極は所有権の安全にとって有害である。

裁判官は真実の調査・探究のためにその目印、すなわち証拠方法を必要とする。それゆえ、権利が実際に効力を持つのは、まさに権利が（法廷で争われることになった場合に）裁判官を前にして証拠能力を有する時にほかならないということを勘案すれば、立法のために新しい観点を得る一助となる。つまり、そこから新たな制限法の必要性が生じてくる。その制限法とはすなわち、取り調べの対象となる案件に、後になってその本当の姿や有効性がわかる目印を付けておくように命じる法律である。この種の法律の必要性は、司法組織が完全性に近づくのとちょうど同じ程度で、つねに低下する。逆に、完全性が最も不足する時に必要性は最大となり、だからこそ最も多くの外面的表徴が立証のために必要となる。これが、最も未開の民族に最も多くの要式性が見られるゆえんである。古代ローマ人にあっては、耕地の所有物返還請求[2]は段階を追って変化してゆき、最初は耕地そのものに当事者が居合わせなければならなかったが、次いで耕地からもってきた土塊を法廷に持参するだけでよくなり、後には儀礼的な言葉で用が済み、最後にはそれも不要になった。その結果、至る所で（とりわけあまり開けていない国民では）、司法組織は、立法に対してきわめて重要な影響を与えてきたが、その影響の及ぶ範囲は非常に多くの場合とうてい単なる要式性に留まるものではない。ここでは、例を挙げる代りに、約束と契約についてのローマの学説に注意を向けたいと思う。[3]これは、これまでまだほとんど解明されていないとはいえ、別の観点から吟味することはおそらくさほど難しくないであろう。様々な時代や国民の様々な立法に対してこの学説が与えた影響を探求することは、単に多くの別の理由から有益であるだけでなく、とくに、そうした法律のうちどれが普遍的必然性に基づき、どれが局地的な関係だけに基礎を有しているのかということを、そこから判断するという観点から見て、有益であろう。事実、この種の制限をことごとく廃止することは、——それが可能であると仮定するとしても——得策とは言いがたいであろう。というのも、さもなければ、一つには、例えば文書偽造等の詐欺の可能性を防ぐのがあまりにも困難になるからであり、また訴訟が何倍にも増え、あるいは——このこと自体はまだおそらく害悪に見えないが——無益な紛争を惹起して他人の平穏をかき乱す場があまりにも多岐にわたるようになるからである。ところが、訴訟によって表面化した当の闘争欲は、——それが市民の財産、時間、心の平穏に加える害は別としても——性格に対してもきわめて有害な影響を及ぼし、どんな有益な結果によってもこの弊害を埋め合わすことが決してできない代物である。それに対して、要式性のもたらす害は、当該取引の妨害と、いかなる関係においても憂慮すべき自由の制限である。それゆえ法律はここにおいてもこれら二つの中間の道をとらざるをえない。すなわち、要式性を命じる場合、取引の有効性を確保して、詐欺を防ぎ、立証を容易にするという目的以外の観点をとらないこと、こういう視点をとる場合でも、要式性が個別的な事情により必要である時、つまり要式性を欠くと一方で詐欺がひどく懸念され、他方で立証がひどく困難になりそうな時にのみ、要式性を要求すること、要式性の規定には、遵守するのにさほど困難を伴わないような規則だけを書き込むこと、取引の処理が要式性によってかえって困難になるばかりか、ほとんど不可能になりかねないようなすべての場合から要式性を完全に取り除くことである。

したがって、安全と自由をともに適切に考慮するならば、以下の諸原則を導き出すことができるように思われる。

1．最も優先すべき国家の義務の一つは、市民の法的紛争の審理と決定である。その際、国家は当事者の代理を務めるが、その介入の本来の目的はもっぱら、一方では不当な要求から当事者を守ること、他方では正当な要求に対して、――市民自身が乗り出せば公共の安寧を害するような形でしか得られない――後ろ盾を与えることにある。それゆえ国家は、係争中の権利を審理する間、当事者の意思が権利にのみ基づいている限り、その意思に従わなければならないが、あらゆる不法な手段を防止しなければならない。

2．裁判官による係争中の権利の決定は、法律が指定する真実の明確な目印を通じてのみ行うことができる。ここから新しい種類の法律の必要性が生じる。すなわち、法律行為に一定の性格を付与するように命じる法律である。そこでこの法律の起草にあたって立法者は、第一に法律行為の信憑性を適切に確保するという観点と、訴訟において過度に立証を困難なものにしないという観点だけをつねに指標としなければならず、第二に反対の極端に走って取引を過度に困難にしないことをたえず念頭に置かなければならず、最後に取引の進行をほぼ完全に妨げる恐れがある時には真実の目印の指定を行おうとしてはならない。

第一三章　国家法の違反と安全――刑事法

処罰の対象

市民の安全を配慮するための、最終的な、おそらく最も重要な手段は、国家の法律の違反に対する処罰である。したがって、この対象についてもやはり、これまでに展開した諸原則を当てはめなければならない。そこで、この場合に生じる最初の問いは、どのような行為に対して国家は――ちょうど犯罪として立件できるのと同じように――刑罰を科すことができるのかというものである。これまでに述べたところに従えば、答えは簡単だ。なぜなら、国家は市民の安全以外のいかなる究極目的も追求してはならないのだとすれば、国家はまたこの究極目的に反する行為以外は制限することができないということになるからである。ところが、この安全に反する行為は総じてまたそれ相応の処罰を受けるに値する。なぜなら、そうした行為の害は、――ほかでもない人が自分の諸能力を享受するとともにそれを磨き上げるのに不可欠なものを損なう以上――、目的にかなった合法的な手段を尽くして抵抗しなければならないほど重大であるだけでなく、同時に、法の第一原則に照らしてみても、何人も、自分が罪を犯していわば他人の権利の圏内に侵入すれば、その分だけ刑罰が自分の権利の圏内に介入してくるということを甘受しなければならないからである。それに対して、行為者だけに関わる行為や、行為の対象となる者の同意のうえでなされる行為を処罰することは、まさにそうした行為を制限することすら許容しない法の原則によって禁じられる。そこからすると、いわゆる性犯罪（強姦を除く）――それが宗教上ないし習俗上の感情を毀損する行為であろうとなかろうと――や自殺の企て等がどれも処罰の対象にしなくてもよいだけでなく、相手の承諾の下で行われる他殺ですら処罰してはならないことになるであろう（後者については、ともすれば危険な濫用の恐れが強いために刑事法が必要とならなかったとしての話である）。他者の権利に対する直接の侵害を禁じる法律のほかにも、様々な種類の法律があり、一部はすでに前述の箇所で考察したが、一部は後に考究するであろう。だが、国家に対して一般的に究極目的を定めた以上、他者の権利の侵害を禁じる法律もまた、間接的にすぎないにせよ、この目的の達成に向かって進むのだから、そうした法律の侵犯についても国家による処罰がなされてよい。ただし、それは、法律違反だけで直接に処罰することができない場合（例えば世襲財産[1]の禁止に違反した場合にすでに行った処分が無効になる場合）に限る。これはまた、さもなければこのような場合法律に服従させる強制手段がまったくなくなってしまう恐れがあるだけにいっそう必要となる。

刑罰の尺度

処罰の対象から刑罰そのものに話を移そう。私は、刑罰の尺度を――たとえ非常に広い幅をとっても――定めること、あるいは刑罰の上限を決めることだけでも、地域の事情をまったく無視した一般的推論の形で行うのは不可能であると思う。刑罰は犯罪者をしりごみさせる苦痛でなければならない。ところが、刑罰の程度は、肉体的感覚や道徳的感覚の違いと同様、地域や時代の違いに応じて無限に多様で、移り変る。それゆえ、ある場合には残虐行為と呼ばれて当然のものが、別の場合にはどうしても必要だとされることさえありうる。ただ、これだけは確実である。すなわち、刑罰はつねに――しかしもちろん実効性が等しいとして――寛大であるほど完全さを増す。なぜなら、寛大な刑罰はすでにそれ自体で苦痛が少ないというだけでなく、最も人間らしいやり方で人間を犯罪から別の方向に逸らせるからである。あるいはまた、刑罰は、肉体的な苦痛や恐怖を感じさせる度合が低くなるだけ、いっそう道徳的な性質を帯びるが、逆に身体に大きな苦しみを与えると、苦痛を受ける当人は恥の感情が弱まり、見物人の方は是認できないという感情が弱まる。そのため実際にも、寛大な刑罰は、別の面で道徳が埋め合わせをしてくれるというので、一見これが限度と思われるよりも、事実上ずっと頻繁に使われることになる。

概して刑罰の実効性は、刑罰が犯罪者の情緒に与える印象に完全に左右される。それゆえほとんどこう主張してもよいくらいである。すなわち、適当な等級をつけた刑罰の段階を一列に並べたとして、もし当人が自分は刑罰の最高段階にあるかのように思い込んだとしたら、実際にどの段階にいるかはどうでもよいことである。というのも、ある刑罰の作用は事実上、刑罰の性質そのものよりも、むしろそれが刑罰の階梯全体の中で占めている場所に左右され、人はややもすると国家が最高刑だとするものを最高刑だと思い込みがちであるためである、と。「ほとんど」と言ったが、それはもちろん、もし国家による刑罰が市民を脅かす唯一の苦痛でありさえすれば、主張は「完全に」正当だと言えるからである。ところが、実際はそうではなく、むしろ非常に多くの場合、本物の苦痛のために市民はまさに犯罪に手を染めることになるのであるから、いうまでもなくこの苦痛に立ち向かうべき最高刑の、ひいては刑罰一般の尺度は、この苦痛を考慮に入れて決めなければならない。ところが、市民は、本稿が彼らのために確保しようと努めているだけの大幅な自由を享受する時には、より大きな安楽の中に生きることになり、そうなれば市民の魂はもっと朗らかになり、描く夢はより心地よくなり、そして刑罰は実効性を失うことなく、その厳しさをやわらげることができるであろう。そうなれば、まちがいなく、あらゆる善なるものと喜ばしきものはすばらしく調和し、たった一つのことを引き寄せさえすれば、それ以外のあらゆることの恵みを享受できるということになる。それゆえ、このテーマについて一般的に規定できることは、ただ、最高刑は地域の事情に応じてできる限り寛大にした刑罰でなければならないということだけであると思われる。

名誉剥奪刑

ただし、一つの種類の刑罰だけは、思うに、完全に例外としなければならないであろう。すなわち、名誉剥奪刑ないし不名誉刑である(2)。というのも、一人の人間の名誉とは、彼が同胞の間で博している名声であって、国家の意のままになるものでは断じてないからである。それゆえ、いずれにせよこの刑罰は、突き詰めれば、国家が犯罪者から彼の声望と彼の信頼の指標を奪い取り、他の人々が同じように彼から名誉を剥奪しても罰せられないようにすることができるということを意味する。そこで、国家が必要とみなせばいくらでもこの権利を行使することが認められるとしても、それどころかそうすることが国家の義務としてどれほど強く要求されるとしても、それでもやはり私は、「国家はそうすることを欲するのだ」という一般的言明を推奨できるものとみなさない。なぜなら、一つには、この言明は、刑罰を受ける者がある意味で首尾一貫して不正を行うということを前提としているけれども、そんなことは現実の経験ではせいぜいほんのわずかしか見られないからである。それからまた、この言明は、文の表現法がどれほど緩やかであっても――たとえそれが単に国家の不信感の正当な表明として表現されているにすぎないとしても――、やはりあまりにも曖昧なので、それ自体少なからぬ濫用を防ぐことができず、また少なくとも往々にして（すでに原則の一貫性からしても）問題そのもののために必要とされるよりも多くの事例を包摂してしまうからである。なにしろ、一人の人間に対して人々が抱く信用の種類は、事例の違いに応じてはてしなく多様であり、私は、数ある犯罪の中で、一度犯してしまったら二度と犯すことができなくなるほど信用を落とすような犯罪などほとんど一つとして知らない。だがそれでもやはり、声明の一般的表現はそこに通じている。ある人間についてふつうなら、あいつはこれこれの法律に違反したということが時に応じて思い出されるだけなのに、一般的な表現で語られたために、今や彼はどこに行っても不名誉の印をぶら下げて歩き回る存在になる。しかし、この名誉剥奪という刑罰がどれほど厳しいものであるかということは、同胞の信用がなければ、人生そのものが生きるに値するものでなくなるという、きっとどんな人間にも無縁ではない感情が物語っている。ここでは、この刑罰をもっと細かく適用してみると、いくつかの困難が明らかとなる。誠実さに対する不信の念は本来、誠実さの欠如が姿を現した時につねに結果として存在するはずである。しかし、この罰がその後どれほど多くの事例にまで拡張されることになるのかは自明である。これに劣らず大きな難題は、いつまでこの罰は続けられるべきかという問題である。公平な見方をする人なら誰でも、まちがいなく、この罰が及ぶのは一定期間だけだと考えようとするであろう。しかし、裁判官は、長年同胞から不信の念を抱かれてきた者が、一定期間の経過後にいきなり同胞の信頼を回復できるように取り計らうことができるであろうか。

とどのつまり、国家が市民の意見を、どんなやり方であれ、特定の方向に向けさせようとすることは、本稿全編で提示した原則にそぐわない。それゆえ、私見では、国家が、市民を不審な人物から守るという、自己に課せられた当然の義務の限界内に留まり、したがって必要と思われる時にはいつでも（例えば役職への任命、証言の有効性、後見人の資格等について）、「これこれの罪を犯し、これこれの罰を受けた者は除外すべし」と法律の明文をもって命じるけれども、その他の点では、くだくだしく不信の念や、さらには名誉喪失を一般的に表明することを一切控えたならば、その方がよほど得策であろう。そうすれば、何年たてばそうした非難が失効することになるかを決めることもたいへん容易になるだろう。ちなみに、国家が侮辱的な刑罰を与えることによって自尊心に働きかけてもよいということは、わざわざ想起するまでもないだろう。同様に、犯罪者本人を超えて、その子供やその係累に及ぶようないかなる刑罰も絶対許されてはならないということも、ここで繰り返すまでもない。公正と公平は声を揃えてそのような刑罰には強く反対する。また、この種の刑罰を加えるにあたって、――これ以外ではたしかにあらゆる点で優れている――プロイセン法典に示されている慎重な姿勢ですら、この事柄そのものにおいてたえず現れる厳しさをやわらげることはできない(*)。

（*）Th. 2. Tit. 20. § 95.(3)

刑罰の相対的尺度

刑罰の絶対的な尺度を一般的に規定することができないとすれば、逆に相対的な尺度において一般的規定を行うことがそれだけ必要だということになる。ということはつまり、様々な犯罪に科される刑罰の程度は、そもそもどういう基準に従って決められなければならないかということを確定する必要がある。ここまで展開してきた諸原則に従えば、それは、思うに、他人の権利をどの程度まで無視したのかということ以外のものではありえない。程度といっても、ここで問題としているのは、個々の犯罪者に対する何らかの刑事法の適用ではなく、刑罰一般の規定であるから、犯罪により侵害された権利の性質に即して判断しなければならない。たしかに、最も自然な規定は犯罪抑止がどの程度できるかということであり、そこからすると刑罰の重さは、犯罪に駆り立てた、もしくは犯罪を思い留まらせた理由の量の多寡によって測らなければならないように見える。しかし、正しく理解すれば、この原則は、権利の無視の程度という、たった今立てた原則と選ぶところはない。というのも、国制に内在する事情が犯罪を誘発することのないよく整った国家にあっては、まさにあの――犯罪をおびき寄せる衝動や性向や情動等の仕業である――他人の権利の無視を除いて、犯罪に走るそもそもの理由がないからである。しかし、右の原則を別様に解して、まさに地域や時代の事情のために犯罪が増えることに応じて、それどころかこの事情の性質上（多くの違警罪[4]がそうであるように）道徳的理由が犯罪に対してあまり決定的な抑止力とならないことに応じて、つねに犯罪に対して重罰をもって対処しなければならないと考えるとすれば、そうした基準は不当であると同時に有害でもある。

不当であるというのはこういうわけである。将来の権利侵害の防止をあらゆる刑罰の目的として想定することは、少なくともいつの日かどんな刑罰もそれ以外の目的に基づいて定めることを許されなくなる限りで、正しい。だが、被処罰者[5]が刑罰を受忍すべき義務は、本来、何人も、自分が他人の権利を侵害した分だけ、自分の権利を他人により侵害されるのを甘受しなければならないというところから生じるものである。この義務が国家結合体の外部だけでなく内部においても存在するのはそのためである。というのも、この義務を双務契約から導き出すことは無益であると同時に難点も抱えているからである。例えば、死刑は時によって、またある種の地域的事情のために明らかに必要であるが、しかしそれを双務契約からの導出によって正当化するのは難しい。あるいは、例えば古代の共和国における亡命（もっとも、これは私の記憶が正しければ、国家犯罪についてのみ認められたもので、私的犯罪では容認されなかった）のように、もし刑罰を受ける前に社会契約から離脱したならば、あらゆる犯罪者は刑罰を逃れることができることになるであろう。そこからすれば、加罰者自身が、およそ刑罰が実効的であるかどうかをとやかく言うことなど許されていない。だから、たとえ被処罰者は、加罰者からの第二の加罰を恐れる必要がないのが確実であっても、それにもかかわらず刑罰の正当性を承認しなくてはならないであろう。しかしその反面、これとまったく同じ原則からはこういう結論も引き出すことができる。すなわち、自分の犯罪の分量を超えた刑罰を科された時には、たとえ断じてそれより軽い刑罰ではなくて、まさにその刑罰だけが完全に実効的となることがどれほど確実であったとしても、被処罰者はそのような刑罰のすべてを正当に拒むことができる。権利の内面的な感情と外面的な幸福の享受との間には――少なくとも観念のうえでは――否定しがたいつながりがあって、人が前者によって後者を得る資格があると信じていることは争いえない。運命が許したり許さなかったりするような幸福に関してこうした期待に根拠があるものかどうかという――もちろんいささかあやふやな――問いについてここで議論するわけにはいかない。しかし、他人が勝手に与えたり奪ったりできるような幸福に関しては、期待する権能をなんとしても認めざるをえない。とはいえ、右の原則は、少なくとも事実上、そうした権能を否定しているように見えるが。

しかしさらに、あの犯罪抑止のために重罰をもってあたるという基準は、安全そのものにとってすら有害でもある。というのは、その基準は、たとえあれこれの個々の法律に対する服従を強いることができるとしても、犯罪者が受ける扱いと彼自身の罪悪感との衝突を誘発することによって、まさに国家内の市民の安全の最も堅固な支柱となるもの、すなわち道徳性の感情を混乱に陥れるからだ。他人の権利に対する尊重の念を育むことが犯罪を防止するたった一つの安全でまちがいのない手段である。そしてこの意図は、誰であれ他人の権利に手をつける者が、まさにちょうど同じ分だけ（多少の差はあるにせよ）、自分の権利の行使を妨げられないことになると、決して達成されない。なぜなら、このような権利侵害と刑罰との均衡のみが人間の内面的な道徳的完成と国家の事業の繁栄との調和を維持するからである。その調和がなければ、どれほど工夫を凝らした立法もつねにその究極目的を達成することができないであろう。ところが、これ以外のすべての人間の究極目的の達成が、上述の基準を守ることでどれほど損なわれることになるか、あるいは本稿で提示したすべての原則とどれほど衝突するかという問題はもはやこれ以上詳述する必要はない。

犯罪と刑罰

たった今展開した理念が要求する、犯罪と刑罰の均衡もまた絶対的に規定することができないし、これこれの犯罪はただこれこれの刑罰だけを受けるべきだと一般的に言うことはできない。ただし、程度に応じて異なった諸々の犯罪を一列に並べるならば、この均衡を守るように指示することが可能になる。これらの犯罪に割り当てられる刑罰は同じ等級に位置づけられなければならなくなるからだ。したがって、前述したところに従って、刑罰（例えば最高刑）の絶対的尺度を、将来の犯罪防止に必要な、犯罪者に与える苦痛の量によって決めなければならないとすれば、この絶対的尺度（あるいはそうでなくてもただ一つの尺度）がいったん確定した以上、それ以外の刑罰の相対的尺度は、その刑罰の対象として想定された犯罪が、最初に決めた刑罰が防ぐべき犯罪と比べて、大きいか小さいかという程度に従って決めなければならない。そこからすると、他人の権利の圏内に実際に介入する犯罪には重い目の罰を適用し、そうした犯罪を防止することだけを目的とするような法律の違反には、この法律がそれ自体どれほど重要で必要であっても、軽い目の刑罰を適用すべきだということになるであろう。そうすると、これによって同時に、自分たちは国家からしかるべき根拠を示されない恣意的な扱いを受けているという市民側の想念を避けることもできる。——これは、実際に安全に対してほんのかすかな影響しか及ぼさないか、安全との関係が簡単にはわからないような行為に対して重い刑罰が科された時に非常に生じやすい偏見なのだ。しかし、最初に挙げたあの諸々の犯罪のうちで、まさに国家の権利そのものに直接むきだしに手をつける犯罪が最も厳しく罰せられなければならない。

というのも、国家の権利を尊重しない者は、自分たちの安全をもっぱら国家の権利に依存している同胞の権利も尊重することができないからである。

このようにして犯罪と刑罰が法律によって一般的に規定されるならば、今度はこの既定の刑事法を個々の犯罪に適用しなくてはならない。この適用については、すでに法の諸原則がおのずと、刑罰は犯行時の故意または責任の程度に応じてのみ科すことができる、と語っている。だが、罰してよいのはつねに他人の権利の無視だけだという上記の原則を忠実に守るべきだとすれば、この原則は個々の犯罪の処罰に際してもゆるがせにしてはならない。したがって、裁判官は、行われた各々の犯罪について、犯罪者の意図をできるだけ正確に究明するように努め、そして犯罪者が侵害した権利をどの程度ないがしろにしたかという個々の事情に即して、一般的刑罰を法律上修正することができるよう努めなければならない。

取り調べ期間中の犯罪者に対する手続きについては、法の一般原則においても前述の原則においても一定の規則が見出される。すなわち、裁判官は、真実の究明のためにあらゆる正当な手段を用いなければならないが、その一方、法の制約外にある手段は一切用いることを許されない。それゆえ、裁判官は、何よりも、犯罪の嫌疑をかけられただけの市民を、有罪が立証された犯罪者から慎重に区別し、決して前者を後者と同じように扱ってはならないが、しかし一般に、有罪宣告を受けた犯罪者も含めて、決して人権と市民権の享受を妨げてはならない。犯罪者が人権を失うのは命が尽きる時であり、市民権を失うのは裁判官により国家結合体から法律に則って排除される時だけなのだから。それゆえ、本来の詐欺を含む手段を用いることは拷問と同じく許されてはならないだろう。なぜなら、そのような手段は、被疑者、あるいは少なくとも犯罪者自身が自分の行為を通じてそうされてもよいと認めたならば、やむをえないとされるかもしれないが、やはり、裁判官が体現する国家の品格につねにそぐわない。犯罪者に対してさえ率直でまっすぐな態度をとることが、国民の性格にいかに有益な効果をもたらすことになるかということは、それ自体からのみならず、例えばイギリスのようにその点で高尚な立法を享受している国家の経験からも明らかである。

犯罪防止策

最後に、刑法を論じたついでに、とくに近時の立法による解決の試みを通じて重要な意味を持つようになったある問題を吟味してみなければならない。すなわち、国家は、どの程度まで犯罪を未然に防ぐ権限または義務を持つかという問題である。他の何らかの試みでこれほど博愛的なもくろみによって推し進められるものはほとんどないし、また感じやすい人間なら誰でもきっとそういう試みに敬意を払うはずだが、だからこそかえって研究の中立性が冒される恐れがある。それにもかかわらず、私はそうした研究がとりわけ不可欠であることを否定できないと思う。なぜなら、犯意の元となりうる心理状態が無限に多様であることを考慮するならば、犯意を防ぐのは不可能であるように見えるし、またそれだけでなく、犯罪の実行を未然に防ぐだけでも、自由にとって由々しいことであるように思われるからである。前述箇所で（第一〇章参照）、個々人の行為を制限する国家の権利を規定しようと試みたので、それだけですでに目下の問題にも解答が与えられているように見えるかもしれない。しかしその箇所で確認したのは、国家が他者の権利に危険となりかねない結果を招く行為を制限しなければならないということであったとすれば、その場合の結果とは――

こう主張しようとした際の論拠からも容易にわかるように――、もっぱら行為から生じ、もし行為者がもっと注意を払っておれば避けられたような結果のことである。それに対して犯罪の予防を問題にする場合、当然、犯罪の第二の結果（つまり犯罪の実行）の原因となりやすい行為の制限だけが対象となる。したがって、ここにすでに重要な違いがある。後者の場合、行為者の心が積極的に――新たな決断を通じて――共働しなければならないが、前者の場合、行為者の心はまったく影響を及ぼすことができなかったか、あるいはせいぜいのところ活動を怠ることによって悪影響を及ぼしたのである。これだけでも、境界線を明示するには十分であろうと思う。

ところで、犯罪の予防はすべて犯罪の原因から手をつけなければならない。この原因は実に多様であるが、一般的に定式化すれば、おそらく、行為者の性向と彼の意のままになる正当な手段の量との間に現にある――理性の根拠によってしかるべく制御されていない――不均衡の感覚によって言い表すことができるであろう。この不均衡については、個別的に規定すると多くの困難にぶつかるであろうが、少なくとも一般的には、二つの場合に分けて考えることができる。一つは、行為者の性向が文字どおり過剰であるために生じる不均衡、もう一つは、性向は通常の程度であっても手段の蓄えがあまりにもわずかであることからくる不均衡である。おまけにこれら二つの不均衡は、理性の根拠と道徳的感情の根拠の強さの不足に伴って生じる。それは、あたかも前者の不均衡がいきなり違法行為になってしまうのを道徳的感情が止められないことに示されている。それゆえ国家は、犯罪者の中にある犯罪の原因を抑制することでそれを予防しようと望むならば、この二つの場合の相違に従って、あらゆる努力を次のいずれかに傾注しなければならないだろう。

やむなく犯罪に走らせかねないような市民の境遇を変えて改善するか、それとも往々にして法律違反に至るような性向に箍《たが》をはめるか、あるいは最後に理性の根拠と道徳的感情がもっとしっかり働くようにしてやることである。そのほかになお、犯罪を予防するいま一つの道として、実際の犯行を容易にする機会、それどころか法律違反に傾きがちな性向の暴発を助長する機会を法律によって減らすという方法もある。こうした様々な予防方法のどれ一つとして、目下の吟味の対象から外すことはできない。

(1) 環境改善

第一の方法、すなわちやむなく犯罪に走らせるような境遇を改善することだけを狙った方法は、あらゆる方法のうちで、それに伴う欠点が最も少ないように思われる。また、人間の力を生かし、満足を得るための手段を豊かにすることは、それ自体としておおいに世に裨益する。人間の自由な活動はこの方法によって直接制限を受けることはないのだ。それから、本稿の最初の方では市民の物質的福祉に対する国家の配慮が及ぼす帰結を示したが、ここでももちろんそうした帰結がことごとく生じることを認めないわけにはいかないけれども、この配慮がここではごくわずかの人にしか及ばないことからすれば、帰結の方もやはりここではごくわずかの程度でしか生じない。しかしそうはいっても、そうした帰結は現実にたえず現れている。例えばまさに外面的境遇を相手にした内面的道徳性の闘争は国家の配慮によって解消され、この闘争が行為者の性格の堅忍不抜や、市民一般の相互に支え合う善意に及ぼしていた有益な影響までが闘争もろとも解消される。しかも、このような国家の配慮の対象が個々人に限られざるをえないからこそ、市民の個別的境遇を国家が心配することが必要になる。――これは明らかな欠点である。これを忘れさせてくれるものがあるとすれば、それは、国家の安全はこうした仕組がなければきっと損なわれてしまう、という確信だけであろう。しかし、ほかでもないこの必要性こそが、思うに、疑念を持たれてしかるべきものなのだ。市民を切迫した境遇に陥らせないような国制を備え、それどころか、本稿が推奨しようと試みるような自由を市民に確保してくれる国家にあっては、上述のような犯罪に走らせる類の境遇がそもそも生じることはほとんどありえず、また、そうした境遇の救済手段を市民自身の自発的相互援助に求めようと思えば国家の加勢が必要になるといったこともありえない。そうだとすれば、ことの根本は人間自身の行状の中に存在していなくてはならないだろう。だが、その場合、国家が割って入ったり、事物の自然な成り行きが人間の行為から生じさせる一連の出来事を妨害したりするのはよろしくない。また、少なくともこうした境遇はやはり非常に稀にしか起こらないので、そもそも国家の特別の介入は必要とはならないし、その欠点が利点を上回ることはないであろう。欠点については、すべて上述したところからわかることであり、もはや個別に論じる必要はない。

（2）性格の矯正

犯罪防止策の第二の方法――つまり人間の性向や情熱そのものに働きかけようとする方法――に賛成する根拠と反対する根拠はまったく正反対の関係にある。なるほど、一面では、自由に対する拘束が少ないほど、享楽はうっそうとはびこり、欲望の的はどんどん広がり、逆に自分の自由の拡大につれて他人の権利に対する尊重心はたしかにたえず増大するけれども、それでもおそらく十分に効果を発揮しないことからして、この方法の必要性は大きくなるように見える。しかし他面では、いかなる束縛に対しても人間の物質的自然よりも道徳的自然の方が重圧を感じる度合が大きいものであるが、ちょうどその度合いと同じ分だけこの方法の欠陥も大きくなる。市民の習俗の改良を狙った国家の努力が必要でもなければ得策でもない理由については、すでに右で説明を試みた。今やまさにその理由がここでも全面的に登場するのだが、ただし違いはある。すなわち、国家が望むのはここでは習俗一般を改革することではなく、ただ法律の遵守を危険にさらすような、個々人の行状にのみ働きかけることである。だが、まさにこの違いのために欠陥の総計は増大する。というのも、このような方策は、社会一般に働きかけないという理由だけでも、究極目的をさほど十分に達成できないはずであり、そのためそれが目指す一面的な善は、それが引き起こす損害を決して埋め合わせることができないからである。そのうえ、この方策は、個々人の私的行為に対する国家の懸念のみならず、それに働きかけるための権力も前提にしているが、これは何らかの人員に委任しなければならないために、いっそう憂慮すべきものになる。すなわち、この場合、そのために特別に任用された人たちか、さもなければ既存の国家官吏たちに、全市民もしくは市民に仕える者たちの行状とそこから発生する状況に対する監督が委託されなければならないのである。しかも、それによって何らかの新たな——考えられる他の何らかの支配よりも抑圧的な——支配が導入され、不埒な詮索好き、一面的な不寛容、さらには偽善と欺瞞にすら余地が与えられかねない。「権力の濫用のことばかり書き立てている」と責めないでいただきたい。濫用はここでは問題そのものと分かちがたく結びついているのである。また私はあえてこう言いたい。たとえ法律が最良の、最も博愛的なものであったとしても、あるいは監督官には法律に則った方法による調査とあらゆる強制を排した助言や警告の利用だけしか認めず、この法律が最高度に厳守されたとしても、そうした制度は無益であると同時に有害でもある、と。

あらゆる市民は、法律を踏み越えない限り、妨害されずに望みどおりに行動できなければならない。あらゆる市民は、他のあらゆる市民に対して、さらには――第三者がそう判定できるような――あらゆる蓋然性に抗してすらこう主張する権能を持たなければならない。「法律を踏み越える危険性にどれほど近づこうとも、私は屈しないだろう」と。彼がこの自由について侵害を受けたならば、それは彼の権利の侵害であり、彼の諸能力の完成、彼の個性の発展の毀損である。というのも、道徳性と合法性がとりうる形態ははてしなく多種多様であり、もし第三者が、これこれの行状は違法行為につながるはずだと判定するとしたら、それはその人がみずからの見解に従っているのであって、たとえその見解が彼の内心でどれほど正しいものであっても、つねにただ一つの見解であるにすぎない。ところが、その第三者がまちがっておらず、それどころか結果的に彼の判断が正しかったことが証明されたとしよう。そしてそこにもう一人の人物が登場して、強制に服従し、もしくは助言に（内的な信念なしに）従ったため、他の場合なら法律に違反していたかもしれないが、今回は違反しなかったと仮定してみよう。しかしその場合でさえ、法律違反者自身の立場からすれば、一度刑罰による損害を実感して、経験の純粋な教えを受ける方が、たとえこの一つの不利益から逃れられても、彼の観念がまったく修正されず、道徳感情がまったく訓練されないよりもましである。なにしろ、社会の立場からして、たった一度の法律違反行為が平穏を相当乱したとしても、その後の刑罰が教化と警告に役立つとすれば、その方が、今回、平穏は傷つかなかったけれども、そのために、市民のあらゆる平穏と安全の基礎となるもの、つまり他人の権利を尊重しようとする気持ちがそれ自体として現に増すわけでもなければ、これからも強化され、促進されるわけでもないという場合よりもましである。

しかし、そもそもこの第三者のような仕組がいつの日にか今言った効果を発揮することにはならないであろう。あらゆる行為のあらゆる内的な淵源にまっすぐ通じない手段による場合と同様、こうした仕組によって生じるのは、法律に逆らおうとする欲求のもう一つの方向や、ちょうど倍ほど有害な秘匿だけであろう。私はこれに関してはつねに、ここで問題になっているような業務を使命とする人員が市民を納得させることなどできず、ただ怪しげな根拠を通じてのみ働きかけるものだと前提としてきた。私にはこのような前提で語る資格などないように見えるかもしれない。もっとも、効果的な実例や説得力のある参事官を通じてその同胞や同胞の道徳性に影響を及ぼすことが有益であることは、あまりにも明白なので、この期に及んで繰り返して口に出すまでもあるまい。したがって、上述の仕組がこうしたものを生み出す場合があれば、これまでの論考は決してそれに反対するものではない。ただし、そのための法律上の規定は役に立たないだけではなく、むしろ逆方向に働く手段であるように思われる。一つには、法律というものは、徳を推奨することではなく、ひたすら強制可能な義務を指示するのにふさわしい場であり、各人がただ自由意思によって喜んで実行すべき徳はそれによってかえって失われることも稀ではない。それから、法律のあらゆる要請や、法律に基づいてお偉方が与えるあらゆる助言は、たしかに人々が理論上服従する必要はないけれども、現実にはつねに服従している命令である。これに加えて最後に、人々を、そうした助言に――まったく自分の信念に反してまで――従うように強要する事情や、あるいは従うように突き動かす可能性のある性向がまだたくさんあることを考慮に入れなければならない。国家がその仕事の管理の長に任命した人々に対して揮う影響力は、通例そのような性質を持っており、この影響力を通じて国家は同時に他の市民に対しても働きかけようとする。これらの人員は特別の契約によって国家と結びつけられているのだから、国家が彼らに対して、他の公民に対するよりも多くの権利を行使することも可能であることは、むろん否定できない。しかし、国家は、最高の合法的自由の諸原則に忠実であるならば、彼らに対して、一般的な市民としての義務と、彼らの特別な職が必要とする特別の義務の履行以上を強要しようとはしないだろう。なぜなら、国家は、もし特別な関係によってこうした人員から、市民に対して直接課す権限のないものを獲得しようとすれば、明らかにあまりにも強い積極的影響力を市民一般に行使することになるからである。国家が実際に積極的処置に踏み出さなくても、人間の情熱はおのずと過度なまでにこの点で国家の意を挺するものだが、そこからおのずと生じるこうした弊害だけを予防しようとする方策を立てたならば、彼の熱意と明敏さをきっと十分にかき立てることになるであろう。

これまで国家が、人間の性格からくる犯罪の原因を抑制することによって犯罪を防止しようとする身近なきっかけとなってきたのは、実際に法律違反を犯し、将来への適切な配慮が必要だと思わせるような人々の存在であった。そのため、最も思慮のある近代の立法者たちも、刑罰を同時に更生手段にしようとしてきた。だから、犯罪者の道徳性に何らかの意味で有害となる恐れのあるすべてのものをきっぱり刑罰から取り除かなければならないだけでなく、立法者が、犯罪者の考えを正し、改心させるものであればどんな手段でも——他の点で刑罰の究極目的に反していない限り——用いることを許されなければならないということは、まちがいない。しかし、たとえ相手が犯罪者であっても、教化を押しつけてはならない。そして教化がまさにそのために効用と実効性を失うならば、そうした押しつけは、法律に則した刑罰を受けること以上の義務を負うはずのない犯罪者の権利に反することになる。

さらに、まったく特殊な事例としては、容疑者があり余るほど不利な理由を背負っていて、強い嫌疑を免れられないものの、有罪とされるほどではないという場合がある（「訴の棄却」）。その場合、容疑者に対して品行方正な市民の自由を認めるならば、安全への配慮がゆるがせになる恐れがあるので、以後の彼の行状を継続的に監視することはもちろん必要である。しかし、国家のあらゆる積極的な努力を疑問視し、総じて国家活動の代りにむしろ——できることなら——個々の市民の活動をもってくることを勧める諸々の根拠をここでも適用すれば、国家による監視よりも市民が自由意思で引き受けた監視を優先することになる。それゆえ、嫌疑をかけられたこの種の人物を国家の直接的監視に委ねるよりも、信頼できる保証人を立てさせる方がよいのではないかと思われる。ただし、保証人制度がない時には、国家の監視を認めざるをえないだろうが。そうした保証人制度の例は、ここで挙げた事例ではないけれども、似たような事例について、イギリスの立法にも見出される。

（3）犯行の機会の除去

犯罪を防止する最後の方法は、犯罪の原因に働きかけようとせず、ただ実際の犯行のみを防ごうとするものである。この方法は、市民に対して積極的影響を引き起こすことが最も少ないので、自由にとって最も害が少ない。しかし、これもまた多かれ少なかれ広い制限の余地を残している。すなわち、国家は、あらゆる違法な企てを実行の前に防止するために、きわめて厳重に目を光らせておくことで満足することもできるが、さらに進んで、通例なら容易に犯罪が実行に移されるか、あるいはまた犯行の決意がなされる機会となるような、それ自体では無害な行為を禁じることができる。後者はまたもや市民の自由に干渉する。それは市民に対する国家の不信を示しており——この不信は市民の性格に対してのみならず、目指す目的そのものにとっても有害な結果をもたらす——、そしてまた、さきほど述べた二つの犯罪防止策が私には是認できないものと思われたのとちょうど同じ理由から得策ではない。それゆえ、国家が行ってもよいこと、そして国家の究極目的の達成に資するべく、市民の自由に不利にならないように行いうることがあるとすれば、それは、前者、すなわち実際にすでに実行に移されたか、または実行しようと決意されたばかりのあらゆる法律違反に対するきわめて厳重な監視に限られる。しかし、これは、語の本来の意味と違うけれども、犯罪の未然の防止と呼ぶほかないとすれば、このような未然の防止は完全に国家活動の枠の外にあると主張してもよいと思う。だが、国家はそれだけいっそう倦むことなく、既遂の犯罪を摘発しないままにしたり、摘発した犯罪を罰しないままにしておいたり、それどころか法律の要求より軽い罰しか加えないままにしておくことのないように、留意しなければならない。なぜなら、他人の権利に介入すれば必ず、それとちょうど比例して自分の権利が縮減されることを耐え忍ばなければならないという、不断の経験により裏づけられる市民の確信は、同時に市民の安全の唯一の防護壁であり、他人の権利の不可侵の尊重を基礎づける唯一の確かな手段であるように私には思われるからである。この手段は同時に、人間にふさわしい仕方で人間の性格に働きかける唯一の方法である。というのも、人間は、直接の強制や指導によって行為させられるのではなく、自分の振舞いから事物の本性に従って流れ出るはずの結果を通じてのみ、行為へと引き寄せられなければならないからである。

それゆえ、犯罪を防止するための、複雑に組み合わせた手の込んだあらゆる手段の代りに、私なら、考え抜かれたりっぱな法律、絶対的尺度では地域の事情に、相対的尺度では犯罪者の不道徳の程度にぴったり合った刑罰、あらゆる法律違反事件のできる限り綿密な捜査、裁判官が決めた刑罰をわずかでも緩和するようなあらゆる可能性の排除だけを提案するであろう。これはたしかに非常に単純な手段であり、緩慢にしか効果を発揮しないことは、私も否定するつもりはないが、しかしそれはまたまちがいなく、自由を毀損せずに、市民の性格に有益な影響を及ぼす。さて、ここで提起した諸命題の帰結——例えば領邦君主の恩赦の権利はおろか減刑の権利まで完全に廃止しなければならないという、すでにたびたび言われている真理——にこれ以上かかずらう必要はない。そうした帰結はたいして骨を折らなくとも、右の諸命題からおのずと引き出すことができる。実行された犯罪を摘発したり、決意したばかりの犯罪を未然に防いだりするために国家がとらなければならないきめ細かな措置はほぼ全面的に、特殊な境遇の個別的事情いかんにかかっている。ここでは一般的にただ、国家がこの場合にもその権利を踰越して、市民の自由と私生活の安全一般に反する処置を講じてはならないと規定することができるにすぎない。これに対して、いちばん悪事を働きやすい公共の場についてては、国家は特別の監視人を置き、職権により被疑者に対して手続きをとる検察官を配置し、そして最後に、全市民に対して、この活動につき国家に協力し、決意されただけでまだ実行されていない犯罪だけではなく、すでに実行に及んだ犯罪とその犯人をも告発することを法律により義務づけることができる。ただし、市民の性格に有害な影響を与えないために、国家は後者の行為をつねにただ義務として要求しなければならず、報酬や利得によってそそのかしてはならない。また、義務を果たそうとすると、最も緊密なつながりを引き裂いてしまうような者には、その義務さえも免除してやらなければならない。

刑事法の公知

最後に、このテーマを締めくくる前にまだ触れておかなくてはならないことがある。すなわち、刑事法は、刑罰を規定した法律と手続きを規定した法律とを問わず、すべて、全市民に分け隔てなく、周知徹底されなくてはならない。たしかに、これとは反対のことが再三にわたって主張され、その論拠として、いわば違法行為によって得られる利益を刑罰の苦痛で購うという選択肢を市民に許してはならないということが挙げられてきた。しかし、――ここでともかく法律の非公開が持続しうるものと仮定するとして――そのような損得勘定がそれを行う人間自身にとってどれほど不道徳であろうとも、国家は、そして一般に人間は、他者がそのような勘定を行うのを妨げてはならない。前述の箇所で私は、いかなる人間も自分が犯罪によって被った以上の苦痛を刑罰として他者に加えてはならないということを十分に示したと思う。したがって、たとえ法律上の規定がなくても、犯罪者は、おおよそ自分の犯罪と同程度と思われるだけの損害を予期しなくてはならないだろう。そこで、この見積もりはおそらく複数の人間であまりにも違った結果となり、そうなると、法律によって確固たる尺度を定めるべきであり、──刑罰を受ける義務はともかくとして──刑罰を科す際にあらゆる限界を恣意的に踏み越えてはならないという国家の側の義務は契約によって基礎づけられるべきだという主張が出てくるのは至極当然のこととなる。だが、こうした非公開は、犯罪の探索のための手続きで行えば、はるかに公正を欠いたものになる。そこでは非公開はまちがいなく、国家がみずから用いてはならないと考えているような手段が使われるのではないかという恐怖心を呼び起こすのに役立つだけであろう。そして国家は決して恐怖心を通じて効果を発揮しようなどと考えてはならない。恐怖心は、自分の権利に対する市民の無知、あるいは国家が市民の権利を尊重してくれないという不信感しか育むことができないのだ。

では、ここまで提示してきた推論から、すべての刑事法の最高原則を一般的に引き出してみよう。

1. 安全を維持するための最も優れた手段の一つは、国家の法律の違反者に対する処罰である。国家は、市民の権利を侵害するあらゆる行為に対して、そして国家自身がこの観点から法律を定める限り、国家の法律の一つに違反することになるあらゆる行為に対して刑罰を科すことができる。

2. 極刑は、個々の時間的、場所的事情に応じてできる限り寛大なものとしなければならない。これに即して、他のすべての刑罰は、刑罰の対象となる犯罪と犯罪者による他人の権利の無視との間に想定される関係とちょうど比例するように決められなければならない。それゆえ、極刑は、国家の最重要の権利そのものを侵害した者に対して、次に重い刑は、国家の権利と同じく重要な、個々の市民の権利のみを侵害した者に対して、最後にそれよりずっと軽い刑は、侵害の可能性しかない行為を防止することを狙った法律に違反しただけの者に対して科されなければならない。

3. あらゆる刑事法は、故意または有責にそれに違反した者に対してのみ、また違反を通じて他人の権利の無視を示した程度に即してのみ適用することができる。

4. 既遂の犯罪の取り調べにあたって国家は、究極目的にふさわしいあらゆる手段を使用できるが、嫌疑があるだけの市民をすでに犯罪者として扱うような手段も、国家が、たとえ相手が犯罪者であっても尊重しなければならない人権と市民権を毀損することになるような手段も、国家に不道徳な行為の責任を負わせることになるような手段も使用してはならない。

5. 国家が未遂の犯罪を予防するための特別の措置を行うことができるのは、犯罪の直接的遂行を防止する場合だけである。しかし、それ以外の特別措置は、犯罪に至る原因を阻止するものであれ、あるいはそれ自体無害であっても、容易に犯罪につながる行為を予防しようとするものであれ、国家活動の限界外にある。この原則と、個々人の行為の場合について一二七頁で提起した原則との間に矛盾があるように見えるとすれば、そこでは他人の権利を侵害する結果を招きかねない行為が問題であったのに対して、ここでの場合にはこのような作用をもたらすためには、まず第二の行為が発生していなければならないということを忘れてはならない。つまり——このことを例に即して明らかにするとすれば——、妊娠の秘匿は、嬰児殺害を予防するという理由で禁止されてはならないが（ただしそれがすでに殺害への故意の兆候とみなされる場合は別にして）、元来それ自体として嬰児の生命と健康に危険になりかねない行為として禁止することはできるであろう。

第一四章　未成年者と心神喪失者

ここまでで私が立てようと試みたすべての原則は、みずからの成熟した知的能力を十分に使用できる人間を前提としてきた。というのも、それらはすべて、自分の頭で考える自立した人間が、熟考すべきあらゆる要素をしかるべく吟味した後で、随意に自己決定する能力を決して奪われてはならないということにのみ基づいているからである。したがって、これらの原則は、精神障害者または完全な知的障害者のように、自分の理性をほぼ完全に奪われている人々にも、あるいは、理性が肉体そのものの成熟を待ってはじめて得られる成熟の段階にまだまったく達していない人々にも適用することができない。この後者の基準は、きわめて曖昧であり、（厳密に言えば）不正確であるとしても、一般的にも第三者の判断の際にも通用しうる唯一の基準である。さて、これらの人々はすべて、物質的および道徳的福祉について最も厳密な意味における積極的な配慮を必要とし、安全を単に消極的に維持するだけでは十分とはいえない。しかし、これを配慮するのは、――これらの人々のうち最大かつ最重要の部類である子供から話を始めるとすれば――法の原則からして、やはり特定の人間の、つまり両親の財産である。両親の義務は、二人の間にできた子供が完全に成熟した大人になるまで養育することであり、ひとえにこの義務から親の一切の権利が、すなわち義務の行使に必要不可欠な条件としての一切の権利が生じる。子供はそれゆえ、すべての始原的権利、つまり自分の生命・健康・財産（すでに財産を持っているとしての話だが）に対する権利がある。そして子供の自由でさえ、親が、一部は子供自身の陶冶のため、一部は新たに生じた家族関係の維持のために必要とみなす以上に制限してはならないし、それも子供の陶冶の完成に要する期間に限定されている。そこからすれば、子供の行為に対する強制がこの期間を超えて、ことによると全生涯にわたって直接的効果を及ぼすかもしれないような場合、そうした強制を子供は決して甘受してはならないであろう。例えば婚姻の強制、あるいは特定の暮し方の選択の強制がそれにあたる。子供が成熟すると、親権は当然のことながら完全に失効しなくてはならないのである。したがって、一般的には、両親の義務は、一つには親しく子供の物質的および道徳的な福祉の面倒を見てやることで、また一つには必要な手段を与えてやることで、自分で――といっても個々の状況に制限されて――選んだところに従って、独自の暮しを始められるようにすることにある。それに対して子供の義務は、両親が上記の義務を果たすことができるために必要なこと一切をなすことにある。これ以上のこまごました事柄に逐一立ち入って、これらの義務に明確に含ませることができるものや含ませなければならないものを列挙することはすべて控えたい。それは本来の立法理論の領分に属しており、それを行っても大部分は特殊な境遇の個別的事情に左右されるため、この場にまったくふさわしくない話になるであろう。

両親と子供の相互的義務

さて、国家は子供の権利の安全を親から守ってやる義務を負っており、そこから第一に行うべきことは法律上の成人年齢を定めることである。むろん、これは気候風土の違いや時代の違いによっても様々であるだけでなく、さらに個々の境遇も――つまりその境遇下で必要とされる判断力の成熟度の高低に応じて――当然影響を及ぼしうる。加えて、国家は、父権が限度を超えないようにしなければならず、それゆえ父権に対するきわめて厳格な監視をなおざりにすることは許されない。とはいえ、この監視は、決して子供の特定の陶冶や教育を親に積極的に指図しようとしてはならず、むしろつねにただ消極的に、親と子供の相互関係を法律で定められた枠内に留めておくことを目指さなければならない。それゆえ、親から継続した報告を要求するようなことも、正当でもなければ得策でもないと思われる。親が自分らの気持からすれば自明である義務を怠ったりすることはないと信頼しなければならない。そしてこの義務に実際に違反したり、あるいはいまにも違反がなされようとしたりした時、はじめて国家はこの家族関係に介入する権限を得ることができる。

自然法の原則は、両親の死後、遺児の教育の面倒を誰が見るべきかをあまり明確に定めていない。それゆえ、国家は、親族のうち誰が後見を引き受けるのか、あるいは誰もそれができない場合に親族以外の市民のうちから誰かをどのようにして後見人に選任すべきかを厳密に定めなくてはならない。また同様に、後見人となるのに必要な資格も決めなければならない。後見人は、親の義務を引き継ぐのだから、親の権利もすべて持つことになる。しかし、どんな場合でも後見人は、被後見人との関係で肉親ほど親密にならないため、親と同じだけの信頼を求めることができず、そのため国家は後見人に対する監督を強化しなければならない。そこから、後見人の場合には、継続した報告の提出ということにならざるをえないであろう。国家は、間接的にしろ積極的な影響力を行使することが少なくなれば、それだけ前述した原則を忠実に守ることになる。それゆえ国家は、被後見人の安全への配慮が許す限りにおいて、亡き両親自身か、遺族か、あるいは被後見人の属する教区によって後見人の選任が簡単にできるようにしてやらなければならない。総じて、ここで生じる文字どおり特殊な監督の一切を教区に委ねることが推奨に値すると思われる。教区による処置の方がつねに被扶養者の個々の状況に適しているばかりでなく、多様で画一性が少なく、それでいて被後見人の安全は、上級監督権が国家そのものの手にある限り、十全に配慮されるからである。

これらの仕組以外にも、国家は、他の市民と同じように未成年者を外部の攻撃から守ることだけに甘んじていないで、この点でさらに歩を進めなくてはならない。それはすなわち、右で確認したように、各人が自身の行為と財産について随意に自由意思で決定を下すことができるようにするということである。たしかにそのような自由を認めるならば、しかるべき年齢に達していないために判断力が成熟していない人たちにとって、一つに留まらない複数の観点から危険となるかもしれない。なるほど、こうした危険を防ぐのはもちろん、彼らの行為を導く権利を持つ両親または後見人の仕事である。しかし、国家は、両親と後見人、そして未成年者自身に援助の手を差し伸べなければならないし、未成年者の行為のうち、彼らにとって有害な結果となる恐れのある行為を無効と宣告しなければならない。国家はそれを通じて、他人が利己的な思惑から未成年者を騙したり、彼らの決心を狂わせたりすることのないようにしなければならない。こうしたことが生じた場合、国家は損害賠償を督励するだけでなく、実行者を処罰しなければならない。そしてこの観点からすれば、通常なら法律の及ぶ範囲外にあるような行為を処罰することが可能となる。一例を挙げると、この原則に従えば、国家は、未成年者と婚外交渉をしでかした実行者を罰しなければならないことになる。とはいえ、人間の行為は実に多種多様な程度の判断力を必要とし、その成熟はいわば徐々に進行するものであるから、これらの様々な行為が有効であるかどうかを決めるためには、――これまた様々であるが――未成年状態の期間と段階を定めることが妥当である。

ここで未成年者について述べたことは精神障害者や知的障害者にも当てはまる。未成年者との違いはもっぱら次のようなところにある。こういう人たちが必要としているのは、教育や陶冶ではなく（彼らを治療しようとする営為にこの名を付けるのであれば話は別だが）、もっぱら配慮と監督であるという点、彼らの場合、他人に損害を与えかねないので、とくにその予防をしなければならないという点、そして彼らが通例自分の個人的な諸能力も自分の財産も享受できない状態にあるという点である。とはいえ、彼らの理性が常態に復する可能性は依然としてあるのだから、彼らの権利の行使を一時的に奪うことができるだけで、権利そのものを奪うことはできないということは、記憶に留め置かなければならない。このことをさらに踏み込んで述べることは目下の私の意図するところではないので、このテーマ全体を以下の一般原則で締めくくってよかろう。

1．一般に自分の知的能力を使用することができない、もしくはそのために必要な年齢にいまだ達していない者は、物質的、知的、道徳的福祉に対して特別の配慮を必要とする。これにあたるのは未成年者および心神喪失者である。まず前者について、ついで後者について述べる。

2．未成年者に関して、国家は未成年の期間を定めなければならない。期間は短すぎても長すぎてもきわめて重大な弊害をもたらすので、国家はそれを、国民の個別的な事情に即して決めなければならない。その際、肉体の発達が完全であるかどうかをおおよその目安とすることができる。複数の時期を指定し、段階的に未成年者の自由を拡大しながら監視を縮小していくのが得策である。

3. 国家は、両親が子供に対する義務を、また子供が両親に対する義務をきちんと果たしているかどうかを見守らなくてはならない。親の義務とはすなわち、事情が許す限り、子供が成年に達した後で自分の生き方を選んで、開始することができるようにしてやることであり、子供の義務とは、右の親の側の義務の実行のために必要なことをすべてなすことである。ただし、どちらも、これらの義務の履行のために認められた権利の範囲を越えてはならない。だが、国家の監視はこれだけに限定されなければならない。そして、この機会に積極的な究極目的を達成しようとすること、例えば子供の諸能力を磨き上げるためのあれこれの方法を支援しようとすることは、国家活動の枠外にある。

4. 親が死亡した場合には後見人が必要となる。そのため、国家は、後見人を選任すべき方法とともに、後見人が必ず備えておくべき資格を定めておかなければならない。しかし、国家は、できる限りその選任が生前の両親自身か、遺族か教区によってなされるように促すのが妥当であろう。後見人の行状に対しては、これよりもっと厳密で、それに倍する注意を払った監視が必要となる。

5. 未成年者の安全を後援するために、あるいは未熟や軽率につけこんで未成年者に害を及ぼすことのないように、国家は、未成年者に有害な結果を招きかねない単独でなした行為を無効であると宣告し、またそのようなやり口で自分の利益のために未成年者を利用した者を処罰しなければならない。

6. 以上、未成年者について述べたことはすべて心神喪失者にも当てはまる。ただし、事物の本性そのものが示す違いはある。また、何人も、心神喪失者と正式にみなされる前には、つまり裁判官の監視の下で医師によって検査を行った後、心神喪失者であると公式に宣告されるまでは、そうした者とみなされてはならない。そしてつねにその障害自体は、場合によってはふたたびおさまるものとみなされなければならない。

立法論のために

ここまで私は国家がその活動を及ぼすはずのあらゆる対象を検討し、各対象について最高の原理を打ち立てようと試みてきた。もしこの試みがあまりにも欠陥が多く、その原理の中に立法に際して重要な多くの素材を探しても見つからないと言う人がいるとすれば、お忘れになっては困るのは、私の意図が、立法の理論を打ち立てることではなく――それは私の能力や知識に余る仕事だ――、立法が様々な部門において国家活動をどの程度まで広げてもよいのか、あるいは制限しなければならないのかという観点を際立たせることだけであったということである。というのも、立法は、その対象により区分できるのとちょうど同じように、その淵源によっても分類することができ、おそらくこちらの分類の方がとりわけ立法者自身にとってずっと実り多いと思われるからである。この種の淵源、もしくは――意図するところをもっと厳密かつ正確に表現すれば――法律の必然性を明らかにすることができる主要観点は、思うに、三つしかない。立法一般は市民の行為とその必然的な帰結を定めなければならない。それゆえ一つ目の観点は、この行為自体の性質と、その帰結のうち法の原則だけから生じるものである。二つ目の観点は、国家の特殊な目的、すなわち国家がその活動を限定しようと決めた境界線、あるいは国家がその活動を及ぼそうと決めた範囲である。最後に三つ目の観点は、国家構造全体そのものを維持するために、つまり国家の目的一般の達成をおよそ可能にするために国家が絶対に必要とするいくつかの手段に由来する。およそ考えられる限りの法律はすべて、主としてこれらの観点のどれか一つに根ざしているはずだ。だがいかなる法律も、これらの観点がすべて合わさることなしに制定されてはならない。そしてまさに観点の一面的な偏りこそが、多くの法律の非常に重大な欠陥をなしているのである。

さて、右の三つの観点に基づいて、あらゆる立法のためにとくに必要な下準備もまた三つ生じてくる。①法の完全な一般理論。②国家が企図してしかるべき目的の完全な展開、あるいはこれと基本的に同じことだが、国家が活動を控えなければならない境界線の厳密な規定、もしくはあれこれの国家団体がそれぞれ実際に企図する特別な目的の叙述。③国家が国家の存立《エクシステンツ》のために必要とする手段の理論、そして——この手段は一部は国内を確固不抜《フェスティッヒカイト》のものにするための手段であり、一部は国家活動の可能性を追求するための手段であるから——政治学・財政学の理論、あるいはさらに、かつて選び取られた政治機構・財政機構の叙述。この概略はさらに多様な下位区分ができるが、ここではただ、右に挙げた三項目のうち第一のものだけが永続的であり、また人間全体の本性そのものと同じく不変であるが、それに対して他の二つは色々な修正の余地があるということだけを述べておきたい。しかし、この修正が右の三つのすべてから同時に得られたまったく一般的な留意点ではなく、別のかなり偶然の事情に即してなされるとしたら、例えばある国家において固定した政治機構、あるいは変更できない財政制度があるとしたら、上掲の項目の第二番目を堅持するのは非常に困難になり、それどころ非常に多くの場合それによって第一番目も被害を受ける。実に多くの国家衰弱の原因は、まずまちがいなくこれとか類似の軋轢に見出すことができるであろう。

かくして、上記の立法原理の提示を試みた際に立てたもくろみは十分明確になったものと思う。しかし、これらの限定を付けたうえでも、このもくろみが何らかの形でうまくいったとうぬぼれるつもりなどさらにない。おそらく、提示した原則全体の正確さについてはそれほど非難されるところはないと思うが、ぜひとも必要な完全性、つまり厳密な規定に関して欠けるところがあることはまちがいない。最高の原理を確定するためにも、というよりもまさにこの目的のためにこそ、できるだけ厳密な細目に踏み込むことが必要なのだ。しかし、ここでの私のもくろみからすると、そんな余裕はなく、たとえ私が、あたかも走り書きしたささいな事柄のいわば準備作業のように、心の中でそうしようと全力を振り絞って努力していたとしても、実際に行ったのと同程度の成功を収めることはできないであろう。それゆえ私は、全部が全部、余すところなく説明するよりも、まだまだ穴を埋める必要がある諸分野を示すことができたので、まずはよしとしたい。しかしそうはいっても、すでに述べたことだけで、本稿全体についての本来のもくろみはずっと明瞭になっているのではないかと思う。本来のもくろみとは、国家の最重要の観点はつねに、個々の市民が個性を発揮して自分の持つ諸能力を発展させることでなければならないということ、それゆえ、国家は、市民が独力では自分自身のために調達することができないもの、すなわち安全の促進を除いて、いかなることもみずからの活動の対象とすることが許されないということ、そしてそのようにすることは、国家の目的全体と個々の市民の全目的の総和という、一見矛盾した二つの事柄を、確固とした持続的な紐帯によってたがいに穏やかに結びつけるために、唯一の正当で確実な方法だということである。

第一五章　国家維持の手段と理論

これで、前に立てた構想全体の概略（第九章参照）のうち、最後にまだ一つだけ残ったままであると思われたことを論じ終えたので、当面の問題に対して、私の力の及ぶ限り完全かつ厳密に解答を与えたことになる。したがって、もしもこれまで述べてきたことにきわめて重大な影響を及ぼしうる対象について考究する必要がなかったならば、ここで結論を出してもよかったかもしれない。その対象とはすなわち、国家の活動そのものを可能にするだけでなく、国家の存立ですら確保するはずの手段のことである。

財政制度と政治体制

ごく限られた目的を果たすためにさえ、国家は十分な収入がなければならない。私は財政と呼ばれる事柄のすべてについて無知であり、ここで長々と議論を行うことができないが、それだけでなく、私が選んだ構想に照らしてみても、そうする必要はない。というのは、私は開口一番、ここで問題とするのは、国家が手中にしている活動手段の量によって国家目的を定めるような事態ではなく、国家目的によって活動手段の量を定めるような事態であると述べておいたからである（一一四―一一九頁を参照）[1]。ただ、脈絡を明らかにするため言っておかなければならないのは、財政制度に関しても、国家内の人間の目的とそこから発生する国家目的の制約という例の留意点を見失ってはならないということである。そのことは、非常に多くの行政制度と財政制度との絡まり合いをほんの一瞥しただけでも、十分にわかるであろう。私見では、国家に関してはただ三種の収入があるだけである。①以前から国家に留保されていたか、もしくは後になって領得した財産からの収入、②直接税による収入、そして③間接税による収入である。国家が有するあらゆる財産には欠点がつきまとっている。既述の箇所（四五―四七頁参照）で私は、国家は国家である限りつねに優越性を保っているということを話した。そして国家が財産の所有者であれば、どうしても多くの私的関係に立ち入らざるをえなくなる。つまり、国家制度なるものが望まれる唯一の理由である欲求[2]になんら影響を及ぼさない場所に、この欲求に関してのみ許容されるべき権力が絡んでくるのである。間接税もまた同様に欠点を伴っている。どれほど様々な制度が間接税の命令と徴収を前提としているかということは経験の教えるところであるが、これは、これまでの推論からしてどうしても是認することができない。そうすると残るのは直接税だけである。直接税には色々な方式が考えられるが、重農主義方式[3]がまちがいなく最も単純である。しかし、――これまでもしばしば非難されてきたことだが――重農主義方式では最も自然な生産物の一つを数え上げることが忘れられてしまった。すなわち人間の力だ。これは、その働き、その活動によって現今の制度ではやはり商品の仲間に入るのだから、同じように課税対象にしなければならない。私がここで引き合いに出した直接税の方式が、あらゆる財政方式の中で最悪で最も不適当な方式だとされるのは不当でないとしても、しかしそれにもかかわらず、――忘れてもらっては困るのだが――国家は、活動範囲を非常に狭く限定されたら、たいした収入を必要としないし、まして市民の利害と区別される固有の利害を持たないとなると、自由な国民、つまり（あらゆる時代の経験に照らせば）豊かな国民からの助力をもっと確実に保証してもらえるのである。

財政制度は前に提起した諸原則の採用にとって障害になりうるが、国内の政治体制《ポリティッシェ・フェアファッスング》の場合も事情は異ならない。あるいはどうかすると障害の程度はそれよりずっと重い。というのは、ここでは国民のうちの支配層と被支配層をたがいに結びつける手段が存在していて、その手段を通じて、前者に対しては任せられた権力の所有を、後者に対しては委ねられた自由の享受を保障しなければならないからだ。この目的の達成のために、様々な国家で様々な方法が試みられてきた。ある時は政府のいわば物理的な強制権力の強化——しかしもちろんこれは自由にとって危険である——によって、ある時はたがいに対立する複数の勢力を対峙させることによって、またある時は国制に好都合な精神を国民の間に流布することによって。この三つ目の手段は、とりわけ古代ではすばらしい諸々の型を生み出したけれども、市民の個性を磨き上げるにはややもすれば有害なものとなり、一面性を生み出すことも珍しくない。それゆえこの手段は、ここで提起した重農主義的な方式では、益するところが最も少ない。むしろこの方式に従えば、積極的な特別の影響を市民の性格に及ぼすことをできるだけ少なくし、ほかでもない——自分の自由へのまことに熱狂的な愛と結びついた——他人の権利の最高度の尊重を市民の中に生み出すような政治体制を選ばなければならないことになるであろう。考えうる国制《フェアファッスング》のうちのどれがこれにあたるのかということをここで吟味してみようとは思わない。そうした吟味は明らかにもっぱら本来の政治学の理論に属するものである。ここでは、少なくともそうした国制の可能性をもっとはっきり示すことのできる所見を手短に述べることだけで満足することにしたい。私が提起した方式は、市民の私的利益を強化して大幅に拡大するものであり、そこからすればまさにそのことによって公的利益を低減させることになるように見える。しかし、この方式は同時に公的利益と私的利益を非常に密接に結びつけるので、公的利益はむしろ私的利益にのみ基づいている。しかもこれはどの市民も承認している。――なにしろ誰もが安全で自由であることを欲するのだから。かくして、国制《コンスティトゥティオン》に対する愛[4]は、他の場合ならしばしばきわめて不自然なやり方でいたずらにひねり出そうとする人がいるが、まさにこの方式では最善の形で維持されるであろう。その結果、国家はあまり積極的に活動すべきではないとなれば、控え目な権力しか要らず、控え目な権力に対しては控え目な防御壁しか要らないといった事態も、この方式で実現される。最後に、自明のことながら、よくあるように一般に力ないし享受を成果主義の犠牲に供して、より大きな損失から両者を守らなければならないことがあるが、これとまったく同じことがこの方式でもつねに適用されなければならないであろう。

理論の意義

そういうわけで、本来ならここで私は、すでに提起した問題について、現在の自分の力量の及ぶ限り、完璧な解答を提出し、あらゆる方面から国家活動を、有用かつ必要と思われた境界線によって区切り終えていたはずである。しかし、私は問題を考えるにあたって最善という観点だけを選んだ。もちろん、法の観点も、それと並んで、どうでもよいわけではないように見えるかもしれない。しかし、国家団体が現実に一定の目的、つまり活動の確実な限界を自発的にすでに決めていた場合、当然のことながら、この目的とこの限界は、――その性質上決定が決定者の権限内にあった以上――法にかなっている。そのような明示的決定が行われていない場合には、国家は、当然のことながら、純粋理論が指示した限界にまでみずからの活動を引き戻そうとしなくてはならないが、しかしまた――見落とせばもっと大きな弊害をもたらすことになる――諸々の障害に左右されざるをえない。つまり、国民は、当然純粋理論の採用をつねにかなり広範に要求することができるが、しかしそれはこうした障害によって理論の適用が不可能にならない範囲内においてである。さて、私は上記においてこうした障害に言及しなかった。これまでのところ、純粋理論を展開することで満足してきたからである。総じて私は、国家内に生きる人間にとって最も好ましい状態を解明しようとしてきた。この状態の真骨頂は、私からすれば、最も多様な個性、つまり最も独創的な自立が、やはり最も多様で最も親密な多数の人間の結合体と相並んで打ち立てられるところにあるように見えた。――これは最高度の自由のみが解決することのできる問題である。この究極目的にできるだけ枠をはめないような国家制度の可能性を明示することが、本来、この文章のもくろみであり、すでにずっと以前から私のすべての思索の対象であった。もしこの原則が少なくともすべての国家制度において理想として立法者の頭に浮かぶはずだということを立証できたとすれば、それで私は満足である。

これらの理念は、歴史学と統計学――両者ともこの究極目的を目指している――が詳細に説明してくれるかもしれない。そもそも、統計学には改良の余地があるという考えが私の頭を何度もよぎったことがある。(5)国家の広さ、住民数、富、産業という単なるデータからは、国家の真の状態を完全に、また確実に判断することはできないのだから、統計学は、そのようなデータを示す代りに、土地と住民の自然の性状から出発し、その性状の持つ諸力がどの程度まで、またどのようにして積極的に活動したり、痛めつけられたり、実りを受けたりするかを描き、そこから一歩一歩――それらの諸力が一部は国民同士の結束を通じて、一部は国家の制度を通じて受ける――変容を描き出していくよう努めてもらいたい[6]。なぜなら、国家体制と国民の団体とは、どれほど緊密に絡み合っていても、決して混同してもらっては困るからである。権勢や強制権力によると、慣習や法によるとを問わず、国家体制が市民に対してある特定の関係を指示するとすれば、そのほかにもなおもう一つ、市民が自由意思で選んだ、限りなく多様で、たえず変化する関係がある。そして、この後者、つまり国民相互の間の自由な活動こそ、実は、人間を駆って一つの社会へと導く時に、憧れの的となるあらゆる価値を維持するものなのだ。本来の国家体制は、それが目的とする後者の下に立ち、ただ必要な手段として、そして――それがいつでも自由の制限と結びついている以上――必要悪としてのみつねに選ばれる。したがって、国民の自由な活動と国家体制による強いられた活動の混同が人間の満足・諸力・性格にもたらす有害な帰結を示すことは、この論稿の副次的な意図でもあった。

第一六章　理論の現実への適用

人間、とくに行動する人間に関わる真理のあらゆる展開は、理論が正しいと実証したことが現実においても実行されるのを見てみたいという願望に通じている。この願望は、単なる理念がひそかに恵みを与えてくれる祝福にめったに満足できない人間の本性にかなっている。人間の生気は、社会の幸福に善意から参与するとともに高まるのである。しかし、この願望は、それ自体としてどれほど自然で、動機としてどれほど気高くても、有害な帰結を生み出すことが稀ではなく、時にはそれどころか、冷ややかな無関心よりも有害になり、はたまた——正反対のものから同じ効果が生じることもある以上——さして現実のことなど気にかけず、理念の純粋な美しさだけに打ち興じるような燃えるばかりの情熱よりも有害になる。なぜなら、真なるものは、——たった一人の人間に宿っただけでも——、地中深く張った根をつかまえたとたんに、じわじわと目立たない形であるが、実生活の上に有益な効果をたえず広げ続けるが、それに対して、直接実生活に橋渡しされた時、真なるものはしばしばその橋渡しそのものの過程で形を変え、決して理念に反作用を及ぼさないからである。そのため、賢者なら断じて実行に移そうとしないような理念もある。それどころか、精神の果実がこのうえなく美しく成熟するためには、現実は決して（どんな時代にも）十分に熟していないのである。理想は、あらゆる種類の彫刻家の胸に、つねにただ到達できない模範として浮かぶものでなければならない。したがって、これらの理由から、ほぼ誰も疑わない首尾一貫した理論であっても、適用にあたっては並々ならぬ慎重さで臨む方がよいであろう。そしてそれだけにいっそう、私はこの研究全体を締め括る前に、どうしてもある問題を力の許す限り完全に、しかし同時に手短に吟味しておく必要を感じざるをえなかった。すなわち、これまで理論的に展開してきた諸原則をどの程度まで現実世界の中に移すことができるかという問題である。この吟味は同時に、まるで前記の主張を通して私が現実に対して直接的に規則を指図しようとしたとか、現実の中に前記の主張と矛盾することがあっても私が認めようとしないかのように難詰する声から、我とわが身を守るのに役立つであろう。——言われるような思い上がりは、かりに自分が述べたことが何もかも完全に正しく、まったく疑念のないものだとみずから承認した場合ですら、思いもよらないものではあるが。

変革における理念の意義

どんな場合でも現状を改革するとなると、それまでの状態の後に新しい状態が来なければならない。ところが、人間が置かれているあらゆる状況、つまり人間を取り巻くあらゆる対象は、内面の中に特定の確固たる形式を生じさせる。この形式は、勝手に選んだ他のどんな形式にも移行することができるわけではなく、もし人間の力にふさわしくない形式を押しつけたりすれば、その究極目的を逸すると同時にその力も殺いでしまうことになる。歴史上最重要の革命を俯瞰してみると、そのほとんどが定期的に起こる人間精神の革命から生じたということが難なく発見できる。この点は、地球上のあらゆる変化に実際に影響を及ぼす様々な力をざっと見積もってみて、その中で人間の力が主要部分を占めていることがわかるならば、なおさら納得がいく。なにしろ、物理的な自然の力は、永遠に単調に繰り返す規則的な進行のため、この点に関してさほど重要ではなく、理性なき被造物の力はまさに同じ点に関してそれ自体さして意味はないのであるから。人間の力は、ある一つの時期にはただ一つの態様でしか姿を現すことができないが、しかしこの態様を無限に多様な形で修正することができる。そのため、各々の瞬間では一面性しか見せないが、時期を重ねてゆく中でそれがみごとな多面性を持つ像をもたらすのである。それぞれの時期の先行する状態は、まるごと後続する状態の原因になるか、あるいは少なくとも後続する状態を限定する原因になる（外在的な事情が押し寄せてきてまさに後続の状態を生み出すこともあるのだから）。それゆえ、まさにこの先行する状態、そしてそれがこうむる修正こそ、環境の新たな状況が人間に対してどのように作用するかということを規定し、しかもこの規定力は非常に強いので、この環境そのものがしばしばそれによってまったく別の形をとるほどである。こうしたところから、おそらく地球上に起こるすべてのことを善とか有益と呼ぶことができる。なぜなら、性質のいかんを問わず、あらゆるものを征服するのはまさに人間の内的な力であり、この内的な力は姿を現すごとに――なにしろそのたびに何らかの方面からどしどし力や教養を調達してくるのものだから――、程度の差はあれ必ず有益な効果を発揮できるはずであるから。さらに、右のことから、おそらく人類の歴史全体を単に人間の力の革命の自然な帰結として叙述することが可能となる。そうすることができたならば、一般的にいっておそらく最も啓発的な歴史的労作となるだろうが、それだけでなく、人間に対して働きかけようと努力するあらゆる人に対して、どんな方法で人間の力を継続して導こうと試みるべきか、どんな方法を人間の力に強要してはならないかということを教えることができるであろう。それゆえ、この人間の内的な力は、尊敬の念をかきたてる品位を備えることによって格別尊重されるに値するが、それと同様、いやおうなく他のすべての事物に身を委ねることによってこの尊重を強要するのだ。

　したがって、事物の新たな状態をそれまでの状態に巧みに織り込もうとする者は、とりわけこの人間の内的な力を見失ってはならないであろう。まず、現在が人々に対して十分作用するまで待たなければならない。ここでいきなり手を出そうとすると、ひょっとして事物の外的形態を改めることはできても、決して人間の内的な気分を変えることはできない。かえって内的な気分は、無理やり押しつけられたはずのまるで新しいものの中に伝染していくであろう。また、他人が現在に作用を十分に及ぼそうとすればするほど、人は後続する別の状態に対する反感をいっそう抱くのだ、などと信じてはいけない。まさに人間の歴史においてこそ、両極はきわめて密接に結びついており、それぞれの外的な状態は、なすがままにしておくと、固定化するのではなく、破綻の方向に加担する。このことはあらゆる時代の経験が示しているだけでなく、人間の本性にもかなっている。人間には、ある対象が自分のエネルギーを注ぐ素材でなくなると同時に、そこから離れていき、それゆえまさに誰にも一切邪魔されずに対象と取り組み終ったとたんに、さっさと他所に移っていく活動的なところがあるばかりか、重圧が続くと力は鈍るが、その分重圧をさらに辛く感じてしまう受動的なところがあるのだ。しかし、事物の現在の形態に手を付けなくても、人間の精神と性格に働きかけることは可能であり、また精神と性格を、現在の形態にはもはやふさわしくない方に向けさせることも可能である。そしてこれこそ、賢者が試みようとすることであろう。ただこの方法によってのみ、新しい計画を、ちょうど頭の中で理念として閃いたのと同じように、現実の中で実行することが可能である。それ以外の方法では、どんなものでも——かりに人間の発展の自然な成り行きを阻む時に必ず引き起こす損害を度外視するとしても——、新たな計画は、先行する状態のうちで、現実の中や人間の頭の中にまだ残っているものによって修正され、変更され、歪められてしまう。しかし、この障害が除去され、新たに決定された事物の状態が——先行する状態とそれにより生じた現在の状況をものともせずに——十全の効果を発現させることができるならば、改革の実行の邪魔になるものは何一つないであろう。すべての改革の理論に関する最も一般的な原則はそれゆえ、おそらく以下のようになるであろう。

1. 純粋理論の原則を現実世界に橋渡ししようと思えば、その時期はつねに、この原則が、——もし異物の混入が一切なければ必ず引き起こすはずの——帰結を発現させることを、現実世界によって全面的に妨害されなくなった後でなければならず、それ以前であってはならない。

2. 現在の状態から新たに決めた状態への移行を生じさせようと思えば、できる限りあらゆる改革を理念と人間の頭脳から出発させなければならない。

現実の意義

先に純理論的な原則を立てた際、たしかに私は至る所で人間の本性から出発し、また人間には特段の力があるわけではなく、ただ平凡な力があるだけだということを前提として考えていた。とはいえ、私はつねに、人間を、人間にどうしても固有である形態において、つまりまだ特定の関係を通じてあれこれの方法で陶冶されていない存在として思い浮かべていた。ところが、人間はどこにおいてもそんな姿で存在していない。どこを見ても、人間には、多少違っていても積極的な形式が生きていく周りの環境によってすでに与えられているのである。したがって、国家は、活動の境界線を、正しい理論の原則に従って拡張ないし制限しようと努めるならば、この形式にとくに配慮しなければならない。そこで、たしかに国家行政のこの点に関する理論と現実の不均衡は、容易に予測できるように、つねに自由の欠如を本質としており、そこからすれば、まるで束縛からの解放があらゆる時点で可能で、あらゆる時点で有益であるかのように見えるかもしれない。しかし、たとえこの主張がそれ自体としてどれほど正しいとしても、忘れてならないのは、一方では束縛として力の働きを妨げるものが、他方では力を活動させるための素材にもなるということである。すでに本稿の冒頭で述べたように、人間は自由よりもむしろ支配に向かう傾向があるが、支配という建物は、それを建てて維持する支配者を喜ばせるだけではなく、服従する側についても、個々の世代の力と存続期間を越えて広がる一つの全体の構成員であるという思想が精神を高揚させる。それゆえ、こうした考え方がいまだ有力である所では、もし人間を強制して、自分の内部だけで単独に、自分の個別的な力が及ぶ空間内だけで、自分が生き延びた期間だけ活動するようにしたならば、活力は衰え、怠惰と無為が発生するにちがいない。たしかに人間は、もっぱらこうした方法で、無限の空間に向かって、はてしない期間にわたって活動するが、しかしまたそれほど直接的に働きかけるわけではなく、自分の手の跡をそのまま印した建物を作るよりもむしろ、自分自身を発散させる種をばらまく。そして、直接成果そのものを並べる活動よりもむしろ、ただ力だけを創造し、力そのものに成果の産出を委ねる活動に喜びを見出すためには、高度の文化が必要なのだ。この高度の文化こそが自由の真の成熟である。だが、この成熟は、完成した形ではどこにも見られず、たとえそうした形をとって現れても、——私の信じるところでは——感覚的で、とかくざっくばらんな人間にとってすら、永久になじみのないものであり続けるであろう。

そうすると、そうした変革を企てようと思う国政家はどうしなければならないのだろうか。第一に、事物の一度きりの状況の結果としてではなく、新たに一歩を踏み出すごとに、純粋理論に厳密に従うこと。ただし、現状にある事情があって、現状に接ぎ木しようと思って理論を変更し、理論の帰結の全部または一部を否定するような場合は別である。第二に、自由の制限はすべて、ともかく現状を基礎にしたものだと考えて、平穏に存続させること。ただし、それは、人々がそれを窮屈な束縛と思い、その圧力を感じ、したがってこの点で自由になるだけ成熟していることが、まぎれもない印によってそれとわかるまでのことであって、この条件を満たせば自由の制限は即座に撤廃しなければならない。第三に、自由への成熟をあらゆる手段によって促進すること。この最後のものがまちがいなく最も重要であり、同時に変革の方式において最も単純である。なぜなら、この自由への成熟を均一に促進するのは自由をおいてほかにないからである。たしかに、抑圧を続けるための逃げ口上としてまさにこの成熟の欠如を幾度となく利用してきた者たちは、こういう主張を認めることなどないであろう。しかし、私の思うに、この主張は、異論の余地なく人間の本性自体から導き出される。自由への成熟の欠如はただ知的、道徳的な力の欠如からのみ生じうる。この欠如に対処するには、これらの力を高めるほかないが、そのためには鍛錬することが必要となり、鍛錬するには自発性を呼び覚ます自由が必要である。ただしもちろん、鎖で縛られているのにそう感じていない者の鎖を解いてやるのは、自由を与えることを意味しない。しかし、どんな人間であっても――たとえ本性によりどれほど堕落し、境遇によってどれほどさげすまれている人間でも――、あらゆる鎖に抑圧されているというのに、そんな風に考えるわけにはいかない。したがって、自由の感情が目覚めていくのとまったく同じ順序で徐々に解放していけばよいのである。そうすると新たな一歩を踏み出すごとに、前進する速度は増していくだろう。この目覚めの兆しはなおも多大な困難を引き起こすかもしれない。だが、この困難の原因は理論ではなく、実行にある。むろん実行は特殊な規則の領分ではなく、他のあらゆる場合と同じく、もっぱら天才のなせる業である。しかしもし理論によるのであれば、私は、いかにも厄介にもつれたこの問題を次のようなやり方で自分に対して説明することができるであろう。

立法者であれば、どうしても二つの事柄を把握していなければならないであろう。すなわち、①ごく微細な部分に至るまで敷衍した純粋理論と、②立法者が変形させることになる個々の現実の状態である。つまり、立法者は理論について、あらゆる部分にわたってこのうえなく厳密かつ完璧に見渡すだけでなく、――あらゆる原則を一気に実現できないとしても――個々の原則のそれぞれの必然的帰結についても、全体的な広がり、多様な絡み合い、相互依存関係を把握していなければならないであろう。それと同様に立法者は、――いうまでもなくこの仕事の方が限りなく厄介だと思われるが――現実の状態について、つまり国家が市民に課し、市民が（理論の純粋な原則に逆らって）国家の庇護下でみずからに課すあらゆる束縛、そしてそのあらゆる結果について詳しく知っていなければならないであろう。そこで立法者はこれら二つの絵画を対比しなくてはならないことになる。理論の原則を現実世界に橋渡しすることができる時点はいつかといえば、それは、両者の比較によって、この橋渡しをしてから後も原則は不変のままで、一番目の絵が描いたとおりの結果を生み出すとわかった時であるか、あるいは必ずしもそうはいかないとしてとしても、この欠陥は、現実世界がもっと理論に近づいたあかつきには取り除くことができるという予想が立った時であろう。なにしろこの最終目標、つまり理論と現実の全面的な接近は、立法者のまなざしを絶え間なく引きつけてやまないはずであるから。

このいわば比喩的な観念は奇妙なもの、ひょっとすると奇妙どころではないものに見えるかもしれない。これらの絵は決して事実をそのまま写しておらず、まして比較を正確に行うことなどできないと言う人もあるかもしれない。この種の難詰はどれもこれも根拠のあるものだが、もしこう考えたならば大幅に説得力を失ってしまう。すなわち、理論はつねに自由だけを必要とし、現実は、理論から逸れる限り、つねにただ強制としてのみ現れる、と。では人はなぜ自由と強制を交換して、自由を手に入れないのかといえば、原因はそれが不可能だからと言うしかない。そこで、この不可能ということの意味は、事物の本性に従えば、次の二点のうちのどちらか一方でしかありえない。つまり、人間もしくは状況がまだ自由を容れるだけの状態になっておらず、そのため自由は——このことは両方の理由から生じうるけれども——、自由のみならず生存にとってすら不可欠である成果を破壊することになるか、それとも自由は——前者の原因だけに特有の帰結だが——、さもなければつねに自由に伴うはずの有益な作用を生み出さないか、どちらかである。しかし、この両者の是非を判断するには、二つの状態、つまり現在の状態と変更後の状態を全幅にわたって想像して、その形態と帰結を慎重に比較するのと同じやり方をとるしかない。市民自身の中に、変革に向かういわば兆しがあることを感知するまでは、国家自身が変革に乗り出すことはできないということ、鎖の重さが圧迫となるまでは、それを取り除くことができないということ、つまり総じて国家は、いわば単なる観察者でありさえすればよく、そして自由の制限を取り払うという事態が生じたなら、ただ可能か不可能かだけを計算しさえすればよく、それゆえただ必然性によって左右されるだけでよいということを考慮するならば、困難もはるかに軽減される。最後に、わざわざ断るまでもないと思うが、ここでは、国家にとってそもそも変革が物質的のみならず、道徳的にも可能である場合、つまり法の原則が邪魔にならない場合だけを問題にした。ただし、この最後の規定について忘れてならないのは、自然権ないし普遍的権利が他のすべての実定法の唯一の基礎であり、それゆえつねにこれに立ち戻らなければならないということ、したがって、いわば他のあらゆる法命題の源泉であるところの一つの法命題を引き合いに出すとすれば、何人も、将来何らかの仕方で、他人の力もしくは財産を、その人の同意なしに、もしくは意思に反して処分する権利を獲得することはできない、ということだ。

それゆえ私はこうした前提の下で、あえて次の諸原則を立ててみたい。

国家は、その活動の限界に関して、事物の現にある状態を正しい真の理論に近づけるようにしなければならない。ただしそれは、国家がそうする可能性を与えられ、そうすることを真の必然性の根拠によって阻まれない限りにおいてである。ところが、その可能性は、理論がいつも説いている自由を人間が十分に受け容れられる状態にあるかどうか、つまり理論が、障害に阻まれなければ元来理論につねに伴う有益な帰結を発現させることができるかどうかにかかっている。これに対抗する必然性は、いきなり与えられた自由が、前進し続けようとするあらゆる努力だけでなく、生存そのものにとっても不可欠である成果を破壊してしまわないかどうかにかかっている。両者はつねに、現在の状況と変更後の状況およびそれぞれの効果を入念に比較することによって、判断されなければならない。

この原則は、右であらゆる改革に関して提起した原則（一九九頁参照）をこの特殊な事例にまるごと応用することで生まれたものである。というのは、自由の受け入れ態勢がまだ欠けている場合も、上述の必然的な成果が自由によって損なわれることになるような場合も、現実世界は、異物の混入が一切なければ純粋理論の原則がつねに生み出すことのできるような効果の発現を阻むからである。ここでも私は、提起した原則をさらに詳述するために何も付け加えない。なるほど、現実世界のありうる状況を分類し、それらに即して原則の適用を示すことはできる。しかしそうしてしまうと、私は自分自身の原理に背くことになる。なぜなら、私は、この種のあらゆる応用には、全体とその部分すべてをきわめて厳密に関連づけて見通すことが必要であると述べたが、そうした全体は単なる仮説によって提示することはできないからである。

必然性の原理

ここで、国家の実践的な態度に関するこの規則と、右で展開した理論が国家に課す諸法則を結びつけるとすれば、国家はつねにその活動が必然性によってのみ左右されるのに任せてよいということになる。事実、理論が国家に対して認めるのは安全に対する配慮だけであり（なぜならこの目的の達成だけは個々の人間には不可能であり、だからこそこの配慮だけが必然的であるからだ）、そして実践的な態度の規則は、現状に迫られて国家がそれを放棄しない限り、国家を理論に厳格に縛り付けるのである。それゆえ必然性の原理こそ、本稿全体で提示したすべての理念が、その最終目標と並んで到達しようとするものである。純粋理論においては、自然な人間の特徴だけがこの必然性の限界を規定するが、実行においては現実の人間の個性が加わる。この必然性の原理は、――私にはそう思われるのだが――人間に向けられたあらゆる実践的な努力に最高の規則を指示しなければならないであろう。というのも、これこそが、確実で疑いのない成果へとつながる唯一のものだからである。この原理には有用性の原理を対置することができるが、後者は純粋で確実な判断を行うことができない。有用性の原理は蓋然性の計算を必要とするが、この計算は、その本性上無謬とまでいかないことはさておくにしても、予想できなかったごく些細な事情によって挫折させられる危険を冒す。これに対して必然性の原理は有無をいわさず感情にまで迫ってくる。そして必然性が命じるものはつねに有用であるだけでなく、不可欠でさえある。それから、有用性の原理は、――有用なものの程度はいわばはてしないのであるから――次から次へと新しい措置を必要とする。これに対して、必然性が要求するものに制限をかけることは、もちまえの力に相当大きな余裕を残すことによって、この力の欲求さえ縮減させる。最後に、有用性の原理への配慮はたいてい積極的な措置に、必然性の原理への配慮はたいてい消極的な措置につながる。というのも、――人間の自発的な力は強靭であるため――必然性は、何らかの窮屈な束縛からの解放のため以外にはおいそれと登場してくれないからである。これらの根拠すべてから――もっと詳細に分析すればほかにもかなりの数の根拠が加えられるかもしれないが――、まさに必然性の原理ほど、自発的存在の個性への畏敬、およびこの畏敬に発する自由への配慮と調和しうる原理はない。とどのつまり、この原理は法律に威力と威信を獲得させる唯一信頼のおける手段であり、この原理からのみ法律は生じることができるのである。これまで人々は、この究極目的に到達するための様々な方法を提案し、とりわけ最も確実な手段として、市民に法律の長所と有用性を確信させるという方法をとろうとしてきた。しかし、この長所と有用性が一定の場合に認められるとしても、人がある制度の有用性について確信を持つためには、たえず努力を払わなければならない。様々な見方から、この点についての様々な意見が生み出されるが、人間の性向そのものは説得に逆らう。誰でも、自分で認識した有用なものは喜んで理解するけれども、押しつけられた有用なものには抵抗するものだ。これに対して、必然性の軛には誰もが進んで首を垂れる。錯綜した状況がいやおうなく目の前にある時、必然性自体の洞察がかなり困難になるが、しかしまさにこの原理を遵守するならば、状況はますます単純になり、この洞察もいよいよ容易になる。

私は今、本稿の最初にみずから画定した領域を一通り論じ終えた。私はそうしながら、人間の内的な尊厳とこの尊厳に唯一ふさわしい自由に対するこのうえなく深い敬意によって心が満たされるのを感じた。願わくば、私が提示した理念と、私がそれに与えた表現が、この感動に不釣り合いなものではないことを！

付　フンボルトによる目次(1)

第一章　序論

研究対象の規定。——これについての論究と重要性の認識が稀少であること。——国家がその活動に対して実際に設けてきた限界の歴史的概要。——古代国家と近代国家の相違。——国家結合体一般の目的。——国家結合体はもっぱら国民一般の安全の配慮だけを目的とすべきか、それとも国民一般の福祉の配慮を目的とすべきかという論点。——立法者と著作家は後者を主張する。——しかし、この主張を詳しく吟味することが必要である。——この吟味は個々の人間とその最高の究極目的から出発しなければならない。

第二章　個々の人間およびその存在の最高の究極目的の考察

あらゆる人間の最高かつ究極の目的は、自己の諸能力を、それが持つ個性的な独自性を生かしつつ、最高にかつ最も均斉のとれるような形で磨き上げることである。——この目的を達成するための必要条件は行動の自由と状況の多様性である。——これらの命題を人間の内面生活につぶさに適用すること。——歴史からこの適用の確証を得ること。——これらの考察の帰結である、本研究全体のための最高原則。

第三章　本題への移行（本題の区分）。市民の積極的福祉に対する国家の配慮

本章の範囲。――市民の積極的福祉のための国家の配慮は有害である。なぜならそれは画一性をもたらし、力を弱め、（単なる肉体労働を含めた）外面的な仕事と外面的な状況一般が人間の精神と性格に反作用することを妨害するからである。――それは、雑多な民衆に狙いを定めなければならず、そのため、個々人それぞれに合わせるとなるとかなりの欠陥を伴った処置を施すことになり、これにより個々人を害するからである。――それは、人間の個性と独自性を妨げ、国家行政そのものを困難にし、行政に必要な手段を何倍にも増やし、それを通じて新たな多様な弊害の源となり、最後に、最重要の対象について人間の正しい自然な視点を狂わせるからである。――弊害の叙述が誇張であるという非難に対する弁明。――非難の的にした弊害に対置された仕組の利点。――本章から引き出される最高の原則。――市民の積極的福祉を狙った国家の配慮の手段。――その有害性。――何らかの行為を国家が国家としてなす場合と個々の市民がなす場合の相違。――積極的福祉のための国家の配慮は、もしそれを欠けば同じ外面的な目的を達成し、同じ必要な成果を得ることができなくなるから、必要ではないか、とする異論の吟味。――この可能性の証明。とくに市民の自発的な共同体的措置による場合。――この措置を国家の措置より優先すべきこと。

第四章　市民の消極的福祉（安全）に対する国家の配慮

市民の安全に対する国家の配慮は必要不可欠であり、国家の究極目的を構成する。――この章から引き出される最高の原則。――この原則の歴史による確証。

第五章　外敵からの安全に対する国家の配慮

この考察に際して選んだ観点。――国民の精神と性格に対する戦争一般の影響。――そのことと関連して、戦争の状態とそれに関わる現代のすべての制度との比較を行うこと――。この状態が人間の内面的陶冶に対して及ぼす多様な弊害。――この比較から得られる最高の原則。

第六章　市民相互の安全に対する国家の配慮――手段としての公教育

市民相互の安全を促進するための手段の可能な範囲。――道徳的手段。――公教育。――それは有害である。とりわけそれが人間形成の多様性を妨げるからである。――それは無益である。しかるべき自由を享受している国民において良き私教育が欠けることはないであろうから。――それは過剰に作用する。安全の配慮は習俗の完全な改革を不可能にするわけではないからである。――それゆえそれは国家活動の限界の外にある。

第七章　宗教

国家が宗教をどのように利用してきたかということについての歴史的瞥見。――宗教に対する国家のあらゆる介入は、他の意見を排除した一定の意見の優遇とある程度の市民の指導を伴う。――人間の精神と性格に対する宗教の影響に関する一般的考察。――宗教と道徳性は不可分に結合している。――その理由。あらゆる宗教の起源はまったく主観的である。――信仰心とその完全な欠如は道徳性にとって等しく有益な帰結を生み出しうる。――道徳の諸原則は宗教から完全に独立している。――そしてあらゆる宗教の実効性はもっぱら人間の個別的性質に基づいている。――その結果、道徳性だけに作用するのは、いわば宗教的な心的系統が持つ内容ではなく、それを内面的に受容する形式である。――これらの考察を目下の研究に適用し、また国家は宗教に影響を与える手段として利用しなければならないかどうかの問題の吟味に適用すること。――国家による宗教のあらゆる促進は最高度に法律に則った行為を生み出す――しかし、この効果は、国家が単に市民の行為を法律と一致させるだけでなく、市民を法律に従順にさせなければならない国家からすれば、満足のいくものではない。――この効果はそれ自体としても不確かであり、そのうえ実現できそうもない。少なくとも右の手段とは別の手段によってもっとうまく成果を挙げることができる。――さらに、右の手段はきわめて重大な弊害を伴うので、それだけでもその使用を完全に禁じるに足りるほどである。――これについて多数の民衆における教養の欠如を理由にした異論が出されるかもしれないが、それに対する暫定的な回答。――最後に、こうしたことは最高の最も一般的な見地に基づいて決まるのであって、他でもない真に道徳性に作用する唯一のものへ、つまり宗教概念の内面的受容の形式へ通じる扉は国家に対して完全に閉じられている。――それゆえ、宗教に関わる一切の事柄は国家活動の限界外にある。

第八章　習俗の改良

習俗の改良のための可能な手段。――それは主として肉体的感覚の制限に還元される。――人間に対する肉体的感覚の影響に関する一般的考察。――肉体的感覚の影響について、この感覚をそれ自体として考察すること。――肉体的感覚特有の様々な本性によるこの影響の相違。とくにエネルギッシュに作用する感覚やその他の肉体的感覚の影響の相違。――美と崇高による肉体的感覚と非肉体的感覚の結合。――探求する知的な人間の諸能力に対する肉体的感覚の影響。――想像する諸能力、道徳的諸能力に対するその影響。――肉体的感覚の弊害と危険。――これらの考察を目下の研究に応用し、また国家は積極的に習俗に働きかけようと試みることを許されるかという問題に応用すること。――こうした試みはすべて外面的行為だけに作用し、多種多様で深刻な弊害を生み出す。――そのうえそうした試みが対処しようとする習俗の堕落そのものも、必ずしもまったく有益な結果を欠いているわけではない。――それゆえそうした手段は国家活動の限界外にある。――本章と先行する二つの章から引き出される最高の原則。

第九章　安全に対する国家の配慮の積極的規定――安全概念の展開

以上の研究全体の行程を振り返って。――いまだ検討していない事柄の列挙。――安全概念の規定。――安全の定義。――その安全に配慮しなければならない権利。――個々の市民の権利。――国家の権利。――安全を妨げる行為。――まだ残っている研究の部分の分類。

第一〇章　本人のみに関わる行為と国家の安全配慮（ポリツァイ法）

ポリツァイ法という表現について。――ここで国家が行為を制限しても許される唯一の根拠は、その行為の結果が他人の権利を縮減することである。――こうした縮減を含んでいる諸結果の性質。――感情の毀損を引き起こす行為の例による説明。――その結果が他者の権利を危険に陥れかねない行為の場合について国家が配慮すべき用心の規則。なぜなら危険を避けるには、類まれな判断力と知識を持っていることが必要であるから。――結果と行為自体とのこうした結びつきは、制限を正当化するほど近いものであるのか。――以上のことから引き出される最高原則。――その例外。――他の場合なら国家が法律を通じて惹起しなければならないことを、市民が自由意思で契約を通じて惹起した場合の利点。――国家は積極的行為を強制できるかどうかという問題の吟味。――強制できない。なぜならこうした強制は有害であり、安全の維持に必要ではないから。――緊急権の例外。――共有財産について生じる、もしくはそれに関わる行為。

第一一章　他人に関わる行為と国家の安全配慮（民事法）

他人の権利を侵害する行為。――国家の義務。被害者を助けて補償が受けられるようにする義務と加害者を被害者の復讐から守る義務。――相互に同意した行為。――意思表示。――これに関する国家の二重の義務。――一つは有効な意思表示を維持する義務。――二つ目は正義にもとる意思表示に法律の保護を与えず、たとえ回避できない有効な束縛を通じてであれ、人間同士がたがいに依存し合わないように予防する義務。――意思表示の有効性。――右の国家の第二の義務の結果としての、有効に締結された契約解消を容易にすること。――しかし対人的な契約については、契約の独自の性質による様々な修正を施して。

——死因処分。——法の一般原則によるそれは有効性を持つか。——その弊害。——単なる遺言相続の危険、私的処分の利点。——この利点を維持し、かの弊害を遠ざけようとする中道。——無遺言相続。——遺留分の規定。——存命時の契約はどの程度まで相続人に移行しなければならないか。遺産がそれによって別の形態を受け取る限りにおいてのみ。——ここにおいて自由を制限する関係を防止すべき国家の義務。——法人、その弊害、その根拠。——その弊害は、あらゆる法人をただその都度の構成員の結合とみなすならば、除去される。——この章から引き出される最高の原則。

第一二章　法的紛争解決と国家の安全配慮（訴訟手続）

国家はここでは単に当事者の代理となる。——そこから生じる訴訟規則の第一原則。——国家は、両当事者の相互に対する権利を保護しなければならない。——そこから生じる訴訟規則の第二の原則。——これらの原則をなおざりにすることの弊害。——裁判官の決定を可能にするための新しい法律の必要性。——この必要性が主として依存する契機である司法組織の優れた面。——そうした法律の長所と短所。——そこから生じる立法の規則。——この章から引き出される最高の原則。

第一三章　国家法の違反の処罰による国家の安全配慮（刑事法）

国家が処罰しなければならない行為。——刑罰。その尺度。絶対的尺度。しかるべき実効性を持つ最高の寛大さ。——名誉剥奪刑の有害性。——犯罪者本人を超えて他の人格にまで及ぶ刑罰が不公正であること。

——刑罰の相対的尺度。他人の権利の無視の程度。——この基準のために犯罪の頻発と犯罪に誘引する衝動の多さを採用する原則に対する反論。——この原則の不公正、有害性。——刑罰の厳しさに関する犯罪の一般的等級。——現実の犯罪に対する刑事法の適用。——取り調べ期間中の犯罪者に対する手続き。——国家はどの程度まで犯罪を予防してもよいのかという問題の吟味。——この問題に対する答と、上述した行為者自身だけに関わる行為の規定との間の違い。——犯罪の一般的原因による、犯罪予防のために可能な様々な方法の梗概。——この方法のうち第一のものは、犯罪に走らせやすい生活手段の欠乏を除こうとするものであるが、それは有害無益である。——これよりもっと有害で、それゆえ同様に有益でないのは、性格の中にある犯罪原因の除去を目指す第二の方法である。——この方法の現実の犯罪への適用。その改善。——「訴の棄却」の扱い。——犯罪を予防する最後の方法。犯罪実行の機会の除去。——これを、すでに決断した犯罪の実行の単なる予防に限定すること。——これに対して、是認できない右の手段の代りに、犯罪の予防のために登場しなければならないものは何か。——既遂の犯罪に対する最も厳格な監視。そして刑の免除をできるだけ少なくすること。——恩赦の権利と減刑の権利の有害性。——犯罪発見のための措置。——あらゆる刑事法を区別なく公開することの必要性。——この章から引き出される最高の原則。

第一四章　未成年者と心神喪失者に関わる安全配慮。これまでの議論についての一般的註記

ここで挙げた諸人格とその他の市民との違い。——彼らの積極的福祉の配慮の必要性。——未成年者。

――両親と子供の相互的義務。――国家の義務。――成人年齢の規定。――右の義務の監視。――後見制度。両親の死後。――これに関する国家の義務。――利点。この義務の特殊な実行をできる限り教区に移譲すること。――未成年者が権利を侵害されないように介入から守る措置。――心神喪失者。――彼らと未成年者との違い。――この章から引き出される最高の原則。――本章と先行する四つの章における観点。――立法一般の理論に対する目下の研究の関係の規定。――すべての法律の源泉である主要観点の列挙。――そこから生じる、あらゆる立法に必要な予備作業。

第一五章　国家維持の手段と理論との関係（理論的発展の帰結）

財政制度――国内の政治体制。――提起した理論に関する法の観点からの考察。――この理論全体における主要観点。――歴史学と統計学はどの程度まで理論の補助となりうるか。――国家に対する市民の関係と市民相互の関係との分離。――この分離の必要性。

第一六章　理論の現実への適用

理論的真理一般と実行との関係。――その際必要な用心。――あらゆる改革において新しい状態は先行する状態と結合されなければならない。――これは、改革を人間の理念から始めた時に最もうまくいく。――そこから生じる、あらゆる改革の原則。――この原則の本研究への適用。――提起した方式の最も優れた独自性。――この方式の実行に際して憂慮すべき危険。――そのため実行に際して漸進的な歩みが必要である。――その際遵守すべき最高の原則。――この原則と、提起した理論の主要原則との結合。――この結合から生じる、必然性の原理。――その特徴――結論。

第二部　『国家活動の限界』の周辺

第一章　国家体制についての理念
――新フランス憲法[1]を契機として（一七九二年一月）

かつて携わっていた仕事の関係で頻繁にその機会があったとはいえ、今孤独な生活を送る中で[2]かえって政治に関わる問題を相手にすることが多くなった。政治新聞をふだんよりも規則正しく読んでいて、さして大きな関心を惹く記事はないけれども、やはりフランスに関する色々な事件にいちばん気をそそられる。そうしていると、この二年来耳にしてきたまじめな話や無邪気な話がことごとく頭に浮かんできて、最後にはきまってあなたのことやあなたがこの対象に活発な関心を抱いていたことが思い出されてくる。私自身の判断はといえば、――弁解させてもらうために心ならずも一つだけ断を下すとすれば――他の誰ともまったく一致せず、それどころかことによると逆説のように見えるかもしれない。けれども、あなたはともかく私の逆説癖をよくご存じのはずだから、せめてこの書簡の主張が他の場合と一貫していないなどと責めないでいただきたい。

私が国民議会[3]とその立法についていちばん頻繁に、そして――我ながら否定できないが――興味津々に伝え聞いたのは、それらに対する非難の声であるが、ただし残念ながらその非難はいつでもあっさり片づけてしまうことができる類のものであった。ある場合には事実についての詳しい知識の欠如、ある場合には先入見、またある場合には何であれ新奇で見慣れないものに対する狭量な怯懦。それからこれほどたやすく論破できるものは他にないというくらいの誤謬。そしてよしんばどんな反駁もくぐりぬけられる非難があったとしても、なんといっても、「たとえ賢人でも一二〇〇人もいればしょせんは人間である」[4]という厄介な言い訳が控えていた。こうした非難については、一般に個々の命令の意図について評価する場合と同じように、なかなかけりをつけられるものではない。それに対して、私の考えでは明々白々で、誰もが認めるそっけない事実がある。これは、この企て全体を徹底的に吟味するのに必要なデータのすべてをおよそ余すところなく含んでいる。

憲法制定国民議会[5]は、まったく新しい国家構造を純然たる理性の原則に従って打ち建てることを企てた。この事実は、国民議会自身も含めて誰しも認めざるをえない。しかし、理性が――理性はその構想を現実化するための無制限の権力を持つと仮定して――もくろんだ計画に従って、いわば一から創設するようないかなる国家体制も成功することはない。勢力においてまさる偶然とそれに抗う理性との闘争――そこから生まれる国家体制のみが繁栄を謳歌する。この命題は私にとって自明であるから、私はこれを国家体制のみに限定せずに、およそ実践的な企て一般に進んで敷衍したいと思う。もっとも、あなたのような理性の頑強な擁護者にとって、この命題は、私にとってと同じほどの明証性を持たないかもしれないが[6]。だからこれについてもう少し論じてみたい。

しかしその根拠を論じる前に、この命題をもっと詳しく規定するためにあらかじめ二、三付言しておこう。第一に、ご覧のように、私は国民議会の立法の構想を理性そのものの構想だと考える。第二に、私は、理性の体系の諸原則があまりにも思弁的で実現を度外視していると言うつもりもない。それどころか私が前提としたいのは、立法者がそろいもそろってフランスとその住民の現状を実につぶさに観察し、理性の諸原則をこの状態に、——理性の理想と関わりなく、ただ一般に可能な限りにおいて——適合させたということである。最後に、実現の難しさは問題としない。「解剖の授業は生体に対して行うべきではない」という命題がどれほど真実をうがち、当意即妙であっても、成果が挙がってはじめて、それでも企ては長続きするのか、確固とした基礎を持つ全体の福祉は個々人の一時的な災厄より優先するに値するのかという問題が解明されるはずである。そこで私はシンプルな命題からのみ出発することにする。①国民議会はまったく新しい国家体制を打ち建てようとした。②国民議会は、この新しい国家体制を、個々のあらゆる部分に至るまで、理性の純粋な原則——たとえそれがフランスの個別的事情に合わせたものであっても——に従って構築しようとした。私はこの国家体制が——今のところは——完全に実現可能である、もしくは（お望みとあらば）すでに実際に実現されているとみなしている。しかし、断っておくが、このような国家体制が栄えることはありえない。

新しい国制《フェアファッスング》というものはそれまでの国制の後に登場することになっている。たった一人の人間の野心と浪費癖を満足させるため、できるだけ多くの手段を国民から引き出す仕組《システーム》に代って、ただ各個人の自由と安寧と幸福のみを目的とする仕組が登場することになる。つまり、二つの真っ向から対立する状況が相次いで現れることになる。ではこの二つの状況を結びつける紐帯はどこにあるのか。この紐帯を撚り上げる発想力と手腕を持っていると、誰が自負できるであろうか。どれほど精確に現状を研究し、現状の後を継がせる状態をどれほど精確に計算しようとも、いつも不十分なのだ。我々の知識と認識はすべて一般的な観念に基づいているが、これは経験の対象に関して語る場合、不完全な、半分だけ正しい観念であり、個性的なものについて我々はほんのわずかしか把握することができない。しかもここでは一切が個性的な諸力、個性的な作用、苦悩、享受にかかっている。偶然が作用し、理性がひたすらそれを統御しようと努めるだけであるならば話はまったく別だ。現状の持つ個性的な性質全体――この我々が認識できない諸力は我々にとって偶然を意味するにすぎない――から結果が生じるのであって、その後で理性が実現しようと努める構想は、たとえその努力がうまくいっても、標的とした対象自体からなお形式をあてがわれ、修正される。理性の構想はこのようにして持続力を得ると、その分だけ効用をもたらすことができる。もし理性が偶然を統御するという方法をとるならば、理性の構想は、たとえ実現されても、永遠に不毛のままである。人間において何かが繁栄することになるとすれば、それは彼自身の内部から発するものでなければならない。外から与えられたものではいけない。では、働きかけるとともに働きかけられる人間諸力の総体としての国家とはどのようなものか。

どのような作用にも同じ強さの反作用がついてまわり、あらゆる生産には同じく活動的な摂取が付随する。それゆえ、現在はすでに必然的に未来を準備しているのである。だからこそ偶然の作用はきわめて強力である。それで現在は未来を力づくで引き寄せる。それでも未来が現在に冷たい態度をとるならば、その時には何もかもが死に絶え冷たくなってしまう。意図的に何かを引き起こそうとすると、そういうことになる。理性はなるほど手元にある素材を造形する能力があるが、新しい素材を生み出す力はない。この力は事物の本質にのみ宿っており、作用するのはこの力であって、真に賢明な理性はこの力をただ活動に向かうよう仕向け、制御しようとするだけである。理性は謙虚にそこに立ち止まる。樹々に若枝を接ぎ木するように、人間に国家体制を接ぎ木することはできない。時間と自然が地ならししていないところでは、それは花々を糸でくくりつけたようなものである。ひとたび太陽が高く上がれば干からびてしまうのだ。

しかし、フランス国民は新しい国家体制を受容する準備が十分にできていなかったのではないか、という問題が相変わらずここで持ち上がってくる。だが、単なる理性の原則に従って体系的に立案した国家体制に見合うほど一国民が成熟することは決してない。理性は、すべての力が一つにまとまってバランスよく作用することを要求する。理性は、各個の力の完成度の向上の他に、各個の力のまとまりの強さや、各個の力と他の力との最も適正な関係をもくろむ。しかし、一方で理性がこのうえなく多面的に作用することよってのみ満足するのに対して、他方で人類の運命は一面的である。一瞬一瞬の時はそれぞれただ一つの力をただ一つの表出様式で鍛える。何度も繰り返しているうちに習慣となり、このただ一つの力のただ一つの表出は、要する時間の長短はあっても、多かれ少なかれ、性格となる。人間は、各瞬間に作用する個々の力を、他のすべての力の協働によって修正させようとどれほどあがいても、決してそれを達成できず、一面性から脱却した分だけ力を失う。複数の対象に分散して取り組む者は、すべての対象に対して弱められた力しか発揮できない。かくして、力と陶冶は永遠に反比例の関係にある。賢者は決して力をまるごと追求したりはしない。どの力もあまりにも愛しく、他の力の犠牲にするに忍びないのである。かくして、燃えるような想像力をかきたてて自己陶冶をさせる人間本性の極致に達しても、現在の一瞬一瞬の時は、美しいがたった一輪の花にすぎないのである。花輪を編むことができるのは、過去を現在と結びつける記憶だけである。記憶は過去と個々の人間を結びつけ、同じく諸国民全体も結びつける。諸国民が一時《いちどき》に進めるのはただ一つの行程のみである。だから諸国民はたがいに異なり、だからそれぞれの国民も時代によって異なる。では賢明な立法者は何をなすべきか。彼は現在の趨勢を研究し、その後、発見した趨勢に応じて、それを助長するか、もしくは押しとどめようとする。趨勢はかくして修正を受け、それがまた別の修正を受ける、という具合に続いていく。賢明な立法者はこのようにして現在の趨勢を完全性の目標に近づけていくことで満足する。しかし、この趨勢が単なる理性の計画、すなわち理想に従って一時に作動することになれば、つまりもはや穏当にただ一つのりっぱな目標を追求するのではなく、あらゆるりっぱな目標を同時に手にいれようと格闘することになれば、どういった事態が生じなければならないことになるか。無気力と不活発である。我々が熱意と熱情を持って捕まえるものはすべて一種の愛である。だから、一つの理想がもはや魂を満たすことがなくなれば、かつて白熱のあったところに冷気がくる。そもそも、一回一回均等に全力をふりしぼって活動することになれば、誰も活力をもって活動することなどできない。活力とともに他のあらゆる美徳も消え失せてしまう。美徳がなければ人間は機械になる。すること《ヴァス・エア・トゥート》は讃嘆の的になるが、であること《ヴァス・エア・イスト》は軽蔑の的になる。

ここで諸々の国家体制の歴史を一瞥させてもらうとすれば、その中の一つとして何らかの意味で高度の完全性に達しているものはない。しかし、かりにある国家の理想を想定してそこにありとあらゆる長所がまとまっていなければならないとすれば、そのうちどれか一つなら、最も堕落した国家にもつねに見出すことができるであろう。最初に支配が生み出されたのは必要に駆られてのことであった。服従は、支配者なしで済ますことができなくなる時点か、それとも支配者に抵抗できなくなる時点以上に長続きしなかった。これがあらゆる国家の歴史であり、最も栄えた古代の諸国家も例外ではない。やむにやまれぬ危険に迫られて国民は支配者に服従したのである。危機が去ると、国民はこの枷を振りほどこうとした。だが支配者は往々にしてあまりにも深く根を張っていたので、彼を除こうとする国民の戦いは実を結ばなかった。こうした経過は人間の本性にもぴったり合っている。人間には、自分の外部において活動し、内部において自己を陶冶する能力がある。重要なのは、前者では力と目的に適合した方向づけだけであり、後者の場合は自発性だけである。それゆえ、後者のためには自由が必要であり、前者のためには、——複数の諸力は、ただ一つの意志によって統御される時がいちばんうまく調整されるのだから——屈従が必要である。人間は活動したいと思ったとたんに、こうした感情によって支配に服した。しかし、この目的が達成されたとなると、内面的尊厳というっそう高い感情が目覚めた。もしこのように考えなければ、都市国家において元老院に立法を指示したのと同じローマ人が、野営地においては百人隊長の鞭の体罰に進んで背中を差し出すという事態も決して理解することができないであろう。古代国家にはこうした性質があったからこそ、そもそも一切の政治的な仕組——仕組とは意図的な計画であると解するとして——がなかったし、また、我々は現代の政治的諸制度について哲学的ないし政治学的な根拠を云々しながら、古代国家に関してはいつも歴史的な根拠しか見出さないということになったのである。こうした国制は中世まで続いた。この時期にはきわめて深刻な野蛮がすべてを蔽っていたため、その野蛮が権力と結託すると、たちまち悲惨きわまりない専制が生まれざるをえなかった。理屈からすれば、自由に対して完全な破産宣告を行うことになったといってよかろう。ところが、支配欲に駆られた者たちが相争ったため、自由は生き延びた。ただしもちろん、事態がこうした暴力的な状況にあった以上、自由であるためには、誰しも同時にみずから他者の自由の抑圧者とならざるをえなかった。まさしく封建制度こそ、最も悲惨な隷属状態と野放図な自由が隣り合わせに存在することを可能にした制度であった。なぜなら、封臣は臣民を非人間的に抑圧したが、それと劣らぬ烈しさで封建領主にも反抗したからである。統治者は封臣の権力に猜疑心を抱き、封臣への対重を都市と民衆から調達し、ついには封臣の抑圧に成功した。つまり、以前はまだしも一つの身分だけが自由の保管庫であったが、それに代って今度は全身分が奴隷になったというわけだ。貴族は君主と結託して民衆を抑圧し、そこから貴族の腐敗が始まった。以前には必要悪にすぎなかったのだが、いまや無用の悪となったのである(7)。それ以来もはやすべてが君主の意図だけに奉仕してきた。しかしそれにもかかわらず自由は勝利した。なぜなら、民衆は貴族よりも君主の方に強く服従していたので、君主からの距離を前より大きくとるだけで、自由の余地は広がったからである。そうなると、君主の意図はそれまでのようにもはや臣民の物理的な力によって——人格的隷属は主にここから生じたのだが——達成することもできなくなった。一つの手段が必要不可欠となった。金銭である。そこで、あらゆる努力は国民からできるだけ多くの金銭をかき集めることに向かった。しかし、金銭が集められるかどうかは二つの条件にかかっていた。一つは国民が金銭を持っていなければならないということ、もう一つは彼らからその金銭を吸い上げなければならないということである。前者の目的を達成しそこなわないためには、産業の多種多様な源泉を国民に開放しなければならなかった。後者の目的を最も効率よく達成するためには、多種多様な方策を発見しなければならなかった。一つには、金集めの手段によって反乱を煽らないようにし、一つには、徴税そのものにかかるコストを削減するために。今日の我々の政治的な仕組のすべては、本来こうした事情を基礎にしているのである。ところが、これらの主目的を達成するために――つまり根本的には副次的な手段にすぎないものとして――、国民の福祉の増進が図られ、またこの福祉の不可欠の条件として、国民はより高度な自由が認められたので、おめでたい人々、なかんずく著作家たちは事態を転倒させ、福祉の方が目的であり、税の取り立てはそのために必要な単なる手段であると考えるようになった。この観念はそこかしこで、おそらくは君侯の頭の中にも吹き込まれ[8]、その結果、政府は国民の幸福と福祉――物質的福祉と道徳的福祉――に配慮しなければならない、という原則が発生した。これこそまさにこのうえなく悲惨で息もできない専制である。なにしろ、抑圧手段がこんな風に隠蔽され、また入り組んでいるために、人々は自分たちが自由だと思い込み、彼らの最も高貴な諸力を麻痺させられてしまったのだから。だがここでもまた害悪から救済手段が生まれた。右のような過程を経るうちに同時に啓蒙主義という知識の宝が発見され、それが一般的に普及することによって、人類はいま一度自分の権利について教えられ、自由への憧れが復活したのである。その一方、統治は、筆舌に尽くしがたい思慮と慎重さを働かせなければならないまでに手の込んだものとなった。そこで、啓蒙主義が国民を専制の最も恐ろしい敵に変えたまさにその国において、政府が統治をひどくないがしろにし、最も危険な弱点をさらすことになった。だからここでは革命もまっさきに起こらざるをえなかったのだが、そこで革命の後を継ぐことができたのは、穏健であるけれども、それでいて完全かつ無制限な自由の体制《ジステーム》、つまり理性の体制、国家体制《シュタ－ツフェアファッスング》の極致よりほかになかった[9]。人類はそれまで極端なものに苦しんできたが、いまや極端なものの中に救いを求めざるをえなかった。この国家体制は継続するだろうか。歴史から類推する限りでは、否である。しかし、この国家体制は諸思想をあらためて啓蒙し、あらゆる活発な美徳をあらためて焚きつけ、そのようにしてその恵みをフランスの国境をはるか超えて流布することになるであろう。それによってこの国家体制は、善はそれが生起した場所では働かず、空間的ないし時間的にはるかに隔たった場所で働き、その発祥地の方も、やはり他の同じく隔たった場所から有益な作用を受けるという、人間のあらゆる出来事の過程を実証することになるであろう。

ここで、この最後の考察になおいくつかの例をどうしても付け加えておきたい。どの時代にも、それ自体は有害でありながら、人類の計り知れない財を守ってきたものがあった。中世に自由を維持したものは何か。——封建制度である。野蛮の時代に啓蒙と学問を維持したものは何か。——修道院制度である。古代ギリシャの女性蔑視時代に女性への高貴な愛を維持したものを、家庭生活の中からも選ぶとすれば何か。——少年愛である。もっといえば、我々は歴史ですら必要としないのだ。人生の過程一般が好個の例である。人生のどの時期においても、ただ一つの存在様式だけが絵画の主役であり、残りの存在様式はすべて、その脇役として奉仕するにすぎない。時期によっては、主役であった存在様式が脇役になり、脇役だった存在様式のうちの一つが前景に出てくる。それゆえ、ただ朗らかで悩みごとのない楽しみのすべては子供時代のおかげである。感受した美に対する熱狂のすべてと、それを得るために払う労苦や危険に対する軽侮のすべては華々しい若者時代のおかげである。慎重な熟慮のすべてと、理性に基づいた熱意のすべては成人としての成熟のおかげである。衰えゆくという想いそのものに対するあらゆる慣れと、これは過ぎ去りし日々のことで今はもうないのだ、という哀愁に満ちた瞑想にまつわるすべての喜びは、老いらくの境地のおかげである。人生のどの時期にも人間は全面的《ガンツ》に生きている。しかしどの時期にも彼の本質のただ一つの火花だけが明るく鮮やかに閃くのだ。時期によってそれは、ある場合には半ば消えかけた、ある場合にはこれからやっと燃え出そうとする光のぼんやりした輝きである。それぞれ自分の能力と感受性を持った各個人の内面はまさにこのようなものである。しかし、ただ一つの性質しか持たない個体は、あらゆる状態を経ていく中においてすら、必ずしもすべての感情を使い尽くすわけではない。例えば人間のうちで男性は、たえず自分の外部で活動することに忙殺され、たえず自由と支配を追い求めているので、柔和さや善意をめったに持たず、幸福を感じることによって他人を幸せにしたいとも思わず、また何かを与えることによって他人を幸せにしたいとも必ずしも思わない。――これらのことはすべてまったく女性特有のものである。それに対して女性には、強さや活動性や勇気が欠けている場合が非常に多い。それゆえ人間全体の完全な美しさ[10]を感じるためには、つかの間でも、また程度は様々であっても、両性にそろって長所を感じさせる手段がなければならない。そしてこの手段は、最も美しい生を最も美しく楽しむための保証となるはずである。

以上すべてのことからどういう結論が得られるか。それはすなわち、人間と事物の個々の状態はそれ自体で注目に値するものではなく、すでに過ぎ去った存在およびこれから生起する存在とのつながりにおいてのみ注目に値するということ、それから、結果はそれ自体では何の意味もなく、その結果を生み、またその結果から発する諸力こそがすべてだということである。

第二章 『国家活動の限界』草稿——ゲンツ宛フンボルト書簡二通（一七九二年一月九日など）

一 第二書簡（一七九一年？）

かつて——あなたのいわゆる——政治学的な書簡で私はこう述べた。善は、それが存在している所では働かず、ある時は遠く、ある時は少しだけ離れた場所で働く、と。[1] 私は今、このことが、実際に私自身についてきわめて明白な形で裏書きされたと思っている。私は、政治についておしゃべりしたり書いたりすることに本気で熱中しているが、そのくせ、ご存じのように、本来は個々の人間や私生活に関わることだけにかかずらっていた。御自身で何度も言われたように、あなたにとって政治的対象はつねに最も興味を惹くものであった。だからあなたは形而上学的道徳に関する論稿[2]を私のところに残してくれたのであり、私の方はあなたに向かって政治学的な書簡を記すのである。ともあれ、私の政治学、とくにこの本日の書簡に記した政治学からは、——かりにこの書簡が私の意図とは違った形でそこそこのできばえになったとしても——、その基礎となっている根拠をただちにおわかりいただけるであろう。最近私は、人間の諸力が本来唯一注目に値するものであるという結論に達した。これは、フランスの国民議会に対する私の非難の主要な根拠であったが、同時に、私が少しずつ築き上げようと思っている政治学の体系《ゲボイデ》の根拠でもある。それゆえまずそこから出発することにしたい。

行動する人間は、たがいにしのぎを削りながら我々の注目を引きつける二つの対象を見せてくれる。すなわち、活動的な力と作用を受けた成果である。諸国民の遠い昔の歴史、とりわけギリシャとローマの麗しき時代にあっては、どれほどりっぱな業績であっても、それを産み出した力の栄光はほとんど失われている。我々は、国家体制や政治制度《システーム》の叡智を目にした時、国民の公共精神、あるいは時代を指導し、時代を指導することによって時代の活力を高めることができた弁論家の天分に接した時ほどの感嘆の声を挙げない。手の込んだ工夫を凝らした会戦の計画を見ても、軍団の勇気や指導者の精神を眼前にした時ほど感嘆しない。哲学的体系の真理に対して、それを築いた人々の遠くまで及ぶ精神に対するほど感嘆しない。芸術に関してさえ、不世出とも思しき芸術家の作品と比べても、民衆の方が我々の興味を惹く。民衆が繊細な敏感さを備えていたためにギリシャの竪琴の弦の数は国家の管掌となり(3)、民衆は半狂乱とすれすれの熱中状態で天才の作品に惹きつけられ、他の場合なら玄人だけに特有である洗練された感覚で作品を批評した。現代では何もかもが様変りした。現代人は、人間の諸力よりも人間が考案したものを、つまり原則に即して構想された体系的な国家体制と政治学、学問となった戦法、理性の完璧な批判を自慢する。偉大な人間はめったに出現せず、まるで別の種族に属しているかのようである。どうしても勘定せよと仰せになるのなら、こう言ってよかろう。我々の間でいちばん頻繁に現れるのは知性の天才であり、芸術の天才はそれより稀だが、しかし最も稀少なのは、古代の英雄たちに不滅性を与えたもの、つまり活発な徳の天才である。ただ一つだけ我々が古代から救出したものがある。我々の間にはもはや存在していないものに対する敬意と讃嘆である。なにししかし、我々のうち誰一人としてアテナイ、スパルタ、あるいはローマで生活したいと思わないとしても、しかしまた誰一人として、民衆の中の最も卑しい者たちに対してすら畏敬の念をあえて禁じえないからだ。一例だけ選り出せば、彼らは、侵害された自分の権利を防御する際にあの大胆なねばり強さを、そして取り戻した権利の利用に際してあの賢明な抑制を示したのである。まさに同じように、つまりまさに原理のうえでは、現代人の間でも、偉大な国政家よりも同じく偉大な戦士に、芸術家よりも国政家に、そして最後に学者等々よりも芸術家に敬意を払うのである。過去のあらゆる時代はこれと同じ評価を下してきた。そしてそれを通じて人間の本性は、たとえその理性がどのように推論し、その性向がどのように気ままに動こうとも、有用なものよりもそれ自体美しく偉大なものによって、すなわち果実よりも花によって深く魅了されるということを立証してきたのである。

人間は自分の中に対立した性質、すなわち一面では動物の持つすべての肉体的欲求、他面では理性――その要求にとって肉体的感覚のどんな領域もあまりにも狭隘である――を抱えているが、それを、二つの本性にふさわしいように一つにまとめている。一つに束ねられた矢はすでにスキタイ人にとって最高の力を表すエンブレムであった。この像が示す単純な真理は、文化が進捗していくとともにますます誤解されるようになってしまったかに見える。人間存在の持つ諸力を一つにまとめる代りに、それらを何かわからない仕方で分離しようとしてきたのである。諸国民の幼年時代は、――かつて本当にこうした状態が存在していたとすれば、というよりも人間が最初の段階でもすでに人間である実を示さなかったとすれば――当然のことながら肉体的感覚に支配権を与えた。これとまったく反対に、道徳は屁理屈をこねて肉体的感覚を抑圧しようとしたが、政治は、――もちろん弱者を操るにはさしたる能力を必要としないこともあって――時により強弱はあるものの肉体的感覚の肩をもち、直接間接にこの目的のために信じがたいほどたくさんの手段を案出した。ただ、このうえなく麗しい諸時代のこのうえもなく華麗に花開いた諸国民と、あらゆる時期のこのうえなく偉大な人間だけが、一つにまとまったみずからの本質の強みを発揮して活動することができた。何であれ人間に讃嘆の念を抱かせるものは、不可視の王国と紙一重のところに位置しているはずである。ところが我々はそれをあまり詳しく知らないままで、それに、肉体的感覚に属するすべてのものを対抗させる。それは同時にある偉大な力を働かせていること《アンヴェンドゥング》を証するはずである。この力がなければ指導理念の最高の純粋性も我々の尊敬を勝ちとることができず、この純粋性がなければ、一心不乱に集中する力も尊敬されない。そして抵抗こそ――たとえ力の表出が抵抗なしで行われうるとしても――偉大な力の最も確実な徴表であるのだから、道徳的な偉大さへの憧憬が強力な感覚的衝動に対して戦いを挑む芝居ほど我々にとって魅力的なものはない。ところが、人間のあらゆる力はもともと人間の肉体的感覚に由来する。どれほど強力な理念であっても、この媒介を欠いては活動することができず、もしも単純で純粋な理念を基準にするだけでなく、その理念を通じて活動するならば、それは幻影《キメラ》のような概念となるであろう。だから肉体的感覚と理性はこんな風になっている。一方はあらゆる力の泉であり、他方は力のあらゆる統御の泉である。何人も、自己の本質を廃棄することなしには、どちらか一方を否認することができないが、しかしまたどちらか一方に偏った影響力を認めることもできない。両者がバランスよく混じり合っているところに人は賢者を見る。(4)

二　第三書簡（一七九二年一月九日）

（1）二つの問い

親愛なるゲンツよ、私は先ごろフランス憲法を論じたが[5]、これはただ、あらゆる国家改革に関する普遍的理念をたまたまそれに即して展開するきっかけとして利用したにすぎなかった。しかし、その後はこの憲法を、自分の思索を深めていくにあたってより差し迫って必要な対象として扱ってきた。その際、とりわけ二つの観点が私の胸に湧き起こってきた。その観点からすると、この憲法はどうやら理性の理想の名声に――この前の書簡[6]ではこの憲法がそうした名声をほしいままにするのを放置しておいたのだが――ほど遠いものであるように思われるのである。だが、自分の考えに疑念を抱くとなると、なおさらのことその問題に関する自分の知識に疑念を抱かざるをえない。そこでこの二重の留意点について私の推論を是正していただくようあなたにお願いしたい。

思うに、どんな国家体制であっても、それを評価するに際しては、しじゅう混同される二つの事柄を注意深く区別しなければならない。すなわち、国家体制全体が達成しようともくろむ目的と、国家体制がひたすらその生存《ダーザイン》を維持し、その活動の可能性を維持するために利用する手段である[7]。前者については、多くの国制、例えば古代のギリシャやイタリアの国制の場合にはまったく問題にならない。スパルタ、アテナイ、ローマではただ安全だけを目指したのか、それとも安全以外の人間の福祉も目指したのか、後者だとしてそれは道徳的福祉であるかそれとも物質的福祉であるかなどという問いは、単に決定しにくいというだけでなく、まったく決定できない問題であったと思われる。またそれがまことに当然のことであった。人間の方が支配者に身を委ねた以上、我々は何から手をつけたいと思うか、我々はどんな場合に自由であるか、どんな場合に安全であるか、という問いは、彼らの心に浮かぶはずがなかった。しかし、支配者の方が人間を服させる場合には、統治者の人間性が、自分の活動にどのような限界を定めてよいかみずからに問いかけるか、あるいは人間自身があえてこの限界を統治者に認識させるといった事態が生じても、何ら怪しむべきことではない。それゆえ、後者の問いによって国法を肥え太らせるのにふさわしいのは、かつて自由人が一人の支配者を必要とし、支配者が奴隷を求めた時代ではなくて、まさに市民から臣民を作った時代であるといってよかろう。他面、昔の国家では、どのようにして政府に確固不抜の性質と強制権力を保証しようと思うかという問いは、今よりもはるかに興味を惹いた。なぜなら、文化程度が低く、通信手段がまだあまり広がっていないために、現実の力に対抗して力の象徴を持ち出したり、目の前の抵抗に対して、未来を指し示す恐怖や希望を持ち出したりすることがはるかに困難であった時代、すなわち人間が何を持っているかではなく、人間は何であるかということが重要であった時代には、想像をたくましくして考えた諸能力の差異は、想像をたくましくして考えた財産の差異と比べて、当然のことながら無限に小さいのであるから、まずまちがいなく、玉座の正当性を主張するよりも、玉座を転覆する方がはるかに簡単なはずであるからだ。国家体制の歴史において、場所や時代がどれほど異なっていても、明らかに二つの時期が存在していたにもかかわらず、それらの間の右のような差異は実は非常に近い関係にあるとされる。そのことは、二つの時期においてまったく同じ現象がただこれらの二種の発生源によってしか識別されないという見解が示している。古代国家でも近代国家でも、伝統的な宗教が堅持されるように監視し、どちらの国家にも公的な教育施設があった。プラトンの『国家』でも近代の——一つに留まらない——領邦でも、商業を国民から国家の管轄に移そうとする試みがなされ、一般に古代国家でも近代国家でも人間生活の自由な選択が制限されるけれども、古代国家ではこれが市民の物質的、道徳的福祉を目指してのことだとは言われなかったし、近代国家でもそれが反乱の回避をもくろむものだと言われなかった。それに対する唯一の異論は、「と言われる」というところからとってくることができるかもしれないが、しかしここで私にとって重要なのは歴史学的考究ではなく政治学的考究であるのだから、こうした異論は容易に無視することができる。

そもそも、どこにおいてどのような扱いを受けてきたにしても、確かなことは、ここで冒頭ただちに言及した二つの観点が——どちらの方も劣らず——ゆるがせにされているらしいということである。違いの核心はひとえに、一方の観点がもっぱら積極的に、他方の観点がもっぱら消極的に用いられるというところにある。人間は社会の中で生きようとする。人間の本性が人間を社会へと導く。ところが、社会の中で人間は共同でことを行いたいという欲求を感じる。そこで当然、上に挙げた二つの問題が発生する。①政府から求めるものは何か、政府の目的をどの程度まで制限するか。②政府が今以上のことをなすことを欲しないようにしながら、それでも今なすことを可能にするようにもっていくにはどうするか。まず後者から始めよう。というのも、フランス憲法についての私のデータをざっと見積もってみると、かなりたくさんあり、またこの問題は——諸学問をより厳密に区画すれば——おそらく唯一本来の意味で政治学に属しているからである。それに対して、もう一つの問題はむしろ道徳ないし自然法に基づいて検討され、政治については限界を定めるだけである。

（2）国家権力の確保――フランス憲法に即して

モンテスキューの「原理《プラーンシプ》」(8)は、これまでいつも私にとって天分のほとばしる諸理念の一つであるように思われた。それはちょうど私がここで考えていること、すなわちいわば非肉体的な理想に肉体を賦与することによって、それが人間の目に見えるようにする必然性を暗示している。その理想をいちいち数え上げても表面をなでるだけで不完全であることは否めない。しかし、この比類なき人物は理念を探し求めない。理念は彼の身に降りてくるが、機知に富んだ読者は、彼の天才の所産をまず最初に体系的に並べることをはばかる。もし国家と国民をしっかり結びつけようとしたら、たちまち二つの岩礁を避けなければならなくなる。国家がより安全に働くことができるようにするためには、国家に付与する強制権力が少なすぎてはならず、国家が限界を超えないようにするためには、国家に許容する強制権力が多すぎてもいけない。したがって、すべての専制国家において、それどころか――常備軍を通じて――我々の君主政国家ですらそうなっているように、物理的な権力を実際に優位に置くきっかけを与えることは賢明ではない。もし権力が直接的権力ではなくて、国民またはその一部の支持獲得を通じた間接的な権力であれば、それだけでも結果はそれほど悪くならない。例えば、モンテスキューによれば、君主政の「原理」としての名誉がそれにあたる。(9)なぜなら、名誉は国民を王位に縛り付けるが、その同じ名誉は同時に国民が奴隷として扱われることを妨げることになるからである。もしこうした原動力がその本性上、国民のあらゆる構成員に作用を及ぼすことができるならば、それは、――厳密にいうと国制の確固不抜《フェスティッヒカイト》という政治学的観点からのみ捉える限り――ことによると最善のものとなるかもしれない。とはいえ、どのみちそれがカヴァーできるのは国民の一部だけであるから、それを是認することができるのは、残余の国民のことなどまったく無頓着でいられる者だけである。それゆえ、ほかに残っているモンテスキューの原動力のうちで最後のもの[10]こそ個々の人間において最も高貴な性質を持っており、したがってまたそれこそ唯一、真の目標に導いてくれる原動力でもある。国制に対する純粋な熱情――モンテスキューの「徳《ヴェルチュ》」をこんな風に訳することをお許しいただくとして――だけが、力を削がれることなく花開き、それのみがおのれの制約を決して忘れることがないのだ。だが、この原動力はいとも簡単に意のままにできるのではないかという期待は、それが見出されるのが昔の国家の花盛りの時代とか、現代でいうと孤立した土地やいまだ未開の土地だけだという、戒めとなる教訓的な経験によってはかなくなる。哲学者たちは純然たる理念に熱中してきたかもしれないが、国民はそうはいかない。国民の間に国制《コンスティトゥティオン》に対する感激が発生するのは、その国制が国民的性格からいわば出現してくる場合、つまりもし国制を失えば、国民であること、すなわち人間であることをやめなければならないような場合だけである。その結果、国制は、人間の欲求がまだ非常に単純であり、彼らの結合の必然性が非常に大きいような時期にしか容易に発生しない。多数の人の団体の確固不抜《フェスティッヒカイト》はいつでも欲求の多様性と、そして個々人の力の感情と反比例する。この難点を古代人は十分洞察していた。リュクルゴスの共同の会食[11]も、プラトンの女性共同体[12]も、多くの種類の詩歌の放逐[13]等ももっぱらそこに由来するものである。それどころか、あまりにも人口が増えたら出生を抑えるというアリストテレスの恐ろしい提案[14]もここに由来する。しかし、こうした計画や法律をどのように判断するにせよ、さんざん嘲笑されるばかりで、めったに理解されることのないこれらの賢者たちは、人間が人間の存在と市民の存在との二重の存在を知ったとたん、市民の徳のみが維持すべき国家は解体してしまった、ということがよくわかっていたのだ。まさにこの意味においてベール[15]も、臆病なまでに敬虔なモンテスキューがいかに異論を唱えようとも、キリスト教徒の国家は持ちこたえられないと的確に主張せざるをえなかった[16]。なぜなら、キリスト教が与えた最も世に裨益する効果の一つが広範囲にわたる人間のまとまりにあることは、議論の余地がなかったからである。また同じく否みようがないことだが、ある社会の諸々の絆は、社会の構成員が絆と無関係な他の構成員と親しくなるのとぴったり比例して緩んでいく。古代国家はすべて――少なくとも一定の時期を通じて――さながら巨大な個々の人間の姿をしている。どの国家にも決定的な性格、決定的な徳、決定的な欠陥がある。至る所に統一性があり、他と比較するなら、至る所に見まがうべくもない相違がある。こうした状態は、文化とともに、人間共同体の拡大とともに、共通の宗教と（もちろん往々にしてかけ離れた方言に分かれているが）共通の言語の形成によってなくならざるをえず、もはやあと戻りすることはできない。神の降臨《エアシャイヌング》は、かつては恵みをもたらすものであったが、今ではせめて恵みをもたらすかのような降臨に座を譲ってしまっている。醒めた智慧は、降臨の影を頼りにして賢くなるけれども、降臨を、まるで死せる霊を相手にするかのように呪術で呼び戻そうとはしない。

これらのモンテスキューの「原理」の他にもう一つ、しばしば試みられ、そして賢明に適用された時にはいつも首尾よくいった、国家体制を確保するための手段がある。すなわち、相互に独立した複数の勢力を対立させるという手段である。これは他のどこよりもローマ国家から学ばなければならない。総じて私は、ローマ史が政治学の唯一の真の教科書であり、私にとってこれを不断に学んだ者こそ永遠に最大の政治学者であり続けることになる、と言わずにいられない。ローマでは、詭弁を弄する立法者や狂信的な立法者が新しい国制《コンスティトゥティオン》を与えることなどないが、しかし前もって一つの国民を形成せずに、ただ自分たちの国制《フェアファッスング》を通じてのみ陶冶された民衆がいる。つまり、近隣や運命とたえず戦い、無制限の自由愛を持つがゆえに、たえず支配者を必要としながらも、抑圧者を恐れるような状態にある民衆である。彼らの真に実践的な知性はどんな時でも危険により鼓舞されて最善の救済手段を見つけ出し、失敗した時にすら見せる彼らの偉大で高貴な性格は決しておのれの尊厳を忘れることがない。いつかある機会にリウィウスが、ローマ人たちは決して戦争を征服欲から始めたことなどないと語ったら、人々は彼のことを嘲笑した[17]。しかし、たとえローマ人たちが征服欲を持っていたとしても、それはあらゆる征服欲の中で最も高貴なものであり、彼らはまちがいなく、諸国民の支配者であるよりもむしろ裁定者であったと思われる。脱線してしまったが、話を元に戻そう。ローマ人たちはたがいに対する権力の限界をこのうえなく厳密に衡量した。一人の平民《プレブス》が一つの高官の椅子を占めたとたん、中央広場には三つの別の貴族《パトリキ》の椅子が現れた。この比率は、ローマの国制を本当に学んだ者なら誇張とは思わないであろう。こうした均衡の手段は——こう言ってよければ——ただ古い時代と古い国民のためにのみあるが、どんな時代、どんな国民にあっても、様々な身分を、うまく権力の釣り合いをとったり、欲望を適当に刺激することによって、たがいに対立させることができる。

では、憲法制定国民議会[18]はこれらの手段のうちどれを選んだのだろうか。この件に関する私の知識が何もかもまちがっているのでないとすれば、どれも選ばなかった。その時々の立法機関を妨げるものは何もない。国王とその大臣は権力を持っていない[19]。ローマの護民官たち[20]もそうだった。彼らはフランス国王と同じく神聖不可侵《サクロサンクティ》であり、拒否権《ヴェト》を具備していた。しかし、護民官の拒否権を民衆は支持した。立法機関に対してであれ、国王に対してであれ、民衆が反対の行動をとるような時機こそ災いあれ。どちらの場合にも憲法《コンスティトゥティオン》の侵犯となり、国制《フェアファッスング》の中に二つの権力が位置を占めて、第三の非合法な権力に助けを求めるための手段に縮減されることになる。しかし、国民議会にしても、このように諸身分をたがいに対立させるやり方を導入しようとしたわけではない。議会は国王だけを恐れており、国王に軛をかけたのだ。立法機関と国民の保証人になったのは新たに導入された自由への熱情である。国制全体が実現される際の原則は平等であるが、しかしそれは――たしかにこれは何らかの国民においてはじめてのことであるが――市民の平等ではなくて、人間の平等である。いずれにしても、人類の権利がこの平等原則を立法者から強奪できるかどうかを決めるのは、厄介な問題であろう。思うに、一面では、人権は誰もが自由であることを要求するが、誰もが支配することを要求することは断じてない。しかし他面、私は、昔の契約や権利を引き合いに出すのも同じように不当であるとみなす。内実がまったく変ってしまっているところで権利を持ち出すことは、明らかに形式のために内実を否定することを意味する。しかし、両方の見解をもっと詳細に説明して応用するとなると、多くの難点が新たに登場することになる。だが、ここでもこれを検討することは重要ではない。一般的な人間平等の原則と並んで、その平等に継続性を保証するような原動力を国制に付与することが国民議会の義務であったかもしれない。その可能性があったことは疑いを容れない。人間平等の原理自体がそのようなものでないことについては、たぶん証明を省かせてもらってよいであろう。例えば、あらゆる活力は拡散していくとともに消え去るという命題とか、私の以前の書簡全般とか、国王に陛下の称号をもはやほとんど認めない人々の間で黒人奴隷の解放宣言を訴える叫び声を聞いた経験とかをあなたに参照してくれなどとどうして言えるであろうか。

それゆえ、こう言ってよいかと思う。フランス憲法にはあらゆる原動力が、国王にはあらゆる権力が、立法機関にはあらゆる手綱が、国民には熱情のあらゆる起爆装置が欠けている、と。私の知っている歴史の中で、ただ一つの国家だけが――その他の巨大な相違点は別にして――ほぼ同じ状況にあった。アテナイだ。快楽にひたるアテナイの民衆にはたしかに徳がなかったし、浮かれた民主政では君主政的意味の名誉は考えられなかった。恐怖は善良で高貴な人だけを襲い、民衆の権力は、それ自身の、おしゃべりにより買収できるうぬぼれ以外の手綱をもたなかった。それにもかかわらず、アテナイは栄え、ペイシストラトス一門[21]以来、その城壁内に土着の僭主政治の発生を見なかった。ラケダイモン[22]はといえば、周知のように、三〇人の僭主を輩出したのだから[23]。しかし、アテナイの国制の欠陥はその歴史がやはり十分に示しており、国制が保持されたことは、実は、民主政の過剰、つまり民衆の偉大な、というよりも無益な自由愛、陶片追放[24]、その他の不正の結果にすぎず、その治療法は、実は、悪そのものをさして恐れるに足りないものにするだけのものにすぎなかった。ルイ十四世の世紀の著作家なら、おそらく誰も彼も、不吉な予感の中で、パリとアテナイの類似性を何度も思い起こしたことであろう。

したがって、フランス憲法は、私にとって、私がこれまで知っているどんな計画と比べてもいちばん実行不可能である――プラトンの国家以上に実行不可能である――ようにいつまでたっても見え続けることであろう。プラトンのアレゴリーでいえば㉕、よしんば地上の、この世に生まれた馬を、天空の彼方にある存在の原型へと導くことは不可能であるとしても、私には、馬にいたずらに手綱を委ねる人よりも、あえて大胆に馬銜《はみ》と鞭によって馬に命じる人の方がまだしも目標に近づくように見える。

（3）国家の目的とその制限

さて第二番目の問題に移ろう。真の政治学はあらゆる国家体制に対してどのような目的を指図しなければならないか、そしてそこからしてその活動の制約はどんなものであるのか。これについては、一番目の問題と違ってフランスのことはあまり考慮に入れないことになっても、お許しいただけるであろう。理念は私にとってそれ自体、フランスよりも興味を惹くものであり、またフランスの現在の国制についてはあまりデータがないからだ㉖。

［中略］

ここで、第二番目の問題に答えるにあたってこれまで述べてきたことすべてをまとめさせていただきたい。国家の目的は、外敵と市民相互の妨害に対する安全の維持以外のものであってはならない。国家はその活動をこの制約内に納めなければならず、この目的のための手段の選択に際してすら、これ以外の目的追求を許さない当の原則によって制約を受ける。国家はつまり――そしてまことに当然のことながら、私はここでただ精神的な美徳《インネレ・シェーンハイト》についてのみ語っているのだが――、権利紛争の決定、侵害された権利の回復、侵害者の処罰以外の手段を利用してはならない。国家は、関係者が犯罪をすでに決めたという十分な徴表が存在する限りでのみ、犯罪を予防することを許されることになる。

そんなことは実行不可能だという異論一般に対処するには、――あれこれの事情やあれこれの土地やあれこれの世紀はここではまったく問題にならないのだから――次のことが役立つかもしれない。(27)

［中略］

ここで繰り広げた主張に従ってフランス憲法の評価に重ねて立ち戻ったとしても、申し訳ないが、これに関しては事実上前と同じ評価を行うこと以外、何も言うことはない。もちろん、私からすると、フランス憲法では目的の確定――つまり国家権力の個々の部分ではなくて国家権力全体の限界を定めること――が、まったくではないにしてもあまりにもわずかしか顧慮されていないかのように見える。公式には、貴族の廃止、この、不当に堕してまで根絶するには及ばない差異の恣意的否定は私の原則に完全に反する。最後に、現在に至るまでどのみちまだ完全に裁可されていない、国民教育やそれに類する個々の計画(28)についてもたしかに触れようと思えば触れることができるかもしれない。しかし、これらすべてについて私の専門的知識はおおいに欠けるところがあるので、結論を急ぎたい。そうはいっても、ここでできることは大なり小なりわずかしかないだけに、その分、国家についてここで構想したイメージの見取図だけでもできる限り完成しておくべき責任が重くなる。そのため私はなお次のことを付け加えざるをえない。

たとえどれだけ限定された目的を履行するためであっても、国家は十分な収入がなければならない。財政と呼ばれるもの一切についての私の無知からしても、ここで長々と論議してあなたを煩わせる必要はない。(29)

［中略］

ただ、一つの問題だけはどうしても答えないわけにはいかない。私は、私的利益の強化は公的利益を低減させるとみずから言った。(30) そこで私の唯一のもくろみは、この私的利益を強化するだけでなく、大幅に拡大することにも向けられることになった。そうすると、このような国家はいったいどのようにして存続しうることになるのであろうか。しかし、私は、私的利益を大幅に拡大するとともに、それを公的利益とできるだけ密接に結びつけた。つまり、あらゆる市民が――なにしろあらゆる市民は安全であることを欲するのだから――承認するように、いわば公的利益を私的利益の上にのみ基礎づけるのである。かくして、私はおそらく、あの最初に言及した、国制に対する愛をここで期待してもよいであろう。しかし、たとえ私がそれを計算に入れるつもりがなくても、強制権力とそれによりもたらされる安全を対置することはたしかに可能であるかもしれない。その結果、ここでも、国家はあまり積極的に活動すべきではないとなれば、控え目な権力しか要らず、控え目な権力に対しては控え目な防御壁しか要らないといった事態が実現される。最後にまた、自明のことながら、よくあるように一般に力ないし享受を成果主義の犠牲に供して、それによってより大きな損失を被らないようにしなければならないが、それと同じことをここでもつねに適用しななければならないであろう。しかし、どのようにすれば国家権力全体を適切に分散させることができるのかという問題、したがってどんな種類の統治形式が長所を持つかということをめぐる議論は、ここでは同じく省略する。そしておそらくこれこそが本来政治学を構成するのであるから、私はここでいわばただ序説《プロレゴメナ》だけを提供したことに喜んで甘んじることにしよう。

総じて私は、国家内に生きる人間にとって最も好ましい状態を解明しようとしてきた[31]。この状態の真骨頂は、私からすれば、最も多様な個性、つまり最も独創的な自立が、やはり最も多様で最も親密な多数の人間の結合体と相並んで打ち立てられるところにあるように思われた。——これは最高度の自由のみが解決することのできる問題である。この目標にできるだけ枠をはめないような国家制度の可能性を明示することが、本来、この文章全体の究極目的であり、すでにずっと以前から私のすべての思索の究極目的であった。もしこの原則が少なくともすべての国家制度において理想として立法者の頭に浮かぶにちがいないということを立証できたとすれば、それで私は満足である。

これらの理念は、歴史学と統計学——両者ともこの目的を目指している——が詳細に説明してくれるかもしれない。そもそも、統計学には改良の余地があるという考えが私の頭を何度もよぎったことがある。国土の広さ、人民の数、人民の富、産業という不確かなデータからは、人民の真の状態を完全に判断することはできないのだから、統計学は、そのようなデータを示す代りに、土地と住民の自然の性状から出発し、その性状の持つ諸力がどの程度まで、またどのようにして積極的に活動したり、痛めつけられたり、実りを受けたりするかを描き、そこから一歩一歩——それらの諸力が一部は国民同士の結束を通じて、一部は国家の制度を通じて受ける——変容を描き出していくよう努めてもらいたい。なぜなら、国家体制と国民の団体とは、しばしばどれほど緊密に絡み合っているとしても、決して混同してもらっては困るからである。権勢や強制権力によると、慣習や法律によるとを問わず、国家体制が市民に対してある特定の関係を指示するとすれば、その他にもなおもう一つ、市民が自由意志で選んだ、限りなく多様で、たえず変化する関係がある。

そして、この後者、つまり国民相互の間の自由な活動こそ、実は、人間を駆って一つの共同体へと導く時に、憧れの的となるあらゆる価値を維持するものなのだ。本来の国家体制は、それが目的とする後者の下に立ち、ただ必要な手段として、そして——それがいつでも自由の制限を含んでいる以上——必要悪としてのみつねに選ばれる。したがって、国民の自由な活動と国家体制による強いられた活動との混同が人間の満足、諸能力、性格にもたらす有害な帰結を示すことが、この書簡の最も主要な意図の一つでもあった。

ブルクエーナー　一七九二年一月九日

第三章　フォルスター宛フンボルト書簡（一七九二年六月一日）

あなたに便りを送らなかった間、私はずっと当地で過ごしていた。[1]ゴータやヴァイマルのような近隣すら訪れていない。しかし、当地への滞在は、以前田舎ですごした暮しと格別変るところはなかった。ここには社交グループは少なく、私はほとんどの時間をふだんの仕事場である書斎で過ごしている。司教補佐[2]はここでは魅力的と呼ぶことができる唯一の人間であり、私はこの人との交際を——彼の仕事と生活様式が許す限り——楽しんできた。私たちの話題がたいてい学問的で、実践哲学、とりわけ彼がまちがいなくきわめて造詣の深い政治哲学の分野からとってきたものであり、またたとえ理論にしか関わらない純粋の原理であっても、応用がごく自然に行われる場合にはふつうよりもずっと興味をそそるだけに、彼との交際はなおさら心地よいものであった。『ベルリン月報』一月号に載った「国家体制についての諸理念云々」という私の小さな論文[3]は、あなたの目にとまったであろうか。あれは、印刷などまったく考えずに書いた正真正銘の手紙であったのに、後になって偶然に——この偶然のせいもあって——意味をまったく捻じ曲げたありとあらゆる誤植もろとも、公表されてしまったものである。ダールベルクはこの論文を読んで、私がこの種の思想に取り組んでいることを知り、私が当地に到着してから幾日もたたないうちに、国家活動の本来の限界に関する思想を文章にするように要請した。もちろん私は、テーマがあまりにも重大であり、このような注文が要求するほど——つまり思想がふたたび古びてしまわないうちに——すばやく仕上げることなどできないと思った。とはいえ、すでにいくらかの準備を進めていたし、頭の中にはもっと多くの材料もあったので、手をつけることにした。やっているうちに小品は成長してきて、数週間前からとりかかったので今ではそこそこの分厚さの一巻となった。あなたは以前、私がまだゲッティンゲンにいるころにこの対象について手紙のやり取りをしていた時分には、私の思想に賛成してくれた。それ以来私は、ずいぶん熟考し、探究しようと試みながら、この思想を本格的に変更するきっかけはほとんどなかったが、しかしいまや思想の完成度、配列、精確さを格段に高めることができたといってもよいかと思う。したがって、うぬぼれるようであるが、今であなたなら全体として私の主張に同意してくれるであろう。

もっと具体的に言えば――このことは、執筆する気になった直接のきっかけであったから、余計に言っておきたいと思ったのだが――、私は統治欲[4]に抵抗を試み、至る所で国家活動の限界をより狭い範囲に閉じ込めたのである。それどころか私は、国家活動を安全の促進だけに制限するというところまできてしまった。つまり、ただ人間だけを引き合いに出す――なにしろ結局すべては人間に収斂するのだから――原理、厳密にいえば、本当の意味で人間の性質に真の気高さを与える人間についての原理以外のものは、私の推論全体の基礎に据えてはならないと考えたのである。それゆえ、すべての人間の諸能力を最も均斉のとれた最高の形で一個の全体へと磨き上げること[5]、これが私のつねに念頭に置いていた目標、テーマ全体を扱う際に出発点としたただ一つの観点であった。元来人間のこの内面的能力こそ唯一の生きがいであり、それがすべての活動の原理であり目的であるだけでなく、すべての享受のただ一つの素材でもあり、したがってまたそれがあらゆる結果をずっと従属させ続けなければならないということは、何といってもつねに真理である。しかし他面、現実においては、そして教育や立法や交際を含んだ、人間に作用が及ぶほとんどの場においては、たいてい結果のみが顧慮されるというのも、まったく同じように真理である。後者の原因はいくらでも挙げることができるが、あなたを退屈させるといけないので、ここでは措くことにする。もちろん能力そのものを維持するには、そのための手段として、結果への配慮もしばしば必要になることは否定できない。しかしだからこそいっそう私は、理論は、実行において最終目標と見られがちのものを、正しい位置に据え直し、人間の内面的能力という真の最終目標を明るい光の下に置こうと努めなければならないと思う。したがって、国政術[6]がたいていの場合、人民の数が多く、暮らしが豊かで、よく言われるように、はつらつとした国々を作り出すことだけに任務を限定するのであれば、純粋な理論は、国政術に向かって、これらのことはもちろんたいへんすばらしく望ましいことであるが、しかしまたそれらは、人間の能力と活力を——しかも自由を通じて——高めるならばおのずと達成されると声を大にして主張しなければならない。というのも、たしかに政府が一切を行い、市民に政府お墨付きの善を押しつけるならば、少なくとも多くの場合、市民に自己陶冶という時間はかかるけれどもより確実な道を歩ませた時よりも、急速に国の人口は増え、裕福になり、それどころかある程度の啓蒙も可能となるであろうが[7]、逆にそれらのものを直接作り出そうと思った時には、それらのもの自体が目指す価値が損なわれることになるからである。統計学が、ある国にどれだけの人間がいて、どのような生産物とそれを加工するためのどのような手段、それを実行するためのどのような方法があるかということを数え上げるのだとすれば、純粋の理論は統計学に向かってこう助言しなければならない。それらのことがわかったからといって、人間と人間の真の状態について寸分も深く知ったことにならない。したがって統計学はこれらすべてのことの関係を真の究極目的のための手段として報告すべきだ、と。いったんこうした観点から出発した以上、私は、ぜひとも人間のために最高の自由と、このうえなく多様な状況の発生を後押ししなければならないということ以外、ほとんど何も思いつくことができなかった。したがってまた私には、国家内の市民にとって最も好都合な状態とは、できるだけ多くの絆によって同胞市民と絡まり合っていても、政府からはできるだけ少ない絆によって縛られている状態であるように思われた。なぜなら、孤立した人間は、自由を暴力的に制限されている人間とまったく同じくらい、自己を陶冶することが難しいからである。さてこのことから私はただちに、市民が一人で自力では獲得できないような必要物の調達が問題となる場合を除いて、国家の活動が市民の活動に取って代ることは許されないという原理に到達した。そしてそのような必要物として際立って重要となるのは、私の考えでは、ただ安全だけである。それ以外のことは何でも人間は一人でこなすことができる。どんな財も一人で手に入れるし、どんな害悪も、個々の力によって、もしくは自発的な団体に結集することによって、はねのけることができる。ただ、安全の維持だけが、あらゆる闘争からは際限なく新しい闘争が生まれることになるのだから、有無をいわせぬ最終的権力を必要とし、また、この最終的権力だけが、それが国家が持つ本来の性格であるのだから、国家制度を必要とすることになる。国家活動をこれ以上拡張すると、自発性を有害な形で制限し、画一性を生み出す。一言でいえば、人間の内面的な陶冶を損なうのである。これがおよそ私が選んだ思想の道筋である。――ただし口頭で述べる際には[8]、これとまったく違った配列に従ったが。

その後、私はもっと細かい点にも立ち入って、もし国家が安全の維持に任務を限定せず、物質的福祉に、それどころか道徳的福祉にまで配慮を及ぼそうとした場合に必然的に生じるはずの——あるいは少なくとも容易には避けがたい——害悪を一つひとつ叙述しようと試みた。安全そのものに関する箇所では、安全を促進する手段にまで手を広げたが、公教育や宗教（これについてはあなたもごぞんじの論文[9]を修正して使った）、道徳法則といった人間の性格にあまりにも大きな作用を及ぼす手段はすべて除外するように努め、使用しても無害で、必要であると思われる手段を最後に挙げた。そこでは、私が選んだ観点だけをつねに留意しつつ手短に、ポリツァイ法、民事法、刑事法を点検した。結論部では、応用に関していくらかのことを、とりわけ、正しい理論であっても十分に準備せずに応用しようとすると有害であるということを示そうとした。親愛なる友よ、こと細かな、しかしまことにぞんざいで不備のある走り書きで私自身の思想を説明したことをお許し願いたい。しかし、あなたはこの対象とそれに対する私の取り組みに関心をお持ちと思って、つい次から次へと書き連ねてしまった。

ところで、この論文をダールベルクは一度自分で読んだ後、私といっしょに一段落ずつ読み進めた。それから私たちは根拠と反対根拠について徹底的に話した。彼の思想は必ずしも私のものと一致しない。彼はむしろ国家にずっと大きな活動の権能を与える。しかし、安全の維持が問題とならない場合には、本来の意味の強制を取り除き、何らかの対象に国家の配慮を拡大するのは、国民がそう希望するのを待ってからにする、という意見である。この後者の規定は[10]、とりわけ実行に際して、どれほど不確かなものにならざるをえないにしても、真の主権に対する未来の統治者のこうした敬意はきわめてりっぱなことであり、前者の制限が、統治の過剰がふつうなら必ずもたらす損害のかなりの部分を除去するということについては、あなたも私と同じく賛意を示すであろう。

司教補佐と交際する機会が長続きすればするほど、ますます私は、彼の意図が純粋であり、彼の道徳的性格が卓越していると確信するようになる。実際、彼が道徳的性格に対して気配りを絶やさないのは、彼に特有のところであり、最初ちらっと見ただけでも必ず目につくはずの幾多の突出した側面があるとはいえ、誰も決して見逃すことはない(11)。

第三部　官僚制・国家試験・大学

第一章　高等試験委員会の組織に関する鑑定書（一八〇九年七月八日）

宗教・公教育局に対して立法局より意見を求めて示された[1]高等試験委員会[2]に関する研究は、よく吟味され、委曲を尽くしているので、私がこれに付け加えることができる点はごくわずかにすぎない。

一　一般的問題

（1）文官試験の統一

文民関係の四省[3]の試験をすべて同一の委員会に統合することは、ぜひとも必要であると思われる。

従来、外務省に奉職する者がいかなる試験も受ける必要がなかったことは、まことにゆゆしい弊害であった。

もとより、外務省が、定められた試験を経ていない者は任用できないとすることに肯んじないのは、しかるべき理由があってのことと思われる。なぜなら[4]、もし試験を必須としたならば、現在に関しては若手の人材しか登用することができなくなる恐れがあり、今後については、きわめて特殊な事情のために公使のポストがしばしば試験を経ていない者に授与されるため、たえず数多くの例外を作り出してしまうことになるからである。とはいえ、この点につき必要な自由を確保しながら、有能な人物の正規の訓練を維持する可能性を追求する仕組を考えなければならないであろう。詳しくいえば、今後、公使館参事官および枢密公使館参事官の称号は、いまだ外務省の職員になっていない者については、共通の参事官《ラート》試験[5]を経ていなければ、いかなることがあっても授与してはならず、反対にすでに職員になっている者であれば、当人に見合った官職に就きしだい、全員にこの称号を授与するというようにしなければならないであろう。

このようにすれば、時間の経過とともに、公使館参事官のみが継続して現実に外務省に属するとみなされるようになるが、この称号を帯びずに公使館員として勤務するその他の者はすべて、特殊な事情のために個別に命じられた任務を託された者とみなされるにすぎないということになるであろう。本来の外務省職員と公使館書記官の場合、こうした事態は稀にしか発生せず、つねに試験合格者の員数の中から選ばれることになり、公使館員の場合ですらいずれ例外は稀になり、特別の理由によって正当化されることになるであろう。

宗教・公教育局に示された上級試験に関する計画は、すでに行われている試補見習資格《レフェレンダリアート》試験を計算に入れているが、しかし外務省自体では試補見習の十分な受け入れ態勢が整っていないので、おそらく——もし私が思い違いをしているのでなければ——以前に行われていた措置が復活することになるであろう。それによると、司法官庁または行政官庁において試補見習を経験していない者は何人も公使館参事官養成所[6]に入所することができなかった。

外務省に奉職する者が合格しなければならない二つの試験では、フランス語をきちんと書き、話すことができる完璧な技能が不可欠の条件となり、それゆえこの件につき試験委員会に生粋の、あるいは少なくとも植民地出身のフランス人[7]を配置しなければならないであろう。

きわめて望ましいと思われるのは、司法省もこの試験委員会に加わることである[8]。どちらの側からもつねに一方に偏る懸念があり、それは、例えば国務参議院[9]におけるような司法省と国家学系[10]の省との連携を一切欠いた完全な分離によっておおいに助長される。ところが奇妙なことに、国家学系の試験は同時に司法官の陪席によって法律学的色彩を持つことになっているのに、それと同じように法律職試験を、少なくとも他省の一人の参事官の陪席によって拡充するような配慮がなされていないのである。しかし、もし試験が高等試験委員会の共通試験委員により行われることになれば、まさに駆け出しの法律家にとってきわめて有益となるであろう。法律学の勉学は、他のあらゆる勉学にもまして、言語学、歴史学、哲学の勉学に基づいているからである。試補見習のための試験では、たとえそれがもっぱら司法官庁の手に委ねられたままであるとしても、このことを配慮してしかるべきであろう。これは、県政庁の聖職・学校代表委員会[11]の一人の委員を加えることによって容易に行うことができるであろう。

最後に、たとえ二系列の分離が廃止されないとしても、もしこの措置の目的が単に部分的にのみ達成されるべきでないとするならば、宗教・公教育局長官もまた同じく法律職試験に陪席することができるようにしなければならないであろう。

（2） 補足

国家学系試験代表委員会[12]（私は国家学系というよりむしろポリツァイ系・財政系と呼びたいが[13]）には、さらに宗教・教育局宗教部[14]の非聖職の部員が陪席することになるであろう。その理由は、一つには、受験者の中には実際に、聖職・学校代表委員会に奉職する者も出てくるからであり、また一つには、いかなる国家官吏も教会に関わる国家事項を知らないですませるわけにはいかないからである。

(3) 試験の方法

試験の方法については、おそらくとくに次の観点を堅持しなければならないであろう。すなわち、生まれながらの素質とともに、獲得した教養も評価しなければならないこと、重要なのは単に合否を決めるだけでなく、とりわけ受験者の知的な諸能力とその傾向についてできるだけ正確で完全な観察を行うことである。したがって、国務参事官フリーゼ氏の提案[15]に従って、個々の試験官が受験者に関する判断を、書面によって、またいくら詳細な形で、なおかつこれにつき考慮した点を添えて提出するならば、きわめて目的にかなったものとなるであろう。候補者が有能であれば、それだけいっそうこの点に関するきめの細かい配慮に磨きがかかることになるであろう。

立法局が全体として行う鑑定意見は、当然のことながらごく手短なものでなければならず、受験者について何か気づく機会があったとしても、それを何もかも意見の中に含ませてはならない。この意見は受験者自身の信任状としても使われることになっているが、他方で右に見た個別試験官による判断は、公文書に残され、地位を授ける任にあたる人が、そうした鑑定意見よりもそつのない方法で、一定の人材を一定の地位に割り当てることができるようにするという便益を与えるかもしれない。

この最終目的をさらに首尾よく達成するために、高等試験委員会または上級試験官庁による審査に、すでに現に官職に就いている人員についてもなされる一種の業績調査を結びつけることができるかもしれない。より詳しくいうと、現在、諸合議体の長官たちは考課表を送達しているが、それと同時に今後は、その合議体の個々の構成員全員をカヴァーする報告書を立法局に対して送付する義務を負うようにすることができるであろう。その報告書の中では、とりわけ各人がどのような性質の課業で最も頭角を現したのかということを分析し、また本年度に各人が果たしたとくに注目に値する個々の課業を添付し、あるいは少なくともそれに言及することができることになる。

この仕組を実際の業績調査ないし監督にどの程度まで利用できるのかということはここで論じるべきことではない。ここで問題となるのはただ、試験後にもしばしば必要となる、候補者に関する情報についてその仕組をどれだけ利用できるのかということだけである。経験の示すところによれば、全体として能力に関してまちがいないと確信した人物について、あれこれの地位に適するかどうかを決めることは、多くの場合きわめて困難である。しかし、当該人物に関する証明付きの継続的な判断を集めた文書室を立法局に設置し、地位への就任の提案を行うべき各長官が自由に出入りすることができるようにしておけば、右のような地位に関する判断は、少なくとも格段に容易に行うことができるであろう。濫用については、品位と秘密が保持されていれば、――この種の業績調査からは性格と操行の評価が完全に排除されているだけに――それほど憂慮するには及ばないであろう。

このような措置をとるならば、仕事の精確さや量が最大の役割を演じるありきたりの考課表がこれまでかきたてたものとはまったく違った競争心の発揮にも役立つことになるかもしれない。優れた仕事は公文書の中に埋もれてしまうのではなく、あらゆる当座の専門的関心から離れて、仕事を純粋に精神活動の、あるいは性格の活力の果実や証明として観察するような人物にいずれ見てもらえる、と考えるならば、仕事そのものが活性化されることになるであろう。そしてこの文書室は、大なり小なり模範的な、それでいてまったく実際的な仕事の蒐集場所としてだけでも、貴重なものとなるであろう。自明のことながら、ここで問題となるのは、単に文章を仕上げることではなくて、それと同じくらい、いやそれ以上に実際に行われる——挙げた成果や克服した困難もいっしょに精確に描かれるような——処置である。また、これらの報告にあたっては、優れた人物のことだけを詳しく語らなければならないであろう。もしもこの点につきほとんど、あるいはまったく触れるところがなければ、それだけでも十分にかんばしくない印となるであろう。

最後に、このような措置をとるならば、同時に高等試験官庁がそれ自身の仕事を制御するのに役立つであろう。すなわち、この官庁は、たとえどれほどわずかの歳月でも精神に別の方向を与えることができるということに気づくきっかけを得ることもあれば、しかしまた内省し、みずからの判断を是正する機会を得ることもあるであろう。

立法局の好意的な鑑定意見に、県政庁やそれと同等の合議体から上級の職務領域への昇進や別の職務領域への移動を託するのは、どんな場合でも推奨することはできないであろう。しかしおそらくは、私見によれば、そうした好意的な意見の取り寄せを指示する提案を行うすべての人間にとって、ためにならないであろう。——たとえその後にひょっとしてそんなことはやめようという気になったとしても。

（4）試験の内容と教育局の役割

試験の一般的部分は、とくに教育局所属の試験官の側からすれば、なるほどおおいに念を入れて、しかしまたおおいに慎重に取り扱わなければならないであろう。試験官は多くの場合、ただ、何か論題を提供して、受験者がそれに取り組んでいるかどうかを見ることに専念しなければならず、この試験を、学術および技術代表委員会[16]にふさわしいような、学識を問う試験にしないように[17]、まして大学で行わなければならないような学校試験にしないように十分注意を払い、そして全体として、ともするとこの範囲内で単なる一般的な机上の知識となりかねない、事実に関する知識を問うのではなく、受験者の知性の形式的な面、つまり所与の素材を理性的かつ実践的に扱う能力や手法を評価すべく努めなければならないであろう。

それゆえ、もしも参事官試験において月並みに数学、統計学、歴史学からなる一般的知識が直接質問されることになるのであれば、それには疑問を禁じえない。

こうした設問はおそらく、特別の使命を果たすためにはどうしてもこれらの知識の一部が必要となる（例えば外交官の使命を果たすには歴史学の知識が必須となる）場合にのみ、正当化することができるであろう。しかし、その場合でも、もし受験者が一般的基礎につき不十分であることがわかったならば、専門的試験官が、自分の出題した専門的設問を一般的基礎にまで遡って追求するのに任せる方がよいであろう。そうでない場合には、これらの設問はたいてい、学校から実生活に入ったばかりの時に行われる試補見習資格試験に委ねたままにしておくべきである。さもなければ、試験の一切をあまりにも学問的、理論的にしてしまうことになるからだ。参事官になる予定の者に対しては、まず法律について、次に彼が行動する際の枠となるはずの国制について、そして最後に彼が直接関わることになる素材（例えば商工行政局の参事官であれば工場や手工業等）の事実に関する知識について報告書を、その他にはもっぱら彼の主義主張や技量に関わる報告書を要求することができるだけである。単なる歴史的知識が効果を発揮したことは報告書を見ればわかる。しかも、それは個々の細部について忘れられてしまうかもしれない。さほど統計学を頭に入れていなくてもりっぱな財政家になることができるし、歴史について多少無知なところがあってもりっぱな公使になることができるのである。他方で、試補見習資格試験がその目的を果たすならば、こうした非常に具合の悪い欠陥も決して重大なものとはなりえないであろう。

受験者の中で、新試験の後にようやく受けるべきこうした措置をまだ済ましていないか、もしくはこれらの試験において成績表のうえで学問一般の予備知識の不足を示した者がいる場合には、この予備知識についてもっと的を絞った調査が是認されるばかりか、ぜひとも必要となる。

これに対して、教育局の試験官は、きわめて重要であるが、ただしかなり扱いにくい二つの対象について相当立ち入った関与を行うことができる。

［1］一つは真に実質に関わる部分、つまり一般的実践哲学のうち、立法そのものの基礎となるような部分である。[18] これは、人類の目的――それは国家の目的をずばり規定しないけれども修正する――を定め、人間の努力と並んで人間の信仰や予感を一つのものにまとめる諸理念へと導いてゆくことになる。

上級国家官吏という存在について最も重要なのは次のような点である。彼はそもそもあらゆる方向に向かって人類についていかなる概念を持つのか、人類の尊厳や理想を全体としてどこに設定するのか、それをどれほどの知的明晰さで考え、どのような温かい気持ちで感じとるのか。あるいは、陶冶の概念をどこまで拡張するのか、陶冶について何が必要であり、何がある程度まで贅沢にすぎないと考えるのか。人類を具体的にどのように頭の中に描いているのか、下層の国民階級をどの程度尊重し、あるいは無視するのか、市民としてどのような精神を持っているのか、つまり人間が平気で国家形式に埋没してしまうと見るのか、それとも反対に国家形式が個人の自由に解消されると見るのか[19]、教育と宗教に積極的な陶冶力があると信じるのか、それとも、教育と宗教は、どのように扱うにせよ、人間がそれで腕試しをしながらますます遠くまで達するための素材にすぎないとみなすのか。最後に、自国民の改良についてどれほどの信念とどれほどの意欲で取り組んでいるのか、改革者の燃えるような熱意があるのか、それともただ厳格な原則に従った忠実な義務履行の強い意志だけしかないのか、あるいはまた実験することの喜び――これでいちばん得をするのはまさに実験者自身であるが――を持つのか、とどのつまりこれらすべての意見は彼の心中でどのように関連しているのか、それらは個々別々におのずと発生したのか、それとも一つにまとまっており、格率として分離しないままであるのか、あるいは原理にまで高められて、適用されなくても、明晰に考えられているのか、それともただ適用と同時に直観し、感得されるのか。――これらを通じて判定されるのは、その人が一貫しているか一貫していないか、高邁な性質を持つか卑俗な性質を持つか、頑迷か寛容か、一面的か多面的か、そして最後に、その人にとって重要なのは思想の方か現実の方か、あるいはその人は――これは偉大な国政家の見方であるが――、思想が現実の証となった時にのみ目標が達成されたことになるのだ、と強く確信しているかどうかということである。

さて、これらのことをすべて見抜く手段はいくらでもあり、およそ想像できる問答の中で、どんなに些細な言い回しでも、それだけで相当明瞭にわかるところまで漕ぎつけられないようなものはほとんどない。なにしろ試験官の技術の本質はただすばやく器用に問答をこなすことでなければならないからである。つまり、あらかじめ尋ねようと思って用意しておいたひとそろいの観念によって事を捌くのではなく、むしろ受験者に多くを委ね、彼が述べることを利用し、話を進めさせ、そしてあまり優秀ではない候補者を相手にした時にはごく月並みの話題から始め、逆にそうしてさしつかえのない個性を相手にした時には、最も抽象的な概念にまで及ぶことができなければならない。この試問は、こんな風に一般的に説明すると、きわめて難しく抽象的であるように見えるが、とにかく候補者を目にした第一印象の直後の状態から始めて、せいぜい彼の理解力――それが劣っているとして――の程度を若干超えるくらいのところで留めておくならば、たとえ話を純粋の職務領域の枠内に限っても、現実の市民生活の観点から見て過度に観念的で不適切なものにはならないであろう。このようにことが運びながら、なお試験官がその会話を受験者の程度に合わせることができないとすれば、それは、ただ試験官の機転が利かないだけのことであろう。

［2］もう一つは形式的な部分。すなわち、とくにすべての上級職で恒常的に行われる一般的精神活動について――つまり口頭の発表の際の関連する論点の素早い把握について、その内容を自分で作成すべき場合には論述そのものについて、討議について、多種多様な意見のとりまとめと叙述について、脱線しがちな複数人の議論を、探究の核心に還元することについて――受験者がどのような能力や技量を持つのかということを知る必要がある。これにより、受験者の頭脳がどれほど明晰であるか混乱しているか、明確であるか曖

味であるか、理論によって詭弁を弄するか実践に対して鋭敏か、どの程度の常識、想像力、器用さ、落ち着き、精神のたたずまい、最後に言語能力を持つのかということが判明する。

［3］以上述べた二重の目的をもって行われる対話を通じて、すでに学問一般に関わる知識の程度につきかなり正確な判断を下す基礎も固まるであろうが[20]、しかしそれに加えてなお、もし試験官が——試問そのものをどのように行うにしても——同時にたったいま挙げた実質的および形式的観点に従って受験者を評価する立場に身を置きさえすれば、学問一般に関わる知識も直接詳しく問うことが可能となる。

教育局から出向した試験官の職務がこのようにして正しく説明されたからには、当該試験官は、受験者に決まりきった事柄を暗唱させるだけでなく、もっと多くのことを試してみなければならない。その他の試問を聴取するだけでも彼の判断のために多くのデータが提供されることになるだろう[21]。

二　特殊問題

立法局が当宗教・公教育局に示した特殊問題に関連して、何ら疑問の余地のない点は以下のとおりである。

(1) 高等試験官庁の構成員

教育局は、みずから試験に対して一般的権限[22]を持つことの効用を十分に心得ており、したがって進んで試験に関与するものであり、この関与についてかえって立法局の裁可を仰がなければならないほどである。しかしなお、教育局は、つねに同一の委員を派遣するのと、時折交替させるのと、どちらが得策と考えられるかという点について、留保せざるをえない[23]。

もし高等試験官庁の構成員が一回限り任命され、この地位が一つの官職とみなされるということになるのであれば、そもそも私はそれを望むわけにはいかない。

いかなる場合も職務のためにつねに最も有能な構成員を選ぶことはきわめて重要であるが、選任にあたって、その人物を不当に扱うことなどまったくないとしても、ややもするとまちがう可能性があり、そのうえいったん授与した官職を奪うとなれば、恨みを買わざるをえない。したがって、各局長官が試験のたびごとに委員を派遣し、そして実際の試験は、たとえ長期にわたって同一人物が行うとしても――むろんこれはその人物がともかく公正であることがわかれば、やはり大きな効用を持つのだが――つねに一回一回委託された仕事として扱う方が妥当である。

（2）試験免除

宗教・教育局は、一般に、非常に目的にかなった形で整備された試験官庁に対して、所管事項に関する上級官庁である地位を認めない理由などまったく持ち合わせていない。

当局ならびに聖職・学校代表委員会において実際に投票権がある構成員はすべて――試補《アセソール》であれ参事官であれ――、高等試験官庁の完備した制度に従って任命される場合、同官庁において審査を受ける。

なるほど、宗務参事官として任命されることになる聖職者、あるいは県政庁参事官に任命されることになる教育者（ここではきわめて稀にすぎないが）に関して、あるいは外国から招聘されることになる人物のためには、おそらく時折候補者に受験義務を免除することが望ましいと思われる。しかし、個別的な免除は、やはりおそらくこの場合だけでなく、他のポストにおいても認められなければならないことになるであろう。すでに業績を挙げている人物を招聘するのに試験を受けさせてよいとはいえないからである。しかしこれらの免除を恣意に委ねるのではなく、それに法律上の形式を与えるとすれば、それを、立法局により作成される草案の中にいっしょに入れるのが得策となろう。

しかし、私見によれば、これらの場合でも、実際の任命の前につねに立法局の鑑定、それも単に免除の許容だけでなく、候補者自身についての鑑定がなされるべきであろう。そして地域の事情で任命がどうしても必要となる（例えば聖職代表委員会について時に選抜ぬきで現職の聖職者の一人を採用しなければならない場合）というのでなければ、そうした任命は試験の免除よりもむしろ、試験は余計なものとみなされるべきだという宣言になってしまうであろう。

また、まことに申し分のない人物であることを証明する根拠として挙げることができるのは、

［1］特別に作成された書面の論説である（この場合はそれゆえ口頭試験だけが免除されることになる）か、それとも

［2］印刷された著作、公の名声、あるいはわざわざ試験のためではなくとも、別の機会に作られて官庁に報告された論稿である。

しかし、たとえこのように扱うとしても、やはり試験免除はつねに稀な例外にすぎず、国務参議院の提案に基づいて国王自身により命じられるべき恩寵事項であろう。聖職・学校代表委員会と宗教・公教育局の構

成員にとっては、共通試験の他の科目で扱われている知識が同時に特別試験に属しており、したがって後者は、受験者が哲学、教育学、文献学等にどの程度まで通じているのかということを別個に文書により確かめなければならない。

教育局の構成員[24]（ただしもっぱら法律と財政に関する対象だけを扱うことになっている者は別にして）と、教育行政のために学識学校の担当を割り当てられた県政庁参事官については、それ以上のことが要求される。すなわち、ギリシャ語とラテン語につき十分正確で根本的な知識を持ち、文献全般に通じ、何らかの分野を相当詳しく研究した経験がなければならない。それゆえ彼らは、試補見習資格試験の他に、学術代表委員会の試験[25]も受けることを要求され、両方の試験の成績証明書に基づいてのみ、高等試験官庁から、これらの地位のための審査を受けることを許可されることになる。

（3）大学について

りっぱな教授陣を十分にそろえた大学ですべての主要学科と補助学科が各年度中に講じられなければならないのはあたりまえのことであるが、教育局は、この点で万一不備があればできる限りそれを充足するために配慮するであろう。また、その他、国務参事官ホフマン氏[26]の鑑定意見において大学に関して行われた諸規定もおおいに歓迎すべきものであるように思われる。

ただし、大学の名前で発せられることになっている、聴講すべき講義の順序に関する指示は是認することができない。そのような指示を出せば、大学は体面を汚す幾多の危険にさらされかねない。百科全書的な書物もあれば講義もあり、おそらく教授が学生に対して口頭で助言することを拒むことはめったにない以上、若者たちが受講の順序において犯した過ちについて無知を口実に弁解することなどほとんどできないであろう（もし無知なら生半可なことでは矯正できなかったはずである）。実際、このような指示が行われることになるのであれば、私はむしろ、それをアビトゥア受験生[27]に向かって所属ギムナジウムの校長が行う方を選びたい。

ことによると、立法局が起草したこの試験計画全体に対して、「要求をあまりにも高く掲げすぎだ」という非難の声が上がるかもしれない。しかし、上級国家官吏職にある人々は、ただ精神と教養だけがそこに通じる道を拓くことのできる団体を自認すべきだとするならば、こうするほかなかった。また、これらすべての試験は何といっても若い人たちだけに関わっているが、しかし彼らの間では今や至る所でより生き生きした精神が活発になっているし、彼らが厳格な要求に恐れをなすのではないかとか、純学問的な要求をしりぞけるのではないかと心配する必要はない。

これらの理念は立法局の共同見解により修正されなければならないが、いずれ立法局がそれに応えるようになったあかつきには、県政庁の手で聖職・学校代表委員会による試補見習資格試験を命じることが可能となり、また――ことによると司法試補見習資格試験のために高等領邦裁判所と県政庁をひとまとめにすることも、上級試験につきすべての局と省をひとまとめにすることも総じて適切ではないとしても――、聖職・学校代表委員会所属の参事官一名を、高等領邦裁判所における司法試補見習資格試験に割り振ることにつき司法省との協議を開始することができる。

試補見習資格試験に関するこれらの理念は、今ただちに、立法局に暫定的に報告してもよいかもしれない。[28]

フンボルト

一八〇九年七月八日

第二章　ベルリン大学設立の提議（一八〇九年七月二四日）

国王陛下

この時局のさなかに、平穏無事の時代に実施されることを前提としているかに見える計画を公教育局があえて口にすることは、奇異の観を呈するかもしれない。

しかしながら、国王陛下は、暗雲迫りくる状況の真っただ中にありながらもなお国民教育と陶冶の要諦から目を逸らすことはないということを、幾重にも納得のいく形で示されたので、当局は、この崇高にして稀有な心持に励まされて以下の提議をあえて行う勇気を与えられた。

国王陛下は一八〇七年九月四日の閣令を通じて、ベルリンにおける一般的な高等教育施設の設立を勅許する思し召しを示された。[1] 以後、様々な組織や官職においてその点に考慮が払われてきたが、しかしそれを実行に移すためには依然として第二の決定的な一歩が要請されており、公教育局は二重の理由から今のこの機会にその一歩を踏み出すことが必要であると考えるものである。

第一に、真の啓蒙と高度の精神的陶冶に及ぼしたプロイセンの影響力に対して全ドイツがかつて抱いていた信頼は、最近の不幸な事件によって、決して地に墜ちてしまったわけではなく、かえって高まりすらした。人々は、いかなる精神が国王陛下の最近の国家制度のすべてにおいて君臨しているのか、いかなる積極的姿勢によって巨大な困窮の中でも諸学問機関が支えられ、改善されたのかということを目にしてきた。それゆえ、国王陛下の諸邦は、引き続きこの方面からドイツにおける第一級の地位を維持し、ドイツの知的、道徳的方向に決定的な影響力を行使することができ、また実際に行使するであろう。

こうした信頼に対して非常に大きな貢献をなしてきたのが、ベルリンに一般的教育施設を設置するという思想である。このような高等施設のみが、国の境界を越えてまでその影響力を広げることができるからだ。国王陛下は、いまやこの設置を厳かに認証し、実施を確言されたからには、ドイツで陶冶と啓蒙に関心を抱くあらゆる新勢力とこのうえなく固く結びつき、陛下の諸邦の再興のために新たな競争心と新たな熱意を喚起し、よりにもよってドイツの一部が戦争に蹂躙され、他の部分が外国語で外国の命令者に支配されている時機に、ドイツの学問のために、いまだおそらくほとんど望みえない自由の場を開くことになるであろう。

それからまた、これらのドイツを一度に襲った状況のために、——これが第二の重要な理由となるのだが——まさに現在、かつてないほど多くのすばらしい才能をもった人士が進んで新たな絆を結ぼうとしている。

ベルリンに一般的な高等教育施設を作ろうという最初の考えはまちがいなく、すでに現在ベルリンに科学アカデミーと芸術アカデミー、大規模な図書館、天文台、植物園、幾多の蒐集施設のほか、申し分なく整った医学専門機関(2)が存在していることに目を向けたところから出てきた。諸々の専門機関の分離はどんな場合にも真に学問的な陶冶にとって有害であり、右に挙げた蒐集施設や機関は、完璧な学問的教育がそれと結びつけられた時にはじめて本当の意味で有用になり、そして最後に、これらのばらばらの断片に一般的施設のために必要なものを付け加えようと思えば、ほんの数歩進むだけでよい、と考えられたのである。

当局もまたこのような観点に忠実に従っている。当局の切望するのは次の点にある。

科学アカデミー、

芸術アカデミー、

諸学問機関を、

とくに臨床、解剖学、医学に関わる機関を、また総じて純学問的な性質を持っている限りで、図書館、測候所、植物園、博物史関係および美術関係の蒐集施設を、

そして一般的教育施設そのものを、

各部分が適切な独立性を維持しつつ、他の部分と共同で一般的究極目的のために協働するような形でただ一つの有機的全体へとまとめることである。

問題をこのような視点から見るならば、そこからおのずと場所をどこにするのかということも決まってくる。すなわち、こうした施設はベルリンに本拠を定めるしかない。上掲の諸機関を別の場所に移すのは不可能ではないにしても、途方もない費用がかかることになるであろう。また、高等な学問・芸術に必要である一切のものをあたかも焦点に集めるような施設は、政府の所在地以外のどこにも見出すことができないであろう。——もし多くの信頼できる人物の協働を断念し、これらの施設と政府がたがいに提供することのできる助力をたがいに断念したいと思わないのであれば。

しかし、当局は、この一般的教育施設に大学という旧来の伝統的名称をあて、そのうえこれをあらゆる時

代遅れの濫用から純化することによって、それに学位《アカデミッシェ・ヴュルデ》を授与する権利を認めていただくよう、国王陛下に懇請しなければならない。実際問題として、一般的教育施設は、どのような称号をつけようとも、大学の概念に必然的に伴う一切の事柄を含んでいなければならないであろう。一般的教育施設は、一般的陶冶の正しい見解から出発することによって、専門分野を排除することもなければ、高次の見地に基づいて専門分野から始めることもなく（大学はすでに最高の見地を包括しているのだから）、最後にまた単に実践的訓練だけに限定することもないであろう。

もし大学という名称を使わず、また学位授与の権利を持たなければ、外国からこの教育施設に来る子弟はごくわずかになってしまうであろう。外国の人は、この施設の性質について明確な概念もなければ、施設に対する真の信頼も抱かず、それを、まじめで有用な機関ではなく、むしろ学問的な贅沢とみなすことであろう。

これに対して、もし可能であれば、当局は、内外のあらゆる人たちが自由を確保できるように、フランクフルト大学とケーニヒスベルク大学を存続させ、ベルリンを彼らの全体的な陶冶の場にするか、それとも、かつてゲッティンゲン大学で行われたように、他大学に行った後の高度の最終的な陶冶の場にするか[3]、どちらかを選んでいただくように、国王陛下に提議するであろう。

かつまた、ケーニヒスベルクは遠隔地にあるためそのままにしておくのが妥当であり、フランクフルトについては（少なくとも現在のところ）、何ごとにつけ別の物が完全に肩を並べるまでは破壊しない方がよいという理由と、外国にあるフランクフルトの属領[4]が大学の廃止にややもすると関係づけられる恐れがあるという理由から、やはりそのままにしておくのが妥当である。他方で、この属領がいつの日か譲渡されることになり、ベルリンがたとえ地味で簡素な大学としてであっても維持されることになったならば、その時には、フランクフルト大学の廃止によって、いうまでもなく最も望ましいような事態が到来することになるかもしれない。つまり、ベルリンとケーニヒスベルクはプロイセン諸邦のただ二つだけの大学として存続することになる。しかし、そうなるまでフランクフルトは、施設の造営によってではなく、いつどこでも有用である人物の招聘によって、わずかの費用で改善されなければならないであろう。

ベルリンで一つにまとめられることになっている多くの有力な施設の維持や拡大のための費用はどこから見ても巨額にのぼる可能性が高い。事実、両アカデミー、蒐集施設、ハレ大学などでかつて個々ばらばらに使われていた金額を合算したところ、巨額となった。

おおよそではあるが、それほど水増しもせず、切り詰めもしないで計算すると、その費用は、毎年一五万ターラーと見積もることができるが、その際科学アカデミーについては、アカデミーが独自に得られる諸収入に補助金が算入されている。

公教育局は、この総額を国王金庫で賄っていただくように国王陛下にお願いしようとは毛頭考えていない。むしろ、公教育局にとってその管理のための主要原則はこういうものとなるであろう。

徐々に（なぜなら一度にはもちろん不可能であるから）、全学校・教育制度がもはや国王陛下の金庫に負担をかけず、固有の財産と国民の分担金によって賄われるように努めること。

これによる利点は色々ある。まず、教育と授業は激動の時代にも平穏な時代にも等しく不可欠であるが、変動——つまり政治的状況や偶然の事情に容易に影響を受ける国家の支払い——に依存しないで済むようになる。また、たとえ無理難題を吹きかける敵であっても、公共施設の財産は比較的容易に見逃してくれる。最後に、学校制度が金銭上の観点から見て国民の作品であり、国民の財産であるということになれば、国民は学校制度にもっと参与するし、大人になっていく世代の啓蒙と倫理の基礎作りに活発に協働することで、みずからもより啓蒙された、より礼節をわきまえた存在となる。

それゆえ、もし大学および大学と結合した機関が毎年の収入を御領地の地所の下賜により得ることになれば、最も目的にかなっているということになるであろう。なるほど、公共施設の寄付については、ふつう管理の悪さや価格の変動によって発生する、取れ高自体の変動のために不利益が生じる恐れがあることは否定できないが、しかしこれは複数の手段によって軽減させることができる。

しかし、国家は、もしこの御領地を下賜せずに済まそうと思うならば、シュレージエンと西プロイセンにおけるカトリックの教会領の地所につき同額分だけ世俗化し、御領地にすることができるかもしれない。ただし、当局はみずから直接この地所に赴いて管理しなくてもよいように、国王陛下に命じていただくように懇請せざるをえない。なぜなら、ベルリンの諸学問機関は、陛下の御慈悲により下賜されるべき地所を近隣に所有し、いかなる事態によってもその収益から引き離されないことが望ましいからであるが、それに加えて、上に挙げた理由から、そしてあらゆる出来事の不確実性のために、事実上重要なのは、この国民の財産が最高の学問的需要のために、ともかく可及的速やかに確保されなければならないからである。もっとも、かの教会領地の世俗化は、目下の状況下では、政治的な点から見ても財政的な点から見ても得策ではないであろう。

それゆえ当局は国王陛下にあえて以下の提議を行わせていただく。[5]

［1］ベルリンにおける大学設置と、すでにベルリンに存在する、医学関係を含めた諸学問機関や蒐集施設、科学アカデミーおよび芸術アカデミーと大学との結合を正式に決議すること、そして公教育局に対して、そのための計画を立て、収入について手配がつきしだいただちにその実行に向かって徐々に進むように命じること、

［2］これら、総じて公教育局の専一の監督下に結合されるべき施設のために、必要なだけの額――すなわち毎年一五万ライヒスターラーを十分に確保できる収益――にあたる御領地の地所を編成し、ハインリヒ王子の宮殿を大学建築物の名称で下賜し、[6]また、これまでアカデミーが占めてきたけれどもいまや必ずしも全体としてアカデミーに属していない四角形の大建築物の残余部分を下賜すること、そしてその際これらの地所および建築物が、未来永劫にわたってこれらの施設の財産であり続け、いつかこれらの施設が廃止されることになったあかつきには、学校制度の維持と改善を目的とする国民の財産であり続けるべきことを確認すること、

［3］これらの地所の、当局により作成されるべき配分計画は陛下の勅許に留保されること、

［4］これらの地所の収益は証書に記された日より入り始め、それと同時に施設の財産となるが、しかしそれに続いて国王陛下による追加措置として現実の使用が認められるまでは、財務省が自由に処分すること

ができる、国家に対してなされた貸付金に留まるべきことを確認すること、

［5］現在のところ必要な分だけ自由に処分できるようにこれを活用するために、科学アカデミーの予算上の支出を行うこと、芸術アカデミーの構成員に、すでに長期にわたり支払われなかった俸給をふたたび支給するようにすること、王立図書館に対して必要な支出のための若干の補助金を下賜すること、すでにベルリンの大学に赴任が決まっており、今は他の金庫に頼っている若干の学者をこの予算で引き受けること、他に若干の、ほんの三、四人ほどの、とくに重要な外国の学者を——他所の組織等に所属する前に——ただちに招聘すること、ただし残余は、国家の状態がそれを許すようになれば、同時に全員、もしくは三分の二ないし四分の三が公教育局待命の処遇となるようにすること、

［6］大法官(7)および財務相に対して、どのようにすれば以上のような御領地下賜を領邦の国制にとって最も適切で大学にとって最も有利な仕方で導入することができるかについて、内務省および省内の公教育局と必要な打ち合わせをするように命じること、

［7］最後に、かつてのシュレージエンのイエズス会基金(8)の七〇〇〇ターラー——うち五〇〇〇ターラーはハレに属するが、二〇〇〇ターラーは最近国王陛下により学校基金の改善のために使うように定められた——を、今後フランクフルト大学の改善のために使うこと。なお、おそらく最終的にはフランクフルト、ケーニヒスベルク、およびその他の、現在国王金庫からの補助金を受けている学問施設についても、この補助金の代りに御領地下賜を導入することが得策であるとみなされる。

ケーニヒスベルク　一八〇九年七月二四日

公教育局　フンボルト

第三章　宗教・公教育局報告（一八〇九年一二月一日）

一　はじめに

心ならずも旅行[1]を余儀なくされ、年末に国王陛下に伺候することがかなわないため、私に託された局の職務執行に関する一般報告をすでに現時点であえて行うことをお許しいただくよう陛下に懇請するしだいである。

現在、宗教・公教育局が活動を開始してより約一カ年となり、国王陛下が同局の指揮を私に託されてからおおよそ九カ月になる。

いまだ見取図を描いたばかりの新しい組織を実際に動かし、ついで職務の進行の形式だけに関わる多くの点を変更し、最後に戦争により凍結されていたほとんどすべての学問施設の財源をふたたび使用できるようにする必要があったため、当局はこの期間の大部分を費やして――本報告で言及するに値しない――ある方法によって活動しなければならなかった。また、組織編制《フェアファッスング》の新機軸[2]から、そしてケーニヒスベルクとベルリンの分断状況[3]から生じた困難のため、他の事項を実行することができなかった。しかし、当局は定められた目的を決して見失うことなく、すでに現在までその目的のために、およそ何らかの方法で可能であったことをすべて行おうと試みてきた。そこで、これまで実行することができたわずかのことよりも、むしろ当局の意志と、当局が規矩とみなしてきた原則について語らざるをえない状態にあると思われる以上、当局は、これまで目的のために試みてきたことについてのみ、国王陛下に説明しなければならないと信ずるものである。

宗教・公教育局の活動領域は並外れて広範囲に及び、国民の倫理的陶冶、民衆の教育、領邦の様々な生業に必要な能力を与える授業、上層身分が必要とする洗練、大学およびアカデミーの学識の開拓などを同時に含んでいる。もしも当局の活動をこれらすべての対象の一つひとつに徐々に向けていくだけであって、同時に、これら個々の対象のすべてがおのずと繁栄するのに必要な手段をつねに見据えるように監督していなかったならば、私は、当局の活動をただ有害な仕方で分散させるだけであったと後悔するはめに陥っていたことであろう。それゆえ、私が最も力を入れて目指すところは、単純な原則を立て、厳密にそれに従って行動することだけであり、あまりにも多種多様なやり方で働きかけはしないけれども、しかしはっきりと力強く働きかけ、それ以外のことは自然——それに必要なのは一撃を与えて最初に方向を定めることだけである——に任せておくことである。

二　宗教部の任務と活動

(1) 信仰心の重要性

困難な課題は、国民が法律に服従し、不動の忠実な愛により領邦君主を信奉し、私生活では節度を保ち、倫理を守り信心深くし、職業活動にいそしみ、そして最後につまらない軽薄な娯楽を軽蔑してまじめな活動に進んで打ち込むような性向を持つようにし、それを持続させるようにすることである。

しかし国民がそこまで達するのは、一面では自己の義務について明晰かつ明確な概念を持ち、この概念が、主として信仰心を通じて、感情にまで移行している場合だけである。最も卑しい民衆にも不可欠であるこのような基礎から、後になって同時に学問と芸術における最高のものが発展していくのだが、これは、別の方法で推し進めると、容易に不毛の学識ないし狂信的な夢想に堕してしまう。

それゆえ、最も力を入れて努力を傾注しなければならないのは、全国民を通じて――ただし様々な身分の理解力の程度に応じて――、感性を、明晰で明確な概念にのみ基づかせること、行動する際にも性格の面からも目に見えて現れるくらいに概念を心の奥深くに植え付けること、そして敬虔な感情がそのために最も確実で最善の陶冶手段を提供するということを決して忘れないことである。

また、当局が、啓蒙された信仰心とよく整序された教育のそれぞれが持っている有益な効果を緊密に結びつけようとしたもう一つの差し迫った理由は、信仰心をぬきにして教育だけでことを進めるならば、効果は緩慢で、現在の世代よりも将来の世代の方に傾いてしまうと見たことにある。成人の道徳性と信仰心をゆるがせにしたままでも、最善の授業を行えば青少年に真に有益な効果を及ぼすことができるなどと信じるのはまったくの誤謬である。

国民の改良事業に成功を収めようとするならば、同時にあらゆる方面から手をつけなければならず、年少世代の半分を年長世代の前半部[4]から引き離すことができるなどと信じてはならない。したがって、教育が青少年に影響を及ぼすのと同じように、礼拝は成人に影響を及ぼさなければならず、両方が完全に支え合った場合にのみ、成果ははじめて真に世に裨益するものとなる。なぜなら、現在、農村部では児童の教育をたいせつにしようとする気持ちがわずかしかないことが、まず学校を出たばかりの若者の道徳性に、次に完全な成人の道徳性にも有害な影響を及ぼし、逆に道徳的な羞恥心は、真に厳格で倫理的な教育を受けた児童たちから、まずまだ堕落しておらず無頓着なだけの両親に、次に他の人々にもおのずと移っていくことは否定できないからである。

このようにして私は、当宗教・公教育局が何よりもまずあらゆる国家の土台をなしているものを目指し、至る所で最も単純で最も自然な手段を——あらゆる人為的な手段を無視して——利用し、断じて一面的に学識や洗練ではなく、性格と志操《ゲジンヌング》の改善を、また断じて国民の個々の部分ではなく、国民の不可分の全体を念頭に置いているということを、国王陛下に確言することができると信じる。

当局宗教部は、これまでのところ、指折り数え上げることのできるようなことを行えるような状態ではほとんどなかった。当局は、ケーニヒスベルクに設置されており、聖職者の構成員が一人もいなかったために甚大な損失を被った。とはいえ、一般に個々の熱心な施設を通じて信仰心を真に促すこともまた困難である。これについては、従来の典礼の変更によって礼拝をもっと荘厳にするとか、外面的な名誉をもっと聖職者に付与するとか、はては、本来の強制によってではないが、少なくとも間接的な強要に近い執拗な礼拝出席勧奨によって悪弊を除去したいといった多様な提案がなされてきた。しかし、プロテスタントの礼拝は、簡素であるがゆえにおおいに畏敬するに値するのであるから、こうした簡素な精神が染み込んでいる聴衆は、ある程度まで外部からとってつけられた感覚的刺激のために、みずから感動し、信仰心をかきたてるのを邪魔されることになるであろう。また、聖職者は、自分の職の尊厳から直接流れ出るのとは違った尊敬を求めるかもしれないが、すでにそのことによって彼は、自分の高い使命を見誤っていることを示している。そして最後に、宗教事項における自由を少しでも制限するものはすべて、単に国王陛下の公平で寛容な志操にまったくもとるだけでなく、大なり小なり隠された偽善をいやおうなく助長し、あらゆる真の信仰心を掘り崩す原則へと至る。すなわち、徐々に内面的真理に到達しようと思えば、まず外面的な見かけを獲得しなければならない、という原則である。

篤い信仰心を広く流布し、その純粋性を保つためには、国民の中で色々なものがいっしょにならなければならないが、最も重要な働きをすると期待されるのは教育と一般的陶冶、とくに上述した努力、つまり明晰で明確な概念を心の奥深くまで植え込むことで同時にその概念が感情として行動の駆動力になり、原則として行動の基準となるようにしようとする努力である。

なぜなら、自然で健全な、倫理的に純粋な感情はおのずと敬虔な感情となるが、そうした信仰心に対立するものは、心の堕落のため、あるいは真剣さの単なる欠如のために高次の理念へと上昇する能力を喪失していること、どちらに転んでもよいという感性の麻痺、あるいは精神が哲学的ないし学識的陶冶の一方に偏っていることであるからだ。

このような心構えを前もってしておけば、いうまでもなくそれに続くべきは、信仰心を実際に直接促進することだけであるが、これについてはとくに当局宗教部が乗り出さなければならない。

しかしここには、私の確信によれば、やはり同じく宗教部がなしうる——唯一ではないにしても——最重要の事柄がある。つまり、聖職者身分をそれ自体もっと尊厳のあるものにし、国家と社会の中に占める立場においてもっと自由で声望のある存在にすることである。これが成功を収めるには、一見して予想されるほど時間はかからないであろう。というのも、ある身分において前よりましな精神が姿を現し始めるだけでも、ただちにその精神は容易にかつ急速に広く流布し、全州の県政庁を通じて、またそれと同時に、個々の行政部門をよく知っていてそれに注意を向けている諸官庁を通じて改善がなされるからである。

(2) 聖職者の選任

かつて聖職者の地位の選任や宗務局所管事項一般の運営に、不決断や、往々にしてけしからぬ目こぼしが忍び込んできて、それを宗務庁が必ずしも防止することができなかったことは否定できない[5]。宗務庁は、非常に目的にそぐわない形で司法官庁と結合した宗務局を道具として利用せざるをえず、この理由だけでも必ずしも活発に行動できなかった。しかし、単なる組織編制がこの点ですでにたいへん大きな変化をもたらした。

聖職・学校代表委員会[6]は学務参事官としての聖職者と学者により構成されるが、そのため、委員会の目指すところは、――かつての宗務局がつねにほとんど外面的なことだけに限定されていたのに対して――必然的に信仰心の状態[7]の本質に向かわざるをえなかった。そのうえそれと同時にこの委員会の活動範囲は至る所で学務も包括しており、それを通じてこの方面からも目的を推進するための重要な手段が委員会に提供されることになった。最後に、この委員会は、同じ県政庁長官部局の下の同じ合議体の一部として、財務官庁や内務行政官庁《ポリツァイ》とともに働き、したがってかつて実に頻繁に有害な影響をもたらした、カンマー系合議体と司法省系合議体との妬み合い(8)に代って、何ごとにつけ速やかに協働できるようになった。もっとも、最も強力に作用するのは、この委員会が聖職の地位の選任に関して完全に自由に活動することができ、これにつき単独で責任を負うという点である。委員会は、所属する州の需要に通じ、州内の候補者を熟知しているので、いまや熱意と不偏不党をもって行動するだけで成功を確信することができるほどである。聖職代表委員会の聖職者の持つ影響力と名声は上級官庁からありとあらゆる形で認められており——聖職者の一部はそれどころか委員会の共同監督官となっている(9)——、県政庁内での委員会の働きも同様に評価されている。しかも最近内務省はこれについて説得力のある証拠を与えている。県政庁の総会が説教師の選任に僭越にも直接的影響力を行使しようとした濫用事件に対して厳しい処分を下したのである。

また、すでに現在でもこれらの制度の効果は目に見えるようになっている。この点につき私は、リタウエンとクールマルクの県政庁の聖職・学校代表委員会が抜群の優秀な成績を挙げたことを国王陛下に報告しなければならないが、これはただ、優れた活動を証明した委員会だけを際立たせただけであって、これまで組織されたその他の委員会の熱意に傷をつけるつもりはない。リタウエン県政庁は、信仰心の促進と学校制度の改善のために模範的な仕方で努力した。彼らは、要請もしていないのに、その管轄に属する聖職者に対する警告をたった今発したばかりである。私は、その内容の重要性と表現の価値・合目的性に鑑みてこれを謄写し、本報告にあえて添付しておきたい。

クールマルク県政庁の代表委員会はほんの数カ月前に組織されたばかりであるが、すでに現在、聖職者の職務遂行および倫理的行状の評価に真剣に取り組み、新任のための候補者の選抜に際して厳格な態度で臨んでいるが、これはこのうえなく有益な結果を確実に約束するものである。

今後当局宗教部は、一般的な訓令を通じてこの点につき個々の県政庁に助力するべく努めることになるが、とりわけ候補者の審査をもっと目的にかなったものにし、彼らに官職を託する前に、まことに当然のことながら彼らの将来の職業のための準備段階と呼ぶことのできる境遇をあてがう試みを行うであろう。しかし、宗教部は、この種の対象に関して聖職者自身の判断をおおいに尊重しているので、所属の聖職者と連携する前にことを運びたいと思ったことなどない。

もっぱら新しい組織編制の帰結であった変更点（例えば行政の自由の妨げとなる多くの個々の官庁の廃止）のほか、最も重要なものとしては、従軍牧師につき行われた変更点がある。[10] 彼らを文民聖職者と同じ監督に服させ、彼らが後者の権利を侵害することを阻止し、帯剣士官に授けられるべき教育とかあらゆる軍事教育施設の監督一般について新しい魅力的な仕事を彼らに与えることは、明らかにきわめて合目的的であった。この組織化全体はいまや完了した。

依然としてきわめて差し迫った解決を要するのは西プロイセンのカトリック聖職事項の調整である。というのも、ティルジット講和はこの州のあらゆる司教区の境界を変更してしまったからである。[11] ワルシャワ公国における政治状況もローマ教皇位自身のそれも、この点について断固とした処置をとることを許さなかった。しかし、少なくとも暫定的に、――私はあえて国王陛下に確言することができると信ずるが――外国の聖職者の影響が今や何らかの重大な弊害をもたらしえないような措置がとられている。また、将来における新たな司教区設置については、当時可能であった限りの準備が行われている。国務参事官シュメッディング[12]は、——その活動、洞察力、啓蒙的な不偏不党につき私は十分公平に評価することができないとはいえ——この点で最も重要な貢献を行った。

三　公教育局の任務と活動

公教育局[13]には職務遂行の際の基準として利用してきた原則があり、当局はこの原則を喧伝するよりもむしろ現在に至るまで実践的に遵守してきたのであるが、本報告が最初に展開した理念はそれに基づいている。

(1)　一般教育の重視

公教育局は、国民の全体を念頭に置いて一般的学校計画を立て、人間の持つ諸能力のうちで、あらゆる身分に等しく必要で、各個の職業になくてはならない技量と知識に容易に結びつけることのできる能力の発展を促進しようと努めている。それゆえ、目指すところは、段階的に異なった学校に次のような措置を施すことである。すなわち、これによって国王陛下の各臣民を——各人の事情が許す限り——倫理的な人間および善良な市民へと陶冶することができるように計らい、しかし何人も、専念すべき授業を、自分のその他の生活にとって不毛で不必要となるようなやり方で受けないようにする、ということである。これは、授業の方法に関していえば、あれこれのことを学ばせるのではなく、学習する中で記憶力を磨き、知性を鋭くし、判断をただし、倫理的感情を洗練させることによって達成できる。

さて、このようにして公教育局は、近年ドイツのいくつかの領邦で人気の的になっているものよりもはるかに単純な計画に到達した。それらの領邦、とくにバイエルンとオーストリアではほぼ各個の身分について特別の配慮を行おうとしたが、これは、私の信じるところによれば、まったく不当であり、それによって目指した究極目的すら達成することができない。

知識の中には一般的でなければならない一定の知識が必ずあり、またそれにもまして陶冶の中には何人にとっても欠けることがあってはならない、志操と性格の一定の陶冶がある。何人も、自分一個として、特殊な職業に関係なく、善良で上品な——身分に応じて啓蒙された——人間であり市民である場合にのみ、善良な職人、商人、兵士、役人《ゲシェフツマン》である。もし学校の授業がこれに必要なものを与えてくれるならば、職業の特殊な能力は後になってからいとも簡単に獲得することでき、——人生でよくあることだが——ある職業から他の職業へと移る自由をつねに確保することができる。

しかし、もし特殊な職業から教育を始めたならば、それを受ける者は一面的になり、たとえ職業だけに絞っても、単に自分より前に他人がなしたことを機械的に模倣するのではなく、自分で拡張や改良を行うために必要となる熟練や自由を獲得することができない。そのために人間は力と自主独立を失うのである。また、多くの職業は兵士や役人の職業のように国家に依存している以上、国家は、もっぱらこういう職業のために人々を教育するとなると、同時に彼らをそのために使用し、生活の面倒を見なければならないという負担を背負い込むことになる。しかし、役所勤めが断じて身過ぎ世過ぎとみなされないとすれば、つまり各人が生計のためよりも重要な活動に適した素質があるから引き受けるものだとすれば、そしてまた国家が、誰かをとかくそのポストからはずしたいと思ったような時に、パンを取り上げるという厄介な想念を抱く必要がなく、むしろ辞めても別のなりわいがないわけではないことをあてにすることができるとすれば、役所勤めは今よりはるかによいものとなり、また国王陛下にとってもはるかに有用なものとなるであろう。

最後に、児童や若者にとって将来の職業がしばしば非常に遅くなってからしか適切に決めることができず、持って生まれた才能がことによると別の職業に進むのに適しているのに、ある場合にはそれがわかってもらえず、ある場合には芽をつまれてしまうかもしれないという難問が登場する。

そこで、公教育局は、活動力の及ぶ限り、一般的授業の後で至る所に職人、商人、工芸家等々のための専門学校を置き、職業陶冶を一般陶冶と混ぜないようにする。公教育局は、一般的な学校施設をもっぱらみずからに託されたものとみなし、専門学校についてはそれに関わる別の国家官庁と連携する。

したがって、公教育局の計画によれば、都市には

初等学校および学識学校

だけを置くこととする。初等学校では、各人が人間および市民として必ず知らなければならないことだけを教え、学識学校では（最高の職業も含めて）あらゆる職業に必要である知識を段階を踏んで提供し、各人が獲得する陶冶の完成度は、学校で過ごす時間とそこで達した等級によって決められなければならない。しかし、必ずしも一都市のすべての生徒が平等ではありえないし、また平等であるべきでもないから、裕福な人々が児童のために高い教育費を支払うことで、もっと授業を拡大して完璧を期するような初等学校ができ

ることになる。他面、大学進学につながる大規模な学識学校を設置することができない小都市は、本来の学識学校の授業の一部だけが授けられる施設を持つことになる。

このようして、ふつう中間学校や市民学校と呼ばれているような学校(14)もなくなるわけではないし、いかなる身分にとっても、その陶冶の完成を目的とした教育施設が欠けることにもならない。そうすると、どこにおいても計画の統一性が生じてきて、ある学校から他の学校への移行を空白なしに行うことが可能になる。

従来、学識学校は、学識言語がそこにおいてあまりにも排他的に推進され、しかも授業が最後まで進められなかった時には、それに費やした時間がほぼ完全に無駄になってしまうようなやり方で扱われるという欠陥を持っていた。

公教育局はこの二つの欠陥を取り除くことができるし、また取り除くことになるだろう。当局はすでに、各学識学校において数学と歴史の授業を古典語の授業と同じくらい十分に整備する事業に着手しており、これによってどの生徒も、これらの授業の一つをまったくなおざりにすることを認められず、それぞれの才能に応じてそのうちの一つにとくに専念することができるであろう。

しかし、公教育局は言語授業について次のような方法、すなわちたとえ言語そのものをふたたび忘れても、いったん始めた言語修得を、単に記憶の訓練としてではなく、知性の研磨、判断力の吟味、一般的見解の獲得のためにも、つねに全生涯にわたって有用で価値のあるものにする方法をますます広めていくであろう。

当局がとりわけ注目しているのは、生徒が下級学校から上級学校へ、そして後者において一つの等級から次の等級に進むには、生徒の能力がこの進級にふさわしいかどうかを吟味し、それまでの教師が、生徒はそこまでの段階に達し、次の段階に進む準備が整っているとはっきり確信して次の教師に生徒を引き渡すようにしなければならないようにすることである。大学進学は、どんなことがあっても一八歳未満には許されてはならない。

当局は、都市の学校制度の経営と改善が、現在国王陛下の恩寵により国庫からの支出を認めていただいている総額を維持したままで、主として都市自治体に委ねられることを望んでいる。この点に関する当地における最初の試みは失敗に終った[15]が、国王陛下におかれては、この問題の解決全般を断念されないように懇請しなければならない。これは、他に救済策がない学校にとって必須であるばかりか、市民にとっても有益である。なぜなら、市民は、もし学校の改善を自分たちの仕事とみなして、授業そのものに対する関心を強く持つならば、市民精神をもっと活性化し、また自分たちの公共の学校の費用を（たとえ控え目でも）いくらか自分たちで賄うことになれば、私教育よりも公教育の方がまちがいなく優れたものだとみなし、そして最後に、公教育がいくらかの犠牲を払って児童の道徳性の面倒を見るならば、市民の道徳性は向上するからである。さらに、ともするとここそこで反対論が出るかもしれないが、その場合に見過ごしてはならないことがある。真の公共精神が形成されるまでは――これは当然のことながらどれほど優れた都市条令ができてもさほど短期間では望むことはできない――、都市を構成する諸団体は、個々の構成員が賛同［ママ］（?）しないことになったら、しばしば反対の声を挙げるし、また構成員の中には、どんなに説得力のある根拠を挙げられても頑としてその気にならせることができないくせに、他人を困らせるとなると喜ぶお人よしがいるものだ。

（2）初等教育——ペスタロッチ方式

初等学校制度、とくに農村部のそれについては、私が当職に就く以前——すなわち国務参事官ニコロヴィウスが内務大臣の直接的指揮の下で局の牛耳をとっていたころ[16]——公教育局は、私が心底から確信するところによれば、実に有益な成果を約束する措置を下していた。すなわち、県政庁参事官ツェラーの招聘、当地の孤児院における模範施設の設置、全領邦にわたるよりよき授業方法の計画的普及である。県政庁参事官ツェラーはペスタロッチの方法でいくらかの重要な改善を行っているけれども、彼の教え方もまた本質的な点でペスタロッチ方式である。[17]

さて、私はみずからの経験から、この方法について明確かつ明瞭な概念を持つことがいかに困難であるかということを心得ているので、国王陛下には、あえてわずかの言葉でツェラーの教育・教授法の独自な点を——それがペスタロッチ方式であれそうでないのであれ——申し述べることをお赦しいただけるのではないかと思う。それは、当局も私も、陛下が次のようにお考えになると固く信頼してさしつかえないことをしかと信じているからである。すなわち、我々は、新しい方法をいわば実験的に陛下の諸邦に導入するつもりなどなく、なるほど新たな改善を企図する者に必要な自由を与えて行動させるけれども、しかし徐々に彼の手法を吟味し、我々の心底からの確信によって是認することのできる範囲内で彼が進んでゆくことを認めるものである、と。

ツェラーの施設の独自性は、生徒の教育、授業、そしてこの教育と授業をさらに流布しようとする意図に関して評価することができる。

（a）模範施設の長所

教育に関して同施設は次の点で抜きんでている。

［1］教育と授業が何があっても徹頭徹尾つねに相互に結合されていること。他の学校の場合と違って、自由時間が後に続くような本来の授業時間が設けられることはない。

児童は一日中、つねに教師の見ているところで、また何をしたいのか、それをどんな仕方で始めなければならないかということが明瞭にわかるような形で、課業に励む。それゆえ授業は継続的に児童の生活全体に編み込まれている。

［2］教育は、敬虔な感情を、つまりいつでもどこにでもある高次の存在に対する恐れと愛を直接基礎にする。

これにより賞罰はほとんど無用になり、体罰はまったく許されなくなる。善意と愛に導かれた共同の規則的な生活は、礼拝と宗教授業――これは宗教の最も単純な規則、つまり十戒およびキリスト教の最初の教えだけを彼らに示すが、しかしそのうえで心に働きかける――といっしょになって、たいていの場合児童をおのずと自己告白へ、悔恨と悔悛へと導く。

［3］児童は自分たち同士で教育し合い、監督し合う。

児童は複数の役目を引き受けなければならない。これは交替で行い、そのために互選を行うが、それはまことではないので、この仕組がなければ、三〇人の児童について二人の教師だけに授業をさせ、監督をさせるのは多分困難であろう。役目の権利義務を通じて、児童は秩序、厳格、公正に慣れる。

［4］同時に、もう一つの仕組が児童にたがいの愛を注ぎ込む。詳しくいうと、年長者ないし利口な児童は、年少者ないし劣った児童の教師であり後見人である。前者は後者にべたべたとつきまとうのではなく、あらゆるやり方で面倒を見て、そのようにして早い時期に配慮と感謝に基づいた愛着の絆が生じるのだが、さもなければこうした絆は後になって現実の生活によってようやく形作られるにすぎない。

［5］校舎全体に、どんな場合にもたえず真剣に取り組む雰囲気がみなぎり、多くの新しい教育方法に特有の遊び心やふざけたところを一切放逐し、しかし真剣さは決してひるむことがない。というのも、至る所で善意が支配し、恐怖は駆逐され、どんな児童も一般的規則の遵守の下で可能である自由を享受するからである。

（b）授業の仕方

授業において出発点となるのは、

［1］これまでふつうであったように、児童が読み書き計算等だけを学ぶという観点ではなくて、児童の肉体と魂のすべての主要能力をできる限り調和的に発達させ、訓練し、それを通じて読み書き計算がおのずと上手になってくるようにするという観点である。

違いは、従来の方法ではただ手短に、しばしば直接的な理由すら挙げずに、例えばあれこれの計算のやり方を述べるだけであったのに対して、新しい方法では、以後ほとんどすべての計算ができるようになるような数の関係一般を手早く確実に探る訓練を施すところにある。

つまり、前者の方法では生徒はただ実際に覚え込んだ計算に通暁しているだけで、何か変化した事例が現れたらもはやどうにもならず、練習しなければ修得したことも忘れ、そのうえ、彼の知性はそれ以上力を得ることなく、個々の技量を獲得するだけである。それに対して新しい教え方による生徒は、どんな場合にも困ることはなく、決して忘れることがない。なぜなら彼は、何ごとも暗記して学ばず、実際の数の関係を洞察する力を獲得しているからである。

［2］そこでこれによって授業の科目も決まる。すなわち、肉体は体育によって鍛えられて発達し、目と耳は図画と音楽によって正確さと自由に慣らされ、頭脳は数の関係によって（うち一部は計算である）、量の関係によって（そこには数学の初歩が登場する）、母国語の正しい知識によって――これはとくに児童があらゆる語について明確で明晰な概念を持つことにつながる――陶冶され、そして最後に頭脳と心が宗教授業と最も自然な倫理的感情の開発によって陶冶される。それから、読み書きは、一部は言語授業に、一部は図画授業におまけとして自然についてくるし、体育には、ぜひとも必要な手仕事の一部、つまり仕立て屋、靴屋、織工等々、あるいは造園業や建築業のための作業や指図が結びつけられる。例えば農民や下層都市民にしても、自分の領分を越えるようなものは絶対何一つ学ばない。なにしろ、他のあらゆる注意点を忘れかけることがあっても、数学の根本概念は、図画と同じように、未来の農夫、職人、兵士にとってきわめて有用であり、正確な歌唱は公的礼拝の信心を起こさせる勤行に役立つのであるから。

［3］これらの科目のそれぞれにおいて意図した目的を達成するためには、何らかの機械的なものは一切遠ざけなければならない。つまり、方法全体の主要原則は、児童があらゆる瞬間に何を聞き、語り、行うの

か、なにゆえにこうであって別様に行為しないのかということをつねに完全かつ明瞭に意識しなければならないということである。

どんな小さなことでもあらゆることについて釈明するように強いられ、それに慣らされることによって、児童は同時に、明晰に考え、明確に意欲し、歯切れよくしゃべることを学ぶ。

児童はあらゆる概念をそれ自体から展開し、概念をいわば教師の手引きの下で案出する。児童は暗記によって何も学ばず、それゆえ書物や教材もほとんど必要としない。

［4］したがって、一切は、児童がすでに実際につかまえたものは何か、まだ概念把握まで達していないものは何かということを、数学的な厳密さと確実さによって示すことができるかどうかにかかっている。それゆえ、各科目の授業全体は一定の段階に区分され、教師は、教え子において前の段階をすべてきちんとこなしていることを確認できない限り、次の段階に進むことができない。

［5］最後に、上述したように、先にまで進んだ児童たちは、遅れている児童たちを自主的に教えるが、それによってあらゆる教科をいっそううまくマスターできるようになる。というのも、彼らは、彼らの小さな教え子に理解させるために、しばしば様々な方法でみずから学んだことをあれこれひねくらなければならないからである。

こうした明晰で明確で自発的な授業方法は、性格に関しても、これまた必然的に、明瞭に認識され、明確で決然とした行動に反作用する。

（c）普及にあたっての長所

こうした性質を持っているので、この方法は、類似の仕組を備えた学校を短期間でもより広く普及するのに非常に便利であるという点で、他のあらゆる方法と比べて群を抜いている。というのはこういうわけである。

［1］授業を行う際の方法が確固として揺ぎなく、また授業が一定の段階を追って進んでいくならば、授業の成功は教師の特別の能力に依存することがはるかに少なくなる。

勤勉と真剣な訓練は、何らかの常識やいくらかの自然的素質と結びつきさえすれば、短期間でも、自分が教わったのと同じように、重ねて教え続けるようにもっていくことができる。

［2］村立学校教師《ラントシュールレーラー》の地位は、その本性上、採算のとれるものでありえず、そのためツェラーの施設は、第一に児童が足ることを知る生活様式と節約に慣れるようにし、第二に彼らの需要を部分的に自分で調達し、自前の菜園・畑地の純農業的な利用によってできるだけ収入を増やすように教えることを狙っている。施設の方向全体は、児童が将来不利な条件下でも進んで教職を引き受け、つらい状況の中でも喜んでそれに留まるように陶冶することを志している。

［3］村立学校制度の大きな難点は、貧しい児童すべてに教育用具を与えることがほとんどできないということにあるので、この方法をとる場合には、教育用具をなしで済ませるように配慮が払われる。石盤が児童が手に入れるほとんど唯一のものである。書物はほぼまったく使わず、紙、ペン、インクは、厳密に言えば、まるで使わない。

公教育局は、ツェラーの模範施設がここで手短に描いたその種の教育施設の見取図に近づきつつあると主張することができるものと信じる。

復活祭ごろにはこの施設はその効用をさらに州においても広めることになるであろう。

最初にプロイセンの諸県政庁の三人の参事官、次に自発的に方法を修得し、吟味する意欲のある二四人の教区監督、最後に二四人の[18]村立学校教師を招集し、ここで授業を受けさせることにする。その後、説教師が主体となって、各人それぞれの管区村に、授業に関して類似した方法によって学校を整備し、こうして整備した学校には、授業をさらに拡充するために近隣から村立学校教師を呼ぶことになる。招集された説教師に多少の熱意と才能さえあれば、一年間に六〇〇ないし一〇〇〇人の教師を育てることができる。たしかにこれらの教師はどうしても能力において等しくないであろう。しかし、それ自体において優れており、目的にかなっているばかりか、そのうえ並の者でもほとんどまちがえないという長所を保証してくれる方法に全員が熟達する。

県政庁参事官ツェラーは、当地の施設について、そしてそこで採用した方法の当州（東プロイセン州）への普及について非常に広範囲に及ぶ成果を挙げた結果、この二点に関してもはや彼が現場にいる必要はないので、当局は、彼を別の州長官部局《オーバー・プレジディアルデパルトマン》で活動させることを計画している。

他方、民衆教育に関する改良された方法をあらゆる方面から吟味し、教育学の現状が提供するあらゆる経験を利用するために、さらに六人の若い人たちをペスタロッチ自身の下に派遣し、何年かそこに留まるようにした。それゆえ彼らが帰還すれば、この間に農村部で始めた道をさらに歩み続けるために、いま一度とくに有用な候補者を獲得することができるであろう。

また、ベルリンにすでに存在する、ペスタロッチの方法によるプラマン博士[19]の教育施設は、そこにおいて方法を研究することになっている二人の若い人が所長の下に配置されることによって、支援を受けている。

そのほか、古い基準に基づいて設立された村立学校について、当局は同じくできる限り多くの配慮を行うであろう。というのも、当然のことながら当局の原則は、可能な改善を別の——たとえそれがもっと重要であっても——改善の完成の後にずらすことではなく、あらゆる部分において、同じ時期に、できる限りの活動を喚起することにあるからだ。もっとも、そのためには、一部は現在までできておらず、一部はほんの数カ月前にできたばかりの、諸県政庁の完璧な組織化を待たなければならないであろう。

しかし、プロイセン王国の若干の部分で村立学校制度がいかに荒廃した状態にあるのかということを国王陛下に示すために、私は、一つも校舎がないポメルンの若干の地域で、冬季向けにのみ暫定的に一人の教員が採用された際、複数候補者の間で一種の競《せ》りの方法によって最も少ない報酬しか要求しない者が選ばれたという事実を挙げなければならない。この恐るべき濫用を、当局は当然直ちにやめさせ、またこの地域の校舎の建設のために処置をとった。

（3）中等教育

中等学校もしくはいわゆる学識学校については、当局は現在でもすでにかなり有効な策をとることができた。

当局が第一に注意を向けたのは、凡庸な学校教師や質の悪い学校教師、あるいは少なくとも、別の方面で功績があってもこの職業に向いていない学校教師が忍び込んだり、発生したりするのを阻止し、その代りに上質の教師を置くことであった。この理由により、当局は、エリーザベト・ギムナジウムにおけるシュメル教授[20]の選任の破棄を国王陛下に提議しなければならないと考え、今後とも同様の厳しさで臨むことを義務とみなすであろう。

同じ観点から出発して、当局は、いかなる学校教師もあらためて審査を行うことなしに、ある学校から別の学校に、あるいは同一の学校で低いポストから高いポストに移動させてはならないと指示した。というのも、他のあらゆる事情などほとんどおかまいなしに、以前不遇であった教師の外面的状況を昇進により改善したり、離任した教師の後釜に間近にいる教師を据えたりするのが、ほぼどこでも行われる悪習となっていたからである。

さて、国王陛下におかれては学術代表委員会の設置についても勅許を賜わり、そのおかげではじめて学校分野に奉職する人々も厳格な審査に服させることができるようになる。その結果、しかるべく、市当局やその他の学校後援者は、委員会の同意の証明を備えた候補者のみを選ぶことを義務づけられることになるので、現在なお頻繁に生じている、学校後援者の権利[21]の悪しき帰結を大幅に回避することができるであろう。

当局がとくに注目したのは、授業計画表の送付、そして大学進学予定の生徒が大学で学ぶ準備が整っているかどうかを判定するために受けさせられる試験である。前者はたいていの場合、――本当に徹底した教育にとって有害となることだが――あまりにも多くの教科を次から次へと積み重ねていくという欠陥を持っており、当局はそこに、もっと目的にかなった簡素さと順序を持ち込もうと試みた。後者は一部非常に無頓着な形で行われていたのに対して、当局はそれを見逃さずにあくまで厳格に守るように主張した。当局は、例えばアンガーブルクの学校(22)のように、教師の数からして決してその権利がないのに学識的と呼ばれている学校から、卒業生を大学にやる権利を奪った。というのも、これまで二重の濫用が発生していたからである。すなわち、非常に無知な若い人々が入学資格ありとして大学に送られ、大部分の生徒を有用な市民に教育する営為が、教師の手によって、ほんのわずかの半学識者(23)を育成しようとする努力の犠牲にされていたためである。

こうした州の学校のうちいくらかはつい最近まで存続していたし、部分的にはいまだに、例えば二つないし三つのクラスが同時に同じ部屋の違った隅で授業を受けているような状態にある。しかしいまや県政庁の聖職・学校代表委員会が適切に組織されているように、州全体の学校制度も完全な改革に委ねられている。リタウエン県政庁はこの点でもとくに活発であることを証明してきたし、私が最近の出張で学校委員会とともにつぶさに調べた、同県政庁起草になる計画は、州の学校制度にきわめて合目的的な改善を準備しており、しかもこれは国庫にも都市自治体にも負担とならないであろう。

いくつかの重要な学校施設のうち、当局は次の施設に関して活動することができる特別な機会があった。

ベルリンでは、多くの教員ポストが空席のままであったヨアヒムスタール・ギムナジウムは、(今のところ暫定的にすぎないが)実に優秀な教育者であるシュナイダー博士とイデラー教授(24)の任命によって相当の改善がなされた。それは同時に同校の授業計画表が目的にふさわしいように変更されたことにもよる。この改革全体はとくに、ギムナジウムの視学官として任命された枢密顧問官ヴォルフ[25]の功績である。それと同時に、学務監理職の廃止は施設の金庫の負担を大きく軽減し、金庫の地所の管理をクールマルク県政庁に移管することによって、従来の慣行とは異なるが、しかしきわめて適切な寄付財産の地所管理が導入された。

ケーニヒスベルクでは、当局は、当初考えていたほど完全で徹底した改善計画は無理でも、いまやきわめて重要な改革を実行する見込みがある。当局は局自身の側からそのための一切の準備をしており、後は、国王陛下の勅許によって必要な財源を備えることができるかどうかにかかっている。

シュレージエン州のリークニッツでは貴族アカデミーがひどく衰微しており、ごくわずかの生徒しか数えられず、最も粗雑な濫用がはびこっており、施設に対する州の信頼はほとんど完全に地に落ちている[26]。当局は同校に対する特別監視をリークニッツ県政庁に委ね、教頭職を暫定的に県政庁参事官ヴォルフラム[27]（同人はすでにポーゼンでギムナジウムを指導してすばらしい成果を挙げている）に任せ、アカデミーの新組織編制のための要綱――これによれば同校は高い身分の若い人々が大学に進学するかもしくは他の活動に赴くための教育施設と定められている――を起草し、この施設がきわめて目的に反した仕方でギムナジウムと陸軍士官学校《ミリテール・アカデミー》[28]の中間物であったという奇妙な変則性をできるだけ廃棄し、乗馬の授業にまったく不相応な多くの費用と時間が当てられていた濫用を防ぎ、授業計画表をより目的にふさわしいように整備した[29]。

これらの変更はすでに現在までに、生徒数が三倍にまで増え、彼らの間で勤勉と秩序が支配し、施設に対する州の信頼があらためて大きくなり始めるという有益な成果を挙げている。

ノイマルクの都市チュリヒャウの諸教育機関とシュレージエンの都市ブンツラウの孤児院は、当局がそこから得た消息によれば、内部改革を必要としている。しかるべき専門的知識により改革にとりかかるために、当局は、ノイマルク県政庁とシュレージエンのリークニッツ県政庁に対して、それらの再審査を手配させ、それに関する詳細な報告を行うように依頼した。

ベルリンの聾唖学校および盲学校は戦争によって尋常ならざる被害を受けた。後者は単に完全に再興されただけでなく、きちんと組織化されたので、その効用はかなり多数の不幸な人々まで広がっている。前者についても同様の仕組を与える仕事は、当局の委託により、クールマルク県政庁の聖職・学校代表委員会が取り組んでいるところである。

中等学校制度が西プロイセンほど低下している州はない。戦争の破壊のほかにその点で責めを負うべきは、一部はアルトショットラントの施設の喪失である[30]。そこでは州の若い聖職者の大部分が養成されていたからである。これはしかし目下のところきわめて有害であるとしても、アルトショットラントに同情する必要はない。最終段階でそこにおいて支配していた精神は、当局が望むべき精神ではなかったし、現在そこにいる教師によってもっとましな精神を生み出すことはできないであろう。当局はすでに、この西プロイセン州の全学校制度の完全な計画作りにとりかかっている。たしかに、実行となると、利用可能な基金にかかっており、しかも基金については、とくに外国人司教の俸給を——その支払いの必要があるかどうかという問題に完全に決着がつくことになるならば——計算に入れなければならないけれども、しかしそれにもかかわらず、コニッツには復活祭とともに新しいギムナジウムが創設されることになっており[31]、当局はすでに現在、県政庁に、学校建築物の建設のための暫定的施設を作るように委託した。しかし、このギムナジウムにおいては、他のカトリックのギムナジウムがふつうそうであるのと違って、本来の大学教育は行われないことになる。神学志望学生は、当局によりブレスラウへ行くように指示されるであろう。[32] そこでは、啓蒙された学識のある多数の教師の下で、より優れた、偏見からより純化された陶冶を受けることができる。

ただし、たいていの新進の聖職者は非常に貧しいので、西プロイセン学校基金に基づいてブレスラウにおける奨学金を創設することが必要であろう。

（4）大学とアカデミー

ケーニヒスベルクとフランクフルトの両大学については、重大な欠損を埋め、かなりの改善を行わなければならなかった。両大学については、国王陛下の思し召しにより、ケーニヒスベルクにはすでに少し前に、フランクフルトにはつい最近に、これまでの収入への補助金の交付を賜わった。

ケーニヒスベルクは、ファーター、レマー、ヘルバルト、シュヴァイガーの諸教授を通じて、神学、医学、哲学、自然史につきこのうえなく有用な人物を獲得しており、文献学と統計学についてはなお、すでに招聘済みのエアフルト、ゴットホルトとガスパリを予定している。天文学については、リリエンタールのベッセル、解剖学と外科学についてはライプツィヒのイェルクと交渉中である。[33] 附属病院施設はすでに数週間前から全面的に活動している。植物園はかなり拡張されており、その庭園は来春に完成するであろう。この都市の様々な図書館は特別の建物に統合されるはずであり、その増築のための基金が提供されている。

天文台は来年に建てられ、すでに崩壊しかけている解剖学教室は再建される予定である。神学、文献学、教育学のゼミナールは、ふつうの講義のほかに、学生に、彼らの人格形成のための特別の機会を提供するであろう。

フランクフルトでは法学部がすでに良好な状態にあり、ブレドウ、シュルツ、シュピーカーの諸教授を通じて歴史学と神学に関して成果を得ている。[34]

しかし、大学の金庫は戦争によって借金することを余儀なくされる状況に陥ったので、補助金は新規の改善のためにだけ使うわけにはいかないであろう。

ベルリンに大学を設立し、両アカデミーと結合することについては、当然のことながら、輝かしい栄光を期待することができる。枢密顧問官ヴォルフをベルリンのために確保することは、文献学的学識において誰も彼にたちうちできない以上、きわめて大きな意義を持つ。私は、神学、法律学、医学の三つ専門のそれぞれについても直ちに有能な人物を招聘することを心がけており、これが実現すれば、その人たちの来援によって他の教師の選択と学則の立案を行うことができるであろう。

ハインリヒ王子の宮殿ではすでに現在講義が行われており、[35]ヴォルフがまだ正式の学生が一人もいない時点で行ったギリシャの著作家に関するラテン語講義にかなりの数の聴講者が出席したことは、真剣で純学識的な勉学にも決して意欲が欠けていないことを証明している。

こうしたことは、諸大学のためにこれまで行われてきて、将来も行われることである。たいていのドイツの大学は今や崩壊しかけており、しかも大学を通じて、ドイツ国民を学問と芸術において他国民に抜きん出させる深い根底的な精神が維持できるのであるから、国王陛下におかれては、ベルリンに設置されることが決まった大学が完成することによって、陛下の諸邦の境界をはるかに越えた功績をうち立てられることになる。

現在までケーニヒスベルクとフランクフルトについてまだ多くの教師が招聘されていないとしても、それは大部分、講和が締結されるまでの政治状況の不確かさのために、わずかの人間しか新たな関係に入る気にならなかったためである。若干の招聘が拒否されたことで私はこのことをはっきり確信した。

当局は、外国大学での勉学が国内の大学の不十分さを理由にもはや許可されなくなる時点がまもなくやってくるのを、十分な根拠をもって期待してよいであろう。しかしながら、私はこの機会を借りて国王陛下に申し上げておかなければならない。私が切に願うのは、もしベルリンの大学が完全に組織されたならば、つまり十分な信頼をもって外国人を招請できるようになったあかつきには、外国大学訪問の禁止が正式に廃止されるようになることである。この禁止は、あらゆる学問的な事柄において支配すべき寛容の精神と戦う存在である。つまり、精神の陶冶と学識に関して一つの全体をなすべきドイツの諸国家をきわめて有害な仕方で離間させ、この全体を最も厳しく見張っている当の国家をたいていの場合最もひどく害することになる存在なのだ。なぜなら、外国の訪問によって多面的な陶冶を獲得しようとする傾向に対して、禁止令（それも恒常的に破られている禁止令）を通じて対抗するのはまったく目的に反しているからである。[36]

大学を通じてとりわけ学問的知識の普及を図ることができるならば、学問それ自体の拡張は、ベルリンにおいてアカデミーおよび諸学問機関と大学とを結合することによっておおいに成果が上がると期待してよかろう。

もっとも、科学アカデミーと芸術アカデミーの両アカデミーの内的改善については、いまのところまだ何も行うことができていない。もし両アカデミーのために使われている金額が単に年金とみなされてはならないとするならば、私は、両アカデミーが根底的な改善を必要とする状態にあるということを国王陛下に対して包み隠すことができない。

科学アカデミーはすでに新しい規則のための計画を構想しており、組織改革を必要としているが、私は帰還後ただちに国王陛下にこのアカデミーにつき詳細に報告する予定である。構成員に関することも含めて大改革を行うことはほとんど不可避であろう。誰もが率直に認めざるをえないように、何人かの人は決して構成員に選ばれるべきではなかったと思われるし、若干の人は年齢のせいで学問と歩をともにすることができない。才能と学識からすればいちばん頼みにできる人々は、一部は最低の俸給しかもらわず、一部はまったくもらっておらず、最悪ともいえるのは、そういう人々が、決して同じくらい善良な精神に鼓舞されていない他の人々により投票で負かされ、活動を妨げられているということである。だが、真にふさわしい人だけが時と場所を問わず入場できるということが重きをなすのは、活気のある人物の学問だけが最高の最も名誉ある形で結びつく場となるべきアカデミーをおいてほかにない。それゆえ重要なのは、単にアカデミーには十分に基金がないということだけではなく（ベルリンのアカデミーはおそらく他の領邦の他の多くの類似施設よりも多くの収入がある）、むしろ、ただアカデミーに割り当てられた金額が目的に即して使われていないこと（これは現在でも、俸給をもらっている人が生きている限り、いきなり変えるわけにはいかない）、それから、アカデミー監理官[37]が——これを口に出すのはまことに不快なことであるが——、アカデミーは本来どうあるべきか、どうありうるかという問題を考えようとする活気がみなぎっていることを示すような原則に従って一度たりとも行為したことがないということである。私はあえて国王陛下に新たなアカデミー組織のための提案を具申するつもりであるが、その際の基準とするはずの理念は、大部分、私の弟が一番最後にベルリンを発つ前に構想したものである[38]。

芸術アカデミーもまた、あまりにもはなはだしく身過ぎ世過ぎの施設とみなされてきた。俸給がどのように受け取られているかということからして、当局は、もっと目的に即した使い方に意を用いるつもりである。これまですでに当局は授業の改善のために活動してきており、とりわけかなり前から空席になっていた遠近法教授職を熟練した工芸家フンメル[39]によってふたたび充足した。また、建築アカデミーを芸術アカデミーと統合し[40]、後者に音楽教授職を付置した[41]。

検閲[42]に関して当局は、できるだけ高度の寛容の精神を、主として国家の安全が要求する留意点と結びつけようとした。また、幸運なことに、当局が著作家の自由を制限しなければならないような、あるいは任命された検閲官から著作家を守らなければならないような重大事件は一つも起こらなかった。思うに、最も効果が上がり、最近隣国が与えた実例[43]にも適合するのは、現在の検閲令がまったく廃止され、学問的作品と真の書物に対する検閲が完全に廃棄され、新聞および、民衆への影響をあてこんだ定期刊行物のみが制限されるようになることである。私はいかなる点から見ても平穏な時期が到来することをひたすら待ち望んできたが、その時に至れば、あらゆる合法的自由にとって申し分のない、公正かつ公平な国王陛下の心持によってしかるべく迎え入れていただけるはずの提案をあえて行うことができるであろう。

四　おわりに

さて以上は、宗教・公教育局が割り当てられた活動範囲内で一部は現実に行い、一部は行いたいと願ってきたことの短い梗概であるといってよかろう。国民の幸福と価値に対して重大な影響を及ぼすがゆえに国王陛下が心を痛められている事柄をいかなる原則に従って処置すべきか、ということを陛下に正確に知っていただくために、当局の意図と計画をかなり詳細にあらかじめ示しておくことが必要であると考えたしだいである。当局は今後、これらの意図と計画のままに継続していくために、もしくはそれらを別様に修正するために、国王陛下の勅令をお待ちしたい。

その他の点について当局は今や組織上の問題はないとみなすことができる。一八〇八年一一月二四日の命令によれば、当局にはまだ二名の国務参事官が欠けていることになるが、(44) 私は、この地位の補任のために完全に目的にかなった提案を行うことができるようになるまで、この空席を暫定的に充足する手段を見つけるつもりである。

とはいえ、私は、目下当局でとっている補任の優れた方法のために新構成員の選任にあたって逡巡させられていることを喜んで認めるものである。属官についても現在完全に手当てができている。

職務に留まっている者は俸給をふたたび受け取り、それ以外の者については国王陛下の恩顧により年金または待命金を割り当てられている。

学術代表委員会は、年が明けるとともに組織を整えることができるであろう。これまで聖職事項を指導してきた様々な官庁の記録の統合については、暫定的な施設を当て、当局と、さしあたり当局に属する者の組織は、一言でいえば、完了した。

当局の活動は財務省の熱心な支援がなければまったく麻痺してしまっていたことであろう。それゆえ、この重大さをいたく感じとられた国王陛下の熱意があればこそ、財務省が当局の取り組みの救済に乗り出してくれたということに一言触れておくことは、深い満足感を持って果たすべき私の義務である。かつて宗教施設や学校施設に国庫から支出を認められていた補助金は、大部分再開され、財務省の共同上奏に対して発せられた国王陛下の認可は陛下の熟知されるところである。

内務省の側からは、当局は、一八〇八年一一月二四日の命令が確約した、力強い協働と完全な自由を享受することができた。

しかし、一般報告において私は、みずから目指すべき目的にとって何が役立ち、何が支障となりうるかということを、ことごとく率直に国王陛下の観覧に供する義務を負っているが、それにもかかわらず、もし宗教・公教育局の状況が目下の職務編制では――国務参議院が欠けているために[45]あらゆる高等行政官庁が感じている欠陥を埋めない限り――きわめて不都合なままであるだろうということに触れないでおいたならば、私は、他でもない国王陛下と私の職に対して負うべき責任を果たさないことになるであろう。

現在はまだ国務参議院は存在していないため、私はまさに、当局の提案が省を経て国王陛下の内局上奏[46]に届く最重要の瞬間に、これに影響を及ぼし、これを弁護したり説明したり、あるいは誤解だけでも防ぐことすらまったくできない。そのうえ、私は、自分に託された部分を、個々ばらばらに――つまりそれとしばしば密接に関連する他の部分の知識もなく、またそれらを所管する官庁と共同で審議する何らかの手だてもなしに――、わざわざ個別対象に関する書面の通信を引いてそれが提示していることとして処理しなければならない。当局が目下享受している――それがなければ目的にかなった管理が不可能となるような――自由ですら、組織編制の現状と同様、ただ個人的な関係に基づいており、将来については不確かである。

これらが現実のゆゆしい欠陥であるという確信がもし私の思い違いでないとするならば、この欠陥を取り除くことができるのは、国務参議院に、しかも一八〇八年一一月二四日の命令が提起しているようなそれによるしかない。しかし、これは一八〇八年一二月一六日の公告において延期された（しかし廃止されていない）のであるから、私は、たとえこれに関する私の理念をすでに現在においてさらに詳述し、国王陛下の決定が下されるまでしかるべくかしこまってお待ち申し上げないとしても、これを不遜であるとはみなしていないと申し上げたい。

ケーニヒスベルク　一八〇九年一二月一日

フンボルト

郵便はがき

料金受取人払郵便

左京局
承認

2176

（差出有効期限
2020年12月31日
まで）

6068790

（受取人）

京都市左京区吉田近衛町69
京都大学吉田南構内

京都大学学術出版会
読者カード係 行

▶ご購入申込書

書　名	定　価	冊　数
		冊
		冊

1．下記書店での受け取りを希望する。

都道府県　　市区町　　店名

2．直接裏面住所へ届けて下さい。

お支払い方法：郵便振替／代引　　公費書類（　　）通　宛名：

送料　ご注文 本体価格合計額　2500円未満380円／1万円未満：480円／1万円以上：無料　　代引の場合は金額にかかわらず一律230円

京都大学学術出版会
TEL 075-761-6182　学内内線2589 / FAX 075-761-6190
URL http://www.kyoto-up.or.jp/　E-MAIL sales@kyoto-up.or.jp

お手数ですがお買い上げいただいた本のタイトルをお書き下さい。

（書名）

■本書についてのご感想・ご質問、その他ご意見など、ご自由にお書き下さい。

■お名前

（　　歳）

■ご住所

〒

TEL

■ご職業

■ご勤務先・学校名

■所属学会・研究団体

■E-MAIL

●ご購入の動機

A.店頭で現物をみて　B.新聞・雑誌広告（雑誌名　　　　　　　　　）

C.メルマガ・ML（　　　　　　　　　）

D.小会図書目録　E.小会からの新刊案内（DM）

F.書評（　　　　　　　　　）

G.人にすすめられた　H.テキスト　I.その他

●日常的に参考にされている専門書（含 欧文書）の情報媒体は何ですか。

ご購入書店名

都道府県　　　市区町　　　店名

ご購読ありがとうございます。このカードは小会の図書およびブックフェア等催事ご案内のお届けのほか、広告・編集上の資料とさせていただきます。お手数ですがご記入の上、切手を貼らずにご投函下さい。

各種案内の受け取りを希望されない方は右に○印をおつけ下さい。　案内不要

第四章　ベルリンの高等学問施設の内面的および外面的編制について（一八一〇年？）

国民の精神的文化に直接関わるあらゆる問題が集まってくる頂点として高等学問施設という概念を立てるのは、それらの施設の使命が、語の最も深い、また最も広い意味における学問を磨き上げること、そしてその学問を、精神的、倫理的陶冶の――狙ってするのではないが、おのずと目的にかなうように整えられた――素材として利用してもらうことにあるからである。

したがって、これらの施設の本質は、内面からすれば、客観的学問を主観的陶冶と結びつけること、外面からすると、完了した学校教育を、その後に始まる、施設独自の指導による研究と結びつけること、あるいはむしろ一方から他方への移行を成就することにある。しかし、主要な立脚点はやはり学問である。なぜなら、学問は、純粋な存在である限り、たとえ個々の逸脱があろうとも、おのずから全体として適切に掌握されるからである。

ところが、これらの施設は、各々の施設がおよそ可能な限り学問の純粋理念に向かい合う時にのみ、その目的を達成することができるのであるから、独自性[1]と自由こそ、それらの領域で統べている原理である。しかし、人類の精神的な働きもまた協働する時にはじめて成果を生み、それによってある人が他の人に欠けているものを補うだけでなく、同時にある人の活動の成功が他の人を鼓舞し、普遍的、根源的な――一個人の中では単にばらばらに、もしくは派生的に――光を発する力が万人の目に見えるようになるのであるから、これらの施設の内面的編制は、たえず己を蘇生させながらも、強いられたのではない無心の間断なき協働を生み出して、その火をかき消さないようにしなければならない。

さらに、学校がすでに決着のついたできあがった知識だけに関わり、それを学ぶ場であるのに対して、高等学問施設の独自性は、つねに学問をまだ完全に解決できていない問題として扱い、それゆえたえず探究し続けるというところにある。そこからすると、教師と生徒の関係はどうしてもそれ以前の学校とは別物になる。教師は生徒のためにいるのではなく、両者が学問のためにいる。(2) 教師の仕事は同時に生徒がそこにいるということに依存しており、生徒がいなければ、たちまちことはうまく運ばなくなるであろう。もし生徒が自発的に教師の周りに集まらなかったならば、教師は生徒を探し求め、熟達しているものの、まさにそのために一面的になりやすく、あまり活発でなくなっている力と、脆弱ではあるが、偏りなくどの方向にも果敢に赴こうとする力を結びつけることを通じて、自分の目標に近づこうとするであろう。

それゆえ高等学問施設と呼ばれるものは、国家におけるあらゆる形式から解放されて、外面的な閑暇や内面的な努力によって学問と探究へと導かれる人間の精神生活にほかならない。また、そうだとすれば、ある者は一人で沈思黙考して思考を集中させ、他の者は同年配の人たちと結びつき、さらに第三の者は自分の周りに一群の若者を集めることになるであろう。国家の方も、それ自体不明確で、ある程度偶然に任されている作用をもっとしっかりした形式にまとめようと思えば、右のようなイメージにどこまでも忠実でなければならない。つまり、国家は次の点に配慮しなければならない。

［1］施設の活動がつねに最も生き生きした力強い生命力を保つようにすること、
［2］施設の活動を沈滞させないようにして、施設と学校（単に一般的理論に関わる学校だけでなく、とくに多種多様な実践的学校も含めて）との分離をあいまいにせずにしっかり維持すること。

しかし、国家がつねに自覚していなければならないのは、国家が本来こうした働きを実行するものでもなければ、また実行することもできず、それどころかむしろ国家が割って入ったとたんに妨害者になってしまうということ、この問題自体は国家をぬきにした方がはるかにうまく運ぶということである。したがって本当に重要なのは次のことだけである。

何といっても現実の社会では、何らかの広範な作用を及ぼすにはつねに外面的な形式や手段が必要となる以上、国家は学問の彫琢のためにもそれらを調達する義務を負っているということ、

ことによると国家がこの形式や手段を獲得する方法が事柄の本質にとって有害となりうるだけでなく、そもそもこうした外面的な形式や手段がまったく異質のもののために存在しているという事情そのものも、いやおうなくよくない影響を及ぼし、精神的な高貴なものを物質的で低級な現実へと貶めるということ、

そして、だからこそ、国家自身が（たとえ責任はないとしても）毀損したり、妨害してしまったものを埋め合わせたりするために、とりわけここでも内面的な本質を忘失しないでおくようにしなければならないということ。

これは、上掲の措置を別の面から見たものにすぎないとしても、結果からしてもこのように見る利点は証

明されるはずである。というのも、国家は、問題をこの側面から見た時、介入をいよいよ控え目にすることになり、また国家内の実践的作用についても、総じて理論的に正しくない見方は、人が何と言おうと罰を受けないでは済まされないからである。——なにしろ国家内の作用が単純に機械的であることなどないのだから。

以上の前置きから容易におわかりいただけると思うが、高等学問施設の内面的編制において一切は、学問をまだ完全に発見されていないもの、決して完全に見つけだせないものとみなして、たえまなく学問をそれ自体として追求するという原理を保持することにかかっているのである。

真に学問を追求することをやめたとたんに、あるいは、学問は精神の深みから創造する必要などなく、蒐集によって手を広げて数珠つなぎに並べていけるものだと思い込んだとたんに、すべては回復不可能になり、永遠に失われてしまう。失われるというのは、学問についていえば、こうした状態をいつまでも続けたならば、学問は、言語までも空蝉のごとく置き忘れてしまうほどに消え失せてしまうということである。そしてそれは国家にとってもとりかえしがつかないことになる。なぜなら、内面から生まれ出て、内面に植え付けることのできる学問だけが性格までも改造するのだが、人類と同様に国家にとっても重要なのは、知識や弁論ではなくて、性格と行動であるからだ。

さてこの邪道に陥るのを永遠に防ごうと思えば、ただ精神の三重の志向をはつらつとして養い続けさえすればよい。

一つには、何事も根源的な原理から導出すること（これによって自然の説明は、例えば機械的から動力学的、有機的説明へと、そして最後に最広義の心的な説明へと高められる）、

さらに、何事も理想の達成を考えて作ること、

最後に、前者の原理と後者の理想を一つの理念へと結びつけること。

もちろん、これをストレートに促進することなどできないし、誰しも、これを今からドイツ人の間で奨励する必要があるなどとは夢にも思わないであろう。ドイツ人の知的な国民的性格はおのずとこの傾向を帯びており、必要なのはただそれが、暴力を通じてであれ、――たしかに実際にも姿を現しつつある――反目によってであれ、抑圧されることを防ぐことだけである。

一面性はどんな場合でも高等学問施設から放逐されなければならないから、当然、以上の志向に冷淡な多くの人々やそれに反対する若干の人々もこの施設で活動することができることになる。しかし、この志向はそもそも少数の人によってのみ完全で純粋な力を発揮することができる。そしてこの志向が広範囲にわたって後々まで作用するためには、稀にそここで本物の姿を見せるだけでよい。もっとも、どのような場合でも必ず主導権を握るのは、この志向を予感する人々の間ではそれに対する尊重であり、それを破壊したがる人々の間ではそれに対する畏怖であるにちがいない。

このような志向がいちばん頻繁に、またいちばんくっきりした形で表現される領域は哲学と芸術である。しかし、これら自体がともすると変質してしまうだけでなく、それらの精神が他の部門の認識や他の種類の

探究に適切に移行しなかったり、あるいは論理学上ないし数学上の形式的なやり方でしか移行しなかったりすることからしても、それらから期待できることはほんのわずかしかない。

しかしとどのつまり、高等学問施設において学問をそれ自体として追求するという原理が支配的となるならば、もはや何らかの他の事柄についていちいち思いわずらう必要はない。そうなれば、一体性も完全性も欠けることはなく、一方は他方をおのずと求め、両者はおのずと――ここにこそあらゆる良き学問的方法の秘密があるのだ――適切な相互作用の関係に入っていくのである。

そうなれば、内面的な事柄についてはあらゆる要求が充足されていることになる。

そこで、国家との関係にまつわる外面的な事柄やその際の国家の活動に関していえば、国家は、呼び集めるべき人物の選択を通じて精神的な力の豊かさ(強靭さと多様性)について、また彼らの活動の自由について配慮しなければならないだけである。だが、自由を脅かす危険は、国家の方からだけでなく、施設自体の方からも迫ってくる。施設は、開設されるとたちまち、一定の精神を受容し、他の精神の出現をとかく窒息させがちとなるからである。ここからともすると生じかねない弊害についても、国家が予防しなければならない。

要は活動させることになっている人物の選択にかかっている。人物に関して欠陥のある選択を防ぐ矯正方法は、後で全施設を個々の部分に区分する際に述べることができるであろう。

この問題の次に最も重要なのは、わずかの数の、単純ではあるが、通例よりも深くまで及ぶ編制規則であるが、これについてもやはり個々の部分を論じる際に議論することができる。

最後に、補助手段を考慮に入れなければならないが、それについてはただ一般的にこう言うことができるだけである。いうまでもなく、死せる蒐集物の堆積を主要事とみなすことはできず、むしろ忘れてはならないのは、補助手段がともすると精神を鈍らせ、低次元に引きずり下ろすのに貢献するのであって、だからこそ、最も財力のあるアカデミーや大学が、学問を心をこめて手厚く処遇する場所であったためしは一度としてないのだ、と。ところが、国家活動に関して高等学問施設の総体について言えることは、この施設が高等施設として学校とどういう関係にあり、学問施設として実生活とどういう関係にあるのかということに関連してくる。

国家は、大学をギムナジウムとしても専門学校としても扱ってはならず、アカデミーを技術代表委員会や学術代表委員会として利用してはならない[3]。国家は、全体として（というのもこれにつき大学でどんな個々の例外が生じざるをえないかということは後に明らかにするので）、直接真正面から国家に関わることは大学・アカデミーに対して一切要求してはならず、むしろ次のことを心底から確信していなければならない。すなわち、大学・アカデミーは、みずからの究極目的を達するならば、それと同時に国家の目的を、しかもはるかに高い見地から――つまり国家よりもはるかに多くのことをまとめることができ、国家が動かすことができるのとはまったく別の諸力や梃子の動員を可能にするような見地から――実現することができるのだ、と。

しかし他面、学校を整備して、高等学問施設の仕事にしかるべく手を貸すことができるようにすることは主として国家の義務である。これはとりわけこの施設と学校との関係の正しい洞察と、現在すでに成果を出しつつある次のような確信にかかっている。高等学問施設は学校として大学の教育に参加する使命を帯びてもいないし、大学は学校の単なる――他の点では同種の――補完物、学校の上級クラスでもない。むしろ、学校から大学への進学は青年期の人生の一区切りである。学校はうまくいけばこの区切りをくっきりとつけてやり、生徒が肉体的、倫理的、知的に自由と自主独立の手に委ねられてもだいじょうぶであり、強制から解放されても無為に陥ったり実生活に宗旨替えしたりせず、それまでいわば遠くから見せられていただけの学問へと自己を高めたいという憧れを抱くようにしてやるのだ、と。

学校がそこに到達する道は単純で確実である。学校は、ただ生徒の中にあるあらゆる能力を調和的に完成することを考えなければならないだけである。つまり、生徒の力をできるだけわずかな数の対象について、できるだけ全面にわたって訓練し、あらゆる知識を心に植え付け、そうすることで、理解し、知り、精神的に創造することが外面的な環境によってではなく、生徒の内面的な精密さ、調和、美によって刺激を受けるようにしなければならない。そのためには、そして純粋学問のための頭脳の下稽古のためには、とくに数学を――それも思考能力の最初の訓練の時から――利用しなければならない。

さて、こうして準備を整えた心はおのずと学問にとりかかる。というのも、これとは違った準備をした場合、同じ勤勉と同じ才能の持主であっても、またたくまに、あるいは陶冶の完成しないうちに、実践的な活動にのめり込み、そのため後者についてすら使い物にならなくなるか、――高次の学問的志向が欠けているために――個々の知識で気晴らしをするようになるからである。

高等学問施設の区分根拠とその様々な種類について

高等学問施設といえば、ふつうは大学と科学アカデミー・芸術アカデミーのことを指す。これらの偶然に発生した施設を、理念から発生したかのように演繹することは困難ではない。しかし、一つには、カント以来非常に好まれたようなそうした演繹[4]にはつねに無理にねじ曲げたようなところが残っているし、一つにはそうした企図そのものが無用である。

それに対してきわめて重要なのはこういう問いである。大学と並んでアカデミーを設立したり維持したりするのは本当に努力に値するのか、それぞれが他方にはできないやり方で活動できるようにするには、どのような活動範囲をそれぞれ別個に、あるいは両者共通に割り当てなければならないのか。

もし大学には学問を教授し普及する使命が、アカデミーには学問を拡張する使命があると言明する人がいるとすれば、それは明らかに前者に対して不当な扱いをすることになる。学問は、アカデミー会員によるのと同じくらい――ドイツではそれ以上に――まちがいなく大学教師によって拡張されてきたし、大学教師はまさに教職を通じて彼らの専門分野におけるこうした進歩を成就した。なぜなら、聴講者を前にした口頭の講義は、――なにしろ聴講者の中にはともに考える頭脳すらつねにかなりの数に上るのであるから――いったんこの種の研究に慣れ親しんだことのある人間を、著作家の生活の孤独な閑暇やアカデミー仲間の緩やかな結合と同じくらいに、鼓舞するからである。学問の歩みは、学問がたえず多数の人々の中で、しかも力強く敏捷で若々しい頭脳の中であれこれこね回される大学という場でこそ、明らかにスピードを増し、活発になる。総じて学問を学問として本当の意味で講じるには、その都度あらためて学問をみずから進んで把握しなければならず、もしもその時に――それどころか頻繁に――発見にぶつからないようなことがあったとすれば、それこそ不可解というものであろう。さらに、大学で教えることは、研究のための閑暇の一時中断と考えなければならないほど骨の折れる仕事ではなく、むしろ研究のための補助手段とみなしておけばよかろう。それに、どこの大規模大学にも、ほとんど、もしくはまったく講義しないことによって、ひたすら孤独に一人で勉強し探究する人物もつねにいる。ここからするとたしかに、学問の拡張は純然たる大学に――それがしかるべく整備されているとしての話であるが――任せておき、この究極目的のためにアカデミーのお世話になる必要などないということになるかもしれない。

仲間同士の団体[5]は、もちろん大学教師自身の間では判で押したようにいつでも存在するわけではなく、したがってまたアカデミーのように費用のかかる施設を創設するための十分な基盤になりにくいと思われる。なにしろ、このような団体は、一面ではアカデミー自身の内部でもかなり弛緩しており、他方ではせいぜいのところ、観察・実験科学のうちで個々の事実の速やかな伝達が役に立つ分野で主として利用されているだけなのである。そのうえ、これらの専門分野では国家の力添えがなくても難なく私的な団体が自然にできる。

事態をもう少し正確にたどってみよう。アカデミーは主として外国で繁栄してきた。外国では大学はドイツの大学が享受してきた恩恵を今なお与えられておらず、その意義が認められることもほとんどないが、ドイツでは、とりわけ大学がない地方で、また大学に寛容で多面的な精神が欠けていた時代にアカデミーが繁栄した。最近では、アカデミーはどれ一つとしてとくにすぐれた業績を挙げておらず、ドイツの学問と芸術の真の興隆にほとんど、あるいはまったく参与していない。

したがって、大学とアカデミーの両施設に旺盛な活動をさせるためには、両者の活動を分離したままにしながら、個々の構成員が必ずしも専任でなくどちらかに属するという形で両者を結合することが必要である。そうした結合によって、両者の分離したままの存続を新たに適切な方法で利用することができる。

しかしそうすると、そうした利用は両施設の活動の独自性を基礎にする割合がはるかに少なくなり（実際のところ、独自のアカデミーを設立しなくても、それが目指すことは、とくに――これは本来のアカデミーとはあいかわらずおおいに違っているけれども――大学教師がゲッティンゲンの例に見られるようにあらためて独自の学識協会[6]を作ることができる場合には、大学教師によって十分に達成することができる）、むしろ両施設の形式および両施設の国家に対する関係の独自性こそが利用の基礎となる。

より詳しくいうと、大学は、つねに国家のための実践的な仕事、つまり青年の指導を引き受けるのであるから、実生活および国家の必要とかなり密接な関係にあるが、それに対してアカデミーは純粋に学問それ自体にのみ関わっている。大学の教師たちは、学問分野の外面的および内面的秩序という点に関してたがいにただ一般的にすぎない結合関係にあるが、しかしその本来の仕事に関しては、それぞれ個人の性向に導かれる限りにおいてのみ、たがいに連絡を取り合うにすぎない。それに対してアカデミーは真正面から、一人ひとりの業績を全員の評価に委ねるべき使命を持つ団体である。

このようにして、学問の最高かつ最終の自由の場[7]としての、また国家から最も独立した団体としてのアカデミーの理念はゆるぎなく保持しなければならない。しかし、こうした独立した団体があまりにも貧弱な、もしくは一面的な活動を行った場合、それは、正義が最も好都合な外面的条件の下で最も容易に成就されるとは限らないということを実証することになるのかどうか、この点はとりあえず運に任せる他ない。運に任せる他ないというのは、理念それ自体は美しく有益である以上、それが実際にもしかるべき態様で実現される瞬間はいつでも到来しうるからである。

さてここでは大学とアカデミーの間に競争や反目が生じるが、そこに行きすぎや活動不足を懸念せざるをえない時には、両者がたがいに対しておのずと均衡を保つような相互作用も生まれてくる。

この反目は何よりもまず両団体の構成員の選任に関わっている。つまり、アカデミーの構成員は誰であれ、わざわざ教授資格論文を提出しなくても講義を行う権利があるが、しかしそれによって大学の構成員になるわけではない。幾人かの学者が大学教師とアカデミー会員の両方を兼ねざるをえないのは当然であるが、しかし両施設はそれぞれ専任の学者も擁していなければならない。

大学教師の任命権はもっぱら国家に留保されたままにしておかなければならない。人事について、ものわかりがよくて公平な監理委員会《クラトリウム》が自然な形で影響を及ぼす域を超えて学部に介入を許すのは、まちがいなく適切な仕組であるとはいえない。なぜなら、大学では反目や軋轢は無害な必要物であり、教師の間でその仕事自体のために発生する衝突は、はからずも彼らの視点をずらすこともあるからである。それに、大学の持つ性質は国家の直接的利害とあまりにも密接に結ばれている。

だが、アカデミーの構成員の選任はアカデミー自身に委ねられなければならず、ただ、まさかなしでは済まされない国王の認証の拘束を受けるだけである。というのも、アカデミーは、一体性の原理が大学の場合よりもずっと重きをなしている団体であり、その純粋に学問的な目的は国家そのものにほとんど関わらないからである。

ところが、ここから、右で言及した、高等学問施設への選任に際しての矯正手段が生じてくる。なにしろ、国家とアカデミーはこれについてほぼ平等に関与する以上、両者が行動する際の精神はたちまち明らかとなり、もし両者がまちがうようなことになれば、世論自体が即座に中立的な立場でそれを裁くことになるからである。しかし、両者が同時に、少なくとも同じ仕方でまちがうような事態はめったにないので、少なくとも選任の全部が全部に同時に危険が及ぶことはなく、施設全体は一面性から守られている。

むしろ、この施設において活動する諸力は多様性に富んでいるはずである。というのも、国家に任命された人とアカデミーによって選任された人の両階級にさらに私講師[8]が加わるからであるが、後者を引き立て、支えるのは少なくとも当初は聴講者の喝采だけである。

しかしまた、アカデミーは、学術論文執筆の他に、体系的順序に従って行う観察や実験を通じてまったく独自の活動を行う。そのうちいくらかはアカデミーが自由に行ってよいが、他は委託されたものであり、これについてはさらに大学が影響を及ぼすはずであり、かくして新たな相互関係が生まれることになるであろう。

アカデミーと大学の他に、高等学問施設に属するものとして生命のない諸機関[9]がある。

これは両者の間に別個にあって、直接国家の監督下に置かれなければならない。しかし、両者、つまりアカデミーと大学は、単に——一定の修正を施したうえで——この施設を利用するだけでなく、制御もしなければならない。

しかし、制御といっても、警告や改善の提案を直接行うのではなく、それを国家に持ち込むという形でしか行うことができない。

アカデミーは大学を通じてこの諸機関から利益を得る。例えば解剖学教室や動物解剖学教室のように、自然科学の広い見地からではなく医学の限られた見地から見られていたため以前ならアカデミーといかなる結びつきもなかったような機関も、利用することができる。

したがって、アカデミー、大学、補助機関は、高等学問施設全体を構成する三つの等しく独立した部分である。

これらすべては——ただし後二者はより多く、前者はより少なく——国家の指導と上級監督権に服する。

アカデミーと大学は二つとも等しく独立しているが、共通の構成員を擁し、大学があらゆるアカデミー構成員に講義を行う権利を認め、アカデミーが大学の提案する一連の観察と実験を行う限りで、両者は結合している。

両者は補助機関を利用し、監視を行うが、しかしこの監視は、いざ実行という際には、国家を介してただ間接的にのみなされる。(10)

第四部　参考資料　ドイツ憲法論

第一章　ドイツ憲法論（一八一三年一二月）

一　序論

親愛なる友よ、当地に来てやっと、将来のドイツの憲法に関する私の考えをあなたに伝えるという約束を果たす余裕ができた。(1) 私もこの町の中に入ることを心待ちにしていた。ここでなら、一介のドイツ人が論じることができる最重要の案件をかなり落ち着いて真摯に語ることが可能である。なにしろここでは、昔の制度(2)の痕跡にもまだ十分な敬意が払われているので、再興などいとも簡単なことだと思い込む妄想も、没落など意にも介さない態度も、ともに免れることができるのである。

私の提案に対してはおそらく、いつ変るかもしれない前提に基づいているのではないかという非難の声がまっさきに出てくるであろう。しかし、そのような非難が向けられるべき相手は私ではなく、むしろ事実の方である。真に確実な結合を成就することができるためには、物理的な強制によるか、精神的な強要による他ない。だが政治というものはまさに、物理的強制を背後でちらつかせなければ、精神的強要などほとんどあてにすることができない、という具合にできている。しかもこの示威がどれだけ必要でどれだけ有効かということは、つねに同時に状況の偶然の絡み合いにおおいに左右されるのだ。それゆえ政治は、いわば絶対に確実であるはずの手段など決して考えてはならず、状況の偶然の結びつきに——その結びつきがそれ自体確かであると思われるならば——最大限に寄り添い、その結びつきを最も自然に制御する手段のみを考えることが許される。我々は成果が不確実であるという可能性を甘受しなければならず、制度を維持するためには制度の基礎となる精神がつねに必要であることを忘れてはならない。

新しいものを何一つ作る必要がないのであれば、つまり不適切なものを解体した後に、事態がおのずから成るに任せられるのであれば、それに越したことはないであろう。なぜなら、世の中の出来事というものは、人間が消極的に行為しさえすればするほど、その分うまく運ぶからである。しかし、目下の状況ではそうはいかない。我々は破壊を強いられてきたのだから、積極的な行為、積極的な建設がなされなければならない。ライン同盟(3)が解消された以上、今やドイツから生まれるべきものを決定しなければならず、たとえいかなる類の統合も望まず、すべての邦が個別に存続する方がよいとしても、やはりこの状態を何とか調整して、安定させなければならないであろう。

しかし、将来のドイツの状態について語る時、フランスに対するドイツの安全を確保したい、という限定された観点にいつまでも留まっていることのないように、十分注意しなければならない。ドイツの自立を脅かしているのは事実上フランスだけだとしても、それだけを念頭に置いた一面的な観点は、偉大な国民のために永続的に利益となる状態の礎を築こうとする際の規矩として役立つことは決してない。ドイツは自由でかつ強くなければならない。ドイツをあれこれの隣国から、あるいは総じてあらゆる敵から防衛できるようにするためだけではない。対外的に強い国民のみが、国内のあらゆる恩寵の源泉でもある精神をみずからのうちに宿しておくからでもある。よしんばドイツが試練に晒されることなどないとしても、必要な自尊心を涵養するために、平穏で妨げられることなく国民の発展に専心するために、またヨーロッパ諸国民の真只中で彼らにとってドイツが占める有益な地位を持続的に維持できるために、ドイツは自由でかつ強くなければならない。

この側面から見れば、ドイツ諸邦がそれぞれ個別に存在すべきか、あるいは一つの全体としての共同体を形成すべきか、という問いの答えは明白である。ドイツの小規模邦の君主は支えを必要とし、大規模邦の君主は拠り所を必要としている。プロイセンやオーストリアにとってさえ、自分たちよりも大きな――一般的にいえば重要性においてずっと勝る――全体の一部であると自覚することは、有益なことである。寛大な保護と緩やかな従属から構成されたこうした関係ができるならば、おのれの利害を第一義とする諸邦の見方にもっと公正で普遍的な観点を持ち込むことが可能となる。それに、ドイツが一つの全体を成すという感情もドイツ人の胸から根絶することはできない。この感情は、単に習俗、言語、学芸《リテラトゥーア》を共有しているということだけに基づくわけではなく（なにしろ我々は、スイスやもともとのプロイセン地域[4]とは、この感情を同程度に共有していないのだから）、ともに享受してきた権利と自由や、ともに勝ち取ってきた名声、危機の克服の記憶に基づいており、またかつて父祖を結びつけ、今となっては子孫の憧憬の中でのみ生きている、親密な結合の思い出に基づいているのである。寄る辺なきドイツ諸邦がばらばらの状態である限り（たとえ小規模諸邦全部を大規模諸邦にくっつけたとしても）、まったく、あるいはほとんど責任を負うことのできない諸邦の大群が増殖してヨーロッパの勢力均衡を崩しかねず、大規模なドイツ諸邦は――オーストリアやプロイセンですらも――危機に陥り、しだいにドイツの国民性のすべてが掘り崩されることになるであろう。

自然が諸個人を諸国民に統合し、人類を諸国民に分離するやり口には、一人では無でしかない個人と、個々人においてしか尊重されない血族が、バランスのとれた漸進的な諸力の発展の真の軌道から逸れないようにするための、まことに深遠な秘密に満ちた手段が隠されている。政治はそうした見方に耳を傾ける必要はないが、事物の自然な性質に逆らうという思い上がりを犯してはならない。だが今やドイツは――国境は時勢に応じて拡大したり縮小したりするけれども――、その住民の感情の中で、そして外国人の眼前で、つねにただ一つの国民、ただ一つの民族、ただ一つの国家であり続けるであろう。

それゆえ問題となりうるのは、いかにしてドイツからふたたび一つの全体を創るべきか、ということだけである。

旧き国制を再興できるならば、これほど望ましいことはないであろう。そして、もしもその内なる活発な力が外国の勢力を抑制さえしていたならば、旧き国制はふたたびしなやかに立ち上がることができるだろう。だが残念なことに、その国制が時間をかけてゆっくりと死に絶えたこと自体が、外国勢力によってそれが破壊されたことの主たる原因だったのであり、この勢力が消え失せた現在でも、旧き国制のいかなる部分も、ただいたずらに願うばかりで、復活に向けた努力をしていないのである。親密な結合関係や、首長に対する構成員の厳格な従属関係があったところから、あれこれの部分をもぎ取って、一つの緩やかに結びついた全体ができあがったが、その中では、おおよそ宗教改革期以来、あらゆる部分がたがいに離れようとしていたのである。そうした状態から、我々がいま切実に必要としている正反対の努力は、どのようにして生じるというのか。

個々の点を検討するならば、いくらでも困難が生じてくる。皇帝位の再生、選帝侯の少人数への制限、皇帝選挙の条件、どれもこれも、首長の側でも構成員の側でも、無限の障害にぶつかるであろう。そしてかりにそのすべてが克服されたとしても、その時できたものはやはり何らかの新しいものであって、旧きものが再生されることにはならない。なぜなら、今必要である我々の自立の確保にとって以前の帝国的結合では不十分だということを疑う人はおそらく一人も出てこないからである。したがって、たとえ名は旧くても、新しい形態を創出しなければなければならないであろう。(5)

一つの政治的全体を形成するためには二つの接着剤しかない。現実に存在する憲法《ヴィルクリッヒェ・フェアファッスング》か純然たる連合《フェアアイン》である。両者の違いは――必ずしもそれ自体としての違いではないが、当面の究極目的に合わせていえば――、憲法ではもっぱら当事者の一部だけに強制権が付与されるのに対して、連合では全当事者に違反者に対する強制権が帰属するというところにある。一般的には連合よりも憲法を採るべきことは論を俟たない。憲法の方が厳粛であり、拘束力が強く、持続性もあるからだ。ところが、諸々の憲法は、その一部が生活の中に組み込まれていて、その存在を目にすることができる実体の一部であるが、この実体の根源を全体として捉えることはできず、ましてそれを模写することなどほとんどできない。あらゆる憲法は、たとえ単なる理論上の構成物とみなされる時も、その活力の実質的な萌芽を時代や状況や国民的性格の中に見つけ出して、この萌芽を成長させなければならない。憲法を純粋に理性と経験の原理に従って基礎づけようとすることは、はなはだいかがわしい行為である。現実に持続しているすべての憲法が形式の整わない、厳密な吟味に耐えない起源を持っているのはまずまちがいないといってよいが、起源からして理路整然とした憲法が持続性と継続性に欠けることもまずまちがいないといってよい。

したがって、「ドイツは真の憲法を持つべきか」という問いには、私見では次のように答えるしかない。この問いに決定を下さなければならない時にあたって、もし首長と構成員が、「自分たちは首長と構成員であることを欲する」と表明するならば、その申し出に従って、「ただ統率し、そして制限を行うがよい」と答える。だが、これがそうではなくて、「全体のためには一つの紐帯《アイン・バント》が存在しなければならない」という冷静な悟性的判断だけを漏らしているのであれば、「とやかく言わずに控え目な姿勢に終始して、ただ諸国家の連合、すなわち同盟《ブント》を作り上げるのがよい」と答える。

歴史によって容易に証明できると思うが、持続力のあることが実証された憲法はすべて、それぞれの時代の中にある種の形式を見つけて、その形式に従ったにすぎない。ところが、現代には、ドイツの憲法の基礎となりうるような形式は存在しない。むしろいわゆる憲法《コンスティトゥティオン》はすべて、フランス革命以来吐き気をもよおすほどに繰り返されてきた形式のみすぼらしさと脆さによって、当然のごとく不興をこうむった[6]。それに対して、国家間の連携の政治的形式のすべてが完全な発達を遂げたのは近時に特有の事態であり、そこからして、今後創設されることになる諸邦連合《シュターテンフェアアイン》も、こうした政治的形式による方が、しっかりした絆を結ぶことができるのである。

さて、単なる防衛同盟を通じて形成されたドイツの統合において、諸邦を結びつけ、その結合を維持する原理はそもそも何であるのかと問われれば、私はただ次のような——もちろん多分非常に強力であるが、しかしいうまでもなく大部分が道徳的である——原理を挙げることができるのみである。

オーストリアとプロイセンの合意。
両者以外のドイツ諸邦の中で最大の諸邦の利害。
以上すべての諸邦に対して小規模な諸邦が対抗しえないこと。
国民の精神をふたたび呼び起こし、自由と自立によって維持すること。
ロシアとイギリスによる保証。

強固で一貫した、決して断絶することのないオーストリアとプロイセンの合意と友好が、この建築物全体のただ一つの要石である。この合意を欠いては連合を維持することができないが、それと同様、この合意はただ連合が存在するだけでは確保することができない。同盟を結ぶために与えられていなければならないのは、同盟の外にある定点である。同盟は徹頭徹尾政治的連合であるから、やはり純粋に政治的な原理によって左右される。けれどもまさに、どんな盟約にも含まれる義務以上のものは一切オーストリアとプロイセンの関係に持ち込まず、両国の合意を、両国自身の繁栄も含めたドイツ全体の繁栄の基礎とすることによってこそ、自由と必然性の感情を通じて両国の合意を強化することができる。加えて、両強国の間では従属も権力の分割も許されないから、排他的利益を追求する理由が何もない。

オーストリアとプロイセンに次ぐ最大規模の諸邦は何としても、隣国に対するすべての不信と恐怖を乗り越え、全体の独立を守ることに対して自分たちが占める重みを感じ、自国内の心配事から解放されて共通の不安を取り除くことだけ考えていられるだけの大国《グロース》でなければならない。これに該当するのはバイエルンとハノーファーだけであろう。それに対して、ヘッセンやヴュルテンベルクやダルムシュタットなどの中規模諸邦は、かつてと同じ制限の中に置かれなければならない。これら諸邦はさして大国とはいえないために、一切の偏狭で一面的な見方を超越していると前提することができず、だからこそ外国勢力はこれら諸邦の一つと結びつくことに大きな関心を抱くに違いない。

現代のような時代には、既存のものに配慮することなく、すべての関係をあらためて吟味し直さなければならないのは当然である。それゆえ今日ではしばしば二通りの主張が聞こえてくる。すなわち、「ドイツの小規模諸邦を完全になくすべきだ」という主張と、「小規模諸邦を少なくともライン川およびフランス国境から遠く離れた地に移すべきだ」という主張である。しかし、対フランス同盟勢力[7]はすべて一様に、事物の公正な秩序が再興されたとたん、古来の、少なくともかつてドイツのために色々尽くした諸侯の家産に手を触れることを忌避することになるから、問題をあらゆる方面から明らかにするためには、この点を考慮に入れる必要がある。

たしかに外国勢力に対する防衛に関しては、少数者の下での統一を前提としてよいのであれば、ドイツを四つか五つの大邦に分割するのが都合がよいだろう。だがドイツは他のどんな帝国にも増して明らかに、ヨーロッパにおいて二重の地位を占めてきた。政治的権力がその一つだが、それほど重要ではないけれども、ドイツはその言語、学芸、習俗、そして思考様式によって、このうえなく有益な影響を及ぼすことができた。今はこの後者の長所を犠牲にするのではなく、——いくつかの困難をさらに克服する必要があるにせよ——前者の長所と結びつけなければならない。ところが、後者の長所はとりわけ教養の多様性のおかげをこうむっているが、その多様性は非常な分裂状態によって生じたのであって、もしこれがまったくなくなれば、多様性の大部分が失われるであろう。ドイツ人は、共通の祖国の中の特殊な地方《ラント》の住民であることを意識することで、自分がドイツ人であることをかろうじて自覚する。ドイツ人の力と努力は、自分の地域の自立を犠牲にして、どう見ても気にくわない馴染みのない全体に配属させられたら、萎えさせられてしまう。これは愛郷心《パトリオティスムス》にも影響を及ぼすが、そればかりか市民の精神を最良の担保とする諸邦の安全は、各邦にかつての臣民を任せるという原則があれば、最大限の効果を得られるかもしれない。諸個人と同じく諸国民にも、どんな政策によっても変更できない方向性がある。ドイツの方向性とは一つの諸邦連合《シュターテンフェアアイン》であるということにある。だからこそドイツは、フランスやスペインのようにただ一つのかたまりに融合しているのでもなければ、イタリアのように個々ばらばらの諸国家から成っているのでもないのである。しかし、四つか五つの大邦のみを存続させるならば、ドイツのあり方はまちがいなくフランスやスペイン、もしくはイタリアのような方向へと進んでしまうだろう。諸邦連合というものは、四つや五つどころか、もっと多くの数の邦を必要とする。選択肢は二つに一つ。どうあっても不可能な――そして私見ではまったく望ましくない――統一か、この多数性か。なるほど、多数性の確保のためにほかでもないライン同盟に参加した諸侯を残すとすれば、さらには、回復された正義がこの不正と恣意の所産にお墨付きを与えるならば、なんとも奇怪なことと思われるかもしれない。だが個別的な変更を行うことはいつでもできる。ちなみに政治が対象とするものにおいては、ひとたび生じて何年も存続しているという事実があれば、何人も否定できない権利が認められるようになる。――これが、不正に対しては、それが始まると同時に断固として立ち向かうべき最重要の理由の一つである。

ほかならぬフランスとの国境地帯を大邦によって構成すべきかどうかというのは、むしろ軍事的問題であるように思われる。しかし、ドイツの安全は、オーストリアとプロイセンの――他のドイツ諸侯により増強された――兵力に依拠しており、この両者は、フランスからかなり離れた位置にあり、固有の確固たる境界によって安全を保たれ、敵との間に両国の監視と影響力に服する領域がある以上、より自由にドイツの防衛にあたることができる。現実に戦争がひとたび勃発すれば、敵軍に国境を突破されるのを防ぐことはどんな大邦にとっても容易ではないが、境をじかに接していれば、戦争はいっそう容易に引き起こされることになるのである。だから、大邦はすべからく、重要度で劣る国々を自分たちの間に置くことを好んできたのだ。そして、ライン川の此岸にはつねに小さな諸邦が存在しうるし、また――それが妥当と思われるのだが、ふたたびラインがドイツの川になるならば[8]――、彼岸にも存在することができる。そのためにはただ、スイスとオランダが独立を維持し、ライン川自体に攻撃用の要塞を認めないで、有事の際の作戦支援のためにいくつかの陣地を設けることにしさえすればよい。

ドイツの統合の形成に関する以下の提案の趣旨を説明するためには、以上の駆け足の考察で十分であろう。

二 総則

第一項 全ドイツ諸侯は、相互防衛の盟約を通じて、一つの政治的全体へと統合される。

この盟約は、主権者たる君主により締結される完全に平等で自由な結合であり、盟約の構成員は、みずから盟約を通じて自由意思により認めた場合を除いて、相互の間に権限の差異はない。

第二項　この盟約の目的は、ドイツの安寧と独立を維持し、個々のドイツ諸邦における法律に基づいた法的状態を確保することである。

第三項　この盟約についての保証は、ヨーロッパの強国、とくにロシアとイギリスが引き受ける。

これら両強国は、ドイツに限定されない強国でもある[9]オーストリアおよびプロイセンと独自の同盟条約を通じて結合されているので、オーストリアとプロイセンは、この保証に関して、自国ではなく、ドイツに対して企てられた攻撃についてもどの程度まで支援を要請する権利を持つべきかという点につき、詳細な規定を必要とする。

第四項　ただしこの保証は、外国からの攻撃に対するドイツの防衛のみに関わるものであって、保証にあたる強国は、ドイツの対内的な事項に対して干渉する権利を一切放棄する。

もしこの規定を設けなかったならば、――これはたえず警戒しなければならないことだが――ドイツ諸邦のいずれかが、より大きな諸邦の一つに対抗して、保証にあたる強国の一つを利用しようとする狙いを過度に助長することになるであろう。こうした事態に際して、保証にあたる強国は、プロイセンとオーストリアが抑制してくれることを無条件に信頼するところから出発しなければならない。何もかもぜがひでも確保して、相互の均衡を図ろうとすると、不平と分裂を生むばかりである。

第五項　ドイツの個々の諸邦が相互に対して持つ権利の保障は、その権利が盟約そのものに由来するかどうかに関わりなく、オーストリア、プロイセン、バイエルン、ハノーファーが共同で、かつ完全に平等な権限によって引き受ける。これら雄邦（そのうちの一つまたは一つ以上）それ自身の権利が問題となる場合には、保障の任にあたることから生じる、これら諸邦のための権利は停止され、他のドイツの諸邦がそれらの地位に取って代る。この目的のため、場合によっては盟約において、これら以外の四邦を一定の順位をつけて指定する。

対内的な権利をこのように特別に保障することが必要なのは、それによってドイツ諸侯の間の紛争に際して行われる仲裁者による調停を維持するためである。バイエルンとハノーファーをそのために迎え入れることは、共同の利益の促進にもっと積極的に関与させることにより、これらの邦をより活発にそれに結びつける、という右で述べた考えにも通じる。

第六項　共同の盟約は期限なしで締結される。各当事者は将来にわたりこれから離脱する権利を放棄する。

本条項により、この盟約は、存続につき各当事者の随意に任せる通常の盟約と区別されることになるであろう。もし離脱したときは、たとえ厳粛に事前通告を行った場合であっても、すべて違反とみなされ、敵として処遇される理由となるであろう。この規定は必要不可欠であり、いかなる意味でも不当ではない。なぜなら、ドイツの独立の確保を目的とする同盟から一人のドイツの君主を切り離すことは、それ自体不自然でほとんど想像不可能であるけれども、しかし決して許容してはならない事柄であるからだ。

三　盟約の諸条件

これは対外的、対内的な国法および立法という対象に関わる。

(1) 対外的国法

第七項　ドイツの君主はすべて、しかるべく自邦の全力を尽くして、共通の祖国を防衛するために積極的に行動する義務を負う。

第八項　それゆえ君主はすべて、祖国が戦争状態に入った場合ただちに、盟約自体により割り当てられることになる戦力を投入する。

第九項　戦争状態に至っているか、またいつ至ったのかという声明は、オーストリアとプロイセンが行う。この声明は必ず両宮廷が共同して行うものとする。ただし、ドイツの領域内に外国の部隊が敵意をもって侵入したときには、この種の声明を要しない。

全ドイツ諸邦のうちオーストリアとプロイセンのみがヨーロッパの国際関係においても帰趨を決する力を持つ強国である以上、宣戦布告の権限を安心して任せることができるのは両国をおいてほかにない。後掲第一四項で言及する講和条約締結の権限も、同じ根拠に基づく。これら両強国がかくも重要な点につき意見の一致を見ない場合に備えて、かりにそれに関する規定を盟約に加えたとしても、まったく無意味というべきであろう。すでに右で触れたように、盟約によって合意を強制することもできなければ、盟約に際して合意なしで済ませられるわけでもないのである。

第一〇項　ドイツの君主はすべて、盟約により、共同で戦争を遂行するにあたって一定数の部隊を供出し、軍需品を一定量供給する責任を負う。

オーストリアとプロイセンがドイツ内に有する領土の大きさではなく、保持する総力に応じて、すなわちヨーロッパの強国として、そうした戦争に参加するのは、自明のことである。というのも、ドイツ連合の存続にとって最重要の担保は、まさに、オーストリアとプロイセンが、ドイツの独立と自立をみずからの政治的生存と不可分であるとみなしている、という事態にあるのだから。両強国のどちらかが、ドイツの防衛戦争に中途半端な形でしか参加しない、といった事態は、今後もはや問題になりえない。

第一一項　分担兵力として部隊を供出する邦は、自邦の部隊から独自の軍団を編制する権限があり、この兵力をあらかじめ定めておくことにする。その他すべての君主の部隊は共同軍団に統合される。戦時および平時の共同軍団の監督は、オーストリアとプロイセンの間でなされるべき合意に従って、もし可能であればドイツの王侯に委ねられる。

第一二項　独自の軍団を編制する君主はすべて、自邦の戦力を憲法に基づいた状態に保っておく任務を託される。他方、ドイツの共同軍団の一角を構成する部隊を擁する君主は、平時にあっても軍事施設に対する特別の監督を受け入れることを誓約する。これを行わなければ、軍の一体性を保つことができないであろう。この監督は、これらの軍団の司令官によって、これを任命した雄邦の権威の下で行われる。

小規模邦の君主の場合にはこのような監督がぜひとも必要であるとしても、大規模邦の君主についてそれを行うことは不可能であろう。後者についても影響力を行使しなければならないが、それは一般的な政治的影響に留まるであろう。

第一三項　ドイツの共同の軍制、すなわち後備軍や予備役の編制、場合によっては必要となる共同要塞の設置、戦時における司令部の配置などについて、一部は盟約そのものにおいて、一部は固有の諸規則において多くの個別規定が必要となるが、ここでは主要な点のみを主眼とするので、割愛する。

第一四項　共同で行う戦争において講和を締結する権限は、オーストリアとプロイセンのみが共同で持つ。しかし、両強国は、盟約に含まれている君主の現有領地ないし権利を縮減する結果を招くような講和その他の条約を結ばないことを確約する。

若干の、もしくはすべてのドイツの君主たちに講和締結の権限を分有させようとしても、まったく無駄な努力に終るであろう。この種の重要な事柄は、つねに諸邦が相互に対して及ぼす政治的影響力によってのみ決定されることになる。オーストリアやプロイセンのような強国は、彼ら自身の、そして全体の――ドイツだけに限らない(10)――死活を決する問題については、憲法や形式によって拘束されず、しようと思っても拘束できない。これらの形式があったところで、それは単に見せかけだけのものであり、回避され骨抜きにされるであろう。形式に縛られるくらいなら、オーストリアとプロイセンの十分に了解された共同の利益に従うこと以外に、ドイツ諸侯にとっての繁栄はありえず、両強国が、その行動や影響力を通じて、ますます緊密にたがいに結びつくこと以外に、いかなる政治もありえない、ということを暗黙のうちに認める方がはるかにましである。

第一五項　盟約に包含される君主はすべて、盟約に含まれる条項に撞着するようないかなる種類の条約や拘束関係も結ばないことを誓約する。

第一六項　ドイツ内にのみ領土を有する君主[11]は、対外戦争、もしくはドイツ同盟として行う戦争以外の戦争一般に参加する権利、それを目的とする盟約を締結する権利、外国の部隊を自邦内に入れることを認める権利、自邦の部隊を外国に貸与する権利を放棄する。

この制限は、バイエルンのようなドイツの大規模邦の君主も免れることはできない。ドイツの兵力は、外国の利益のためにむだにしたり、削いだりしてはならない。また、ドイツの直接の安寧に関わらない戦争にドイツを巻き込みかねないあらゆる口実がつけ込む隙をふさいでおかなければならない。ハノーファーがこの原則に従わなければならないのは当然である[12]。

第一七項　全ドイツ諸侯は、相互の間の紛争を穏便な和解を通じて解決すること、それが不首尾に終った場合には、前述の箇所（第五項）で言及した、ドイツの対内的な平穏を保証する四雄邦が仲裁者として下す裁定に無条件に従うことを誓約する。

こうした仲裁者の裁定を仰ぐ案件の処理方法は、盟約において精確に規定されなければならない。こうすることで、ドイツ内でのあらゆるフェーデ[13]のほんのわずかの可能性でも摘み取っておかなければならない。個々の諸邦間の紛争については、保証にあたる君主たちが乗り出せば、たしかに解決策は一つだけに留まらないかもしれない。しかし、もしその君主たちの監督の下で、その他の君主たちも判事を派遣することのできるような独自の裁判所を設置できるならば、それに越したことはないであろう。

もっとも、そのような裁判所の裁定は、つねにかの四大雄邦によってのみ執行されることになるであろう。

（2）対内的国法

第一八項　君主はすべて、自邦内で主権に関わるあらゆる権利を付与されることになっても、ドイツのどの邦にも領邦議会《シュテンデ》[14]を創設するか、もしくは復活しなければならないであろう。

よく整備された領邦議会は、単に私権への政府の侵害に対する必要な防御手段となるだけではなく、国民の間に自立の感情を高め、国民と政府との絆を強める。そのうえ領邦議会はドイツ古来の制度であり、ただ近代になって廃れてしまうか、無内容な形式的なものになったにすぎない。

第一九項　領邦議会の権利を定めるにあたっては、一定の原則を、ドイツ全体を通じて一般的であるとみなして採用しなければならないが、その他の点については、個々の領邦の以前の国制と切り離すことができない差異を考慮に入れなければならない。

こうした差異は、まったく無害であるばかりか、あらゆる領邦において国制を国民的性格にぴったり接合するために不可欠である。理論的に作った一般的な規則《レゲルマーン》を全領邦に命じ、それによってすべての多様性と独自性を破壊するという近時に特有の方法は、理論と実践の関係に関する誤った理解から生じうる最も危険な失敗の一つである。

とはいえ、実際に一般化されなければならない原則は、盟約自体においてもっと精確に詳述されるべきであろう。

第二〇項　陪臣化[15]された帝国等族の境遇については、この他になお特別の確認事項が必要である。

彼らの境遇については、陪臣化――それは有無をいわさぬ措置にすぎなかったのだが[16]――の際に彼らに残された権利の歴史的事情をずばり顧慮して規定するよりも、むしろ国法の原則に従って定めるべきであろう。そうすると必然的に二重の問いが生じざるをえない。「陪臣化された帝国等族を、それ以外の領邦等族とまったく同列の地位に置く方がよいのではないか」という問い、あるいは逆に、「彼らの境遇をもっと有利に定め、そのうえでさらに小規模邦の君主を今や主権を認められた君主の下に陪臣化して、大規模邦の君主に従属させた方がよいのではないか」という問いである。

前者は、すでにひどく不正に扱われてきた階層に対して冷酷であり、ほとんど、あるいはまったく利益をもたらさないだろう。

ドイツがいくつかの大邦からのみ構成されるのを目にしたいと願う者はみな後者に賛成するであろう。では私はどうかといえば、この論稿の初めに挙げた理由からこれに反対する。ドイツに四つか五つの数の邦しかないならば、ドイツは諸邦連合とはならず、いちばん本質的なもの、すなわちドイツの統一が害されるのである。そうなれば、国内的権利の保障も共通の裁判所も考えることができず、すべての陪臣化された君主は、より大きな政府の侵害に抗する権利をたちどころに失うであろう。しかし、いまここで行っている諸提案は、共同の安全が脅かされることのないような形で、現在存在している小規模邦君主の主権に関わる権利を制限するものである。

陪臣化のために苦しむすべての者のためにそれを一般的に廃止しようとしても、乗り越えられない障害物によって阻まれるであろう。

第二一項　政府による領邦議会の権利の侵害があれば、侵害された側は、ドイツ国内の保証の任を引き受ける四雄邦[17]に告発することができる。これについては四雄邦の監督下に置かれた法廷が判決を下す。

第二二項　浪費をする政府に対する領邦議会の告訴に基づいて、前項と同じ手段によって、当該領邦に対して一時的な強制管理の手続きとることができる。

第二三項　ドイツのある邦の臣民の民事訴訟が、その邦の内部ですべての審級を経ることができるか、それとも邦外に最上級の審級を求めなければならないかという点については、標準となる邦の大きさを人口によって定める。

第二四項　民事裁判の三審級をみずからのうちに持つだけの規模に達しない邦は、刑事事件の判決についても、判決で下された刑罰が今後定められることになる程度に達ししだい、その邦以外の邦の裁判所の再審理に服さなければならない。

小規模諸邦は、三審級に分かれ、しかるべく人員を配置した裁判所を擁して維持することがまったく不可能であるから、この確認事項は、恣意を避けようとするならば絶対に必要である。

第二五項　さらに、このような邦は、現行の民刑事法を修正する命令を公布させるためには、上訴を容認すべき最高裁判所を持つ邦に、批准のために当該命令を提出しなければならない。

司法と立法はたがいに緊密に結びついているので、この規定は前項のためにどうしても必要となる。

第二六項　上訴に関して他の邦を従属させている邦は、従属する邦の裁判所で明らかな不正が行われていることを察知したときには、ドイツ国内の平穏を保証する四雄邦により再審理が行われるよう手配することができる。

第二七項　小規模諸邦に簡便かつ安価な方法で最上級の審級を調達するために、それら諸邦すべてを地理的位置に従って四大雄邦の一つに割り振り、後者が小規模領邦に対する最上級の審級の権利を行使することする。

この制度よりも、かつてあったように、自邦から他邦へと上訴しなければならないすべての諸侯のために一つの固有の裁判所(18)を設置する方がずっと適切であるように思われる。しかしそうなると、このような裁判所には、全ドイツのための一つの特別な立法審議機関を付置しなければならない。その審議機関の裁決は小規模邦諸侯にとっては拘束力を持つであろうし、またその機関の鑑定意見は大規模邦諸侯も受け入れることができるであろう。――ことによるとこれは、しだいに一般的なドイツの立法が実現していく道かもしれない。しかし、帝国首長が存在しない場合には、そのような裁判所にしかるべき一貫性と独立性と統一性とを保証することがきわめて困難である。この裁判所を上（第一七項）で問題にした裁判所――これは本来公法上《プブリスティッシュ》の問題のみに判決を下すべき裁判所であるのだが――と結びつけることができるかどうかは、より精緻な研究を必要とするが、ここはそれを行うのにふさわしい場所ではない。

（3）立法

立法については、すでに上記の第二五項と第二七項で、民事立法と刑事立法について述べたことのほかになお提案するとすれば、以下の諸規定を採用することだけである。

第二八項　ドイツのある邦の臣民はすべて他のドイツの邦に移住する自由がある。これについて妨害することも、財産の没収を科することも許されない。

この自由は、ドイツが一つの全体へと結びつくことによってドイツ人が自己の個々の生存のために引き出しうるあらゆる利益の基礎である。

第二九項　犯罪者、浮浪者、および被疑者をドイツのある邦から他邦に追放することは、どのようなものであれ、今後完全に停止される。

第三〇項　ドイツ内の他邦にある大学で学ぶ自由は一般的なものであり、いかなる規定によっても制限されず、「最低限一定の期間、邦内の大学に在籍した後でなければならない」とする規定によっても制限されない[19]。

ドイツの隅々に至るまで均等に精神形成を進歩させることができるかどうかは、とりわけこの自由にかかっている。この自由は政治的観点からもぜひとも必要である。

第三一項　ドイツ諸邦は、すべての相互取引を包括した通商条約を結ぶ。この条約では少なくとも、ドイツ内のある邦から他邦へのすべての輸出入につき関税に上限が定められる。この条約に基づく決定の修正は当事者が共同して行わなければならない。

金融・通商事項につき、別の観点からもドイツ諸邦の協働を考えることができる。その場合にはドイツ共通通商財務官庁が役に立つかもしれない。これを、諸侯の連帯債務のために手配された委員会――こちらはいずれにしても一八二一年まで存続しなければならない[20]――に付置することがあるいは可能となるかもしれない。

＊　＊　＊

以上は、言ってみれば、当地に来てようやくざっと書き留めた提案のようなものである。しかしお忘れになっては困るのだが、この論稿全体は、ともかく真の帝国首長を伴った国制の再興が――私はそう思うのだが――不可能であるとして、なおどういうことが可能であるかを示そうとする試みにすぎない。もしもドイツ帝国にふたたび首長を戴くことができたならば（もっとも首長は、はるかに大きな損失を引き起こさないために、十分な力を持たなければならならず、また服従を確保しておくために、あるいは嫉妬心や反抗心を刺戟しないために、十分な尊敬の念を集めなければならないであろう）、もちろんたいていの事柄は、ここで私が述べたのとは違った仕方で調整しければならないことになる。というのも、もしもそうなれば、真の帝国等族もまた、対外的な政治状況にも関わるより大きな権利を携えて、首長に対峙するに違いないからである。

第二章　ゲンツ宛覚書（一八一四年一月）

親愛なる友よ、ご承知のように、私が将来のドイツ憲法のための提案を作成したのは、とりわけ、別の考え――それがたとえ私の考えを覆すようなものであっても――を続いて出てこさせるようなものが何かがあれば、と考えてのことであった。誰しも、他人の論稿を批評するのは、自分自身の論稿を書こうと決心するよりも簡単である。それゆえ、私は、この提案を前にして、およそ自分の仕事の内容について譲歩できるという点にかけては、人後に落ちないつもりであるが、ただこの提案が実現不可能であるとするあなたの主張にだけは譲るわけにはいかない。

というのは、第一点、つまりバイエルンとハノーファーを交戦と講和に関する投票権から締め出すわけにはいかないであろう、という点に関していえば、もし両邦にこの権限に与らせることになれば――これには必ずしも賛同できないが――、そのために、実現の困難はともすると増幅しかねないからである。もっとも、ここからそれほど大きな不都合は生じないかもしれない。なぜなら、ハノーファーと連合しているイギリス[1]が、何といってもそれについて投票権を持つことになり、バイエルンも、たとえ名目上投票に参加するとしても、やはりみずからよりも強大な雄邦の意志に従わざるをえないと思われるからである。

中小規模のドイツ諸邦の君主の反対については、さほど尊重する必要はないものと思われる。彼らは、ドイツ帝国[2]の下にあっても、ライン同盟規約の上でも、無条件の主権を一度も持ったことがなかった[3]（彼らは主権の行使について、恣意的に扱われるかと思えば、すぐにまた恣意的に振る舞うといった境遇に甘んじてきたのだ）。これは、完全に無条件に主権を認める条項を含んでいる我々の諸条約においても同様である。(4) これら諸邦の臣民と領邦議会は新しい仕組に両手を挙げて賛成するであろうから、はじめは不満があっても、時間とともにやわらいでゆき、さほど声高に表明する必要もなくなるであろう。その上、課される制限は、ひどく小さな邦の君主でなければそれほどこたえない。例えばヴュルテンベルクやヘッセンのような邦ならば、他のドイツ諸侯との紛争について仲裁者に従い、あまりにも等閑に付されがちな領邦議会の権利を尊重しなければならないだけだ、ということになるであろう。

第三点についていうと、提案した諸施策をまったく一般的に導入するということになれば、いくつかの修正を行わなければならないであろう。

とはいえ、まず肝心なことをやり抜くとなると、もとより困難を覚悟しなければならないことを否定するつもりはない。しかし、ドイツは大病に冒されており、いくらかの外科処置を施さなければ癒えないであろう。どれほどりっぱな企てであっても、不当な恣意を制限しようと思えば、冷酷と評されるような真剣で厳格な姿勢をもってしなければ、成就したためしがない。

さて、かりに私が自分の考えから完全に離れ、これから建設されることになる諸邦連合は平等な諸侯の間でのみ存立を許される、というあなたの原則を貫こうとするならば、何よりもまず、ドイツの個々の領邦内の状態を改善する可能性が一切失われてしまう。そうすると、得るところがないだけではなく、これを許せば、真の不正を犯すことになる。ドイツにおいて個々人の諸権利は、つねにではないにせよ多くの場合効力を有する法律によって保障されていた。外国の暴力は、単にこれを破壊しただけでなく、多数の君主自身を臣民に変えてしまった。残った君主とその政府は、この暴力的で無法な状態を通じて、旧帝国ではまったくなじみがなかった原理や格率にまで手を出す始末である。この状態に終止符を打たなければ、そこから、政府と臣民が持つべきはずの性格が、——今すでに一部ではそうなっているのだが——完全に堕落するという事態が発生し、また、最近の出来事が十分に示しているように、諸邦の維持を現実に担っている精神も失われてしまう。

また、対外的な防衛だけに限定しても、私の見る限り、あなたの考えによるとドイツの諸侯同士の自由な同盟条約を締結しなければならないことになるが、そうすると仲裁者による保証や共通の裁判所等は断念することになる。たとえこれらの条約が個々の君主にあまり制限を課さないものであっても、やはりまた彼らの間に同じ不満が生じるのを恐れなければならないであろう。もしこれらの条約がまったく制限を課さないものであったならば、この連合はひどくしまりがないものであり、たとえ主目的はこれから達成できるとしても、「一つのドイツがある」などとはとても言えないということを、あなたにお認めいただかなくてはなるまい。いずれにせよ、個々の君主が、無制限とは言わないまでも非常に強力な実力を持つとなると、その数を相当減らさなければならないことになる。これをどのようにして調整すればよいのか。新しい陪臣化によるか、それとも、私の理解した限りではこれがあなたの考えであるが、君主の一族郎党の系列を一つの系列に集約することによるのか（ついでにいえば、嫉妬心とはつねに最も親しい者たちに対して最も大きくなるものであるから、これによってその家系はいっそう深く傷つけられることになるだろう）。——これらの処置の方が私の提案よりもはるかに過酷であるように見えないかどうか、はるかに多くの不満を生み出すことにならないかどうか、私にはわからないが。

とはいえ、私はおそらくあなたの考えをひどくいい加減にしか理解できていないので、それをもっと詳しく、はっきりと書いてほしいとお願いしても、さほど法外な要求にはならないであろう。そうしていただくことは、あなたが本当の意味で原理上私と立場を異にしており、しかもあなたの論稿と私の論稿で、——皇帝位の復活を度外視するならば——唯一可能な二つの仕組が尽くされているだけに、いっそう重要となるであろう。なぜなら、考えられるのは次の選択肢だけだからである。

一人の首長を戴いた現実に存在する憲法《ヴィルクリッヒェ・フェアファッスング》か、

それとも、首長ぬきで、最初の加盟は自由だがその後は永久に拘束力を持つ条約に基づいた憲法を持つ諸邦連合か、

あるいは最後に、一切の憲法を持たない、単なる自由な同盟条約による結合か、である。これは、完全に独立した大国が締結するのと同様のものであり、その解消は、それがたとえ別の方面から合法的な戦争を引き起こす可能性があっても、違法と呼ばれてはならないことになる。

私の理解する限り、最後の選択肢があなたの考えに合致するものである。

二番目の選択肢を敷衍したものが私の論稿であるとみなしていただきたい。そして、憲法を創ろうとするどのような構想も、その憲法の存続を狙った手段を含んでいなければならないが、私の構想ではこの手段は以下の点にある。

①ドイツの雄邦もしくは諸邦の三段階の等級づけを承認すること。

②中級の諸邦が相当強い力を、すなわち領土の大きさや国制に対する関与の程度によって納得のいくだけの強い勢力を保持すること。

③それに対して、一番下の等級に属するすべての諸邦は小規模のままとし、その面積は一八〇一年当時(5)に戻されること。

上掲の第一番目の選択肢が実現不可能であることについて我々はたがいに一致している。

第三章　ドイツ憲法起草委員会の基本原則（一八一四年四月）

第一条　ドイツの全邦はドイツ同盟[1]という名の一つの政治的連合組織体を形成する。

第二条　全同盟構成員は、憲法により限定された、主権に対する権利を享受する。

第三条　基本議定書に署名する予定の同盟構成員は次のとおりである。

ⓐオーストリア、プロイセン、ハノーファー、デンマーク。デンマークが加わるのは、スウェーデン領ポメルン[2]とホルシュタイン[3]のためであり、後者はドイツにとって返還要求されるべきものである。

ⓑ対仏同盟国の宮廷が、条約により生存と主権を保証したすべての諸侯。このほかに、いまだ主権の保証を得ていないブラウンシュヴァイク家とオルデンブルク家、および同盟国宮廷が同盟直属の地位を確約したヘッセン-ホンブルク家も、加えられなければならない。

ⓒ三つのハンザ都市。

注意せよ。本条並びに第四条および第一三条の検討を容易にするために、ドイツ帝国解体の時点まで存続していたすべての侯および伯の一覧表を本文書に添え、なおハッセルが一八〇五年に公刊した統計に従って、彼らの領地の人口に関する報告を付した[4]。

第四条　かつてドイツ帝国直属であったが、ライン同盟により陪臣化された他のすべての侯および伯は引き続き、編入された領邦に帰属する。しかし、彼らは、これらの領邦の領邦等族[5]の中の最上位に就き、憲法が定める固有の特権を享受する。
第五条　同盟の目的は、外国からのあらゆる攻撃に対して共通の祖国を防衛することだけでなく、各個の領邦における国民の様々な階層および個人のすべての権利を保障することにもある。
第六条　同盟はロシアとイギリスの保証の下に置かれる。
第七条　同盟は共通の了解による他解消することができない。共通の了解に達するまではいかなる構成員も離脱する権利はなく、これに該当するあらゆる試みは反逆罪として扱う。
第八条　いかなる構成員も、ドイツ憲法が課す義務に背馳する盟約もしくは何らかの条約を締結することはできない。
第九条　同時にヨーロッパの大国に属しているオーストリア、プロイセン、デンマーク[6]を除く全構成員は、外国の宮廷と盟約を結ぶ権利、同盟がみずから決議した戦争を除いて戦争に参加する権利、自邦内に外国軍が入ることを許可する権利、あるいは自邦の臣民をいずれかの大国において軍務に就かせる権利を明示的に放棄する。
第一〇条　すべての構成員は、例外なく、構成員同士の間で紛争が起こっても、武力により解決する権利を放棄する。むしろ紛争を平和的に終結させるか、あるいは同盟の決定に従うことを確約する。
第一一条　同盟にとって共通の利益は、監理府《ディレクトワール》（同盟委員会）[7]が主宰する会議《ディエット》（同盟会議）[8]が調整する。
第一二条　監理府は、四家、すなわちオーストリア、プロイセン、バイエルン、ハノーファーの四家の代表委員から成る。一七九二年[9]以前――その時代を同盟諸国の宮廷は大多数の合意をする際に参照してきた

――のかつての選帝侯集団のうちで残っていたのはこの四家だけである。オーストリアとプロイセンはそれぞれ二票を持つこととする。審議の際に票の絶対多数が成立しうるように、バイエルンとハノーファーは、交替で二票を投じる権利を持つこととする。この投票方式は、監理府内で投票を行う場合にのみ実施される。

第一三条　同盟会議は、監理府、およびその所領が一〇万人以上の人口を持つ、監理府以外のすべての同盟構成員の代表委員により構成され、同一の議院に招集される。一つの家系から派生した相異なる分家の領地の人口は合算されるが、その際分家は投票権を共同でしか行使することができない。同様のことは三つのハンザ都市にもあてはまる。この結果、同盟会議には、監理府を含めて一七票の投票権者が存在することになる。

第一四条　監理府に席を占めない同盟構成員についても、所領の規模と共同の審議に対する影響力との間でしかるべき均衡が保たれるように、構成員によって票数に差をつけることとする。しかし、これらの構成員と監理府との間に適切な衡平性を維持するために、後者は同盟会議の審議において、他のすべての構成員の票数の合計よりも一票多く持つこととする。監理府の合計票は、監理府内の個別の審議の場合と同じ比率で、かつ同じ交替の仕方で、監理府の構成員に分配される。

第一五条　同盟会議の監理府は同盟の執行権を体現し、同盟会議に諮ることなく単独で、交戦と講和、並びに、対外関係、軍事組織編制、同盟防衛手段に属するすべての事項につき決定を行う。監理府は外国の大国と単独で条約を締結および批准する。監理府を構成する宮廷のみが、外交官を外国の宮廷に派遣し、また外国から外交官を接受する権限を持つ。ただし、ハンザ都市の領事は例外とする。

第一六条　その他、同盟の共通の利益に関わり、憲法典自体に基づいて直接決定を下すことのできないすべての問題は、同盟会議における審議に付されなければならない。

第一七条　同盟会議は一年に一回だけ今後定める期日に招集される。監理府は常設とする。

第一八条　ドイツ同盟裁判所を創設する。[10] これは同盟会議とは別の場所に置き、とりわけ諸侯のみならず監理府からも完全に独立し、もっぱら同盟会議全体の管轄に服する。裁判官の任命は、憲法で定められる予定のより詳細な規定に従って、すべての同盟構成員の権限とする。

第一九条　この裁判所の使命は、とりわけ、いずれかの同盟構成員の臣民または等族がその政府に対して提起した異議について決定を下すことにある。

第二〇条　同盟構成員同士の係争問題につき、共通の了解の下で同盟裁判所もしくは監理府に決定を委ねるか否かは、利害を有する紛争当事者が決める。それについて当事者間で意見の一致をみないとき、監理府は、その案件が法的性質を持つか政治的性質を持つかに応じて、裁判所に送付するか、監理府みずからが決定を下す。みずから決定を下すときであっても、監理府はつねに同盟裁判所の裁判官の意見を聞かなければならない。ただし、当事者は裁判官の中の一定数を忌避することができる。

第二一条　ドイツを四つのクライスに区分し、[11] 各クライスは監理府を構成する諸侯のうちの一人が管掌する。このクライスの区分の目的は次の三つである。

ⓐ同盟会議または監理府が下す命令の執行。

ⓑ軍事組織編制。

ⓒ司法組織編制。

第二二条　すべての同盟構成員は、憲法議定書そのものによって、戦時であると平時であるとを問わず、一定数の正規軍と後備軍を維持する義務を負う。同じく予備役を組織する義務も負う。[12]

第二三条　監理府に席を占めない全同盟構成員は、軍事組織編制については、監理府の命令、およびクライスを管掌する諸侯による監督に服する。[13] 監理府が命令する措置の執行についても、同断とする。しかし、戦時に二万五〇〇〇人以上の正規軍および後備軍を提供する同盟構成員は、みずから選んだ司令官の指揮の下に、別個の軍団を編制する権利を持つ。他の同盟構成員の部隊はクライスの軍団に統合される。クライス軍団の司令官は監理府が任命する。

第二四条　人口一〇万人以上のドイツ諸邦のみが、不上訴特権[14]を享受する。他のすべての邦は、裁判管轄権の行使に関して、そのクライスを管掌する邦に服することとし、その限りにおいて次の義務を負う。

ⓐ第三審における自邦の臣民の訴訟を、クライスを管掌する邦の最高裁判所に送付するように命じること。

ⓑ一〇年以上の懲役刑、もしくはそれ以上の刑罰を科する自邦の刑事事件判決は、この裁判所の再審理に委ねること。

ⓒ民事法または刑事法の案件に関する立法または裁判所令を変更しようとする時、そのための政令についてはすべて、右と同じ再審理を承認すること。

第二五条　ドイツ同盟の構成員はすべて、その領邦内に領邦議会[15]を創設または再興する義務を負う。これらの領邦議会のうち、ドイツ帝国の解体時になってはじめて廃止されたものについては、当時持っていたのと同じ権利のままで再興されるように要求することができる。この権利の確定に関する紛争は同盟裁判所の管轄に属する。領邦議会の権利の最小限は以下のとおりである。

ⓐ直接税および間接税は、領邦議会の同意を得ることなしに引き上げることができない。

ⓑ政府が引き受けたいかなる債務も、領邦議会の同意なしには有効性を持たない。

ⓒ政府は毎年公金の用途について、領邦議会に会計報告をしなければならない。

ⓓ領邦議会は、領邦の立法または行政に濫用の疑義があると信じるとき、そのすべてについて政府に異議を申し立てる権利を持つ。

第二六条　領邦議会は、公金の管理または司法権の行使の仕方に関する異議を聞き入れられなかったとき、それを同盟会議に届け出ることができる。同盟会議は、公金の管理については、領邦を強制管理下に置くところまで踏み込み、司法権の行使については、同盟裁判所の一般的な再審理を指示することができる。

第二七条　陪臣化された侯および伯は、彼らの属する領邦において、彼らと同じ階層の一員である領邦等族[16]の中で最上位を占める。彼らの権利と責任は、憲法において詳細に定められ、彼らに関わる諸邦のすべての個別的政令は、憲法の公布と当時にただちに廃止される。彼らの運命を決する原理は以下のとおりである。

ⓐ彼らとその家族の構成員にとっていかなる人格的隷従も存在せず、したがって彼らに対していかなる制

限や人格的奉仕も課すことができない。

ⓑ彼らに対してなされる、対人訴訟は、彼らが編入された領邦の裁判所ではなく、クライスを管掌する邦の裁判所においてのみ提起することができる。また、彼らが当の邦に属しているときには、近隣の大規模な邦の裁判所と同盟最高裁判所の最終審において提起することができる。

ⓒ彼らは自治権とそこから派生する一切の権利を持たないが、それを別にすれば、領邦高権[17]に関する一切の権利については、一般行政と両立する限りで、奪われることはない。

ⓓ彼らはその臣民から十分の一税や地代等を、一般的な領邦法が定めた変更に即して、今後も徴収し続けるが、しかし主権者たる君主は、彼らの同意を得ることなしに、この十分の一税や地代を金銭により買い取ることができない。

ⓔ彼らの人格、家族、および財産に対しては、主権者たる君主自身の人格および財産も同じ負担を負う限りでのみ、課税することができる。

第四章　各ドイツ臣民の権利および陪臣化された侯と伯の権利について（一八一四年四月）

第一条　ドイツ諸邦それぞれの固有の国制は、ドイツ帝国の解体によっても、ライン同盟の解体によっても、廃止されなかった。したがって、諸侯の権威のみによって、決してそれらを変更することはできない。

第二条　すべてのドイツ人は、自由または財産を、現行法に従ってこれにつき権限を有する裁判所の判決によることなくして、奪われてはならない。警察上の措置または上級官庁の命令によりドイツ人を逮捕した場合、必ず二四時間以内に、権限のある裁判官が準備した正式の手続をとらなければならない。

第三条　司法の進行は、いかなる権威からの命令があっても、妨げてはならない(1)。主権者が、自分の利益が関係しうる事件において当事者となるときには、主権者または内閣の側からこの種の事件について裁判所に命令が下されても、裁判所はあえてこれに従わない。

第四条　出版の自由は、公正かつ理性的な検閲によらずに、制限してはならない。すべてのドイツ人は、みずから適切とみなすドイツの領邦において自己の作品を出版することができる。著作者は、現行検閲法に違反した場合を除いて、訴追されることはなく、また罰せられることもない。

第五条　ドイツのあらゆる大学において学ぶことは一般的に許されており、政府はこれを妨げてはならない。

第六条　すべてドイツ人は、他のいかなる邦においても、あるいはまたドイツと戦争状態にないいかなる外国の大国においても、文官または武官となることができる。(2)

第七条　すべてドイツ人は、ドイツの一領邦から他領邦に移住することができる。政府はこの移住を、移住金と呼ばれる税の徴収以外の条件に依存させてはならない。移住金は、その課税が廃止されていない地域だけに限られる。

第八条　陪臣化された侯および伯は、自身が属する領邦において主権を有する君主に対して、いかなる人格的な隷従関係にもない。もし彼らとその家族の構成員に人格的な制限または義務が課されてきたとしても、それらは今後すべて廃止される。

第九条　陪臣化された伯および侯が臣民から徴収していた一〇分の一税、地代、並びにその他の収入を、主権を有する一部の君主が買い取った際の根拠となった協定、並びに陪臣化された邦に対して課税された際の方式は、ドイツ憲法が公布されるとただちに、一般的な再審理に付されなければならないので、いかなる君主も、関係する当事者との共通の了解がある場合を除いて、何らかの事項について何らかの変更をなしえない。

第一〇条　ドイツ諸侯の家の様々な分家同士の間でドイツ帝国の解体時に存続していたすべての家法、協定、および申し合わせは、それ以降に、これらの家の統治と関わる分家の単独行動によって廃止または変更することはできなかったので、今後は以前の有効性を回復する。

補充資料（一）　シュタイン　ドイツ憲法について（一八一三年八月）

ドイツ人は誰しも、二〇年にわたる血なまぐさい闘争の果てに祖国にもたらされたものが、個々人には財産と自由と生命の安全を、国民には永遠不屈の破壊的な敵・フランスに対する抵抗力をもたらしてくれるびくともしない境地であってほしいと、率直に、また慎ましく願っている。

いま論じなければならないのはこの世で最大の関心事である。――すなわち教養があり、道徳的で、資質からしても、到達した高い発展段階からしても尊敬されてしかるべき一五〇〇万の人々が、国境と言語と道徳と国民性の不滅の内面的性格を通じて、二つの異なった大国と切り離せない関係にある、ということである。したがって、ここで考察する対象は重大であり、判断の時機を誤れば取り返しがつかないことになる。だから、人生のめぐり合わせで立場上この課題を解決する使命を帯びながら、必ずしも全力を尽くし本気で取り組むことができない者たちに向かって、同時代や後世の人々は手厳しい評価を下すことであろう。

ドイツの旧国制[1]は住民の一人ひとりに人格と財産の安全を約束した。大規模な完結した諸領邦[2]では領邦議会[3]と司法組織が、その他の諸邦では帝国裁判所[4]、つまり皇帝による総監督がこの二つの境遇を保証してくれたのである。君主[5]の恣意は、徴税や、臣民の人格に関わる訴訟手続において徹底して制限されていた。今やこれらの保護装置はずたずたに切り裂かれて、一五〇〇万のドイツ人は三六人の小専制君主[6]の恣意にさらされている。バイエルンやヴュルテンベルクやヴェストファーレンの国家行政の歴史をたどってみれば、荒々しい改革熱、馬鹿げた思い上がり、放埒な浪費、けだもののような情欲が、かつては栄えていたこれらの諸邦の哀れな住民たちのあらゆる種類の幸福の破壊を成し遂げてきたということが納得されるであろう。

こうした状態がもたらす諸々の帰結はますます破壊の度を高めてゆく。古くからあるドイツの細分化が、住民から国民性の感情を奪い、自立の感情を損ない、そのため祖国の重大な利害から顔をそむけ、卑小なものにしか眼差しを注がなくなったのだとしても、住民は、法の保護の下で生活している限り、道徳と人格的尊厳の感情を保持していた。しかし、どちらも、これらの小専制政治のためにたちまち没落することになる。そこでは住民は、統治者やその寵臣たちの気まぐれにさらされ、ほんのわずかでもあえてその鎖を解いて立ち上がろうとすると、とりかえしのつかないはめに陥ってしまう。そのためドイツ人は、ますますぶしつけで、媚びへつらう下劣な人間になってゆき、もし現在の細分化が将来の講和条約によって固定化することになれば、それぞれの領邦同士の疎隔は年を追って広がっていくことになるであろう。

この小専制政治をこのまま続ければ、それを通じて——たとえライン同盟が公式に解消されても——フランスは今後も引き続いてドイツに対して圧倒的な影響力を及ぼし続ける。なぜなら、これらの小主権者たちの一部はバーデン、ヴュルテンベルク、ダルムシュタット等のように、直接国境をフランスと接しており、恐怖が彼らをフランスに縛りつけるからである。他方、バイエルンやザクセンのようにはるか遠くに位置している主権者たちは、近隣のより強大な主権者に対する嫉妬心から、フランスを庇護者とみなす。フランスは、外交官の巧みな手腕や、これまで築いてきた結びつきや、目下のところ提供することができる外見上の利益を通じて、いくつかの理由から他の列強にはおよびもつかないほどの影響力を確保することができる。

したがって、ドイツが三六の専制政府に細分化されている状態が持続することは、市民の自由と国民の道徳にとって有害であり、また一五〇〇万人の住民に対するフランスの圧倒的な影響力を永続化することによって、ドイツの専制政府自身にとっても他のヨーロッパ列強の平穏にとっても不都合な結果を招くことになる。もしドイツ問題を左右する位置に立っている政治家たちが、目下の危機を利用して祖国の安寧を持続的に強化するのではなくて、手軽で安易な対処方法により、一時的な平穏――つまりどうにか耐えしのげる状況――という手近な目的を達成するための中途半端な状態を招くだけならば、同時代や後世の人々が、彼らを祖国の幸福に対する無思慮と無関心の廉で告発し、有罪の烙印を捺すことになっても、致し方あるまい。

二〇年にも及ぶ戦争の結果として、ドイツがどのような憲法を手にするべきかという問いは、どうしても避けて通ることができない。ドイツの住民の安寧、ヨーロッパの利害、諸国民の重大事を指導する政治家たちの名誉と義務が要求するのは、それらの規模にふさわしいあらゆる真剣な姿勢と、それらの厳粛さにふさわしい深い思慮をもってこの問題を検討し、浅薄や軽率や享楽への欲求を遠ざける、ということである。

この課題の解決方法は、たしかに手の届く範囲のものでなければならないが、しかしまたこの条件下でできる限り完全なものを目指さなければならない。

どれほど望ましくてもおそらく実行できないのは、一〇世紀から一三世紀に我らの偉大な皇帝たちが強力な支配を及ぼしていた、単一の自立したドイツであろう(7)。もしこれが可能であれば、国民は、力と知識、そして法に基づいた穏健な自由という要素を全部含んだ、一つの強力な国家の高みに昇ることができるのだが

――。国民はこの幸運に与ることはできないので、別の道をたどって、国民の内部から発する社会的発展を成し遂げ、これに立ちはだかる障害を一掃して新しい諸制度や諸憲法を作り出そうと努めなければならない。

ドイツは二つの大きな部分、すなわち北部と南部に分離する方向をとってきた。公的な事柄においては、前者ではプロイセンが、後者ではオーストリアが優位を占めてきた。住民のもともとの部族の多様性（ザクセン人やフランク人）、習俗、宗教、地域共同体の制度の多様性がこの分離を引き起こし、助長してきた。この分離は今この瞬間にも難なく成就することができるであろう。国民の統一の維持が可能であるならば、権力や国内の平穏という点で、この分離に大きな利点があることは明らかである。[8] この場合、皇帝もしくは国家の首長の権力をもっと強化することが必要である。しかし、これは対仏同盟諸国の意図にどの程度見合っているだろうか。

ドイツがオーストリアおよびプロイセンと連携した二つの大規模な連合国家に解消された状態を思い浮かべてみるならば、全体の国制の組織に関する以下の発言を応用してみることもできるであろう。すでにこの一二月に、勇気と才気に富んだスウェーデン皇太子[10]は、ロシアの宮廷に送った覚書の一つで、領邦高権を完全には麻痺させることなく皇帝の権力を強化するという、ドイツに与えられるべき新しい国制の必要性について意見を述べている。また、ハノーファー選帝侯国の大臣ミュンスター伯[11]も一八一三年一月五日付けの覚書で、交戦と講和に関する権利を等族[12]から奪って帝国議会に移譲することを提案している。

フランスに押しつけられた組織をなくし、ライン同盟を解体することは、ドイツの自由を回復するための

第一条件である。

「この欺瞞に満ちた鎖は、一切を引き裂く輩が粉々になったばかりのドイツを縛るために使ったものであるから、外国の強制の結果として、あるいは外国の影響力の道具としてもはや許容するわけにはいかない」と、故クトゥーゾフ陸軍元帥(13)は、対仏同盟国の名でドイツ人に向かって今年三月二五日に発せられた宣言(14)の中で語っている。

この鎖とともに、三六人の頭目の主権あるいは専制政治は滅び、国民の欲求と願望に適合するように変えた領邦高権へと組み替えなければならない。

そのためには、皇帝の権力を拡大し、最高統治権を行使できるようにしなければならない。すなわち、帝国の構成員のうち、一八〇三年の帝国代表者主要決議によって帝国直属とされたすべての者(15)にふたたびこの属性を与え、諸邦を当時の境界線内に押し込めるようにするのである。というのも、中立条約や同盟条約によってフランスに組し、ドイツに対する義務を放棄したのはドイツの大邦であって、旧国制を堅く守り、それを維持することで平安を期待していた小邦ではないからである。個々の等族の強大化と多くの小等族の終焉は、帝室の影響力を排除するために、フランスが一八〇六年にすでに用いた手段であった。しかも、小邦連合の本性からすると、その構成員は独立と強大化にたえず盛んに走る傾向があるだけに、こうした手段に対してはかえって激しい抵抗が生じるはずである。この傾向を抑えるには彼らを狭小と無力の状態に押し留めておくしかないのである。

さらに、等族の力を削ぐこと、すなわち彼らから和戦を決定する権限を奪い、これを皇帝と帝国議会に移譲するようにすることが要請される。

皇帝は執行権、すなわち帝国裁判所に対する総監督とその査察の権利を持ち、外国勢力との関係、軍事事項、および帝国金庫[16]を直接統括することができるものする。皇帝は将軍、参謀本部、特別委員を単独で任命する。三〇〇〇人[17]未満の兵力しかない小邦においては、皇帝が直接軍事組織を編制し、大規模邦では、総監督権を行使する。

城塞構築部隊、工兵隊、砲兵隊、輸送部隊のような一般的な軍事機構は、皇帝が単独で指揮し、編制を行う。

内廷費、および軍務、帝国裁判所、公使館に必要な支出は皇帝に委ねられ、ここから皇帝が任命する国家官吏の俸給が支払われる。帝国内閣は、帝国陸軍元帥、国制や政治に関する事項を掌る帝国宰相、帝国財務相（その官房、および領邦に設置された下級官庁を含む）から構成される。ドイツ皇帝はオーストリアと別の固有の外交団《コール・ディプロマティク》を持つこととする。

国家官吏はドイツ人に限られ、他の官職を兼ねることができない。

ドイツの行政官庁の所在地はレーゲンスブルクであって、皇帝の宮廷の所在地ではない――帝国宮内法院はここに移る――。ここには、ドイツ宮廷軍事評議会、帝国陸軍元帥、帝国宰相、帝国金庫等と帝国議会を置くこととする。

皇帝と帝国議会は立法権を行使する。調査と評価のために、両者に対して、皇帝を代表する首席特別委員は様々な行政部門の状態に関する指摘を行う。

（1）帝国議会では多数決制をとる。宗派別の代表権《ユース・エウンディ・インパルテス》[18]や宗派の違いに関わりがあるすべての制度、例えばカトリック団体[19]や代表団の宗派同権等は廃止する。三宗派の要求と権利の平等を認め、いかなる区別も容認しない。

帝国議会の構成員は代表であって使節ではない[20]。帝国都市の数の減少に鑑みて、都市部会[21]には、領邦議会選出の帝国騎士層[22]から構成される代表委員を付け加える。

（2）カトリック会派には、プロテスタント会派と同等とするために、一二七票を追加する。

（3）貨幣制度と関税制度は帝国議会の管轄とする。領邦による関税制度はすべて廃止し、国境、陸上、および海上の通行税を、帝国会計のために設ける。

（4）領邦高権の対象は、上記の制限内において、従来どおり対内的な領邦ポリツァイ、司法、教育、信仰、軍事、および財政とする。

領邦君主の出費は御料地により賄う。領邦が同意した課税は、帝国の必要な支出と領邦の必要な支出に充当する。

（5）領邦議会[23]は、以前からこれを有する領邦ではそのまま維持し、廃止された領邦では再興して適切に編制し、元来存在しなかった領邦ではあらためて編制する。領邦議会には、地方立法、課税に対する同意に際して対抗する権利を認める。領邦議会は、第三部会[24]のために帝国議会派遣使節を選出することとする。

もしオーストリアが相当強化された形で皇帝位を保持するならば、その力をいちじるしく増大させることになる。オーストリアに皇帝位を委ねることは、オーストリアの利害関心をドイツに縛りつけるために、また長期にわたって皇帝位を保持してきたことや諸国民が慣れ親しんできたことに鑑みて、推奨に値する。しかし、プロイセンもまたドイツから疎外されてはならない。プロイセンは、その力を過度に膨張させて、みずからの政治的な生存を危険にさらすことなく、ドイツを共同で防衛するために、十分な力を持たなければならない。——つまりプロイセンは強力で自立していなければならない。スラヴ人やハンガリー人が混じり、トルコやスラヴ諸国民と境を接しているオーストリアよりも、ドイツ精神は、プロイセンにおいて、自由かつ純粋に保たれている。ここからして、オーストリアの発展は、——たとえ一七・一八世紀にその発展のテンポが精神的圧迫と不寛容のために遅れなかったとしても——どうしても困難になると言わざるをえないであろう。

劣勢を痛切に感じていたプロイセンは遠隔地での戦争に参加することを控えた。プロイセンには九〇〇万の人口と、三六〇〇万—三八〇〇万ターラーの歳入、二五万の軍隊があった。歳入は対外戦争の遂行には不十分であり、一〇〇万人あたり二万人の兵士を基準として計算すれば、総人口あたりの軍隊が多すぎた。諸州は各地に分散しており、臣民の一部であるポーランド人は敵意を抱いていた。

プロイセンは、その地理的状況、住民の精神、統治、達成された教養の程度からして、ヨーロッパにとって、とりわけドイツにとって依然として重要な国家である。プロイセンの再興の必要性は、ロシア、オーストリア、およびイギリスによって承認されている。しかしその再興は、内部における強化を伴わなければ、無価値であり、重要な成果を収めることもできない。プロイセンはバーゼル和約[25]以来示してきた政治的無関心主義の高いつけを支払い、昔からの軍事的名誉と諸国民の間で占めていた尊敬すべき地位を要求する権利を、このうえなく高貴な血でふたたび贖ったのである。

プロイセンを渾然一体として強化するためには、メクレンブルク、ホルシュタイン、ザクセン選帝侯領を組み入れなければならないであろう。[26]――後二者[27]について帰趨を決めるのは征服権[28]である。両メクレンブルク公はベルク公領にあたる分の領土を補償として差し出し、アンスバッハはオーストリアの大公が獲得する。[29]――かくしてオーストリアは一八〇五年当時の領有状態に達し、プロイセンの領土拡大とオーストリア自身の領土拡大の分を差し引いて残った一〇〇〇万人の上に聳立する、権力と影響力を備えた皇帝位を獲得する。――そしてプロイセンの人口はおよそ一一〇〇万に達する。ドイツに対するプロイセンの関係は、自己の維持のために協同で対処する義務を負う立場と、自己の国制と統合の永遠の保証人との関係である。ドイツは、自己に捧げられたのと同じものをプロイセンに保証する。連合《カースス・フォエデリス》の目的は外国からの侵略戦争に備えることである。

オーストリアは、協同対処の立場とドイツおよびプロイセンの保証人という性質を皇帝位と結びつける。このドイツ、オーストリア、プロイセンから成る同盟を誠実に遵守し、強力に擁護するならば、その力は、ドイツの諸民族の平穏と統合の基礎を固め、永続的に維持するために、また――事情が好転すれば――ライン川とスヘルデ川の間の領土[30]をフランスから奪回し、ここにドイツの天敵に対する防壁となる緩衝国家を創るのに十分である。この同盟によって、ロシアもまた、国境地方の脅威となり自立を脅かしさえする侵入から、永遠に安全を保障してもらうことになる。――たとえ一八一二年の時よりも巧妙に攻撃が指揮され、継続的に隣国すべてを完全に従属下に置き、隣国の全戦力を、長年にわたり、正確に計算された計画に則ってロシアに差し向けることができるようになったとしても。

補充資料（二）　ゲンツ　フンボルト宛覚書（一八一三年一二月）

あなたの論稿に対する私の回答は第一九項にすでに書かれている。[1] 私はこの論稿の中に、ある種の試みしか認めることができなかった。それは、①交戦と講和の権利や外国と盟約する権利等を、オーストリアとプロイセンを除くすべてのドイツ諸邦から奪い取ろうとする試み、②主要な四大邦よりも勢力の弱い諸邦を、主権を持つ地位から従属的な地位へと格下げしようとする試み、③すべてのドイツ諸邦において邦内の国制に一定の改革をもたらそうとする試みである。①に対しては、バイエルンとハノーファーが、とりわけ前者が、声高に抗議するであろうが、それは不当ではない。②に対しては、格下げされた主権者たちがそっくり一致して憤慨し抗議するだろう。③に対しては、おそらく大小を問わず、全員が抗議するであろう。

平等な諸邦の間でのみ、諸邦連合（なにしろあなたは本来の意味の憲法をやはり許容しないのだから）は存立しうる。もともと不平等な諸邦の間で諸邦連合を考えることはたしかに可能であるが、そうだとしても必ず大きな困難と危険を伴う。しかし、もともと平等な諸邦（あるいはその時点で平等な諸邦）を不平等な諸邦へと作り変え、そのうえで一つの連合へ引き込むというのは、これまで政治家が考案することができた中で最も大胆な企てである、と私は思う。

それゆえ、まったく率直に申し上げれば、あなたの構想は——その中のいくつかの個別の規定は肝に銘じておくに値するものの——私には実現不可能のものと思われ、さらに私は、この構想によってほとんどすべてのドイツ諸侯は我々に対して憤激するのではないかと思う。

補充資料（三）シュタイン　フンボルト憲法論についての所見（一八一四年一月）

ドイツにおける諸邦連合の形成は、目下の事態に鑑みて、帝国首長の権力を強化した旧帝国国制の再興よりも容易である。連合の方がドイツの大規模雄邦の要求を満たすところが多い。もっとも、このうちハノーファーだけは自邦の要求を放棄する方向に傾いている。[1]さらに、連合は、みずからの君主にドイツの皇帝位への復位を助言する気がないとされているウィーンの内閣の見解と合致しているようである。

国民の願望に最もかなっているのは、外国の暴力と国内の圧迫から守ってくれる強力な憲法の形成であるが、しかし、この願望を叶えるようとすると、大きな困難――これは一つには担当する人物の個性に、また一つには対仏同盟国の事情にある――が立ちはだかっている以上、達成しやすいもので満足しなければならない。すなわちそれが同盟憲法である。これは、相互に独立した今より大きな四つか五つの邦にドイツを分割するという構想よりもはるかに優れている。

同盟の個々の規定に関しては、以下の点を言い添えておく。

第一項について。同盟の目的は、第二項によれば相互防衛という目的よりも広範囲に及ぶ。そこで、「ドイツ諸侯は分割不可能な諸邦同盟へと統合される」とした方がよいであろう。

第三項について。外国による保証にはおおいに懸念されるところがあるが、いずれにせよイギリスもしくはロシアだけをそれに参加させることになるであろう。

第五項について。四雄邦以外の邦(2)を保証者となる権利に参入させることには大きな難点がある。——残っている諸邦の中でどれがそれにふさわしいのか。

第七項について。割合は二パーセントがよかろう。(3)

第一一項について。独自の軍団の兵力は二万五〇〇〇と設定してよいであろう。——なぜ共同軍団の監督者をドイツの王侯に限定するのか。

第一二項について。ここで述べられている軍事施設に対する特別な監督はいったい誰が実行することになるのか。おそらくは四つの指導的な雄邦のうちの一つ、もしくは中央機関ということになろうか。

第一八項について。この主権《ズヴェルニテート》という表現は、外国語風で不適切なので避け、こうするべきであろう。「すべての高権は、同盟決議および同盟内の領邦憲法によって制限されない限り……」(4)と。

第一九項について。領邦議会《シュテンデ》の基本的な権利とは、定例として時期を定めて招集されることになる領邦議会に集まり、領邦の立法、課税への同意、その徴収と使用に参与する権利である。——第二二項で提案されている強制管理に替えて、次のようなドイツ古来の原則を確認する方がよい。

君主はみずからと宮廷の出費を御料地によって賄い、領邦議会は、課税による行政および軍事に関する費用を議し、これに同意したうえで、徴収し、使用する。

第二〇項について。ライエン家とイーゼンブルク家は狭小であるうえに道徳上非難されるべき振舞いをしたため、(5)帝国等族として残しておくことはできないけれども、陪臣化された帝国等族のリストからふたたびはずしてもよい十分な根拠があると思われる家が二つある。すなわち、タクシス家とフュルステンベルク家[6]である。彼らの場合にはなお特別な根拠がある。——タクシス家についていえば、ドイツの郵便事業はいま一度諸邦から独立した業務としなければならず、領邦のポリツァイや歳入精神の言いなりになったままであってはならない。たとえ領邦等族が郵便事業主から補償金を受け取るにしても、それでもやはり郵便事業は領邦から独立し、自立していなければならない。さらにフュルステンベルク家は、最古にして最も力のあるドイツの家系の一つであり、ハプスブルクやバーデンと同時代に発する由来を持ち、九万の人口を擁している。[7]陪臣化された帝国等族が領邦等族の連合に加われば、彼ら自身にとっても、彼らが住む領邦にとっても有益なことである。それによってこの連合の力は増し、彼ら自身は権利の保護が強化されるのである。

しかし、陪臣化された帝国等族にはさらにいくらかの権利を付与することができる。

ⓐバイエルンとバーデンが陪臣化された帝国等族に認めたのと同等の権利。

ⓑ租税を三分の一に減額すること。かつて享受していた完全な免税特権から無条件の納税義務への移行は、よく知られたいくつかの理由から破壊的な作用を及ぼすからである。

ⓒ兵役免除、勤務先の選択の自由、特権的裁判籍[8]。

帝国騎士団は、陪臣化された伯や小君主であった者よりも多くの、栄光に満ちた権利を享受していたが、それを喪失した。かつて帝国騎士団の構成員は、伯と同等の人格的権利と領邦高権があり、単独ではマインツとトリーアの二つの選帝侯領、ヴォルムス、シュパイヤー、ヴュルツブルク、バンベルクの司教区に対する権利を持ち、またその他の貴族と共通した権利としては、ドイツ騎士団とマルタ騎士団とドイツのすべての聖堂参事会に入る資格があった。

これらの栄光に満ち、収益源となる諸権利は消え失せてしまった。そして今彼らはきわめて過酷な扱いを受けている。それゆえ彼らには他の陪臣化された等族と同等の権利が認められ、彼らの各々に、第二一項で規定された法廷への上告が許されなければならない。

第二七項について。すべての小邦は、重要な案件に判決を下す共同の裁判所を設置することができるであろう。そうした小規模諸邦としては、三〇万を下るくらいの人口を擁するすべての邦を考えておけばよかろう。地方の裁判所の独立は次のようにして確保することができるであろう。

ⓐ手続きの公開性、

ⓑ判事の任命については、半数を等族によって、他の半数は君主により行うこと、

ⓒ裁判所の決定による場合を除いて、裁判官の異動を禁じること、

ⓓ陪審制による司法が、市民の生命と自由を恣意から保護すること、

諸邦連合を創れば、共通の案件を処理し、共同の財産を管理する必要がどうしても出てくる。

同盟決議は実行に移されなければならない。決議が堅持されるように配慮し、決議の妨害に関する異議申し立てを救済しなければならない。さらに、まったく切り離すことのできない一定の事項が残っている。要塞、関税、郵便、貨幣鋳造、保安警察に関わる一定の一般的措置である。

それゆえ、これらすべての関係をまとめ、動かすような一つの機関を編制しなければならない。——つまり、定期的に招集される代表者から成る同盟議会と常設の同盟委員会、あるいは新しい外国語でいえば「コ

ミティー」が必要となる。

補充資料（四）　シュタイン　ドイツ憲法問題のための覚書（一八一四年三月）[1]

対仏同盟国は、その条約[2]において、ドイツが政治的連合組織体を形成することに合意した。したがって、この組織体の編制にとりかかることが必要となる。すなわち、組織体を構成する当事者同士の関係、組織体に割り当てられる権利、およびこの組織体が負う義務を定め、またこの構成要素となっている当事者の内部編制の制度それ自体について合意しなければならない。

それゆえこの政治組織体に関する一般的憲法とそれを構成する諸邦に関する個別的憲法が必須である。ドイツの諸邦は、それぞれの主権に対する制限（これはいずれ憲法が要請することになる）に服する義務を負う。なぜなら、諸邦は、加盟条約[3]においてこの義務をすでに負っているか、さもなければ、対仏同盟国はこの条件を満たす場合にのみ、諸邦の政治的生存を保証することになるからである。

どのような政治的連合組織体であっても、それを構成する諸邦から成る会議ないし議会——これは政治的利益や、対内的立法、司法および軍事に関わる諸制度[4]について決定を下す——と、監理府、つまり会議を主宰し、その決議の執行や、その社会的諸制度[5]を維持する官庁を前提とする。

これらの理念の詳細は憲法議定書において規定され、議定書の作成は特別委員会に任されるはずであるから、ここでは、議定書の基礎となるべき基本理念について触れるだけで十分である。

監理府は、行動を促し、秩序を維持するに足るだけの実力を備えていなければならないから、最強の連合《フェデラシオン》構成員の中からしか選ぶことはできない。それゆえ、ドイツにおいては、監理府を委ねることができるのはオーストリア、プロイセン、バイエルン、ハノーファーである。

その基本的な権限は、議会の監理、その法律の執行、諸制度や外国勢力との関係の維持や、諸邦と連合、および君主と臣民との間で定められた関係に対する監視である。

また連合の名の下に戦争を行い、講和を結ぶ権利も、そこから生じるあらゆる帰結ともども、監理府に委ねられなければならないであろう。

議会は諸君主およびハンザ都市の代表委員から構成される。より釣り合いのとれた代表制を維持するためには、これに領邦議会(6)の代表委員も加えなければならないであろう。

これらの代表委員は外交官としての性質を持たず、代理人ではない。五年に一回全員が新しく任命され、一年ごとに五分の一が入れ替えられることになる。

議会は年に六週間だけ招集される。

その権限は次のとおりである。連合の立法、連合の必要を賄うための課税、連合内の諸邦同士の紛争や君主と臣民との間の紛争に裁定を下すこと。議会は、これらを決定して執行させる委員会を任命する。

ドイツにおいて編制される軍事機構、すなわち、一定数の常備軍、後備軍、予備役は、平時編制により要請される修正を施したうえで保持される。

監理府は、閲兵等や国境要塞を通じてこれらが維持されていることを監視する。

監理府が自由に使うことができる収入は、ライン川関税、国境と海岸に設けられることになる関税、議会により承認される予定の臨時の租税である。(7)

連合内の異なった諸邦間の域内関税や商品の搬入停止は廃止される。

連合のすべての邦では、領邦法(8)や行政の経費として必要な租税に関して投票を行うために毎年招集される領邦議会が編制される。

御領地は君主の家の経費として使われ、租税は前述の目的のために使用される。

君主、伯、および陪臣化された貴族は領邦等族に属し、陪臣貴族《シュタンデスヘル》(9)としての権利を保持する。

何人も正規の裁判官によるほかは裁かれてはならず、また、裁判官が逮捕の理由について決定を下すことができるように、裁判官に面会させられることなくして、四八時間を超える拘留を受けてはならない。

何人も移住する権利、ドイツ内で自分が選んだ文官または武官の職に就く権利がある。すべての個人および団体は、政府に対する異議を出版する権利がある。文学《リテラチュール》および芸術の作品の所有権は作者に保障され、海賊版は禁じられ、罰せられる。

ドイツ同盟の憲法案を起草するための委員会を設置することとする。この委員会の委員は、フンボルト男爵、ゾルムス＝ラウバッハ伯爵、ドイツに関する事項を管轄する顧問官であるラーデマッハー氏、もしくはこの件につき完全に精通しているフォン・シュピーゲル男爵とする。(10)

この案が完成したならば、列強は、憲法議定書に署名するためにドイツの諸侯の使節を集め、監理府は規約の執行、議会の招集等を引き受けることとする。

第一部　国家活動の限界（一七九二年）訳註

第一章　序論

（1）フランス革命で国民議会議員として活躍したミラボー（Honore Gabriel Victor Riueti, 1749-91）のこの著は、『ミラボーの原稿の中から発見された公教育についての研究』（Travail sur l'éducation publique, trouvé dans les papiers de Mirabeau l'aine）という表題で一七九一年にパリで出版された。《L》

（2）「目標」の後ろに「いわば政治的な最高善」とあるが、抹消されている。《L》

（3）「何らかの人間が真理を所有すること、あるいは所有していると思い込むことではなく、誠実な努力を重ねて真実を突き止めようとすることが人間の価値を生み出す。というのも、真理の所有ではなくて、真理の探究によってこそ人間の力はいや増し、そこにこそ人間が完全性に向かってたえず成長してゆく秘訣があるからである。所有は人間を安穏、怠惰、高慢にする。」Gotthold Ephraim Lessing, Eine Duplik, 1778 in: Sämmtliche Schriften, Bd.13, S.23.《L》

（4）両概念の違いを詳細に扱っているのは、Moses Mendelssohn, Über die Frage: was heisst aufklären? in: Gesammelte Schriften, Bd.3, S.399 である。《L》

（5）この箇所は『エミール』第一巻にある。「公共教育の観念を得たいのなら、プラトンの『国家篇』をお読みなさい。これは、本をその表題でのみ判断する人々が考えているような政治の著作では決してない。これまでに書かれた最も美しい教育論なのである。」樋口謹一訳『ルソー全集』第六巻（白水社、一九八〇年）二二頁。《L》

（6）「ポリツァイ法」については第一〇章で論じられるが、「ポリツァイ（Polizei）」とは、本来、共同体の風俗・秩序を維持するための施策であり、一五―一六世紀に商品経済が急速に発展して、都市と農村の生活様式の変化、農村から都市への人口流入のための都市の秩序維持が新たな形で必要となり、また戦争や疫病による社会不安の鎮静のために、諸都市でポリツァイ令（Polizeiordnung）が出された。これは、教会が「道徳警察」（風紀維持）の機能を十分に果たすことができなくなってきたのに対して、世俗権力が神の冒瀆や風俗の乱れ、賭博、奢侈、衣服の華美、暴飲等を規制しようとしたことに対応している。さらに一七―一八世紀の絶対主義国家の形成過程で「ポリツァイ」は、治安維持のみならず、公安、衛生、土木、河川補修、営業等を含む公共的事項一般に関わる内務行政の意味をもつようになっていった。後註（11）参照。

（7）原註としてアリストテレス『ニコマコス倫理学』1178a のギリシャ語原文が掲げられている。内容は以下のとおり。「それぞれのものに固有なものはそれぞれのものにとって本性上最も優れたものであり、最も快いものなのである。したがって、この部分が他の何ものにもまさって人間であるといわれるに相応しいものであるとすれば、理性にしたがった生活こそ人間にとって最も優れた、最も快い生活であることになろう。それゆえ、それが最も幸福な生活でもある。」加藤信朗訳『アリストテレス全集』第一三巻（岩波書店、一九七三年）三四四頁。

（8）原文はラテン語であるが、《C, p.9》、《B, p.8》から重訳した。

（9）Dieterich Tiedemann, Dialogrum Platonis argumenta exposita et illustrate, Zweibrücken 1786, p.179.《L》

（10）総括的な説明については、vgl. Fischer, Geschichte der neueren Philosophie, Bd.5（4.Aufl.）, S.114.《L》ティーデマン（Dietrich Tiedemann, 1748-1803）はマールブルク大学哲学教授。哲学史家として知られるが、発達心理学の祖ともされる。

（11）フンボルトは、大学に入る前に一七八五年から二年間ベルリンで三人の啓蒙官僚から私講義を受けていたが、そのうちクライン（Ernst Ferdinand Klein, 1744-1810）の自然法講義（一七八五年三月から八六年二月まで）では、テクストとされたヘプフナー（Ludwig Höpfner, 1743-1797）の自然法論教科書が、「国家（Staat, bürgerliche Gesellschaft, Republik）とは、外面的幸福の促進を目的とする、多数の家族の不平等な団体である」とする（Ludwig Julius Friedrich Höpfner, Naturrecht des einzelnen Menschen, der Gesellschaften und Völker, 3. verb. Aufl., Gießen 1785（zuerst 1780）, S.153）のに対して、フンボルトはこう異論を唱えた。「内面的幸福」（「有徳であり、それゆえ平穏で満足していること」）は「外面的幸福」より重要でないとは言えない。むしろ幸福一般、あらゆる種類の幸福を国家の究極目的とすべきではないか。たしかに、国家は幸福を達成しようと思えば強制手段によるしかない。しかし、内面的幸福の達成に強制手段を用いることができるのか。内面的幸福は諸力の自由な行使をぬきにしては不可能ではないか。けれども、「間接的」強制は可能である。国家は、施設や制度を通じて市民の道徳的性格を改善することができる。例えば、学校や教育施設、あるいは成人の教化のための礼拝の施設、法律および刑罰によって。したがって、ヘプフナーの見解はこう改めるべきである。「国家は、多数の人々がみずからの共同の安全を促進するために相互に結合した団体である。」Aus Kleins Vorträgen über Naturrecht, in: GS, Bd.7, S.478f. ここでフンボルトは、道徳改善のための国家の積極的活動を容認している（その限りで『限界』の立場と反対である）。たしかに、ここでも国家の定義に「共同の安全」が入っているが、それは『限界』と異なった意味である。続いてフンボルトは言う。国家目的が「安全」だけか、それとも他にもなお「福祉」も含めるべきかどうかは「有名な論争問題」である（前者はとくに「市民的自由」を優先する人々により主張される）が、国家の安全と福祉の本質が何であり、いかなる手段を両者の促進のために使うべきかを考えるならば、両者はたがいに補完し合うことがわかるであろう。国家の内的安全のために犯罪者を罰することによって市民の繁栄も高められるからだ。また、国家が強力で敵に恐れられ、市民が豊かであるなら、外的安全に役立つことになる。市民の繁栄の本質もそこにある。それゆえ、「市民の安全を促進するものはまた市民の繁栄も促進し、逆も同様である。たとえ繁栄を促進せずに安全だけを促進する手段がある（あるいはその逆）としても、安全を唯一の国家目的とすることはできない。たしかにそう主張する人々は、国家目的を限定することで市民の自由を侵害する国家の権利に「より狭い限界」を設けるという「気高い」意図を持っているけれども、市民の自由は、「国家の福祉」をも国家目的に算入する場合にのみ、達成される。なぜなら市民の福祉はとりわけその「道徳的完全性」にあるからである。しかも、国家が市民の安全だけを確保しようとした場合、福祉も目的に加えた時よりも自由が制限される例も考えられる（夜間外出禁止令）。Ebenda, S.479f. これは『限界』で否定される「幸福」説である。こう論じた後さらにフンボルトは、他者の最善のために考えることは私にとって人間としての道徳的義務であるばかりか、統治者に対する義務であるとし、その理由として、第一に統治者は国家とその状況について正確に知っており、市民の最善にとって必要なことを私よりもはるかに的確に判断できる（だから私は自分の判断を彼の判断に服させなければならない）こと、第二に統治者の洞察や思考方法に疑念を差しはさみ、まして他人に疑念を起こさせるのは国家の安寧にとってきわめて危険であることを挙げている。Ebenda, S.480f. こうなるとほとんど啓蒙絶対主義の見地である。ただし、これらすべてが当時のフンボルト自身の見解であったとはいえない。これは、ケーラーに言わせると、「相当ぎこちない学校作文」、「その自信に満ちた幸福説はダールベルクのような人なら大喜びしたはず」のもの（Siegfried A. Kaehler, Wilhelm und Alexander Humboldt in den Jahren der Napoleonischen Krise, in: HZ, Bd.116, 1916, S.136）であり（ダールベルクについては第二部解説註（5）参照）、いわばクライン先生へのレポートである（事実そこにはクラインの寸評が書き込まれていた）。この点を含めてクラインをめぐる一八世紀自然法論の学説上の理解については、吉永圭「ヴィルヘルム・フォン・フンボルトにおける自然法」『ドイツ文学』第一五二号、二〇一六年三月、四七頁以下参照。

(12)「ゲンツ宛書簡」ではこう述べている。「現代のほとんどすべての政治学の著作家は、国民の物質的および道徳的福祉が国家、宗教、ポリツァイ令の目的であるとし、また、これについては実践が理論にきわめて近接していると申し分ないほど明瞭に語っている。とくに頻繁に行われているのは、あらゆる営業の遂行に対する国家の介入である。農業、手工業者、商業、芸術、学問そのものなど、ありとあらゆるものが国家によって生かされ、統御される。これらの原則に基づいて、少し前から盛んに称賛されているポリツァイ学が構築され、多くの著作家によれば、唯一の傷は、臣民各個に対して、場所を選ばず——まるでルソーが彼のエミールをそうしたように——夫婦のベッドの中にまで権勢をふるうところまでいっていないことだけだ、と信じられているそうである。」Brief an Gentz, 1792, S.58f. ルソーは、『エミール』第五編において、エミールの結婚相手となる女性ソフィに対して、恋人でなくなっても妻として友人として、母としてあるのだから、「もうベッドを別にしてはいけない。もう拒絶してはいけない。もう気まぐれはいけない。彼の半身となって、彼がもうあなたなしではいられないように、あなたのそばにいないと、自分自身からも遠くにいるように感ずるようになりなさい」と語っている。樋口謹一他訳『ルソー全集』第七巻（白水社、一九八二年）三五五頁。しかし、フンボルトがここで言っているのは、例えばプロイセン一般ラント法が「授乳中の妻は同衾を正当に拒否することができる」（ALR-2, §180）としているように、絶対主義国家のパターナリズム的な「福祉」政策を指す。

（13）「哲学的法典（philosophische Gesetzbücher）」とは、一八世紀の啓蒙主義的な哲学・自然法思想の影響を強く受けた法典を指す。代表はプロイセン一般ラント法（一七九四年）やオーストリア民法典（一八一一年）である。

（14）「官房学（Kameralistik, Kameralwissenschaft）」は学者によって様々な構成があるが、一般的には、君主の家政管理から発達し、アリストテレス実践哲学により裏打ちされた家政学（Oekonomik）、経済政策・行政を扱うポリツァイ学＝内務行政学（Polizeiwissenschaft）、財政に関わる狭義の官房学の三つから成っていた。プロイセンでは、一七二七年にハレとフランクフルトの二大学に最初の官房学講座が設置されている。一七―一八世紀において「国家学（Staatswissenschaften）」に属していたのは、ごく概括的にいうと、自然法的国法論、経験的国状学、官房学であった。むろん、これらも学者や時期によって異なる。Vgl. Hans Erich Bödekker, Das staatswissenschaftliche Fächersystem im 18. Jahrhundert, in: Wissenschaften im Zeitalter der Aufklärung, hrsg. v. Rudolf Vierhaus, Göttingen 1985, S.142ff.; Mohammed H. Rassem und Guido Wölky, Zur Göttinger Schule der Staatswissenschaften bis zu den Freiheitskriegen, in: Schulen der deutschen Politikwissenschaft, hrsg. v. Wilhelm Bleek, Hans J. Lietzmann, Opladen 1999, S.79ff. 具体例は第一五章訳註（5）参照。

（15）この第一章の結末、第二章全体、および第三章の前半部分は手稿にはない。そのために生じた欠落部は、『限界』草稿の一部が掲載された『新ターリア』の論文（第二章訳註（1）参照）によって完全に埋めることができない。《L》《GuF, S. 306》なお、本文の「個々人」以下は Cauer-Ausgabe, S.9 により補完した。

第二章　人間の究極目的

（1）本章と次章の前半部分（三五頁まで）の初出は Neue Thalia, hrsg. v. Friedrich Schiller, Teil 2, 1792, S.131-169 である。その際の表題は、「市民の福祉のための国家の配慮はどの程度まで広がることが許されるか」であるが、末尾に「続く」と註記がある。《L》

（2） ミルの『自由論』には以上の文が引用されている。「ドイツ以外ではほとんどの人が、碩学としても政治家としてもほまれの高いヴィルヘルム・フォン・フンボルトが、ある論著の趣旨とした次のような原則の意味を、理解することさえできない。すなわち、『人間の目的、つまり理性の永久不変の命令によって指示され、あいまいな移ろいやすい欲求によって示唆されたのではない目的は、自分の諸能力を最高度に最も均斉のとれた形で一個の全体へと発展させることである』。したがって、『あらゆる人間がたえず努力を傾けなければならず、またとくに同胞に影響を与えようとする人々がつねに注意を払わなければならない』目標は、『能力と発展の個性である』。このためには、『自由と状況の多様性』という二つの必要条件がある。そして、この二つの結合から『個性の活力と豊かな多様性』が生まれ、これが結合して『独創性』となる、というのである。しかしながら、わずかの人しかフォン・フンボルトの説くような原則になじみがないとしても、また個性にそのような高い価値をおくことが彼らにとって驚くべきことであるとしても、それにもかかわらず、問題は程度の差にすぎないと考えなければならない。」「すでに引用したヴィルヘルム・フォン・フンボルトの一節で、彼は、人間をたがいに似通った存在にするために必要だという理由で、人間の発展の必要条件として二つの事柄を挙げている。すなわち、自由と状況の多様性である。」ジョン・スチュアート・ミル、早坂忠訳「自由論」（関嘉彦編『世界の名著三八　ベンサム　J・S・ミル』（中央公論社、一九六七年）二八〇、二九九頁。《B. p.10》ただし、「あらゆる人間が」という文と「独創性」の部分は対応箇所が別であり、後者はおそらく、「この個人の力とこの多様な差異はいっしょになって独創性となる。つまり、人間の偉大さの全体が最終的に拠り所とするもの、個々人がそれを求めて永久に闘わなくてはならないもの、人間に影響を及ぼしたいと望む者が決して見失ってはならないもの、これこそが個人の力と陶冶の独自性なのである」（本章一四頁）からとられたものであろう。

（3） これは一七九〇年に出版された Versuch die Metamorphose der Pflanzen zu erklären のことであり（第四章「萼の形成」）、後に .Morphologie'に収録された。《GuF, S.307》 Vgl. Goethes Naturwissenschaftliche Schriften, Bd.6, 23 weimarische Ausgabe.《L》木村直司編訳『ゲーテ形態学論集・植物篇』（筑摩書房、二〇〇九年）一二三―一二八頁。

（4）この一文はテクストによりカンマの位置等について異同がある。訳すると、カウアー版では、「自然の多様性について――広大な森が切り拓かれ、沼が埋め立てられている等々――、人間の多様性については、人間活動の伝播と統合がますます進展していくことを通じて、いま挙げた二つの根拠を通じて」となり（Cauer-Ausgabe, S.14）、「ゲンツ宛書簡」では、「自然の多様性については、広大な森が切り拓かれ、沼が埋め立てられていること等々を通じて、人間の多様性については、伝播と統合がますます進展していくことを通じて、人間活動の多様性についてはいま挙げた二つの根拠を通じて」となる。Brief an Gentz, 1792, S.61. 訳者の見解では「ゲンツ宛書簡」をとるのが妥当である。

（5）『エミール』第五篇の旅に関する章の始めにこうある。「人種が混ざり合い人民が溶け合うにつれて、かつては最初の一瞥でつかめた国民的相違がしだいに消滅していくのが見られる。［…］古代における人種の別、大気と土地の質が、人民ごとにその気質、容姿、習俗、性格にきわめて強い刻印をおしていたのに対して、現代においては、こうした刻印はすべて消え去っている。ヨーロッパ人の変わりやすさのためにどんな自然的な原因もその印象をあたえる時間をもちえず、森が切られ、沼がほされ、土地がずっと一様に、だがずっと悪く耕されて、自然の景況についてさえ、土地ごとの、また国ごとのかつてのような相違を許さなくなっているからである。」樋口謹一他訳『ルソー全集』第七巻（白水社、一九八二年）三一三―三一四頁。

第三章　市民の積極的福祉と国家

（1）フンボルトは以下で国家による「積極的福祉」をしりぞけ、「国家＝安全確保」説をとるが、それは、ドーム（Christian Wilhelm Dohm, 1751-1820）から影響を受けたものだとする説が有力である。その根拠は次のエピソードにある。フンボルトは一七八九年に革命の渦中にあったパリを訪れる途上、外務省の仕事で帝国都市アーヘンに滞在していたドームを訪れた。その際ドームは「国家の目的は安全だけでなければならない」と言った。それに対してフンボルトは、国家がつねに念頭に置かなければならないのは「人間としての市民の福祉」であるが、その福祉とは、各個人が福祉とみなすもの、したがって「最も無制約な自由」であり、目的と手段の選択は各個人に委ねられており、国家はただ手段の利用に便宜を図り、そのために安全だけでなく「それ以外の措置や制度」を提供する、と反論した。しかし、フンボルトはドームの発言を誤解していた。ドームが言いたかったのは、人間がその物質的、知的、道徳的福祉の達成のために使うあらゆる手段は、国家の混入がない方がうまくいく(例えば農業、工場、商業、啓蒙、倫理)ということであった。「それゆえ、私と同様、彼にあっても、最も考慮に入れるべきことはつねに人間の福祉であり、その点ではすべての行為の妨げられない自由である。」ドームはこの点を強調するために、国家目的が「安全」だけだと言ったのである。Tagebuch der Reise nach Paris und der Schweiz, 1789, in: GS, Bd.15, S.90f. 木村周市朗『ドイツ福祉国家思想史』(未来社、二〇〇〇年)一二三―一二四頁、フレデリック・C・バイザー、杉田孝夫訳『啓蒙・革命・ロマン主義――近代ドイツ政治思想の起源 一七九〇―一八〇〇年』(法政大学出版局、二〇一〇年)二四一―二四二頁参照。Vgl. Kaehler, a.a.O., S.140. これによれば、フンボルトは、「安全」という言葉に反撥を感じたけれども、重要なのは「人間の福祉」、究極的には個人の自由な活動だという点でドームと一致していたというのであるから、半分は「国家=安全確保」説に傾いており、後は「福祉」の語から脱却して「安全」に切り替えるだけであったということになる。しかし、このエピソードの少し後のパリ滞在中の日記で、貧富の差が犯罪の原因であるとして、「国家行政の中で、臣民の物質的欲求に配慮する部分ほど重要なものはない」と記している(Tagebuch der Reise nach Paris und der Schweiz, 1789, in: GS, Bd.14, S.129)のは、はたして安全の問題と市民の福祉の問題が分離できないとした以前の発言(第一章訳註(11))と重なるのかどうかは、検討してみる必要がある。Vgl. Siegfried Battisti, Freiheit und Bindung, Berlin 1987, S.84. 泉井久之助『言語研究とフンボルト――思想・実践・言語』(弘文堂、一九七六年)六五頁。

(2) 「ゲンツ宛書簡」ではこの後にこう書かれている。「もし王侯が、プラトンの提案に従って、若い婦人と若い男の邪魔だてなどしないで、彼の諸原理のとおりに結婚させたならば、人はどう言うであろうか。我々は極端な事例を見せられるとおじけづくが、しかし極端な事例の構成要素を見逃す。そして、些細な誤謬については、心配しなければならない害を気にかけないが、重大な誤謬については、そこから引き出すことができるような有益な帰結を忘れてしまう。十分な気配りをすれば（しかしその試みはもちろん、最も無駄な時にこそ最もうまくいくのだが）、おそらく、あらゆる農民や手工業者から芸術家を——すなわち自分の生業をその生業のために愛し、みずからの感受性と自分で統御する力を鍛錬し、それを通じて自分の頭脳、性格、享受する能力を高める人間を——作り上げることができるかもしれない。」Brief an Gentz, 1792, S.64.「プラトンの提案」とは『国家』第五巻459dである（《L》）が、そこでは男性による女性の共有、男女の共同生活、優れた男女同士の結合について語られている。田中美知太郎／藤沢令夫訳『プラトン全集』第一一巻（岩波書店、一九七六年）三五四、三五六—三五七、三六〇頁。

（3）「ゲンツ宛書簡」には次の一句が入っている。「おお！　それならたしかに些細な弊害ではないか。楽しみにあふれた快活な状態を目にすれば、このうえもなく厳格な克己主義者のしわも伸びることだろう。しかし」と。Brief an Gentz, 1792, S.65.

（4）Johann Wolfgang v. Goethe, Tasso Vers 1022.「トルクワートー・タッソー」（小牧健夫他編『ゲーテ全集』第四巻（人文書院、一九六〇年））一〇七頁。この戯曲が最初に出たのはゲーテ著作集の第一回全集版の第七巻（一七九〇年）である。《L》

（5）初出論文（第二章訳註（1）参照）はここで終っており、末尾に「続く」とある。

（6）（4）は原文に欠落している。Cauer-Ausgabe, S.30には、目次の第三章の内容説明の一ヵ所からとった部分が引かれている。その内容は以下のとおりである。「市民の積極的福祉に対する国家の配慮はさらに次の理由からも有害である。すなわち、それは、雑多な民衆に狙いを定めなければならず、そのため、個々人のそれぞれに合わせるとなるとかなりの欠陥を伴った処置を施すことになり、これにより個々人を害するからである。」

（7）「積極的福祉に対する国家の配慮は」と「妨げる」という箇所については原文に欠落している部分をCauer-Ausgabe, S.30により補って訳出した。

（8）「各人は、個性を発展させるのに応じて、自分自身にとってますます貴重なものとなり、したがって他人にとっても

いっそう貴重なものとなりうる。」ミル、前掲邦訳書二八七頁。《B, p.28》

（9）手稿には „Jetzteren" とあるが、パウル・カウアー（Paul Cauer, Staat und Erziehung, S.93 Anm.1）は、これが „Jezten" の書き誤りであることをすでに知っていた。《L》なお、「ゲンツ宛書簡」では、これに対応する箇所は „Jezten" となっている。Brief an Gentz, 1792, S.65.

（10）「言わず」の後には次の部分があったが、抹消されている。「そしてその吟味は結論のために残しておく。その際個々の事例について語ることになるだろうが、もちろんそこでは現実の一度限りの事情のためにどうしてもかの配慮が必要になることがありうる。ここではただ一般的に［…］」《L》

（11）フンボルトは、「国民（Nation）」という言葉を、国家のうち立法に服する部分という意味で理解した。これはある意味でシュタインの改革原理を先取りしたものである。国民的組織は、国家ではなく市民により組織され、担われる制度である。《GuF, S.308》

（12）シャンポリオンがロゼッタストーンを解読してヒエログリフを解明するのは、一八二〇年代のことである。

（13）「ゲンツ宛書簡」では、「自然の象徴」となっていた（Brief an Gentz, 1792, S.70）が、「血の通った自然」に修正された。《L》

第四章　市民の消極的福祉と国家

（1）原語は „Begierde nach Mehr" である。なお、「ゲンツ宛書簡」では、本文の「人間の欲求（die Begierde der Menschen）」の代りに「人間のいさかい、プレオネクシア（die Zwietracht, die πλεονεξία der Menschen）」とある。Brief an Gentz, 1792, S.71.

（2）ちなみにミルはこう言っている。「残酷な性向、悪意と底意地の悪さ、すべての感情の中で最も反社会的で最もいとわしい嫉妬、偽装と不誠実、さしたる理由もない癇癪、挑発に乗った過剰な憤激、他人に対する威圧を好むこと、取り分以上に貪りたい欲求（ギリシャ人のいうプレオネクシア）、他人を貶めることで得る傲慢、他の何よりも自己と自己の関心を大切だと考え、どちらかわからない問題はすべて自分の有利なように決める自己中心主義——これらはすべて、道徳的悪であり、不正な、いとうべき道徳的性格を形成する。」ミル、前掲邦訳書二〇五頁。《B, p.38》

（3）ガイウス・サッルスティウス・クリスプス『カティリーナ戦記（Bellum Catilinae）』CAPITOLI 2（合阪学／鷲田睦朗訳『カティリーナの陰謀』（大阪大学出版会、二〇〇八年）三四頁）。

（4）原文はギリシャ語である。フンボルトはドイツ語訳を付しているが、ここでは、廣川洋一訳『神統記』（岩波文庫、一九八四年）一七―一八頁による。

第五章　外敵からの安全——戦争と陶冶

（1）本章の初出は Berlinische Monatsschrift, Bd.20, Oktoberheft, 1792, S.346-354 であるが、その際の表題は「外敵からの安全のための国家の配慮について」であり、論稿末尾に W. von Humboldt とある。なお、この雑誌（『ベルリン月報』）の編集者ビースター（Johann Erich Biester, 1749-1816）は最初にこういう註記を添えている。「編集者は、ここでただ一つのテーマにつき答えられている問題が、内政のあらゆるテーマについて探究され、独立の論文によって公衆に問いかけられることになるということを見て取ることができる。つまり、上記の論稿は、『国家活動の限界を画定する試みのための思想』というタイトルを持つことになる作品の一部である。」

（2）「国政家（Staatsmann）」は「政治家（Politiker）」と同じ意味であるが、ごく一般的にいえば、マキャヴェリ以降„Politiker"というドイツ語には、（政治と関わりのない日常生活においても）「政略家」のようなネガティヴなニュアンスで使われた場合が多いのに対して、„Staatsmann"は中立的か、もしくはポジティヴな意味を持っていたようである。Vgl. Isolde Zimmermann,Johannes Wagemann, Philipp Sprik,Von edelen Staatsmännern und eliten Kannegießern: Der ›Politiker‹ in deutschen, englischen und französischen Lexika des 18. bis 20. Jahrhundert, in: ≫Politik≪ Situationen eines Wortgebrauchs im Europa der Neuzeit, hrsg. v. Willibald Steinmetz, Frankfurt u. New York 2007, S.134ff.

（3）　Goethe, Grenzen der Menschheit Vers II. 詩の初出はゲーテの著作の最初の全集版第八巻（一七八九年）。《L》「人間の限界」（小牧建夫他編『ゲーテ全集』第一巻（人文書院、一九六〇年））八〇頁。

（4）　大プリニウス（Gaius P. Secundus Plinius, 23?–79）は、『博物誌』で有名なローマの著述家であるが、ナポリ近くのミセヌム岬に艦隊司令官として勤務していた折、ヴェスヴィオ火山の爆発に出会い、自然の出来事をまぢかから学ぶために、船を駆って危険の迫っている地区に赴き、命を落とした。なお、「ゲンツ宛書簡」では、プリニウスの代りにエンペドクレスが置かれていた。Brief an Gentz, 1792, S.73. エンペドクレス（Empedocles, 前 493 頃-前 433 頃）はギリシャの哲学者。シケリア島アクラガスの人。哲学者としてのみならず、詩人、雄弁家、政治家、魔術師、治療者として知られ、エトナ山の火口に飛び込んで死んだ。

（5）　ロジエ（Jean-François Pilâtre de Rozier, 1756–85）は、一七八五年七月一五日にブローニュからイギリスへの軽気球飛行を試みた際に不慮の事故にあった。気球が引火し、いっしょに乗っていた物理学者ロメーンとともに墜落死した。「ロベール（Robert）」はおそらく「ロメーン（Romain）」のまちがいであろう。《L》

（6）　ペルシャ戦争中の陸戦の一つ。テルモピレーはテッサリア、ロクリス間の隘路。侵入したクセルクセス王以下のペルシャの大軍を、スパルタ王レオニダスの指揮するギリシャ軍約六〇〇〇が三日にわたってくい止めたが、内通者が間道を敵に教えたため、レオニダス以下三〇〇人のスパルタ兵が踏み止まって玉砕した。

（7）　『国家』第三巻の冒頭参照。《L》プラトン、前掲邦訳書第一一巻一七六—一七七頁。

第六章　市民相互の安全——公教育と道徳

（1）　本章の初出（本章第三段落以降）は Berlinische Monatsschrift, Bd.20, Dezemberheft 1792, S.597–606 であり、その際の表題は「公的国家教育」であるが、そこでは表題の下に「断片」と表記し、一〇月第七号、一一月第五号（『限界』第五章

および第八章の初出）の参照を指示している。《L》

（2）「教義学的な（dogmatisch）」という言葉で何が含意されているかは明らかでないが、通例、「教義学（Dogmatik）」に属するのは、「教義」を前提として、その枠内で主として論理によって結論を導き出す神学と法律学である。

（3）ファーガスン（Adam Ferguson,1723-1816）はスコットランドの歴史家・哲学者であり、ここでの引証はFerguson, An essay on the history of civil society. 1766, p.144（天羽康夫／青木裕子訳『市民社会史論』（京都大学学術出版会、二〇一八年）一三八頁）である。《L》リュクルゴスは前七世紀頃のスパルタの伝説的立法者。土地の均等配分、部族と地区の区分、長老会と民会の法制化など、軍国的生活様式、その他スパルタ特有と考えられる制度をすべて定めたと伝えられる。

（4）ミル「自由論」のエピグラフ。「本書で展開したあらゆる議論が収斂する偉大な指導原理は、人間が最も豊かな多様性をもって発展することが絶対的、本質的に重要であるということである。――ヴィルヘルム・フォン・フンボルト『政府の領域と義務』」ミル、前掲邦訳書一一一頁。《B, p.48》

（5）未詳。

（6）「国家教育に対して正当な理由に基づいて行われる反対論は、国家による教育の強制ではなく、国家がその教育の指導を一手に引き受けることに対して向けられている。これは前者とはまったく別の問題である。国民の教育の全部もしくは大部分が国家の手に握られるべきだという主張に反対する点で私は人後に落ちないつもりである。性格の個性と意見や行為様式の多様性についてこれまで述べてきたことはすべて、言葉に尽くせないほどの同じ重要性を持つものとして、教育の多様性を含んでいる。一般的な国家教育はそっくり同じ人間を作るための道具にすぎない。」ミル、前掲邦訳書二二七頁。《B, p.50》なお、フンボルトは、パリ旅行の帰途にシュトゥットガルトに立ち寄った際、シラーがかつて学んだカール学院についてこういう印象を記している。この士官学校（Militairakademie）では、学生は制服着用を義務づけられ、規則づくめの教育を施されているが、「どんな人間も本来自分だけで生きている。個人のための、個人自身の力と能力による個人の陶冶（Ausbildung）は一切の人間形成（Bilden）の唯一の目的でなければならない。」この目的は、「個人の陶冶ですら集団化

(Vergesellschaften)を、したがって全体のための拘束を要求する」から、必ずしもつねに直接念頭に置くことなどできないが、それが十分に尊重されないために、多くの有害な帰結が生じてくる。活発な構成員として社会に入る前の青年期こそ自由な個性的陶冶に最も適しているのに。すでに我が国の大学についても一面性が批判されているのは当然であるが、大学が「修道院生活」に変じて、学生が軍人的な几帳面さに拘束されたらどういうことになるだろうか、と。Tagebuch der Reise nach Paris und der Schweiz. 1789. in: GS. Bd.14, S.154f.

(7) 初出論文ではここで一一月第五号(本書第八章)の参照を指示している。

第七章 国家と宗教

(1) この部分は「宗教論」の論述(GS, Bd.1, S.66)をほぼそのまま引き継いでいる。「ガルヴェの説明」とはPhilosophische Anmerkungen und Abhandlungen zu Ciceros Büchern von den Pflichten, Bd.2, Breslau 1783, S.23ff.とされる(《L》)が、Ueber das Dasein Gottes.in: Garve's Versuch über verschiedene Gegenstände aus der Moral, der Literatur, und dem gesellschaftlichen Leben, Breslau 1792-1800であるとする指摘もある(《C, p.77f.》)。ガルヴェ(Christian Garve, 1742-98)は、カント哲学を批判した一八世紀「通俗哲学者」の代表的人物。

(2) Goethe, prometheus Vers 32.《L》Vgl. Cauer-Ausgabe, S.67.「プロメートイスの歌」(小牧健夫他編『ゲーテ全集』第一巻(人文書院、一九六〇年)三一頁)。

(3) これはいうまでもなくカントの実践理性批判の主張である。

第八章 習俗の改良

(1) 本章の初出はBerlinische Monatsschrift, Bd.20, Novemberheft 1792, S.419-444であり、その際の表題は「国家の施設による習俗の改良について」であり、「未公表の作品からの第二の断片」とされ、一〇月号三四六頁註を参照するように指示されている。これは第五章訳註（1）のビースターの註記のことである。

（2） Immanuel Kant, Kritik der Urteilskraft, 2. Aufl, Berlin 1793, S.220.《L》当該部分はこういう内容である。「これに反して美的芸術の価値を、美的芸術が心にあたえる開化にしたがって評価し、だから、判断力において合して認識となるにちがいない諸能力の拡張を標準としてとるなら、音楽はそのかぎり美的芸術のうちで最低の地位をしめる（同時にその快適さにしたがって評価される美的芸術のうちでは、おそらく最高の地位をしめるのと同様に）。というのは、音楽はたんに諸感覚と戯れるにすぎないからである。それゆえ造形芸術はこの点では音楽にはるかに優っている。」原佑訳『カント全集』第八巻（理想社、一九六五年）二四七頁。

（3） Kant, Kritik der Urteilskraft, S.211.《L》カント、前掲邦訳書二四〇—二四二頁。

（4） 念頭にあるのは当時のデュッセルドルフの画廊にあった有名な昇天するマリア像である。《L》レーニ（Guido Reni, 1575-1642）はバロック時代のイタリアの画家。ボローニャ生まれ。ローマに出て、はじめカラヴァッジョから、次いでラファエッロの作品から強い感化を受け、甘美な感傷性と理想性に富む古典主義的画風により人気を博する。とくにボルゲーゼの別邸（ロスピリオージ邸）の天井画フレスコ画「アウローラ」（一六一三—一四年）で名声を高めるが、故郷ボローニャに戻り（一六一四年）、以後同地で活動した。

（5） ヘレニズム期のギリシャ彫刻（前一〇〇年頃）。ルーヴル美術館所蔵。一七世紀初頭に、ローマの南、アンツィオ（古代アンティウム）において、スキピオーネ・ボルゲーゼ枢機卿の指揮の下に行われた発掘の際に発見され、そのコレクションに加わった。一八〇一年この大理石彫刻は、ナポレオンが義理の兄弟カミロ・ボルゲーゼ公のコレクションを購入したため、イタリアからルーヴル美術館に移された。

（6）「ゲンツ宛書簡」は、この一句の代りに、「かつてプラトンが詩人について言ったように、第三番目の地位のゆえに（um die dritte Stelle）」としている。Brief an Gentz, 1792, S.79. ライツマンはこれにつき『国家』第一〇編601cを指示している。しかし、そこには「第三番目の地位」は登場しない。おそらく602cの誤記と思われる。「『ゼウスに誓って』とぼくは言った、『かくてこの真似という行為は、真実から遠ざかること第三番目のものと関係するのではないか。そうだね？』『ええ』。」プラトン、前掲邦訳書七一〇頁。なお、597B-597Dでは、三種の寝椅子（神の作品、大工の作品、画家の作品）の例を挙げて、「本性（実在）から遠ざかること第三番目の作品を産み出す者」である画家を「真似る者」と呼び、悲劇作家も同断だとしている。プラトン、前掲邦訳書第一一巻六九五―六九八頁。

（7）「ひたすら分析に打ち込む（analystisch）哲学者」と「綜合的（synthetisch）命題同士を結びつける」とあるが、ここにいうanalystischとsythetischは、カントの意味における「分析的」判断と「綜合的」判断（アプリオリな分析的判断とアポステリオリな綜合的判断（『純粋理性批判』））ではなく、「分析的」手続とは「第一概念」を明瞭に把握することであり、「綜合的」手続とは「第一概念」を周知のものとして前提し、そこから正しい帰結を引き出そうとすること、というデカルト的な意味である。《GuF, S.310》

（8）これは大なり小なり直接に、『一般ドイツ文庫』（一七六五年創刊）の哲学的批評において通俗哲学者ニコライ（Christoph Friedrich Nicolai, 1733-1811）やその仲間だけでなく、他のカントの敵手であるティッテル（Gottlob August Tittel, 1739-1816）やフェーダー（Johann Georg Heinrich Feder, 1740-1821）によってなされていた。《L》

（9）「そこで、ユリの白色は心を無垢の理念に調和させ、また、赤から紫までの七色の順序に従っていえば、それぞれの色は心の気分を、（1）崇高の、（2）大胆の、（3）率直の、（4）友情の、（5）謙譲の、（6）不屈の、（7）情愛の理念に調和させる。」Kritik der Urteilskraft, S.172.《L》カント、前掲邦訳書二〇九頁。

（10）書名は、正確にはFriedrich Hugo v. Dalberg, Vom Erfinden und Bilden, Frankfurt 1791. フンボルトはこの著作を、著者である音楽家のダールベルク（Johann Friedrich Hugo von Dalberg, 1760-1812）の兄にあたるエアフルトの司教補佐ダールベルク（第二部解説註（5）参照）を通じて知るに至ったと思われる。後者について最もよい案内となるのは、Beaulieu-Marconnay, Karl von Dalberg und seine Zeit, Bd.1, S.6. またvgl. Haym, Herder, Bd.2, S.382.《L》

（11）「ゲンツ宛書簡」ではこのくだりの後に次の文章がある。「それゆえ、もし私が、他人の権利を侵害しない限り、本物の害悪であっても妨害することに同意を与えないとすれば、あなたに、君は国家が教育と宗教を通じて積極的に施そうとするあらゆる陶冶に同意しないのではないか、と推測されかねない。しかし、一瞬たりとも私はこの問題にかかずらっていられない。すべては前述したところから明らかになる。詳細な適用は、あなたもご存じの旧稿ですでに行っている。もちろん欠陥はある。ほかでもないこの書簡自体が持つ欠陥こそ、旧稿の欠陥をここでもやはり補っていないということを見せつけている。ただ首尾一貫性のために一つだけ述べておきたい。あらゆる宗教は、――実生活でそれが問題となる限り――感覚に基づいている。単に人間の信仰心だけでなく、人間の持つ宗教的な心的系統も人間の備えている感覚的な心的系統と同じである。ニュアンスははてしなく多様である。しかし次の二つの相違点は強力な作用を持つ。第一に自立の精神ともたれかかる愛との違い、第二に個体が持つ力の感情と多様性の中にある統一性の美との違いである。後者の方がいわばより知性的である。両者において、最初の二つの違いを緩和するだけならば、断固たる無神論に至ることになるが、後の方の二つの違いを緩和するだけならば、断固たる有神論に至ることになる。両者においてそれぞれの二つが一つになると、無神論と有神論を生み出しかねない。そこで、どちらに価値を置くかを決めなければならないとなると、私なら、――諸々の宗教的な心的系統の価値はつねにそれらの基礎にある知性的な力と感覚的な力の価値によって評価することができるのだから――後の方につき考えたやり方で発生する有神論と無神論の対の方を、最初のやり方で発生する有神論と無神論の対よりも優位に置くであろう。しかし私は、両者の間で公平に決定を下すのは不可能だと思う。それゆえ、感覚的な心的系統と宗教的な心的系統がこのように密接に連関しているとすれば、前者を完全に自由にし、後者を制限するように指示することは、不可能ではないにしても、たしかに、単に一貫しないどころではないということになるであろう。これについてはもう十分であろう。ただ一度ならず言ったことを繰り返すだけである。宗教は、国家のあらゆる監視なしに放置されるべき共同の制度（Gemeineinrichtung）であり、教育施設に対する監視は完全になくならなければならない、と。」Brief an Gentz, 1792, S.84.「旧稿」とは「宗教論」のことである。

第一〇章　個人の行為と安全——ポリツァイ法

（1）「私は、ヴィルヘルム・フォン・フンボルトとともに次のように考える。学位やその他の学問的ないし職業的な知識・能力についての公の証明書は、みずから試験を受けてそれに合格したすべての人に与えられるべきであるが、しかしそのような証明書は、世論がその証明に重きをおくのはよいとしても、それを除けば、競争相手に優位を与えるべきものではない、と。」ミル、前掲邦訳書三三九頁。

（2）ここでフンボルトは、啓蒙主義をしばしば厳しく断罪した一七八八年七月九日のヴェルナーの宗教令（第二部解説註（9）参照）に矛先を向けている。《GuF, S.312》

第一一章　権利侵害と安全——民事法

（1）上述のように、フンボルトは一七八五年から二年間ベルリンで私講義を受けていたが、そのうちのエンゲル（Johann Jakob Engel.1741-1802）の哲学講義の筆記ノートにはこうある。「完全義務（vollkommene Pflichten）」と同義のものとしての「強制義務（Zwangpflichten）」は、「その対象が完全に規定された義務として定義される。」例えば、債権者は、私の義務の完全に規定された対象であるが、物乞いはそうではない。私の慈善行動に対して万人が平等な請求権を持つ欠乏状態が多数ある。そのうちどれに自分の恩恵を与えようとするかは私の自由である。」そして、この義務の違いによって、「道徳（Moral）」を「倫理（Ethik）」と「自然法」に分けることができる、と。Humboldt, Aus Engels philosophischen Vorträgen (1785-86), in: GS, Bd.7, S.461ff.《GuF,S.312》この発想は、クラインの自然法講義（第一章訳註（11））でも登場する（z. B. Aus Kleins Vorträge über Naturrecht（1785-86), in: GS, Bd.7, S.474, 484）。なお、吉永、前掲論文四八頁参照。

（2）「契約の目的は、不完全義務を完全義務に変えることにある、というメンデルスゾーンの見方はまったく正当である。なぜなら、すでに完全義務がある所では、契約は締結されないからである。」Humboldt, Aus Kleins Vorträge über Naturrecht（1785-86), GS, Bd.7, S.489.

（3）ミルは、契約の自由は原則として守られるべきであるが、例えばどの国の法律でも奴隷契約が無効であり、「自分の自由を放棄してもよいというのは自由を意味しない」として、こう続けている。たしかに、生活上の必要のために、自由の制限に同意しなければならないことがある。しかし、行為者自身にのみ関わる行為の無制限の自由を要求する原理は、契約当事者同士が第三者に関係のない事柄に関して双方を契約の束縛から解放できるようにすべきであり、たとえこうした自発的な解放がなされなくても、金銭に関わる場合を除いて、いかなる契約や約束も、撤回する自由がないとは言えないであろう。「ヴィルヘルム・フォン・フンボルト男爵は、すでに引用した波のすぐれた論文の中で、そのことを彼の確信するところとしてとしてこう述べている。対人関係やサーヴィスを含む契約は、限られた期問を超えて法的拘束力を持つべきではない。また、この種の契約の中で最も重要な契約である結婚は、両当事者の感情がこれと調和したものでなければ、その目的が達せられないという特殊性を持っているために、それを解消するためには、どちらか一方の側の明示的な意思表示以外の何ものも必要としない、と。［…］もし、フンボルト男爵にとって、論文の簡潔性と一般性のために、前提を論じないで結論を宣言することで満足せざるをえないという事情がなかったならば、問題は彼がみずから限定したほど単純な根拠に基づいて決定できないということを、彼はまちがいなく認めていたことであろう。かりにある人が、明示的な約束または行為によって、彼が一定の仕方で行動し続けるということを他の人に信じさせるように――そして期待と予測を立ててそうした想定にその人の生設計の何らかの部分を賭けるように――助長したとすれば――、彼の側にはその人に対して一連の新しい道徳的義務が生じる。この義務は無効にされてしまうかもしれないが、しかし無視されえない。そしてまた、二人の契約当事者の関係が他人への影響を伴うようになったとすれば、すなわち何らかの特殊な地位に第三者を置くことになるとか、それどころか、婚姻の場合のように、第三者の生存をもたらす契機となったとすれば、これら第三者に対して両契約当事者の側に義務が生じ、その義務の履行、もしくは少なくとも履行方法は、元の当事者たちの契約への関係が継続するか破棄されるかによって重大な影響をこうむらざるをえない。だからといって、これらの義務が気の進まない当事者の幸福のためにあらゆる犠牲を払って契約の履行を要求するというところまで及ぶわけではないし、また私もそれを認めるわけにはいかない。

しかし、これらの義務はこの問題において不可欠な要素である。そして、これらの義務は、フォン・フンボルトが主張しているように、当事者たちがその契約からみずからを解放することのできる法的自由については、なんら影響を及ぼすべきではないが（また私自身もさほど大きな影響を及ぼすべきではないと考えるが）、当然のことながら道徳的自由については非常に大きな影響を及ぼす。」ミル、前掲邦訳書三三三―三三六頁。《B, p.97》

（4）「普通法（Gemeines Recht）」とは、中世末期以来、法制史学上のいわゆるローマ法継受（Rezeption des römischen Rechts）によって古代ローマのユスティニアヌス法典の学説がドイツに徐々に継受され、法実務に浸透していったものを指す。ローマ法はすでに一四九五年に神聖ローマ帝国の皇帝法として権威を獲得していたが、広く普及したのは、一七世紀以降に「普通法学」の確立を通じて学説上の地位を固め、それが裁判所により受け入れられたためである。普通法＝ローマ法は、大学において古事学的、歴史的研究と一体化することで、「重箱の隅つつき（Spitzfindigkeit）」のような微細な歴史研究を生み出し、同時に古代ローマ法を、封建制を残していたドイツの現実に合わせる必要から、細部に及ぶ解釈論を生み出した。普通法学の「重箱の隅つつき」はすでにプロイセン一般ラント法を起草した啓蒙官僚によって指摘されていた。西村稔『文士と官僚』（木鐸社、一九九八年）一〇七―一〇八頁。

（5）「ない（nicht）」は、意味上必要であるにもかかわらず、草稿にはなく、またCauer-Ausgabeにもない。《L》

（6）要式性（Formalität）は、古代法の呪術的な性格に由来し、訴訟方式における儀式性となって現れたが、実体法ではローマの問答契約（stipulatio）や摑手行為（mancipatio）などが知られており、現代の日本民法でも遺言、婚姻等、一定の方式によらなければ効力を持たない「要式行為」がある。

（7）ここに引く「直系相続における分割の平等に関する演説」は、ミラボーの死んだ日（一七九一年四月二日）に朗読された、国民議会に向けられた彼の最後の演説であるとされていたが、最近、彼の手になるものではないことが証明された。Vgl. Alfred Stern, Das Leben Mirabeaus, Bd.2, Berlin 1889, S.295.《L》なお、底本ではCollection complette des travaux de Mr. Mirabeau **l'aîné** à l'Assemblée nationaleとなっているが、ゴシック体の部分を表記のように改めた。

第一二章　法的紛争解決と安全――訴訟手続

（1）「糺問訴訟のようになって（inquisitorisch）」の „Inquisition“ は、異端審問という意味もあり、総じて近代におけるような国家訴追を前提とせず、裁判官が訴訟を開始し、また証拠調べも行うような裁判形態を指す。

（2）所有物返還請求（Vindikation）は物の占有者に対して非占有者である所有権者が行う訴え。古代ローマ法の „vindicatio“ に由来し、おおむねフンボルトの記すように展開していった。

（3）古代ローマ法において「約束（Pakten）」= „pactum“ は民事法上訴求できない（訴権（actio）を認められない）が、「契約（Kontrakt）」= „contractum“ は訴求可能な契約であった。ただし、„pactum“ にも訴権を認められるものがあった。

第一三章　国家法の違反と安全――刑事法

（1）「世襲財産（Fideikomisse）」は、一般に相続により代々伝えられる財産であるが、ヨーロッパ中世では王侯、貴族、僧侶の経済的基礎を確保するために設けられた。世襲財産に設定された財産は取引の対象とならず、したがって所有者のいかんにかかわらず、永続的に維持されることになる。《GuF, S.314》これは近代に入ると原則として廃止されたが、完全になくなったわけではなく、日本でも戦前には皇族の御料地などが世襲財産として存在していた。

（2）Vgl. Humboldt, Über die Ehrlosigkeit（Infamie）als eine Kriminalstrafe, 1785, in: GS, Bd.7, S.556ff. Vgl.《GuF, S.314》

（3）これはプロイセン一般ラント法（Allgemeines Landrecht für die Preußischen Staaten）の条文であるとすれば、当該条文の内容は、「内乱罪を犯した者は、財産および市民的名誉のすべてを失うとともに、国が将来の危険を防止するために永続的監禁または追放を必要とした時は、子供の不幸の責任を負う」というものである。足立昌勝「プロイセン一般ラント法第二部第二〇章（刑法）試訳」（一）『法経論集』第五一号、一九八三年一二月、二〇頁。だが、プロイセン一般ラント法の施行は、『限界』草稿が書かれた時期よりも二年ほど後の一七九四年六月のことであり、フンボルトがその条文を引用することはできなかったはずである。実は、すでに一七九一年三月にプロイセン一般法典（Allgemeines Gesetzbuch für die preußischen Staaten）が公布され、九二年六月から施行の運びとなっていたのが、国王は折からフランス革命の過激化を受けて、同年四月に発効の無期延期を命じ、翌年一一月に法典の修正を命じた結果が一般ラント法であった。しかし、修正に与えられた期間はわずか六週間であり、基本的に政治的な内容を含む条項に限定されたので、右の条文はそのまま残った。

（4）フランス刑法では、裁判管轄、訴訟手続、刑の軽重の観点から、重罪・軽罪・違警罪の三分法をとり、それがヨーロッパに広がり、日本の旧刑法でも採用された。

（5）「処罰される者」の原語は „Beleidigten“ であり、そのまま訳すると「被害者」という意味である。事実、民事に関して、第一一章では „Beleidiger“ „Beleidigte“ は「加害者」、「被害者」を意味しており、そのように訳したが、ここではそれぞれ「処罰者」、「被処罰者」と訳した。ちなみに、英訳の一つは、このくだりを “the necessity for the punished one to undergo the punishment”（処罰される者が刑罰を受ける必要）とし《C, p.159》、いま一つの英訳は “the necessity for the criminal to undergo the punishment”（犯罪者が刑罰を受ける必要）としている《B, p.114》。

第一五章　国家維持の手段と理論

（1）ここで「一一四—一一九頁を参照」とあるのは手稿の二八、二九頁のことであり、この箇所は手稿のうち失われた部分（一五—六二頁）（vgl. GS, Bd.1, S.97 Anm.）に含まれていたが、『新ターリア』で公刊された部分（第二章訳註（1））にも見出されない。《L》ただし、Cauer-Ausgabe, S.172 は S.16-18 を指示する。これは第三章の冒頭（GS, Bd.1, S.111-113）、つまり本書二〇—二二頁にあたる。

（2）市民の「安全」のことである。

（3）「重農主義方式（das physiokratische Systhem）」は、租税システムであるから、「地租方式」とした方が妥当であるが、あらゆる社会的富の源を土地とする当時の経済思想（重農主義）を考慮してこう訳した。フンボルトが大学に入る前に受けたドームの国民経済学の私講義の筆記ノートにはこうある。「重農主義方式は国家の利益を市民の利益とぴったり結びつける。というのも、純益のあらゆる増加により両方の収入は高められるからである。その方式は市民の熱意を燃え立たせ、市民をとりわけ土地の開墾、唯一真の富であるその富の産出に導く。なぜなら、当然のことながら、重農主義的に整備された国家は、とりわけ土地の改良に意を用いるはずであるからだ。なにしろそういう国家は、もっぱら農家からのみ、もっぱら彼らの純益からのみ租税を受け取るのだ。これが必然的に農家にとって、そしてあらゆる市民一般にとってどれほど利益となるにちがいないかは、国は自然の生産物の余剰がある場合にのみ豊かだと呼ばれるに値することを確信するあらゆる人が洞察するであろう。重農主義方式を重商主義方式と比較する際に、つねに私には、後者が（そう言ってよければ）近隣一帯を荒らしまわる強盗に似ているように見える。それに対して重農主義的方式は、もっぱら自分自身の労働によってのみ豊かになろうとする勤勉な人に等しい。」Aus Dohms nationalökonomischen Vorträgen（1785-86）, in: GS, Bd.7, S.537.《GuF, S.315》なお、泉井、前掲書六六―六七頁参照。

（4）「国制に対する愛」は、モンテスキュー『法の精神』に由来する政治的徳である。第二部第二章二四七頁および訳註（10）。ここでの議論については第二部解説参照。

（5）近代的な意味の「統計学（Statistik）」はこの時期いまだ成立していなかった。政治学、法学、医学に通暁したコーンリング（Hermann Conring,1606-81）は一七世紀に統計学の基礎を据えたが、ドイツで統計学を学問化した功績は通例ゲッティンゲン大学の法学者・政治学者アヘンヴァル（Gottfried Achenwall, 1719-72）に帰せられる。しかし、彼の統計学も、基本的にコーンリングと異ならない„Staatskunde（Staatenkunde）"（「国状学」ないし「国勢学」）であり、その内容は国家ないし諸国家の人口、地勢、産物等の経験的記述であった。さらにアヘンヴァルを「統計学の父」と称えたシュレーツァーも同様であった。シュレーツァー（August Ludwig Schlözer, 1735-1809）は、ロシア史研究から出発しながら、政治学、法学にも手を広げ、アヘンヴァルの後任として統計学も講じたが、その統計学はやはり「国状学」であった。シュレーツァーは「国家に関わる学識（StatsGelehrsamkeit）」を、(A)個々の国家をその現実の性質により研究する「歴史的政治学教程（Cursus politicus HISTORICVS）」＝「国家知（Notitia imperiorum）」＝「一般的意味の国状学（StatsKunde）」と、(B)国家と呼ばれる人間の制度をその目的と本質一般により研究する「哲学的政治学教程（Cursus politicus PHILOSPHICVS）」＝「国家科学（Scientia imperii）」＝「国家学（StatsLere）」とに大別し、さらに(A)を①「狭義の国状学または統計学」と②「国家史学（StatsGeschichte）」に細分し、前者は、「国家が国家として、所与の時空においていかに現実に存在するするのか、もしくは存在したのかを説明する」ものであり、世界のすべての国家は「諸力」が「まとまって」「作用する」点で一致するけれども、それぞれは多様であるとして、諸力は文明化された状態では「人、土地、産物、金銭」の四つにより成り立ち、それらが「まとまった」ものが「国家体制（StatsVerfassung）」であり、その利用が「国家行政（StatsVerwaltung）」だと説明を加えたうえで言う。「すべてこれらの情報のためのデータが国家の特異性を表すもの（StatsMerkwürdigkeiten）であり、国家の物理的、地理的、文献的、教会的などの記述全体から、国状学者（Statskundige）は、国家の幸不幸に明らかな影響を及ぼすデータだけを取り出し、ただその結果だけを説明し、ことさらそれについての判断はしない」と（傍点引用者）。ここでシュレーツァーは人口に膾炙した格言を遺している。「国家史は連続せる国状学［＝統計学］であり、国状学［＝統計学］は静止せる国家史である。」August Ludwig Schlözer, Allgemeines Statsrecht und SatsVerfassunglere, Göttingen 1793, S.9ff. 藤井康博「近世・近代ドイツ国法学における国家目的『自由』『安全』『生命』」（一）『静岡大学法政研究』第一六巻第一号、二〇一二年三月、一三四頁、竹内啓『歴史と統計学』（日本経済新聞社、二〇一八年）二一五頁以下参照。このシュレーツァーの本は、『限界』草稿完成後に出ているから、フンボルトは参照できなかった。ただ、フンボルトはゲッティンゲン大学で法学系の科目は聴講せずに、哲学部の文献学者ハイネ、物理学者リヒテンベルクと並んでシュレーツァーの講義を聴いている（Autobiographisches, in: GS, Bd.15, S.524）から、学説の内容を知っていた可能性はある。フンボルトは、やはりかつてゲッティンゲンでシュレーツァーの講義を聞いた（ADB, Bd.5, 1877, S.298）ドームの講義の筆記ノート（前註（3））で、諸国家の状態はたえず変化しており、またあらゆる土地から一定の情報を得ることは不可能であるから、この学問（統計学）は決して完備したものとはならないとし、しかもその註で、統計学の事実はいずれ歴史学の事実となるが、それは、旧式の歴史家のよくやるような諸国家の「外面的状況の歴史」ではなくて、諸国家の「内的な変化と形成の叙述」とならなければならない、とするドームの言葉を引いている。Aus Dohms nationalökonomischen Vorträgen (1785-86), in: GS, Bd.7, S.524 u. Anm.しかし、フンボルトが以前にこうした説を受容したとしても、国家による人民の幸福の達成に資する限り、いかなる統計学も、『限界』の理論と相容れない。第二部第三章二五二―二五三頁参照。

（6）「統計学」の話はすでに一七八八年八月ないし八九年七月に執筆された「宗教論」に登場していた。「宗教論」の後半部は『限界』第七章で利用された（第二部解説参照）が、採用されなかった部分もある。例えば、フンボルトは、「立法者はどの程度まで宗教を自分の意図のために利用してよいか」という問題についてこう論じる。あらゆる立法は「人間としての市民の陶冶」という視点から出発しなければならない。なぜなら、国家は、この陶冶を促進するための、もしくは自然状態であったなら陶冶の邪魔になる障害を除去するための手段にすぎないからである。「もしそうだとすると、国家が理想とするのはこういう状態であろう。すなわち、一つには大地と産物の、一つには住民とその性格の自然の性状（Beschaffenheit）、それから一つには物質的必要の充足のための、また一つには趣味の洗練と芸術の促進のための、最後に学問的知識の流布と倫理の向上のための人為的施設が、つまりこれらのすべてのものが、しかるべき絶対的な程度を、もしくは相互に対して相対的に適切な程度を保っている状態である。我々の現実の国家がこの理想にどれほど近づいているかということを、統計学が決めるとされていた。しかし、それならば、この学問には、これまで行われてきたのとはまったく違った研究方法（Bearbeitung）が必要となるであろう。これまで統計学は、国家の様々な価値の評価のための不確かにすぎない徴表、つまり土地とその産物の豊かさの自然の性状、人口、生産物の産出・加工・交換のための施設の単なるデータを提供してきた。立法者がその市民の道徳的陶冶を促進するために利用する手段は、つねに、それが能力と性向の内的発展を助長するにつれて目的に即し、有用となる。なぜなら、すべての陶冶は魂の内部にのみ源泉があり、外面的な措置によって誘発されるだけで生み出されることはないからである。」Über Religion, in: GS, Bd.1, S.69f. この、統計学を、諸国家の「外面的状況の歴史」から諸国家の「内的な変化と形成の叙述」に転換しようとする、ドーム（前註（5））とよく似た論述の後には、『限界』第七章（七二頁以下）で展開される議論（立法者による道徳的教育の限界）が続いている。しかし、バイザー（前掲邦訳書二四〇頁）によれば、この宗教論の記述ではフンボルトはいまだ初期の「家父長主義的信念」を捨てず、「国家は陶冶と幸福の発展に積極的な役割を担っていると考えていた」という。もしそうだとすれば、それが『限界』でこの部分をオミットした理由かもしれない。

付　フンボルトによる目次

（1）フンボルトによる目次（凡例iv頁参照）では、各章の冒頭にゲシュペルトの語句を並べており、章の表題を指すものと思われるが、一部は冗長なので簡略化した。

第二部 『国家活動の限界』の周辺 訳註

第一章 国家体制についての理念——新フランス憲法を契機として(一七九二年一月)

(1) 一七八九年以来、新体制の樹立を目指して活動してきた立憲議会(憲法制定国民議会(Assemblée nationale constituante))は、九一年九月三日にフランス最初の憲法を可決するに至った(後註(3))。この憲法はそれまでの革命の成果の法的表現である。九一年憲法は人権宣言(一七九八年)を冒頭に置き、第三編で国民主権の原理を掲げた。だが、代議制を採用して、国民を能動市民と受動市民に分け、選挙権を一定の租税納入者に限定し、また間接選挙制によりその選挙人をさらに財産により制限した。有権者総数は約四三〇万人、選挙人の数は五万人程度と推定されている。立法権は任期二年で一院制の国民議会に属し、執行権は「フランス人の国王」に属するが、国王は、絶対的権力を持つのではなく、憲法・法律の遵守を求められた。国王は大臣を任免しうるが、議会内から大臣を選ぶことはできない。議会の立法権に対しては停止的拒否権を持つだけとなった。司法権は国民主権に基づく近代的制度に移行し、裁判官の売官制はなくなり、公選制となり、陪審制も導入された。九一年憲法は、後の憲法と異なり、国民投票には付されず、国王が九月一四日に裁可し、一七九一年九月三〇日に立憲議会は「国王万歳!」を叫んでその使命を終えた。石井三記「一七九一年憲法」(河野健二編『資料フランス革命』(岩波書店、一九八九年))一五二頁参照。

(2) フンボルトは、司法官僚としての職を辞して一七九一年六月二九日に結婚してから、その年の残りの日々をマンスフェルト近郊の(妻の所有していた)領地ブルクエーナーで妻とともに過ごした。

(3) 一七八九年五月五日、フランス全国から約一二〇〇人の三身分の代表(代表者数は、聖職者、貴族がそれぞれ三〇〇人、第三身分が六〇〇人)がヴェルサイユに集結し、全国三部会(États généraux)が開会されたが、第三身分は身分別の採決につながるとの理由から、頑強に抵抗し、六月一七日には国民議会(Assemblée nationale)と自称した。六月二七日に国王が特権二身分の代表に国民議会に加わるように勧告するに及んで、三身分は国民議会に合流し、七月七日には憲法委員会が設置され、同九日には憲法制定国民議会が発足した。これは、八月二六日に「人間と市民の権利の宣言」を採択した。国民議会の解散後、一七九一年一〇月一日に立法議会（Assemblée législative）が開会することになる。フンボルトのいう「国民議会（Nationalversammlung）」はAssemblée nationaleを指すものと思われる。ただし、フンボルトは必ずしも「国民議会」と「憲法制定国民議会」を厳密に区別していないようにも見える。

（4）この言葉の出典はつまびらかにしないが、一七九〇年一月の『ベルリン月報』に載ったフランス国民議会を批判するグライムの短詩は「全国三部会」＝国民議会を「一二〇〇人の専制君主」と呼び、一人の専制君主の横暴は相続されないけれども、一二〇〇人は死なないと揶揄し、「賢者はいつでも一人の専制君主をうまく片付けた」と結んでいる。Johann Wilhelm Ludwig Gleim, Auch Les États généraux, Berlinische Monatschrift, Bd.15, S.91.

（5）前註（3）参照。

（6）以下で展開される「理性」と「偶然」の対置はゲンツの「権利の起源と最高原理について」（一七九一年四月）と無関係ではないと思われる。ゲンツは、そこで、メーザー（Justus Möser,1720-94）の歴史的観点からするフランス革命批判をしりぞけ、自然の偶然に支配される歴史的生起に人間の本性（自然）である「理性と自由」を対置しているからである。Vgl. Paul Wittichen, Zur inneren Geschichte Preußens während der französischen Revolution. Gentz und Humboldt, in: Forschungen zur brandenburgischen und preußischen Revolution, Bd.19, Teil 2, 1908, S.19f.

（7）この貴族に関する文は初版にはない。編集者ビースター（第一部第五章訳註（1）参照）の校閲で削除されたものと思われる。《L》

（8）ケーラーはこれがダールベルクを指すとする（Siegfried A. Kaehler, Wilhelm und Alexander Humboldt in den Jahren der Napoleonischen Krise, in: HZ, Bd.116, 1916, S.134. 第一部第一章訳註（11）参照）が、確たる証拠があるわけではない。とはいえ、ダールベルクが「啓蒙専制君主的」な発想を持っていたことは否定できない。Cf. Robert Leroux, La théorie du despotisme éclairé chez Karl Theodor Dalberg, Paris 1932.

（9）　初出ではこの文は次のようになっている。「そこで革命の後を継ぐことができたのは、中庸を選ぶことができないという人間のよく知られた無能力のために、またとりわけ、性急で気性の激しい国民の性格のために、最大限の自由を目指す体制の他にはなかったのである。」文体と内容の双方からすると、信頼すべき校正者によるものではなく、おそらくビースターが補足したものであろう。《L》

（10）　この思想は、この後『ホーレン』掲載の二稿（「性差と有機的自然への影響について」（一七九四年）（GS, Bd.1, S.311ff.）、「男性と女性の形式について」（一七九五年）（GS, Bd.1, S.335ff.））において、両性の性格の詳細な分析によって詳しく展開されることになる。

第二章　『国家活動の限界』草稿――ゲンツ宛フンボルト書簡二通（一七九二年一月九日など）

（1）　第一章二三〇頁の「この国家体制は」云々のこと。

（2）　ゲンツはフンボルトを一七九一年秋にブルクエーナーに訪ねた。ここでいう論稿は同年四月に『ベルリン月報』に掲載された「権利の起源と最高原理について」と同じものであるか、さもなければ、後世に伝わっていない。《L》第一章訳註（6）および第二章解説註（36）参照。

（3）　未詳。

（4）　原文はここで中断している。

（5）　第一章を指すものと思われる。

（6）　本章第一節を指すものと思われる。

（7）　なお、国家の目的と目的達成の手段については、第一部第三章参照。

（8）　モンテスキュー（Charles-Louis de Montesquieu, 1689-1755）の『法の精神』（一七四八年）第一部第三編　三政体の原理について。野田良之他訳『法の精神』上（岩波書店、一九八七年）三三頁以下。

(9)『法の精神』第一部第三編第六章および第七章参照。モンテスキュー、前掲邦訳書上四〇―四一頁。

(10)「モンテスキューの原動力のうちで最後のもの」とは、以下に紹介される「徳」、すなわち「国制に対する純粋な熱情」のことであるが、モンテスキューはそれを、「祖国と平等とへの愛」という共和政の「政治的徳」と呼び、さらに「有徳の人」とは、「自国の法律を愛し、自国の法律への愛によって行動する人」だとしている。モンテスキュー、前掲邦訳書上三―四頁。

(11)リュクルゴスについては第一部第六章訳註(3)参照。「リュクルゴスの共同の会食」については、村川堅太郎編『プルタルコス英雄伝』(筑摩書房、一九九六年)六五―六六頁参照。

(12)第一部第三章訳註(2)参照。

(13)『国家』は、理性と真理の観点から、詩人を画家と並べて貶め、国家にとって望ましくないとし、例えば、「結局、詩(創作)というものが以上見たような性格のものであるからには、それをあの時、我々の国から追い出したのは正当な処置であったのだ」とか、「このような種類の詩に対して、あたかもそれが真理にふれるもの、重要な仕事であるかのように考えて、真剣な熱意を寄せてはならない。それに耳をかたむける者は、自分の内なる国家のあり方について恐れつつ、詩を警戒しなければならない」という発言がある。『国家』第五巻(プラトン、前掲邦訳書第一一巻)七二三、七二五頁。

(14)Politik, 7.16 (1335b).《L》山本光雄/村川堅太郎訳『アリストテレス全集』第一五巻(岩波書店、一九六九年)三二〇―三二一頁。

(15)ベール(Pierre Bayle, 1647-1706)はプロテスタントの啓蒙的哲学者、批評家。一六七五年にスダンのアカデミーで哲学教授の職に就くが、八一年に国外移住を余儀なくされ、ロッテルダム大学に移籍し、そこでリベラリズムと宗教上の寛容を強力に擁護する著作を出版した。九三年には、フランスの手先、プロテスタントの敵とそしりをうけて、職を追われる。九六年に完成した主著『歴史批評辞典』では、宗教的教義や伝承ならびに哲学学説に対する歴史的考証・論理的批判の膨大な作業を行う。

(16) モンテスキュー、前掲邦訳書下七頁参照。《L》

(17) ライツマンは、ここに引用された挿話をリウィウスの著作に見つけることができなかったとしている。リウィウス(Titus Livius, 前59頃—後17)は、古代ローマの歴史家。イタリアのパタウィウム(現パドヴァ)に生まれたが、ローマに居を定め、前二九年にローマ史の執筆を開始。ローマ創建からネロ・クラウディウス・ドルススの死(前九年)までを記載した。この一四二巻にわたる著作は一八世紀に至るまで歴史書の基本であった。

(18) 第一章訳註(3)参照。

(19) 立法機関とは一七九一年一〇月に設置された立法議会のこと(第一章訳註(3)参照)。国王の権限については第一章訳註(1)参照。

(20) 護民官(Tribunus Plebis)は、ローマ共和政時代の平民の権利を擁護する官職。前四五七年頃から、毎年一〇人選ばれることになった。護民官は政務官の行政、選挙、立法、元老院議決に対して拒否・干渉を行い、また平民会を招集し議決を行う。前二八七年ホルテンシウス法により、その議決が法としての拘束力を持つようになった。

(21) ペイシストラトス(Peisistratos, 前600頃—前527)はアテナイの僭主。穏健で先見の明がある統治者で、アッティカの小さな農地統合を推進し、海外、とくに国会周辺地域での交易を発展させ、芸術家も保護した。「ペイシストラトスの一門」とは、彼の後を継いだヒッピアス、ヒッパルコスを指す。

(22) 古代ギリシャのペロポネソス半島南部のラコニア地方の異称、またラコニア地方の中心都市スパルタの古名。

(23) ペロポネソス戦争後のアテナイで行われた「三〇人僭主」と呼ばれる寡頭支配を指す。

(24) 陶片追放(Ostrakismos)は、古代ギリシャの秘密投票による追放制度。アテナイではクレイステネスにより僭主再現防止のため創設され、前四八七年はじめて用いられた。必要な時、市民は国家を害し追放の必要ありとみなす人名を陶片(オストラコン)に記入して投票し、六〇〇〇票を越えた者は国外追放となる。政争の具に用いられるに及び、前五世紀末以来行われなかった。

(25) Phaedrus, 247c. 253c.《L》魂を二頭の馬と御者になぞらえて、御者が恋い焦がれる人に迫ろうとした時、暴走する馬の方がやみくもに突き進むのに対して、よく制御された馬は抗いながらも無事に恋する人の下に届けるという寓話。鈴木照雄／藤沢令夫訳『プラトン全集』第五巻（岩波書店、一九七四年）一九六―一九八頁。

(26) 以下略したのは、原文 S.58 Z.32-S.84 Z.37 である。対応する『限界』の箇所は、順序の前後はあるが、だいたいにおいて原文 Kap.1. S.103ff., Kap.2. S.108ff., Kap.3. S.112 ff., S.124ff., Kap.4. S.134ff., Kap.5. S.136ff., Kap.8. S.165 ff. である。

(27) 以下略したのは、原文 S.85 Z.15-S.86 Z.5, Kap.8, S.176f. である。

(28) フランス革命の進展は従来教育をほぼ一手に引き受けていた宗教勢力の排除に及び、世俗国家による公教育の確立は革命の大きな目標の一つとなった。一七九一年憲法は「すべての市民に共通で、不可欠な教育の部分について、無償の公教育が組織される」と規定し、一七九一年九月にはタレーランが公教育についての長大な報告を行なっている。しかし、憲法制定国民議会はまもなく解散し、あらためて立法議会が招集されたために、タレーラン報告は審議されなかった。革命期の教育をめぐる議論の詳細については、コンドルセ他、阪上孝編訳『フランス革命期の公教育論』（岩波書店、二〇〇二年）、タレーラン他、志村鏡一郎訳『世界教育学選集65フランス革命期の教育改革構想』（明治図書出版、一九七六年）参照。

(29) 以下略したのは、原文 S.86 Z.27-S.87 Z.28, Kap.15, S.233.

(30) この段落は第一部一九一―一九二頁と重複する。

(31) 以下は第一部一九三―一九四頁頁と重複する。

第三章　フォルスター宛フンボルト書簡（一七九二年六月一日）

(1) ここまでの冒頭部（原文 S.293-295 Z.27）は割愛した。

(2) 一七八七年に「司教補佐（Koadjutor）」に就任したダールベルクのこと。なお、「司教補佐」とは、教会法においては、在任中の司教が健康その他の理由でその教区を治めるのが困難な場合、あるいは教区の重要性から司教が職能を執行する際に補助を必要とする場合におかれる臨時の地位だが、マインツでは司教職を相続する権利を持っており、このポストに就くことは実質的には次の選帝侯になることを意味していた。野村春美「ダールベルクと神聖ローマ帝国」『聖心女子大学大学院論集』第二六巻第一号、二〇〇四年七月、四一―四二、五八頁参照。

（3）本書第二部第一章。

（4）『限界』のモットー（ミラボー）に「統治への熱狂的な情熱」という病に対する警告がある。

（5）第一部第二章一二頁、「付　フンボルトによる目次」二〇八頁。

（6）「国政術（Staatskunde）」は「政治学」と訳してもよいが、政治的実践との関わりが強いので、「国政術」ないし「統治術」と訳するのが妥当であろう。ちなみに、シュレーツァーは、「国家学に関する学識」をⒶ「歴史的政治教程」＝「国家知」＝「一般的意味の国状学（StatsKunde）」とⒷ「哲学的政治教程」＝「国家科学」＝「国家学」に分けた（第一部第一五章訳注（5）参照）が、Ⓑの構成要素の一つとして、„StatsKunst“を挙げ、それを„Statsklugheit“、„RegierungKunst“、狭義の政治学（Politik）、„Scientia imperii ADMINISTRANDI“と言い換えている。August Ludwig Schlözer, Allgemeines Statsrecht und SatsVerfassunglere, Göttingen 1793, S.15.

（7）シュレーツァーは、「国家の目的」を①消極的目的（四種の財産の「安全」）と②積極的目的とに分け、後者について、ある民族は他の人民より幸福になるには、政府は、産業（農業、工芸、商業）により「豊か」となるように、人口が増えるように、また「啓蒙される」ように（つまり有徳になるように）しなければならないとしている。Schlözer, a.a.O., S.19f.

（8）ゲンツもしくはダールベルクを相手に『限界』の構想を話したことを指すものと思われる。

（9）Humboldt, Über Religion, in: GS, Bd.1, S. 64ff.

（10）この文（「この後者の規定［…］」）は、本訳の底本としたラウマー版全集第一巻、その元になったテレーゼ編のフォルスター書簡集（Johann Georg Forster's Briefwechsel.Nebst einigen Nachrichten von seinem Leben.hrsg. v. Therese Huber. 1. Teil. Leipzig 1829, S.830）にも欠けているが、Wilhelm von Humboldt. Sein Leben und Wirken, Dargestellt in Briefen,

Tagebüchern und Dokumenten seiner Zeit, hrsg. v. Rudolf Freese, Darmstadt 1986, S.117 により訳出しておく。

（11） 以下（原文 S.299 Z.26ff.）末尾までは割愛した。

第三部　官僚制・国家試験・大学　訳註

第一章　高等試験委員会の組織に関する鑑定書（一八〇九年七月八日）

（1）立法局から求められたのは、高等官試験一般の問題のほか、①試験への宗教・公教育局の一般的参加、②同局管轄領域への高等試験委員会の権限の拡大、③大学における勉学の変更であった。Wilhelm Dilthey und Alfred Heubaum, Ein Gutachten W. v. Humboldts über die Staatsprüfung der höheren Verwaltungsbeamten, in: Schmollers Jahrbuch für Gesetzgebung,Verwaltung und Volkswirtschaft, N.F.23, 1899, S.1457.

（2）「高等試験員会（Ober-Examinations-Comission）」は、一七七〇年にプロイセンの行政官試験制度が整備された際、軍事・御領地参事官（Krieg- und Domänenrat）、徴税参事官（Steuerrat）、ラント参事官（Landrat）、建設監督官（Baudirektor）の職を志望する者を試験するために、総監理府（Generaldirektorium）直属の委員会として設置された。委員は主として監理府の枢密顧問官であった。Wilhelm Bleek, Von der Kameral-Ausbildung zum Juristen-Privileg, Berlin 1972, S.76f. シュタインの改革によって、総監理府は解体されて五省体制となり、一八〇八年一二月一六日の「公告」は、内務省と財務省の全参事官を審査する高等試験委員会を立法局の下に置いた（解説参照）。後註（16）参照。

（3）四省とは外務省、内務省、財務省、司法省のことである。したがって、フンボルトは一八〇八年一一月二四日の規定（後註（8）参照）を拡大して、外務省、司法省の試験まで統一化しようとしたことになる。

（4）以下、最初の草案では次のようになっていた。「年長者はおそらく試験に同意しないであろうし、若手ばかりを使うことはできないからだ。しかし、たとえこのような前提の下であっても、実際に試験に通った者を一定数配置することは将来にとって有益であろうし、すでに現在でも、彼らの仲間のうちから行われない選任は、少なくとも公衆の目には、例外と違った特別の長所によって正当化されるにちがいない。」《G》

（5）「参事官」ないし「顧問官」（Rat）は現代日本でいわゆる「キャリア官僚」にあたる高級官僚である。

（6）「公使館参事官養成所（Legations-Raths-Pépinière）」は、一七七〇年ごろに、もっぱら行政官のために構想された幹部養成機関（Bleek, a.a.O., S.77）のうちの一つと思われる。

（7）若干のプロイセンの州にはフランス人の移住者地区があり、一七〇一―一八〇九年にはフランス人住民高等宗務局が改革派宗務庁内に設けられていた。

（8）この文章の前に草稿で抹消された部分。「司法省は、なるほど昨年一一月二四日の命令によれば固有の試験委員会を備えることになっているが、しかしながら」《G》

（9）「国務参議院」については解説参照。

（10）「国家学系の（staatswissenschaftlich）」は「国家学に関わる」という意味である。「国家学」は広義の「政治学」といってよいが、当時は主として自然法的国法論、経験的国状学（統計学）、官房学を指し、官房学には内務行政学（ポリツァイ学）と財政学が含まれていたから（第一部第一章訳註（14）参照）、「国家学系」の省は財務省と内務省を指す。すぐ後でフンボルトは「国家学系」を「ポリツァイ系・財政系」と呼んだ方がよいとしている。

（11）「県政庁（Regierung）」は、従来のカンマー（Kammer）に代ってシュタインの行政改革で用いられるようになった地方官庁の名称である。この県政庁に付置されたのが「聖職および学校代表委員会（die Geistliche und Schuldeputation）」である。これは、一八〇八年一二月二六日の地方官庁の組織編制を改善するための命令ですべての県政庁に四つの部門ないし代表委員会（ポリツァイ制度、宗教・公教育、財務・金庫制度、軍事制度）を置くことが決められたことによる。さらに同日の県政庁に関する実施訓令では、聖職・学校代表委員会は「公的な宗教と教育、および公的意見に関わるすべての職務」、すなわちすべての教会・学校、教育施設等の指導・監督、国王の「後援者の権利」に服する聖職および教職の任命、その他の後援者により選ばれた候補者の認証、すべての聖職者・学校教師の「試験」、彼らの職務管理と道徳上の指導に対する監督、大学・著述業・学術団体に対する内務行政上の上級監督（ただし特別の官庁に属するベルリンの科学アカデミーと芸術・建築アカデミーを除く）、出版物の検閲、それに関する官庁に対する監督を掌ることになっていた。Sammlung der für die Königlichen Preußischen Staaten erschienen Gesetze und Verordnungen von 1806. bis 27. Okt. 1810, Berlin 1822, S.147, 483f.: Eduard Spranger, Wilhelm von Humboldt und die Reform des Bildungswesens, 3.Aufl.,Tübingen 1965, S.130f.: Clemens Menze, Die Bildungsreform Wilhelm von Humboldts, Bühl u. Baden 1975, S.109ff.「後援者の権利」については第三章訳註（21）参照。

（12）ここでも「代表委員会（Deputation）」という表現が使われている。これは一般の行政組織としての委員会ではなく、現代日本の学識経験者より成る政府の諮問機関である審議会に似ているようだが、シュタインの新しい行政組織構想を表しており、実権もかなり大きなもので、合議官庁の一種とみなされる。

（13）「ポリツァイ系」は内務省を、「財務系」は財務省を指す。

（14）「宗教・教育局宗教部」の原語は„Section des Cultus"である。つまり「宗教局」であるが、そう訳すると別組織であるかのような印象を与え、また以前の「宗務局（Konsistorium）」とまぎらわしいので、このように訳した。ただし、„Unterrichtssektion, öffentliche Unterrichtssektion"も「公教育部」ないし「教育部」と訳すべきであるが、局の総称として使われる場合もあるので、すべて「公教育局」、「教育局」とした。

（15）立法局の組織案は、暫定的に試験を担当していたフリーゼ（Karl Ferdinand Friese, 1770-1837）、ホフマン（後註（26））、ジュフェルンの三人の国務参事官の鑑定書とともに宗教・公教育局に送付されてきた。ジュフェルン（Johann Wilhelm Süvern, 1775-1829）は、イエナ大学で哲学（フィヒテ）とハレ大学で古代学（F・A・ヴォルフ）を勉強し、ギムナジウム勤務を経て、一八〇七年以降ケーニヒスベルクの歴史学教授。一八〇八年、枢密国務参事官として教育局に呼ばれ、教育関係を担当した。

（16）「学術および技術代表委員会（die wissenschaftliche und die technische Deptutationen）」もシュタインの創案にかかる。一八〇七年一一月二三日の新組織計画の原則に関する直接報告でシュタインは、行政の実務部門がもっぱら実務家だけに委ねられることから生じる弊害の防止を目的として、そこに「実務家の助言者としてあらゆる身分の学問的および技術的人士」を引き込むため、実務家、学者、技術家等から成る「学術および技術代表委員会」を設けるとしていた。Menze, a.a.O., S.86 Anm.この見解は一八〇八年一一月二四日の命令と一八〇八年一二月一六日の「公告」に結実した。そこでは五つの代表委員会が予定されていた。①技術的営業・商業代表委員会（商工内務行政分野）、②技術的建築代表委員会（同）、③公教育のための学術代表委員会（教育分野）、④医事制度のための学術代表委員会（同）、⑤技術的上級森林代表委員会（御料地・森林分野）である。Sammlung der Gesetze u. Verordnungen, S.365, 366, 368, 370. ③がフンボルトが直接具体化しようとしたものであり、④も宗教・公教育局の管轄になり、一八一〇年一月にフンボルトが指導を引き受けている。Menze, a.a.O., S.88 Anm.9. Vgl. Humboldt, Plan zur Organisation der Medicinal Sektion im Ministerium des Innern, Juli-August 1809, in: GS, Bd.10, S.130f. なお、「公告」によれば、公教育のための学術代表委員会は、従来の「高等学務局（Ober-Schulkollegium）」に取って代り、技術代表委員会が国家行政の他の部門について行うべきことを公教育に関して果たすことを目的とする。公教育に影響を及ぼすあらゆる専門分野のとくに優れた人士は、現在この地にいなくても、委員会の構成員に選ばれる。この委員会は上級学務職（höhere Schulbediente）のための試験官庁である。その他の編制は特別の命令によって決められることになる、とある。Sammlung der Gesetze u. Verordnungen, S.366; Spranger, a.a.O., S.122. この最後の部分につき、フンボルトは、一八〇九年一〇月初めに覚書を起草し、学術代表委員会一般の目的をこう説明している。「学術代表委員会は、個々の行政の格率の淵源となり、その判断基準となるべき、学問一般に関わる原則をしかと胸中に保ち、それゆえ、公教育局がその個々の処置をたえず一般的方向に即して見通して、しかるべく評価できるように奉仕する。さらに、同委員会は、局の職務のうちで、比較的自由な学問的閑暇を必要とし、日常業務の散乱の真只中ではうまく運ばないような職務を行う。最後に、同委員会には、県政庁の聖職・学校代表委員会の権限に属していないすべての試験が委ねられる。」Ideen zu einer Instruktion für die wissenschaftliche Deputation bei der Sektion des öffentliche Unterrichts, Okt.-Nov. 1809, in: GS, Bd.10, S.179. Vgl. Antrag an den König, Nov. 1809, GS, Bd.10, S.191ff. なお、「高等学務局」とは、一七七八年に司法大臣ツェードリッツが、それまで地域ごとに分散し、教会・聖職事項と合体していた学校・教育事項を独立化した中央官庁である。この改革は、教員資格試験を厳格化し、哲学部での三年間の修学と修了試験を義務化し、また大学進学にふさわしいラテン語学校（学識学校）を限定し、アビトゥア試験を導入した。マーグレット・クラウル、望田幸男他訳『ドイツ・ギムナジウム200年史』（ミネルヴァ書房、一九八六年）一一頁以下。望田幸男『ドイツ・エリート養成の社会史』（ミネルヴァ書房、一九九八年）三三頁以下参照。もっとも、一方で旧来からの官庁や権力が根強く残っていたため、高等学務局は必ずしも中央官庁として学務を総攬することができず、他方で試験制度も首尾よく実行されたわけではなかった。いずれもシュタインの改革とフンボルトの登場を待たなければならなかった。

（17）学術代表委員会は上級学務職の試験を行うから、「学識的」性格を帯び、後に示されるように、その試験にあたっては、ラテン語、ギリシャ語といった「学識」言語の知識が要求される。なお、フンボルトは学術代表委員会の委員の人選についてこう述べている。正委員・特別委員には全体として諸学問の重要な分野を代表する人物を配するようにするが、公教育局は主として一般的教養の促進を念頭に置き、また学問的教養が「最高の一般人間的な目的の達成のために一つの焦点に集まるように配慮する使命があるから、正委員にはもっぱら、「哲学、数学、文献学、歴史学の研究、したがってあらゆる形式的学問を包括する専門分野——それを通じてはじめて個々の知識を学問へと高めることができ、それがなければ個別的なものに向けられた学識は決して真の知的教養に移行することができず、また精神に裨益しえない——に身を捧げる人々」を選ぶ、と。Ideen zu einer Instruktion für die wissenschaftliche Deputation bei der Sektion des öffentlichen Unterrichts, Okt.-Nov. 1809, in: GS, Bd.10, S.180.

（18）抹消部分。「立法は、この部分の規則から疎隔しようと思えば、人類の陶冶の完成のための手段にすぎない国家をまったく不条理なやり方で自己目的にすることになってしまう。」《G》

（19）草稿に残っている文章。「彼は国家の中で市民共同体の方か、それとも個性的な個々人の方かどちらのために存在するのか。」《G》

（20）このくだりは最初こうであった。「直接的な質問によってこの知識の詳細を問うことは、いわばこの試験の付録にすぎない。試験官がこの付録を付ける気になるとすれば、それは、ただ、本人が真に優れているためか（試験官は本人に自分の能力を示す機会を喜んで与える）、それとも明らかに欠陥があることを示した場合だけである。」《G》

(21) 抹消部分。「それゆえもし彼が最後の試験官であることを許されたならば、彼の仕事はおおいに軽減されることになるであろう。すでに他の試問の聴取だけでも、判断のためのたいていのデータが提供されることになり、仕事を短縮することができるであろう。受験者は、すでに成果を挙げて安心しているので試験官に対してより自由に話しかけるかもしれない。試験で論じられたテーマは、問答がおのずとより親密に始められるための素材すら提供することがあるかもしれない。」《G》

(22) 原語は „Concurrenz“ であるが、„Competenz“（管轄、権限）と解する。Vgl.《HBuE, S.528》

(23) 最終稿でこの箇所に次の言葉が付加された。「その際、当局が望む事務手続きは、それゆえこういうものである。すなわち、行われる試験のたびに当局長官に通知し、長官はそのために裁量により当局の構成員を派遣する。」《G》

(24)「学識学校（die gelehrte Schule）」ないし「学識者学校（Gelhrtenschule）」は、大学進学や聖職就任を念頭に置いて、ラテン語を必修とする中等学校であり、「ラテン語学校」とも呼ばれた。「古典語学校」や「教養学校」という訳語もある。一九世紀以降も含めた総称としては「ギムナジウム」である。

(25) 学術代表委員会による試験の実施をフンボルトは強く推進しようとした（vgl. Über Prüfungen für das höhere Schulfach. 11. April 1810, in: GS, Bd.10, S.239ff.）が、この志向は、フンボルト指導下の宗教・公教育局に発する唯一の法律となって結実した。同年七月一二日の「上級学務職候補者の試験に関する勅令」である。Sammlung der Gesetze u. Verordnungen. S.717ff.: Spranger, a.a.O., S.229f.

(26) ホフマンの覚書にはこうある。「私は几帳面すぎる講義カリキュラムに賛成ではないが、次の点を要求する。
ⓐ大学ではすべての主要学科と補助学科が少なくとも各年度中に一回は講義されること、
ⓑ学籍登録の際に各学生に対して、各主要学科のための講義の順序をどのように並べるのが目的に合致しているのかとい

うことを印刷物により指示すること、
ⓒ神学、法律学、官房学に関わる百科案内は半年間常設一般講義として開講されること（これには週二時間で十分である）、
ⓓ満一八歳に達する前の青年は大学に受け容れられないこと、
ⓔ現在大学入学資格の証明書を得たとたんに行われている乱暴狼藉をやめさせること、
ⓕ通例は、最低三年間継続して大学の講義に出席したことの証明が重んじられるべきこと、
ⓖ何人も成年に達するまでラントの官庁において試補見習となることができないこと。――若者たちは、二一歳から二四歳までの期間を、旅行、学問の習得を通じて、あるいは修習生や筆耕として有効に利用することができること。」《G》ホフマン（Johann Gottfried Hoffmann, 1765-1847）は、国民経済学者で一八〇七年ケーニヒスベルク大学教授（アダム・スミスの思想の普及者クラウス（Christian J. Kraus, 1753-1807）の後任）。一八〇八年、内務省商工局の国務参事官。一八一〇年、ベルリン大学教授。

(27) アビトゥア試験は、「ギムナジウム」（学識学校）の卒業試験であり、同時に大学入学資格試験である。これが導入されたのは一七八七年であるが、フンボルトが宗教・公教育局を退任した後の一八一二年に公布されたアビトゥア試験令は旧規定を厳密化し、一九世紀の中等学校の模範類型としてのギムナジウム像を完成させた。

(28) フンボルトの以上の鑑定意見は一八一〇年二月三日に立法局に届けられ、同年一〇月二七日の命令により、高等試験委員会は、「全文官系省」の官吏志望者の試験を行うことになった。ただし司法職については依然として司法直属試験委員会が担当するとになった。Bleek, a.a.O., S.129. しかし、高等試験委員会の新編制も、フンボルトの提案にある別種の統一試験と四省志望者共通の予備教育も実施されなかった。高等試験委員会は、一七七〇年の命令を温存したまま、上級行政職の最終試験を実行するだけに留まった。しかも、一八〇八年一二月二六日の県政庁に関する実施訓令では、試補見習資格試験で、改革志向に反する官房学的な技術学や自然科学等に関する知識が要求され、法律学は無視された。だが、一八一七年の

訓令でははっきり官房学、一般教養的学問、法の根本的知識が要求された。Ebenda,103f. 西村稔『知の社会史』（木鐸社、一九八七年）二〇七頁。

第二章　ベルリン大学設立の提議（一八〇九年七月二四日）

（1）この閣令で国王が指示したのは、「科学アカデミーと適切に結合した形で一般的教育施設」を設置することの検討であり、「高等」の文字はなかった（解説参照）。

（2）当時ベルリンには大学が存在せず、したがって通例の意味の「医学部」も存在しなかったので、ここではふつうなら「医学部」とされる „eine medicinische Fakultät" を「医学専門機関」と訳した。もっとも、フンボルトは本論に先立つ「五月提議」では、対応する箇所で「医科大学（eine medicinische Universität）」という表現をしている。Antrag auf Errichtung der Universität Berlin, 12-14. Mai 1809, in: GS, Bd.10, S.141. フンボルトが「医学専門機関」ないし「医科大学」という言葉で示そうとしたのは、本文のすぐ後に出てくる「臨床、解剖学、医学に関わる機関」を指すように見えるが、必ずしもそうはいえない。ベルリンには、第四章に登場する解剖学教室や動物解剖学教室以外に「医事外科評議会（Collegium medico-chirurgicum）」という組織が存在していた。周知のように、中世ヨーロッパにおいて外科は、古典的学識に基づく大学の医学の範疇に入らず、理髪業者が兼業の形で営んでいたが、しだいに学問的教育の要求と国家規制が強まり、プロイセンでは一七二四年に高等医事評議会（Ober-Collegium medicum）が設立され、以後医事外科評議会が外科医（とりわけ軍医）につき教育・監督取締・試験を行うようになった。なおその後、ベルリン大学医学部の初代学部長となるフーフェラント（Christoph Wilhelm Hufeland,1762-1836）は、一八〇一年にザクセン＝ヴァイマルからフリードリヒ・ヴィルヘルム三世の侍医としてベルリンに赴任し、医事外科評議会と附属病院の指導にあたった。したがって、フンボルトが「提議」を書いたころに、「医学部」ないし「医科大学」にも似た「医学専門機関」はたしかに存在しており、そのうえ植物園や動物解剖教室等の「医学に関わる機関」があり、さらに化学、物理学、数学、それどころか哲学・歴史や語学に関する講義も行われていた。つまり、「医学部を超えた施設」、神学部・法学部ぬきの「大学」がすでに存在しており、一八〇六年には一七人の教授、二人の員外教授、学部長等を擁していた。Rudolf Köpke, Die Gründung der Königlichen Friedrich-Wilhelm-Universität zu Berlin, Berlin 1860, S.24f.: Max Lenz, Geschichte der Königlichen Friedrich-Wilhelm Universität zu Berlin,Bd.1, Halle 1910, S.40. なお、フンボルトは、行政改革の一環としての医事機関の改革にもタッチし、それを論じた際に、医事外科評議会を廃止し、それに代って学術代表委員会を置くことになっていると述べている。Über die Organisation des Medizinalwesens, 18. Jun. 1809, in: GS, Bd.13, S.254.

（3）一七三七年に新設されたゲッティンゲン大学は、啓蒙時代を代表すると同時に新人文主義の先駆けをなす大学であり、五一年にはアカデミーを創設した。ゲッティンゲン王立科学協会（Die Königliche Gesellschaft der Wissenschften zu Göttingen）である。これは、他のドイツのアカデミーがおおむね旧弊の大学とその学問の閉鎖性に対抗する学問の場として創られたのに対して、既設の大学を教育機関として位置づけ、その基礎としての学問の育成を目指した。一八〇四年にフンボルト兄弟が入会している。

（4）フランクフルト大学はヴェストファーレン王国に資産を持っていた。Antrag auf Errichtung der Universität Berlin, Mai 1809, in: GS, Bd.10, S.142.

（5）この提議は八月一六日の閣令によって、しかもほとんどフンボルトの言葉をそのまま写した形で裁可された（解説参照）。

（6）「ハインリヒ王子の宮殿（Prinz Heinrichssches Palais）」は、一八〇二年にフリードリヒ大王の弟ハインリヒ王子（Friedrich Heinrich Ludwig von Preußen, 1726-1802）が嗣子なくして死去し、ついで一八〇八年にその夫人が死去したために空いた宮殿のことであり、フンボルトはそこで講義が行われるように手配し、国王の同意を得た。Bruno Gebhardt, Wilhelm von Humboldt als Staatsmann, Bd.1, Stuttgart 1896, S.208: Köpke, a.a.O., S.65.一八一〇年一〇月一五日にベルリン大学の開学とともに講義が行われたのはこの宮殿であるが、これは今日に至るまで大学の主要施設である。

（7）シュタインの改革以前の大法官（Großkanzler）は立法を担当し、首相にも匹敵する存在であったが、この時期にはもはや単なる司法相にすぎなかった。当時その職にあったのはバイメである。

（8）七年戦争の結果、プロイセンは一七六三年にシュレージエンを併合し、ブレスラウはプロイセンにおけるカトリック大学となった。だが、一八〇〇年七月二六日の新学校令により、王立学校施設の司祭団体は廃止され、その財産はカトリック・学校基金とされた。そのためカトリックの高等教育施設や大学の教師は、国家制度の中に組み込まれた。《HBuE, S. 518》

第三章　宗教・公教育局報告（一八〇九年一二月一日）

（1）フンボルトは、舅の死去のため、一八〇九年一二月五日からチューリンゲンへ旅行することを余儀なくされ、翌年一月二六日になってようやくベルリンに戻ってきた。《G》

（2）「組織編制の新機軸」とは、シュタインの行政改革の基礎となるべき（しかし部分的に実行に移されなかった）一八〇八年一一月二四日の命令を指しており、本章の報告では論稿の末尾で触れている。

（3）プロイセン軍は一八〇六年一〇月イエナとアウエルシュテットの会戦でナポレオンに敗れ、国王は一八〇七年一月にケーニヒスベルクへ逃れ、抗戦を図ったがロシアの援助を得られず、同年七月にティルジット講和を締結し、翌年一月にメーメルに移った後、一八〇九年一二月二三日にようやくベルリンに帰還した。

（4）「前半部（Vorderteil）」の語につき、全集編註は「テクストに明瞭にそう書かれている」としており（《G》）、意味不明であることを示唆している。五巻本の編註では、Vorurteil の書きまちがいと推測している。《HBuE, S.550》しかし、年少世代の後半部が教育を受ける年代であるとすれば、年長世代の「前半部」は成人の「若手」として理解することが可能であろう。

（5）行政改革以前において聖職者の人事等については司法省の中の宗務庁、とくにその中の高等宗務局（Oberkonsistorium）が担当していた。

（6） 聖職・学校代表委員会については第一章訳註（11）参照。

（7）「信仰心の状態」の原語は„die religiöse Verfassung"であり、すぐ上の「単なる組織編制（die blosse Verfassung）」と関連づけたものと思われる。

（8）「カンマー系合議体（Kammer-Collegien）」は、県政庁ができる前の最重要の地方行政官庁である「軍事・御領地カンマー（Kriegs- und Domänenkammer）」に属する諸委員会を、「司法省関係合議体（Justiz-Collegien）」は宗務庁および宗務局関係の委員会を指していると思われる。ただ、前者は司法機能を持っていた（「カンマー裁判（Kannmerjustiz）」）ことから、「妬み合い」は管轄争いをも含んでいたと解される。これは、一八〇八年一二月二六日の命令でも解決策が模索されている。Sammlung der Gesetze u.Verordnungen, S.479f.

（9） 内相ドーナが一八〇九年二月一八日に発した指令では、聖職・学校代表委員会の「共同監督」にふさわしい聖職者を引き入れるように定めてあった。これにつきフンボルトは不明瞭な点を指摘していた。Brief Humboldts an Nicolovius über die gesitliche und Schuldeputation, 4. März 1809, in: GS, Bd.13, S.295ff.

（10） Vgl. Generalverwaltungsbericht des Sektion für den Kultus und öffentlichen Unterricht（f）, 2. Juli 1809, in: GS, Bd.13, S. 224. Vgl.《HBuE, S.524f.》

（11） 一八〇七年七月のティルジット講和により、ポーランドにあったプロイセンの領地はナポレオンに奪われ、新たにワルシャワ公国が成立し、そのため新しい国境線によりポーゼンなどいくつかのカトリックの司教区が分断されたが、それらの司教たちの居住地がワルシャワ公国にあったため、彼らの司教区に対する影響はプロイセンにとって脅威となっていた。Gebhardt, a.a.O., Bd.1, S.291.

（12） シュメッディング（Johann Heinrich Schmedding, 1774-1846）は、ミュンスターの法学教授であったが、フンボルトの提案により、一八〇九年三月六日以降、宗教・公教育局のカトリック教会・教育事項の処理のための上奏参事官（Vortargender Rat）に任じられた。

（13）原語„Section des öffentlichen Unterrichts"は、「宗教部」との対応関係では「公教育部」とすべきであるが、第一章訳註（14）の趣旨により、「公教育局」と訳する。なお、フンボルトは、内相への報告ではすべて、„Section des öffentlichen Unterrichts, Section des Cultus"と表現をしている。

（14）「市民学校（Bürgerschule）」および「中間学校（Mittelschule）」は法制上の学校類型ではなかった（プロイセン一般ラント法には小学校、ギムナジウム、大学の三類型しかなかった（Th.2. Tit.20. § 12. § 54））が、実務上おおむね初等学校と中等学校の間に位置し、大学進学資格を得られない、いわば不完全な中等学校の類型を表す範疇であった。フンボルト自身は、学校・教育理念を（初等教育―中等教育（ギムナジウム）―大学教育）の三段階で考えており、そこからすれば市民学校や中間学校を許容する立場にはなかった（Der königsberger und der litauische Schulplan. 27. Sept. 1809, in: GS, Bd.13, S. 259f. 266）が、現実の中等学校改革では、一定の妥協を行い、両者を認める姿勢をとった。また、ジュフェルンが作成した一八一〇年五月一四日のブレスラウ、リークニッツ等の聖職・学校代表委員会に対する指令は、初等学校と学識学校を基本類型としつつ、都市につき上級初等学校および学識学校第四・第五学年までの学識学校を正式に承認した。Spranger, a.a.O., S.163f.

（15）これは、フンボルトのケーニヒスベルクの中等学校改革案があまりにも多額の市民の自己負担を、つまり市の財政負担を要求したために、市側が国王に請願して減額する閣令（一八〇九年一二月八日）が出されたことを指す。Vgl. Spranger, a.a.O., S.191. 川瀬邦臣「プロイセン教育改革期初期におけるフンボルトの中等学校改革」（一）『東京学芸大学紀要』第一部門、第三一巻、一九八〇年三月、一〇二―一〇三頁参照。

（16）ニコロヴィウス（Georg Heinrich Ludwig Nicolovius, 1767-1839）は、ケーニヒスベルク大学で法学、哲学（カント）、神学を学び、F. L. シュトベルク伯に随行した旅行の途上、スイスでペスタロッチに親炙した。一八〇五年プロイセンの官吏となり、宗務参事官を経て、枢密国務参事官として宗教部長を務め、フンボルト退任後、暫時同局全体を指導した。

(17) ツェラー（Karl August Zeller, 1774–1840）は、一八〇三年にブルクドルフでペスタロッチと出会い、一八〇六―〇七年にチューリッヒでペスタロッチ方式を民衆学校教師に伝えていたが、一八〇九年ケーニヒスベルクに招かれて、その地の孤児院などの施設を「模範施設（Normalinstitute）」として組織した。それらは、初等学校教師を養成し、勤務している教師ないし聖職者を継続的に教育する、寄宿学校付きのモデル学校を包括していた。《HBuE, S.512》なお、ペスタロッチ（Johann Heinrich Pestalozzi, 1746–1827）はスイスの教育者。ルソーの『エミール』を出発点とする教育理論の確立につとめ、教育愛、社会と教育の問題を扱った。その教育思想の特質は、体験を基として体系を組織し、人間性の陶冶を目ざす人間学校（Menschenschule）の基礎を家庭および小学校における基礎陶冶に求め、児童の諸能力の自発活動を通して調和的にこれを発展させる直感的方法を唱道し、さらに社会改革の根本機能を教育に求めたところにある。

(18) シュプランガーによれば「二四人」は誤植であり、「四〇人」が正しい。Spranger, a.a.O., S.160 Anm.1.

(19) プラマン（Johann Ernst Plamann, 1771–1834）は神学者。一八〇三年ブルクドルフのペスタロッチを訪れ、一八〇五年ペスタロッチ的原則により指導される教育施設をベルリンに開設した。Vgl. Generalbericht (e), 3.Juni 1809, in: GS, Bd.13, S.221: Generalbericht (g), 16. Aug. 1809, ebenda, S.240: Generalbericht (h), 16. Sept. 1809, ebenda, S.246. なお、一八〇九年一一月フンボルトは息子テオドール（Theodor von Humboldt-Dacheroeden, 1797–1871）をプラマンの施設に任せて教育を受けさせた。

(20) シュメル（Johann Gottlieb Schummel, 1748–1813）は、政治的、道徳的に評判が悪かったにもかかわらず、一八〇九年五月にブレスラウのエリーザベト・ギムナジウムの校長に選ばれた。Vgl. Generalbericht (g), 16. Aug. 1809, in: GS, Bd.13, S.240.

(21) フンボルトは、フランクフルトとブレスラウにおける市の後援に関する疑惑をきっかけに新たな規制に乗り出そうとし、局を挙げて草案を作ったが、立法局はそれを拒絶した。それに対してさらにフンボルトは反論している。Über die Patronatsrechte, 20. Okt. 1809, in: GS, Bd.10, S.176ff. 学校に対する「後援者の権利」は教師の任命を含めて学校経営に対する影響力行使を含んでいた。「後援者」とは主として教会、王権、都市であった。なお、ブレスラウには一八一一年までにカトリック神学部と哲学部しかなかったが、フランクフルト大学が一八一一年にブレスラウに移設され、完全な総合大学となった。

(22) Vgl. Generalbericht (*g*), 16. Aug. 1809, in: GS, Bd.13, S.241.

(23) 「半学識者（Halbgelehrte）」は、中世末期以来の大学が長期の在学を必要としたのに対して、学位をとらずに大学を後にしたきわめて多数の人々を指すのに使われた言葉であり、今日なら「中退者」となるが、ここでは本来の「学識者」の資格を欠いた者という一般的な意味であろう。

(24) シュナイダー（Friedrich Konrad Leopold Schneider, 1786–1821）は古典文献学者であり、生涯ヨアヒムスタール・ギムナジウムに留まった。イデラー（Christian Ludwig Ideler, 1766–1846）は天文学者にして数学者で、一八一〇年以降科学アカデミーおよび学術代表委員会の構成員。Vgl. Generalbericht (*g*), 16. Aug. 1809, in: GS, Bd.13, S.240.

(25) ヴォルフ（第二部解説註（14）参照）は、ナポレオンによるハレ大学閉鎖の後、一八〇七年にベルリンに来て大学設立の提案を行い、フンボルトの要請によりヨアヒムスタール・ギムナジウムで視学官として改革に従事し、また大学設立に協力し、一八一〇年に宗教・公教育局の学術代表委員会の監督官（Direktor）となってカリキュラムの作成や学者の招聘に尽力し、ベルリン大学では古代学教授に任命された。Vgl. Humboldt, An Dohna über F. A. Wolf, 6. Feb. 1809, in: GS, Bd.10, S. 17ff.

(26) Vgl. Über die Liegnitzer Ritterakademie, 7. Sept. 1809, in: GS, Bd.10, S.160ff. リークニッツの貴族アカデミーは、一七〇八年にオーストリアの支配下で貴族学校として設立されたが、シュレージエンがプロイセンに併合されたことから、プロテスタント化が図られた。組織は大学に倣ったものであったが、体操を重視し、古典語は非公式に教えられただけであった。その後、改善が図られたが、学生数は減り、一八〇九年の時点でわずか七人、教師は一一人というありさまであった。フンボルトはその改革に乗り出したのである。《G》なお、一般に「貴族アカデミー（Ritterakademie）」は、一七世紀にフランスをモデルにして創設され、コルベルク（一六五三年）からウィーン（一七四六年）まで一五校を数えた。大学の代替物として生まれた場合もあれば、中等教育施設として設置された例もあり、教育内容にも区々たるものがあったけれども、貴族のための技術学が中核を占めていた。西村『文士と官僚』九〇頁以下参照。

（27） ヴォルフラム（Erdmann Wolfram, 1760–1828）は物理学者にしてプロイセン学務参事官。

（28） フンボルトは陸軍士官学校の設置には反対しなかったが、若年から軍人を養成するための専門学校である幼年学校には反対した。Über Kadettenhäuser, 9. Juli 1809, in: GS, Bd.10, S.93ff.

（29） Vgl. Über die Liegnitzer Ritterakademie, 7. Sept. 1809, GS, Bd.10, S.160ff.

（30） ティルジット講和によりもはやプロイセン領ではなくなっていたダンツィヒには、一七八一年にカトリックのギムナジウムが設立され、郊外のアルトショットラントにちなむ呼称を持っていたが、すでに一八〇七年に廃校になっていた。そこではかつて州のカトリックの聖職者の大部分が養成されていたのである。Spranger, a.a.O., S.174.

（31） コニッツには一八一〇年復活祭にギムナジウムが設置される予定になっていたが、実際に開校したのは一八一五年のことであった。Spranger, a.a.O., S.174.

（32） それまで西プロイセンとエルムラントのカトリックのギムナジウムの上級クラスは、大学における神学教育の代理を務めていた。Gebhardt, a.a.O., Bd.1, S.299.

（33） ファーター（Johann Severin Vater, 1771–1826）はハレの神学および東洋言語教授。レマー（Wilhelm Hermann Georg Remer, 1775–1850）はヘルムシュテットの臨床医。ヘルバルト（Johann Friedrich Herbart, 1776–1841）は一七九九年にブルクドルフのペスタロッチを訪れ、その方法についての論文を発表。一八〇三年以降ゲッティンゲンで哲学・教育学に関わる講義を行っていたが、一八〇九年にフンボルトの推薦でケーニヒスベルクのカントの講座に就き、ここで教育学ゼミナールの設置を指導し、ケーニヒスベルクの教育制度の学術代表委員会と都市学校委員会の委員を務めた。シュヴァイガー（August Friedrich Schweigger, 1783–1821）はケーニヒスベルク大学植物学教授、同地の学術代表委員会委員を務めた。エアフルト（Karl Gottlob Erfurdt, 1780-1813）はメルセブルクのギムナジウム副校長であったが、ジュフェルンの後継者として古典文献学のために招聘され、ゴットホルト（Friedrich August Gotthold, 1778-1858）はケーニヒスベルクのフリードリヒ・コレギウムの校長。ガスパリ（Adam Christian Gaspari, 1752-1830）は、ドルパート大学から地理学および統計学のために招聘された。ベッセル（Franz Friedrich Wilhelm Bessel, 1784-1846）は一八一〇年ケーニヒスベルク教授、その地で新天文台を設置。イェルク（Johann Gottfried Jörg, 1779-1856）はライプツィヒの産科教授であったが、招聘を拒んだ。

(34) ブレドウ（Gottfried Gabriel Bredow, 1773-1814）はヘルムシュテットから、シュルツ（David Schulz, 1779-1854）はハレから招聘された。シュピーカー（Christian Wilhelm Spieker, 1780-1858）は従軍牧師であったが、無給の員外教授職を引き受けた。

(35) 第二章訳註（6）参照。

(36) 一般に宗教改革に伴う宗派対立から生じた一七世紀以降の領邦国家—領邦教会—領邦大学のシステムは、国家の絶対主義化と連動した重商主義政策と相俟って、外国（神聖ローマ帝国内の他領邦も含む）大学への留学を禁止する法令となって現れたが、プロイセンではフリードリヒ大王が一七四九年に禁止令を出し、その後も違反の続出に対して法令の遵守が図られた。これに対してすでに一八〇九年三月一日に、禁令の廃止を求める、ニコロヴィウスの署名になる提議が内相ドーナに対してなされたが、ドーナはこれを国王に見せるべきではないと考えた。それに対してフンボルトは一八一〇年四月四日に禁止令廃止を訴える文書を書き（Über Aufhebung des Verbots, fremde Universitäten zu besuchen, 4. April 1810, in: GS, Bd. 10, S.237f.）、国王はこれによって見解を変え、同年四月一三日の閣令により禁止令は廃止された。なお、フンボルトは、ナポレオン戦争後のドイツ憲法案に「ドイツ内の他邦にある大学で学ぶ自由」を盛り込むことを、「ドイツの隅々に至るまで均等に精神形成を進歩させることができるかどうか」がこの自由にかかっていると強調している。

(37) 「監理官（Kurator）」については、解説註（58）参照。

(38) 弟アレクサンダーが一八〇七年に一一月にアカデミーの新組織委員会委員長に任じられて提出した改革案を指すと思わ

れる（解説註（73）参照）。アレクサンダーは、フランスに対する賠償金減額交渉のため王弟ヴィルヘルム王子の随員としてパリに派遣されたが、出発したのは一八〇七年一一月一三日である。

（39） フンメル（Johann Erdmann Hummel, 1769-1852）はカッセル出身の画家で、ベルリン美術アカデミーの建築様式・光学教授として招聘された。

（40） プロイセンでは、科学アカデミーや貴族アカデミーの他、「アカデミー」の名を冠した組織は、一六九六年（ないし一六九九年）に創設された絵画・彫像・建築アカデミー（Mahl-, Bild-und Baukunst-Academie）が最初であり、これは一七〇四年以降王立プロイセン芸術・機械学アカデミー（Königlich-Preussische Akademie der Künste und mechanischen Wissenschaften）、一七九〇年以降は王立造形芸術・機械学アカデミー（Königliche Akademie der bildenden Künste und mechanischen Wissenschaften zu Berlin）と呼ばれたが、一八〇九年には王立プロイセン芸術アカデミー（Königlich Preussische Akademie der Künste）となった（http://www.adk.de/de/akademie/mitglieder/mitgliederdatenbank-hilfetexte.htm. 二〇一八年四月二〇日データ取得）。フンボルトがいう「芸術アカデミー」と「建築アカデミー（Bauakademie）」との統合は、七月九日の閣令（解説註（58））に基づいている。GS, Bd. 13, S.227. Vgl.《HBuE, S.526》なお、マッソウ（Julius Eberhard Wilhelm Ernst von Massow, 1750-1816）は、一七八九年以降ヴェルナー（第二部解説註（7）参照）に代って司法大臣となりルター派宗務庁（教会・学校事項）を担当していたが、実用主義的志向が強く、彼の下では、獣医学校（一七九〇年）、軍医養成施設（一七九五年）、陸軍士官学校（一八〇四年）、農耕施設（一八〇六年）、美術アカデミー（一七九六年）、建築アカデミー（一七九九年）などの技術系学校が設立されている。Spranger, a.a.O., S.200; Köpke, a.a.O., S.25. ここにいう美術アカデミーは「芸術アカデミー」とは別の専門学校であると思われる。

（41） 音楽教授職の提案については、s. Humboldt, Über geistliche Musik, 14. Mai 1809, in: GS, Bd.10, S.73ff.

（42） 一般に検閲は、中世以来カトリック教会により異端・異教の排除と撲滅のために行われたが、宗教改革以後の宗派分裂によってかえって厳しくなった。プロイセンではフリードリヒ大王治下の検閲令が時に寛容に運用されたけれども、ヴェルナー政権下ではカントはその理性的宗教観のゆえに筆禍の憂き目にあっている。しかし、総じてフランス革命を境にして検閲は政治問題と不可分となってくる。宗教書の検閲は宗務局であり、政治的著作は外務省、週刊誌・新聞は大学・市当局が担当したが、一八〇八年一一月の行政改革以降は、政治関連については引き続き外務省が、非政治的著作についてはほかでもない宗教・公教育局が検閲を引き受けることになった《G》:《HBuE, S.513f.》。第一章訳註（11）参照。フンボルトは外相に宛てた「政治的著作の検閲について」などの意見書を書き、また新検閲法案を作成し、「無制限の検閲自由」を唯一正しい原則としつつ、現今の政治状況に鑑みて、精神諸力の発展の自由を「国家の安全」と一致させようとした。Einleitung zum Entwurf einer Verordnung die Zensurbehörden betreffend, Ende März 1809, in: GS, Bd.10, S.54f.

（43）隣国とはヴェストファーレン王国であり、そこでは一八〇九年三月七日の布告により、政治雑誌についてのみ検閲を維持し、その他すべての著作物・書物については検閲が廃止された。《G》

（44）Vgl. Über die Organisation der Sektion und die Stellung ihrer Mitglieder, 14. Mai 1810, in: GS, Bd.10, S.261.

（45）解説参照。

（46）局の提案が省を経て「内局上奏（Cabinetts-Vorträgen）」へ届くというのは、シュタインの改革によって、それまで内局顧問官にしか認められなかった国王への直接の上奏権（Vortragsrecht）が大臣にも認められた結果、内局による「国王側近制」から「内閣制」への転換をもたらしたことを受けたものである（vgl. Ernst Rudolf Huber, Deutsche Verfassungsgeschichte seit 1789, 2.Aufl., Bd.1, Stuttgart usw. 1967, S.150）が、フンボルトは上奏に関与できないことの不満をぶちまけ、枢密国務参事官として本来なら国務参議院の審議に参加できるはずだ、と主張したのである。

第四章　ベルリンの高等学問施設の内面的および外面的編制について（一八一〇年？）

（1）「独自性」の原語は„Einsamkeit“であり、通例「孤独」と訳される。それは別の所で「孤独と自由」が重要な意味で使われているからである。フンボルトは内相への報告「ケーニヒスベルクおよびリタウエンの学校計画」で、初等教育・学校教育を説明した後にこう述べている。「大学に残されているのは、人間が自己自身を通じて自己自身の中に発見することができるもの、つまり純粋学問に対する洞察である。この、最も厳密な意味の自己活動（SelbstActus）にとって必要なのが自由であり、役立つのが孤独であるが、この二つの点から同時に大学の外面的な編制の全体が生じる。講義の聴講は副次的な事柄にすぎず、重要なことは、志を同じくする同年齢の者と密接に共同し、ひたすら学問の向上と普及に身を捧げる、すでに完全に陶冶を経た人々がいることを自覚して、同じ場所で何年かを自分と学問のためにすごすということである。」Der königsberger und der litauische Schulplan, in: GS, Bd.13, S.279f. これは本文と同じことを語っているように見える。しかし、この報告文は、「孤独と自由」が大学での学問研究にとって必要かつ有用であり、そこから大学の「外面的な編成」（教師と学生との関係）が帰結するとしているのに対して、本文では、「施設」同士の「外面的」関係が主題である。そこで「独自性」と訳した。泉井久之助は、慧眼にも、これを「独立」と訳している。泉井、前掲書一四九頁。

（2）解説参照。

（3）これはアカデミーを文教政策の下請けにしてはならないという意味であろう。技術代表委員会および学術代表委員会については第一章訳註（16）参照。

（4）これは、神学部、法学部、医学部の「上級学部」に対して「真理」の学部としての哲学部を擁護したカントの『学部の争い』（一七九八年）を指しているが、フィヒテやシェリングの大学論も含んでいるとされる。Spranger, a.a.O., S.207.

（5）「仲間同士の団体」の原語は „gesellschaftlicher Verein“ であり、「私的団体」における「社交的な、同僚としてのつきあい」と解される（《HBuE, S.557》）が、今日の日本の大学でいえば、あるいは学内の研究会のようなものであろうか。

（6）「独自の学識協会（eine eigne gelehrte Gesellschaft）」とは「王立科学協会」、つまりアカデミーのことである。第二章訳註（3）参照。また、ヴォルフ、バイメ、フンボルトのいずれもが、大学とアカデミーの関係でゲッティンゲンをモデルとして考えていた。解説参照。

（7）「自由の場（Freistätte）」はもともと「避難所（Zufluchtort）」であった。《G》ただし、„Freistatt“も「避難所」、つま

り「アジール」という意味がある。なお、第三章の始めには「自由の場（Freistatt）」とあり、その原型である「五月提議」でも同様である。Antrag auf Errichtung der Universität Berlin, Mai 1809, in: GS, Bd.10, S.140.

（8） 私講師は、大学で教える権利を持つが、無給であり、若い研究者が教授になるための踏台であった。

（9） 「生命のない諸機関（leblose Institute）」とは、すぐ後に出てくる解剖学教室や動物解剖学教室などの補助機関のように、それ自体研究や教育を行わず、それゆえ「生命を持たない」と呼ぶことのできる「蒐集施設（Sammlungen）」のことだと推測される。《HBuE, S.557》

（10） 以下、「アカデミーについて」という表題が掲げられるのみで、原稿はとぎれている。

第四部　参考資料　ドイツ憲法論　訳註

第一章　ドイツ憲法論（一八一三年一二月）

（1）「親愛なる友」とはシュタイン（Friherr vom Stein, 1757-1831）のこと、「当地」とはフランクフルト・アム・マインのことである。ライプツィヒの戦い（一八一三年一〇月一六―一九日）に勝利した後、対仏連合諸国の君主たちは同地に結集し、オーストリア、プロイセン、ロシアは一連のフランクフルト条約（加盟条約）を結んで今後の戦争方針を決定した（第二章訳註（4）参照）が、このときプロイセン代表を務めたのがフンボルトであった。Enno E. Kraehe, Metternich's German Policy, vol.1, princeton/New Jersey 1963, p.238ff. クレメンス・W・L・メッテルニヒ、安斎和雄監訳『メッテルニヒの回想録』（恒文社、一九九四年）二〇五頁以下参照。

（2）一八〇八年まで自由都市であったフランクフルトは、しばしば国王選挙を行い、通例皇帝戴冠を行っていた。《HBuE, S.572》

（3）ナポレオンの保護下にバイエルンなど西南ドイツの領邦君主が組織した諸邦連合（一八〇六―一三年）のことである。ナポレオンはプロイセン、オーストリアに対抗する第三勢力を扶植するためアウステルリッツの戦い（一八〇五年）ののち、中小領邦の君主に働きかけ、これを形成した。参加邦はおのおの主権を保持するが、フランスと攻守同盟を結び各邦派遣の計六万三〇〇〇人（のちに倍増）の同盟軍でフランスを支援することを義務づけられており、実質的にはナポレオンのドイツ支配機構、そしてなによりもナポレオンのための軍事援助機構であった。一八〇七年のティルジット講和以後、旧神聖ローマ帝国の半ばを包含した（オーストリア、プロイセン、デンマーク＝ホルシュタイン、スウェーデン＝ポメルン以外のすべてのドイツ諸国家が属した。Huber, Deutsche Verfassungsgeschichte, Bd.1, S.71）が、一三年のライプツィヒの戦いののち、各邦は相次いで対仏同盟側に走り、ライン同盟は瓦解した。

（4）プロイセン王国領のうち、ドイツ騎士団領に由来する旧プロイセン公国領を含むプロイセン地域は旧神聖ローマ帝国の外部に位置しており、ドイツ民族以外の民族も数多く居住していた。

(5) 一八一三年夏の統一案でシュタインは、強力な権限を持つドイツ皇帝を戴く帝国を、旧神聖ローマ帝国の版図からオーストリアとプロイセンを排除した地域に限定して創出することを提案していた。補充資料(一)を参照。その後一度は放棄したドイツ皇帝位の復活を、シュタインはウィーン会議の中盤に再度提起するが、しかしフンボルトは、ドイツ皇帝位を再興することでドイツの統一を君主政的中央権力により確保するというシュタインの意図に反対した。Humboldt, Ein Zeitungsaufsatz, Feb. 1815, in: GS, Bd.11, S.293; Gegen Steins Denkschrift über die deutsche Kaiserwürde, 18-23. Feb. 1815, in: GS, Bd.11, S.295ff.; Gegen Steins Denkschrift über die deutsche Kaiserwürde, 3. März 1815, in: GS, Bd.11, 302ff.

(6) すでに一七九二年一月に、フンボルトは「フランス憲法論」においてランス一七九一年憲法に見られる極端な理性信仰の危険性を指摘していた。「憲法制定国民議会は、まったく新しい国家構造を純然たる理性の原則に従って打ち建てることを企てた。[…] しかし、理性が——理性はその構想を現実化するための無制限の権力を持つと仮定して——もくろんだ計画に従って、いわば一から創設するようないかなる国家体制も成功することはない。」第一部第一章二二頁。

(7) ナポレオンのロシア遠征の失敗を機にロシア、プロイセンが二月に結んだ対仏同盟(第四部解説参照)には、五月にスウェーデン、六月にイギリス、八月にオーストリアが加わった。さらに、一〇月には、バイエルンがオーストリアとリート条約を結んでライン同盟から離脱して同盟側に転じ、一一月にはヴュルテンベルクが同じくオーストリアとフルダ条約を結んでバイエルンに続いたことで、この覚書が執筆された時点では、ヨーロッパのほとんどの国が対仏同盟(第六回対仏大同盟)の一員になっていた。

(8) 一七九四年秋以降、ライン左岸地域はフランスに占領され、プロイセンは一七九五年のバーゼル講和で、オーストリアは一七九七年のカンポ・フォルミオ講和で、それぞれフランスのライン左岸占領を承認していたが、一八〇一年のリュネヴィルの和約で最終的にフランスの版図に組み込まれた。その結果、併合地域ではフランス語が公用語とされるとともに、ナポレオン法典の施行などフランスの司法制度や行政制度が導入され、徹底的な社会変革が生じていた。第二章訳註(5)

も参照。

(9) フンボルトの構想する「諸邦連合」は、オーストリア、プロイセン、旧神聖ローマ帝国領地域により構成されるはずであり、したがって旧帝国に属さなかったオーストリアのポーランド、ハンガリー、イタリアの領地、プロイセンの東西プロイセン州、ポーゼン、ノイエンブルク侯国などは「外国」とみなされた。《HBuE, S.672f.》

(10) この場合、「ドイツ」は「諸邦連合」あるいは神聖ローマ帝国に属する「ドイツ」、もしくは「ドイツ人」を意味すると解される。前註(4)、(9)参照。

(11) 前註(9)参照。

(12) 上掲第五項参照。

(13) 「フェーデ」は、古代ゲルマンの紛争解決手段としての実力闘争(復讐)であり、中世以後も存続し、神聖ローマ帝国は禁令を発布して、紛争を裁判により解決するように働きかけた(永久ラント平和令(一四九五年))が、それ以後も諸侯間の実力闘争は続いた。フェーデの禁止は「近代国家」成立の前提条件であり、その観点からすればフェーデは決闘と同じ「私闘」として位置づけられる。

(14) 「シュテンデ(Stände)」は「諸身分」を意味しており、中世以来「出生身分」を表していたが、しだいに資産の要素を強めてゆき、多くは貴族、市民、部分的には農民の代表者を指すようになり、領邦議会(Landstände)として制度化された。なお、フンボルトが「シュテンデ」という用語を使用するときに想定していたのは、中世以来の伝統的な身分制議会にとどまらず、自由土地保有者の代表からなる議会制という側面も有していた。次の言明を参照。「すべてのドイツの領邦で、すでにある等族的憲法(staendische Verfaßung)が維持されるか、あるいは新しい等族的憲法が導入されるべきである。[…]その設置の仕方は各々の領邦の裁量に任される。[…]しかしながら、一定程度の大きさの土地を持つすべての自由土地所有者(alle freien Eigentümer eines Grundstücks von gewisser Größe)は、貴族であるか否か、あるいは聖職にあるか世俗的か否かを問わず、彼の代理人(Stellvertreter)を通じて、各々の憲法に参加しなければならないだろう。」

Humboldts Entwicklung der §§ 11 und 12 der „Zwölf Artikel", 29 Oktober 1814, in: Quellen zur Geschichte des Deutschen Bundes. Für die Historische Kommission bei der Bayerischen Akademie der Wissenschaften, hrsg. v. Lothar Gall, Abteilung I: Quellen zur Entstehung und Frühgeschichte des Deutschen Bundes 1813-1830, Bd.1: Die Entstehung des Deutschen Bundes 1813-1815, bearbeit. v. Eckhardt Treichel, München 2000, S. 534.ブラントは、一九世紀の前半にドイツで生じた、伝統的等族制の近代的議会制——より厳密にいえば、三月前期ドイツにおいて西南ドイツで展開した近代的立憲君主制——への変容を「新身分的（neuständisch）」と形容したが（Hartwig Brandt,Landständische Repräsentation im deutschen Vormärz.Politisches Denken im Einflußfeld des monarchischen Prinzips, Berlin u. Neuwied, 1968, S.6）、まさにこの「新身分的」な議会制への遷移の過程を、フンボルトの等族観念に見出すことが可能であろう。フンボルトは、「よく整備された領邦議会は、単に私権への政府の侵害に対する必要な防御手段となるだけではなく、国民の間に自立の感情を高め、国民と政府との絆を強める」（第一章三四九頁）、あるいは、「領邦内の立法の正義と公正により、国民を彼らの郷土と政府とにつなぎとめるように同時に心がけない限り、諸邦間の政治的諸関係を決定しても無駄である」（Mémoire préparatoire pour les conférences des cabinets alliés sur les affaires de l'Allemagne, in: GS, Bd.11, S.204-205）として、領邦議会に旧来の国制の復活以上の積極的意味を見出していた。補充資料（一）訳註（23）も参照。

（15） 一八〇三年の「帝国代表者主要決議」は、ライン左岸の領土を放棄したドイツ諸邦が代償としてライン右岸で中小領邦を併合し領土を拡大することを決定したが、これを根拠にして西南ドイツでは世俗の小諸侯領が領邦国家としての自立性を否定され、バイエルン、バーデン、ヴュルテンベルクなどの他の大規模領邦の支配下に組み込まれた。これによってかつて領邦支配者であった諸侯は皇帝直属の身分を失って「陪臣」となった。

（16）「帝国等族の『陪臣化』は、純粋な領土法の出来事としては、陪臣化された人間の一定の人格的な名誉権と特権の維持を通じて行われたこと以外は、近代的な意味の領土の併合（Annexion）と何ら異ならなかった。」Huber, a.a.O., Bd.1, S.44.

（17） オーストリア、プロイセン、バイエルン、ハノーファーのこと。上掲第五項参照。

(18) フンボルトの念頭にあったのは帝室裁判所（Reichskammergericht）のことである。補充資料（一）訳註（4）も参照。

(19) 中世末期以降、大学が領邦国家に組み込まれていく「大学の『ラント化』・『領邦化』」（上山安敏『法社会史』（みすず書房、一九六六年）一四七頁）が進行する中で、学生や教授が他の領邦の大学へ移動することが禁止されることも多かった。プロイセンでも、一七四九年以降たびたび出された布告によって他の領邦の大学に行くことが禁じられており、遊学（転学）した者には表向き祖国で官職に就くことが許されなかった。大学教育における遊学の自由を重視していたフンボルトは、宗教・公教育局長官として、この遊学禁止令を正式に廃止するよう国王に働きかけ、実現させている。第三部第三章訳註（36）参照。

(20) 未詳。

第二章　ゲンツ宛覚書（一八一四年一月）

(1) 一七一四年から一八三七年までイギリスとハノーファーは同君連合の関係にあった。

(2) しばしば「旧帝国」として言及される神聖ローマ帝国（九六二―一八〇六年）のこと。

(3) ライン同盟規約は「主権」について、以下のような規定を置いていた。「第八条　本同盟に属する君侯が自己の主権の全部ないし一部を移譲することは、加盟諸国の利益のためにのみ認められる。」「第二六条　主権的諸権利とは、立法、上級裁判権、高位ポリツァイ、軍事的徴募および課税権である。」（訳文は、「資料――ライン同盟規約（一八〇六年七月一二日）全文試訳」屋敷二郎訳、『一橋法学』第三巻第二号、二〇〇四年六月、五〇一、五〇六頁）しかし、その主権は事実上ナポレオンにより制限されていた。

(4) 一八一三年一一月二〇、二三、二四日にフランクフルトにおいて対仏同盟国とライン同盟諸国（バーデン、ヘッセン - ダルムシュタット、ナッサウのほかチューリンゲン諸国の多数）との間で締結された加盟条約（Accessionsverträgen）では、それに先立つバイエルンとのリート条約（補充資料（一）訳註（28）参照）およびヴュルテンベルクとのフルダ条約（一八一三年一一月二日）と同様に、主権を保証していたが、それは無条件ではなく、新たに同盟に加わったライン同盟諸国は将来の新秩序においてドイツの権力と独立のために尽くす義務を負っていた。Huber, a.a.O., Bd.1, S.493ff.

（5）一七九四年秋以降、ライン左岸地域はフランスに占領されていたが、一八〇一年にオーストリアとフランスが結んだリュネヴィルの和約で最終的にフランスに割譲されている。この地域には、かつてマインツ、ケルン、トリーアの大司教領をはじめ、あわせて九七の聖俗諸侯と多数の帝国騎士の領地が混在し、西南ドイツとならんで「領邦のモザイク」の代表的地帯をなしていたが、全地域がフランスの支配下に入り、ルール、ザール、ライン＝モーゼル、ドナースベルク（モン＝トネール）の四県に分かたれ、一八〇二年九月以降は、ここに全面的にフランスの法令が適用されていた。第一章訳註（8）も参照。

第三章　ドイツ憲法起草委員会の基本原則（一八一四年四月）

（1）原文表記は《Ligue Germanique,Deutscher Bund》。

（2）一八一四年一月にデンマーク、イギリス、スウェーデンが結んだキール条約の結果、ナポレオンに最後まで協力していたデンマークはノルウェーをスウェーデンに割譲したが、その見返りとして、フォアポメルン（スウェーデン領ポメルン）はプロイセン領になるとされた。

（3）主としてドイツ人が居住するホルシュタイン公国は、神聖ローマ帝国の一部であったが、長くデンマークと同君連合の関係にあり、デンマーク国王の支配を受けていた。

（4）ハッセルの統計とは、Georg Hassel, Statistischer Umriß der sämtlichen europäischen Staaten in Hinsicht ihrer Größe, Bevölkerung, Kulturverhältnisse, Handlung, Finanz- und Militärverfassung und ihrer aussereuropäischen Besitzungen, Braunschweig 1805 を指す（《HBuE, S.575》）。Quellen zur Geschichte des Deutschen Bundes, Abteilung I. Bd.1, S.123 Anm.3.

（5）原語は《Etats Provinciaux》。後註（15）、（16）、補充資料（四）訳註（6）参照。

（6）デンマークは以前には、ドイツおよびヨーロッパの強国として挙がっていなかった。第一章三四三頁以下参照。

（7）原文表記は《un Directoire（Bundesausschuss）》である。なお、フランスにおいて一七九五―九九年に存在した五人の総裁からなる共和国政府は「総裁政府（Le Directoire）」と称した。

（8）原文表記は《une diète（Bundesversammlung）》であるが、「会議」ではまぎらわしいので、以下「同盟会議」と訳する。

（9）一七九二年四月二〇日にフランス革命戦争が勃発するとともに、七月一四日に旧帝国最後の皇帝フランツ二世が即位している。

（10）原文表記は《Tribunal de la Ligue.Deutsche Bundesgericht》である。

（11）原文表記は《cercles》である。これはドイツ語で表現すれば„Kreis"（クライス）であり、いずれも「管区」、「圏域」という意味である。帝国をいくつかの「クライス」に分ける統治体制はすでに旧帝国国制にも存在していた。フンボルトのこの構想以降、様々な憲法構想において「クライス」が登場するが、ドイツ同盟規約には採用されなかった。

（12）「後備軍」と「予備役」は原文ではドイツ語表記のまま„Landwehr", „Landsturm"で、フランス語訳は付されていない。

（13）この箇所の左側の余白に、別の者の筆跡で「監視および命令に（à la Surveillance et au commandement）」とある。Quellen zur Geschichte des Deutschen Bundes, Abteilung I. Bd.1, S.127 Anm.5.

（14）「不上訴特権」の原文表記は《droit de non appellando》であるが、これはラテン語の《privilegium de non appellando》とフランス語の《droit》をいっしょにしたものである。不上訴特権とは、領邦裁判所における判決について臣民が帝国裁判所に上訴することを制限することを可能にする領邦君主の特権であり、すでに一三三五年の金印勅書（帝国基本法）によって七人の選帝侯に貨幣鋳造権や関税徴収権とともにこの特権を付与されていたとされるが、当時上訴制度はなく、実体として本格化したのは一六世紀以降のことである。不上訴特権は、ドイツの諸邦が「国家」として絶対主義への道を歩む一つの梃子となった。

（15）原文表記は«États Provinciaux, Provinzialstände»。上掲第四条と違ってドイツ語が併記されている。

（16）原語は«États Provinciaux»である。

（17）「高権（Hoheit）」ないし「領邦高権（Landeshoheit）」は、ウェストファリア条約（一六四八年）において領邦の宗派決定権として登場したと言われており、一般的には領邦君主の最高支配権を意味し、「領邦主権」と重なる。その意味では国際政治におけるドイツの領邦の主権国家化とオーバーラップするが、しかし一八〇六年以前の領邦君主は、依然として形式上神聖ローマ帝国の支配下にあって外国との同盟を掣肘され、また領土内に様々な支配権が重畳的に存在していたため、「領邦高権」は完全な意味の「国家主権」ではなかった。シュタインもこの意味で「領邦高権」という言葉にこだわった。

第四章　各ドイツ臣民の権利および陪臣化された侯と伯の権利について（一八一四年四月）

（1）原語は«interverti»だが«intervenu»の誤植と判断した。

（2）類似の規定が同時期の一八一四年六月四日にフランスで制定された憲章《シャルト》第三条に見られる。「フランス人は、すべて等しく文官または武官の職に就くことができる。」

補充資料（一）シュタイン　ドイツ憲法について（一八一三年八月）

（1）旧国制とは、一八〇六年八月六日にフランツ二世の退位により事実上崩壊した神聖ローマ帝国のことである。

（2）原文には、括弧内にラテン語で„territoris clausis"と書かれている。意味は同じく「完結した諸領邦」である。

（3）原語は„Stände"であるが、ここでは、領邦君主から臣民の権利を保護するという文脈上、「領邦議会」を意味すると解される。これは、別言すれば、「身分制議会」でもあり、モンテスキューの思想が受容された一八世紀後半のドイツにおいて、領邦議会は広く君主による専制を防ぐ中間権力として観念されていた。Vgl. Wolfgang Mager, Das Problem der Landständischen Verfassungen auf dem Wiener Kongreß 1814/15, in: HZ, Bd.217, 1974, S.296ff. ルードルフ・フィーアハウス、佐々木毅訳「一八世紀のドイツにおけるモンテスキューの影響」（フリッツ・ハルトゥング他、成瀬治編訳『伝統社会と近代国家』（岩波書店、一九八二年））一〇一頁以下参照。後註（23）も参照。

（4）一六世紀以降、神聖ローマ帝国には、帝室裁判所（Reichkammergericht）と帝国宮内法院（Reichshofgericht）という二つの最高裁判所が存在しており、領邦権力の絶対主義的展開にとって最大の障害となっていた。

（5）「君主」はここでは領邦君主のことである。

（6）「三六人の専制君主」は、続く文に示されるように、バイエルンなど、ライン同盟（第一章訳註（3））に加盟した領邦君主たちのことである。シュタインは一八一四年六月の書簡と九月の書簡で、西南ドイツ諸侯の統治を「スルタン主義」と呼んで非難し、「恣意と無法の支配を強化するための道具」と化した彼らの主権を制限すべきことを説いている。Stein über Hardenbergs„Entwurf der Grundlagen der deutschen Bundesverfassung" in 41 Artikeln（1.Fassung）, 16. Juli 1814, in: Quellen zur Geschichte des Deutschen Bundes, Abteilung I. Bd.1, S.190: Stein an Hardenberg bzw. Münster, 24. Sept. 1814, in: Quellen zur Geschichte des Deutschen Bundes, Abteilung I. Bd.1, S.306.

（7）シュタインは、中世の神聖ローマ帝国、とりわけ一二―一三世紀のシュタウフェン朝を理想視していた（Enno E. Kraehe, Metternich's German Policy, vol.2, Princeton 1983, p.193）。次の発言も参照。「一〇、一一、一二そして一三世紀のドイツは、ひとつの強力な国家であった。それは様々な階層の数多くの貴族、すなわち、聖職者と零細な無冠貴族とによって構成されていた――しかし、最も大きな領邦さえ皇帝と帝国に従属していたし、最も零細な無冠貴族も直接皇帝に従属していた。王朝は没落し、陪臣貴族の中間権力が、統治する一門の頻繁な交代によって、[…]繰り返し形成された。[…]皇帝の力は失われ、世襲される諸邦の利益はドイツ帝国の利益から離れた。こうして、あらゆるやり方で、国民の利益は個別の諸侯家の利益の犠牲とされた。」Denkschrift Steins für Alexander I, 17 Sept.1812, in: Freiherr vom Stein, Briefe und amtliche Schriften, Bd.3, bearbeit.v.Erich Botzenhart, neu hrsg. v. Walther Hubatsch, Stuttgart 1961, S.742-743.

（8）原文には„dieser entgegenstehenden Hindernisse"とあるが、おそらく誤植であり、別版（Quellen zur Geschichte des

Deutschen Bundes,Abteilung I.Bd.1, S.20）の „dieser entgegen stehende Hinderniße“ に従う。

（9） 実際、シュタインは、一八一二年九月の段階では、「オーストリアとプロイセンの間でドイツを分割」する構想を抱いていた。Denkschrift Steins für Alexander I,17 Sept.1812,in:Freiherr vom Stein,Brief und amtliche Schriften, Bd.3, S.742. フーバーは「この二重連合の案」が、「一八七一年以後ビスマルクにより変容した形式で生み出された二つの連合」を「いささか先取り」していた、と指摘する。Huber, a.a.O., Bd.1, S.513.

（10） 後のスウェーデン王カール十四世・ノルウェー王カール三世（1763-1844）。旧名ジャン＝バティスト・ジュール・ベルナドット（Jean-Baptiste Jules Bernadotte）。フランスのポーに弁護士の息子として生まれた。一七八〇年にフランス軍に入隊し、一八〇四年には元帥にまで出世した。ナポレオンと軍事行動をともにし、一八一〇年にはスウェーデン王位の後継者となり、名をカール・ヨハンと改めた。その後、ナポレオンと戦火を交えて、一八一三年一〇月のライプツィヒの戦いにも加わった。一八一四年にキール条約によってデンマークからノルウェー王国を獲得し、両国をふたたび合併した。

（11） ミュンスター（Ernst Friedrich Herbert zu Münster, 1766-1839）。ハノーファー王国の政治家・外交官。一七八四—八七年ゲッティンゲン大学で法学を学び、八七年にハノーファーで司法官僚となる。ウィーン会議では全権大使を務めた。

（12） 「等族（Stände）」はここでは「帝国等族（Reichsstände）」を指すが、その実体は領邦君主である。以下、同様。

（13） ミハイル・クトゥーゾフ（Mikhail Illarionovich Golenishchev-Kutuzov, 1745-1813）。ロシアの陸軍元帥で国民的英雄。露土戦争（一七六八—七四年、一七八七—九一年）などで頭角を現した。一八〇五年に対フランス戦争を指揮したが、アウステルリッツの戦いで敗北した。第一線を退いたのち、敗北を重ねる対ナポレオン戦争の総司令官に任命され、一八一二年九月ボロジノで反撃したのちモスクワを明け渡したが、飢えと寒さで撤退するナポレオン軍を追撃して大勝利を得た。

（14） 一八一三年三月二五日、クトゥーゾフ（前註（13））がプロイセンおよびロシア両国の君主の名で布告したカリッシュ宣言のこと。同宣言については、第四部解説参照。

（15） 第一章訳註（15）参照。

（16）「帝国金庫」は後に削除されている。Freiherr vom Stein, Brief und amtliche Schriften, Bd.4, S.246.

（17）別版（Quellen zur Geschichte des Deutschen Bundes, Abteilung I. Bd.1, S.22）では「二〇〇人」となっている。

（18）„jus eundi in partes" は、「権利を分離した党派に分けること」という意味。これは、ある集会において、代表された諸党派または諸身分へと集会を分け、分けられたそれぞれの部分が独立して議決を行うことである。全体決議の成立のためには、全党派が協議して合意しなければならない。ドイツ帝国議会では一六四八年以来、„Itionsrecht（jus eundi in partes）" は、とくに宗教事項について適用された。Quellen zur Geschichte des Deutschen Bundes, Abteilung I. Bd.1, S.23 Anm.15.

（19）一六四八年以降のドイツ帝国議会における、クールマインツを議長としたカトリック等族の共同体。Quellen zur Geschichte des Deutschen Bundes, Abteilung I. Bd.1, S.23 Anm.16.

（20）ここでシュタインは帝国議会の構成員を命令的委任に拘束された「使節（Gesandte）」ではなく「代表（Repräsentanten）」と位置づけており、フーバーは、ここに「身分制的憲法思想から代表的憲法思想への移行」、「旧き身分制的＝等族的な基礎に立った近代的な国民代表制」を見出している。Huber, a.a.O., Bd.1, S.516. もっとも、シュタインは直後に「帝国議会派遣使節（Reichstagsgesandte）」とも表現しており、これを文字通りに解するならば、平仄が合わない。なお、補充資料（四）三八七頁参照。

（21）一七世紀以降、レーゲンスブルクに常置されていた帝国議会は三部会制をとっており、選帝侯会議、聖俗諸侯から成る諸侯会議、帝国諸都市から成る都市会議から構成されていた。

（22）原文は „Reichsritterschaft aus den Territorien" であるが、別版（Quellen zur Geschichte des Deutschen Bundes, Abteilung I. Bd.1, S.23）の „Reichsritterschaft aus denen Landständen der territorien" によった。

（23）本来中世末期以来、ドイツの諸邦では身分制議会として領邦議会（Landstände）が設けられており、統治にも関与していたが、三〇年戦争以降は、領邦君主の権力の上昇、絶対君主化とそれに伴う領邦官僚機構の整備のため、多くの領邦で没落していった。もっとも、ヴュルテンベルクやザクセンのように一九世紀まで存続した場合もある。いずれにせよ、一九世紀初頭には、自由主義者は領邦議会を、選挙を通じて選出された国民代表が領邦の立法に参加する議会制度と解釈して、その実現を迫ったのに対して、保守派はこれを旧等族のような特権的諸身分代表による君主への助言・協賛制度と解釈して抵抗した。一八二〇年ごろまでに憲法が発布された西および南ドイツ諸邦（バイエルン、バーデン、ヴュルテンベルク、ヘッセン＝ダルムシュタット）では、前者の意味での国民代表議会が設けられることになる。ドイツ同盟規約第一三条には、「すべての同盟邦において領邦議会に基づく憲法が行われることとする」とあり、この条文の解釈は自由派と保守派の分水嶺となった。末川清「ウィーン体制下の政治と経済」（成瀬治他編『世界歴史体系 ドイツ史二——一六四八年—一八九〇年』（山川出版社、一九九六年））二二六—二二七頁、A・R・マイヤーズ、宮島直機訳『中世ヨーロッパの身分制議会』（刀水書房、一九九六年）二二〇—二二六頁。なお、フンボルトは、一八一九年にプロイセンにおける「領邦議会に基づく憲法」論を展開しているが、その内容についてはさしあたり、大崎功雄「W・v・フンボルトにおけるプロイセン憲法構想と教育改革」『北海道教育大学紀要第一部C教育家学編』第三二巻第二号、一九八二年三月、三三—四六頁参照。

（24）　前註（21）参照。

（25）　一七九五年四月にプロイセンはフランスとバーゼル和約を単独で締結し、一七九二年以来続いていた干渉戦争から離脱した。この条約にはライン左岸のフランス占領地域に関する本文の規定に反する「秘密条項」が含まれており、その欺瞞性に対する批判が、カントの『永遠平和のために』（一七九五年）の著述の動機として働いた。小倉志祥「解説」（同訳『カント全集』第一三巻（理想社、一九八八年））七〇四—七〇五頁参照。

（26）　このシュタインのプロイセン強化策は必ずしも明瞭ではないが、メクレンブルク（両メクレンブルク）、ザクセン選帝侯領（ザクセン王国）はライン同盟の一員であり、そのためプロイセンおよびオーストリアの領土補強を狙ったものと思われる。なお、ホルシュタイン公国は神聖ローマ帝国の等族であり、この後ドイツ同盟にも参加することになる。

（27）　別版（Quellen zur Geschichte des Deutschen Bundes, Abteilung I. Bd.1, S.24）では、「後二者」は「前二者」とある。いずれとも決め難いが、もし「征服権」が問題になるのであれば、むしろホルシュタインを除いた、メクレンブルクとザクセンが対象となる。

(28)「征服権（Eroberungsrecht）」は、敵国ないしその同盟国の領土を軍事的に支配することから生じる権利を意味する。シュタインはやや後の一八一三年一〇月三〇日の覚書において、ライン同盟諸邦は、勝利を収めた対仏同盟諸国に対して屈服するだろうが、裏切る恐れがあり、「ドイツの諸力の発展と利用の策を十全に実行するためには、諸邦の行政を総督を通じて指導させ、君主たちの権力を、連合国に認められ征服権によって、講和に至るまで停止し、彼ら自身をそれまで領邦から遠ざけることが必要だ」と語っている。これは、オーストリアとバイエルンとの間で結ばれた一八一三年一〇月八日のリート条約に対抗しようとするものであった。バイエルンはライプツィヒの戦い（一八一三年一〇月一六—一九日）の直前にライン同盟から離脱して、反ナポレオン連合に参加していたが、リート条約でオーストリアはバイエルン王に領土の保全と完全な主権を保障していた。それに対してシュタインは征服権の論理によって、バイエルンその他の領土を仮差押えし、後のドイツ再建策における議論を有利に展開するための担保としようとしたのである。しかし、この試みは失敗に終った。Huber, a.a.O., Bd.1, S.495 und Anm.

(29) ベルクとアンスバッハをめぐっては歴史的に複雑な事情がある。一八〇五年一二月一五日のシェーンブルン条約でナポレオンは、プロイセンに一七九一年以来領有していたアンスバッハ侯国をバイエルンに譲渡するように強制し、バイエルンにはその代りにベルク公国を割譲させ、これを、プロイセンから分離したクレーフェとともに義兄弟であるミュラ（Joachim Murat, 1767-1815）に譲渡し、その結果プロイセンから分離したクレーフェとともにベルク大公国ができあがり、ライン同盟の模範国となった。シュタインはここでアンスバッハをバイエルンから割譲してオーストリアに与えようとするのである。なお、後にウィーン会議最終議定書（一八一五年六月八日）第二四条によりベルク大公国はプロイセンに編入された（大畑篤四郎編『近代国際関係条約資料集』第九巻（竜溪書舎、一九九一年）一二二頁）。

(30) もともと神聖ローマ帝国とフランス王国との国境はフランスに発してベルギーを経てオランダから北海へと注ぐスヘルデ川（フランス名：エスコー川）であったが、一七九四年秋以降、ライン左岸地域はフランスに占領され、一八〇一年のリュネヴィルの和約で最終的にフランスの版図に組み込まれた結果、ライン河が自然国境となっていた。第一章訳註（8）も参照。

補充資料（二）　ゲンツ　フンボルト宛覚書（一八一三年一二月）

（1）第一九項が、領邦議会に関して、一般原則の重要性を説きながらも、個々の領邦の歴史的な差異を顧慮すべきだとしている点を指すものと思われる。第一章三四九頁参照。

補充資料（三）　シュタイン　フンボルト憲法論についての所見（一八一四年一月）

（1）実際にはそのようなことはなかった。Freiherr vom Stein, Briefe und amtliche Schriften, Bd.4, S.428 Anm.1.

（2）原文は「他の等族（andere Stände）」であるが、この「等族」は、フンボルトの表現では「領邦君主」ないし「領邦」にあたるので、「四強国以外の邦」とした。以下同様。

（3）フンボルト原文（第一章三四五頁）の第七項にはこれに該当する内容が欠けている。第八項の誤りか。

（4）第三章訳註（17）参照。

（5）ライエン家とイセンブルク家がナポレオンの庇護の下でライン同盟の「侯国」の支配者となり、ライプツィヒの戦い後もフランス側に留まったことを指すものと思われる。

（6）一七世紀以降、帝国の郵便長官を世襲したトゥルン・ウント・タクシス（Thurn und Taxis）家は、ヨーロッパ中に郵便網を張り巡らし、巨万の富を築いた。ヴェストファーレン体制のもと、集権化を進める領邦君主たちは再三にわたってタクシス家の帝国郵便特権を無視して、自前の郵便制度を確立しようと試みたが、タクシス郵便は、独力では郵便制度を保てないドイツの中小領邦からの委託を受けて、一九世紀まで存続した。タクシス家は、一八〇六年に陪臣化されたものの、一八一五年に採択されたドイツ同盟規約の第一七条（三成賢次訳「近代ドイツ憲法史史料1——ドイツ同盟規約」『阪大法学』

第一五五号、一九九〇年八月、二五七頁）でも、同盟直属の地位を獲得している。

（7）すでにライン同盟規約（ライン同盟規約第二四条。屋敷訳、五〇三―五〇四頁）によりフュルステンベルク家の支配は終りを告げ、領地の大部分はバーデンに移行していた。シュタインはその復活を阻止しようとしたのであるが、理由は明らかではない。

（8）裁判は係争事件の場所と人（身分）に繋留されている（裁判管轄）が、この限定を解除する特権が「特権的裁判籍（privilegierte Gerichtsstand）」である。例えば、プロイセン一般ラント法では、この特権を享受するのは、「官職、位階、または特殊な特権によって居住地の裁判管轄権を免れた、都市内外の市民身分の人々」（ALR. II-8, §3）と定めているが、「国王の官吏」や中等学校教師もこの特権を付与された（II-10, §105）。これは、実質上地方権力（貴族）の裁判管轄を免れて国家＝国王の裁判を受ける権利を意味しており、したがっていわば絶対主義的な国王権力への忠誠と引き換えに、貴族の支配を脱する可能性を内蔵していた。西村『文士と官僚』一一〇頁。官吏は兵役、租税に関しても特権を与えられており、その意味ではここに陪臣化された帝国等族にシュタインが認めた特権と重なる。なお、ドイツ同盟規約の第一四条（三成訳、二五五―二五六頁）でもかつての帝国諸等族ならびに帝国構成員に「本人とその家族に対する特権的裁判籍」が保障されている。

補充資料（四）シュタイン　ドイツ憲法問題のための覚書（一八一四年三月）

（1）付されたシュタインのメモには、「一〇日に国家宰相ハルデンベルク男爵、ハノーファーの国務大臣ミュンスター伯爵に、一一日にロシア皇帝陛下に手交」とある。

（2）ショーモン条約のこと。同条約については、第四部解説参照。

（3）念頭にあるのは、とりわけフランクフルト加盟条約である。第二章訳註（4）参照。

（4）最初は「文武の諸制度（institutions civiles et militaries）」（Freiherr vom Stein, Brief und amtliche Schriften, Bd.4, S.612

Anm.2.)。
（5）最初は「社会的、政治的、司法的、または軍事的諸制度」（Freiherr vom Stein, Brief und amtliche Schriften, Bd.4, S.612 Anm.3.)。
（6）原語は«états provinciaux»である。
（7）原文ではここに«les douanes intérieures seront abolies»という文が入っているが、次の文と重複しており、誤植とみなして、割愛する。
（8）原語は«lois provinciales»である。
（9）「陪臣貴族（Standesherr）」はおおむね「陪臣化された帝国貴族」ないしその家門の長を意味する。
（10）ゾルムス＝ラウバッハ伯爵（Friedrich Ludwig Christian Graf zu Solms-Laubach, 1769-1822）はギーセン大学で法律を専攻し、一七九一年から九八年までウィーンで帝国宮内法院に勤務した。一八一四―一五年にはウィーン会議においてハルデンベルクの相談役を務めた。ラーデマッハー（Franz Karl Ludwig Rademacher, 1755-1827）は、まずトリーア選帝侯に仕えたが、一八〇三年からはオーストリアの内閣官房に勤務した。シュピーゲル男爵（一八一六年からは伯爵）（Kaspar Philipp Freiherr (seit 1816 Graf) von Spiegel zum Diesenberg-Hanxleden, 1776-1837）は、はじめザルツブルクで法律家となったが、一八一三―一四年にはシュタインの下解放されたドイツ諸州で占領地行政にあたり、ウィーン会議ではドイツ問題委員会のメンバーとなった。

解説

第一部『国家活動の限界』

フンボルト（Wilhelm von Humboldt, 1767–1835）の『国家活動の限界』（正確には『国家活動の限界を画定する試みのための思想』）（以下『限界』と省略）は、型通りに執筆されて出版された書物ではない。原型はすでに一七九二年夏、フンボルトが二五歳の誕生日を迎えたころにはほぼできあがっていたが、検閲問題や出版社探し、内容に関する疑問、修正の必要などの諸事情から公刊は見送られた（第二部解説参照）。ところが、この草稿はフンボルトの没後一六年たった一八五一年に彼とは何の関りもない人物によって日の目を見ることになった。だが、原著と公刊との間には六〇年近い歳月が流れていた。一八四八—四九年の三月革命の「挫折」の直後にようやく日の目を見た『限界』は、三月後期（Nachmärz）以降のドイツ自由主義にとってもはや「過去の遺物」となっていた。しかし、皮肉なことに、同じ時期に『限界』は英訳されてジョン・ステュアート・ミル（John Stuart Mill, 1806–73）の『自由論』（一八五九年）によって高く評価された。『限界』は「過去の遺物」どころか、一九世紀後半のヨーロッパ自由主義を導くべき「古典」として華麗な姿で再登場したのである。

他方で、フンボルト自身は、一八〇八年からおよそ一〇年間続いたいわゆるシュタイン＝ハルデンベルクの改革においてこの両人と並ぶ第三の中心人物として内政に外交に活躍していた。そこから、最初プロイセンの官僚（司法官）の職を辞して隠棲生活を送っていた時期に書かれた、「アナーキズム」とも見まがうべき、[1]『限界』の国家忌避の姿勢は、プロイセン改革の一環であり、ナポレオンに対するプロイセンの「精神」再生を託された教育改革に辣腕を揮い（第三部）、ナポレオン排撃後のドイツとヨーロッパの新秩序のためにメッテルニヒを相手に果敢に闘った実践活動（第四部）とそれを支えた政治思想といかなる関係にあるのかという――フンボルトにおける「国家への旋廻（Wendung zum Staat）」と呼ばれる――問題が登場することになる。この問題は、そもそも『限界』がどのような政治思想を表現していると見るのかという根本的問題とも関わっている。

我が国ではつとに千代田寛が、『限界』の性格と「国家への旋廻」問題をめぐる従来の研究の特徴を次のように総括している。すなわち、従来の『限界』の位置づけは、①政治的無関心ないし反国家的態度、もしくは非政治的態度による絶対主義国家の暗黙の消極的肯定、②身分制的絶対主義国家とその官僚主義に対する批判、③ユートピア的国家観、④絶対主義イデオロギーに対する闘争・論争のための「夜警国家」理念ないし法治国家論の提示、の四点にまとめることができ、さらに一八〇九年以降（中期フンボルト）の政治家ないし官僚としての活動については、ⓐフンボルトは世界市民主義から国民国家への発展という時代思潮とともに歩んだが、その非国家的姿勢を克服できなかったとする説、ⓑフンボルトは一貫して「ノンポリ」であり続け、自由と自由実現のための強制との相克を解決しないままに放置したとする説、ⓒ国家に対する姿勢はたしかに大きく変化したけれども、それは『限界』の思想の深化・成熟と見られるとする説、の三つに分類することができる。(2)

現代でも通用する犀利かつ周到な分析である。だが、『限界』は単なる政治イデオロギーの書ではなかった。『限界』執筆前後から一八〇八年までの初期フンボルトには、ごくおおざっぱに見積もっても、ゲーテ、シラーなどのドイツ文学の一大潮流としての古典主義ないし「美学」思想（さらには初期ロマン主義）、ゲッティンゲン大学のChr.ハイネから刺激を受け、師であり親しい友人であったF・A・ヴォルフとの交流で活発化したギリシャ古典への終生続いた傾倒、それと不可分の関係にある「陶冶（Bildung）論」（しばしば「人間形成論」と訳される）ないし新人文主義思想、大学時代に独学したカント哲学やベルリンのサロンで身近に接した啓蒙官僚の思想、ルソーの「自由」や「人権」の思想、あるいは政体論、そして最後に一八世紀的なコスモポリタニズムとそれにもかかわらずしだいに熟成されていった「国民（Nation）」思想等々、多様な要素が渦巻いているからである。(3)

とはいえ、これらすべての要素を勘案して『限界』の性格を要領よくまとめることは至難の業である。たしかに、これらうちのいくつかを組み合わせて、たとえば、『限界』とは、新人文主義や古典主義の思想に裏打ちされた古代ギリシャの人間像を模範にして、一八世紀の後見的＝啓蒙的国家支配を脱して、個人の自己陶冶を可能にする状況（自由と多様性）を――革命ではなくて漸進的改革によって――生み出そうとする試みであった、と要約しておけば、大過ないといってよいかもしれない。だが、いま一度反転していえば、この思想がいかなる意味において「政治思想」となりえたのか、それとも『限界』は「非政治的」ないし

「反政治的」な政治イデオロギーであったのかということは、依然として藪の中である。そしてそもそも、『限界』が書かれた当時に公刊されなかったということは、この書物の評価にとって決定的な意味を持っている。いったい、一七九二年のフンボルトは「政治」というものにどのように立ち向かったのか。

この『限界』成立当初の事情を踏まえた分析は第二部の諸章の解説に譲り、ここでは、『限界』の内容の月並みな紹介はあえて控えて、[4]『限界』が公刊以来、一九世紀―二〇世紀初頭のドイツにおいて受けてきた評価の足跡をたどり、少なくとも『限界』とはどういう書物であったのかというイメージを喚起する一助となすことにしたい。

(1) 一八五一年――公刊

『限界』の全体は一八五一年にブレスラウの出版業者トレヴェント(Eduard Trewendt, 1817-68)の手により公刊された。校訂・編集を行ったのはエドゥアルト・カウアー(Eduard Cauer, 1823-81)である。出版の経緯はこうである。フンボルトが書いた二つの草稿(オリジナルの手稿とその写し)のうち、写しの所在は行方知れずのままであったが、原版の方はフンボルトの手元に残っていた。フンボルトの死後、弟アレクサンダー(Alexander von Humboldt, 1769-1859)の肝いりでブランデス(Carl Heinrich Brandes, 1798-1874)編『フンボルト全集』の第一巻と第二巻が一八四一年にライマー書店から刊行され、そこには『限界』の一部を構成する、『ベルリン月報』と『新ターリア』で公表済みの四編が含まれていたけれども、その他の手稿は埋もれたままであった。オリジナル版草稿は、フンボルトの死後、相続により四男ヘルマン(Hermann von Humboldt,

1809-70）の手に渡っていたが、ヘルマンはこれを検分してもらうため叔父のアレクサンダーに見せた。アレクサンダーは、それをライマー書店から遺稿集ないし『全集』付録として出版させようと考えていたが、ヘルマンと書店の間で金銭上の折り合いがつかなかったため、草稿は返却された。その後の経緯は詳らかにしないが、最終的に手稿はトレヴェントの手に落ち、公刊されるに至った。[5] そして、翌年手稿は首尾よくブランデス編『全集』第七巻（一八五二年）にも収められた。

では、編者のエドゥアルト・カウアーは『限界』の公刊にどのような意義を見出したのであろうか。カウアーによれば、今『限界』を公刊することは、我々の „Literatur" に計り知れない利益をもたらし続けることになる。それによって国民は、これ以後書かれたすべての著作と比べて、最も包括的な内容を持ち、最も一般的な関心を引き、最も取りつきやすい形式を備えた最大の著作を手中にできるからである。フンボルト自身が公刊を望まなかったとしても、国民は、とっくの昔に国民の財産となっているこの人物を「理解」するためのあらゆる「補助手段」を我が物にすることができる、というわけである。[6] ここでいう „Literatur" は狭義の「文学」ないし「文芸」を指すのではなく、語源的には „litteraria"、つまり「文字に書かれたもの」という意味の系譜を引いた、「学識」、「学術」、「学芸」といった意味に近いようである。[7] 今日の訳語でいえば、「文献」に近いニュアンスもある。そうだとすれば、カウアーは、フンボルトという偉大な国民的英雄の手になる『限界』がドイツ国民の「文献」としてもつ意義を強調し、そこから『限界』をフンボルトの「個性と成長過程」を理解するための手段として位置づけたということになる。

もとより、フンボルト個人の理解だけが重要だというわけではない。カウアーは、『限界』がフンボルトの「内面生活の歴史」にとって「補完的な記録」であることを縷々説明しながらも、そうした「主観的」価値に尽くされない意義、すなわち我々の „Literatur" の充実という「客観的」意義を強調する。この場合、„Literatur" は「学術」や「文献」一般よりも狭く、「政治学の著作ないし文献」という意味に限定される。だがまさにそれゆえに、カウアーはそうした政治学上の意義が必ずしも現代的意義と重ならないという。つまり、「客観的」意義があるからといって、『限界』の政治的見地が我々の今日の「国家学（Staatswissenschaft）」にとって何らかの重要な意味を持ちうるというわけではなく、むしろ現代の国家状態の理想は、『限界』に示された「国家＝必要悪」説という「学問的」方向のように、国家に対して我々の意志を確保することではなく、国家権力の中に我々の意志を持ち込むこと、すなわち「国家からの自由ではなく、国家の中での自由」にある、というのである(8)。

しかし、そこまでいうと、『限界』は現代政治にとって無意味な過去の遺物、せいぜいのところ「古典」でしかないということになる。そこでカウアーは急いで付け加える。現代の政治的な見方ないし「現代の国家理論」は、『限界』の時代や『限界』の理想と違ってかなり「古代の思考様式」に近いが、しかし実はフンボルト自身もこの「より深遠な傾向」へと進んでいった。彼の「国政家（Staatsmann）」としての活動は、国民の意志が真価を発揮すべき――初期にはまったく無関心であった――「形式」の創造に向けられており、その意味で初期の理念よりもはるかに「実践的」であった。それはまさに彼の政治的方向が『限界』よりも優れた理論に基づいていたからだという(9)。それだけではない。カウアーは、『限界』は欠陥のある国家観を含んでいるけれども、「歴史的」にはカント哲学に依拠しつつ、それを超える美学論・道徳論・政治論を展開したと評価したうえで、『限界』の最も現代的な意義に説き及ぶ。個人のエネルギーを可能な限り高め、個人の独立を多様な形で呼び起こすように公的関係を整序すべきだ、というのが『限界』の積極的内容であり、それはかつてよりも現代の状況に適している。すなわち、「去年の混乱」に現れた根本悪は、大衆を動かした志向がフンボルト的な自由の理想の完全な反対物であったというところにある。その志向にとっては「享楽（Genüsse）」の亢進――できるだけ安楽に暮すこと――がすべてであった。その理想は、個人に自由な運動の余地を与えず、自由を「福祉（Wohlfahrt）」の犠牲にするような社会状態である。個性概念を完全に消失させてしまうこうした「ドクトリン」の影響力に対して、『限界』は最も有効な「解毒剤」として推奨することができる、というのである。ただし、カウアーは、この書がそうした利用にこのうえなく適しているのは、まさにその著者が同じく実に一面的に正反対の極論にとらわれているからにほかならない、と釘を刺している。[10] あくまでこの一面性（要するに「国家＝必要悪」説）を克服したうえで、『限界』の現代的効用を説くのである。

カウアーは、ハイデルベルクとベルリンで歴史学・文献学を修め、ギムナジウム教師として過ごすかたわら、ブレスラウ大学で学位をとり私講師を務めていたから、「国家学」や「国家理論」の専門家ではない。しかし、時は三月革命直後であり（序文の日付は一八五〇年八月である）、現にカウアーは自由主義運動にコミットしていた。[11] カウアーのいう「古代の思考様式」とはアテネの民主政のことであり、国民の政治参加が念頭にあったものと思われる。そして「国政家」としてのフンボルトの活動に対する評価は、国民の意志を表現する「形式」としての憲法ないし代議制の評価と繋がっていた。[12] したがって、カウアーは当時の自由主義の立場から、『限界』が自由思想を含みながらも、統治形式や国民の政治参加に言及しない点に飽き足らなさを感じつつ、同時に同じ自由主義の立場のゆえに、「去年の混乱」（三月革命）時に姿を現した、大衆の「満足」への欲求をかきたて、「福祉」のために自由を犠牲にしようとする社会主義や急進民主主義の脅威に対して『限界』の自由思想を持ち出したのである。(13)

(2) 三月前期——シャイドラーとシュレジアー

『限界』はカウアーの手により一八五一年に全貌を顕わにしたが、その際に大きな反響を呼んだという記録を見出すことはできない。(14) その後、我が岩波文庫のモデルとなったレクラム文庫（創刊一八六七年）に収められ（出版年不詳(15)）、版を重ねて今日に至っているから、相当広範囲の読者を持ったと見てよいが、どのような意味で、またどの程度まで影響を及ぼしたのかということは確かめるすべがない。(16) ただ、一八五一年以前にもフンボルトの政治思想に対する評価は出てきていた。とくに自然法論の影響の強かった西南ドイツの自由主義者はフンボルトに一定の共感を抱いていたようである。それは、フランクフルト国民議会で議員の必携の書とも言われたロテック＝ヴェルッカーの『国家事典』の第二版（一八四七年）の「フンボルト」の項目に示されている。この項の執筆者シャイドラー（Karl Hermann Scheidler, 1795-1866）はかつてのブルシェンシャフトの指導者であり、四七年当時にはイエナ大学教授で進歩派の運動を嚮導したとされる。(17) シャイドラーは、ブランデス編『全集』第一巻・第二巻によって例の公表済みの四編の存在を知っていたが、主としてフォルスター宛書簡（一七九二年六月一日）（第二部第三章）に依拠して、(18) フンボルトの思想を次のように解説している。

フンボルトが当時出発点とした根本思想は、「政治的な信仰告白」を含んでいるだけでなく、新しい国家原理、つまり「ゲルマン的な意味の立憲的ないし代議制的システム」という究極目標と完全に一致している。この新しい原理は、とりわけ独裁主義・官僚主義（Auto- und Büreaukratismus）に反対し、自由で自律的な国民の発展（「自治（selfgovernment）」）の実現に向けられており、まさにそれゆえにフランスの中央主権システムではなく、個性の権利と団体の自律を承認するゲルマン的な民衆性に基づいている。フンボルトがすでに一七九二年に、独裁主義的、官僚主義的システムを、「統治の過剰（Vielregiererei）」、「底の浅い功利性原理」、「意に反した民衆の福祉強要説（Beglückungstheorie）」（いわゆる「啓蒙専制主義（despotisme éclairé）」）とともに、徹底的に叩き、同時に、往々にして人間生活の最高の目的から離反する政府・国家の実践をふたたび正道に戻し、国家において人間を自己目的として尊重すべきことを想起させるべき国家学の、とりわけ「哲学的政治学」の義務を正当に主張したことは特筆に値する。フンボルトが徹底的に批判した、「統治の過剰」、民衆のポリツァイ的干渉・後見という統治の格率は今日なお生きている、というのである。[19]

シャイドラーは、『限界』の自由主義思想だけでなく、一八〇九年以降のフンボルトの教育改革、外交使節としての活動、憲法草案をめぐる確執、あるいはカールスバートの決議への反対等を紹介したうえで、フンボルトの名前は学問、文学、芸術だけでなく「歴史と政治」の領域でも永遠に栄誉をもって語られるが、それは、語の完全な意味の偉大な学者、徹底して理想的な志向、偉大な政治的理念や理想の実現のための最も生き生きした感激に満たされた人間が同時にかつて存在した最も有能な国政家の一人でもありうるということを自己の実践活動によって証明したからだ、と述べている。[20]シャイドラーは、いまだ『限界』の全貌が示されていない時期にあって、フンボルトを自由主義的な政治家として位置づけ、同時にカウアーとほぼ同じようにいわば「全人」フンボルトの国民的偉業を称えることを忘れなかったのである。

もっとも、政治的評価の方は三月革命の激動の中で忘れられていったようだ。『国家事典』の第三版（一八六三年）にも「フンボルト」の項目は残っていた。それは事典の性質上、当然「国政家フンボルト」に叙述の主眼を置きながら、その他の要素にも配慮しているが、ページ数は三分の一以下に減っており、全体としては通例の伝記の域を出ていない。『限界』にも触れているが、その思想の出発点（「過剰な統治（zu viel zu regieren）」を控えるべきであること、自由な結社が民衆の福祉を最もよく促進すること）は、「我々の時代には決定済みの真理とみなされている」とあっさり片付けているだけで、[21]ほかに目だった政治的評価は見られない。

ところで、シャイドラーの叙述はかなりの部分が、フンボルトの最初の伝記であるG・シュレジアー『フンボルトの思い出』（第一部一八四三年、第二部一八四五年）の記述をそのまま引いている。この伝記は、『全集』第一巻・第二巻所収の論稿や書簡等に依拠して『限界』の構想について詳しく論じており、[22]カウアーも、書簡について『フンボルト全集』第一巻所収のものを含めて公刊されているものもあるけれども、シュレジアーの本を縦横に利用することができたとしているから、[23]『限界』の一部については意外に多くの人々に知られていた可能性がある。もっとも、シュレジアーがいかなる人物であったのかは定かではない。生年は一八一〇年ごろで、没年は一八五四年以降ということしかわからず、肩書もジャーナリスト・文筆家とされるだけである。[24]しかし、シュレジアーは、フンボルト伝以前に五巻に及ぶフリードリヒ・ゲンツの著作・

書簡集を編んでいるから、[25] 政治思想に無関心であったとは思われない。とはいえ、それは何らかの政治的立場に発するというよりも、偉大でありながら忘れられがちの思想家を顕彰しようとする――カウアーやシャイドラーにもあった――意図に発していたようである。シュレジアーがこのフンボルト伝を「思い出」と題し、[26]「伝記的記念碑（ein biographisches Denkmal）」[27]と称しているのも、祖国の偉人を顕彰しようとする熱い想いをうかがわせる。事実、シュレジアーはフンボルト伝の前書きで、課題はフンボルトの本質・意欲・活動を全体として捉えることにあるが、個別的には「一般的関心」を引くこと、つまり彼の「哲学的―政治的思考様式」、「我々の学芸《リテラトゥーア》の古典期における協働」、「国政家としての活動」にあるとして、[28]さらにこう続けている。「精神的に激動する、諸党派に分裂した」現代にすべての要求に応えることは不可能であり、多くの人々に、それぞれの道を歩む一助になると感じてもらい、シラー＝ゲーテ級、シュタイン＝ハルデンベルク級の「最も近しい同志」であり、その名前が「我々の学芸《リテラトゥーア》の古典的エポックおよび我々の政治的高揚の始期」と密接に結びついたこの人物を少しでも身近に見てもらうことができれば、それで十分である。しかし、筆者としては、ともに努力する若い世代の大部分の人にフンボルトの「遺産」を思い出してもらうことが最高の褒美である、と。[29] 多彩な修辞を駆使しているが、要するに、古典主義文学とシュタイン＝ハルデンベルクの改革という二つの地平における偉人を若い世代に想起してほしい、ということである。

ただ、シュレジアーは同様のことをフンボルト伝の末尾でこう表現している。

我々の先に立つ人を誰か一人挙げるとすれば、ドイツ精神の深遠と開花の保証人にして同時にわが民族のより

> 豊かな未来の証人とみなすことができるのはフンボルトだけである。彼は、ドイツ国民が精神から生《レーベン》へ、思想《イデー》から実践へと向かっている移行の代表者のような存在である。彼は、この一歩を踏み出した最初の最も才能のある人の一人であった。彼はこの一歩を踏み出しながら、深遠さ、理想的な感覚、精神的な自由を振り捨てることなく、その点で我々の思想的な時代の成果に忠実であった。そのようにして彼は獲得したものを保持しながら、大胆に新しいものへと歩を進め、人類と祖国の本務を固く信じていた[30]。

ここには、偉大な人物を称揚するだけでなく、なにがしかの「実践的」変革への期待がこめられているように見える。

シュレジアーは、『限界』草稿の「政治的」部分が一種の極論であり、そのため同時代に対してほとんど影響を与えず、またフンボルトは総じて「理論」を直接現実化する気がほとんどなかったとしながら、それを説明するのに、「そうするには彼はあまりにも国政家の精神に鼓吹されていた」という、一見パラドキシカルに響く言葉を吐いている。その意味は、フンボルトは、理論をただちに実行に移すのではなく、理論的見解が徐々に人々の心情に影響を及ぼし、これが世界を動かしていくと考えた、ということである。それが「国政家の精神」である。そこからすると、実践生活に入ると、理論の一面性から容易に逃れることができるということになる。したがって、国家的教育施設をすべてしりぞける彼の「定理」からはるか遠ざかったフンボルトが宗教・公教育局長官として国家的教育施設の実現のために働いたのは、なんら驚くべきことではなかった。これを一般的にいえば、初期フンボルトは「国制形式」についておおむね君主政を尊重しつつも権力分立を承認し、ドイツがいずれ「立憲的生活」へと進むと考えていたということになる。フンボルトは一八一九年のある手紙で、「領邦議会」の効用は「国民の中に真に公民的な精神を覚醒し維持すること」、市民が利己心から離れて公共体に参与し、公共体の福祉のために共働することに慣れるようにすることにある、と述べているが、シュレジアーに言わせると、これを語っているのは、ほかでもない「一七九二年の我らがフンボルト」だというのである[31]。

したがって、シュレジアーは、三月前期の立憲主義運動にある程度まで共感し、その共感を『限界』当時のフンボルトの政治思想の理解に反映させたと見られる。この姿勢は、『限界』に対する相対的に高い評価を含めて、三月革命直前のシャイドラーや革命直後のカウアーと重なるが、しかしまたそれが「精神から生へ」、「思想から実践へ」と表現される時、一八五〇―六〇年代の自由主義者たちのもう一つのフンボルト評価への道を指し示していた。

(3) プロイセン学派――ハイムとトライチュケ

シュレジアーに続く第二の浩瀚な伝記であるハイム（Rudolf Haym, 1821-1901）の『フンボルト――伝記と性格』（一八五六年）は、おそらくはじめてカウアー版に依拠して『限界』について論じた部分を含んでおり、その意味で画期的である。

ハイムはかつて青年ヘーゲル派に属し、フランクフルト国民議会の議員も務めた自由主義者であったから、このフンボルトの「政治的」著作に関心があったとしても不思議はない。この本はハイムにとって「心からの同志の本（das Buch eines liebevollen Parteigängers）[32]」であったとすらいわれる。しかし、それはフンボルトの全面的肯定を意味するわけではない。たしかにここでハイムは、フンボルトの理論に、「健全で正しい原理」（絶対主義の実践に対する自由の原理、官僚主義的、ポリツァイ的後見のシステムに対する自治の思想、君主と官僚の上からの統治に代る民衆による下からの統治、国家の全能の干渉と単独活動に代る自由な結社の権利）を認めている。[33]これは三月前期のシャイドラーによる評価とほとんど同じである。だが、ハイムによれば、この理論が相手にしたのは「悪しき国家」と「悪しき実践」であり、フンボルトにおいてそれにとって代るべきものはそもそも国家でもなければ、実践可能なものでもなかった。本来なら個性的自由の権利を国家内で実現し、個性的な「生」の諸力から国家自身に新しい「生」の力を供給すべきところが、自由は国家と並存したままであった。「個人」の立場から国家批判を行いながら、新たな国家像を示さなかった、というのである。国家を無害な存在にして「人間」が救済されたならば、それでフンボルトにとっては十分であり、しかもその人文主義は「審美主義」に通じていた。青年フンボルトの本質はまさに一八世紀末の「ドイツ精神」一般が「貧弱な現実の実践的関心に恐れをなして耽った」美の信仰と古代への愛であった。[34]かくて、『限界』のフンボルトは、国家（帝国）と国民を失ったドイツが「理想主義《イデアリスムス》（観念論）」に走り、唯一の紐帯を言語の中に求め、唯一の支配を「精神の力」（芸術と学問、哲学と詩）に求めた時代の精神を表していた。「我々の瞑想的な不偏不党は我々の政治的無能の嘆かわしい果実であった。[35]」『限界』の「非政治性」を断罪する、おそらく最も手厳しい表現である。

ハイムは、フンボルト伝の他、『ヘーゲルとその時代』（一八五七年）、『ショーペンハウアー』（一八六四年）、『ヘルダー』二巻（一八七七〔八〇〕年、八五年）、『マックス・ドゥンカー』（一八九一年）等の伝記の作者として名を馳せた。ハイムにとって、フンボルトの人物像は、同時に彼の「生」の完全かつ厳密な像を捉えずして描くことができず、この「生」の像は、それを「ドイツの精神と生の発展」の真只中に引き込むことなしには描くことができないものであった。[36] その限りでハイムのフンボルト伝はドイツ精神史の一齣として捉えることができる。無論、それは決して過去のドイツ精神の悲歌を謳うためではなかった。政治ジャーナリストとしてすでに『ドイツ国民議会』三巻（一八四八―五〇年）を著していたハイムは、フンボルト伝公刊後まもない一八五八年に創刊した『プロイセン年報』の編集者として、この雑誌を、死せる学識や思弁に耽るのではなく、「生」に仕える「学問」、経験（現実感覚）に基づいた学問（歴史学）の機関にしようとした。[37] 現代にとって審美的、理想主義的、人文主義的なフンボルトは消極的な意味しか持たない。

なるほど、ハイムは、後年のフンボルトが『限界』の理論の根本原理を保持しながらも、「個々人を国家から自由にする」という目的を、「個々人を国家の中で国家のために自由にする」という別の原理に変換したことを承認する。[38] カウアーと違って、まるで現代自由主義の淵源を中期以降のフンボルトに見出したかのような口調である。しかし、ハイムにとって重要なのは、国政家ないし政治家としてフンボルトがその課題を果たしたのかどうかというところにあった。ハイムは、政治家としてのフンボルトをこう総括する。カールスバートの決議をめぐるプロイセン政府内の確執の例に示されるように、その政治的経歴（とくにその後半）は、道徳的に見て非の打ちどころのないものであったが、しかし失敗に終った。フンボルトは、手段の純粋さをぬきにして真の善は栄えないと確信していたからである。彼の偉大さは同時に「彼の政治的性格の欠乏」であり、彼が「ほとんど成功しなかった根拠」であった。彼の理想主義は現実とつながっていなかった。彼は「現実主義的な性向や情動」に浸ることがあまりにも少なかった。

思うに、実践的な国政家は荒削りの素材でなければならない。燃えるように憎み愛することができ、全身全霊で尊敬し軽蔑できなければならない。偉大な公共的目的の達成のためなら自己満足すらいとわないようなあの功名心を持っていなければならない。おそらく彼は、愚行を犯すことができないほど賢明であってはならないし、またたしかに、手段の純粋性に対する良心の呵責を前にして断固とした決然とした大胆な行為に踏み切れないほど有徳であってはならない。(39)

マックス・ウェーバーの用語を借りるならば、青年フンボルトだけでなく壮年フンボルトも「心情倫理家」であり、しかもシラー＝ゲーテの古典主義やカントの理想主義が持つ一八世紀ドイツの精神を体現していたとしても、新しい方向を示す存在ではなかった（「彼は彼の時代を新しい方向へと急き立てたのではなく、むしろその時代の最善のものを自分の中に受容し、それを個性的に造形した」(40)）。ドイツ自由主義の「レアルポリティーク」の季節の到来はすでに公然と告げられていた（A・L・ローハウ『レアルポリティークの原則』一八五三年）。ハイムの後に一八六六年以降に『プロイセン年報』の編集者を務めた歴史家トライチュケ（Heinrich von Treitschke, 1834-96）もまたほぼ同じ時期に『限界』に触れていた。トライチュケは『プロイセン年報』第七巻（一八六一年）に、J・S・ミル『自由論』（一八五九年）の独訳（E.Pickforb, Frankfurt a.M.1860）の書評を匿名で載せた。これは、後に『歴史政治論文集』第四巻（一八六四年）に収められた。その際かなり多くの加筆修正が施されているが、ここでは主として後者によって、トライチュケのフンボルト論を見ておこう。

トライチュケは、ドイツの感性と思想は中世初期と比べてイギリスやフランスに対する自立性が強くなってきているが、しかし有益な思想交流が現在でもある例として、「ドイツの泰斗」（フンボルト）の自由思想を基礎にしてイギリスとフランスの二人の優れた政治思想家（ミルとエドゥアール・ラブライエ）[41]が独自の議論を展開していることを挙げて言う。フンボルトの『限界』は、数年前にはじめて公刊された時にドイツでも「いくらかの注目」を集めた。それは、シラーの『人類の美的教育についての書簡』（一七九五年）と同じように、かの「ドイツ的人文思想（deutsche Humanität）の黄金時代」の息遣いを伝えていたからだ。しかし、『限界』はドイツの政治家にはほとんど触れていない。才気あふれる青年は、当時の硬直化した官僚組織から逃れて「美に耽る閑暇」に生きた。彼が国家の意義を低く見たのも無理はない。自分の国をできる限り豊かにしようと考えた君主であったダールベルクはフンボルトに小冊子を書くように勧めていたが、それだけにかえってフンボルトは、「国家は安全施設にほかならない。国家は国民の習俗ないし性格に直接にも間接にも影響を及ぼしてはならず、人間は、国家が最小限の仕事しかしない時、最も自由だ」と強調した。ただ、我々後世の人間は次のことをあまりにもよく知っている。

昔のドイツの国家制度は、まさに、すべての自由な頭脳が病的なまでに国家に敵対的な態度をとり、大人のフンボルト（Humboldt der Mann）のように、国家に仕え、みずからの人間形成の気高さを通じて国家を高める代りに、青年フンボルト（Jüngling Humboldt）のように、国家を見捨てたからこそ、没落したのだ。国家の中に制約、つまり必要悪のみを見るような教説はドイツの現状にとってはすでに克服されたものと映る(42)。

それなのにどうしてミルやラブライエは、『限界』を近時の病弊に対処するための政治的叡智の宝庫と見るのか。この問いを槓桿にしてトライチュケは、ドイツ的＝ゲルマン的な「自由」論、そこから発する国民国家論を展開していくのであるが(43)、ここでは、トライチュケが「青年フンボルト」＝『限界』を絶対主義時代の遺物と見て、「大人のフンボルト」、つまりシュタイン＝ハルデンベルクの改革（それが反ナポレオンの愛国主義と連動していることはいうまでもない）の一員としての政治家フンボルトの方を評価していることを確認するにとどめる。

だが、トライチュケは『限界』を金輪際否定するわけではない。トライチュケは、ミルがドイツ・イデアリスムスの意義を承認しながら、カント思想をベンサム流の「効用」によって測っているように、イギリス的世界観とドイツ的世界観の間を揺れ動いていることを指して、ミルは「ドイツ的人文思想」の使徒に依拠して、ドイツ・ヘレニズム的な古典主義の麗しい「人文思想」などほとんど持ち合わせていない北米の国家生活を称揚するに至ったと断罪する(44)。ドイツ的世界観としての、理想主義、古典主義、人文主義の体現者フンボルトという像である。なるほど、フンボルトは、国家と市民の結合によって達成される真の意味の「政治的自由」を理解できなかった。しかし、「人格的自由（die persönliche Freiheit）」は別である。ミルが目新しいとして英国人に吹聴したものは、ドイツでは昔から万人の共有財産である。それはまさに、「力と陶冶の独自性」、自由と状況の多様性を通じて繁栄する「あらゆる能力の最高かつ最も均斉のとれた完成」というフンボルトの教説、つまり「ドイツ的人文思想」の時代の頂点を特徴づける「プラトン的審美感覚とカント的厳格道徳（Sittenstrenge）との比類なき結合」であった[45]。ここには、ゲーテ、シラーの古典主義、フンボルトの人文主義、カントの理想主義などドイツ独自の「精神」の世界観[46]に対する高い評価がある。

とはいえ、この評価も、ハイムの場合と同じように、限定付きであった。トライチュケは自由論の末尾でこう述べている。我々は今日、人格を力の独自性と陶冶へと全面的に完成するというフンボルトの言葉を浮き浮きして繰り返すけれども、そこには別の意味がある。現代は祖先の叡知だけで生きていくことはできない。現代は、喜びも苦しみもなく不自由な国家の必然的悪弊から目を逸らすあの内面的自由ではもはや不十分である。「我々は自由な国家の中の人間の自由を欲する。」我々の念頭にある人格的自由は政治的自由の恩沢によってのみ繁栄することができ、我々が追求する人格の全面的完成は、多様な市民の義務の自発的行使が人間の意味を拡大して高貴にする時にのみ真に可能となるのだから、今日、倫理的問題に関するあらゆる熟慮は我々を国家の領域に連れて行くのだ[47]。

『限界』の消極的国家観は市民の政治参加を通じた自由（「自由な国家の中の自由」）に触れていないとする点で、トライチュケは、これまで見てきた三月前期以降の論者たちと同じ線上に位置する。もちろん、「青年フンボルト」を全面的に否定するトライチュケと、『限界』をも全面的に肯定するシャイドラーやそれに近いシュレジアー、部分的に一定の意義があるとするカウアー、あるいは逆に「大人のフンボルト」にすら消極的評価を下すハイム、というようにそれぞれの間に差異はあるが、総じてそこには、「精神から生へ」、「思想から実践へ」の移行を積極的に推進しようとする志向、そしてそこから『限界』を評価しようとする方向を見て取ることができる。

　こうした見方は、トライチュケのほか、J・G・ドロイゼン、H・ジーベルなどの、いわゆる小ドイツ的帝国創設を目指した歴史家たち（「プロイセン学派」）のものであるといってよいが、スイス出身の国法学者・政治学者ブルンチュリ（Johann Casper Bluntschli, 1808-81）もまたそれを共有していた。ブルンチュリは、一八六一年秋にミュンヘン大学からハイデルベルク大学に移籍したが、その前にバイエルンの科学アカデミーが計画した「諸学問の歴史」（二四専門分野）のプロジェクトにおいて「国家学・政治学」部門を担当していた。その成果である『一般国法学および政治学の歴史』（一八六四年）でブルンチュリは、この「諸学問の歴史」は「語の固有の意味におけるナショナルな作品」となり、いまや北ドイツと南ドイツにおいて、学問と我が偉大な祖国に対する愛により結ばれた実に多様な人々が共同の事業にとりかかることになったが、この偉大な計画に従って国民のドイツ的精神作業の発展史が周知され、それを通じて「ドイツの教養ある階級の有益な共有財産」となると位置づけたうえで、みずからは、「ドイツ民族の国家意識を活性化し、それを偏見から純化し、精神的に高める」ことを目指としている。[48] 穏健自由主義者として北ドイツの歴史家たちと連帯して自由と統一を学問＝歴史によって追求しようとしたのである。

　この本の第一一章でフンボルトは「理想主義者（Die Idealisten）」としてフィヒテとともに登場する。その内容は、少し前に出た、自由主義的な執筆陣を多く抱えたブルンチュリ＝ブラーター編『ドイツ国家辞典』（一八六一年）の「フンボルト」の項（ブルンチュリ執筆）とほぼ重なっている。[49] ブルンチュリは『限界』については、トライチュケよりも詳しく説明しているが、その理論の個人主義的な「一面的ラディカリズム」は当時のプロイセン国家の横暴な官僚主義的後見からすれば理解できるけれども、そこに彼の理論の弱点があると見た。もっぱら個々人の個性を配慮することは、私法の説明にはなっても、国法の基礎づけには適していない。そのような見方は現代の国家発展にとって使い物にならない。現代国家は単に個人の自由だけでなく、同時に全体生活の統一的で強力な形成を志向するからだ。あたかも彼が個人として国家から逃亡して私生活に浸ったのと同様、彼の理論は国家の権威と国家の配慮を避けようとするものであり、「国家の有機体的性質」と民衆の全体生活に仕えるべき国家の使命については彼の与り知らぬところであった、と。[50]

ブルンチュリは、モール（Robert von Mohl, 1799-1875）が国家と社会の分離に基づいて「国家学」の他に「社会学（Gesellschaftswissenschaft）」の必要を説き、私法・国法と異なった第三の「社会法」という範疇を提起したのに対して、「法は組織化された共同体との関係とのみ関わっている」として、社会法の概念をしりぞけたが、その際トライチュケの『社会学――一つの批判的試み』（一八五九年）を引用している。あるいは、ハンガリーの政治家・思想家エトヴェシュ（József Eötvös, 1813-71）が、「国家の一般的に承認された目的とみなすことができるのは、万人の見解に従って個々人の力もしくは小集団の活動により達成できないものだけだ」と述べたのに対して、それがかつてフンボルトが説き、後にはミルが雄弁な擁護者となり、最近ではラブライエが明敏に擁護したのと同じ思想であるとしたうえで、「しかし国家と国家学の全歴史は、この個人主義的国家理念が、それと反対の共産主義的法理念と同様に、国家の本性への深い洞察と今日の諸国民を含んだ現実の必要を満たすものではない」ことを示していると批判している。[51]そして、ブルンチュリは旧式の「文献史」を意識して言う。

私は文献史（Geschichte der Literatur）を書くつもりはなく、この本に学識的な箔をつけることを意識的に思い留まった。それにひきかえ私は、国家学の発展の中で有力となり、たがいに争い合い、たがいに補完し合ったり、しりぞけ合ったりしてきた諸思想と諸方向の歴史を真剣かつ良心的に書こうと努めた。また、この観点から私は、そうした理念と方向の最も優れた代表者とみなす著者たちを選んだ。たいていの著者には彼ら自身の言葉で語らせた。批判を避けはしなかったが、それは作品の統一性と目的に必要と思われる限りで行ったにすぎない。(52)

ここで言われている「文献史」とは、思想の現代的、実践的意義を抜きにして「学識」をてらう旧人文主義的な講壇の学問史の伝統を指すのであろう。その意味では、我々はブルンチュリにも、死せる学識や思弁から、「生」に仕える「学問」という時代の声を聞き取ることができる。

(4) 一九世紀の残照——ゲープハート

一八五〇年代から六〇年代にかけてのドイツの政治思想において、フンボルトの『限界』は、真っ向から取り組む相手というよりも、過去の一時代（一八世紀）の象徴の役割を割り振られた。『限界』は、ハイムのように批評的伝記という形であれ、トライチュケのように政治批評の形であれ、あるいはブルンチュリのように国家思想史の形であれ、彼らの生きた現代と突き合わせて評価されたが、彼らの正面敵ではなかった。青年フンボルトは、時代によって——ことによると政治家フンボルト自身によって——すでに「克服」されていたのである。まして、『限界』の思想を引き継ごうとする目立った存在を見出すことはできない。そして、一九世紀の掉尾を飾るかのように出たのがゲープハートの『国政家としてのフンボルト』（第一巻一八九六年、第二巻一八九九年）であった。

ゲープハート（Bruno Gebhardt, 1858-1905）は、ブレスラウ大学で歴史学とゲルマニスティークを修め、一八八四年に中世史の論文で学位を取得した後、ブレスラウのギムナジウムにおける見習い勤務を経て、一八八七年以降ベルリンの市立実科ギムナジウムの教師となったが、一八九一―九二年に彼が編集した『ドイツ史ハンドブック』（二巻）は、一一人のギムナジウム教師、司書、文書館員などにより執筆されており、正統的な講壇史学と直接関わっていないように見える。前書きに言うように、その意図は、「学問の現状に相応した完全なドイツ史」をできるだけ短くして、「専門学者よりもむしろ教養人の関心」を得ることを目指し、法、経済、精神にも配慮するが、第一次的には「政治的発展」を念頭に置いて、「祖国的な信条と政治的成熟」の基盤となる「ドイツ史の知識」を流布しようとするものであった。[53] ところが、このハンドブックは好評を得て早くも一九〇一年に再版を、ゲープハートが早世した後の一九〇六年には第三版を出し、その後大学教授も参加して改訂を重ね、二一世紀（二〇〇一年第一〇版）の今日まで及び、「ゲープハート」はこのハンドブックの異名となった。

ゲープハート自身は、フンボルト研究を公表した後、ベルリン科学アカデミーからフンボルト全集の政治的著作三巻の編集を依頼された。その学問的熱意に対してジーベルは称賛を惜しまなかったと言われる。[54]『ハンドブック』が志向する政治史的傾向に相応した評価であろう。ゲープハートは、カウアーと同様、歴史研究を発表し続けながらギムナジウム教師に留まったけれども、標的を「国政家」フンボルトに絞った、包括的な——その意味でハイムに続く第三の——伝記的モノグラフィーを書いた[55]という点では、カウアーとともにフンボルト研究に多大の貢献をなしたと評してさしつかえない。

さて、ゲープハートによると、高邁な精神の多様性とその多様性を実地に移したという点からすれば、国政家としてのフンボルトの活動は、彼の存在の一側面にすぎない（しかも最も重要な側面ではない）けれども、彼の個性の完全な像は、その個性を完璧に描き切った時、はじめて顕わになる。個性はいつどこでも現れ出る。あるいは、精神の所産である理念は、美学や言語学も、政治的な覚書や官職上の布告も同じように満たしているのである。こういう前提から、ゲープハートはフンボルトの人生を三つに分ける。第一期はハイネに師事し、ヴォルフとともに古代探究に励み、またシラーやゲーテと活発に交流した「美学的」時代であり、第三期は公的世界からしりぞいた学問（言語学）の時代であるが、いうまでもなくゲープハートの対象とするのは第二期、すなわち在ローマ教皇庁公使となった一八〇二年から政界をしりぞいた一八二〇年までの——三五歳から五三歳までの男盛りにあたる——「国政家としての時代」である。したがって、第一期に属する『限界』はゲープハートの課題の外にある。第一期においてフンボルトの思考と探求の中心は「人間」であり、ギリシャ人に体現された「人間性の理想」であった。しかし、フンボルトはこの人間が国家に統合される現象にも目を向け、国家の価値と活動領域の研究にも及んだ。[56]それゆえ、ゲープハートは第一期のフンボルトを「序論」で考察している。

「序論」では、一七九二年における『限界』の成立過程がたどられ、内容についての解説もなされている。

ゲープハートは、そこに「国家目的論」に対立する「法目的論」（カント）とのつながりを見出し、その個人主義が歴史的に見て、国家的な全能に有効な枠をはめ、「現代の立憲国家（Verfassungsstaat）」の基礎を作り、その一七九二年の純粋理論は、一五年後にシュタイン＝ハルデンベルクの改革の根本的思想となったという評価を与えた。(57)「実践的国家生活」に入ったフンボルトは、その理論的見解の多くが実行できないと認識しながらも、一八〇九年七月の覚書では、かつてと同じく、立法を一種の公民の教育手段とする考えに反撥し、「国家は教育機関ではなく、法の機関なのだ」と論じた。(58)その点では、「国家への旋廻」は認められないということである。

しかし、基本的にはゲープハートもまた、青年フンボルトと大人のフンボルトを区別した。ゲープハートは、フンボルトの国家忌避が「啓蒙専制主義」という時代状況のなせるわざであるとする、おおかたの論者と一致する見解を披露した後、フランス革命もそれと類似した、しかし反対の要素から生じたこと、ルソーが社会・近代文化に対立したのと似通った形でフンボルトの理論が革命の実践に対立したこと、彼のカント哲学への関係が『限界』で明らかになっていることなどについては、ハイムによって十分説明済みであり、またハイムは、フンボルトが古代の感性の力と独創性を、ルネサンス以降の個人主義の評価と混同したことも明らかにし、さらに、『限界』にいう「力と陶冶の独自性」、「あらゆる能力の最高かつ最も均斉のとれた完成」という理論は、トライチュケが言ったように、「プラトン的審美感覚とカント的厳格道徳」の独特の結合であったと結論づけている。しかも、国政家としてのフンボルトの考え方の原型もまた『限界』にあったという。国家生活における可能な限りの自由、自治、官僚主義的後見に対する民衆の参加、法治国家としての国家観（ただし法治国家の現代的概念を想起してはならない）、歴史的継続性と、民衆の精神への漸次的誘導の必然性といった原則はすでに『限界』に存在していたというのである[59]。

かくして、いったん切り離されたかに見えた、国政家フンボルトと初期フンボルトはふたたび結合される。他面、フンボルトの法治国家観が現代的概念ではないと断っていることに見られるように、現代（第二帝政）と国政家フンボルトの溝は埋められなかった。実は『限界』を論じる際に最初にゲープハートはこう述べていた[60]。

この著作は、国家についての理論的見解に対してさしあたり影響のないままに留まったとしても、フンボルト個人に関しては――つまり彼の発展の契機として、かの時代における彼の見解の記念碑として――おおいに関心を引くものである。また、そこにおいて思想が展開され、彼の中に少なくとも部分的にずっと生き続け、発展し続け、実践的活動なしに留まらなかった諸傾向が開陳されている。またかの時代における支配的な潮流の表現としても注目に値する。

これはほとんどカウアーやハイムの見解と（あるいは「記念碑」と見る点ではシュレジアーと）異なるところはない。「序論」の最後にもゲープハートは繰り返している。『限界』は、ドイツの学問や政治家の見解に影響を及ぼさなかった。それが公刊された時（一八五一年）は、それによって基礎づけられた法治国家理論はすでに「克服」されていた。それだけに、『限界』があたかも啓示のごとく外国で歓迎され、利用されたのは驚くべきことである。英訳と仏訳がなされ、ラブライエ『国家とその限界』（一八六三年）、ミル『自由論』

（一八五九年）、マルコ・ミンゲッティ『国家と教会（Stato e chiesa）』（一八七八年）、その他多くの人々がフンボルトの論稿を称賛し、その理念を利用し、さらに発展させた、と。[61]

ゲープハートは、『限界』の位置づけに関する限り、カウアー以後の自由主義的な立場からする解釈の伝統をほとんど超えず、一九世紀の残照とでも評すべき存在であった。しかし、ゲープハートのフンボルト論はアカデミー版フンボルト全集の成立に対して少なからぬ意義を持っている。ゲープハートは、ベルリン科学アカデミーの依頼によって、本職（ギムナジウム教師）につき賜暇を得て、三巻（全集第一〇—一二巻）の編集にあたり、刊行の二年後に病没している。第三部解説で触れるように、今日、フンボルトの大学論の「神話性」が問題となっているが、『限界』については——それが「政治理論」ないし「政治思想」として手放しで礼讃された例はほとんどないことから——そうした問題はほとんど生じえない。その意味で、一八六〇年代の政治史家たちの「国民自由主義的」色彩を相続しつつも、一九世紀末に改めて『限界』を含めてフンボルトの「政治思想」と「政治的」業績を取り上げたゲープハートの思想史研究上の功績を認めるに吝かではないが、ゲープハートが以後の思想史研究にどれだけ貢献したのかは定かではない。

(5) 二〇世紀のフンボルト——マイネッケとケーラー

ゲープハート以降の『限界』論は二〇世紀に属しており、ここで企図した継受史の枠を超えている。とはいえ、二〇世紀前半のドイツ史学は一九世紀ときっぱり縁を切ったわけではない。その代表者の一人であるマイネッケ（Friedrich Meinecke, 1862–1954）は、ベルリン大学でドロイゼンの薫陶を受け、トライチュケの下で学位をとった後、一八八七年にプロイセンの国家文書館館長であったジーベルの助手を務め（後に文書官）、九三年以降ジーベルの主宰する『史学雑誌』の共同編集者になっているし、処女作ともいえる『ボイエン元帥伝』二巻（一八九六年、九九年）はジーベルの提案をきっかけとして書かれたものであった[62]。外面的な経歴の上ではプロイセン学派の直系である。しかし、四歳年長のゲープハートがなおプロイセン学派に比較的忠実であったのと違って[63]、マイネッケはこの学派のプロイセン優位という実践的姿勢の克服を目指し、また方法的にもW・ディルタイの精神科学や新カント派哲学を取り入れた。代表作は『世界市民主義と国民国家』（初版一九〇八年）であり、その第三章では一七九〇年代のフンボルトを、第八章でもシュタイン、グナイゼナウと合わせてフンボルトを扱っている。ゲープハートの分類に従えば、第一期と第二期のフンボルトにあたる。『限界』にとって重要なのはむろん前者である[64]。

マイネッケは、『限界』の形成過程には触れず、アカデミー版全集に依拠して、「国家」と「国民」の関係をフンボルトがどのように捉えたのかということを個々の発言について検討している。それによれば、フンボルトは、精神の自由な活動のために国家一般（つまり絶対主義的権力国家だけでなく近代的国民国家も含めて）を忌避したため、様々な場所に登場する彼の「国民」観念は、個々人を導いたり充足したりする「生の力」ではなくて、多くの個々の魂が合流した息吹からおのずと発展してくる「生の精神」であり、ルソー＝フランス革命の「一般意志」でもなければ、ロマン主義的な民族精神でもなかった。しかしそれにもかかわらず、フンボルトの主張には、個人相互の自由な活動が国民相互の自由な活動となる面があった。つまり、個性尊重から真の国民精神に至る道が準備されていた。ただし、それは『限界』では果たされず、一七九三年以降における歴史論ないし歴史哲学における国民研究の志向（「古代研究について」（一七九三年）、「比較人間学の構想」（一七九五年）等）から明らかとなる。こうしてフンボルトは一九世紀の歴史的、国民的思考様式に近づいていったが、しかし彼は基本的には「個人主義的、世界市民的な一八世紀の落とし子」であり、従来の「普遍的な人間的理想」に囚われていた。それゆえ、国民の研究は結局、歴史を通じて理想を裏書きすること、すなわち「人類一般の本来の性格」をギリシャ人の――ひいてはドイツ人の――性格に見出すことになった。[65]

しかし、現代ではこのような飛翔は不可能である。なぜなら、現代人は、人間精神の様々な活動と「欲求」との境界線をより厳密に守り、よい経験的知識を得ようと思えば、さしあたりそれを自己目的とせざるをえないと確信しており、そのため、一面ではフンボルトのようにいつでも現実の人間から理想的人間へと飛翔する力を失ったが、その反面、「合理的分業」を通じて何がしかのものを獲得した。こう述べてマイネッケは彼自身の研究目的を開陳する。

この研究の本来目指すところは、一九世紀の国民思想の発展において分業という作用がどのように完遂されていったかということ、つまり国民思想が本来それと結合していた普遍主義的、普遍＝倫理的な理想からしだいに分離してゆき、それを通じてはじめて国家の目的のために十全に利用できるようになったしだいを示すことにある。さらに、国民的理念の活動範囲の内部に生じたもう一つの分業がある。ここではこれに注目しなければならない。この活動範囲は、こう言ってよいと思うが、理論領域と実践領域に分割されたのだ。国民的なものに対する感覚は、一方ではこのうえなく実り豊かな学問的認識手段となり、他面では国家と社会のための道徳的駆動力となった。これら二つの潮流は内面的には相変わらずつながっており、それを分離しようと思えば、その根源を二つながらに危うくしてしまう。しかし、それらは実際の行為となる際には分離した形で現れ、露骨な国民政治的エゴイズムが、同じ個性の内部で、あらゆる他国民の独自性に対する愛のこもった理解とおだやかに並んで歩くことができるのである。ところがこの点でフンボルトはいまだ分離しない全体、観照（Schauen）と意欲（Wollen）が緊密に織り合わさった存在であった。

この後、マイネッケはなおもフンボルトにおける諸国民の探究が現代人にとって自明であるような「倫理的作用」を持ったのかどうかと問いかけ、そこにはいまだ「国民政治的なエートス」が欠けていたけれども、その非政治的な国民観念は、現実的、政治的な汚濁を取り除いた普遍的な精神的、倫理的価値を備えた国民思想を醸成し、それが国家、それも普遍的思想を備えた国民国家への発展の礎を築いたと評価した[66]。

かくして、マイネッケの初期フンボルト論は、従来のプロイセン学派的な解釈をはっきりと超えていた。それは何よりも、マイネッケが単なる国民国家に飽き足らず、そこに普遍性の要素、つまり「価値を奪われた」「世界市民的思想[67]」を――単純に対置するのではなく前者との絡まり合いにおいて――付け加えようとしたからである。そして方法的にいえば、「分業」の観点は、一方で普遍主義的理想、国民思想、国家を対象として区別しつつ、それらの（何らかの形での）結合ないし並存を確証し、他方では理想と経験的検証、理論と実践（観照と意欲）を切断する観点を押し出すことによってプロイセン学派との差異を浮かび上がらせている。マイネッケがどのような過程を経てこうした境地に達したのかということは我々の問題ではないが、注目すべきことに、自伝にはこういうくだりがある。

私は一八九〇年ごろに新たな発酵期を体験したが、もちろん、私を最も強く動かしたのは当時の政治的問題ではなかった。しかしそれは時間を超越した政治問題であり、それが今や私個人を襲ったのである。すなわち、個人の自由と国家の拘束との関係という問題である。私はヴィルヘルム・フォン・フンボルトの『国家活動の限界に関する思想』をはじめて読み、有無をいわさず襟首を捕まえられた。個人と国家が永遠に内的抗争を続けるという彼の主張は正しいのか。個人の領域への国家の教育その他に関する介入は、たとえどれほど正当で不可避であっても、すべてなんらかの暴虐と結びついているのか。私の内部にも自由への情熱的な欲求が激しく息づいていた。しかし、それまで私はつねに内面において自分が国家に忠実で民族に恩義を感じつつ、同時に自由であると思ってきた。そして、当時人々は——これはあの時代の幸運であった——緊張と対立がありながら、最後は対立の中の統一を信じることができたとすれば、私も結局のところそう感じていた。——自分は革命的であると同時に保守的だ、と。こうした思想の何ほどかは、一八九一年に『ゲッティンゲン学術報』に載ったボイエンの覚書に関する私の論文に流れ込んでいる。[68]

フンボルトや偉大なドイツの理想主義者から「内面」に受け取ったものは以後も持続し、『ボイエン元帥伝』を経て『世界市民主義と国民国家』に至るマイネッケの心の深層に「フンボルト体験」あるいは「『限界』問題」とでも呼ぶべきものを潜ませたといってよかろう。

なお、マイネッケは『世界市民主義と国民国家』第八章「一八一二―一五年のシュタイン、グナイゼナウ、フンボルト」の冒頭で第三章を含めたそれまでの主張をこのようにまとめている。

ドイツ精神は、理念を現実の中にも生きた個性として再発見し、現実を理念に即して形成しようとする新たな欲求を持つことによって、いまだきわめて普遍的な気分で国民の思想を捉え、前者に後者を浸み込ませた。

ここで「現実」は国際政治の中での各国のレアルポリティークであり、普遍的「理念」とは「ヨーロッパを一つにして解放すること」(ドイツ同盟志向)である。[69] そして、シュタインやフンボルトは「国政家であるとともに人間であり、精神的な人格である」という面が勝っている人物として特徴づけられるが、[70] 結論としては、フンボルトが相対的にシュタインよりも国民国家寄りで「現実志向」が強かったけれども、「彼の国民政治的理想は、一八世紀の世界主義的教養に由来する諸理念によって、つまりあの文化国民、「人類としての国民(Menscheitsnation)」のためのドイツ人の使命の観念によって弱められた」ということ、いいかえれば初期フンボルトの「国家についての非国家的見解の残滓」を認めるのである。[71] 端的には、「国政家」フンボルトは、青年期より「成長」したかもしれないが、その原点たる『限界』を決して忘れなかったということである。[72]

歴史家マイネッケは、一九世紀ドイツ史学の伝統に即しつつ、それを克服するという姿勢からフンボルトを見た。そのため、ドイツ第二帝政の「建設」を目指した政治史学の功績を認めながらも、レアルポリティークに強く傾斜し、それゆえ『限界』を克服済みと見た自由主義の国民国家像に対する修正の必要を認め、普遍主義や理念の意義を強調し、それを思想史研究に結実させようとした。そこには単に「現実」に対して「理念」を突きつけるだけでなく、「部分人」に飽き足らず、「全人」を希求する、[73] いわば「現代的」教養思想が控えていたと見ることもできる。もしそうであるとすれば、マイネッケのフンボルト評価は、あたかも国民国家の現実主義一辺倒を批判しながら、その意義を認めたのと同様に、「分業」を認める「専門人」たらざるをえない中で普遍主義の意義を探ろうとする心境をある程度まで投影したものであった。

マイネッケ以降の初期フンボルト像は現代史に属するので割愛するが、ただ一人だけ、マイネッケの愛弟子であったケーラーのフンボルト論を少しだけ見ておきたい。

ケーラー（Siegfried A.Kaehler, 1885–1963）はフライブルク大学でマイネッケの下でフンボルト論で学位をとり、一九一六年に『史学雑誌』にフンボルト兄弟に関する論文を載せている。[74] ところが、ケーラーは『フンボルトと国家』（初版一九二七年）で公然と師に叛旗を翻した。その第三章は「フンボルトの人生形成における性愛的（erotisch）領域」と題されており、スキャンダラスな「瀆聖」の色彩を帯びているように見えるが、むろんこのレベルの偶像破壊が目的であったのではない。マイネッケは手紙でこの弟子の作品に対して「さし迫った必要もないのに神像を打ち砕いたようなもの」と評したが、ケーラーはそれに答えてこう言っている。「拙著が先生の目に「偶像破壊主義」と映ることは覚悟していたが、個人的な苦しみをもたらすとは思ってもみなかった。だが、私は「差し迫った必要もなしに」瀆聖を行ったのではなくて、「世界観、価値、理想」をめぐる格闘の「差し迫った必要」からこの本を書いた。「理想的なフンボルト」は私の戦争体験に打ち勝つことができなかった。「あなたは、トライチュケとフライタークが権威をもっていた時に、『一七九二年の理念』の思想内実に奮い立った。私の世代は、『ニルス・リューネ』やリルケの『ブリッゲ』を捕えた個人主義のエッセンスを骨の髄まで享受していたが、戦争によってそれから解放された。あなたにとってフンボルトの個人主義は、あなたの教養の拘束からの逃げ道であった」と。[75]ケーラーは、第一次大戦の際に病気のために出征はかなわかったが、戦争体験世代として「個人主義」の「理想主義世界」に挑戦状を叩きつけた。フンボルトの精神的、政治的思想が「ドイツにおける広範な危機にとって特徴的である、政治的現実の厳しい事実に太刀打ちできない「理想主義」[76]であることを暴こうとしたのである。その意味で、この本の名宛人はフンボルトの相続人としてのヴァイマル共和国であり、それを支えた師マイネッケであった。[77]

ケーラーは単に政治思想史上理想主義に傾斜したマイネッケのフンボルト像を拒否するだけでなく、エドゥアルト・シュプランガー（Eduard Spranger, 1882-1963）の「人文主義的―理想主義的」解釈にも疑問符を付けた。[78]シュプランガーは「人文主義」教育の再生という現代的課題からフンボルト像を描いていたからである。しかし、ケーラーの「世界観、価値、理想」は、たしかにマイネッケやシュプランガー[79]と異なった観点からフンボルトに迫るものであった。ケーラーのフンボルト像、そこから生じる『限界』像は、肯定するにせよ、否定するにせよ、一つの典型として現代でも参照するに値する。ケーラーは、『限界』の精神を満たしているのは「極端な個人主義」、「哲学的アナーキズム」であるとしたうえで言う。

彼にとって重要なのは、享受し、享受によって自己を完成する『陶冶』の理想、つまり人を惹きつけ自分自身を享受する個性の発展であったということを想起するならば、国家がどの程度までこの個人主義的な理想と関係するかという観点によってのみ評価されるということは驚くに値しない。この個人主義的な出発点から、つまりこの問題提起からするならば、国家についての著作が主として国家の欲求と生存法則ではなく、個人の欲求と生存願望を扱うことになるのは自明のことである。個人は、自分自身を意識するや否や、国家の中にすでに存在しており、この事実から、勝手に無制限と思い込んだ自分の生存可能性によって切り詰められ、極限された状態になるのである[80]。

ここにケーラーは「フンボルトの最も深刻な誤謬」を見るのだが、それはさておき、このように『限界』をもっぱらフンボルトの「個性」の展開と見るならば、その「現実」無視の「非政治性」は疑う余地のない事実だということになる。ただし、それはケーラーの意味において「政治的」と言えないだけである（第二部解説参照）。弟子の「叛乱」に対してマイネッケは直接作品で応えなかったが、一九三三年に「フンボルトとドイツ国家」と題する（ケーラーを想起させる）論稿で再度フンボルトを論じ、『限界』のフンボルトや「文部大臣」フンボルトを、留保付きながら、その理想主義的姿勢のゆえに評価し、一八一三年以降の「フォルク」像、とりわけ民衆的で「社会的」であったフンボルトのプロイセン憲法構想（一八一九年）を高く評価し、それが挫折に終ったことを遺憾とした[81]。

(6) 現代

以上、主として一九世紀の思想界・歴史学において『限界』がどのように受け取られてきたかということを駆け足でたどってきたが、そこここで話題になったように、『限界』の継受は、本国ドイツよりも、他のヨーロッパ諸国、とくにイギリスとフランスで活発であった。それを象徴するのはJ・S・ミル『自由論』における『限界』の受容である。その対応関係についての詳細は『限界』の英訳者ジョン・バローの解説[82]の参照を請うことにして、そこから当然のごとく生じる疑問は、国家活動の限界を主題とした『限界』が、ドイツと比べて早期に議会制度が発達し、ジョン・ロック（John Locke, 1632-1704）をはじめとしてリベラルな政治思想が有力であったイギリスでなぜ受容されたのかということである。一八五〇―六〇年代のドイツの場合、まだ理想とする――要するに「自由」と「統一」を体現した――「国家」は存在しておらず、しかも『限界』は国家形式（統治形式）に言及していないこともあって、『限界』の需要がさほど大きくなかったことは想像に難くない。

それに対して、ペーターセンによれば、英米法圏では、国家が自由と安全を保障しない限り、国家に懐疑的な姿勢をとり、またどんな福祉立法も、再分配を意味すると捉えられたために、それに不信感を持つ傾向がドイツよりもはっきりしていた。これは現代アメリカにおいても『限界』が「思想史的アクチュアリティ」を持っていることと関わっている。例として挙げられるのは、ジョン・ロールズ（John Rawls, 1921-2002）の正義論、チャールズ・テイラー（Charles Taylor, 1931-）の独特のコミュニタリアニズム（「全体論的個人主義」）、ロバート・ノージック（Robert Nozick, 1938-2002）の「最小国家思想」などである。[83]とりわけノージックは「リバタリアニズム」の先鋭な論客として知られているように、フンボルトに直接言及しないながらも、その「夜警国家」的思想は『限界』と重なる。

我が国で代表的なリバタリアンである森村進編著の『リバタリアニズム読本』の第三部「リバタリアニズムの古典から」で『限界』は筆頭に挙げられ、「機械化され、画一化した人間を生む出す干渉的福祉国家」への批判として現代的な意義が承認されている（吉永圭執筆）[84]。吉永はその著書においても、既成のリバタリアニズムに欠けている「人間像」を明らかにするというユニークな発想から、思想史的地平を考慮しつつ、『限界』の思想に迫っている[85]。

『限界』がリバタリアニズムにとって「古典」の位置を占めているとすれば、本書は現代日本の政治哲学・政治思想にとってなにがしか裨益するところがあり、逆にそれに反対する立場からは「夜警国家」論の、いわば「反面教師の古典」として読む素材になるかもしれない。しかし、『限界』は何らかの意味で時間と空間を超越した「古典」であるとしても、同時に「歴史的」な作品である。この第一部の解説で『限界』の、消極的評価を含めた継受史に重点を置いたのは、従来我が国における研究がこうした側面に触れることが比較的少なかったことにもよるが、第一次的には『限界』を「歴史的」作品として見ようとしたからである。だが、歴史的作品としての『限界』は、継受史を超えて、何よりもまず一八世紀末の歴史ないし思想史の中に位置づけられなければならない。これまた解説の範囲を超えているが、その周辺については第二部解説で触れているので参照されたい。

註

（1）後述のように、S・ケーラーは『限界』の精神を「哲学的アナーキズム」と呼び、アルトゥール・レーニング（長尾龍一訳「アナーキズム」（フィリップ・P・ウィーナー編『西洋思想大事典』第一巻（平凡社、一九九〇年）四八頁）は、フンボルトもJ・S・ミルも、民主制の「多数の横暴」を批判する根拠においてアナーキズムの理論にきわめて近いとする。

（2）千代田寛「W・v・フンボルトの国家観について」『史学研究』第一二一・一二二号、一九七四年六月、三四―三六頁。

（3）なお、我が国に限定すれば、フンボルト研究の主流は教育・教養・大学の分野にあり、『限界』の政治思想を扱ったものはごくわずかであり、プロイセン改革期のフンボルトの政治思想に言及した研究はほとんどないようである。「付録――フンボルトの作品の邦訳および邦語二次文献一覧」参照。

（4）『限界』が具体的に何を論じているのかということは、詳細な目次（「付　フンボルトによる目次」）によってを見当をつけることができるであろう。また、『限界』の本来の意図については、第二部第三章からおおよそうかがうことができる。

（5）Paul Cauer, Staat und Erziehung, Kiel u. Leipzig 1890, S.83f.

（6）Eduard Cauer, Einleitung, in: Wilhelm von Humboldt, Ideen zu einem Versuch, die Gränzen der Wirksamkeit des Staats zu bestimmen, hrsg. v. E. Cauer, Breslau 1851, S.XVf.

（7）西村稔『文士と官僚』（木鐸社、一九九八年）一一七頁以下参照。

（8）Cauer, a.a.O., S.XXIIf.

（9）Ebenda, S.XXIII.

（10）Ebenda, S.XXIVf., XXVII.

（11）カウアーは、一八四一年にベルリン大学に入り、最初法学部で学ぼうとして歴史法学派の祖サヴィニー（Friedrich Carl von Savigny, 1779-1861）の講義も聞いたが、後に歴史学・文献学志望に転じ、ハイデルベルクで自由主義的な歴史家シュロッサー（Friedrich Christoph Schlosser, 1776–1861）に親炙し、ベルリンでは文献学者ベック（Philipp August Böckh, 1785–1867）――彼はヴォルフの弟子であり、一八三五年の追悼演説でフンボルトを「ペリクレスのような感性の尊厳を備えた国政家（ein Staatsmann von Perikleischer Hoheit des Sinnes）」と呼んだ（August Boekh's Reden gehalten auf der Universität und in der Akademie der Wissenschaften zu Berlin, hrsg. v. Ferdinand Ascherson, Leipzig 1859, S.213）――や歴史学者ランケ（Leopold Ranke, 1795–1886）の下で修業し、中世史の論文で学位を取得した後、ブレスラウで教授資格論文を提出し（一八四七年）、ホメロスの詩についての研究書も公刊し（一八五〇年）、私講師として大学で講義を続けたが、結局正教授になることができず、歴史論文を発表し続けながらも、ギムナジウム教師から校長職を経て、ベルリンの市教育委員として生涯を終えた。その政治への関心は学生時代に始まり、まともな歴史家は政治学者でもなければならないということを学んだというが、三月革命は青年の心を捉え、予定していたギリシャへの研究旅行をとりやめ、一九四九年夏にはベルリンに赴き、立憲国家・法治国家のためのクラブの構成員になり、その新聞のために論説を書いた。立場は、絶対君主派と急進民主派のどちらにも反対して、憲法の地盤に立つ国家統一の創設という方向にあった。その後もカウアーは一八五〇年まで運動を続けたが、結局挫折に終った。Ernst Hermann, Paul Eduard Cauer, in:Eduard Cauer, Die Geschichte und Charakteristik Friedrich des Großen, S.13ff., 20f., 24f., 28ff.: Paul Cauer, Paul Eduard Cauer, in: Biographisches Jahrbuch für Altertumskunde, 5. Jg., 1882, S. 39ff. カウアーが『限界』を公刊したのはまさにこういう時期であったから、その序文に政治的な色彩が出てきたのはほとんど必然的であった。しかし、カウアーの伝記者は『限界』編集については何も語っていない。なお、カウアーは、一八六二年、六三年にフリードリヒ大王に関する論稿三篇を『プロイセン年報』に載せている。

（12） カウアーは、フンボルトのプロイセン憲法論（Denkschrift über Preussens ständische Verfassung, 4. Feb. 1819, in: GS, Bd. 12, S.225ff.）と『限界』との間に大きな対立を見出す。憲法論では、現実に対する密着、所与の状況の下で実行できることへの厳しい限定、つまりまったく「実践的な傾向」が見られるが、『限界』ではそうした留意点の完全な否定、理想へのこのうえなく大胆で自由な跳躍があり、また後者では国家権力の「内容」の規定が、前者では「形式」が焦点となっている、と。ただし、カウアーはそれにもかかわらず、「国家生活の根本的な見方」については両者の間に親縁性が認められるという。すなわち、どちらにおいても、国民の倫理的な力を強め、もっと個人の生の真価を発揮させ、統治を単純化し、受動性と怠惰の代りに活動とエネルギーをもってこようとする志向と、官僚制の全能に対する忌避があるというのである。Cauer, Einleitung, S. XVIII Anm.

（13）グラーツ大学教授フォルマン（Ralf Vollmann）の手になるフンボルト文献目録（https://homepage.uni-graz.at/de/ralf.vollmann/publications/bibliography-on-wilhelm-von-humboldt/vollstaendig/. 二〇一八年四月二〇日データ取得）によると、当時カウアー版に対する書評 ,Rez. Dt. Mschr. f. Pol-Wiss., Kunst u. Leben, 2, 2, 1851, S.467-479（Heinrich Deinhardt）' が出ている。ハインリヒ・ダインハルトなる人物は特定することができないが、この書評が載った『政治・学問・芸術・生活に関するドイツ月報』（創刊一八五〇年）の編者コラチェク（Adolph Kolatschek, 1827-90）は、「国民議会議員（Mitglied der deutschen Nationalversammlung）」を名乗り、第一巻にはリヒャルト・ヴァーグナーの「芸術と天候」が掲載されている（ヴァーグナー（Wilhelm Richard Wagner, 1813-83）は一八四九年のドレスデンにおける蜂起に参加し、この時期スイスに亡命していた）のをはじめとして、急進民主主義的ないし社会主義的な論稿が並んでいる。この書評でダインハルトも社会主義者・共産主義者であることを隠していない（ただし引証されているのはフーリエ派やサン＝シモン派などいわゆる「空想的社会主義」である）。そして、ダインハルトがこの書評を書いたのは何よりも『限界』を反社会主義的姿勢に結びつけようとするカウアーに反論するためであった。逆に彼自身は、現存国家に対する批判と個人の自由を限りなく尊重する『限界』に社会主義思想を見出そうとした（「フンボルトの『理念』は社会主義的『理念』への決定的な端緒である」）。Heinrich Deinhardt, Rez., in: Deutsche Monatsschrift für Politik, Wissenschaft, Kunst und Leben, 2. Jg., Bd.2, 1851, S.475. なお、一八五〇—六〇年代の代表的な社会主義者ラサール（Ferdinand Lassalle, 1825-64）は「夜警国家（Nachwächterstaat）」という言葉によって自由放任主義を批判した（『労働者綱領』一八六二年）が、それは「明らかに」フンボルトの『限界』を念頭に置いたものだとする見解もある。Paul R.Sweet, Wilhelm von Humboldt.A Biography. vol.1, 1767-1808, Columbus 1978, p.303. ユルゲン・ハーバーマス、細谷貞夫訳『公共性の構造転換』（未来社、一九七三年）二三七頁参照。なお、vgl. Lothar Gall, Wilhelm von Humboldt. Ein Preuße von Welt, Berlin 2011, S.71.

（14）ベルグラーは、カウアー版が出た時、三月革命の挫折の後に守勢に回っていた自由主義思想は、『限界』を一種の「マグナ・カルタ」として評価したとし（Peter Berglar, Wilhelm von Humboldt, Hamburg 1970, S.57）、ペーターセンもベルグラーを引いて、『限界』が革命後の自由主義陣営で大きな成果を収めたとしている（Jens Petersen, Wilhelm von Humboldts Ideen im Lichte der angloamerikanischen Rechtsphilosophie, 2. neu bearb. Aufl., Berlin 2007, S.3）が、いずれも具体的な事例を挙げていない。また、スウィートは、三月革命直後において、自由派の間でも、フンボルトの主張に対する雰囲気はあまり友好的ではなかったけれども、その読者層は、『限界』を「尊敬すべき学者の遺産の一部」として敬意をもって受けとったとしつつ、ただしそれよりも時代と歩調を合わせたのはローハウ（August Ludwig von Rochau, 1810-73）の「レアルポリティーク」であったと述べている。Sweet, Wilhelm von Humboldt, vol.1, p.303. Cf. Paul R. Sweet, Young Wilhelm von Humboldts writings（1789-93）reconsidered, in:Journal of the History of Ideas, vol.34, 1973, p.469.

（15）フォルマンの文献目録（前註（13））は ,Leipzig, Reclam, 1885（Einl. v. G. Weyland）' を挙げているが、これが初版ではないと思われる。P・カウアー（エドゥアルトの息子）は、一八九〇年の時点で『限界』の最新版である ,Reclams Universal=Bibliothek Nr.1991, 1992' の出版が一八八一年以後であり、企画者（Veranstalter）は匿名であるけれども ,Herr Major G. Weyland' であったとしている。Cauer, Staat und Erziehung, S.82, 84.なお、レクラム文庫については、戸叶勝也『レクラム百科文庫』（朝文社、一九九五年）参照。

（16）スウィートは、『限界』がレクラム版を通じて受容されたのは、「教養」という主題がドイツ人に訴える力を持っていたからだとしつつ、フンボルトの主張は一八五〇年代のドイツの主潮流に反しており、ゲープハートの言うように、講壇政治学や政治家の見解にほとんど影響を与えなかったと述べている。Sweet, Wilhelm von Humboldt, vol.1, p.304. ゲープハートの見解は後述の通りである。

（17） Peter Kaupp, Carl Horn, Heinrich Riemann, Carl Scheidler——Die Gründer der Burschenschaft（http://www.neuedb.de/index.php?id = 4535.）二〇一七年四月二〇日データ取得。

（18） これは『全集』第一巻所収であるが、著者は『全集』以前に出ていた『フォルスター書簡集』（Johann Georg Forster's Briefwechsel. Nebst einigen Nachrichten von seinem Leben, hrsg. v. Therese Huber, 2.Teil, Leipzig 1829, S.794ff.）から引用している。

（19） Karl Hermann Scheidler, Art.Humboldt, in: Das Staatslexikon, hrsg. v. Carl von Rotteck und Carl Welcker, Neue und vermeh.Aufl., Bd.7, Altona 1847, S.279f.

（20） Ebenda, S.299.

（21） NN, Art. Humboldt, in: Das Staats-Lexikon, 3. umgearb., verbesser., u. vermehr. Aufl., Bd.8, Leipzig 1863, S.396.

（22） Gustav Schlesier, Erinnerungen an Wilhelm von Humboldt, 1.Teil, Stuttgart 1843, 162ff.

（23） Cauer, Einleitung, S. If. Anm.

（24） ヘルダーリンの遺稿に関するシュレジアーの記録は現代でも高く評価されている。Vgl. https://idw-online.de/de/news71551. 二〇一八年四月二〇日データ取得。

（25） Briefe und vertraute Blätter von Friedrich von Gentz, hrsg. v. Gustav Schlesier, 5Bde, Mannheim 1838-1840.

（26） シュレジアーは言う。「思い出」というタイトルに違和感を覚え、この語を「共に生きた人の報告」のみに限りたいと思う人もいるかもしれないが、自分は、「後世の人」の研究にまで及ぶ広い言語慣用に従う。それは、資料を得る困難と、その資料を全体の中で位置づけることに資するはずである。Schlesier, Erinnerungen, 1.Teil, S.IX Anm.

(27) Ebenda, S.III. なお、ゲンツの著作・書簡集（前註(25)）にも「一つの記念碑（Ein Denkmal）」の副題が付されている。

(28) もっとも、シュレジアーは、フンボルトの「業績」が、①フンボルト自身の発展と陶冶の過程と「我々の古典的文献」への参加、②一八一九年までの公的経歴および引退期の二つに区分されるとしている。Ebenda, S.IX. したがって第一巻は「成年・修行時代」という副題がついている。第二巻には副題はないけれども、一七九八年以降のフンボルトを扱っている。実質上は、青年期、公的活動期、引退期の三つに分かっていることになる。我が国でも、泉井久之助（『言語研究とフンボルト――思想・実践・言語』（弘文堂、一九七六年）一七四頁）が「育成期」（一八〇一年まで）、「実践期」（一八一九年まで）、「退隠期」（一八二〇年以後）の三区分説をとり、亀山健吉（『フンボルト』（中公新書、一九七八年）も、時期は同じであるが、「模索と遍歴」、「活動と挫折」、「孤独と創造」という特徴づけをしている（目次参照）。後述のゲープハートもおおむね同じである。なお、シュプランガーは、第一期成長時代（一七六七―九八年）（うち八九年までは青少年時代）、第二期活動時代（一七九八―一八〇九年）（うち一八〇四年までは移行・改造・方向決定時代）、第三期実践活動期（一八〇九―一九年）、第四期完成期（一八二〇―三五年）に分けている。Eduard Spranger, Wilhelm von Humboldt und die Humanitätsidee, Berlin 1909, S.40.

(29) Schlesier, Erinnerungen, Teil.1, S.VI, XII.

(30) Schlesier, Erinnerungen, Teil2, 1845, S.566f.

(31) Ebenda, Teil.1, S.196ff., Teil.2, S.377f. Anm. シュレジアーによれば、フンボルトは、ダールマンに代表されるような、「一定の時代の人民の欲求をまことに鋭く注視する、所与の状況のバランス（Maß und Gewicht）を考慮に入れる政治家」の任務を遂行した。Schlesier, Erinnerungen, Teil.1, S.202. すぐ後で見るように、ハイムがフンボルトに「心情倫理家」を見たとすれば、シュレジアーは「責任倫理家」の側面を見出したといってよいかもしれない。なお、ダールマン（Friedrich Christoph

Dahlmann, 1785-1860）は、歴史家でハノーファー国王の憲法違反に反対して解職されたゲッティンゲン七教授の一人として有名である。

（32） Ernst Howald, Rudolf Haym, in: NDB, Bd.8, 1969.

（33） ハイムは、まさにそれゆえに、自治の実践について最古の経験をなしてきた英国においてこそ、フンボルトの著作の全貌が知られるようになったとたん、翻訳の栄に浴したとして、英訳書評（Joseph Coulthard, Westminster-Review, New Series, Nr.12, Okt.1854, S.473ff.）を挙げている。Rudolf Haym, Wilhelm von Humboldt. Lebensbild und Charakteristik, Berlin 1856, S.56 u.Anm.

（34） Haym, a.a.O., .S.56f., 59, 62, 66.

（35） Ebenda, S.251.

（36） Ebenda, S.VI.

（37） 西村稔『知の社会史』（木鐸社、一九八七年）七二頁。

（38） Haym, a.a.O., S.265.

（39） Ebenda, S.424ff.

（40） Ebenda, S.640.

（41） 引用では Ed. Labouraye, l'État et ses limites とあるが、正確には Édouard Laboulaye, l'État et ses limites, Paris 1863 である。なお、トライチュケは、「ミルとラブライエは二人とも尊敬を集めた強力な国家に生きて、この豊かな至福を自明のものとみなして、国家の中に、人間の自由を脅かす恐るべき権力のみを見た。我々ドイツ人は、それがないことに苦しむことによって、国家の尊厳に対する目を開かれたのだ」としている。Heinrich von Treitschke, Die Freiheit, 1861, in: ders., Historische und Politische Aufsätze, Bd.3, 4.vermehrte Aufl., Leipzig 1871, S.15.

(42) Treitschke, Freiheit, in: Hist. u. Polit. Aufsätze, S.4.

(43) この点を含めて、植村和秀「ハインリヒ・フォン・トライチュケの歴史＝政治思想」（一）『法学論叢』第一三〇第巻三号、一九九一年二月、五二頁以下、ゲオルク・イッガース、早島瑛訳「ハインリヒ・フォン・トライチュケ」（H・U・ヴェーラー編、ドイツ現代史研究会訳『ドイツの歴史家』第二巻（未来社、一九八三年））一四〇―一四一頁参照。

(44) Treitschke, Freiheit, in: Hist. u. Polit. Aufsätze, S.5.

(45) Ebenda, S.33/Freiheit, in: Prueß. Jahrb., S.396. ハイムもまた、「プラトン化されたカント主義」について語っていた。Haym, a.a.O., S.64.

(46) トライチュケはさらに、こうした世界観が凡庸な人物によって説かれると、その偉大な意味が失われてしまう恐れがあると指摘する。富と教養は広範囲の人々に及び、その代りに現代社会では、ある程度の感覚と思考を超えたものは一切許容できず、「かのフンボルトの偉大な教説」のうち核心部（陶冶と力の独自性）ではなく、ただ表面だけを維持しようとする強い衝動が活性化する。Treitschke, Freiheit, in: Hist. u. Polit. Aufsätze, S.34/Freiheit, in: Prueß. Jahrb., S.396f. これはミルの「多数者の専制」に通じる観点である。

(47) Treitschke, Freiheit, in: Hist. u. Polit. Aufsätze, S.41/Freiheit, in: Prueß. Jahrb., S.403.

(48) Johann Casper Bluntschli, Geschichte des Allgemeinen Staatsrechts und der Politik（Geschichte der Wissenschaft in Deutschland, Bd.1）, München 1864, S.IX, XIIIf.

(49) Johann Casper Bluntschli, Art. Wilhelm von Humboldt, in: Deutsche Staats-Wörterbuch, hrsg.v. Johann Casper Bluntschli und Karl Brater, Bd.5, Stuttgart u.Leipzig 1860, S.275: Bluntschli's Staatswörterbuch in drei Bänden, bearb. u. hrsg. v. Dr. Löning, Bd.2, Zürich 1871, S.265.

(50) Bluntschli, Geschichte des Allgemeinen Staatsrechts und der Politik, S.393f.

(51) Ebenda, S.616, 621f. Vgl. ebenda, S.660ff. なお、トライチュケの「社会学」批判につき植村、前掲論文（一）四一頁参照。

(52) Ebenda, S.XIV.

(53) Zit. nach Helmut Hödl, Mitteleuropa unter Napoleon in der Geschichte des GEBHARDT-Handbuchs (http://www.edu.uni-graz.at/~03hoedlh/Gebhard-Vergleich.html) 二〇一八年二月一五日データ取得。

(54) Herbart Grundmann, in:NDB, Bd.6, 1964.

(55) ゲープハートは、「本書は第一次的にフンボルトの伝記である」が、彼の活動が公共的関係に向けられていたのであるから、「彼の時代の歴史への寄与」でもあると述べている。Bruno Gebhardt, Wilhelm von Humboldt als Staatsmann, Stuttgart 1896, Bd.1, S.VI.

(56) Ebenda, S.1ff.

(57) Ebenda, S.13, 17f. ゲープハートは、フンボルトの「安全理論ないし法治国家理論」がカントの『法論』（一七九七年）やフィヒテの『自然法の基礎』（一七九六年）の先取りであったにもかかわらず、たいていの場合、年代を無視してフンボルトのプライオリティが奪われていることを指摘し、例としてブルンチュリの『一般国家学』を挙げている（ebenda, S.20 u. Anm.）。ブルンチュリはカント、フィヒテを挙げて、その後塵を拝するような形でフンボルトの『限界』を、「警察国家」への反動として欠陥をもつ「法治国家論」として挙げている。Johann Casper Bluntschli, Allgemeine Staatslehre, 6.Aufl., durchgesehen von E.Loening Stuttgart 1886, S.355f. なおここには、先に触れたエトヴェシュも挙がっている。

(58) フンボルトはユダヤ人問題に関する立法について、「立法を一種の公民教育と化する（とっくの昔に正当にもしりぞけられた）立法理論」に対して言う。この理論はたえず手段を意のままにして、積極的に働きかけようとし、国民の生活と文化の一定の概念から出発して、進歩を別の段階に導くことができると思い込んでいるのだが、私から見れば、「国家は、自由を付与したり制限したりすることを通じて、またそれにより生み出される権利の均衡を保って制限することを通じてのみ、市民がみずからを教育することができるようにし、ひたすら消極的に働きかけるだけで、積極的な働きかけは国民の自由な活動に委ねるようにもっていくよう努めなければならず、また一国民の道徳的見地が正確には計算できず、まして国民の発展は機械的に予見できないということがわかるに至るほど十分に人間性を尊重しなければならない」。というのも、「国民はむしろ、全歴史が教えるように、およそ立法を通じて導くことなどできず、立法をみずからに従わせることを強いる突然の衝撃を実に内的な力からしばしば受け取るからである」。この意味で、「国家は教育機関ではなく、法の機関（Rechtsinstitut）なのだ」。Humboldt, Über den Entwurf zu einer neuen Konstitution für die Juden, 17. Juli 1809, in: GS, Bd.10, S.100. ほかでもない、「国家の究極目的」は「市民の権利と国家活動の限界を定めること」であった。Ebenda, S.102.

(59) Gebhardt, a.a.O., Bd.1, S.28f.

(60) Ebenda, S.12.

(61) Ebenda, S.30.

(62) 林健太郎『ドイツ史論集』（中央公論社、一九七六年）二八八頁以下、西村貞二『マイネッケ』（清水書院、一九八一年）二〇頁以下、中村貞二「マイネッケの自叙伝について」『一橋論叢』第三七巻第二号、一九五七年二月、七三頁以下。

(63) マイネッケは、ゲープハートのフンボルト論第二巻とみずからのボイエン伝を合わせて書評しているが、それは、伝記的手法の問題に始まり、対象（一八一四—一八年のフンボルトの政治思想）の理解に及ぶ、相当厳しいゲープハート批判を含んでいる。いずれもここで紹介するには及ばないが、最後に一八一七—一八年のフンボルトとハルデンベルクの「闘争」について、マイネッケは、政治的契機と個人的契機が絡まり合った局面では、資料だけから読みとることができないとして、この闘争についてのトライチュケの見方と評価は総じて根拠薄弱である（その点ではゲープハートも同意見である）けれども、フンボルトが自分の才能にそぐわない、権能を限定された地位を引き受けた以上、ハルデンベルクの宰相の権勢を打ち破るまで闘争を続ける意図を持っていたはずだとしているのは正しいと見る。しかも、トライチュケとゲープハートは、ハルデンベルクの政治的性格を真価以上に評価する点で共通していると批判している。そのうえ、マイネッケはみずからのボイエン伝で、ハルデンベルクがフンボルトとボイエンに勝利し、反動派がその成果をせしめことを、単に「自由思想」だけでなくプロイセンの「権力思想」を萎えさせたという意味で「実に重苦しい、現代にまで影響の及ぶ宿命」だと訴えたことを強調している。Friedrich Meinecke, Rez.: B. Gebhardt, W. v. Humboldt als Staatsmann, Bd.2, 1899. Meinecke Das Leben des H. v. Boyens, Bd.2, 1899, in: HZ, Bd.85, 1900, S.500f.

(64) なお、すでにボイエン伝でマイネッケは、一八一四—一九年に陸相を務めたボイエン（Hermann Boyen, 1771-1848）と「国政家」としてのフンボルトの関係にしばしば触れている。Das Leben des Generalfeldmarschalls Hermann von Boyen, Bd.2, Stuttgart 1899, S.323ff., 371ff.

(65) Friedrich Meinecke, Weltbürgertum und Nationalstaat, 6.durchgesehene Aufl., München u. Berlin 1922, S.43ff. 矢田俊隆訳『世界市民主義と国民国家』Ⅰ（岩波書店、一九六八年）四六頁以下。

(66) Ebenda, S.53ff. 前掲邦訳書Ⅰ五五頁以下。

(67) Ebenda, S.18. 前掲邦訳書Ⅰ一七頁。

(68) Friedrich Meinecke, Autobiographische Schriften, hrsg. v. Eberhard Kessel, Stuttgart 1969, in: Friedrich Meinecke, Werke. Bd.8. Stuttgart 1969, S.104f. 林、前掲書二九二頁、西村貞二、前掲書二六—二七頁。なお、マイネッケは、みずからの「思想史的（ideengeschichtlich）」発想（「思想から、つまり抽象的公式ではなく魂を揺り動かす力から発して現実へと向かい、個性的人格により担われ磨き続けられる思想を、歴史的生のカンバスとして見る」方法）がフンボルトの「歴史記述者の任務」（一八二一年）により勇気づけられたとしている（ebenda, S.106）が、『歴史主義の成立』（一九三六年）ではフンボルトに触れていない。

(69) Meinecke, a.a.O., S.162. 前掲邦訳書Ⅰ一七五—一七六頁。

(70) Ebenda, S.163. 前掲邦訳書Ⅰ一七六頁。

(71) Ebenda, S.195, 198, 203. 前掲邦訳書Ⅰ二〇四、二〇五、二一〇、二一二頁。

(72) マイネッケは、『ドイツ決起の時代』（初版一九〇六年）で、シュタインとハルデンベルクと並ぶ「市民的改革」の第三の旗手として事実上文部大臣となったフンボルトが、個人の精神的発展と国民の精神生活への国家介入を拒否するかつての原則を裏切ったのではなく、根本的思想は相変わらず「国家＝必要悪」説をとりながら、控え目に国家の教育任務を認めたにすぎないと位置づけつつも、次のように言う。フンボルトは、「正真正銘の創造的国政家」でありたいという功名心に囚われ、そのためには思想は現実の「証（Stempel）」にならなければならないと考えた。「理念を現実の中に導き入れ、理念に従って生を形作りたいという衝動」から国家に向かった。彼は「国政家」として国家を評価することを学んだのであって、「哲学的思想家」としてではない。彼は、「全体のための生は個人に開花と陶冶の新しい強力な可能性を提供する」という認識を通じて国政家になった。一般に人は現実と「温もりのある生」への憧れに駆り立てられて精神の高みから国家へと下りるものだが、フンボルトもまったく個人的な欲求から、かつての見解を撤回しなければならない投降者としてではなく、それまで戦闘相手であった軍に対する命令を引き受けた者のように、誇り高き頭目として国家のところにやってきた。それによって国家もまた、フンボルトがかつて抑圧を感じた硬直したメカニズムではなく、彼の中で彼を通じて創造する性格の作用へと解消する、と。Friedrich Meinecke, Das Zeitalter der deutschen Erhebung 1795-1815, Bielefeld u. Leipzig 1906, S.54f.

(73) マイネッケは言う。一八〇六年の帝国の瓦解とプロイセン国家の災厄後のドイツの状況はルネサンス期のイタリアに似て、十分に開花した「精神的産物の諸力」は戦争や国家など無関係であるかのように勢いを増したが、ゲーテとカントにより達成された精神的レベルを維持することができず、「自我」と「世界」との分裂を克服し、「全即一（All-Ein）」の調和へと解消する独創性はしだいに衰えていった。だが、我々はいま一度以前の水準に戻ることを望む。それが成功するかどうか、我々がもう一度「部分人（Teilmensch）」から「全人（ganze Menschen）」になることができるかどうかはわからないが、そうしたいという激しい欲求があり、またそれを目指す力もある。我々は「部分人」として物質的なものを利用して、「内面的貴族」に不可欠な作業を行う。「外面的存在の全体」を改造することから、内面生活にも新たな問題・課題が生じてくるのである。Ebenda, S.3.

（74）この論文はマイネッケの見解に言及していないが、「世界市民主義と国民国家」という表現を使っている。Siegfried A. Kaehler, Wilhelm und Alexander Humboldt in den Jahren der Napoleonischen Krise, in: HZ, Bd.116, 1916, S.269.

（75）Brief Meineckes an Kaehler, 11. Dez. 1927 und Brief Kaehlers an Meinecke, 15. Dez. 1927, hier zit. nach Siegfried A. Kaehler, Wilhelm von Humboldt und der Staat（zuerst München 1927）, 2.durchgesehene Aufl. Göttingen 1963, S.V, VI. フライターク（Gustav Freytag, 1816-95）は作家・歴史家・ジャーナリストで自由主義的政治活動も行った。『ニルス・リューネ（Niels Lyhne）』は、デンマークの作家ヤコブセン（Jens Peter Jacobsen, 1847-85）が一八八〇年に出した小説。リルケ（Rainer Maria Rilke, 1875-1926）の『ブリッゲ（Brigge）』は通称『マルテの手記（Aufzeichnungen des Malte Laurids Brigge）』（一九一〇年）のこと。

（76）Kaehler, Humboldt und Staat, S.15.

（77）Thomas Etzemüller, Sozialgeschichte als politische Geschichte, München 2001, S.42f. マイネッケは自由主義左派の民主党の創設を通じてヴァイマル共和国に加担したが、ケーラーは後に右派のドイツ人民党に属した。マイネッケは自伝で、一九〇七年に三人の「教授の息子」がゼミナールに入ってきて、学生同士の「自由な共同体」を形成したと論じている。三人とは、ハレの神学者の息子ケーラー、かつてのシュトラスブルク大学の行政法学者オットー・マイヤーの息子ヴィリー、教会法学者ルードルフ・ゾームの息子ヴァルターである。ヴァルターは、一九一四年の戦争勃発の直前にマールブルク大学で教授資格を取得し、直後に出征したが、輸送列車の中で同僚の拳銃の暴発に斃れた。Meinecke, Autobiographische Schriften, S.195. ケーラーはフンボルト論を「一九〇七―一一年の『フライブルク・クライス』、死者と生者」に捧げたが、後書きでは、マイネッケ膝下の友人の「共同体」に触れて、ヴァルターの詩句を引いている。Kaehler, Humboldt und Staat, S.579.

(78) Walter Bußmann, Siegfried A.Kaehler, in: HZ, Bd.198, 1964, S.349.

(79) マイネッケは、一七九三年以降のフンボルトの歴史論において「国民」問題が登場したことが明らかになったのはアカデミー版全集の刊行のおかげであるとした際に、註でシュプランガーのフンボルト研究が多くの新資料を基礎にしているばかりか、ありがたいことに「私が展開した、フンボルトの国民意識についての見解」に同意してくれていると記している。Meinecke, Weltbürgertum, S.48 u. Anm. 前掲邦訳書I五〇―五一頁、六三頁。シュプランガーは、「国民の概念に対するフンボルトの姿勢」については最近マイネッケの『世界市民主義と国民国家』が「みごとに的確に」論じていると述べ、フンボルトの国民意識は、「マイネッケがこの時代全体について繊細な感覚によって証明したように、普遍主義的な理念をみなぎらせていた」と称賛し、さらには、フンボルトは、そのギリシャ人像が「規範的」と「記述的」の二つのモメントを混在させているけれども、「近代人」として「近代的な人文思想」を考えており、「彼にとってあらゆる国民は、それ自体――ギリシャ人もドイツ人も――、マイネッケが政治に関してまことに繊細に仕上げた意味において、人類としての民族（Menschheitsvolk）となった」としている。Spranger, Humboldt und die Humanitätsidee, S.60 Anm.62, 469. 二人のエール交換は「学問的」なものに留まったかもしれないが、シュプランガーの作品が、時代の動向（「現代の精神は現実主義的になった」（ebenda, S.495））を踏まえながらも、ドイツ的な人文主義的教育思想を甦らせようとするものであったとすれば、マイネッケとの間に触れ合うところがあったと見てよい。なお、大崎功雄『プロイセン教育改革研究序説』（多賀出版、一九九三年）二九八頁参照。

(80) Kaehler, Humboldt und Staat, S.138f.

(81) Friedrich Meinecke, Staat und Persönlichkeit, Berlin 1933, S.81ff. この評価は、具体的内容こそ違え、三月革命時のカウアーによるフンボルト評価（前註（11）参照）と一致している。

(82) 英訳者の解説のうち重要と思われる箇所は訳註で示した。第二章訳註（2）、第三章訳註（3）、第四章訳註（2）、第六

章訳註（4）、（6）、第二章訳註（3）。

（83） Petersen, a.a.O., S.6ff. ジョン・ロールズ、川本隆史他訳『正義論 改訂版』（紀伊国屋書店、二〇一〇年）六八六頁以下参照。テイラーは「コミュニタリアン」であり、図式的にいえば、「リバタリアン」＝フンボルトの反対者となるはずだが、みずからは、ミルやフンボルトに通じる「全体論的個人主義」の立場をとっており、言語論でもフンボルトを評価した。菊池理夫「実践哲学としてのコミュニタリアニズム」『法学研究』第七六巻第一二号、二〇〇三年一二月、一九二頁：中野剛充『テイラーのコミュニタリアニズム』（勁草書房、二〇〇七年）七、二八頁以下参照。ほかに、言語学者ノーム・チョムスキーも、その言語論がフンボルトの言語思想に由来するだけでなく、『限界』に含まれた政治思想（とくに自由論）と密接に関わっていると主張している。亀山、前掲書六九頁、中井悟「チョムスキーとヴィルヘルム・フォン・フンボルト」『同志社大学英語英文学研究』第九六号、二〇一六年三月、四二頁以下参照。

（84） 森村進編『リバタリアニズム読本』（勁草書房、二〇〇五年）一八四頁以下。

（85） 吉永圭『リバタリアニズムの人間観——ヴィルヘルム・フォン・フンボルトに見るドイツ的教養の法哲学的展開』（風行社、二〇〇九年）。ただし、その後吉永は、現代と関連づけた思想史研究の方法論の「視野の狭さを痛感し、法思想史を現代の問題意識と切り離して行う意義を再認識」したと述べている。吉永圭「『教養』概念の思想史的展開——『リバタリアニズムの人間観』後の研究をふまえて」『大東文化大学法学研究所報』第三一号、二〇一一年三月、一三頁。

第二部『国家活動の限界』の周辺

(1)「緑の本」の成立過程

出版を念頭に置いて「緑の本（das grüne Buch）[1]」とフンボルトがみずから名づけた『限界』草稿は、孤独な書斎の中で一気に書き上げられた作品ではなく、何人かの友人たちとの、手紙のやりとりを含めた議論と助言を受けて推敲した結果、一七九二年夏ごろに成立した。その過程はおおよそ次のようなものであった[2]。

フンボルトは、一七九二年一月に『ベルリン月報』に「国家体制について――新フランス憲法を契機として」と題する論稿を匿名で発表した（第一章、以下「フランス憲法論」と略記）が、表題の下には「一七九一年八月のある友人への手紙から」と記されていた。友人とは当時プロイセンの官僚であり文筆家でもあったフリードリヒ・ゲンツ[3]のことである。ゲンツは一七九〇年夏の出会い以来、フンボルトと活発に交流していたが、九一年一一月に、フンボルトが司法職を辞して隠棲していたブルクエーナーの地に数日間滞在して対話を重ね、その後、フランス憲法に対する最終的な判断と政治学の原理一般を文章にまとめるようにフンボルトに迫った。そこでフンボルトは長文を草し、翌九二年一月九日付け書簡としてゲンツに届けた。これが

『限界』に直接つながる最も早い草稿である（第二章）。この書簡は『限界』の第六章、第八章、第一五章にあたる重要な部分を含んでいた。他方、『限界』第七章の一部の元になった「宗教論」[4]はすでに一七八八年八月から八九年七月の間に執筆されていたから、その意味では、フンボルトが九二年一月末に長期滞在の予定でエアフルトに向かった時、『限界』の過半にあたる部分の大綱はできあがっていた。

エアフルトでは、やはり以前から相識の仲であった司教補佐ダールベルク[5]との思想交換が待ち構えていた。ダールベルクは、「フランス憲法論」を引き合いに出して、「国家活動の真の限界」に関する思想を論文にするように要請し、フンボルトは、すでにある程度準備が整っていた論稿を読んでもらい、白熱した「哲学的な闘い（philosophische Batailen）[6]」が展開された。「緑の本」はついに出版されなかったが、ダールベルクは、出版を見越して、一七九三年に匿名で『国家構成員との関係における国家活動の真の限界について』をライプツィヒで公刊した[7]。フォルスター宛の一七九二年六月一日の書簡（第三章）の内容から見ると、エアフルトでフンボルトはすでに書いた部分の編集を進めるとともに、新たに『限界』第九章と第一六章にあたる部分の書き下ろし作業を四月まで続け、五月には手稿はほぼ印刷に回すことができる段階に達していたもようである[8]。フンボルトは同年七月に手稿とその写しを携えてイエナを経由してベルリンに赴き、写しを、詩人で当時ベルリンのスウェーデン公使館書記官を務めていた友人のブリンクマン（Carl Gustav Brinkmann, 1764–1847）に預け、出版者を探すように依頼し、八月半ばに舅の領地であるアウレーベンに向かった。その間、イエナでフンボルトはフリードリヒ・シラーに会った。シラーは、宗教の章（『限界』第七章）まで読んで、いずれかの章を『ベルリン月報』に掲載してもらうように編集者ビースターに依頼すればよいと助言した。フンボルトは、戦争についての章（『限界』第五章）、国民教育の章（同第六章）、あるいは奢侈禁止令の章（同八章）ではどうかと提案した。[9]

ところが、ベルリンでの出版の思惑ははずれた。一七九二年一〇月一二日にアウレーベンからシラーに宛てた書簡でフンボルトはこう言っている。一人の検閲官は公刊を完全に拒み、もう一人の検閲官は許可したけれども、今後なお手こずらされる懸念なしとしない。自分は「この種のまわりくどいのが死ぬのほど嫌い」なので、プロイセンの外部で印刷させることに決めた。「政治的内容の論文」は公衆がとくに関心を持っているように見えるし、枚数も少なく費用はさしてかからないだろうから、きっとゲッシェン（シラーの友人でライプッィヒの出版業者）が出版を引き受けてくれるはずだ。ついては、ゲッシェンに連絡をとって承諾を得られるかどうかを問い合わせてほしい、と。[10] 結局シラーの勧めに従ってフンボルトはブリンクマンを介してビースターに依頼して、『限界』第五章、第八章、第六章にあたる部分を『ベルリン月報』に載せてもらった（ただし、ビースターは匿名の希望を無視して実名入りで掲載した）。「外敵からの安全のための国家の配慮について」（九二年一〇月号）、「国家の施設による習俗の改良について」（一一月号）、「公的国家教育」（一二月号）である（第一部第五章訳註（1）、第六章訳註（1）、第八章訳註（1）参照）。他方でシラーはゲッシェンに宛てた一一月一六日の手紙で作品を、「非常に豊かな政治的示唆を含み、十分な哲学的基礎に立脚している」と絶賛し、[11] またその間にみずから編集する『新ターリア』（一七九二年）に、『限界』第二章および第三章の一部にあたる部分を、「市民の福祉のための国家の配慮はどの程度まで広がることが許されるか」と題して匿名で掲載させた（第一部第二章訳註（1）参照）。だが、ゲッシェンは同年末に、ヴィーラントの作品の新版を出すので手いっぱいであるという理由で、出版を断ってきた[12]。その後、フンボルトは他の出版者にもあたっているが、しだいに複数の章について修正の必要を感じ始め、さしあたり出版延期を考え、シラーが九三年一月半ばに別の出版者を見つけたと報告した際にも、修正を条件とした「無期延期」と返答した[13]。結局修正作業に手はつけられず、したがってまた全体の公刊もなされなかった。

(2) 出版断念をめぐって

とはいえ、フンボルトはすべてを無に帰そうと考えたとはいえず、この時点で「緑の本」をそのまま出すことを躊躇しただけであったとも考えられる。ただ、その迷いが大きかったことは、一七九三年二月八日のブリンクマン宛の書簡を見れば、明らかである。もしも本についてありきたりの喝采を得ることだけが関心の的であったなら、何としても印刷させるだろう。「しかし、思想《イデーン》は私にとってあまりにも重要であるから、必ずしも得策ではないやり方でそれを世に送り出すことはできず、自分が不完全とわかっている仕事を、必要もないのに、まさにこれほど不完全な形で公表するのは耐えがたいことだ。」ベルリンで会った時には迷っていたが、今や熟考する暇もでき、以前より冷静になった。「私はこの本がよくできているだけでなく――どうして謙遜する必要があろうか――、その主要な観点からすると新しくて深遠であると思う。」緑の本は他の本とはまるきり違ったものだと見ている。

他の、少なくともバークのように途方もなく雑多な本と比較されたい。ひとりゲンツだけではなく全世界は、この本はできが悪いと叫ぶかもしれないが、それで私の平穏が乱されることはないであろう。ここでこの本について問題にしているのは、政治的な諸組織における人間の陶冶とその陶冶の在り方という観点のことである。この点で私はこの本を責める理由など、ほとんど、あるいはまったくない。［…］ところが、私は、この一般的な、根底において純人間学的な推論を国家に適用し、一つの規範を——たとえ単に理想としてであっても——国家に対して指図しようと思った。ここでは細かい欠点とはまったく別の問題、とりわけ、第一に国家はそんな風にして存続することができるのか、第二にかりに存続できるとしても、そうすると陶冶のための別の必要条件が抜け落ちてしまうのではないか、という問題である。私はそういう問題が生じるとは言っていないが、ただ、この本を書いている間にそういう疑念が生じ、いまも確信がないのは事実である。さらに、人は学術的《リテラーリッシュ》作品と見ると、著者は既存の政治学的書物と比べて、その作品のどこが古くてどこが新しいかをあらかじめ知っているものと期待するかもしれない。こういうところも私にはない。だからこそ私はとりわけ進んで色々な評価を集めているのだ。最後に、たとえこの二つの理由がとるに足りないものであるとしても、ビースター、シラー、あなた、アレクサンダーなどすべての人は一致して、個々の章につき修正した方が有益となるだろうと判断し、私の方は別して諸々の観点を適切に突き合わせてみる必要があると思っている。どうしてこれらの変更をせずにそんなに急いで出版すべきであろうか。

　しかし、フンボルトは、「内容はどんな瞬間にも拘束されていない。むしろこの本は後に、つまり実践がもっと平穏になって理論をもっと傾聴するようになった時点」に出る方がよいとしながらも、「この本」、あるいは極論だが「そこから生まれる新しい本」はきっと出版されると請け合っている。[14] こうした（あるいは他の）「いいわけ」がどれほど真実を伝えているのかはわからない。[15] しかし、出版を断念した理由の一端が、フンボルトの理想とする国家に関わる二つの「疑念」と友人たちによる修正の勧告にあったことはまちがいない。

もっとも、出版からの撤退には、元々学生時代から関心のあった古代学・文献学の研究に没頭したいという強い欲求が与っていたことも無視できない。とりわけハレ大学の文献学・雄弁術教授F・A・ヴォルフ[16]との交流がそれを後押しした。少し遡るが、一七九二年一二月四日のヴォルフ宛書簡でフンボルトは、「古代、とくにギリシャ古代にもっぱら取り組もう」とする意図をこう説明している。私は本職の文献学者として研究することはできないが、しかし「私の個性」によって、あまりありきたりではない古代人研究の視点に達した。すなわち、人間全体を結び合わせ、人間をあれこれの側面についてより有能にし、強靭にし、改善するだけでなく、総じて「偉大で高貴な人間」となすような「陶冶（Ausbildung）」は、ギリシャ人の間で高度に発展していた。これを促進するには、この点で驚嘆に値する人間、つまりギリシャ人を研究するしかない。これほどの単純さと自然をこれだけの文化と結びつけ、これだけの持続的なエネルギーとあらゆる印象に対する敏感さを持ち合わせている民族は、ほかにないからである。今後、私の注目が別物に向かうか、もしくはこの研究に決着がつくまでは、ギリシャ人の研究に携わることになるだろう、と。[17] 一七九三年一月のブリンクマン宛の手紙でフンボルトは、ヴォルフが一四日間自宅に滞在していたことに触れて、その学識と「哲学的素養」を絶賛し、自分は日ごと「人文主義的研究」に忠実になり、他のあらゆることを断念するようになってきており、「おそらく全生涯を通じてもはや古代ギリシャ《ヘラス》から離れることはないであろう」と語っている。[18]

たしかに、この古代研究の究極目的としての「陶冶」論は『限界』と不離の関係にある。公表されずに終った論稿「古代、とくにギリシャ古代の研究について」(一七九三年)でフンボルトは、「人間知」は、「個々の志向を一個の全体へと、まさに人間の最も高貴な目的である、最も均斉のとれた陶冶(Ausbildung)の統一体へとまとめるためにとくに必要である」[20]としているが、これは、「人間の真の目的[…]とは、自分の諸能力を最も均斉のとれた最高の形で一個の全体へと陶冶すること(Bildung)にある」(第一部第二章一二頁)という『限界』の一句と完全に重なっている。とはいえ、『限界』の核心が「人間の陶冶」にあったのであれば、たとえ一七九二年以降に関心と活動の重心が古代研究に傾斜していったとしても[21]、それはただちに『限界』出版を断念することにつながらない。そこで我々はいま一度、一七九三年二月八日のブリンクマン宛の書簡で登場した二つの問題、すなわち友人たちによる修正の必要の指摘と二つの「疑念」に戻ってみなければならない。

(3)「国政家」と「哲学者」——バーク=ゲンツとの対質

「疑念」の第一は、「国家はそんな風にして存続することができるのか」、第二は「かりに存続できるとしても、そうすると陶冶のための別の必要条件が抜け落ちてしまうのではないか」ということであったが、フレデリック・バイザーはこれについて、フンボルトはみずから構想した「最小国家が公民に陶冶に必要な手段を提供できるか」という問いに積極的な解答を与えられなかったために、「緑の本」を修正し、出版を延期することに決めたと説明している。[22]だが、これは二番目の問いについての解釈にすぎない。この問い、つまり「安全だけを追求する国家が陶冶のための積極的活動を確保することができるのか」という問いがこの時点で解答を与えられなかったことはまちがいないが、それが出版断念につながったかどうかはわからない。それに対して、第一の問いは、同じ二月八日の手紙にいう「諸々の観点を適切に突き合わせてみる」ことと関わっており、これは一七九三年三月一八日のブリンクマン宛の手紙でかなり明瞭に提示されていた。

右に見たように、二月八日の手紙でフンボルトはバーク（Edmund Burke, 1729-97）とゲンツに言及しているが、これは、ゲンツがバークの『フランス革命の省察』（一七九〇年）の独訳に自分の論文を付けて九三年初頭に出した作品『バーク氏の英語本によるフランス革命の省察――附　序文、註釈、政治論文および批判的目録』を指しており、そこでゲンツは、以前と違ってフランス革命に反対する立場を宣言した。フンボルトは、後でも見るように（第三章解説参照）、ゲンツに対して全面的拒絶の姿勢を示していなかったが、三月一八日の書簡ではゲンツの「天才」を認めながらも、立場＝「観点」の違いを鮮明にした。[23]

バーク＝ゲンツの出発点とする観点全体は、「最も狭い意味においてひたすら政治学的（schlechterdings und einzig politisch）」である。すなわち「政治学とは、諸国家を基礎づけ、諸国家を安定させ持続させる技術（Kunst）である」という意味において。この観点からすれば、最初の国民議会、そのきわめて卓越した議員たち、彼らの絶賛された、事実上「このうえなく哲学的」な諸命令に対するあらゆる非難が十分に根拠のあることだと私は思う。これは、思慮ある人々が誰も彼もまだ革命の側に立っていた時期であったというのに、私が『ベルリン月報』に載せた第一書簡でもすでに述べたところである。バーク＝ゲンツもフランスの立法者のやり口を論評することが課題であり、したがってこの彼らの選んだ観点は任意の、それ自体興味を惹く観点ではなくて、立法者自身が採らなければならない第一の観点であっただけに、二人の態度はなおさら正当である。なにしろ、家を建てたいと思ったなら、家というものは一般にどうすれば最も住み心地よい設備を整えられるのかと問うて、そもそも家がこんな風にその場所に建てられるのかどうかを忘れるのは、馬鹿馬鹿しいことであろう。最初にまず、放っておいてはならないことをやり、その次にやっと望むことをやらなければならない。これは「国政家」と「哲学者」との大きな相違である。国政家は、「環境の必然性(Zwang der Umstände)を通じて自分の理念が支配するようにもっていく」が、哲学者は「自分の理念によって環境を支配しようと試みる。」この観点から私は、バーク＝ゲンツの著作を「一種の政治学教科書」とみなし、この観点からしてその著作は私に教示を与え、私を楽しませてくれた。

フンボルトは、事実上「哲学者」の観点を標榜し、それがバーク＝ゲンツの「国政家」の観点と相容れないことを認めつつも、決して後者を頭ごなしに拒否していない。それどころか、後者に通じるフランス革命批判をすでにみずから行っていたことを認めている(『月報』に載せた「第一書簡」とは「フランス憲法論」(第一章)のことである)。その意味では、ここには、「哲学者」と「国政家」を不倶戴天の敵同士として捉えるよりも、両者のいわば分業を承認する姿勢を垣間見ることができる[24]。だが、もちろんそのことは自己の観点の成果である「緑の本」の正当性を覆すものではない。フンボルトは続ける。

緑の本はまったく異なった観点から書かれた。それは、ただ、国家においていかなる状況が市民にとって最も裨益するのかを示すことから出発した。もちろん、およそまったくありえないような状況を推奨しないことはこの本にとっても義務であり、その限りで国政家たちの研究と接点がある。そのため、緑の本には、バーク的な推論からするとどうしても許せない原則がややもすれば登場しかねないのだが、私としては、まことに当然のことながらどちらの側も容認することができる。というのも、緑の本では本来、ただ絶対的な可能性だけが問題であるが、バークの本では相対的な実行可能性だけが問題となるからである。とはいえ、これはやはりかなり大きな相違である。緑の本はひたすら理論的であり、理想を提起するだけである。つまり、いくつかの事柄は、実際にそこで述べたような純粋な形ではまったく実行不可能であるとしても、それは、少なくとも——たとえことによると必要であっても理想という点からすると非難される——手段を制限するのに、あるいはそれをできるだけ無害にするのに役立ちうる。しかしバークは、実践的な、加えて局部的《ローカル》な目的を持つ。

つまり、ここでフンボルトは、「陶冶」を基礎にした「哲学的」な「理論」という観点と、「諸国家を基礎づけ、諸国家を安定させ持続させる技術」としての、「実践的」な「政治学」という観点を「突き合わせて見せた」のである。では、このことははたして出版断念と関わっていたのだろうか。

第一部解説で触れた、師マイネッケに反逆したかのジークフリート・ケーラーによれば[25]、出版断念の真の根拠は友人、とくにゲンツからの批判、さらにバークの翻訳に付されたゲンツの政治学的論稿にあった。フンボルトは、一方で自分の思想世界、自分自身の個性の表現として「緑の本」に十分満足を感じていたが、他方で同時に、他者に与える作用を考えた時、この本は決してよくできた本ではないと見た。個性を完全に表現しようとすると、どうしても読者に対する配慮がおろそかになる。この面を捉えて、ゲンツは「この本はまったく理解できない」と言ったのだ[26]。著者の個性などおかまいなしに判断する人間の判断はそうならざるをえない。著者の「自我へののめりこみ（ausschliessliche Ichbezogenheit）」には広範囲に影響を及ぼす可能性はないからである。しかも、「政治学的」著作として注目されるには、「政治学的」性質を持った有力な作品と対決できるだけのものがなければならないが、「緑の本」にはそうした土台がなかった。この種の有力な作品がまさにゲンツの本であった。フンボルトはこれに反論するのではなく、もっぱら讃嘆の声を挙げた（「この政治学は至る所で歴史に適用され、歴史を通じて報告され、そのようにして最高度に実用的である」[27]）。それはフンボルトの「旺盛な自尊心」とゲンツに対する「強烈な感情のもつれ」を表現していると言ってよい。もっとも、フンボルトは自己の作品の独自の価値を信じており、それはバーク＝ゲンツの「政治学」の観点と矛盾しないと考えていた。ただ、「最も狭い意味における政治学」という彼らの観点を自分の考察のために度外視し、我が道を歩もうとしただけである。「国政家」と「哲学者」の区別によってフンボルトは巧妙な退却戦を戦った。バーク＝ゲンツの「古典的な本[28]」と比較して競争する見込みがないと悟り、友人たちの批判から生じた不安に駆られて断念に至らざるをえなくなった、というのである。

つまり、ケーラーは、ゲンツによる「緑の本」の批判、もしくは「緑の本」がゲンツに対抗できるほどのりっぱな「政治学」を提供できないということが出版断念の決定的な契機であったと見るのであるが、ゲンツによる批判は、フンボルトの手紙に断片的に再現されているだけであり、こうした解釈を正当化できるだけの明白な証拠はない。まして、ゲンツに対する「競争心」の混じったコンプレックスとなると、手紙のはしばしに対抗意識のようなものをうかがうことはできるにせよ、確かなことは言えない[29]。

しかしそれにもかかわらず、「政治学」ないし「実践」との関りの問題が「緑の本」の出版にとってアキレス腱となっていたことは否定できない。一七九三年五月二二日のヴォルフ宛の書簡でフンボルトは大略こう述べている。手稿が早々に出版されることはないと思っていただきたい。手稿を出版する準備は整っていたが、改めて読み通して待ってみる気になった。待つことによって多くの箇所の変更が生じるならば、本来の究極目的が達成され、そうでなくても今よりも後の方がよいものとなる。「政治に関するあらゆる観点が今ほど狂ってしまったことはない。平穏な著作家、とくに私のようなもっぱら理論的な著作家は、今やどんなことでもあてにすることはできるけれども、理解してもらうことだけは無理である。私がいつか政治学に戻ってくるかどうかはそれとは別の問題だが、それを肯定しようとは思わない。」ギリシャ人は、――ローマ人やタキトゥスが嫌いだと誤解されないようにいえば――少なくとも古代人は、私の心をすっかり奪ってしまった。(30)

平穏な理論的著作が「理解してもらえない」ような政治＝実践の季節――バーク＝ゲンツの本はその申し子であった――をフンボルトが意識していたことはまちがいない。それは、二月八日のブリンクマン宛の手紙で、「実践がもっと平穏になって理論をもっと傾聴するようになった時点」に出る方がよいと語っていたことと相応する。その意味で、「理論」と「実践」、あるいは「哲学者」と「国政家」の緊張関係の意識は、出版断念のかなり大きな動因となったと見られる。ただ、同時にそれは『限界』の成立と性格にとって重大な意味を持っていた。かの二月八日の手紙の、「国家はそんな風にして存続することができるのか」という問いは、たしかにバーク＝ゲンツの本から刺激を受けて出てきた定式であるが、しかしその「疑念」は「この本を書いている間に生じ」たものでもあった。既述のように、「諸国家を基礎づけ、諸国家を安定させ持続させる技術」という意味の「政治学」の観点は、すでに一七九一年八月のゲンツ宛の書簡（第一章）で登場していた。そして、この「政治学」への視線は、九二年一月のゲンツ宛書簡（第二章）でも現れており、したがって『限界』にも登場することになる。それは、『限界』の性格がいかなるものであったのかという問いに対して、なにがしかの光を投げかけるであろう。

さて、『限界』の成立について、いま一度整理しておくと、その第二章全部と第三章の一部は『新ターリア』で、そして第五章全部、第六章一部、第八章全部は『ベルリン月報』で公刊されており、原稿としては、第七章の相当部分は、「宗教論」（八八年八月ないし八九年七月）の後半部をほぼそのまま――ただし「修正して」（本書第二部第三章二五四頁）――利用したものであった。さらに、九二年一月のゲンツ宛の書簡は第六章、第八章、第一五章にあたる最重要の部分を含んでいた[31]。

第一章　国家体制についての理念――新フランス憲法を契機として（一七九二年一月）

この論稿は、フンボルトが友人フリードリヒ・ゲンツに宛てた一七九一年八月の書簡を、冒頭部をわずかに修正し、文体上の改稿を施した上で[32]、九二年一月に『ベルリン月報』第一九号に匿名で掲載したものである。この公表がフンボルトが望んだ結果であるかどうかは定かではないが[33]、しかしそれが「偶然」の所産であり、またひどく誤植があったことは、フンボルト自身が記している通りである（第三章二五〇頁参照）。

フンボルトは最初からフランス革命に強い関心を抱き、革命の勃発を知った時ただちにパリを訪れる決心を固め、かつての家庭教師であった汎愛主義の教育理論家カンペ（Joachim Heinrich Campe, 1746–1818）とともに一七八九年八月四日から二六日までパリに滞在し、バスティーユの解体を目撃し、憲法制定国民議会の審議を傍聴した（ただし「人間と市民の権利の宣言」が採択されるのは八月二八日のことである）。フンボルトは、「一七九〇年代の政治思想家のうちで革命の初期にフランスに滞在していたことを主張できる［…］稀な例外の一人」[34]であり、しかも「完全に冷静に、恐怖も希望も感じることなかった唯一のドイツ人、そしておそらく唯一の異邦人の訪問者」[35]となった。しかし、帰国後もフンボルトは革命の動向に継続的に注意を払っており、この論稿が書かれた一七九一年夏、すなわちフランス最初の近代的憲法をめぐる審議が大詰めを迎えていた時期にも、依然としてフランス革命に共感を寄せていた。翌年一一月のブリンクマンへの書簡でフンボルトは、バークの『省察』を、「卓越しているかもしれないが、狂熱的に一方に肩入れする本」と評したが、その際、「たとえ一二〇〇人の愚行により汚されようとも、フランス革命の真理は永遠に真理であり続ける」と語っている。[36]

さらに、一七九二年一二月七日のシラー宛書簡でフンボルトは、同年一〇月にフランス軍がマインツを陥れたこと（第三章解説参照）について、多くの理由――その中には司教補佐ダールベルクに対する同情やマインツ市民が「自由な国制（freie Konstitution）」に対して一片の同情すら抱くことができないという観察も含まれる――から、マインツの奪還を願っているが、他面フランス軍が撃退されるのを見るのも愉快ではないとして言う。

なにしろ崇高な熱情が今や明らかに国民全体を捕えている。そして国民全体を動かしているのは、とどのつまり、何人かの個人の性向や限定された観点とはまったく別物である。総じて活力はこの熱情によってどこまでも勢いを得るはずである。しかも、この活力の欠如こそ、私の考えでは、過去数世紀間にわたって明々白々の事実であった。自由な国制もそれがもつ長所も、それ自体では私にとって決してそれほど重要でもなければ人々のためになるものでもない。むしろ穏健な君主制の方が、個人の陶冶の完成にとってたいてい束縛が緩い。しかし、自由な国制は、諸力を非常に強く緊張させ、人間の総身を奮い立たせ、それでいて最も厳密な意味でただ一つの真の善を行う。[37]

フンボルトはこの態度をみずから「フランス革命贔屓（Anhänglichkeit an die Französische Revolution）」と呼んでいる。

しかし、フンボルトは「自由な国制」を手放しで礼讃しなかった。フンボルトは、「憲法制定国民議会は、まったく新しい国家構造を純然たる理性の原則に従って打ち建て」ようとしたけれども、「理性が［…］もくろんだ計画に従って、いわば一から創設するようないかなる国家体制も成功することはない」（第一章二二二頁）と、理性偏重を冷徹に批判した。一七九一年春の時点でゲンツはいまだフランス革命を「理性」の見地から支持していたから、[38] その限りでフンボルトはゲンツを先取りしていたことになる。しかもこの姿勢は、ウィーン会議前夜（一八一三年）に解放戦争後のドイツの秩序を構想するにあたって、「憲法を純粋に理性と経験の原理に従って基礎づけようとすること」の困難を指摘し、「いわゆる憲法はすべて、フランス革命以来吐き気をもよおすほどに繰り返されてきた形式のみすぼらしさと脆さによって、当然のごとく不興を被った」（第四部第一章二三八頁）と記した外交官フンボルトに継承されることになった。

本章には、フランス革命論だけでなく、『限界』へとつながる重要な視点が含まれていた。それは、本章の中盤以降で、パリでの経験から国家組織の役割それ自体への問題意識を深めたフンボルトが、国家の一般的な発展史を語る中で、「政府は国民の幸福と福祉［…］に配慮しなければならない」という原則が「このうえなく悲惨で息もできない専制」に帰結するというショッキングな命題を提示している（二二九頁）ことに示されている。これが、『限界』の国家論のベースになることはいうまでもない。とはいえ、フランス革命が本来専制を打破しようとして生み出した「自由の体制」、「理性の体制」は、国家体制としては潰え去る運命にあるけれども、「自由」そのものが否定されては元も子もない。このディレンマはここでは必ずしもすっきり解消されていないようである。ただ、フンボルトは「自由の体制」というフランス革命の成果がヨーロッパ各国に普及していく可能性に言及し、末尾では、「結果はそれ自体では何の意味もなく、その結果を生み、またその結果から発する諸力こそがすべてだ」とする（二三一頁）ことによって、「自由の体制」を生み出し、「自由の体制」から生じるエネルギーを第一義とする考えを披歴した。この観点は、「人間諸力」の陶冶・発展とそれを確保するための多様性を重視する、『限界』の自由論につながっていった。

第二章　『国家活動の限界』草稿――ゲンツ宛フンボルト書簡二通（一七九二年一月九日など）

フンボルトの草稿・書簡類の校訂・復刻に多大の貢献をなしたアルバート・ライツマンは、一七九一年八月のゲンツ宛書簡（第一書簡）に基づくフランス憲法論（九二年一月）をアカデミー版全集第一巻に収録したが、その際フンボルトの遺稿にはなお二通のゲンツ宛書簡があることを知りながら、わざと全集には入れなかった。そこで後にライツマンは、その二篇を『史学雑誌』第一五二巻（一九三五年）に「初期ヴィルヘルム・フォン・フンボルトのゲンツに対する政治的書簡」と題して公にするに至った。第三書簡には末尾に一七九二年一月九日と記されているが、第二書簡は日付等が欠けており、どのような経緯で書かれたのかもわからない。しかし、それが九一年八月（第一書簡）から九二年一月（第三書簡）までの間に書かれたことはまちがいない。本章は、この第二書簡と第三書簡を訳したものであるが、後者は部分訳である。その事情をあらかじめ記しておこう。

本章一（第二書簡）は、冒頭における「人間の諸力」の強調に示されるように、フランス憲法論の続編という性格をもっており、二（第三書簡）の（2）も同様であるが、いずれにおいてもフンボルトは「政治学」の意味について語っている。それに対して二の（3）には『限界』第六章、第八章、第一五章の重要な部分が含まれており、しかも文章表現、議論の展開、術語等のうえでいくらか齟齬があるとはいえ、ほとんどの文章がそのまま『限界』で再現されている。したがって二の（3）は『限界』を内在的に理解するうえで貴重な資料であるけれども、相当量にのぼる重複文章を再録することははばかられるので、編訳者の判断で割愛することとした。この重複箇所については、ライツマンによる原文復刻にアカデミー版全集第一巻『限界』の対応頁が記されているので、参照されたい。ただし、末尾の結論部にあたる箇所は重要であるので、重複部分も含めて訳出し、その他具体的記述の中で興味を惹くと思われる箇所は『限界』の当該箇所の訳註に引用しておいた[39]。

さて、先にも触れた通り、『限界』にとって「政治学」はかなり重要な意味を帯びていたが、それは二つの書簡、とくに第三書簡でどのように扱われたのであろうか。フンボルトによれば、国家体制に関して問題となるのは、ⓐ国家活動の目的とその限界、ⓑ国家に確固不抜の性質《フェスティッヒカイト》を確保する方法であるが、ⓑが「本来の意味」の「政治学」に属する問題であるのに対して、ⓐは「道徳」ないし「自然法」に基づいて検討される（第二章二三八頁）。いまだゲンツ＝バークの本が出ていないこの時点で、ⓐこそ、何のはばかりもなく、フンボルトの主題として提示された。ⓐの問題（本文では「第二番目の問題」とされる）は（3）で「真の政治学」が解決すべき問題とされ（二四五頁）、その答えは、「国家の目的は、外敵と市民相互の妨害に対する安全の維持以外のものであってはならない。国家はその活動をこの制約内に納めなければならず、この目的のための手段の選択に際してすら、これ以外の目的追求を許さない当の原則によって制約を受ける」というものである（第二章同頁）。これは、本書で割愛した部分では、「私の政治学のこの部分の第一原則」は、「国家は、市民同士の争いと外敵から市民の安全を確保するために必要である範囲以上には一歩も踏み出してはならず、他のいかなる目的のためであっても国家は市民の自由を制限してはならない」とされている。[40]『限界』では、「本研究におけるこの部分の第一原則」として、「国家は市民の積極的福祉のためのいかなる配慮も差し控えるべきであり、市民同士の争いと外敵から市民の安全を確保するために必要である範囲以上には一歩も踏み出してはならず、他のいかなる究極目的のためであっても国家は市民の自由を制限してはならない」と表現されている（第一部第三章四五頁）。そして「真の政治学」とは、「至高ではあるがたえず人間的な観点から出発する政治学」である。[41]「人間的な観点」とは一般に「自由」や「権利」を含んでいると解してよいが、その核心は「人間諸力」の発展とそれを支える多様性、それを確保するための自由にあった。

だが、ここでフンボルトはⓑの「本来の意味の政治学」を放置したわけではない。フンボルトはこの書簡の結論部でフランス憲法の評価に立ち戻った際に、国家が目的を遂行するために必要とする「手段」の確保の問題に触れて、重農主義的租税制度に言及し、そこから私的利益の拡大による公的利益の確保を引き出して、モンテスキューの「国制に対する愛」を基礎づけようとしている。フンボルトは、これを、いかなる「統治形式」を選択するのかという、「本来政治学を構成する」問題についての「序説《プロレゴメナ》」と称する（二四七頁）。しかも『限界』でも同様の議論が見られるのだ。まず『限界』第一四章末尾でいささか唐突にフンボルトは、あらゆる立法のために必要な下準備として、①法の完全な一般理論、②国家の目的の完全な展開、あるいは国家活動の限界の厳密な規定、③「国家が国家の存立《エクシステンツ》のために必要とする手段の理論、そして――この手段は一部は国内を確固不抜《フェスティッヒカイト》のものにするための手段であり、一部は国家活動の可能性を追求するための手段であるから――政治学・財政学の理論、あるいはさらに、かつて選び取られた政治機構・財政機構の叙述」を挙げ（第一部第一四章一八七頁）、さらに第一五章ではこの③について、重農主義的租税方式の選択から、「自分の自由へのまことに熱狂的な愛と結びついた――他人の権利の最高度の尊重を市民の中に生み出すような政治体制」はどのようなものか、それは「考えうる国制」のうちのどれにあたるのかという、「本来の政治学の理論」に属する問題を引き出し、そうした国制の可能性について「国制に対する愛」を示しているのである[42]（第一部第一五章一九二頁参照）。このことは、フンボルトがバーク＝ゲンツとの対決以前に、「本来の政治学」の可能性を探っていたことを示している。

さらに、第三書簡で統治形式に言及した後でフンボルトは、これまた『限界』（第一部第一五章一九三―一九四頁）にほぼそのまま受け継がれた、歴史学と統計学の「改良」の必要に言及しているが、それは、歴史学と統計学がフンボルトの政治学「序説」の理論に資する――その「補助」となる（第一部「付　フンボルトによる目次」二一六頁）――と考えたからである。その意図は必ずしも判然としないが、文脈から推測すれば、重商主義的な「富国」に定位した「国状学」ないし「国勢術」としての統計学や国家史を批判し（第一部第一五章訳註（5）、（6）参照）、「国家体制」と「国民の団体」との区別を通じてアダム・スミス的な「富国」による国制を展望したものと解される。おそらくそれは、人間の自由な活動を可能にするという点で「真の政治学」の観念と連動していた。

したがって、『限界』は、国家活動の最大限の縮減、個人の自由の最大限の拡大を目指した限りにおいて、「道徳と自然法の政治学」＝「私の政治学」＝「真の政治学」であったが、他面では、国家そのものに不動の位置を確保するための「手段」に、あるいは「統治形式」に関わる「本来の意味の政治学」への展望をも含んでいた。ところが、この二つの政治学の結合の可能性は、バーク＝ゲンツの出現によってもろくも崩れそうになった。ただ、フンボルトは一七九三年一月二七日の手紙では、バークの翻訳に付されたゲンツの論文についてこう言っている。

なかでもバークと比べてとりわけすばらしいのは、バークには一面的な政治家（Politiker）、つまり国家を確固不抜《フェスティッヒカイト》のものにすることにしか関心がなく、他のことにほとんど配慮しない国政家（Staatsmann）しか見てとることができないのに、ゲンツではつねに同時にあらゆる観点が一つになっていること、彼においてはなお博愛的な哲学の穏やかな光が政治学にさしていること、彼が決して単に市民だけでなく、たえず人間を——そうはいっても人間は市民としてしか栄えることができないのだが——思い浮かべていることである。(43)

フンボルトがゲンツのどういう言説ないし思想を取り上げてこう評価したのかはわからないが、ここにはバークはともかく、ゲンツにはまだみずからの「真の政治学」に通じる部分があるのではないか、という一抹の期待があったかに見える。だが、それは思い違いであったかもしれない。三月一八日の手紙は、「国政家」と「哲学者」の観点の違いを認め、その限りで分業の可能性を否定しなかったけれども、両者の結合には言及しなかった。この時点でフンボルトは、「環境の必然性を通じて自分の理念が支配するようにもっていく」意志をもたず、また「諸国家を基礎づけ、諸国家を安定させ持続させる技術」としての「厳密な意味の政治学」にみずから携わろうとしなかった。(44)

第三章　フォルスター宛フンボルト書簡（一七九二年六月一日）

一七八八年四月からゲッティンゲン大学法学部で学んでいたフンボルトは、専攻とは関係のない古典文献学者・考古学者ハイネ(45)の講義を熱心に聴講し、ゼミナールに参加しただけでなく、自宅に招かれるほど親しい関係になった。ここで出会ったのが、ハイネ教授の娘テレーゼの夫フォルスターであった。フォルスター(Johann Georg Forster, 1754-94)は、ハレ大学博物誌教授であった父(Johann Reinhold Forster, 1729-98)に伴われてクックの世界一周旅行に参加し（一七七二―七五年）、『世界周航記』全二巻（一七七八―八〇年）をものした自然科学者であり、世界旅行を通じて人間の多様性についての洞察を手に入れており、フンボルトはこの大探検家を高く評価していたようである。一説では、フォルスターは生活の機械化に逆らって、それに人格の力強い展開と個性の強化の要求を対置し、その意味で『限界』にも影響を与えたとされる(46)。

ところが、フランス革命戦争の勃発は、一七八八年秋から選帝侯図書館司書としてマインツにいたフォルスター(47)の運命を大きく変えた。九二年四月に革命フランスはオーストリアに宣戦布告し、一〇月にマインツを占領下に置くと、司令官キュスティーヌ（Adam Philippe de Custine, 1740-93）の保護下で「ジャコバン・クラブ（自由と平等友の会）」が結成され、会員を中心とする臨時行政府（「マインツ共和国」）の樹立をみた。その指導者の一人が、フォルスターその人であった。だが、マインツ共和国への住民の支持は弱く、民衆の政治的未成熟に対処するためフォルスターらは、この地のフランスへの併合に民主化推進の道を求めた。マインツで投票率八パーセント、関係市町村の七分の一の代表で構成された「ライン公会」は九三年三月にフランスへの合併を決議し、フォルスターに率いられた使節団はパリに赴き、フランス国民公会からこの決議の承認を得た。だが、マインツ自体は四月以降プロイセン・オーストリア連合軍に包囲され、七月には陥落し、マインツ共和国もあえなく崩壊することになる(48)。

このように政治の渦に巻き込まれていくフォルスターを、フンボルトは怒りと懸念が入り混じった複雑なまなざしで見ていた。フンボルトは一七九二年一二月七日のブリンクマンに宛てた手紙で、「フォルスターが新たに設置されたマインツのフランス政府の構成員になっていることはおそらくご存じであろう。私には不可解である」とそっけなく述べているが[49]、五日後のシラー宛の手紙はもっと踏み込んで、「フォルスターが今の時点で突然まったくあからさまにフランス派に鞍替えして仕事を得たことは、許せない」と断じている。「壊滅的な財政状態[50]」のために彼は絶望的な一歩を踏み出さざるをえなかったとしても、「大恩ある選帝侯が明らかに弱者の側に回った時期に背くというのは、ひどく不道徳で薄汚い真似であると思われる」のに、なぜ友人たちは彼を止めなかったのか、というのである[51]。だが、フンボルトの心配をよそに、フォルスターは一七九四年にパリで客死した。

さて、この若き日のおそらく最大の友人に向かって、『限界』をまとめるに至った経緯とその内容の一部を語ったのが本章書簡である。六月一日付けであるから、フランス軍侵攻前であり、その類の話は登場しない。したがって、本章は基本的には『限界』成立とその内容に関する資料である。第二章のゲンツ宛書簡は、フランス革命に言及し、『限界』草稿にあたる内容を含み、ゲンツに意見を聞いているが、フォルスターに対しては、近況報告として『限界』への取り組みとそのエッセンスを手短に語ったにすぎない。たしかに、このフォルスターへの手紙でフンボルトはゲッティンゲン時代に自分の意見に賛成してくれたことに触れ、全体として今でも同意してくれるだろうという期待を口にしている（二五一頁）。ゲッティンゲン時代の意見がどんなものであったか詳細はわからない[52]し、手紙を書いた時点に関してもフンボルトの期待を裏づける証拠はないが、二人の間にある程度まで共通の思想的基盤があったものと推測される[53]。

しかし、最初から二人の間には、性格の違いを含めてある種の溝があった[54]。一七九〇年二月の手紙でフンボルトは、フォルスターが「何人も偉大なる全体（das Grosse und Ganze）の中に入って働きかけなければならない」という岳父ハイネの箴言を伝えたのに対してこう言っている。この「偉大なる全体」と呼ばれているものにはおおいなる欺瞞がある。「偉大なる全体の中に入って働きかける」ということは私にとっては、「人類の性格に対して働きかける」ことを意味しており、誰であれ、「自分自身に、そして自分だけに働きかける」なら、ただちにこれに働きかけることになる。

もしもただ自分の個性を磨き上げる（ausbilden）ことだけを欲し、他者の個性のみに厳粛に敬意を捧げることが万人にとって完全に固有のものになれば、つまりおのずと自分から他者へ、他者から自分に移行するもの以上を他者に引き移さず、他者から受け取ろうと欲しないならば、最高の道徳、自然法・教育・立法の最も首尾一貫した理論が人間の心に注入されることになるだろう。［…］真に偉大な、すなわち真に知的、道徳的に陶冶された（ausgebildet）人物は、そうした人物が人々の間にいること、もしくはいたことによってのみ、あらゆる他の人々よりも大きく働きかけるのである。[55]

フォルスターが「活動」を渇望したのに対して、フンボルトはあくまで自己の陶冶にこだわったのである。[56]

こうしたフンボルトの「自己陶冶」への希求は官職を擲つ動機になった。フンボルトは、物質的に保証されているけれども、内面的に自己を満たしてくれない官職に留まるか、自分自身（そして妻との共同生活）に集中して独立した精神と魂の生活を送るかという二者択一の前に立たされて、後者を選んだ。[57] 一七九一年五月一九日に辞表を提出し、六月二九日に結婚式を挙げ、ブルクエーナーに籠る生活を始めた。そして八月のフォルスター宛の手紙で辞職を報告して、こう述べている。あなたは、自由と独立した活動をあまりにも高く評価しているので、外面的な仕事の状況により規定された活動からいかなる効用も期待せず、したがって私が最内奥の確信に従って、「自分の最高の、最も多面的な陶冶」のために、最も得るところがあると期待する方向だけを選ぶことを信じてくれるものと思う。この世で「個人の最高の力と多面的な陶冶」ほど重要なものは何もない。それゆえ真の道徳の第一法則は「汝自身を陶冶せよ」であり、第二法則は、「汝が今あるところのもの（das, was du bist）を通じて他者に働きかけよ」という命題であるが、こうした「格率」をもってしては、理想にゆっくりとでも近づくことが望めないような状況に耐えることなどできなかったので、今や私は「つつましい運命、つまり静謐な家庭暮らし、ささやかな活動範囲」を選んだ。「ここで私は自分自身を生き、私に最も近しい人たちに快活で満ち足りた生活を提供する」が、ことによると、「我々の理念の豊饒化と是正」のためにいくらか寄与することができるかもしれない、と。(58)

こうしてフンボルトは「自分自身への働きかけ」＝自己陶冶に沈潜していったが、そのような生活姿勢は『限界』に結晶化している。先にも触れたように、本章書簡に示された、「すべての人間の諸能力を最も均斉のとれた最高の形で一個の全体へと磨き上げる」という理念（二五一頁）は、「あらゆる人間の最高かつ究極の目的は、自己の諸能力を、それが持つ個性的な独自性を生かしつつ、最高にかつ最も均斉のとれるような形で磨き上げることである」（第一部「付　フンボルトによる目次」二〇八頁）、あるいは「人間の真の目的［…］とは、自分の諸能力をも均斉のとれた最高の形で一個の全体へと陶冶することにある」（第一部第二章一二頁）といった『限界』の命題に引き継がれた。しかし、「汝が今あるところのもの（das, was du bist）を通じて他者へ働きかける」ことは「社会」に対する働きかけではなく、同じ志向を持つ仲間への働きかけを意味するに過ぎなかった[59]とすれば、『限界』はそこから一歩を踏み出そうとしたのではないか。

フンボルトは「フランス憲法論」で、「美徳がなければ人間は機械になる。すること《ヴァス・エア・トゥート》は讃嘆の的になるが、であること《ヴァス・エア・イスト》は軽蔑の的になる」（第一章二二六頁）と語っている。これは、理性による政治的変革＝「すること」が一面的な「力」の発揮によって、「諸力」を開花させるはずの自己陶冶＝「であること」を圧殺する危険を指摘したものであり、政治的には、急進的革命を忌避する漸進的改革論につながる。しかし、より一般的にいえば、「であること」と「すること」は、一八世紀末のドイツ社会において「貴族」と「市民」の行動様式を表現するものであった。よく知られているように、ゲーテは『ヴィルヘルム・マイスターの徒弟時代』（一七九四―九六年）で、ドイツでは「ある種の普遍的な、こう言ってよければ、人格的な教養（Ausbildung）」が可能なのは貴族だけであって、市民に向かって「汝が今何であるか（was bist du）」と問うことは許されず、ただ「汝は何を持つのか、どれほどの洞察力、知識、能力、財産をもつのか」と問うことしか許されないと述べることによって、市民的世界と貴族的世界の差異を際立たせた[60]が、これによれば、フンボルトの右の発言は、市民の「すること」の世界を推し進めようとするフランス革命に対して、「貴族」の「である」論理によってノーを突きつけたことになる。実際、フンボルトは革命による貴族制度廃止を性急だと見ていた（第二章二四六頁）。

たしかに、前近代社会＝身分社会は「である」ことを原理とする社会であり、それに対して近代社会＝業績社会は「する」ことを原理とする。[61]貴族フンボルトが「である」社会に根ざしていたことは事実であり、だからこそ「であること」＝自己陶冶にこだわったと評してもあながち誤りではない。[62]そういう視角からすれば、フンボルトの『限界』はいまだ市民社会の発酵していないドイツにおいて、貴族のみに許された可能性を描いたものだということになる。しかし、それはことの一面にすぎない。我々にとっては、「であること」と「すること」が「自己陶治」と「政治」ないし「実践」との対立を表現していたことの方が重要である。

一七九七年にパリを再訪した際にフンボルトはゲンツに宛てた手紙で、革命勃発時のパリ訪問を思い出して、「あれから後、私は大人になった」として、心境の変化をこう記している。

当時は、人は何かをしなければならないとか、何か成果を挙げなければならないなどと思いもしなかった。人間はすること《ヴァス・エア・トゥート》ではなく、であること《ヴァス・エア・イスト》によってのみ、ひとかどの人物になるのだという偉大な教えこそ大事であり、それで十分であった。[63]

これは、文字通り、かつてフォルスターに語った「自己陶治」の原理である。ところが、いまや「大人になった」と言い、さらに、「今では別な風に考えている。今こそ何かを生み出すべき時がきた、人がそこに存在するに値したことの証明を遺すべき時がきたと感じるのだ」と語っている。だが、これは決して政治的な意味で「すること」へと進もうという意味ではなかった。[64]同じ手紙でフンボルトは現状についてはっきりこういっている。

あなたもきっとそう思うだろうが、私は政治学者（Politiker）としてはともかく失格である。私は、政治学者になるにはあまりにも広く手を伸ばしすぎ、あまりにも遠くまで目をやりすぎる。ただ一つの点にぴたりと照準を合わせ、それに集中するという才能を持ち合わせていない。――これこそ本物であれ偽物であれ政治学の唯一のコツなのに。また、私の内面の奥深くには、あらゆる事物の中に理論的な重要性だけを承認して、実践的な重要性を、妥当な範囲を超えてまで、過小評価するようなところがある。したがって、当地の滞在が私のいつもながらの見解を全体としておおいに変えるかもしれない、とあなたに懸念してもらうには及ばないが、同時に期待してもらうにも及ばないはずである。(65)

かつてゲンツ＝バークの政治学の登場に直面した時と何も変っていなかった。「哲学」と「政治」、理論と実践との二項対立は存続していたのだ。

ただ、いま一度繰り返せば、「緑の本」＝『限界』は純粋な陶冶論ではなくて、フンボルト自身が言うように、「政治的内容の論文」であった（上掲一七九二年一〇月一二日のシラー宛の手紙）。それは、個人の陶冶あるいは「であること」を可能にするために国家活動を制限しようとする「非政治的」ないし「反政治的」な政治論（「自分の理念によって環境を支配しようと試みる」哲学者の政治論）であったが、フンボルトによれば、この「私の政治学」は、遠い将来――「実践」が平穏になった暁――に役に立ちうるものであった（第一部第一六章参照）。フンボルトの「であること」としての政治学は、「すること」＝「本来の意味の政治学」には進まないが、それを唾棄したのではなく、それと結合できる展望を孕んでいた。

註

（1） Brief an K. G. v. Brinkmann, 14. Sept. 1792, in: Wilhelm von Humboldts Briefe an Karl Gustav von Brinkmann, hrsg. u. erläut. v. Albert Leitzmann, Leipzig 1939, S.23.

（2） Vgl. Albert Leitzmann, Bemerkungen zur Entstehungsgeschichte, in: GS, Bd.1, S.432f.: Klaus Giel und Andreas Flitner, Kommentare und Anmerkungen, in: Werke in fünf Bänden, Bd.5, S.299ff.: Eduard Cauer, Einleitung zu Ideen zu einem Versuch, die Gränzen der Wirksamkeit des Staats zu bestimmen, Breslau 1851, S.IIff. フレデリック・C．バイザー、杉田孝夫訳『啓蒙・革命・ロマン主義』（法政大学出版局、二〇一〇年）二四二頁以下参照。青年フンボルトをめぐる伝記的事実については、亀山健吉『フンボルト』（中公新書、一九七八年）、西村貞二『フンボルト』（清水書院、一九九〇年）、桜井佳樹「フンボルトの思想形成――ベルリン啓蒙主義による教育とその離脱過程を中心に」『教育学紀要』第四五巻、二〇〇〇年三月、四一頁以下など参照。

（3） ゲンツ（Friedrich Gentz, 1764-1832）はケーニヒスベルクでカントの薫陶を受け、プロイセンの官吏生活（一七八五―九七年）から転じて政治ジャーナリスト活動に専念した。フランス革命に当初はきわめて好意的だったが、反革命論者に転じ、バークの翻訳によってドイツの政治世論に大きな影響を与えた。その後オーストリア政府の援助を得てウィーンに移り（一八〇二年）、反ナポレオンの言論活動を展開した。オーストリアの蜂起の失敗（〇九年）後、メッテルニヒの協力者となり、ウィーン会議（一四―一五年）やその後の諸国会議において第一秘書として才腕を振った。ゲンツとフンボルトは、政治的に袂を分かつことになったが、その友情は終生変らなかったと言われる。Vgl. Brief Humboldts an Gentz, 13. Juli. 1827, in: Schriften von Friedrich Gentz. Ein Denkmal, hrsg. v. Gustav Schlesier, 5. Teil, Manheim 1840, S.293. なお、ウィーン会議前夜におけるフンボルトとの確執については第四部解説参照。

（4） Humboldt, Über Religion, in: GS, Bd.1, S.64ff.

（5）ダールベルク（Karl Theodor von Dalberg, 1744-1817）はカトリック司教にして政治家。ゲッティンゲンとハイデルベルクで法学を学び、マインツ司教座聖堂付参事会員（一七六八年）、マインツ選帝侯代理（七二年）としてヴァイマルの文筆家たちと交わった。マインツの司教補佐（八七年）を経てマインツ選帝侯（一八〇二年）となり、教皇ピウス七世にレーゲンスブルク大司教に任じられた（〇五年）。ナポレオン一世およびライン同盟と結んでその首座大司教となり、フランクフルト大公の称号を帯びた（一〇年）が、ライプツィヒの会戦（一三年）後はこれらの高位を辞し、レーゲンスブルク大司教として教区の指導にあたった。ダールベルクの政治活動については、今野元『フランス革命と神聖ローマ帝国の試煉――大宰相ダールベルクの帝国愛国主義』（岩波書店、二〇一九年）を参照。なお、フンボルトは、一七八九年夏にフランス革命勃発直後のパリを旅行し、その帰り道でスイスなどを経てエアフルトに立ち寄り、同地で一二月一六日に、プロイセン王立顧問官カール・フリードリヒ・ダッヘレーデンの一人娘カロリーネ（Caroline von Dacheröden, 1766-1829）と婚約している。ダールベルクは、ダッヘレーデン家の縁戚にあたり、カロリーネを慈しんだが、ゲーテやシラーとも親交を結び、彼のサークルには、カロリーネのほか、シラーの婚約者やその姉も出入りしていた。

（6）Brief Carolines Humboldt an Lotte, 25. April 1792, in: Schiller und Lotte 1788-1805, Dritte, den ganzen Briefwechsel umfassende Ausgabe, Bd.3, hrsg. v. Wilhelm Fielitz, Stuttgart 1879, S.59.

（7）Karl Theodor von Dalberg, Von den wahren Grenzen der Wirksamkeit des Staates in Beziehung auf seine Mitglieder, in: Robert Leroux, La théorie du despotisme éclairé chez Karl Theodor Dalberg, Paris 1932, pp.45-54.

（8）なお、ハイムは、『限界』第一六章がダールベルクだけを念頭に置いたものであったとし、しかも『限界』を「哲学的統治者に対する哲学的政治学者の覚書」と位置づけている。Rudolf Haym, Wilhelm von Humboldt. Lebensbild und Charakteristik, Berlin 1856, S.48.

（9）宗教に関する章は不興を買う（anstößig）恐れがあると考えたようである。Brief an Brinkmann, 3. Sept. 1792, a.a.O., S.22.

一七八八年にプロイセンの司法大臣となったヴェルナー（Johann Christoph von Wöllner, 1732-1800）は、これまでの宗教的寛容に対するルター派正統主義からの反動政策の一環として、同年七月九日に宗教令を、さらに同年一二月九日には検閲令を発し、厳格な検閲体制を敷いていた。なお、フンボルトは裁判官時代にある検閲問題をめぐる事件で、ヴェルナーの検閲に批判的な態度をとっている。亀山、前掲書六二―六三頁。

（10） Brief an F. Schiller, 12. Okt. 1792, in: Briefwechsel zwischen Schiller und Wilhelm von Humboldt, 3. verm. Aufl. mit Anmerkungen von Albert Leitzmann, Stuttgart 1900, S.44f.: Brief an Brinkmann, 26. Sept. 1792, a.a.O., S.29.

（11） Brief Schillers an Georg Göschen, 16. Nov. 1792, in: Wilhelm von Humboldt. Sein Leben und Wirken, dargestellt in Briefen, Tagebüchern und Dokumenten seiner Zeit, hrsg. v. Rudolf Freese, Darmstadt 1986, S.121.

（12） Brief an Brinkmann, 8. Feb. 1793, a.a.O., S.26.

（13） Brief an Schiller, 14. Jan. 1793 und 18. Jan. 1793, a.a.O., S.50, 51f.

（14） Brief an Brinkmann, 8. Feb. 1793, a.a.O., S.53ff.

（15） ちなみに、フンボルトは金銭のことなど問題外だとしばしば述べているが、出版者を決めるための一連のやりとりの中で、報酬のことに何度か言及している。Brief an Brinkmann 11. Okt. 1792, a.a.O., S.33, 34, 38f., 39f.: Brief an Schiller 12. Okt. 1792, in: Briefwechsel, S.45.

（16） ヴォルフ（Friedrich August Wolf, 1759-1824）は古典文献学者で、ゲッティンゲン大学でハイネに師事し、ハレ大学教授（一七八三―一八〇六年）を経て、ベルリン大学教授（一〇年）。ラテン語文献が中心であったそれまでのドイツの古典研究ではじめてギリシャ古典学を導入し、その基礎を築いた。初期にはホメロス、プラトン、ヘシオドスなどを研究し、後には地理、美術、貨幣など古典のあらゆる分野に研究領域を広げた。曽田長人『人文主義と国民形成――一九世紀ドイツの古典教養』（知泉書館、二〇〇五年）第一部第二章参照。フンボルトは一七九〇年に未来の舅の家でヴォルフと面識を得ていた。

Gall, Wilhelm von Humboldt, S.72. 第三部解説参照。

(17) Brief an F. A. Wolf, 4. Dez. 1792, in: Humboldts gesammelte Werke, Bd.5, 1846, S.6. ここでフンボルトは、『ヘラス』というタイトルで続き物の著作集を出す計画について語っている。すぐ後で触れる「ギリシャ人の研究についての論文」を載せるつもりであった。Brief an Brinkmann, 30. Nov. 1792, a.a.O., S.43.

(18) Brief an Brinkmann, 27. Jan. 1793, a.a.O., S.51f.

(19) 「古代研究の究極目的は古代の人間性の知識である、とはあなた［ヴォルフ］自身の言葉であるが、この知識が［…］他の効用と並んで、同時にとりわけ、美的な人間の性格の陶冶に資することについて、あなたはきっと疑念をさしはさまないであろう。」Brief an F. A. Wolf, 23. Jan. 1793, in:Humboldts gesammelte Werke, Bd.5, S.18.

(20) Humboldt, Über das Studium des Alterthums, und des Griechischen insbesondere, 1793, in: GS, Bd.1, S.261.

(21) フンボルトは一七九二年にハレを訪れた際にヴォルフとの親交を深めたが、後者へのはじめての手紙で、あなたと知り合い、密接な関係を持つことができたのは人生の画期であり、講義には出席しないけれども、あなたの生徒とみなしてほしいと語った。Leitzmann, Anmerkung, in: Brief an Brinkmann, S.199.

(22) バイザー、前掲邦訳書二四四、二六二頁。

(23) 以下、Brief an Brinkmann, 18. März, 1793, a.a.O., S.58f.

(24) シュプランガーは、『限界』において表現されたのは「新しい倫理学」、つまり「レアルポリティークへの深い対立」だと見る。Eduard Spranger, Wilhelm von Humboldt und die Reform des Bildungswesens, 3. Aufl., Tübingen 1965, S.27. ここからは「分業」という視角は出てこない。

(25) Siegfried A. Kaehler, Wilhelm v. Humboldt und der Staat（zuerst München 1927）, 2., durchgesehene Aufl., Göttingen 1963, S.147-149.

(26) ブリンクマン宛の手紙に言う。「ゲンツはこの不幸な本がまったく理解できないと思った。」たしかに、どんな推論であっても、「推論する人間の個性などまったくおかまいなしに」評価するたいていの人にとっては、この本は理解できないであろう。なぜなら「あらゆる言葉は私自身の最内奥の個性から発して書かれており、まさにそれゆえに私は、著作としては事実凡庸とみなしているこの論稿全体が私にとって大きな価値を持っていることを否認しない。」Brief an Brinkmann, 14.Sept. 1792, a.a.O., S.24.「緑の本は私にふさわしいものである。なぜなら私は一頁ごとに活動しているからである。だが、これはよくできた本ではない。私はよくできた本など決して書かないであろう。出版されることになっても、金銭のためではなく、観点が重要であるから、そして私を個人的に知らなくても、私と同じように存在し考える人間をイメージとして見るのを好む人たちがいるからだ。こうした理由から私は今やこの本がどんな運命に見舞われてもみじんもたじろがない。人が褒めようがけなそうが、私は、外的なものがもはや本当に私に働きかけることのない地点に、すでに長い間、少なくとも数年来いる。私は私の内側で私のために生き、ゲンツがおぞましいと呼んだこの孤独は日ごとに増している。」Brief an Brinkmann, 7. Dez. 1792, a.a.O., S.48.

(27) Brief an Brinkmann, 27. Jan. 1793, a.a.O., S.50.

(28) Ebenda.

(29) ケーラーの説の難点は、「政治学」や「国政家」の観念が、第二章に見られるように、ゲンツの本が出る前にはっきりと意識されていたこととの連関を明らかにしていないところにある。なお、シュプランガーもケーラーと同じく、公刊からの撤退にとって決定的な契機となったのはゲンツによるバークの翻訳にあったと見て、フンボルトはゲンツ＝バークを「半分擁護」したけれども、出版を無期延期する決断をしたとする（Eduard Spranger, Wilhelm von Humboldt und die Humanitätsidee, Berlin 1909, S.54f.）が、出版延期の決定的な理由には触れない。

(30) Brief an F. A. Wolff, 22. Mai 1793, in: Humboldts gesammelte Werke, Bd.5, S.46.

(31) ただし、これ以外にも、第一三章の刑事立法に関する部分（第一部一五八頁以下）については九一年夏ないし秋に書かれた「刑事罰としての名誉剥奪刑について」(Humboldt, Ueber die Ehrlosigkeit (Infamie) als eine Kriminalstrafe, in: GS, Bd.7, S. 556ff.)、第九章—第一四章はそれより前に書かれた文章による可能性がある。ライツマンによれば、フンボルトの妻との手紙のやりとりから見て、ダールベルクのために書いた論稿があり、それは一七九一年始めにエアフルトに送付された。ダールベルクは、特異な思想にもかかわらず、それにおおいに満足を示した。内容についてはわからないが、『限界』第九章から第一四章までのポリツァイ法・民事法・刑事法の第一草稿であったようだ。Albert Leitzmann, Rezension: Wilhelm und Caroline in ihren Briefen, hrsg. v. Anna von Sydow, 1906, in: Euphorion, Bd.XIV, 1907, S.374; Humboldt, GS, Bd.7, S.566; «GuF, S.300»

(32) 相違点は一六か所ある。Politische Jugendbriefe Wilhelm von Humboldts an Friedrich von Gentz, hrsg. v. Albert Leitzmann in:Historische Zeitschrift, Bd.152, 1935, S.49.

(33) ライツマンによれば、この論稿がフンボルトの知らないうちに印刷されてしまったとするフェスターの説 (Richard Fester, Rousseau und die deutsche Geschichtsphilosophie, Stuttgart 1890, S.295) は誤りである。フンボルト自筆の校訂が残っているからである。

(34) バイザー、前掲邦訳書二二八頁。

(35) George Peabody Gooch, Germany and the French Revolution, London 1920, p.105.

(36) Brief an Brinkmann, 9. Nov. 1792, a.a.O., S.41.「一二〇〇人の愚行」とはフランス国民議会議員の行動のことである。第一章訳註(4)参照。

(37) Brief an Schiller, 12. Dez. 1792, in: Briefwechsel, S.48f.

(38) ゲンツが反フランス革命に転じた正確な時点はわからない。ゲンツは一七九〇年一二月に、フランス革命を「哲学の最初の実践的勝利」、あるいは「原理」と首尾一貫した体系に基づいた「統治形式の最初の勝利」と讃えたが、九一年春になってもなお「革命中毒」を自称し、「権利の起源と最高原理について」(一七九一年四月)では、「理性と自由は人間の真の本性」

であり、歴史的生起は偶然により左右されるとしていたが、しかし同じころに半年前に出ていたバークの本を研究し始めていた。ただし、バークの影響だけがゲンツの「転向」の原因とはいえない。Paul Wittichen, Zur inneren Geschichte Preußens während der französischen Revolution. Gentz und Humboldt, in: Forschungen zur brandenburgischen und preußischen Geschichte, Bd.19, Teil 2, 1908, S.17f., 20, 21. バイザー、前掲邦訳書六一六頁以下。

(39) 第一部第一章訳註(12)、第二章訳註(4)、第三章訳註(2)、(3)、(9)、(13)、第五章訳註(4)、第八章訳註(6)、(11)。

(40) Politische Jugendbriefe Humboldts an Gentz, hrsg. v. Leitzmann, S.68.

(41) Ebenda, S.63.

(42) 「国制に対する愛」は、モンテスキューによれば、「共和政」の「政治的徳」であった(第二章訳註(10))から、その限りでフンボルトの「政治学序説」は、共和政の選択肢を示唆したと見ることもできる。

(43) Brief an Brinkmann, 27. Jan. 1793, a.a.O., S.51.

(44) マイネッケは『国家理性の理念』(一九二四年)において、「エートス(Ethos)」=倫理と「クラトス(Kratos)」=権力を架橋する「国家理性(Staatsräson)」という観点から近代政治思想史を描いたが、フンボルトには、付随的な言及一ヵ所を除いて触れていない。けれども、この図式を借りるならば、フンボルトは「エートス」の側につきながら、「クラトス」の問題を自覚していたけれども、両者を架橋しようとしなかったことになる。なお、泉井久之助は、フンボルトの『限界』がマイネッケのいう「エートス」のみに偏ったものであるとしている。『言語研究とフンボルト——思想・実践・言語』(弘文堂、一九七六年)八一頁。

(45) ハイネ(Christian Gottlob Heyne, 1729–1812)は一七六二年よりゲッティンゲン大学教授。精緻な研究に基づく古典テクストの刊行により、同時代の新人文主義的潮流に大きな刺激を与えた。また、その考古学講義によって学問としての考古学の確立にも貢献した。

(46) Siegfried Battisti, Freiheit und Bindung, Berlin 1987, S.39.

(47) フンボルトは一七八八年一〇月にマインツを訪れた時のフォルスターとの交流を日記に記している。Tagebuch der Reise nach dem Reich 1788, in: GS, Bd.14, S.39ff.

(48) 坂井榮八郎「二大国の対立と帝国」(成瀬治他編『世界歴史体系 ドイツ史二――一六四八年~一八九〇年』(山川出版社、一九九六年))一三六頁。

(49) Brief an Brinkmann, 7. Dez. 1792, a.a.O., S.46f.

(50) フォルスターは、一七九二年一〇月二一日付けのベルリンの書籍商フォス宛の書簡では、「昨年の冬に私が病気したことと、家庭内の不愉快のごたごたした事件のため、私は一五〇〇ターラーの借金をする羽目になってしまいました」と、また一一月二一日付けのフォス宛の書簡では、「ぼくは今ほど貧しいときはありません」と記している。ウルリヒ・エンツェンスベルガー、芳原政弘/宇佐美幸彦訳『ゲオルク・フォルスター』(関西大学出版部、二〇〇二年)二六九頁、フォルスター研究会訳『ゲオルク・フォルスター作品集――世界旅行からフランス革命へ』(三修社、一九八三年)四〇〇頁。

(51) Brief an F. Schiller, 12. Dez. 1792, in: Briefwechsel, S.49.

(52) ライツマンは、ゲッティンゲン時代のフォルスターにフンボルトに非常に近い国家観があったことを示す発言をいくつか挙げている。Albert Leitzmann, Georg und Therese Forster und die Brüder Humboldt, Bonn 1936, S.95f. たとえば、フォルスターは、「国家の立法が国家の幸福と道徳性をもたらしうるというまったく誤った前提」を指弾し、「自己決定」あるいは「道徳的な自由」こそ「人間の徳の唯一可能な源泉である」とし(Fragment eines Briefes an einen deutschen Schriftsteller, über Schillers Götter Griechenlands. 1788, in: Ausgewählte kleine Schriften von Georg Forster, hrsg. v. Albert Leitzmann, Stuttgart 1894, S.82. 前掲邦訳書一八七頁)、「人間が自分で感じ、考える代りに他人に委託することなどできないのと同じように、市民は、自分を幸福にする全権を立法権力に委任することなどできない」（Ansichten vom Niederrhein, von Brabant, Flandern, Holland, England und Frankreich, 1790, in: Georg Forster's sämmtliche Schriften, Bd.3, hrsg. v. G. G. Gervinus, Leipzig 1843, S. 123）とか、「国家の維持に不可欠ではない意志のあらゆる制限は国家成員の倫理にとって危険となる」とか、「真正の国政家の手には、束縛のない成熟し、発展した理性ほど高貴ですばらしい道具はなく、市民の個人的陶冶と自発性を妨害する政策ほど誤ったものはない」と述べている。Die Nordwestküste von Amerika und der dortige Pelzhandel, [o.J], in: Forster's sämmtliche Schriften, Bd.4, S.5.

（53）　ただ、一七九三年の段階でもフォルスターは革命論一点張りではなかった。たとえば、「人類の幸福」を「国父」としての配慮の恒常的目標だとして、人民を子供のごとく扱う「後見人」＝統治者を批判し、そこに「家父長的専制主義」を見出し、「人間を有徳かつ幸福にするものを、いかなる統治も教育も与えることができない」と見て、「人間を重い鎖につなぐ代りに、人間をそれ自体として独立にすることだけを目的とする教育体制」、「個々の人間が彼らのすべての能力の自由な使用を縮減しない」ような「国制や道徳教育」の永続的形式を対置している。Ueber die Beziehung der Staatskunst auf das Glück der Menschheit, in: Forster's sämmtliche Schriften, Bd.6, S.279, 281f., 295. 前掲邦訳書二四〇、二四三、二五一、二五六頁、中直一「フランス革命とドイツ――フォルスター、ゲンツ、フンボルトに即して」『比較文化研究』第二九輯、一九九〇年三月、二六―二七頁。ここからすると、フンボルトの「同意」の期待は根拠なきものではなく、また強制の制限が「統治の過剰」の弊害を緩和するという点に、「あなたも私と同じく賛意を示すであろう」という推測（第三章二五五頁）も同様である。なお、ライツマンによれば、フォルスターは一七九二年秋に出た『歴史的な絵画と肖像における一七九〇年からの思い出』と題する著作でピンダロスの詩句から引用しているが、彼はギリシャ詩人についてはあまり知識がなく、ピンダロスの難解な抒情詩をおそらく読むことができず、しかもドイツ語訳も当時は公刊されていなかったため、フンボルトが友人に配ったピンダロスの翻訳私家版を、一部修正し、あるいはそのまま利用した。Leitzmann, Georg und Therese Forster, S.97f.

（54） 晩年のフンボルトは若いころを振り返って、フォルスターと（フォルスターの死後妻テレーゼの再婚相手となった）フーバー（Ludwig Ferdinand Huber, 1764-1804）の二人を比較し、「生活のあらゆる実際面」ではフーバーの方が優れていたけれども、二人とも「精神の深さと広がり」、「性格の大きさ」においてテレーゼに劣っており、他方で外面的にはフォルスターはフーバーより愛すべき存在であり、「想像力」、「感覚の華やかなきらめき」、弁舌と文筆における「壮麗な表現」において優っていたと評価しつつ、最後に、彼と知り合ったころ、私は、彼が実際には学者としても著作家としても、「彼の精神と知識」におよそふさわしくない名声を博していたことが十分わかっていた、と語っている。Brief an Charlotte Diede, 6. Jul. 1829, in: Briefe von Wilhelm von Humboldt an eine Freundin, Zweiter Theil, Leipzig 1847, S.19. ここでフンボルトは、フォルスターの若すぎる死に思いを馳せ、長生きしなくて彼にとっては幸いであったとしている。「彼の存在と彼の非常に愛すべきところも、若さを必要とする類のもの」であったというのである。なお、テレーゼ（Therese Forster, 1764-1829）は、マインツ時代に公使館書記として赴任していたフーバーと親しくなり、一七九二年のフランス軍侵攻に際しては、彼とともに亡命した。イギリスやフランスの小説を翻訳、自分でも小説を書いた。一八〇四年にフーバーが病死した後テレーゼは文筆によって家族を養った。一八〇七―二四年コッタ社の新聞編集者を務め、夫フーバーの全集や前夫フォルスターの書簡集も出版している。Johann Georg Forster's Briefwechsel. Nebst einigen Nachrichten von seinem Leben, hrsg. v. Therese Huber, Leipzig 1829.

（55） Brief an Forster, 8. Feb. 1790. in: Humboldts gesammelte Werke, Bd.1, S.289. Vgl. Brief an Brinkmann, 3. Sept. 1792, a.a.O., S. 21.

（56） Haym, a.a.O., S.36.

（57） Gall, a.a.O. S.59f. これは、一九世紀以降の「文士と官僚」の葛藤を先取りしているが、ただしフンボルトは財産のある貴族であった。この葛藤に悩まされたのはむしろ市民出身の官僚ゲンツであった。Vgl. Wittichen, a.a.O., S.28f.

（58） Brief an Forster, 16. Aug. 1791, in: Humboldts gesammelte Werke, Bd.1, S.292.

（59） シュプランガーはこの「他者への働きかけ」をゲーテ、シラー、ヴォルフの活動への参加と解している。Spranger, Humboldt und Humanitätsidee, S.90.

（60） Manfred Riedel, Art. Bürger, Staatsbürger, Bürgertum, in: Geschichtliche Grundbegriffe, Bd.1, hrsg. v. O. Brunner et al., Bd. 1, Stuttgart 1972, S.699. ゲーテ、小宮豊隆訳『ヴィルヘルム・マイステルの徒弟時代』中（岩波文庫、一九五三年）一四四頁。

（61） 丸山眞男『日本の思想』（岩波新書、一九六一年）一五四頁以下。丸山のいう「であること」と「すること」はパーソンズの「属性価値（quality value）」と「業績価値（performance value）」の範疇を利用したものであり（松沢弘陽／植手通有編『丸山眞男集』第七巻（岩波書店、一九九六年）二六四、二八〇頁参照）、ごくおおざっぱにいえば、前近代社会と近代社会の原理を表す。

（62） フンボルトの「であること」を実行に移すには十分な財産が必要であり、その意味で彼の人文思想全体は、たとえばフォルスターと比較すれば、明らかに貴族的色彩を帯びていた。Kaehler, a.a.O., S.445.

（63） Brief an Gentz, 29. Nov. 1797, in: Preußische Jahrbücher, Bd.240, 1935, S.19: Freese（Hrsg.）, Humboldt, a.a.O., S.236.

（64） まったく同じくだりを含んだ、ゲンツ宛書簡と同日付けのブリンクマンに宛てた手紙を引いて、シュプランガーは、ここには、フンボルトにおける第一期成長時代（一七六七―九八年）から第二期活動時代（一七九八―一八〇九年）への分岐（たとえば「自己陶冶理論」を「積極的な生存（Dasein）を求める衝動の活性化」により押しのけようとする傾向）が示されているという。Spranger, Humboldt und Humanitätsidee, S.59. シュプランガーよる時期区分については、第一部解説註（28）も参照。

（65） Brief an Gentz, 29. Nov. 1797, a.a.O., S.17: Freese（Hrsg.）, Humboldt, a.a.O., S.234.

第三部　官僚制・国家試験・大学

(1) シュタインの行政改革

フンボルトは、大学卒業後、一七九〇年四月にベルリン市裁判所の司法修習生（Auskultator）、ついでカンマー裁判所の試補見習（Referendar）に任じられ、同時に外務省で公使館参事官（Legationsrat）の資格も得たが、一年余りたった九一年六月に早くも職を辞し（ただし外務省には留まり、九七年まで賜暇扱いとされる）[1]、ほぼ同時に結婚してブルクエーナーで悠々自適の生活を送っていたが、一八〇二年に再度官職に就き、枢密公使館参事官の資格で在ローマ教皇庁公使として派遣された。この職は閑職に近く、古代文化三昧に浸る生活を送っていたが、その後プロイセンがナポレオンに敗北し、シュタインを中心とした内政改革が始まった時、一八〇八年一二月一五日の閣令により内務省宗教・公教育局長官の地位を示され、逡巡したけれども[2]、翌年二月二〇日の閣令による任命を受諾した。当時フンボルトは家産処理のために休暇をとってドイツに戻ってきていたが、妻子をローマに残したままで活動を開始した。

フンボルトの長官就任はいわゆるシュタイン＝ハルデンベルクの改革と不可分の関係にある。改革の憲法ともいわれる一〇月勅令（一八〇七年）により、土地取引の自由、職業選択の自由、封建制の解体、世襲隷農制の廃止など、身分制を打破する経済的自由主義が宣言された後、都市自治令（一八〇八年）、行政改革（一八〇九―一〇年）、営業令（一八一〇年）、ユダヤ人解放令（一八一二年）、一般兵役義務（一八一三年）など、矢継ぎ早に改革が実行に移されていったが、フンボルトの長官就任に直接関わっていたのはシュタインが計画した行政組織の改革である。

従来の行政システムは一八〇八年一一月二四日の「プロイセン王国における最高行政官庁の組織編制の変更に関する命令」によって大きく変るはずであった。[3] ところが、よりにもよって命令の公布当日、シュタインは反ナポレオン策動の嫌疑を受けて失脚し、新組織構想の中核であった中央統治機構「国務参議院（Staatsrat）」の設置計画は頓挫した。だが、その他の行政組織の改革は、同年一二月一六日の「内務行政および財務行政に関連するプロイセン君主国における最高国家官庁の組織編制の変更に関する公告（Publicandum）」によりおおむね実行に移されることになった。それまでプロイセンの政治・行政システムで内閣にあたるものは、国王内局（Kabinett）内に設置された外務省、大法官職（司法省）、総監理府（Generaldirektorium）（地方省と専門省を合わせもつ）の三つに分散しており、統一性と責任性を欠き、国王側近政治の温床となっていたが、この改革により総監理府は解体され、内務省と財務省が新設され、外務省、司法省、陸軍省と合わせて五省による中央集権的統治が可能となった。そして従来司法省内のルター派宗務庁と改革派宗務庁が管轄していた聖職・教育事項[4]は、司法省から切り離されて内務省の所管となった。

いま少し詳しくいえば、内務省は、一般内務行政局（Sektion für die allgemeine Polizei）、商工内務行政局（S.

f. die Gewerbepolizei）、宗教・公教育局（S. f. den Kultus und öffentlichen Unterricht）、一般立法局（S. der allgemeinen Gesetzgebung）に分かたれ、副部局として医事局および鉱山・造幣・製塩・陶器製造関係局の二つが置かれた（前者は後に宗教・公教育局に編入された）。一般内務行政局は内相の兼担であり、他の三局は枢密国務参事官（Geheimer Staatrat）を長官として戴くが、「ただし内相の下に服属する」と定められた[5]。発足当時は、内相ドーナ（Alexander Burggraf von Dohna-Schlobitten, 1771-1831）、商工内務行政局長官シェーン（Theodor von Schön, 1773-1856）、宗教・公教育局長官フンボルト、一般立法局長官クレヴィッツ（Wilhelm Anton Klewitz, 1760-1838）という陣容であった[6]。

宗教・公教育局は宗教部と公教育部により構成される（宗教部には部長を置き、公教育部は長官が直接指揮にあたる）が、後者の管掌する領域として一二月一六日の「公告」に挙げられているのは、ⓐ国家により支援を受けるすべての高等学術・芸術団体。ベルリンの科学アカデミーおよび芸術アカデミー、建築アカデミー（ただし国家がこれらの団体に対して関与する権利を留保しているか、もしくは新しい規約（Konstitutionen）を通じて、少なくとも基金とその管理につき関与する権利を確認している場合に限る）、ⓑすべての教育施設。大学、ギムナジウム、学識学校、初等学校、市民学校、実業学校（Industrieschule）、技術学校等。ⓒ劇場のように、一般的陶冶に影響力を持つすべての施設。ⓓ政治的内容を持たないすべての著作物の検閲。さらに公教育部直属の機関として、①今後設置予定の公教育のための学術代表委員会（wissenschaftliche Deputation）。②科学・造形芸術アカデミーおよび建築アカデミー（ただし特別の監理官（Kurator）に依存していない場合に限る）、③大学（これについては監理官の活動範囲が別個に規定される）、王立劇場および類似の施設（ただし特別の監督官庁の管轄

下にない場合に限る）が挙がっている。(7)

これらの事項のほぼすべてと宗教部に関わる課題に、フンボルトは何かに憑かれたかのように恐ろしいまでの集中力で挑戦し、(8)一部を解決し、多くの点について一定の道筋を示すことになる。その長官在任期間は一八〇九年二月から一〇年六月までのわずか一六カ月にすぎなかった。職を辞した後、フンボルトは外交官に転じ、ウィーン駐在大使、ウィーン会議全権大使、ロンドン駐在大使を経て、憲法問題に関する国務大臣（一八一九年）を歴任したが、様々な局面でハルデンベルクと協力しつつも対立し、カールスバートの決議（一八一九年）に反対したため解任されるに至った。

宗教・公教育局長官職は事実上文部大臣を意味していたが、官職組織上はあくまで直属上司として内務大臣を仰ぎ、フンボルトは、立案につきかなり大きな裁量を認められていたとはいえ、決定権限を持たない以上、内相はもとより、財務相や司法相、総じて行政改革にもかかわらず依然として存続していた国王内局にうかがいを立て、(9)彼らと協議し、説得するために、膨大な労力を費やさなければならなかった。その活動内容は、もちろん上意下達の機械的な仕事ではなく、新たな制度設計を含めた積極的な政策展開を中心としていた。したがって、本来ならその後の大使等の外交官職、国務大臣職での活動をまとめて「国政家（Staatsmann）フンボルト」について語るのが妥当であり、事実、通例の伝記や研究では一八〇九年から一九年まではひとまとめに「国政家」としての活動期とされている（第一部解説註（25）参照）。実際、フンボルトは、教育の専門家でもなければ、宗教に造詣が深かったわけでもない（後者の仕事は実際上宗教部長に任せた）。とはいえ、プロイセン一国の教育政策を決める権限があったわけではなく、フンボルトは、大きな制約を背負って活動しなければならなかった。最大の制約は国務参議院の欠如のため政策の最終決定に参与できないことであった。そういう意味で、この第三部では、宗教・公教育局長官フンボルトを「官僚」として位置づけ、その活動の概要を伝える論稿を翻訳し、「国政家」としての顔は第四部の外交活動における発言に代表させることとした。

(2) フンボルト神話

教育官僚としてのフンボルトの最大の功績は、中等学校教員任用制度（教職任用試験（一八一〇年））と大学入学資格試験制度（アビトゥア試験令（一八一二年））として結実する中等教育の「新人文主義化」ないし「学問化」の軌道を敷いたこと[10]、ベルリン大学創設のために獅子奮迅の努力をしたことにある。ところが、後者の業績に対して、近年、シルヴィア・パレチェク「一九世紀ドイツ諸大学において『フンボルト・モデル』は普及したのか？」（二〇〇一年）によって最大級の疑問符が投げかけられた。パレチェクによれば、フンボルトの「新人文主義的大学理念」の定式やベルリン大学の創設は、一九世紀ドイツの大学の「モデル」として理解されてきたが、実際にはベルリン大学は制度的に決して革新的なものではなく、したがってまた一九世紀において他の大学の手本となったわけでもない。ベルリン大学の精髄としてのフンボルト理念は、一八八〇年代から始まっていた「研究大学」への転換を伝統によって正当化し、ベルリン大学創立百年祭（一九一〇年）で助長され、ディルタイや新カント派の「新イデアリスムス」の思潮による精神科学の再評価から掩護射撃を受け、さらに大学政策に関わる精神科学者や「学者政治家（Gelehrtenpolitiker）」により推進された「二〇世紀の発明（Erfindung）」であった。[11]

このショッキングな「暴露」は、すでに一九九〇年代後半に大学改革論と連動して活発化していた「フンボルト神話」論と無関係ではなかった。これは論者により力点の置き所に違いがあるけれども、「研究と教育の一致」をはじめとするフンボルト的な大学理念は六〇年代の「マス大学」の発生と乖離するに至った、という一般に流布していた認識に対して、現実との乖離は遅くとも世紀転換期＝一九〇〇年ごろにすでに進行しつつあり、それ以後理念は「神話」となっていた、という主張である。[12] この立場からすると、「フンボルト理念」は、一九世紀末までドイツの大学の「現実」にとって決して無意味ではなく、したがってそれ自体として空虚な神話ではなかったということになる。その限りで「神話」説はパレチェクの「発明」説と相容れないが、一九世紀末以降については、フンボルト理念の「現実」との乖離という点で一致する。[13]

どちらの主張についても、我が国では欧米の大学に造詣の深い潮木守一の詳細な紹介と批評によって知られているが、[14] 反証を挙げてこれを批判する論考[15]もあれば、一定の理解を示したうえで別の視角からするフンボルト大学論も散見される。[16] いずれにせよ、今やフンボルトの大学論を語る際にはこの議論を避けて通るわけにはいかないのが実情である。

もっとも、この解説の枠内では議論に深入りすることはできない。しかし、もしパレチェク説が正鵠を射ているとすれば、第三部第二章・第四章の大学論は、一九世紀末までのドイツの大学の歴史的「現実」に影響を与えなかったという意味で、いわば反故同然であり、翻訳する価値などないということになりかねない。それに対して、「神話」説の方はなお原点においてフンボルト理念が存在し、一九世紀の間は一定の影響力があったことを承認するのであるから、その原点を改めて検証してみる価値はある。しかし他面、パレチェクはベルリン大学創設が決して「ラディカルな新しい構想」を追求したのではないとする[17]のであるから、「発明」されたフンボルト的大学理念（「研究と教育の一致」、「研究と教育の自由」、「研究の場としての大学の機能」、「道徳的な人間形成が学問により可能になるという想定」、「すべての学問分野が大学で代表されなければならず、哲学と哲学部が全体を覆う統一体として機能するという観念」など[18]）は純然たる後世の捏造であったか、せいぜいのところベルリン創設以前の大学像の焼き直しであったということになるが、この説の当否を検討するには、第二章・第四章の叙述は決して無駄ではないであろう。議論を先取りしていえば、パレチェク説は、こうした定式がそのままの形でフンボルトの大学論に登場していない[19]という事実によって説得力を増すように見える。例えば「哲学部」という言葉は第二章・第四章のどこにも登場しない。哲学部主導の「哲学的」大学という理念は、カント（Immanuel Kant, 1724–1804）の『学部の争い』（一七九八年）やシェリング（Friedrich Wilhelm Joseph Schelling, 1775–1854）の『学問論』（一八〇三年）、フィヒテ（Johann Gottlieb Fichte, 1762–1814）の『ベルリンに設置される予定の高等教育施設の演繹的計画』（一八〇七年）や神学者シュライアーマッハー（Friedrich Daniel Ernst Schleiermacher, 1768–1834）の『大学論』（一八〇八年）と関連づけて再構成された可能性がきわめて高い。

　総じてフンボルト理念が二〇世紀において本国ドイツだけでなく、世界的に一九六〇年代までほとんど疑問視されず、かえって大学改革論議でも妥当力を保持していた[20]とすれば、それはこの理念が、制度化された「現実」とならなかったとしても、思想的なレベルで――いわばイデオロギーとして――「現実」となっていたことを意味しており、その契機がいったいどこにあったのかという問題を解明するためにも、原点に戻ってみる必要がある。

なお、フンボルトの思想全体を思想史的な枠組で捉えようとするとき、この第三部に収めた、「官僚」としてのフンボルトの言説はきわめて重要な位置を占めるであろう。一般に思想史研究において、思想の「内在的」な理解が中心を占めることはいうまでもないが、しかし思想を「時代」や「社会」との連関で捉えようとするとき、「官僚」としての活動という社会や時代の「現実」と直接関わる領域に目をやることで、想像を交えた内在的理解やきわめて大まかな「精神史的」説明に終始する危険に対処することができるのではないか。

ともあれ、この第三部は、主として教育史・教育思想史の資料をまとまった形で提供することを狙ったものであるが、なお政治思想史や現代の教育論議にもいくらか貢献することができるであろう。

第一章　高等試験委員会の組織に関する鑑定書（一八〇九年七月八日）

シュタイン＝ハルデンベルクの改革は、それまでの国王内局を中心とした「国王側近制（Kabinettssystem）」に対して、内閣に権力と責任を集中する「内閣制（Ministerialsystem）」を敷き、また身分制の拠点であった地方の封建的割拠の解体に向けて、中央集権的な統一国家の樹立を図った。それと同時に、政治の主導権は大法官（Großkanzler）を中心とした司法官僚から行政官僚に移った。一八世紀後半の司法官僚は、プロイセン一般ラント法（一七九四年公布）の起草に代表されるように、啓蒙主義的な姿勢を基礎に据えながらも、絶対主義や身分制に対して妥協的であったのに対して、行政官僚は司法官僚から立法権を奪い取ったのである。[21] 聖職・学校事項の管轄が司法省から内務省に移ったのもその現れの一つであった。こうした中で、改革に邁進する官僚はいかにあるべきかという問題に対処することは、改革の継続発展にとって喫緊の課題であった。最初財務大臣（一八一七年以降初代文部大臣）となったアルテンシュタイン（Karl Frhr.vom Stein zum Altenstein, 1770-1840）は、立法は未来の計画を立てるものであるが、法律家には現在や未来の国家状態の正しい把握ができず、むしろ「哲学的、経済的教養を持つ行政官吏」こそが立法を担当すべきだと述べている[22]が、フンボルトがこの意見書で新試験によって期待したのも、そうした改革を遂行することのできる官僚であった。[23]

プロイセン＝ドイツの官僚国家試験は東の科挙と並ぶ西の代表である。プロイセンでは他のヨーロッパの諸国に先駆けてすでに一六九三年に司法官の国家試験制度が発足し、一八世紀前半にほぼ骨格が固まったが、行政官についてはやや遅れて一七七〇年に整備されるに至った。司法官の場合、大学卒業後に第一試験→修習生→実習→第二試験→試補見習→実習→第三試験→試補（Assesor）の、行政官の場合は第一試験→試補見習→実習→第二試験→試補の順序を経て行われるようになった。以後一九世紀を経るうちに、様々な修正がなされていったが、このプロイセン型官僚試験制度の影響は明治日本にも及んだ。それは法学部出身者（法律職試験合格者）が高級行政官僚の中核を占めるという「法科独占（Juristenmonopol）」の現象に典型的に現れている。俯瞰すれば、中世以来高級官僚は貴族と大学（法学部）を出た「博士」により占められており、その限りで大学が官僚養成の主導権を握っていたが、領邦国家の絶対主義化に伴っていまや国家が官僚採用の、したがってまた官僚の「質」の吟味をリードするようになり、同時に官職売買や「情実」の入る余地をなくし、市民階層出身の官僚の擡頭を促すことになったのである。フンボルトの試験論もこの過程の一齣として捉えることができるが、別の視角から見れば、そこには「官僚フンボルト」の自画像を読みとることも可能である。

第二章ベルリン大学設立の提議(一八〇九年七月二四日)

(a) 経緯

ティルジット講和(一八〇七年七月九日)によってプロイセンは領地を大幅に削られ、それまで領域内にあったハレ、エアランゲン、エアフルト、ミュンスター、パダーボルン、ドゥイスブルクの諸大学も失い、残ったのはフランクフルトとケーニヒスベルクの二大学だけであった。物質的な疲弊から立ち上がるためには「精神」の鼓舞が何としても必要であったが、ベルリンにおける大学創設の動きもそれとは無関係ではなかった。一八〇七年の夏、閉鎖されたハレ大学の教授陣はベルリンでの再生を請願すべく、法学教授シュマルツ(Theodor Schmalz, 1760-1830)と産科学教授フロリープ(Ludwig Friedrich Froriep, 1779-1847)を国王の下に派遣した。二人と面会した国王フリードリヒ・ヴィルヘルム三世は、「国家は、物理的に失った力を精神的な力によって埋め合わせなければならない」という、伝説となった言葉を語り[24]、一八〇七年九月四日枢密内局顧問官バイメ(Karl Friedrich Beyme, 1765-1838)に対して閣令を発した。

親愛なる枢密内局顧問官バイメよ。エルベ川彼岸の領土の放棄により、国家にとってハレ大学を、したがってまた最も重要であり、非の打ちどころのない一般的教育施設（allgemeine Lehranstalt）を失った。この欠落を目的に即した完璧な方法によって埋め合わせることは、国家の再組織に際して何よりも顧慮すべき事柄の一つでなければならない。フランクフルト大学とケーニヒスベルク大学はこれには適していない。前者は地域が提供することのできる補助手段が限られており、後者は政府の所在地からあまりにも遠隔の地に位置しているからである。これに対してベルリンは、最小限の経費による完全な一般的教育施設を設置し、その有用な活動を普及することのできるものをすべてまとめて持っている。それゆえ、私は、ベルリンにおいてこうした一般的教育施設を科学アカデミーと適切に結合した形で設置し、その設置を、私の意図を完璧に知っている汝に任せることを決定した。［…］私は、この計画の実施に際して目的を促進することができるすべての施設と補助手段を徹底して調査する権限を汝に与え、またすべての官庁が、汝に対してあらゆる必要な情報を求めに応じて与える義務を負わせる。とりわけ汝は、ハレおよびその他の地域から、この施設について最大の利益を期待することができる教授を、彼らが他の招聘に応じる前に確保し、総じて計画が可能な限り速やかに裁可を受けるために私に提出され、実施できるように、なんとしても全力を尽くされたい。[25]［…］

これを受けてバイメはただちに招聘すべき学者の人選にとりかかり、同時にシュマルツの他、ハレの文献学者F・A・ヴォルフ、フィヒテなどからこの新施設について提案を募り、またベルリンでは私的な形で断続的に講義も行われた。[26]しかし、バイメはシュタインの登場により同年一〇月に内局顧問官の地位を追われ、[27]カンマー裁判所長官に転出した。ところが、一八〇八年一一月二四日にシュタインが失脚したのと入れ替わりに、翌日にバイメは政権中枢に返り咲き、司法大臣（大法官）を務めることになった。だが、教育改革の実権はすでに内務省に移ることが決まっており、かくしてフンボルトがベルリン大学創設の立役者となる舞台装置が整った。

フンボルトは宗教・公教育局長官として内相に報告する義務を負っていた（後述第三章解説参照）が、「官僚」として大学新設に最初に触れたのはおそらく、長官就任とほぼ同時の一八〇九年二月六日の内相に対する提議である。そこでフンボルトは、バイエルンのランズフート大学から招聘を受けていたヴォルフをベルリンで希望通りに処遇することができれば、「我々の学識施設の再興隆と繁栄、とくにベルリンにおける大学の設立――この計画がなお実行されるはずであるとすれば――にとってきわめて重要である人物」をプロイセン国家のために確保することができる、と述べている。[28] しかも同年三月末の時点でフンボルトは、「ベルリンに企図されている大学のための計画に没頭しており、いまではそれが彼のお気に入りの仕事となっている」と噂されていた。[29] 四月五日の内相への一般報告でも、「大学の件」はまだ不確実なままであり、ベルリンに「高等教育施設（höhere Lehranstalt）」を設置するという考えが実行に移されることになるかどうかといった問題が決定されなければならないとしつつ、ベルリン在住の学者（ヴォルフとブットマン）につき、高給と有利な処遇を提示してプロイセン国家のために確保したとしている。[30] いずれも設立は未定でありながら、人事だけを先行させていたのである。同年三月のヴォルフ人事に関する国王への提議、五月のフィヒテに対する俸給支給に関する国王への提議では、「当地に設立されることになっている大学」とされているが、[31][32]

同年六月の内相への一般報告では、「将来のベルリン大学のために予定されたフィヒテ教授」につき国王から俸給の確約を得たこと、[33] 八月報告では、ベルリンに大学が設置されるまでの待命金がシュライアーマッハー教授に支給されることが伝えられている。[34]

これらの報告等からは大学構想の中身は何も伝わってこないが、実はこの間にフンボルトは正式の大学設立提案を準備していた。フンボルトは、「ベルリン大学設立の提議」（一八〇九年五月一二―一四日）を五月二〇日に財務相アルテンシュタインに送って意見をうかがい、助言に即して案を練り直し、七月になって新案（本章）をアルテンシュタインとドーナに示し、最終的には七月二四日付けで提議は国王への上奏のために内閣に委ねられ、同年八月一六日の閣令はこれを裁可した。[35] フンボルトは九月の内相への一般報告では、「いよいよ迫ってきたベルリンでの大学の設置」に触れ、ヴォルフとシュマルツ、シュライアーマッハーとフィヒテが今冬ベルリンで講義を行っているので、「ハインリヒ王子の宮殿」にベルリン大学のための講義室を確保し、「八月一六日の閣令において国王陛下には改めて大学設置を決定していただき、両アカデミーと結合した形で大学と学問的諸施設に一五万ターラーの御領地の収益を［…］付与することを認めていただいた」としている。[36] 御領地の下賜については内閣の賛同が得られなかった（結局大学は国家予算で賄われることになった）が、フンボルトはこの挫折をくぐりぬけて、一八一〇年五月二三日の国王への一般報告で、九月二九日の大学を開設提案し、[37] これはその他の報告とともに同年五月三〇日の閣令により裁可され、六月三日に大学設置委員会が組織されるに至った（だが、六月二三日にフンボルトは宗教・公教育長官の職を辞した）。

ところで、フンボルトの大学論ないし大学構想は必ずしも一義的なものでも、一貫したものでもなかった。フンボルトの大学論といえば、誰しも「ベルリンの高等学問施設の内面的および外面的編制について」

（第四章、以下「覚書」と略称）を想起し、そこからいわば眼光紙背に徹する解読によって様々な神話が紡ぎ出された面もあるが、これ以外にも、たったいま見たように、一種の公文書にあたる報告書その他で大学への言及がある。これは、当然「官僚」としての――すなわち各大臣や国王の意向や総じて実現可能性を視野に置きつつ判断した――発言であるから、いくらか割引いて受け取る必要があるが、しかし他方で、第三章で示されるように、フンボルトはその種の文書でもかなり率直に自分の見解を吐露している。だが、いずれにせよ、何がフンボルトの「本意」であったのかは容易に確定することができない。ここではそうした錯綜の一端を見ておくことにしたい。

(b) 新施設の名称

五月の草案（以下「五月提議」とする）と本章の提議（以下「七月提議」）はほぼ同趣旨であるが、微妙な違いがある。[38]「七月提議」では、国王は一八〇七年の閣令により、ベルリンに「一般的な高等教育施設（allgemeine und höhere Lehranstalt）」の設立を勅許する意志を示したとある（第二章二七五頁）が、「五月提議」では、それが、「新大学の設立」を勅許する意志を示したとなっている。どちらも一八〇七年閣令の「一般的教育施設」と表現が違うが、「五月提議」では「一般的教育施設」の語は登場せず、すべて「大学」で通している。しかもそこでは、「大学という名称も、はばかりながら、国王陛下にお許しを請わなければならないようなものではないであろう」としている。大学の名称を使うのは、「いかなる学問も排除されてはならないこと」、「教育施設が同時に学位《アカデミッシェ・ヴュルデ》をも授与することになる」ということを示すためだけだ[39]と語っている。「べつに大学の名称でよかろう」という口吻である。ところが、「七月提議」では、「一般的教育施設」に「大学という旧来の伝統的名称」をあてて、これをあらゆる「時代遅れの濫用」から純化して、学位授与の権利を認めてもらいたいとしたうえで、「実際問題として、一般的教育施設は、どのような称号をつけようとも、大学の概念に必然的に伴う一切の事柄を含んでいなければならないであろう」（第二章二七八頁）と述べている。結局は「大学」の名称を使うというのだが、「五月提議」と比べて相当遠慮した言い方である。[40]

フンボルトが「五月提議」で「大学」の表現で押し通したのは、「一般的教育施設」という、新施設創設の原点である一八〇七年閣令の表現を意識的に避けたからではないかと疑わせる。たしかに、「七月提議」では、「時代遅れの濫用からの純化」という条件付きで「大学」の名称を使うとすることによって、「大学」の語に染み付いた旧来の悪弊を払拭しようとする意図を示しているが、しかし「五月提議」でも、「古臭くなったものや有害なもの」の除去をいっており、しかもその後で、「高等でありながら大学ではないとされる教育施設」を創設するのは、「目新しさ」と実行しやすさという点で魅力的であっても、疑わしいとはっきり述べ、「昔ながらの三つの種類（学問的な諸機関および学校、大学、アカデミー）」の間に新たな種類をさしはさむことなどできないと断じている。[41]「高等でありながら大学ではない」「新たな種類」という規定は、一八〇七年閣令の「一般的教育施設」のことを指したものではないか。[42]

ちなみに、フンボルトの友人であったヴォルフは、一八〇七年閣令の実質上の起草者であったバイメと早くから相識の仲であり、[43]しかも閣令発布以前に一度、以後に二度、大学改革案をバイメに提示していたが、後者のうち二番目の献策（一八〇七年九月一九日）では、ベルリンの新施設についての個々の構想を練り、いっしょにやっていけるような有力な人物、あるいは構想の実行に協力してくれるかどうか、意見を聞ける人物の一人として「フンボルト」を挙げ、しかも自分は以前には「一般的教育施設」という言葉を使って「大学」という名称を回避できるのではないかと考えていたけれども、「フンボルト」ほかの何人かの知人によってこの考えから離れるに至ったと述べていた。[44] この「フンボルト」は弟アレクサンダーであった可能性が高い[45]が、ヴォルフと親しかった兄ヴィルヘルムも名称に関して「一般的教育施設」派ではなく「大学」派であったかもしれない。

(c) 大学像をめぐる諸説

名称はささいな問題である。しかし、これは、そもそも一八〇七年九月四日の閣令が敗戦とハレ大学の喪失を直接の動機としながら、一八世紀末期の旧来の大学に対する批判と改革の試みという大きな歴史的文脈の中に位置していたことと無関係ではない。とくにバイメの位置や評価をめぐって研究者の間では見解が大きく割れ、それがフンボルトの大学論の解釈に反映していることに留意する必要がある。

たとえば、梅根悟は、一八〇七年閣令には旧弊の大学に対する実用主義的観点からする反撥があると見て、フンボルトとバイメとの関係を「大学」と「総合教授施設」（一般的教育施設）との対立という枠組で捉え、そこに、大学の起源である民間的団体としての反権力的な「大学（universitas）」と中世の教皇権力に基づく「総合高等機関（studium generale）」＝「反大学」との始原的な敵対関係を見出したうえで、後者の近代版としてのフランスの「総合技術学校（L'école polytechnique）」の類型がバイメの「総合教授施設」論に現れているという。[46] この、バイメ＝実用主義＝国家主義とフンボルト＝反国家主義という図式はまことに概括的であり、大学史の見地からは、„universitas" と „studuim generale" に関する梅根のような理解には問題があると指摘されている。[47]

梅根とは反対に、ヘルムート・シェルスキーは、バイメを「当時の最も自由主義的なプロイセン官僚の一人」と捉え、閣令の「一般的教育施設」の「一般的」とは「専門職業教育を施さない」ことを意味しており、これは、一七八九年以降司法大臣としてルター派宗務庁に拠ってプロイセンの文教政策を牛耳ったマッソウ（Julius Eberhard Wilhelm Ernst von Massow, 1750-1816）による大学の職業専門学校化[48]に反対するものであり、この方向でのバイメの助言者の代表がフィヒテとヴォルフであったと解している。[49] しかし、一八〇七年閣令は、ハレ大学をも「最も重要であり、非の打ちどころのない一般的教育施設」と呼んでいた。ハレは、本来プロイセンの国家政策と密接に関わる形で設立された典型的な「実用的」大学であり、「専門職業教育を施さない」施設ではなかった（典型は官房学教育の推進である）から、「一般的」の語をもっぱら反専門学校（反実用主義）と解することには難がある。[50]

梅根とシェルスキーは閣令＝バイメの「一般的（総合的）」を正反対の意味で捉えているが、フンボルトが「反実用主義」の立場であると考える点では一致している。[51] 見解の対立の一つの原因はバイメの思想とその大学構想の評価にある。資料としては、バイメと親しい関係にあったエンゲルの遺作である一八〇二年三月の「ベルリンにおける大教育施設の創設に関する覚書」があるが、これは従来の大学への反撥を明確に示しているけれども、委曲を尽くした大学改革案ではない(52)。

他方で、同じくフンボルトの大学構想を「実用主義」の対極にあると見ながら、梅根ともシェルスキーとも違った解釈がある。「神話」説に立つフォム・ブルッフは、バイメとマッソウの専門学校派＝功利主義とフンボルトを対決させ、シュライアーマッハーの一八〇八年の大学論を、数ある大学構想の中で唯一、バイメの要請ではなく、自発的動機から作成された覚書であると位置づけ、その他の点でもフンボルトがフィヒテよりもシュライアーマッハーと一致していたことを強調し、その際、バイメなどの国家中心的な専門学校モデルに対置されたシュライアーマッハーの（したがってフンボルトの）大学像が伝統的な大学の団体的自治（korporative Autonomie）に基づいていたという見解をとっている(53)。たしかに、シュライアーマッハーは、みずからの大学論が「ドイツの大学とフランスの専門学校の対立をはっきりわかるようにして、ドイツ固有の形態の価値を理解できるようにする」ことを意図したものだと述べ、フンボルトは、「我々のドイツの諸大学は、自由な団体であったからこそ、多くの成果を発揮した」としている(54)。

しかし、これは大学論の一つの側面に関わっているにすぎず、ここからただちに、パレチェクのように、ベルリン大学は決してラディカルな新構想を追求したのではなく、「すでに存在していたドイツの諸大学の近代化された形態」を受容し、フランスの専門学校モデルに従わず、シュライアーマッハーもフィヒテも諸学問の統一と中世以来の大学組織の維持のための哲学的根拠を提示したにすぎない(55)と断じることはできない。我々が確認することができるのは、フンボルトが新施設の名称に何らかの意味でこだわりを持ち、欠陥を意識しつつも伝統的な「大学」の名称を選択したこと、それが「七月提議」の他の部分とともに——「ごく細部に至るまで」[56]――、一八〇九年八月一六日のベルリン大学設置に関する閣令および同年九月二二日のアカデミーに対する閣令により受容されたということだけである。その要目は、「大学という旧来の伝統的な名称」を冠した、「ベルリンにおける一般的な高等教育施設」の設置、これとベルリンに存在する「アカデミーおよび学問的な機関・蒐集施設を一つの有機的な全体へと結合すること」、各施設の「独立と共同」であった[57]。

(d) 高等学問施設

なお、これは本来第四章「覚書」に属する問題であるが、組織に関する表現につきいま一つ指摘しておきたい。それは第四章表題にある「高等学問施設（die höheren wissenschaftlichen Anstalten）」という概念である。これは以上の議論では登場しなかったが、フンボルトはすでに一八〇九年三月二九日の芸術アカデミーに関する内相への報告で、芸術アカデミーを王室の一人の「監理官（Kurator）」の下に置くという案に対してこう言っている。科学アカデミーも芸術アカデミーも固有の監理官を擁するべきではなく、公教育局は単に（かつての）高等学務局（Ober-Schul-Collegium）であるだけでなく、「最高の学問的官庁」であり、したがって教育施設だけでなく、すべての高等の学問的、芸術的団体の監督を行うことになっている。もし、当局が教育施設だけしか担当しないのであれば、科学アカデミーは、授業を行わないのだから、局から完全に分離してしまい、「国民教育」との関係を喪失してしまう。公教育局は、「高等学問施設」（傍点原文）という表現を、「不本意ではあるが、ただともかく古くから使われているという理由だけで」使うのである、と[58]。要するに、フンボルトは「高等学問施設」という範疇によって、アカデミーや学問的諸機関を公教育局の管轄下においてコントロールしようとしたのである。

しかし、「高等学問施設」という言葉は、教育局の管轄権の確保[59]だけを目的としたものではない。それは、「一般的な高等教育施設」を「大学」と言い換え、これをアカデミーや学問的諸機関と「結合」するという構想が固まっていく中で、その結合を表現する言葉としても使われた。一八一〇年五月二三日の国王に対する一般報告で言う。「当地の高等学問施設は、アカデミー、大学、補助機関の三つの独立した部分から成るとされており、したがってまずそれらの目的にかなった結合のための計画を構想することが課題であった。」科学アカデミーと大学の結合についてとくに重要であったのは、この両機関の各々を独自の形で共同の目的のために働かせ、それを通じて両者を結びつけて一つの施設にすることである。そのために必要となるのは、両機関が共通の、しかしまた一部は特別の複数の構成員を持つこと、すなわちアカデミーは新会員を自由に選択して国王に認証を提案し、大学は公教育局の提案により構成員を決めることによって、学問的諸機関における任用に際して不偏不党を確保すること、アカデミーはその目的を主として「団体（Gesellschaft）」として追求するが、大学の教師はむしろ各構成員独自の道を歩むこと、そしてアカデミーは、「大学教師にはそのための時間と自由な閑暇が不足している一連の学問的な研究」を、一部は特別の補助教員（Adjunkten）を通じて、大学も競争して参加する委託により、引き受けることであろう。[60]

これは「覚書」とほぼ同じ内容である。「高等学問施設」（複数形）は、大学、アカデミー、補助機関の総称であり、それゆえ「一般的教育施設」でも「高等教育施設」でもなく、「高等学問施設」と呼ばれなければならなかったのである。その意味では、我々はここにもフンボルトの大学論の「行政的」性格を垣間見ることができる。しかしそれと同時に、大学を「教育施設」と表現し続ける限り、それに「学問施設」（研究施設）の性格を付与することができないとするならば、「高等学問施設」という範疇は大学と学問＝研究との関りを示すために必要不可欠であったと解することもできる。

第三章　宗教・公教育局報告（一八〇九年一二月一日）

フンボルトは、ナポレオンに敗北した後に宮廷が移っていたケーニヒスベルクに一八〇九年四月一三日に着任したが、それ以前から、内相に対する毎月の一般行政報告義務を果たしていた。同年二月一三日、三月一日、四月五日、五月一九日、六月三日、七月二日、八月一六日、九月一六日と一般報告が記録されている。この最後の報告に対して内相ドーナはこう書いた。ひと月の期間は短すぎて、行政において目に見えるような進歩を果たすことなどできないから、昨年一一月二四日の命令に基づく毎月報告の義務を解除し、今後は四季ごとでよい。次回は新制度の一周年にあたり、一二月に国王に報告するつもりなので、一年間の概観を付していただきたい、と。[61] これを実行に移したのが本章の一二月一日付けの報告である。フンボルトの長官としての仕事は多岐にわたるが、この報告がおよそ九カ月にわたる職務の総括とこれからの展望を示したものとして書かれたことはまちがいない。他の報告をさしおいて、官僚フンボルトの活動内容を最もよく示す代表的な報告として選んだゆえんである。

その内容は、訳者が付した小見出しからおおむね理解されるであろう。宗教部の任務と活動については、啓蒙的宗教論に近い形で「信仰心の重要性」を訴えるほか、「聖職者の選任」につき新制度の効果に言及しているが、報告の大部分を占めているのは公教育に関わる問題である。ここでは、フンボルトの教育論の白眉ともいえる一般教育の「格率」が登場する（第三章二九三頁）。

何人も、自分一個として、特殊な職業に関係なく、善良で上品な——身分に応じて啓蒙された——人間であり市民である場合にのみ、善良な職人、商人、役人《ゲシェフツマン》である。[62]

これに即した初等・中等教育のシステムの再編案を提示した後で、フンボルトは初等教育につきペスタロッチ方式の採用を主張し、細部にわたって説き及んでいる。また、中等教育については教師の厳格な審査、カリキュラム、大学入学資格等の中等学校改革の進捗状況を報告し、最後に大学とアカデミーに言及しているが、上述のように、すでに「七月提議」（第二章）が一八〇九年八月一六日の閣令で承認されていたので、本報告では「ベルリンにおいて設置が決定された大学」となっている。

これらの論述は、とりわけ教育史の観点から興味を惹く事項であり、我が国でもこれに関する多くの研究が蓄積されているが[63]、ここでは立ち入らない。総じて、これらの報告書や他の提議類を見る限り、フンボルトは決して上からの指示を待って動いたのではなく、またすでに問題が与えられている場合でも、旧弊にこだわらず、積極的な改革構想を提示し、可能な範囲内で自説を通そうとしたようである。しかし、官僚としての限界があったことも否定できない。それはとりわけ、前述した、一八〇八年一一月二四日の行政組織の変更に関する命令に規定されていた最重要の国家機関である「国務参議院」の設置という問題に関わっていた。

シュタインが構想した「国務参議院（Staatsrat）」は、五人の大臣、枢密国務参事官、一八歳以上の王族、その他陸軍省・司法省からの若干名から成り、すべての決議は議長たる国王の同意を必要としたが、その他については単純多数決で決定することができた。各省の専門部局《デパルトマン》の長官はいずれも枢密国務参事官であり、国務参議院で投票権を持ち、その点で大臣と同等の資格を得るはずであった。(64) しかし、上述のように、同年一二月一六日の「公告」では国務参議院の設置の実施要項は盛り込まれなかったため、フンボルト、クレヴィッツ、シェーンなど部局長官の枢密国務参事官は、シュタインの構想を実現しようとした。フンボルト自身は、一八〇九年七月二日の内相宛の一般報告の「追加文書」で、宗教・公教育局長官としての職務遂行について障害があり、改善策を私的文書として送ったけれども、帰するところ問題は「国務参議院の設置」にあるとしているが、さらに同報告の「付随文書」においても、一一月二四日の命令が部分的にしか実行に移されていないことを指摘し、シュタインの構想を持ち出して、長官が構成員となる国務参議院を実現し、それを通じて、大臣（省）に対する長官（局）の独立、大臣（省）に対する局（長官）の実務上の優位（局とその長官は、独立して責任を負う、国家の「唯一の執行官庁」であり、「局こそが真の専門部局《デパルトマン》である」）が貫徹されるように要求した。(65) この要求は容れられなかったが、フンボルトは本章末尾にも見られるように、長官（局）が最高決定に関与することができないと不満を述べ、執拗に国務参議院の実現を要求した。だが、まるでこの志向に逆らうかのように、一八一〇年三月三一日の閣令は国務参議院を助言機関として位置づけるに至った。それを知ったフンボルトは四月二九日付けの国王への嘆願書で、枢密国務参事官は自分の管轄事項について完全な投票権を持つけれども、その他の事項については国務参事官などと同じく助言的投票権しか持っていないことを指摘して、「一八〇八年一一月二四日の命令の精神」に訴え、ついに辞職を願い出るに至った。[66]

フンボルトはまぎれもなくシュタインの精神に殉じようとしたのである。こうした営為は現代から見れば「官僚」としての長官の役割を逸脱しており、むしろ「国政家」としての顔をうかがわせる。しかし他面、フンボルトは「専門部局」の長官として、「政治的」思惑により国家の政策がゆがめられることに反撥したと見ることもできる。[67] 一八一〇年六月にはハルデンベルクが国家宰相となり、国王への助言機能しか持たない国務参議院の設置を決定したが、対ナポレオン解放戦争という重大な課題もあって審議は行われなかった。その後一八一七年三月二〇日の命令によりようやく実施が決まり、同三〇日にハルデンベルクを議長とする第一回会議が開かれた。[68]

第四章　ベルリンの高等学問施設の内面的および外面的編制について（一八一〇年？）

(a) アカデミーと大学

この未完の論稿（以下「覚書」とする）は作成された正確な日付が確定できない。それは解釈に影響を及ぼす可能性を孕んでいるが、ここではさしあたり、遅くとも一八一〇年五月初めにはできていたとするシュプランガーの説[69]に従うことにしたい。さて、「覚書」が大学論を含んでいることはまちがいない。事実、後世の学者たちが「発明」したとされるフンボルト理念はほとんどこれに依拠している。[70] しかし、彼らの多くも、「覚書」が「科学アカデミー」の問題と関わっていることを否定しない。[71]そこでここではアカデミー問題からフンボルトの大学論を逆照射してみることにする。

フンボルトは、一八〇九年三月二五日の科学アカデミー予算に関する内相への提案書で、アカデミーを大学と取り違えてはならず、前者が学問の「拡張（Erweiterung）」の使命を持つのに対して、後者は学問の「普及（Verbreitung）」の使命を「より多く」持ち、一方の構成員全員が他方にふさわしいとはいえない、としていた。[72]「拡張＝研究＝アカデミー」と「教育＝普及＝大学」との「分業」説である。ところが、フンボルトは同年一二月の報告書では、大学を通じてとりわけ学問的知識の普及を図ることができるならば、学問それ自体の拡張は、アカデミー・学問的諸機関と大学との結合によりおおいに成果が挙がると述べている（第三章三一一頁）。[73]学問の「拡張」の主体はアカデミー単独から、アカデミー・諸機関と大学との結合に移っているのである。この「結合」説は、「五月提議」にも登場していたが、[74]「七月提議」では、各部分が適切な独立性を維持しつつ、他の部分と共同で一般的究極目的のために協働するような形で、「ただ一つの有機的全体」にまとめる、という指針として示された（第二章二七七頁）。この案が一八〇九年八月一六日のベルリン大学設置に関する閣令および同年九月二二日のアカデミーに対する閣令で「有機的な全体への結合」、各施設の「独立と共同」として確認されたことはすでに見た通りである。[75]

したがって、フンボルトは、「分業」説を完全に放棄したわけではないが、大学もアカデミーと結合して「拡張」に資するという方向を示した。すでに引いた一八一〇年五月二三日の国王への一般報告では、アカデミーが「大学教師にはそのための時間と自由な閑暇が不足している一連の学問的な研究」を引き受けると語っていたが、これは、大学教師が「学問的な研究」の主体であり、アカデミーがそれを補完するという口吻である。そして「覚書」になると、アカデミーと大学の独立と連携に言及しながら、同時に、大学＝教授・普及、アカデミー＝拡張という考えは、「前者に対して不当な扱いをすることになる」とか、学問の拡張は大学に任せ、アカデミーの世話になる必要はないかもしれない（第四章三二五—三二六頁）と、ほとんど大学一辺倒の姿勢を見せている。フンボルトは、上述のように、一八〇九年三月の芸術アカデミーに関する報告でアカデミーに対する公教育局の管轄を断固として主張したが、同じ観点から「覚書」もまた退任後の路線を部下に示したのではないか。たとえば、退任後にニコロヴィウス（第三章訳註（16）参照）およびジュフェルン（第一章訳註（15）参照）と並んでフンボルトの忠実な部下であった国務参事官ウーデン（Wilhelm Uhden, 1763-1835）、同アンチロン（Johann Peter Friedrich Ancillon, 1767-1837）、および枢密国務参事官ニーブール（Barthold Georg Niebuhr, 1776-1831）から成るアカデミー規則のための新委員会が設置され、草案を作成したが、そこにはフンボルトの影響の痕跡が見られる。(76)

この草案では大学との関連は、正会員は当地の大学で正教授と同じように講義を行うことができるとされている（第二八条）のみであるが、フンボルトは退任しておよそ一年後にウーデンに向かってこう書いている。「私は、大学と並んでアカデミーを独立の機関として置くことはまったく無駄であり、大学と完全に融合させることが、もし貫徹できれば、最善であるように思われる。」しかし、現在のところアカデミーの目的とすべきことは、①大学にとって不要であるけれども、必ずしもなおざりにできない現会員を、無害な存在にすること、②アカデミーの基金により若干の大学教授の俸給を賄うこと、③講義ができない人たちに、収入を調達する手段を持つことにある。なるほど大学においてアカデミーを持つこと自体はまことにけっこうなことであると思う。しかしその場合、アカデミーは大学教授の私的団体にすぎず、大学とアカデミーの仕事はただ同じ人間の二種の活動でなければならない。ゲッティンゲンはこの目的をもののみごとに達成している。大学教授とアカデミー会員を対置することは断じて好ましいことではない。もし長官職に留まっていたならば、私は（たとえばガウス（Carl Friedrich Gauß, 1777–1855）のように健康のための、ヴォルフのように自分の気分のための）専任の若干の例外を認め、あるいはまた我々の大学生活に溶け込むことのできない外国人は別として、しだいにアカデミーには大学教授だけを置くことを目指していたであろう(77)。

大学はその活動を普及＝教育に限定するのではなく、むしろアカデミーとの分業はおろか、共同・協働も破棄して、アカデミーに代って拡張＝研究の拠点となるべきだというのである。これは「官僚フンボルト」の立場を表しているのであって、あの「研究と教育の一致」の理念とされるものとは直接関わっていない。この理念は「覚書」において、できあがった知識だけに関わる「学校」に対して、学問をまだ完全に解決できていない問題として扱い、たえず探究し続け、教師と生徒が学問のためにいる「高等学問施設」という構想（第四章三一八頁）によって表現されている。それはまた、一八〇九年九月二七日の内相への報告で、大学では学生はみずから探求し、教授はその探究を導き支える存在であり、重要なことは「学校と実生活との狭間にいる若者が何年か引き続いて、多数の人々、つまり教師と学ぶ者を一つにまとめる場所において、学問的熟考に捧げること」、「同じ志をもった、同年配の人と親密に共同」し、同じ場所に「すでに完全に陶冶を経た一定数の人々」がいて、「学問の向上と普及に身を捧げる」という意識をもって、「何年間かを自己と学問のために生きる」ことだ、と表現されていた[78]。

こうした「研究と教育の一致」理念を支える、学問を介した教師と学生の間のいわば「心情共同体」のイメージは、およそ何らかの既成の大学像から引き出されたものではない。それは、若きフンボルトがゲーテ、シラー、ヴォルフなどの「すでに完全に陶冶を経た人々」や、その途上にある同年配のフォルスターやゲンツ、あるいはサロンに集った有名無名の男女との交流に由来するものではないかと推測される。そしてもしそうであれば、生じる疑問は、官僚フンボルトがその制度化を本気で企図したのかということである。フンボルトがこの教師・学生の理想的関係を提示したのは、個性・人格の陶冶という理念をバックにしながら、初等教育、中等教育とともに高等教育を三位一体として位置づけつつ、その枠の中で学校教育と違った大学教育の特徴を鮮明にするためであった。期するところはどこまでも「国民全体」の教育にあった[79]。だが、この目的は「官僚フンボルト」の目的でもあった。

フンボルトは、アカデミーとの関連でも大学教育の意義を強調した。一八一〇年五月二三日の国王への報告では、大学とアカデミーとの結合を説きながら、「大学は、青年の教育と陶冶に直接捧げられることによって、はじめて同時にアカデミーの研究に真の生命としかるべき有用性を与え」るものだとしていた[80]。大学の教育こそ、アカデミーの研究に有用性を与えるというのである。これはいまだ「分業」説をとっているが、大学に研究の重心を移した「覚書」でも、大学はつねに「国家のための実践的な仕事、つまり青年の指導」を引き受けると明言している（第四章三一七頁）。もちろん、シラーがイエナ大学教授就任演説（一七八九年）で、法学、医学、神学といった「職業としての学問」を特徴づけるために用いた「パンのための勉学

(Brotstudium)[81]」をフンボルトが容認するはずもない。フンボルトは、初等・中等教育において職業教育よりも一般教育を優先させた（第二章二九二頁以下参照）が、「覚書」でも、国家は、大学をギムナジウムとしても専門学校としても扱ってはならず、アカデミーを技術代表委員会や学術代表委員会として利用してはならないと釘を刺している（第四章三三三頁）。その意味では、「国家のための実践的な指導」＝「青年の指導」という大学の使命は、官僚などの職業教育ではなく、「国民教育」というレベルで考えられていた。

フンボルトは長官着任早々の一八〇九年二月六日のヴォルフの人事に関する内相宛の手紙で、ヴォルフが現存の文献学の第一人者であることを認めない者もわずかながらいるけれども、それはここでは最重要の問題ではないとして、こう語っている。[82]

大学において、そして全国民の陶冶において重要なのは、集積された、ことによると死んで横たわっている知識の単なる塊よりもむしろ、専門分野《ファッハ》の全体を見渡して、その分野の勉学が一般的な陶冶と一般的な啓蒙につながって頭脳と性格を豊かにするように導くことのできるような精神である。

今日風に表現すれば、専門教育による教養教育の意義を、国民教育の名において訴えたのである。

とはいえ、ヴォルフの専門である文献学の教育は中等学校教員の養成に関わっていた。[83]文献学だけではない。ベルリン大学創設以前も以後もドイツの大学の圧倒的多数の法学部卒業生が行政・司法官僚になり、神学部卒業生が聖職もしくは教職という官職に就き、哲学部卒業生の相当部分が中等学校教師になっていったことからすれば、専門教育はすべて広義の官僚教育に関わっていた。そうだとすれば、フンボルトも、官僚教育を等閑に付して、それをもっぱら「専門学校」の仕事として視野の外に置いたのではなく、むしろ国民教育の一環としての大学教育という観念の中で官僚教育を行おうとしたと理解されるのではないか。[85] 第一章の官僚試験論が単に官僚として意見を求められた結果でないとすれば、フンボルトは、大学における官僚教育を否定する単純なユートピストではなかった。

(b)「覚書」後史——学則

「覚書」は、形式的には大学教育を満足に受けず、一度も大学で教鞭をとったこともなければ、教育行政にタッチした経験があるわけでもない貴族の官僚の手になるものであり、内容からしても、フィヒテやシュライアーマッハーの大学論のように、まとまった思想を表現しているようには見えない。それにもかかわらずほとんど一年も要しないでベルリン大学創設まで漕ぎつけた功績は、官僚としての冷静沈着な見通しと時に剛腕とも見える実行力に帰せられる。そして官僚としてフンボルトが大学関係について方向を与えたのは、ベルリンに「大学」を設置すること、アカデミーの改革、大学とアカデミーおよびその他の機関との「結合」の推進であった。これらの点は「覚書」でも触れているが、直接には後世にいうフンボルト理念と関わっていない。

もとより、「覚書」に限らず、内相や国王への報告・提議等には、これら以外の思想なり理念なりが含まれていた。しかし、それが同時代人によってどれほど意識され、またどの程度までベルリン大学創設の推進力になったのかという点になると、はっきりしたことは何も言えない。ただ、フンボルトがアカデミー問題と同様、大学についても「覚書」を置き土産にし、後事を託された教育局の官僚たち（ジュフェルン、ニコロヴィウス、ウーデン）が「覚書」その他の文書や書簡・対話から得たフンボルトの大学・教育思想を引き継いで、その実現のために働いた可能性は少なくない。とりわけ、一八一〇年四月にフンボルトによって学術代表委員会に（ヴォルフが辞退したため）監事（Direktor）として迎えられ[86]、六月にはフンボルトの退任と入れ替わるかのようにウーデン、ジュフェルンとともに大学設立委員となり、また教育局の上奏参事官に任じられたシュライアーマッハーがこの点で相当大きな役割を演じたことは、想像に難くない[87]。しかし、もしそうだとすれば、何が引き継がれ、ベルリン大学の「理念」となったのか。

これは大問題であり、安易に答えを出すわけにはいかないが、一つだけ、手がかりとなりうるものがある。「学則（Statut）」である。フンボルトは一八〇九年一二月の報告（第三章）で、有能な人物の招聘に成功すれば、それらの人々の来援により他の教師の選択と「学則の立案」ができるであろうと述べ（第三章三一〇頁）、翌年五月の国王への報告では、大学の個々の学部の内部編制については各学部の学者による作業がすでに進行中でもあり、本来の学則に関してはこれから大学に参集する人々の経験を利用するのがよかろうとしている[88]。そこで、いわば「覚書」の後史としてその後の経緯をごく簡単に見ておくことにしよう。

ベルリン大学は一八一〇年一〇月に開学を迎えたが、学則は決まっておらず、そのためシュライアーマッハーが起草し、ウーデンとジュフェルンの修正を経た暫定規則二四個条が、同年一一月二四日に国王により裁可された[89]。その第一条には、「ベルリン大学は、［…］当地にすでに存在する科学アカデミーおよび芸術アカデミーの両者、ならびに学問的機関および蒐集施設と結合して、それらと有機的全体を成し、ドイツの諸大学のすべての基本的な権利、とりわけ学位を授与する権利を享受する」とある[90]。これは、フンボルトが構想し、一八〇九年八月一六日の閣令によって承認された高等学問施設の独立と共同に基づく「有機的全体」の文言と一致し、学位授与権の強調はフンボルトに由来し、「ドイツの諸大学」の権利は、「覚書」でアカデミーと対比してドイツで「大学が享受してきた恩恵」だというフンボルトの発想と重なる。だが、これらを除けば、他の条文にはとくに理念らしいところは見あたらない。

その後ウーデンは正式の学則の作成に取りかかり、一八一二年三月九日に一一章九九個条から成る草案をフンボルトの後任である公教育局長官シュックマン（Friedrich von Schuckmann, 1755-1834）に提出したが、彼はその検討を大学の委員会（シュライアーマッハー、法学者サヴィニー、医学者ルードルフィ（Karl Asmund Rudolphi, 1771-1832）、文献学者ベック）に委ねた。この四人委員会（実質上はルードルフィを除いた三人委員会）は六月二七日に新草案（九章一六〇個条）を詳細な注釈とともに提出した[91]。これはさらに局で修正されて、一八一六年一〇月三一日になって国王の認証を受けた[92]。

ウーデン案の前文には、「朕の諸国家における従来のすべての大学に関わる規則は、以下の規定に反する限り、無効とする」とあり、いかにも旧大学刷新の意気込みを表している。しかし、第一条では、「ベルリン大学は、当地にすでに存在する科学アカデミーおよび芸術アカデミーの両者、また当地の学問的な諸機関および蒐集施設と結合し、ドイツの諸大学のすべての基本的な権利、とりわけ学位を授与する権利を享受する」と、暫定規則を踏襲している。だが、ウーデン案第三条は、①神学部、②法学部、③医学部、④哲学部を挙げて、この順序は「古くからのドイツの伝統」に従ったものであるとわざわざ断っている。まるで、カントが下級学部たる哲学部と上級三学部の位階秩序を転倒し、それがフンボルト＝ベルリンの「哲学的」大学に引き継がれたとする後世の説を嘲笑うかのような規定である。もっとも、これがウーデンの主導によるものかどうかはわからない。一八一六年の正式学則第四条では学部ランクに関わる部分は削除されている。

その正式学則の第一章第一条はこういう内容である。(93)

> ベルリン大学は朕の諸国家における他の諸大学と同じ目的、すなわちしかるべき予備教育を受けた青年子弟の一般的および個別的な学問的陶冶《ヴィッセンシャフトリッヘ・ビルドゥング》を講義その他の演習により継続し、高等の官職および聖職の諸部門に就くことができるようにする目的を有するとともに、教育施設としても、また特権的団体（privilegirte Corporationen）としても、国父の保護の下、ラント法第二部第一二章第六七条および六八条に従って大学の基本的な権利を享受するものとする。

ラント法（プロイセン一般ラント法）の引証(94)からして、国権を重視した保守派の長官シュックマン(95)の意向を反映しているかのような印象を与える。少なくとも「ドイツの諸大学」の権利はプロイセンの現行法上の権利に縮減された。

実際、委員会案（シュライアーマッハー起草）の第一章第一条にはこう書かれていた。

> 大学はすべてのドイツの諸大学と同じ目的、すなわちしかるべき予備教育を受けた青年子弟の一般的および個別的な学問的陶冶を講義その他の演習により完成し、高等の官職および軍務の諸部門に就くことができるようにする目的を有するとともに、教育施設としても、また特権的団体としても、国父の保護の下、ラント法第二

部第一二章第六七条および六八条に従ってドイツの大学の基本的な権利を享受するものとする。

レンツは、これが一八〇九年八月一六日の閣令により承認され、ウーデン案でも確認された命題に連続するものであり、それはまさしくフンボルトが「バイメの一般的教育施設の理念」を改造した思想だとしている。[96]バイメまで遡るのはレンツの独自解釈であるから別として、「ドイツの諸大学」は温存されており、「学問的陶冶」の語はフンボルトの思想と連続性をもっている。そして、官僚養成という目的は、我々が「覚書」のフンボルトに見出したものであった。

本解説では、「覚書」にうかがわれる——とくに「フンボルト理念」として後に称揚された——フンボルトの学問・教育思想の内容に踏み込まなかったので、パレチェクの主張に賛同しているかのような印象を与えるかもしれない。しかし、それは、フンボルトが何から何まで「伝統」に即した議論を展開したことを示すためではなく、「官僚フンボルト」という視角から「覚書」を読み直してみた結果にすぎない。シュタイン＝ハルデンベルクの改革が「本来の改革理論」を基礎にしたものではなかったように、[97]大学論を含めたフンボルトの教育改革政策も確固たる教育理論に基づいていたわけではなく、その相当部分は状況（それには国王や内局や閣僚や科学アカデミーからの抵抗も含まれる）に応じた政策論の性格を帯びていた。そこからすれば、フンボルトの発言をむやみに理想化して、確固不動の理念として固定化することは、厳に戒めなければならない。

だが、翻って「政治思想」という枠組で見るならば、フンボルトには『国家活動の限界』という未公刊の理論書があった。その国家思想は、「官僚フンボルト」にも保持されていた。たとえば、フンボルトは一八〇九年五月の内相への一般報告で、地方の学校運営への都市や村落の参加に関してこう言っている。教育局は、「本来国民に託された仕事について国民をいっしょに活動させる」という点を最も本質的で重要な仕事とみなしている。なぜなら、「業務遂行」の狭い範囲を超えた見地からすると、当局がその目的を達成するに至る時機が来るとすれば、それは、「その仕事を完全に国民の手に委ね、教育（Unterricht und Erziehung）については、わずかになお最上級の国家行政に対する最高度の関係においてのみ、携わりうる」ような時だ、と言うことができる。「国家は学校制度につきいちいち世話を焼くことがあってはならないという（英国においてもちろん別の理由からだが、結局すべての学校の堕落を導いた）原則こそ、首尾一貫した国家学理論（eine Theorie der Staatswissenschaft）に従えば、たしかにただ一つ、真の正しい原則である」と。[98]「国家学理論」とは「政治学理論」のことであり、それは、かつてバーク＝ゲンツの「実践的」理論に対置された、「陶冶」を基礎にした「哲学的」理論（第二部解説）であり、『限界』でいえば、「陶冶」に対する干渉を可能な限り排し、したがって公教育の範囲を縮小する「安全」の理論であった（第一部第六章）。

もとより、「官僚フンボルト」がこの「国家学理論」の原則をどこまで実践において貫徹したのかということは、改めて検討してみなければならない。[99]フンボルトが提案し、実行したすべての施策が学校制度につき「いちいち世話を焼く」ものでなかったと言い切ることは、おそらくできないであろう。

註

（1） Battisti, Freiheit und Bindung, S.43.

（2） フンボルトは一八〇八年一一月に、今後ありうる事態が「ベルリンの独立したポスト」、「提供された従属的なポスト」、従来通りローマでの地位で減俸、無給の四つだと予想し、俸給がなくなると困るが、最も厄介なのは、「名誉を救うこと、つまり私が活動的なポストを望まず、祖国の繁栄などどうでもいいと思っているのだと思われないようにすること」であろうと語っている。Brief an Caroline, 16. Nov. 1808, in: Wilhelm und Caroline von Humboldt in ihren Briefen, Bd.3, hrsg. v. Anna von Sydow, Berlin 1909, S.17.

（3） 中村幹雄「プロイセン改革期における中央行政変革」『立命館文学』第二二八号、一九六四年六月、一三九頁以下。Ernst Rudolf Huber, Deutsche Verfassungsgeschichte seit 1789, 2. Aufl., Bd.1, Stuttgart usw. 1967, S.148ff.

（4） 田中昭徳『プロイセン民衆教育政策史序説』（風間書房、一九六九年）付録Ⅲ参照。

（5） Sammlung der für die Königlichen Preußischen Staaten erschienen Gesetze und Verordnungen von 1806 bis 27sten Oktober 1810. Als Anhang zu der seit dem Jahre 1810 edirten Gesetz-Sammlung für die Königlichen Preußischen Staaten, Berlin 1822, S.362f.

（6） Eduard Spranger, Wilhelm von Humboldt und die Reform des Bildungswesens, 3. Aufl., Tübingen 1965, S.78f. この改革に先立って事態がなお流動的であった中で一八〇八年八月五日、非占領地域に関わるプロイセン地方省（Provinzialministerium）の指導者で内務大臣のシュレッター（Friedrich Leopold Freiherr von Schroetter, 1743-1815）によって聖職・学校・救貧制度庁が設置されていた（暫定的に主導的役割を果たしたのは宗務参事官ニコロヴィウスであった）が、これが内務省に移管となった。Ebenda, S.75f.: Huber, a.a.O., Bd.1, S.278.

（7） Sammlung der Gesetze u.Verordnungen, S.365f. なお、一一月二四日の命令もほぼ同内容の職務範囲を示している。大崎功雄『プロイセン教育改革研究序説』（多賀出版、一九九三年）三九五頁以下参照。

（8） 後に妻宛の手紙で、仕事のため自分のための時間がほとんどないとこぼしながら言う。「だが、心配するには及ばない。世の中に自分の仕事をさっさと苦もなく片づける人間がいるとすれば、それは私である。［…］私みたいにこれほど清濁一切を一人の人間の下に集めた人間はいないということを誰しも認めざるをえない。なにしろ私は同時に教会、学校、劇場、病院を抱えているのだから。」Brief an Caroline, 27. Jan. 1810, in: W .u C .in ihren Briefen, Bd.3, S.326f., 329.

（9） 法令に関しては、「閣令（Cabinetts-Ordre）」という形式が以後も圧倒的に重要な意味を持ち続けた。フンボルトは一八〇九年五月の手紙で、「国務参議院は存在せず、我々にあるのはあいかわらず、少なくとも問題に関わるすべての大臣が目を通す真の命令の代りに閣令であるというのは、根本的な悪弊である」と断じている。Brief an Ludwig von Vincke, 30. Mai 1809, in: GS, Bd.16, S.126. Vgl. Brief an Wolf, in: GS, Bd.16, S.188. また、同年七月の手紙では、我々は成果を挙げ、課された仕事が抱える問題を手際よく解決しなければならないのだから、「私は、たとえ明日になると一片の布告がすべての仕事を反故にすることを知っていても、今日仕事を続けることができるのだろう」と語っている。Brief an L. v. Vincke, 18. juli 1809, in: GS, Bd.16, S.176.

（10） 多くの研究があるが、さしあたり望田幸男『ドイツ・エリート養成の社会史』（ミネルヴァ書房、一九九八年）四〇—四一頁参照。

（11） Sylvia Paletschek, Verbreitete sich ein ,Humboldt'sches Modell ' an den deutschen Universitäten im 19. Jahrhundert? in: Humboldt in international: der Export des deutschen Universitätsmodells im 19. und 20. Jahrhundert, hrsg. v. Rainer Christoph Schwinges, Basel 2001, S.75ff.

（12） Vgl. Mitchell G. Ash, Mythos Humboldts, gestern und heute-Zur Einfuhrüng, in: Mythos Humboldt, Vergangenheit und Zukunft der deutschen Universitäten, hrsg. v. Ash, Wien usw. 1999, S.10. 「神話」説の代表者の一人フォム・ブルッフは、ペー

ター・モーラフのドイツ大学史三段階説（一四世紀中葉から一八〇〇年ごろまでの前古典時代、一九世紀初頭から一九六〇―七〇年代までの古典時代、それ以降のポスト古典時代）に対して、ポスト古典時代の始まりが一九〇〇年ごろに位置していること、古典時代の大学像が「フンボルト大学」とは違っていたことなどを指摘して言う。「フンボルト大学」とは、四つの前提、すなわち①リベラルな理念からする国家活動の限定、②伝統的な「学識団体（universitas litterarum）」の、「哲学的」に定礎された学問の統一の理念への改造（カントの学部論）、③ゲーテに見られる市民社会の新しい陶冶概念（学問による個性的人格開花のチャンスとしての陶冶）、④百科全書的な学問の伝統から解放された、「探求（Forschung）」原理に適合した学問の位置づけ（「孤独と自由」）を中核とし、三つの枠となる条件（フンボルトによってこそ可能になった、「専門学校」モデルの拒否と旧来の「大学」の再生、アビトゥア・学位・資格制度・学位制度等の「行政的―制度的規制」、教師と学生の新しい志向）により支えられていた。そしてフンボルト大学の理念は一九世紀を経るうちにある程度まで「現実」となっていったが、しかし折も折、この理念がもはや維持できなくなった一九〇〇年ごろに、この理念の基礎づけが広く知られるようになり、それが「伝統志向的」と称する、フンボルト大学の「完成（Abrundung）」のアリバイとして利用されざるをえなかったことこそ、「フンボルト大学の神話」について語るべき根拠がある。ハーナックは、ゲープハートが一九〇〇年の直前に発見した「覚書」を、大学から独立した探究施設としてのカイザー・ヴィルヘルム協会の正当化のために使った。Rüdiger vom Bruch, Langsamer Abschied von Humboldt? Etappen deutscher Universitätsgeschichte 1810-1945, in: Mythos Humboldt, hrsg. v. Ash, S.29ff. リューディガー・フォム・ブルッフ、高森昭訳「ドイツ大学の史的展開――フンボルト改革以降における」『大学史研究』第七巻、一九九一年八月、七七頁以下参照。

（13） パレチェクはアッシュとフォム・ブルッフの論稿（前註（12））を引いてこう述べている。「フンボルト神話」論は、フンボルト的大学の中核が少なくとも短期間（およそ一八一〇―三〇年ベルリン大学において）実現されたが、一九〇〇年ごろに始まる神話により時代遅れになり、「伝説」となったというところから出発するけれども、「私は、一九世紀全体についてフンボルトの大学論がなんらかの役割を演じたわけでもなければ、フンボルト大学が話題にのぼったわけでもないということを強調するために、『フンボルト［理念］の発明』という概念の方を選ぶ」と。Paletschek, a.a.O., S.78 Anm.

(14) 潮木守一「フンボルト理念とは神話だったのか」『大学論集』第三八集、二〇〇七年三月、一七一―一八七頁、同『フンボルト理念の終焉?』（東信堂、二〇〇八年）。

(15) 金子勉『大学理念と大学改革』（東信堂、二〇一五年）第一章および第二章参照。なお、フンボルト理念の浸透に関する議論では、中等学校（ギムナジウム）はあまり問題とされないようだが、一九世紀後半期の中等学校教育をめぐる人文主義派と実用主義派の対立で、文系の大学教師の多くが前者に加担したこと（西村『知の社会史』二二四頁以下）からすれば、たとえこの時期には新人文主義的理念が形骸化し「権威」の源泉となっていたとしても、それが思想的「現実」の中に定着していたことは否定できない。

(16) 斉藤渉（「フンボルトにおける大学と教養」（西山雄二編『哲学と大学』（未来社、二〇〇九年））は、神話説を踏まえつつ、フンボルトの大学論に「対外的文化政策」という契機を見出し、深井智朗（「訳者解題」（フリードリヒ・シュライアマハー『ドイツ的大学論』（未来社、二〇一六年））は、神話説の一定の正当性を承認しつつ、「フンボルト理念」をフンボルト個人に帰するのではなく、むしろその時代の「時代精神」やナショナリズムと結びついた「学問行政」との関係で理解されるべきだという観点を提示し、ベルリン大学創設に関するシュライアーマッハーとフンボルトの「共同作業」に言及している。他方、近年、伊藤敦広「『個別的理想』と大学の理念――フンボルトの陶冶・教養プロジェクト」（『シェリング年報』第二六巻、二〇一八年七月、四頁以下）は、「フンボルト理念」と「フンボルト自身の思想」を区別し、理念の神話性についても歴史的事実に即して検討すべきだとして、「官僚フンボルト」の思想に迫ろうとする。資料的に限られているが、本解説に近い視点である。Vgl. Walter Rüegg, Der Mythos der Humboldtschen Universität, in: Universitas in theologia, theologia in universitate: Festschrift für Hans Heinrich Schmid zum 60. Geburtstag, hrsg. v. Matthias Krieg und Martin Rose, Zürich 1997, S.

160ff.: vom Bruch, a.a.O., S.50f.
(17) Paletschek, a.a.O., S.87.
(18) Ebenda, S.76.
(19) Vgl. Peter Lundgreen, Mythos Humboldt in der Gegenwart:Lehre–Forschung–Selbstverwaltung, in: Mythos Humboldt, hrsg. v. Ash, S.147.
(20) フンボルト理念は現代日本の教育政策論でも依然として賛否両論の的となっている。潮木『フンボルト理念の終焉?』二三二—二三五頁。
(21) この時期および前後のプロイセンの国家試験制度とその思想、政治状況、法律学の関係について、詳細は上山安敏「官僚制・国家試験・官僚法学」(一)『法学論叢』第九一巻第二号、一九七二年五月、一頁以下参照。
(22) Reinhart Koselleck, Preußen zwischen Reform und Revolution, 2.Aufl., Stuttgart 1975, S.156. カント哲学の洗礼を受け、アダム・スミスの経済学に親炙した「カント学派官僚」(上山安敏『ドイツ官僚制成立論』(復刻版、有斐閣、一九八六年)三一五頁以下)である。典型は、ケーニヒスベルクでスミスの思想の普及者であったクラウス(Christian J.Kraus, 1753–1807)とカントの講義を聞いたシェーン(Theodor von Schön, 1773–1856)である。
(23) 本章の初出は、Wilhelm Dilthey und Alfred Heubaum, Ein Gutachten Wilhelm von Humboldts über die Staatsprüfung der höheren Verwaltungsbeamten, in: Schmollers Jahrbuch für Gesetzgebung, Verwaltung und Volkswirtschaft, N.F.23, 1899, S.1458ff. であるが、これにはアルテンシュタインの意見書(一八三七年九月二四日)が付してあり、そこには「一般的かつ哲学的な修練」の要求と大学勉学期間の延長についてフンボルトの後を継ぐ見解が示されている。Ebenda, S.1457.
(24) Max Lenz, Geschichte der Königlichen Friedrich–Wilhelm Universität zu Berlin, Bd.1, Halle 1910, S.78 Anm.Vgl. Huber, a.a.O., Bd.1, S.286.

(25) Rudolf Köpke, Die Gründung der Königlichen Friedrich-Wilhelm-Universität zu Berlin, Berlin 1860, S.163.

(26) 一八〇七—一〇年にベルリンで講義を行ったのは、シュライアーマッハー、シュマルツ、フィヒテ、文献学者ヴォルフ（第二部解説註（16））、フロリープ（Ludwig Friedrich von Froriep, 1779-1847）、フーフェラント（第二章訳註（2））、ホフマン（第一章訳註（26））である。講義題目は s. Köpke, a.a.O., S.141.シュマルツは後にベルリン大学初代学長に任じられたが、フンボルトはシュマルツを評価していなかったようである。Vgl. Brief an W. Uhden, 17. Okt. 1809, in: GS, Bd.16, S.224.

(27) バイメは、一八〇四年にシュタインを商務省のトップに招聘しており、行政・経済・教育・司法の改革を受け容れる姿勢であったが、国王側近制を擁護したため、シュタインと衝突した。Huber, a.a.O., Bd.1, S.128.

(28) Humboldt, An Dohna über Wolf, 6. Feb. 1809, in: GS, Bd.10, S.17. ここでフンボルトは、ベルリン大学のことを「我々の教育施設の新組織」と表現している。Ebenda, S.18.

(29) Brief Johann Wilhelm Süverns an Chr. G. Schütz, 25. März 1809, in: Christian Gottfried Schütz, Darstellung seines Lebens, Charakters und Verdienstes, nebst einer Auswahl aus seinem litterarischen Briefwechsel mit den berühmtesten Gelehrten und Dichtern seiner Zeit, hrsg. v. Friedrich Karl Julius Schütz, Bd.2, Halle 1835, S.429: Schlesier, a.a.O., 2.Teil, S.177. フンボルトが起草した検閲令草案では、フランクフルトとケーニヒスベルクの両大学が従来通り検閲を行う権利をもつ（第二四条）とし、検閲令（一七八八年）の例外条項（科学アカデミーとその会員、それと結合した医事外科評議会の委員により書かれた著作物は検閲を免れる）は、「もしベルリンに大学が設立されれば、その正教授は科学アカデミー会員と同じように検閲を免除される」（第二七条）とある。Entwurf einer Verordnung und Vereinfachung der Zensurbehörden betreffend, Ende März 1809, in: GS, Bd.10, S.61.

(30) Generalverwaltungsbericht der Sektion für den Kultus und öffentlichen Unterricht（c）, 5. Apr. 1809, in: GS, Bd.13, S.212, 213. Vgl. Köpke, a.a.O., S.64. ブットマン（Philipp Karl Buttmann, 1764-1829）は、ゲッティンゲン大学でハイネに学んだ文献学

者で、当時ギムナジウム古典語教師を務め、ベルリン・アカデミーの会員でもあった。ヴォルフとともに雑誌『古代学叢書（Museum der Altertumswissenschaft）』二巻（一八〇七―〇九年）を編集した。この雑誌の第一巻巻頭の綱領論文でヴォルフは、フンボルトの「古代、とくにギリシャ古代の研究について」（一七九三年）から断片を引用している。また、シュライアーマッハーもこの雑誌に関係していた。Vgl. Brief Humboldts an F. Schleiermacher, 12. März 1808, in: Albert Leitzmann, Jugendbriefe Wilhelm von Humboldts, in: Preußische Jahrbücher, Bd.240, 1935, S.28f. この雑誌はベルリンの王立実科学校書店から出されていたが、これはシュライアーマッハーの大学論の出版者であり、また後にライマー社と名を変え、ブランデス編『フンボルト全集』も出版している。

（31） Humboldt, An den König über Wolf, 18. März 1809, in: GS, Bd.10, S.20.

（32） Ebenda, S.21. Antrag für Fichte, 10. Mai 1809, in: GS, Bd.10, S.72.

（33） Generalbericht（e）, 3. Juni 1809, in: GS, Bd.13, S.223.「すでに一八〇七年に作成されたベルリンにおける大学の構想においても」という表現がある。Antrag für Schleiermacher, 5. Juli 1809, in: GS, Bd.10, S.80.

（34） Generalbericht（g）, 16. Aug. 1809, in: GS, Bd.13, S.242.

（35） Köpke, a.a.O., S.194.

（36） Generalbericht（h）, 16. Sept. 1809, in: GS, Bd.13, S.247, 250.「ハインリヒ王子の宮殿」については第二章訳註（6）参照。

（37） Generalbericht an den König, 23. Mai 1810, in: GS, Bd.10, S.273ff.

（38） 「五月提議」に対してアルテンシュタインは、財務相として運営費の問題に力を入れて助言し、また場所をベルリンにすることについての国王の不安とみずからの疑念を伝えている。Brief Karl Frhr. vom Stein zum Altensteins an Humboldt, 2. Juli 1809, in: Köpke, a.a.O., S.188f. ところが、レンツは、財務相の提言により、「五月提議」から「七月提議」への「根底に関わる」変更があったとする。すなわち、第一に「大学」から「一般的教育施設」への名称変更、大学の全ドイツ国民にとっての意義の強調からプロイセンの精神的優位への重心移動（国王内局への配慮による）、ベルリン設置の根拠の変更である。レンツは、結果としてフンボルトは、ベルリンを地方大学に優越した教育施設にしようとしたバイメの構想（後註（44）参照）に戻ったとしつつ、「有機体」の比喩によって諸施設の独立と統一を図ったことを理由に、フンボルトが一八〇七年の思想をひたすら再受容したとはいえないことを認めている。Lenz, a.a.O., Bd.1, S.173ff. なお、後註（46）参照。

（39） Antrag auf Errichtung der Universität Berlin, Mai 1809, in: GS, Bd.10, S.141.

（40） 「七月提議」に登場する「一般的な高等教育施設」という語は、「一般的教育施設」では不十分と見て、「高等」の語を加えたものと推測される。フンボルトはこれ以前には、上掲の一八〇九年四月報告の「高等教育施設」と同年二月報告の「我々の教育施設の新組織」（前註（28））を除いてすべて「大学」という表現で済ませているから、「高等教育施設」は「大学」の言い換えと見てよい。「七月提議」では「一般的教育施設」や「高等施設」という表現も使っている（第二章二七六頁）が、これは「五月提議」の該当箇所ではいずれも「大学」となっていた。Antrag auf Errichtung der Universität Berlin, Mai 1809, in: GS, Bd.10, S.139, 140. フィヒテの大学論が一八〇七年閣令を受けたものでありながら、「高等教育施設」という言葉を使っているのも同じ理由によるのであろう。ただ、同時にフィヒテはこの施設を「大学」とか古代の意味における「アカデミー」と呼び、特殊には「高等学識者学校」という名称も使っている。Johann Gottlieb Fichte, Deducirter Plan einer zu Berlin zu errichtenden höhern Lehranstalt, die in gehöriger Verbindung mit einer Akademie der Wissenschaften stehe. 1807, in: Über das Wesen der Universität, hrsg. v. Eduard Spranger, Neue Ausgabe. Leipzig 1919, S.9. 梅根悟訳「ベルリンに創立予定の、科学アカデミーと緊密に結びついた、高等教授施設の演繹的プラン」（『大学の理念と構想』（明治図書出版社、一九七二年））一六頁、金子、前掲書三〇—三一頁参照。なお、上掲の一二月一六日「公告」に示された公教育部の職掌のⓑ（すべての教育施設。大学、ギムナジウム、学識学校、初等学校、市民学校、実業学校、技術学校）にあたる部分は、一八〇八年一一月二四日の命令では、ⓑ高等教育施設および大学、ⓒ高等の市民学校および技術学校となっており（G. H. Pertz, Das Leben des

Ministers Freiherrn vom Stein, Bd.2, 2. Aufl., Berlin 1851, S.710)、「高等教育施設」は「大学」と区別されており、「公告」にいう「ギムナジウム、学識学校」を指すようである。もしそうであるならば、「高等（höher）」は「中等学校（höhre Schule）」という場合と同じ意味である。しかし、フンボルトの用法はこれと異なる。

（41） Antrag auf Errichtung der Universität Berlin, Mai 1809, in: GS, Bd.10, S.141.「学問的な諸機関」は「臨床、解剖学、医学に関わる機関」（第二章二七七頁）を、「学問的な学校」は学識学校（ギムナジウム）を指す。

（42） 一八〇七年閣令が旧来の大学を忌避してまったく新しい高等教育施設を創ろうとしたかどうかは定かではないが、フンボルトはそのように解したようである。また、フンボルトが「一般的教育施設」に換えて「一般的な高等教育施設」という表現を選んだのは、ベルリンに既設の多くの「専門学校」の類（第三章訳註（40）参照）との差異化を図ったからだとも考えられる。

（43） フンボルトはヴォルフへの手紙で、「あなたを個人的に知っており評価しているバイメ」と表現している。Brief an Wolf, 4. Dez. 1792, in: Humboldts gesammelte Werke, Bd.5, 1846, S.261.

（44） Köpke, a.a.O., S.41f., 167, 168f. ヘルムート・シェルスキー、田中昭徳他訳『大学の孤独と自由』（未来社、一九七〇年）六三頁。ヴォルフは第二提案で、全アカデミー会員（Académicien）が同時に大学の「補助教員（Adjunct）」になるという考えに反対し、ただし講義の才能のある人ならそれも可能かもしれず、「フンボルト」のようなきわめて名声の高い人物が関与するのは魅力的であるとし、さらに科学協会（Societät der Wissenschaften）と大学の関係のモデルとしてゲッティンゲンの例を挙げ、そこではせいぜい教授の半分が同時に協会の会員であるにすぎないと述べている。しかも、この提案書の余白にバイメは次のようなメモを書き込んでいる。「私は、数年前、首都における、一切のツンフト強制から解放された一般的な学問的教育施設（allgemeine wissenschaftliche Bildungsanstalt）についてはじめて思いを致した時、ゲッティンゲンの制度のことを、あるいはむしろ、濫用が忍び込んでいないその精神のことを考えていた。しかし、私は、だからこそこれまでの地方大学がいわゆるパンのための勉学のためにその特異な制度にしがみつかざるをえないことになると思ったし、今でもその考えは変らない。」Lenz, a.a.O., Bd.1, S.68. シェルスキー、前掲邦訳書五九頁。「科学協会」はアカデミーのことである。第二章訳註（3）参照。ゲッティンゲンのモデルはフンボルトも新施設の一つの選択肢として考えていた。第二章二七八頁、第四章三二七頁および訳註（6）参照。

（45）ヴォルフのいう「フンボルト」は名声が高く、しかもアカデミー会員と目されるから、当時ローマにいてバイメの計画を知らなかったヴィルヘルムよりも、一八〇四年八月に長年にわたる中南米の研究旅行から帰ってきて旅行記と論文によってヨーロッパ中で名声を博し、一八〇六年夏に科学アカデミーの「新組織」の必要を訴え、一八〇七年一〇月末にアカデミーに設置された新組織委員会の委員長に選ばれるほどの実力者であったアレクサンダーであったと思われる。Adolf Harnack, Geschichte der Königlich Preussischen Akademie der Wissenschaften zu Berlin, Bd.1, H.2, Berlin 1900, S.554, 566 Anm., 571; Lenz, a.a.O., Bd.1, S.86 Anm.

（46）「解説」（『大学の理念と構想』）二四四―二四五頁。深井智朗は、前掲「訳者あとがき」で、梅根とまったく同じ図式に基づいて、シュライアーマッハーの大学論がバイメを批判したものだとしている。また、杉浦忠夫（「ベルリン大学創設前後」（一）『明治大学教養論集』第四三一号、二〇〇八年三月、五七頁以下、同（二）『明治大学教養論集』第四四四号、二〇〇九年三月、一頁以下）は、フィヒテがヴォルフなどとともに、旧型の大学を忌避するバイメの「一般高等教育施設（Allgemeine Lehranstalt=studium generale）」の構想に賛同し（バイメ＝フィヒテの「革新路線」）、それをシュライアーマッハー＝フンボルトの伝統的路線と対置している。なお、後にバイメとフンボルトはともにカールスバートの決議に反対して解任された（第四部解説参照）。また、フンボルトの在ローマ教皇庁公使就任にはバイメのとりなしも与っていた。Gall, Wilhelm von Humboldt, S.102.

（47）児玉善仁「起源としての『大学』概念」（別府昭郎編『〈大学〉再考――概念の受容と展開』（知泉書館、二〇一一年）九頁参照。

(48) マッソウは「とくにポンメルン州を配慮した公的学校・教育制度の改善のための理念」(一八〇〇年)で、「大学の代りに、医師、法律家等のためのギムナジウムとアカデミーだけでよい」という意見に賛同すると述べていた。ただし、実行には相当の準備が必要で、この先一五年間は「異常な」大学に耐えなければならない、と付加している。また、一八〇一年にもマッソウは、古代に由来する大学制度は、将来の学者の教育だけでなく、市民生活にとって有用な公民の教育にもふさわしくないと論じたが、大学をただちに廃止することは得策でもなければ可能でもないとして、カリキュラム改革を提案している。Köpke, a.a.O., S.12, 14.つまり、見解はラディカルな実用主義であったが、実行については慎重であった。マッソウの率いた高等学務局の一員であったゲディーケ(Friedrich Gedike, 1754-1803)は、大学進学予定の生徒とそうでない生徒を厳格に区別せず、「未来の職人が知り学ばなければならないすべてのことは教養ある人間も知らなければならないが、まったく同じことを学者も知らなければならない」といい、「あらゆる力の陶冶を通じて人間を本当の意味で人間へと磨き上げること」をギムナジウムに期待した。一八〇三年にゲディーケが死んだ後の高等学務局とマッソウはその構想を受容し、しかも同年にマッソウは、学識学校と大学の間の授業の境界線に関する鑑定書をハレ大学に依頼したが、それを書いたF・A・ヴォルフは基本的にゲディーケと同じ意見を提出した。Karl-Ernst Jeismann, Das preußische Gymnasium in Staat und Gesellschaft, Die Entstehung des Gymnasium als Schule des Staates und der Gebildeten, 1787-1817, Stuttgrt 1974, S.192, 194. ゲディーケの「職人」—「人間」陶冶論はほぼフンボルトの主張(第三章二九二頁以下参照)の先取りである。したがって、マッソウが専門学校を数多く設立するなど実用主義に強く傾斜し(第三章訳註(40))、フンボルト的な人文主義的教育観がそれに対抗したことはまちがいない(だからフンボルトは「国家は、大学をギムナジウムとしても専門学校としても扱ってはなら」ないとし(第四章三二三頁)、シュライアーマッハーも同様の姿勢を示した(Friedrich Daniel Ernst Schleiermacher, Gelegentliche Gedanken über Universitäten in deutschem Sinn, 1808, in: Über das Wesen der Universität, hrsg. v. Spranger, S.125, 138. 前掲邦訳書三

四、五六頁）が、マッソウとその時代は実用主義ないし専門学校主義一色で塗りつぶされていたわけではない。ちなみに、大学廃止論は、啓蒙的な官僚や文筆家の秘密結社「ベルリン水曜会」でも討論の対象になり（一七九五年）、廃止に賛成したのは少数であったが、多くは実用性を欠いた大学の旧学識を批判した。しかし、新人文主義的な学問観から大学を擁護する会員もおり、ゲディーケもその一人であった。西村『文士と官僚』二七三―二七四頁。なお、ゲディーケは一七八四年に、「実用的」大学を首都に、「学識的」大学を地方に置き、地方大学の定年退職教授には、「必ずしも不活発ではない安息所」として首都の科学アカデミーの席を提供するという案を提起している。Heinz-Elmar Tenorth, Die Universität zu Berlin-Vorgeschichte und Einrichtung, in: Geschichte der Universität Unter den Linden 1810–2010, Bd.1, hrsg. v. Ternoth und Charles E. McClelland, Berlin 2012, S.18f.

（49）シェルスキー、前掲邦訳書五七頁。シェルスキーの見解はレンツの研究に負う部分が多いが、レンツによれば、バイメはベルリンの施設を古い名前で呼ぶのを嫌い、つねに「一般的教育施設」について語ったとする。Lenz, a.a.O., Bd.1, S.67. シェルスキー、前掲邦訳書五八頁。この説が正しいとすれば、逆にフンボルトは「一般的教育施設」を嫌って意識的に「大学」という名称を使い、したがってバイメとフンボルトは相容れなかったことになる。もっとも、レンツは結局、バイメの構想について正確なことはわからず、明瞭なのは彼の思想が「マッソウの構想とほとんど共有するものがなかった」ことだけだとしている。Ebenda, S.69. なお、ケプケによれば、一八〇七年秋から一八〇八年まで、草案の性格を持った書簡を含めて一三点の意見書等が出されたが、中には伝統打破の志向から大学の名称も変えるべきだという見解もあり、「教育機関（Lehrinstitut）」と「アカデミー」の間で揺れ動いていたが、ただ„Fakultät“はツンフト精神の巣窟だ（ヴォルフ）という考えから、誰も賛同者がいなかった。Köpke, a.a.O., S.45, 46. 「アカデミー」は必ずしも「科学アカデミー」を指す言葉ではなく、専門的な教育施設もアカデミーと呼ばれた。また、ドイツでは以前から人文主義者が「アカデミー」を大学の尊称として使っており（西村『文士と官僚』九九頁）、ヴォルフも「大学とアカデミーは――もちろん誤ってであるが――しばしば同じ意味で使われた」と言っている。Köpke, a.a.O., S.168.

(50) 「一般的」は、「プロイセン一般ラント法」の場合と同様、「共通の」、または「全国レベルの」という意味に解することもできる。なお、ケプケは、政府内の「内局派」と「内閣派」との対立が学者にも反映し、フィヒテは大学構想につきバイメを評価したが、シュライアーマッハーはシュタインの側についたと解する。Köpke, a.a.O., S.42.

(51) フンボルトは総じて「職業教育」よりも「一般教育」を優先したが、職人、商人、工芸家等々のための「専門学校」を排したわけではない（第三章二九四頁）。しかし、フンボルトは、医学系教育施設を、①大学（学問の全領域と、また理論から実践への移行のために必要な限りで実践的導入部と結合した理論的―学問的教育）、②大学教育を完了した後の医療実務の施設、③医学的専門学校（medicinische Specialschulen）の三種類に分け、さらに③を、「パリにおいて、そして残念ながらずっと以前からベルリンにおいても存在しているような学問的専門学校」と大学教育を受けられない人々のための「経験的専門学校」に二分し、前者は「有害」であり、教育局も医事官庁もこれを保護することができないと断じている。Über die Organisation des Medizinalwesens, 18. Juli 1809, in: GS, Bd.13, S.258.

(52) Köpke, a.a.O., S.20ff., 147ff. ただし、旧式の大学に対する批判については同意見であったと推測される。なお、フンボルトは大学入学以前にエンゲルから哲学の私的講義を受けている。第一部第一一章訳註（1）。

(53) Vom Bruch, a.a.O., S.37, 50f. ほぼ同趣旨の見解として、Walter Rüegg, Ortsbestimmung, Der Königlich Preußische Akademie der Wissenschaften und der Aufstig der Uiversitäten in den ersten zwei Dritteln des 19. Jahrhunders, in: Die Königlich Preußische Akademie der Wissenschaften zu Berlin im Kaiserreich, hrsg. v. Jürgen Kocka unter Mitarbeit von Raniner Hohlfeld und Peter Th. Walther, Berlin 1999, S.22ff., 33.

(54) Brief Schleiermachers an C.G.Brinkmann, 1.März 1808, in: Idee und Wirklichkeit einer Universität. Dokumente zur Geschichte der Friedrich-Wilhelm-Universität zu Berlin, hrsg. v. Wilhelm Weischedel, Berlin 1960, S.208f.: Humboldt, Über die

Organisation des Medizinalwesens, 18. Juli 1809, in: GS, Bd.13, S.257. ある同時代人も、フンボルトが「大学の根本形式は保持されなければならず、聴講の自由と教授の自由はこうした施設の必要条件である」という洞察をもってベルリン大学構想を練った、と評価した。Ernst Theodor Mayerhoff, Geschichtliche Beleuchtung des Zustandes der deutschen Universitäten, 2.Aufl., Berlin 1837, S.60. 学者ではつとにパウルゼンが、ベルリン大学創設は「まとまった学識団体としての大学の古い形式を堅持する決断」を意味したと解している。Friedrich Paulsen, Die deutschen Universitäten und das Universitätsstudium, Berlin 1902, S.62.

（55）Paletschek, a.a.O., S.87 u. Anm.

（56）Brief an Uhden, 22. Aug. 1809, in: GS, Bd.16, S.203.

（57）Köpke, a.a.O., S.194, 197.

（58）Über die Akademie der Künste, 29. März 1809, in: GS, Bd.10, S.33ff. フンボルトに言わせると、「監理官」は、芸術・学問が国家の保護を得るためにいまだ特別の「メセナ」を必要としていた時代のものであった。なお、後の報告書でも、王室の一人を芸術アカデミーの「監理官」に担ごうとする動きは、ある閣令により誘発されたものであるが、その閣令では、アカデミーと大学は特別の監理官を持たず、できるだけ自由を享受し、ただ公教育局の下に位置することになるという原則が確認されたとしている。Generalbericht (f), 2. Juli 1809, in: GS, Bd.13, S.226f. Vgl. Generalbericht (g), 16. Aug. 1809, ebenda, S.242. この閣令は一八〇九年七月九日付けとされる（Bruno Gebhardt, Wilhelm von Humboldt als Staatsmann, Bd.1, Stuttgart 1896, S.171, 176）が、報告書の日付はそれより一週間先である。「監理官」は政府派遣の大学監督職であり、以前にはマッソウやハルデンベルクが担当していた。ハレ大学の監理官（大学監督官）については、別府昭郎『近代大学の揺籃——一八世紀ドイツ大学史研究』（知泉書房、二〇一四年）四二—四三頁参照。

（59）これは、一八〇九年八月一六日の大学設置に関する閣令や同年九月二二日のアカデミーに関する閣令でも、各組織が公教育局に「依存し」、その「専一的監督の下に」もしくは「直接的指導の下に」結合される、という形で実現している。Köpke, a.a.O., S.194, 197.

(60) Generalbericht an den König, 23. Mai 1810, in: GS, Bd.10, S.273f. この引用文の最初に「されており（sollen）」とあるのは婉曲表現と見てもよい。フンボルトは、ウーデンが新聞で一八〇九年九月二二日のアカデミーに対する閣令について公表したことにつき、「学術的機関（literarische Institut）全体が完全に独立して活動する三つの部分（アカデミー、蒐集施設、大学）から成るとされている（soll）」ということをもっと簡潔明瞭に語っていたらよかったとし、しかも「これは施設の最も独自なところであり、この種の類似のものはないのだから、理念もまた新しい」と言っている。Brief an Uhden, 20. Okt. 1809, in: GS, Bd.16, S.226. なお、この閣令について不例の公表が行われことについて、フンボルトは、大学を設置するのかしないのかについての疑念を終わらせるために必要であったとしている。Brief an Uhden, 17. Okt. 1809, in: GS, Bd.16, S.224.

(61) GS, Bd.10, S.252f. Anm.

(62)「あらゆる学校は、個々の身分ではなくて、国民全体が、もしくは国家が国民のために引き受けるのであるから、一般的人間陶冶だけを目的としなければならない。――生活の必要が、もしくは生業の個々の必要が求めるものは、別個に、一般的教育の後で獲得されなければならない。両者を混ぜ合わせるならば、陶冶は不純になり、完全な人間も、個々の階級の完全な市民も得られない。」Der königsberger und der litauische Schulplan, 27. Sept. 1809, in: GS, Bd.13, S.258f.

(63) 中等教育については、川瀬邦臣「プロイセン教育改革期初期におけるフンボルトの中等学校改革」（一）『東京学芸大学紀要 第一部門 教育科学』第三一号、一九八〇年三月、同（二）『東京学芸大学紀要 第一部門 教育科学』第三三号、一九八二年三月が詳しい。また、ペスタロッチ方式の受容については大崎、前掲書四二二頁以下参照。

(64) Pertz, a.a.O., S.689ff.

(65) Generalbericht (f). 2. Juli 1809, in: GS, Bd.13, S.228, 229ff.

（66） Entlassungsgesuch, 29. April 1810, in: GS, Bd.10, 244ff. Vgl. Gall, a.a.O., S.206f. シェーンに宛てた一八〇九年秋の手紙によると、フンボルトは王太子誕生日記念舞踏会（一〇月一五日か？）で、国王に「現在の組織編制（Verfassung）」について意見を自由かつ詳細に具申する機会を得て、相当突っ込んだ意見を述べた。Brief an Theodor von Schön, 31. Okt. 1809, in: GS, Bd. 16, S.231ff. フンボルトの進退との関係で興味深い内容を含んでいるが、ここでは略する。Vgl. Brief an Caroline, 10. Okt. 1809 und 17. Okt. 1809, in: W. u C. in ihren Briefen, Bd.3, S.252, 263.

（67） 聖職者（官僚）が自己の信条に反する説教を命じられた時どうするのかという問題は、すでに一八世紀末の啓蒙官僚や文筆家たちに共有されており、啓蒙官僚やカントはそれに「ヤヌス」的な二元的解決策で答え、メンデルスゾーンは聖職者のまま信条を貫徹すべきだと論じたが、注目すべきことに同時にカントは聖職者は「辞職すべきだ」とも論じた。フンボルトは、検閲に関して「二人の検閲官」という構想により、ヤヌスを肯定し、また人間の尊厳や理想を踏まえた官僚像を提起した（西村『文士と官僚』二五八頁以下、三七七頁以下参照）が、みずからは、根本的改革の提言が容れられなかった時、辞職という道を選んだのであろう。

（68） Huber, a.a.O., Bd.1, S.156ff. フンボルトはこの時にも国務参議院の新構想に批判的な意見を述べた。Gutachten über die Einrichtung des Staatsrats, Anfang März 1817, in: GS, Bd.12, S.141ff.

（69） Spranger, a.a.O., S.207. 他方、ハーナックは、一八〇九年秋から一八一〇年秋までの間であったということ以上はわからないとしつつ、一八一〇年夏以降であると推測し（Harnack, a.a.O., Bd.1, H.2, S.594f. Anm.）、レンツは一八〇九年一二月から一八一〇年五月の間であると解し（Lenz, a.a.O., Bd.1, S.179f. Anm.）、シェルスキーは一八〇九年もしくは一八一〇年に書き始められたとする。前掲邦訳書一四八頁。この資料を発掘し、最初に公にしたゲープハートは一八〇九年九月以降であるとする（Gebhardt, a.a.O., Bd.1, S.160）が、後の全集のための注記では、ハーナック説に言及しながら、一八一〇年五月以前であることを示唆している。《G》Vgl.《HbuE, S.556f.》

(70) パレチェクはフンボルトの再評価が「覚書」の発見を契機としたものだとする。Paletcheck, a.a.O., S.76. ゲープハートは、フンボルトが科学アカデミーの改革を契機として「覚書」を書いたが、その総論部分で示したものは彼の教育指導の綱領として位置づけられるとし、また「覚書」を復刻した理由の一つが、「教育制度の思想について彼を動かした原理を説明するのにふさわしい」ことにあると述べ（Gebhardt, a.a.O., Bd.1, S.118, 124）、ハーナックも、「覚書」が画期的であるのは、「学問の進歩の本来の場所が大学でなければならない」こと、そしてアカデミーが「大学と結合された時にのみ独自の重要な地位を主張することができる」ことを明らかにしたからであるとして、一九世紀にプロイセンの学問が繁栄してきた状態はすでに「覚書」の中で完全に予示されているとまで評価し（Harnack, a.a.O., Bd.1, H.2, S.594f.）、レンツは、「高等学問施設のための彼の綱領の最も完全で最も熟した表現」という位置づけをしている。Lenz, a.a.O., Bd.1, S.179. 邦訳者では、梅根悟が、「覚書」を含めた当時の大学論の翻訳集である『大学の理念と構想』の「訳者はしがき」で、所収論文は「ベルリン大学の理念と構想を論じた、大学論史上の古典的なドキュメント群」をなすと述べ（四頁）、小倉志祥も端的に、「彼の大学論は近代大学の理念を示している」と述べている。小倉志祥「解説」（「ベルリン高等学術機関の内外の組織について」『実存主義』第四七号、一九六九年四月）七九頁。

(71) 現代ドイツのフンボルト研究の第一人者であるメンツェはその著の第三部第四章の第五節「ベルリン科学アカデミーの新秩序のためのフンボルトの討究」で「覚書」を扱っている。Clemens Menze, Die Bildungsreform Wilhelm von Humboldts, Bühl u. Baden 1975, S.328ff. 金子、前掲書三五頁以下参照。なお、ガルは、「覚書」が大学とアカデミーの両方に関わっているが、その核心は「学問への奉仕」にあるとする。Gall, a.a.O., S.147.

(72) Über den Etat der Akademie der Wissenschaften, 25. März 1809, in: GS, Bd.10, S.31.

(73) フンボルトはここでアカデミーに活気が欠けていると指摘して、予定しているアカデミー組織に関する自分の提案は大部分弟（アレクサンダー）の構想に基づくと言う（第三章三一三頁）。これは、一八〇七年一一月にアレクサンダーがアカデミーの新組織委員長として提出した案を指す（第三章訳註（38））。だが、この案を元に作成されたアカデミーの新規則案（一八〇九年七月）では、「アカデミーの最も高貴な目的は学問の拡張でなければならない」とし、「授業による学問の真の伝播（Fortpflanzung）」はアカデミーの仕事ではなくて、「大学やその他の、一部は上級の、一部は下級の教育施設」にふさわしく、またアカデミー会員は「市民的な職業や特定の有用な事柄への学問の直接的応用」には携わらない、とある。Die nicht bestätigten Statuten der Akademie, ausgearbeitet 1807/9 von ihrer Commission auf der Grundlage eines Entwurfs Alexander von Humboldt's, angenommen vom Plenum im Juli 1809, in: Harnack, a.a.O., Bd.2, S.343. これはかつてのフンボルトの考え方と一致しているが、この部分がアレクサンダーに由来するかどうかは確認できない。

（74） Antrag auf Errichtung der Universität Berlin, Mai 1809, in: GS, Bd.10, S.144.

（75） 一八〇九年七月のアカデミー新規則案は国王により拒否され、それに対して出されたのが、フンボルトの提議に基づいた九月二二日のアカデミーに対する閣令であったことからして、フンボルトの「結合」論は新規則案の「分業」説への反論であったということになる。

（76） 「アカデミーの目的は諸学問の修正（Bearbeitung）に他ならない。すなわち、厳密にいえば、この作業の客体をつねにまだ完全に解決できていない問題として扱い、それゆえアカデミーはつねに探究し続けるという意味である」（委員会草案）というのは、「高等学問施設の独自性は、つねに学問をまだ完全に解決できていない問題として扱い、それゆえたえず探究し続けるというところにある」とする「覚書」（第四章三一八頁）の引き写しであるが、アカデミー側により、「アカデミーの目的は、決してすでに知られていることや学問として妥当していることの講述ではなくて、学問の領域において現に存在しているものの吟味とさらなる探究である」と修正された。Harnack, a.a.O., Bd.1, H.2, S.598ff., 602. Statuten der Königlichen Akademie der Wissenschaften in Berlin, 24. Jan. 1812, in: Harnack, Geschichte, Bd.2, S.367.

（77） Brief an Uhden, 18. Juni 1811, in: GS, Bd.16, S.314f. つまり、この件に関してフンボルトの関心の中心は大学にあったのだ。

Gall, a.a.O., S.202.

（78）Der königsberger und der litauische Schulplan, in: GS, Bd.13, S.261f., 279f.

（79）内相への報告で教師―学生の理想像を示した後、フンボルトは、初等学校から大学まで至る道筋を見渡せば、公教育局の最高の原則が「最も深遠で最も純粋な学問観そのものを作り出すこと」だということがわかるのであって、これは、「全国民」を、個性的な違いを維持したままで、この学問観に通じる道へと可能な限り導くことによってなされると述べている。Ebenda, S.290. また、「覚書」では冒頭で「高等学問施設」=大学を、「国民の精神的文化に直接関わるあらゆる問題が集まってくる頂点」と表現している（第四章三一七頁）。

（80）Generalbericht an den König, in: GS, Bd.10, S.275.

（81）なお、一七八八年八月一日付けのカントへの手紙で司法大臣ツェードリッツ（Karl Abraham Freiherr von Zedlitz, 1731-93）は、学生に「パンのための講義」を控えさせ、哲学をもっと学べば法学・神学・医学がずっと簡単に習得できることを教えてやるにはどうしたらよいか、と尋ねていた。西村『文士と官僚』二〇九、三八二頁。また、ヴォルフは一七九五年に、神学部学生が「いちばん必要なパンのための講義」しか聞かず、法学部生は哲学やローマ史や古代について語らずに「本物の職人」になりさがり、怠惰で自堕落になっていることを指摘している。Friedrich August Wolf, Über Erziehung, Schule, Universität, zusammengestellt v.Wilhelm Körte, Quedlinburg u. Leipzig 1835, S.296f.

（82）Humboldt, An Dohna über Wolf, 6. Feb. 1809, in: GS, Bd.10, S.17.「学校とギムナジウムは、それらの存在する領邦にとって最重要の利益をもっている。しかし、大学のみが、国の境界を越えても同じ影響力を確約し、同じ言語を話す国民全体の陶冶に影響を及ぼすことができる。」Antrag auf Errichtung der Universität Berlin, Mai 1809, in: GS, Bd.10, S.140. なお、前註（62）参照。

（83）ヴォルフはハレ大学に文献学ゼミナールを開設して教員養成の革新に貢献した。西村『文士と官僚』二七四-二七五頁、曽田、前掲書八二頁以下参照。

(84) Vgl.Lundgreen, a.a.O., S.148. 一般に大学論に登場する「専門学校(Spezialschule)」は、フランス流の専門教育を指す術語として理解されることが多い。なお、シュライアーマッハーは、大学が本来「学問的結社(der wissenschaftliche Verein)」であり、その伝統を引き継いだのが哲学部であるのに対して、いわゆる上級三学部が国家の必要のために国家により設置された「専門学校」だと説明し、そこから哲学部の優位、あるいはたとえば法学部の改革(哲学、歴史の重視)を唱道した(Schleiermacher, a.a.O., S.147ff. 前掲邦訳書七〇頁以下)が、哲学部を含めた大学の官僚養成機能を否定したわけではない。むしろ国家が固有の試験により大学の学位をないがしろにする傾向があることに反撥して、シュライアーマッハーは、官僚採用の主導権を大学に取り戻そうとした。そしてその際、上級の官職に就くべき者には、十分な量の知識だけでなく、全体の見通し、個々の部分の関係についての正しい判断、多面的に形成される総合判断、豊かな理念や補助手段が必要だと述べている。Ebenda, S.185f. 前掲邦訳書一二五—一二六頁。これはフンボルトの見解とある程度まで重なる。

(85) パレチェクも、ベルリン大学の特異性の一つは文部省による教師の選任と大学自治の制限にある(フンボルトも自治に賛成しながら、国家の人事介入を認めた)が、それは、一八〇〇年ごろにドイツの諸大学が閥族主義を打破するための手段であり、一時的なものにすぎず、それらの改革に新人文主義の影響がなかったわけではないが、主たる関心は国家官吏の養成を改善することにあったとする。Paletcheck, a.a.O., S.85f. なお、フンボルトによる「上から」の人事は、「学者」に対する不信感も与っていた。フンボルトは公教育局長官職を引き受けるかどうか迷っていた時に、「学者を管理するのは、役者の一座を配下に置くより楽ではない」と語っていたが、大学開設が迫り採用人事に忙殺される中で、「学者たち——どうにも手におえず、まことに気むずかしい人間階級——の永遠にぶつかり合う利害関心、妬み、そねみ、支配欲、一方的な意見をぶらさげて、誰もが、自分の専門分野だけが支援・助成されるべきだと考えながら、私の周りを取り囲んでいる」とこぼしている。Brief an Caroline. 16. Nov. 1808 und 22. Mai 1810, in: W. u. C. in ihren Briefen, Bd.3, S.19, 399. ヴォルフも一八〇七年の提案でこう表現している。国家を新たに創設することは非常に困難を伴い、デリケートな協議が必要だが、大学の創設もそれに劣らない。「私は少なくとも、君主にとって五〇人の学者（そのように自称する無学者を含めて）を統べるよりも五〇〇万人を支配する方が簡単だと思う。」Köpke, a.a.O., S.166.

（86）なお、フンボルトは学術代表委員会に「フィヒテを入れてはならない」としている。Brief an Wolf, 31. Juli. 1809, in: GS, Bd.16, S.189.

（87）従来の研究でもシュライアーマッハーとのつながりは指摘されている。前註（16）参照。なお、フンボルトは、一八一〇年四月二九日の手紙で新大学の人事は徐々に進んでいるが、「この新しい創設は、私にとりまだ多くの心配と苦労となるけれども、しかしまた、実際には私一人で行ったのだから、喜びとなるであろう」と述べている。Zit. nach Gustav Schlesier, Erinnerungen an Wilhelm von Humboldt, 2. Teil, Stuttgart 1845, S.185: Köpke, a.a.O., S.76. 同時代人も、ベルリン大学を「フンボルトの子供」と呼び（Brief Karl August Böttigers an Chr. G. Schütz, 5. Juni 1809, in: Schütz. Darstellung seines Lebens, Charakters und Verdienstes, Bd.1, Halle 1834, S.31: Schlesiser, a.a.O., 2.Teil, S.199）、フンボルトの死去の翌年に出た大学史の本でディートリシは、ベルリン大学創設の過程をフンボルトの提議を中心に描いており（Wilhelm Dieterici, Geschichtliche und statistische Nachrichten über die Universitäten im preußischen Staaten, Berlin 1836, S.63f.）、一八六〇年には国法学者ブルンチュリは、ベルリン大学を「基本的にフンボルトの作品」としている。Johann Casper Bluntschli, Art.Wilhelm von Humboldt, in: Deutsche Staat-Wörterbuch, hrsg. v. Johann Casper Bluntschli und Karl Brater, Bd.5, Stuttgart u. Leipzig 1860, S.276.

（88）Generalbericht an den König, 23. Mai 1810, in: GS, Bd.10, S.274.

（89）Köpke, a.a.O., S.223.

（90）Vorläufiges Reglement für die Universität zu Berlin bis nach Publication ihrer Statuten, 1810（https://edoc.hu-berlin.de/handle/18452/5307. 二〇一八年四月二〇日データ取得）、高森昭「ベルリン大学における学則制定とシュライエルマッ

ハー」『神学研究』第四三号、一九九六年三月、一〇九頁。

(91) Ebenda, S.126: Lenz, a.a.O., Bd.1, S.432. サヴィニーおよびベックについては第一部解説註（11）参照。

(92) 以下、ウーデン修正案と大学委員会修正案の条文は、s. Lenz, a.a.O., Bd.4, S.199f., 223f.

(93) Johann Friedrich Wilhelm Koch, Die Preussischen Universitäten, Bd.1, Berlin usw., S.41.『大学制度調査資料 第四編 独乙之大学ニ関スル諸法令』（一九〇二年、文部省）四八―四九頁。

(94) プロイセン一般ラント法の規定には、「大学は特権的団体のあらゆる権利を有する」（第六七条）、「大学の内部編制、すなわち共同事項の処理および管理に関わる大学評議会およびその時々の議長の権利は、各大学の特権および国家が裁可した学則によって定められる」（第六八条）とある。

(95) Lenz, a.a.O., Bd.1, S.308ff.

(96) Ebenda, S.436f. 右の第一条の「官職および軍務（Staats- und Kriegsdienste）」は、正式学則第一条の「官職および聖職（Staats- und Kirchendienste）」に照らして、誤植ではないかと思われる。なお、委員会案の第三条は、ウーデン案第一条と同じく、大学とアカデミーとの「結合」と、学問的な機関・蒐集施設の「共同所有」を規定していた。Lenz, a.a.O., Bd.4, S.224 Anm.11.

(97) Huber, a.a.O., Bd.1, S.126.

(98) Generalbericht（d）19. Mai 1809, in: GS, Bd.13, S.219.

(99) これはすでに触れた（第一部解説註（58））が、フンボルトは官僚時代にもなお、「国家は教育機関ではなく、法の機関である」としていた。

第四部　参考資料　ドイツ憲法論

第四部では、一八一〇年代にフンボルトがプロイセンの外交官として各国・各邦の政治家・官僚たちと渉り合う中で記した多数の書簡・覚書のうち、時期としては、フンボルトの外交活動の頂点であり、一九世紀前半のヨーロッパの国際秩序を決定づけたウィーン会議（一八一四年九月―一五年六月）の前夜[1]、主題としては、ナポレオン戦争後のドイツの政治共同体のあり方（いわゆる「ドイツ問題」）に関わる諸論稿から四点を選び、それらと関連するシュタインおよびゲンツの書簡・覚書（補充資料）とともに訳出した。いうまでもなく、これらは第一次的には、ドイツ同盟（Deutscher Bund）の成立過程に関わる外交史上および国制史上の資料であり、第一部の『国家活動の限界』や第三部の教育論とは性質を異にしている。ただ、第三部解説で触れたように、第三部が「官僚フンボルト」の作品であるとすれば、この第四部に収めた論稿は「国政家フンボルト」の業績として位置づけることができる。

ただし、厳密に言えば、この時期にどれほどフンボルトが「国政家」として独自性を発揮することができたかは疑問である。フンボルトは、宗教・公教育局長官を辞した一八一〇年六月にウィーン駐在の特命全権大使に転じたが、当初はさほど重要な仕事はなかった。しかし、ナポレオンのロシア遠征失敗を受けてロシアとドイツが一八一三年三月にフランスに宣戦を布告してからは多忙を極め、とくにナポレオン打倒後のヨーロッパの新秩序とドイツの再建のために、ヨーロッパの諸大国やドイツ内の諸邦との交渉・協議、そしてまた原案作りに奔走し、ウィーン会議の次席全権大使として活躍し、一八一五年六月のドイツ同盟規約の採択にこぎつけた[2]。この（第四部に関わる）外交官としての活動は、しばしば国王およびハルデンベルク（Karl August Hardenberg, 1750–1822）の掣肘を受けており、純粋に独立した「国政家」フンボルトとしての活動とはいえないが[3]、しかし同時に彼がシュタインと協議しながら、積極的に自己の政治思想の実現を図ったことは間違いない。

したがって、第四部の諸論稿は、「国政家」としてのフンボルトの政治思想の一端を示すための「参考資料」として位置づけられるが、しかしその場合も、政治思想のいかなる面に着目するのかという問題は残る。そもそも、かりに一八〇九年以降のフンボルトに「国家への旋廻」を認めるとして、それは『国家活動の限界』を超えたものであったのか、それともその枠組の中で行われたのかどうかという問題はいまだ決着がついているとはいえない。ここでそれを本格的に論じることはほとんど不可能であるが、初期フンボルトは「哲学者」の理論と「国政家」の実践を区別し、前者の立場に立ちながらも、決して理論の実践への適用を諦めたわけではなかった（第二部解説参照）ということからすれば、みずから「国政家」になったとしても、その姿勢は変らなかったと思われる。例えばユダヤ人令草案（一八〇九年七月）でフンボルトは、「国家の究極目的」が「市民の権利と国家活動の限界を定めること」であるとしていたし（第一部解説註（58））、第四章に見られる基本権思想は、プロイセン憲法論（一八一九年）に至るまで貫徹された。[4] 視点を変えれば、先に我々が見たように、すでに一七九〇年代初頭の時点から、フンボルトは「本来の意味の政治学」（諸国家を基礎づけ、諸国家を安定させ持続させる技術）と「真の政治学」（人間的な観点から出発する政治学、道徳と自然法の政治学）という二つの観点の存在をはっきり意識していたが、「国政家」としての実務に没頭するようになった一八一〇年代にも、（比重の置き方に違いがあるとしても）依然としてこれら二つの政治学はフンボルトの中に併存していた。実際、第四部の諸論稿には、対外的には防衛体制を充実させかつ対内的には諸機関を適切に配置して安定的、持続的な統治を実現することと、領邦君主の権力の濫用を抑制して等族およびドイツ国民一般の権利保障を充実させることとを同時に追求するフンボルトの姿を認めることができる。その限りで、これらの「参考資料」を、若き日には断念した前述の二つの政治学を結合させようとする試みと捉えることも、あながち牽強付会ではないように思われる。

もっとも、このように一七九〇年代初頭以来の連続性を看取できるとしても、今やフンボルトはもっぱら自己陶冶を目指す無職の貴族ではなく、刻一刻と変化する国際情勢のただ中で、（プロイセンの、そしてそれと抵触しない限りでドイツ全体の）国益の最大化を目指す「国政家」としての務めを果たそうとしたはずであり、諸論稿も、後世にいかに読まれたかを別にして、第一義的には特定の政治状況の中で政策目的を達成するために書かれたはずである。そのような観点から、以下では、「国政家フンボルト」の政治思想をうかがうために、「ドイツ問題」に取り組んだ他の政治家との相互影響関係も視野に入れながら、諸論稿を多少なりとも当時の政治的文脈の中に位置づけたい。[5] なお、第四部の諸論稿の分量にはばらつきがあり、また相互に密接に関係しているものも多いため、解説については、各章別の構成にはせず、まとめて叙述した。

一八一二年のナポレオンのロシア遠征の失敗を受けて、プロイセンは一八一三年二月末にロシアとの間に同盟条約（カリッシュ条約）を締結し、三月には対フランス戦争の戦列に加わった。このときプロイセンおよびロシアの両君主の名でロシア軍司令官クトゥーゾフが布告したのがカリッシュ宣言であり、ライン同盟の解体と「ドイツ国民の本源的精神から生まれる、若返った、強力な、統一されたドイツ帝国の再興」を宣言するとともに、ナポレオンに従う諸君主には廃位の警告を発し、「自由と統一の樹立（例えばとくに憲法作成によるドイツ関係の秩序化）が君主の問題であるだけでなく、ドイツ人民の問題であるべきこと、それどころか国民の始原的精神に基づくべきこと」を約束した[6]。

この時期から、反ナポレオン感情と結びついた愛国熱がかつてない勢いで広まり、「自由と統一」を求める機運が高まる中で、多くの政治家・知識人がそれぞれのドイツ統一案[7]を構想している。それらのうち、第四部第一章の成立に直接関わるのが、一八〇七年からプロイセンの事実上の首相に就任し一連の改革を指導したものの一八〇八年に反ナポレオン的な内容の私信が公になったため失脚し（第三部解説参照）、一八一二年以降ロシア皇帝アレクサンドル一世に招かれ顧問となっていたシュタインの構想である（補充資料（一））。前述のカリッシュ宣言を実質的に起草しプロイセンとロシアの間の同盟締結に尽力したのもシュタインであった。彼は、一八一三年四月、フランス支配から解放された地域を統治するためのロシアおよびプロイセンの全権代表から成る合議機関として、中央行政委員会[8]がマイン川以北のライン同盟諸邦に設置されるとその議長に就任し、「ドイツ皇帝のような力を行使[9]」して占領地行政に辣腕をふるっていた。

では、特定の領邦の利害を超えて「ドイツ問題」に向き合うことができた、ナポレオンを打倒しつつある最強の陸軍国の皇帝のアドヴァイザーは、戦後ドイツをどのように思い描いていたのか。厳密にいうと、解放戦争期からウィーン会議までを貫く統一的なシュタイン案というものはなく、状況に応じて構想の内容は次々と変化していき、全部で一三を下らない覚書が残されているのである。まず、一八一三年夏に作成されたハルデンベルク宛の覚書である補充資料（一）においてシュタインは、ライン同盟諸国の君主の権力濫用への激しい憎悪から、彼らの上位に強力な権限を持つドイツ皇帝を戴く帝国を、旧神聖ローマ帝国の版図からオーストリアとプロイセンを除いた地域（いわゆる「第三のドイツ」）に限定して創出し、オーストリアとの同君連合にすることを主張した。この構想は、後に小ドイツ的思想の擁護者から「ドイツ的使命への裏切り」とみなされることになる。しかし、フーバーの見るところ、一八一三年夏の政治状況から出発すれば、この案は一見したほど的外れではなかった。なぜならば、ナポレオンに対する勝利はいまだ達成されず、ライン同盟諸邦は依然としてフランス陣営にあり、オーストリアは長い躊躇の後にやっと同盟に参加することを決心したばかりであったからである（第一章訳註（7）参照）。したがって、プロイセン、オーストリア、そしてその他の西南ドイツ諸領邦を一つの政治共同体のもとに結集することはこの時点では想定しづらかったし、また当時のシュタインは「第三のドイツ」の結集にとっての現実的基礎を、中央行政委員会での自身の活動により生み出せると期待していた。[10]

さて、このシュタインのドイツ三分割案の写しを受け取ったフンボルトが、それに対する応答として一八一三年一二月に記したのが、第四部の中核をなす「ドイツ憲法論」（第一章）である。ライプツィヒの戦い

（一〇月一六—一九日）の後、プロイセン王に扈従してフランクフルトを訪れていたフンボルトは、中小の諸邦との条約（フランクフルト加盟条約）の締結交渉に従事していたものの、ナポレオンとの間の重要な交渉には参加しなかった。その際にできた数週間の余裕を利用して、かねてから育んできた、独自の憲法構想をシュタインに開陳することになった。[11] ただし、シュタインが前述の覚書を執筆した八月以降、議論の前提となる国際情勢は大きく変化していた。九月九日、オーストリア・プロイセン・ロシアは相互同盟条約（テプリッツ条約）を結んだが、その秘密条項の第一条では、①プロイセンおよびオーストリアの一八〇五年当時を基準とする原状回復、②ライン同盟の解体、およびオーストリアとプロイセンの間、ラインとアルプスの間に置かれたドイツの諸邦の完全かつ無条件の独立、③ブラウンシュヴァイク・リューネブルク家へのハノーファーその他の領土の還付、などを約束していた。[12] さらに、オーストリアがリート条約（一〇月八日）でバイエルンに、続いてフルダ条約（一一月二日）でヴュルテンベルクにそれぞれ領土の保全と完全な主権を保障し、さらに中小の諸邦にも一一月から一二月にかけてフランクフルト加盟条約によって原理的に主権が認められるに及んで、ドイツ皇帝を戴く集権的な統一国家を「第三のドイツ」に限定して築くというシュタインの構想は実現の基盤を急速に失っていった。

それに代ってフンボルトが唯一実践的な解決法として採用したのが、皇帝位の復活を放棄して旧帝国の領域全体を諸邦連合に包摂しつつ、その内部で国力によって諸邦を三層に分け、宣戦布告や講和条約締結の権限などをオーストリアとプロイセンという二大領邦が独占する一方、対内的な問題はバイエルンとハノーファーが加わった四大領邦が調整する、という方式であった。この不均衡型の諸邦連合は、ウィーン会議の最後まで少しずつ形を変えて再三登場することになるプロイセンのドイツ憲法案の基礎となった上に、諸邦連合という形式自体は最終的に同盟規約までをも規定することになる。

「ドイツ憲法論」は、直接の名宛人であるシュタインのみならずメッテルニヒ（Klemeus von Metternich, 1773–1859）の秘書となっていたゲンツからも直ちに反応を引き出した。ゲンツは、諸邦を三層に分ける不平等性とともに、領邦議会の設置など一定の国制改革を一律に課す点を批判し、すべての諸邦が平等に主権を享有する対等型の諸邦連合の優位を説いた（補充資料（二））[13]。ゲンツの覚書に対してフンボルトは長文の再反論を展開しているが、眼目は、領邦君主による権力の濫用を制限するためには、諸邦の主権を制限し、紛争を四大領邦の協力の下で解決するシステムを導入しなければならない、という点にある（第二章）[14]。領邦君主の権力制限を重視するこの問題意識はシュタインと相通じるものであり、だからこそ、シュタインはゲンツに比してフンボルト案を積極的に評価し、領邦君主の「主権」という表現を避け「高権」とすること[15]や領邦議会の権限を拡充することなど、いっそう領邦君主の権力制限を徹底するように、との注文を付けた（補充資料（三））。

これらフンボルトとゲンツおよびシュタインのやり取りは、一八一三年の末から一四年のはじめに行われたが、その最中の一月一日に同盟軍がライン川を渡り、以降、フランス本国が戦場となると、一八一四年春にかけて戦争の終結と戦後のヨーロッパの再建に向けた動きが加速していく。二月四日からシャティヨンで講和会議が開かれるものの、この間も戦闘は継続し、講和条約は妥結に至らなかった。そこで、オーストリア、イギリス、プロイセン、ロシアは、三月一日付でショーモン条約を締結する（実際の署名は、三月九日）。

ここで各国は、ヨーロッパの均衡を維持し、大国の安寧と独立を保証するとともに侵略を予防するために、同盟を二〇年間にわたって継続すること（第一六条）などを約した（この第一六条は、ウィーン体制の特徴となる大国の協調に関する規定であり、四大国による協力体制は、戦後の四国同盟に引き継がれる）。さらに秘密条項には、ドイツは「独立を確保し、保証する連合的紐帯を通じて（par un lien fédéral）結合した、主権者たる諸侯（Princes souverains）から構成される」という規定が盛り込まれ、戦後のドイツが諸邦連合の方式を採用することが定められた[16]。

三月中旬に交渉が最終的に決裂すると、ようやく同盟諸国はナポレオンの打倒を決意し、一八日に同盟軍はパリに進撃を開始し[17]、三一日にパリに入場した。四月一日に元老院はタレーラン（Charles Maurice de Talleyrand-Perigord, 1754-1838）を首班とする暫定政府を樹立し、翌日にはナポレオンの廃位を決定した。こうして四月一一日ナポレオンは退位を宣言し、二〇日にはエルバ島に向かう一方、五月三日にはブルボン朝のルイ十八世がパリに入場し、同盟諸国は一八一四年五月三〇日に第一次パリ条約を結んだ。この条約は、フランスの国境が一七九二年四月二〇日にフランス革命戦争が勃発する以前の同年一月一日当時のものに原則として戻されること（第二条）や「ドイツ諸邦は独立であり、連合的紐帯を通じて結合する」こと（第六条）などを規定したほか、二か月以内に条約の実際細目を定めるためにウィーンにおいて国際会議を開くことを約した（第三二条）[18]。六月四日にフランスでは事実上の憲法典である憲章《シャルト》が公布されて王政復古が開始された。

このように、同盟軍のフランスへの侵攻、ナポレオンの退位、そして王政復古と状況が目まぐるしく変化する中でドイツを諸邦連合とすることが各国に承認されるに至って、フンボルトの憲法構想の叙述は、大枠では不均衡型の諸邦連合路線を維持しつつ、統治機構と権利保障の両面でより具体性を帯びてくる。第三章および第四章は「ドイツ問題に関する同盟国の政府間会議のための予備的覚書」という表題の下、フンボルトが一八一四年四月に執筆したと推定される覚書に付された附属文書二点を訳出したものである。[19]「予備的覚書」には日付も執筆場所の表記もないが、ショーモンで三月一〇日（ショーモン条約署名日の翌日）にシュタインが記した覚書（補充資料（四））、およびディジョンで三月三〇日にハノーファーの政治家、ミュンスターが記した覚書を踏まえた記載になっているために、成立時期を三月三〇日以降と推定できる。[20]同時に「予備的覚書」には「宣言は五月一五日より以前には公表されなければならない」という一文があり、五月中に作成されたものであるならば「今月一五日」と書かれるべきところがそうはなっていないことから、五月一日以前に執筆されたものであろうと推測される。[21]

シュタインとミュンスターの覚書は、第三章および第四章の実質的内容にも関わっていた。シュタインは、フンボルトの「ドイツ憲法論」の影響によって、一八一四年になると皇帝位の復活をいったん断念し、不均衡型の諸邦連合案に転じていたが、その内容は、諸邦連合のトップとして同盟監理府（前述の四大領邦により構成される）を置き、それが内政のみならず外政についても同盟を指導するとして、宣戦布告や講和条約の締結権などをプロイセンとオーストリアに独占させるフンボルト案に、さらなる修正を加えたものだった（補充資料（四））。一方、第三章でも、四大領邦から構成される同盟監理府が内政・外交の区別を問わず「同盟にとっての共通の利益を［…］調整する」（第一一条）と定めていることから、フンボルトがシュタインの主張（補充資料（四））に合わせて同盟管理府の権限を修正したことが読みとれる。他方、ミュンスターは、やはりシュタインの主張（補充資料（四））に対する回答として、覚書で同盟議会に領邦議会の代表を受け入れることに反対していたが、フンボルトによる「予備的覚書」および附属文書の執筆はおそらくそれへの応答であり[22]、事実、第三章でフンボルトは、領邦議会は異議を同盟会議に届け出ることができる、という趣旨の規定を盛り込んだ（第二六条）。フンボルトが一八一四年四月にはシュタインの見解や国際情勢の変化を踏まえて第一章に若干の変更を加えつつ、いくつかの点においてそれをいっそう具体化させ、とりわけ詳細な裁判機構[23]と権利に関わる規定を加えたことは、等族に加えてドイツ国民一般の権利保障を実効的たらしめる方向へとフンボルトの思考が深化していったことを示している。

さて、一八一三年の末から一四年の春にかけてフンボルトが作成した一連の覚書の内容の多くは、一八一四年七月にハルデンベルクが作成する「ドイツ同盟憲法の基礎草案」（通称「四一箇条案」）に反映されることになる。さらにそれをオーストリア側と協議した妥協案（一二箇条案）がウィーン会議における議論の直接のたたき台となるが、会議開始後の複雑で錯綜した議論をたどることは、フンボルトの政治思想に関する資料の紹介を目指す本解説の射程をはるかに超える。結果だけを記せば、ザクセン―ポーランド問題で大国が分断されたことやバイエルン・ヴュルテンベルクなど西南ドイツ諸邦の会議終盤の巻き返しによって、諸邦連合方式それ自体は採用されたものの、フンボルトの提案の多くは「ドイツ同盟規約」に盛り込まれることはなかった。

以上、第四部の諸論稿が記された政治状況を概観してきたところからうかがわれるように、これらは『限界』と同様、「哲学者」が書斎の中で練り上げた作品などでは決してなかった（第二部解説参照）。にもかかわらず、第四部の中心となる第一章は、「この時期の目覚めつつあるドイツ・ナショナリズムの古典的ドキュメント」[24]としての地位を獲得し、しばしば「国民国家」概念の発展史の系譜に「思想内在的」ないし「精神史的」に位置づけられてきた。その典型が、一八一〇年代のフンボルトは意外にも相対的にシュタインなど同時代人よりも「国民的権力国家の本質」に接近したが、それでもイギリスおよびロシアをドイツの安全保障に関与させるなど「非政治的な理想主義」を払拭することができなかったと主張する、マイネッケの『世界市民主義と国民国家』にほかならない。[25]この点に関してクレーエは、マイネッケ『世界市民主義と国民国家』、フーバー『ドイツ憲法史』、リッター『シュタイン伝』などは、いずれもフンボルトの主張が含む「統一への効果を誇張し、プロイセンのレアルポリティークの要素を無視している」[26]と評価しており、その指摘は正鵠を射ていると思われる。だが、むしろ我々にとってより興味深いことは、なぜプロイセンの一外交官の記した実務的文書が「国民国家」概念をめぐる思想史上のテクストとして読まれてきたか、という点である。おそらくその理由の一つとして、前述のように「国政家」として実務に没頭するフンボルトにも依然として「哲学者」としての観点が併存しており、[27]これらの論稿にそれが垣間見られるという事情も挙げられるではないか。[28]例えば、大学間の移動の自由の項目（第一章・第三章）や、教養の多様性への言及（第一章）などは、少なくとも端的に国益追求につながる話ではない。「国家への旋廻」の後も「あまりにも広く手を伸ばしすぎ、あまりにも遠くまで目をやりすぎる」（第二部第三章解説）点は変っておらず、純粋に「国政家」の論理を追求できない性向は、フンボルトの提案の多くがウィーン会議で骨抜きにされた顛末や、さらにはカールスバート決議後の政治闘争での敗北の要因の一つとさえなったのかもしれない。しかしながら、そのことは、激動する政治状況の中で一外交官が記した覚書がドイツ・ナショナリズムの「古典」として繰り返し読み返されるに足る思想的深みを、第一章に付与したように思われるのである。

註

（1） ウィーン会議中もフンボルトは複数のドイツ憲法案を記しているが、フンボルトの政治思想を解明するための「参考資料」を提供するという目的に鑑み、フンボルト自身の発想が相対的に濃厚に表れていると思われる会議前夜の覚書に範囲を限定した。和平交渉が大きな比重を占めたことは解放戦争の特徴であり、カリッシュ条約が結ばれた一八一三年の二月から同盟軍がパリに入場する一八一四年三月に至る一年間に、同盟諸国とナポレオンとの平和交渉に費やされた日数は約半分に達し（高坂正堯『古典外交の成熟と崩壊』（中央公論社、一九七八年）五二頁）、この期間に戦後ドイツの秩序構想の検討はすでに本格的に始動していた。一方、会議開始後は、複雑かつ錯綜した外交交渉の中で、フンボルトのドイツ憲法案も妥協色の強い内容になっていった。ドイツ同盟規約の成立史については、さしあたり、Huber, Deutsche Ver fassungsgeschichte, Bd.1, S. 543ff.: Quellen zur Geschichte des Deutschen Bundes, Für die Historische Kommission bei der Bayerischen Akademie der Wissenschaften, hrsg. v. Lothar Gall, Abteilung I: Quellen zur Entstehung und Frühgeschichte des Deutschen Bundes 1813-1830, Bd.1: Die Entstehung des Deutschen Bundes 1813-1815, bearbeit. v. Eckhardt Treichel, München 2000, Einleitung 参照。

（2） ドイツ同盟規約は一八一五年六月八日にドイツ諸邦によって採択され、その一般規定一一ヵ条が翌九日に作成を完了したウィーン会議最終議定書に第五三―第六三条として挿入され、またその特別規定条項についても同議定書第六四条によって法的効力を保証されることによって、規約署名国の承認を受けた。さらに、同盟規約は一八二〇年五月一五日のウィーン最終議定書によって補充されるが、一八六六年、普墺戦争の開始をもって失効するに至った。三成賢次「近代ドイツ憲法史史料一――ドイツ同盟規約」『阪大法学』第一五五号、一九九〇年八月、二四六頁。

（3） それに対して本来の「国政家フンボルト」は、ウィーン会議の後、休止状態にあった国務参議院が一八一七年三月に審議を開始したのに合わせて、財務委員会および憲法問題部会で重要な役割を果たし、駐英大使（一七年七月―一八年九月）を経た後に、一九年一月に「憲法問題担当大臣」として入閣し、カールスバートの決議（一八一九年八月）の扱いをめぐってハルデンベルクと対立して同年一二月に辞職するまでの活動において見出すことができる。したがって、広義の「国政家」としての活動は、一八〇九年春から一九年末までの一一年間になされたのであり、うち〇九―一〇年は「官僚」としての色彩が濃厚であったとすれば、一〇―一七年はやや限定付きの「国政家」、一七―一九年はほぼ純粋の「国政家」であった。

（4）フンボルトのプロイセン憲法論の基本権規定には、以下のように財産権、良心の自由、出版の自由などを保障するものが含まれていた。「第七条　人民が憲法により受け取る保障は二重である。ラント諸身分（Landstände）の存在と活動から間接的に生じるものと、憲法（Constitution）の一部として、直接それとともに開陳されるものと。第八条　後者が必然的に包括しなければならないのは、①法律に従ってのみ扱われることの個人的、人格的安全、②財産の安全、③良心の自由、④出版の自由である。」さらに、これについて以下の論評が付されている。「わずかの、稀な、おそらくそれ自体においてある程度まで許されるべき例外はあるが、最初の三つはプロイセン国家では事実上現実に存在すると言うことができるかもしれない。しかし、それは開陳されていない。そしてこのこと、すなわち形式は、ここでは、内容と同じく本質的である。単に直接の目的にとってだけでなく、同時に、また主として、人民の性格に対する反作用にとって。人民が法律にしっかりと、また原則として従うためには、法律から発する権利をしっかりとした原則として人民に示さなければならないのだ。」Denkschrift über Preußens ständische Verfassung. 4. Feb. 1819, in: GS. Bd.12, S.228f.

（5）以下の外交史の叙述に際しては、前註（1）に掲げた文献に加えて、Paul W. Schroeder, The Transformation of European Politics 1763-1848, Oxford 1994, pp.538ff. および大畑篤四郎編『近代国際関係条約資料集』第八・九巻（龍渓書院、一九九一年）の解題を、戦闘経過については、松村劭『ナポレオン戦争全史』（原書房、二〇〇六年）一七七頁以下を参照した。

（6）Proclamation von Kalisch. 13./25. März 1813. in: Quellen zur Geschichte des Deutschen Bundes, Abteilung I. Bd.1, S.5f. Vgl. Huber, a.a.O., Bd.1, S.479.

（7）それらには、①「ドイツ」の範囲を旧神聖ローマ帝国とするのか、それとも、そこからオーストリアとプロイセンを除いた「第三のドイツ」に限定するか、②中央政府が主権を持つのか、それとも各構成邦が主権を持つ緩やかな諸邦連合とするのか、③皇帝をおくかどうかなど、組み合わせによっていろいろなヴァリエーションがあった。最も集権的かつ「ドイツ」の範囲が狭いものが、一八一三年八月のシュタイン案（補充資料（一））であり、最も分権的かつ「ドイツ」の範囲が広いものが、実際に出来上がったドイツ同盟であろう。なお、②は通常伝統的なドイツ国法学において「連邦国家（Bundestaat）」と「国家連合（Staatenbund）」とを対照させる枠組みで議論されるが、コゼレックによれば一九世紀の最初の二〇年間においては両者の区別は非常に曖昧なものであった。Artikel, Bund, Bündnis, Föderalismus, Bundesstaat“, in: Geschichtliche Grundbegriffe. Historisches Lexikon zur politisch-sozialen Sprache in Deutschland, Bd.1, hrsg. v. Otto Brunner et al. Stuttgart 1972, S. 651.

（8）「中央行政委員会（Zentralverwalutungsrat）」は占領地行政を掌るとともに義勇兵の召集権限も握っていたが、ライプツィヒの戦いの直後にロシアおよびプロイセンと並んで他の三主要同盟国（オーストリア、イギリス、スウェーデン）が占領地行政に加わったことで、「中公行政庁（Zentralverwalutungsdepartment）」へと改組された。Huber, a.a.O., Bd.1, S.488f., 499f.

（9）石川澄雄『シュタインと市民社会』（御茶の水書房、一九七二年）二八七頁。

（10）Huber, a.a.O. Bd.1, S.513f. シュタインは、統一ドイツからプロイセンとオーストリアの双方を排除する当初の構想が挫折した後も、創出されるドイツ国家が旧帝国の領域を空間的に包括することを重視していなかった。そのことは、連邦規約に違反した領邦をドイツ連邦から追放する規定を、彼が一八一四年六月に連邦規約の草案に盛り込むことを主張した点に見出される。Bemerkungen Steins über Hardenbergs „Entwurf der Grundlagen der deutschen Bundesverfassung“ in 41 Artikeln (1. Fassung, Juli 1814)“, in Freiherr vom Stein, Brief und amtliche Schriften, Bd.5, S.67f. こうしたシュタインの発想は特異なものではなく、一八世紀にあっては、帝国愛国主義（Reichspatriotismus）が依然として強い影響力を維持していた西南ドイツの中小の領邦が帝国国制の実質的な担い手となっており、それを反映して一八世紀の日常語で„Reich"は西南ドイツの別称であり、一九世紀になり旧帝国が解体されて以降も、この地域はオーストリアやプロイセンと区別され、「純粋なドイツ」ないし「第三のドイツ」と形容されていた。Artikel „Reich", in: Geschichtliche Grundbegriffe, Bd.5, S.483; Artikel „Trias", in: Lexikon der deutschen Geschichte. Personen, Ereignisse, Institutionen von der Zeitwende bis zum Ausgang des 2. Weltkrieges, hrsg. v. Gerhard Taddey, 2. überarbeitete Auflage, Stuttgart 1983, S.1244. 坂井榮八郎「一六四八年以後の帝国と領邦」（成瀬治他編『世界歴史体系 ドイツ史二――一六四八年―一八九〇年』（山川出版社、一九九六年）三二頁参照。ライン同盟の「多くの政論家は『第三のドイツ』、すなわちオーストリアとプロイセン抜きの、にもかかわらず古き帝国の伝統に意識的に結びついた連邦国家的な結合に期待をかけた」とヴィンクラーが指摘しているように、シュタインの憎悪するライン同盟下でも、ライン同盟を結節点として「第三のドイツ」の諸邦の制度的同質化を図り、プロイセンとオーストリアを除外しつつ国民的一体性を追求しようとする構想が、ダールベルク周辺の西南ドイツの知識人によって議論されていた。H・A・ヴィンクラー、後藤俊明他訳『自由と統一への長い道〈一〉――ドイツ近現代史一七八九―一九三三年』（昭和堂、二〇〇八年）五四頁、園屋心和「ライン連盟（一八〇六―一三年）とドイツの国民的一体性」『西洋史学』第二三一号、二〇〇八年一二月、一八四―二〇四頁参照。

(11)《GuF, S.575》

(12) 大畑編『近代国際関係条約資料集』第八巻、三七五頁。

(13) 補充資料（二）において、ゲンツがフンボルトの不均衡な諸邦連合案を「これまで政治家が考案することができた中で最も大胆な企て」と呼んでその実現の困難さを論難するくだりは、かつて『緑の本』の執筆時にすでにゲンツがフンボルトの草稿を「相対的な実行可能性」を欠いていると批判していたこと（第二部解説）を想起させる。なお、ガルによれば、補充資料（二）におけるゲンツの反論の背後には、同盟のすべての領邦を原則平等にすることで自動的に多数派がオーストリアに従うようにする、というメッテルニヒがリート条約などで追求した基本方針があった。Gall, Wilhelm von Humboldt, S.271.

(14) Cf. Enno E. Kraehe, Metternich's German Policy, vol.1, Princeton 1964, p.276.

(15) シュタインは、補充資料（一）においても、「[ライン同盟諸邦の]三六人の頭目の主権あるいは専制政治は滅び、国民の欲求と願望に適合するように変えた領邦高権へと組み替えなければならない」と主張していた（補充資料（一）三七三頁）。

(16) 大畑編『近代国際関係条約資料集』第八巻、四一七頁以下。

(17) 高坂、前掲書六二頁。

(18) 大畑編『近代国際関係条約資料集』第九巻、九頁以下。

(19) Mémoire préparatoire pour les conférences des cabinets alliés sur les affaires de l'Allemagne, April 1814, in: GS, Bd.11, S.204-211.

(20) Münster über künftige Verfassung Deutschlands, in: Quellen zur Geschichte des Deutschen Bundes, Abteilung I. Bd.1, S.111ff.

(21) Mémoire préparatoire pour les conférences des cabinets alliés sur les affaires de l'Allemagne, in: GS, Bd.11, S.208: Quellen zur Geschichte des Deutschen Bundes, Abteilung I. Bd.1, S.116 Anm.1. さらに、クレーエは執筆場所がディジョンであるとする。Enno E.Kraehe, Metternich's German Policy, vol.2, Princeton 1983, p.71.

(22) Quellen zur Geschichte des Deutschen Bundes, Abteilung I. Bd.1, S.XIff.

(23) フンボルトの裁判所構想としては、Humboldt, Über das Bundesgericht, 8. Sept. 1814, in: GS, Bd.11, S.223ff. も参照。

(24) Huber, a.a.O., Bd.1, S.519f.

(25) Meinecke, Weltbürgertum und Nationalstaat, S.43ff. 前掲邦訳書四六頁以下。「国民国家（Nationalstaat）」は三月前期の自由主義者プフィツァー（Paul Achatius von Pfizer, 1801-67）が一八四一年の著作で初めて用いた名辞であり（Quellen zur

Geschichte des Deutschen Bundes, Abteilung I, Bd.1, S.XVIII)、「国民国家」概念を遡及させてその発展史にフンボルトの諸論稿を位置づけるマイネッケの手法には時代錯誤的《アナクロニック》な面が残る。

(26) Kraehe, op. cit., vol.1, p.274. フンボルトの提案の中の「レアルポリティークの要素」をマイネッケが見落としていた、とするクレーエの見解は、相対的に国民国家寄りだった点を捉えてフンボルトの方がシュタインよりも「現実志向」が強かったとするマイネッケの評価（第一部解説）と矛盾しているように見える。しかし、クレーエは、あくまでもフンボルトの提案が一面では冷徹にプロイセンの国益を追求する面を持っていたにもかかわらず、その点をマイネッケが捨象してドイツ統一ないし国民国家の理念との距離をもっぱら問題にしていることを捉えて、マイネッケは「プロイセンのレアルポリティークの要素を無視している」と評しているのであり、両者の問題としている次元がそもそも異なっていると言えよう。

(27) カッシーラーは、フンボルトを「国民国家」概念の精神史的発展段階のなかに位置づけ、その一定の達成と同時に限界を看取するマイネッケの図式に従って、彼の「政治家として、また政治の理論家として果たし得たことの必然的な限界」を指摘し、こう記している。「もちろんフンボルトは、彼が国家の生命において認識しようとするものが理念の生命であり、したがってそれが彼をあらゆる面で直接的な実践活動よりもむしろ観想に駆り立てるという、自分の元来の考え方に対していつまでも忠実であった。考慮し、観察し、探究する生活が彼にとってはやはり常に［…］最高で最も人間的な生活であった。しかし時代の多忙に直面すると、彼のうちではこういう観想《シャウエン》の中にある内的で深い欣びが単なる傍観《ツーシャウエン》への傾きに容易に変って行く。」E・カッシーラー、中埜肇訳『自由と形式――ドイツ精神史研究』（ミネルヴァ書房、一九七二年）二八六頁。

(28) ほかに、小ドイツ主義的な統一を自明視する歴史観のもとでは、プロイセンの外交官フンボルトのテクストはプロイセン中心の「国民国家」概念の発展史に容易に回収されてしまう、という事情もむろん指摘できよう。

編訳者　あとがき

解説でも触れたように、本書第一部『国家活動の限界』は、現代でも自由主義の政治哲学の古典といってもよい存在であるが、編訳者は自由主義の政治哲学について何らかの発言をする資格もなければ、その意図も持たない。ただ、『国家活動の限界』の大前提である「陶冶」ないし「教養」の思想に関しては、歴史学なり社会科学なりの研究者として、何がしかの共感を抱く者である。それはここで論じるべき問題ではないが、ここでいう「教養」思想は、必ずしも制度化された高等教育の枠組だけでなく、広く制度外における「自己陶冶」と「教育」に関わっており、その意味では、実は本書の成立そのものが「教養」思想のいわば実践であった。

いまから七年前の春、編訳者は、定年で大学を退職した後、どこかの大学でふたたび教鞭をとるつもりはなかったけれども、制度外で後進の教育に資することが何かあるのではないかと漠然と考えていた。もっとも、明確な目的や名宛人があったわけではない。何かの機会に、大学院でドイツ語文献の講読のメンバーの一人であった石澤将人氏にこのことを語ったところ、賛同を得て講読の延長のような形で何かを読もうという話になり、同氏の希望によりフンボルトの作品をやることになった。対象は何でもよかったが、どれか一つというのであれば、やはりフンボルトの主著『国家活動の限界』だということになり、ついては石澤氏の知人後輩から仲間を募ることになった。この小サークルのメンバーは、同氏のほか、当時京都大学大学院人間・環境学研究科の院生であった須藤秀平、羅大順、鈴木啓峻、津田拓人の各氏であった。ほぼ毎週一回、最初は百万遍の喫茶店ZACOで、後には京都大学附属図書館などで、輪読すること二年余、読み終えることができた。さて次に何を読もうかという段になったが、編訳者の方から、これほど時間をかけて読んだのだから、それぞれ訳をペーパーにして、いま少し理解を深めてはどうかと提案した。それは、口頭の訳ではわかったつもりでも、実際にはきちんとわかっていないことがあるが、書面にするとそのことが明白になるという認識があり、また若い人たちに及ばずながら翻訳の技術のようなものを伝授できないかと考えたからである。はたせるかな、ペーパーにしてみると疑問が噴出し、この作業も二年余りを費やしてしまった。

最初は、せっかくこうして文書になったものが集積されたのだから公刊することができればよいけれども、今時の出版事情ではとうてい無理であろうとほとんど諦めていた。ところが、その間に石澤将人／阪本尚文訳のドイツ憲法論関係の文書（第四部の第一章・第二章、および補充資料（一）・（二）・（三））が公刊された（凡例参照）。そこで、これらも含めて出版する案があらためてもちあがり、ほかにいくらかの論稿を加えてまとめる準備作業を開始することになった。しかし、この計画は研究会メンバーの諸事情（論文執筆、留学等）のため頓挫してしまった。編訳者としては、制度外教育という「教養」思想実践の目的はそれなりに果たすことができたので、中止もやむなしと考えたが、たまたま京都大学学術出版会から出版可能であるということを阪本氏から仄聞するに及び、結局、監訳者のつもりが編訳者になり、全体を練り直し、何とか完成稿に漕ぎつけることができた。第一部『国家活動の限界』に関しては研究会メンバーのペーパーを「下訳」として利用させていただいた。この場を借りて御礼申し上げたい。また、第二部第一章・第三章については石澤氏による「仮訳」を参考にした。

なお、第四部の上掲部分（第一章、第二章および補充資料（一）・（二）・（三））については石澤／阪本訳に西村が手を加え、第四部第三章・第四章および補充資料（四）については阪本訳に西村が加筆修正した。したがって前者は石澤・阪本・西村の共訳であり、後者は阪本・西村の共訳である。第四部解説および訳註、「付録——フンボルトの作品の邦訳および邦語二次文献一覧」は阪本の単独執筆である。

本書の翻訳は決して容易ではなかった。とりわけ、編訳者の専門領域からかけ離れた文学・美学・宗教の領域、あるいは独特の修辞や比喩、一種の形而上学については、慎重を期したけれども、なお大きな誤りを犯している恐れなしとしない。大方の御指摘と御叱正を賜れば幸いである。

最後に、本書が成るにあたっては、京都大学学術出版会・近代社会思想コレクション編集委員の田中秀夫先生（京都大学名誉教授）にご配慮いただき、また編集部の國方栄二氏にお世話になった。索引の作成その他については、栗田崇央氏（福島大学大学院地域政策科学研究科修士課程）に助力をいただいた。記して感謝する。

平成三一年春

西村　稔

頁。

⑭ 櫻井佳樹「ロマンチックラブからみたフンボルトの恋愛結婚と教養理念」『教育哲学研究』第118号、2018年11月、93-108頁。

⑮ 宮本勇一「フンボルトの教員研修制度に関する改革構想とその展開——クジオンツェクのイヴェルドン派遣に光を当てて」『広島大学大学院教育学研究科紀要 第3部 教育人間科学関連領域』第67号、2018年12月、127-136頁。

⑯ 伊藤敦広「フンボルト陶冶論における『人間』の地位——初期思想から比較人間学計画へ」『作新学院大学女子短期大学部研究紀要』第2号、2018年12月、1-10頁。

⑰ 宮本勇一「フンボルトにおける陶冶理論の成立と展開——世界への方法的対峙の多様性とその教授学的基礎」『教育学研究紀要』第64巻、2019年3月、489-494頁。

⑯③ 伊藤敦広「陶冶と構想力——陶冶論的立場から見たフンボルト美学について」『哲学』第 136 号、2016 年 3 月、29-48 頁。
⑯④ 中井悟「チョムスキーとヴィルヘルム・フォン・フンボルト——言語思想と政治思想」『同志社大学英語英文学研究』第 96 号、2016 年 3 月、 1 -59 頁。
⑯⑤ 吉永圭「ヴィルヘルム・フォン・フンボルトにおける自然法」『ドイツ文学』第 152 号、2016 年 3 月、41-56 頁。
⑯⑥ 石本沙織「W. v. フンボルトにおける言語教育——古典語教育に着目して」『京都大学大学院教育学研究科紀要』第 63 巻、2017 年 3 月、215-227 頁。
⑯⑦ 宮本勇一「フンボルトの陶冶理論に基づく教育課程構想に関する一考察——フンボルトの芸術論に着目して」『教育学研究紀要』第 62 巻、2017 年 3 月、127-132 頁。
⑯⑧ ————「PISA 後ドイツのカリキュラム改革におけるフンボルト受容に関する研究」『広島大学大学院教育学研究科紀要第 3 部 教育人間科学関連領域』第 66 号、2017 年 12 月、107-116 頁。
⑯⑨ ————「教育課程改革に対するフンボルトの陶冶理論の今日的意義——ベンナーによるフンボルト研究を手がかりに」『教育学研究ジャーナル』第 21 号、2017 年 12 月、23-32 頁。
⑰⓪ ————「フンボルトの一般陶冶論の教授学的再構成——『学問的な見方』の固有性と相互関連性に着目して」『教育方法学研究』第 43 号、2018 年 3 月、95-106 頁。
⑰① 伊藤敦広「〈教育的タクト〉と実践としての陶冶論——フンボルトにおけるタクト概念の用例分析」『作大論集』第 8 号、2018 年 3 月、95-104 頁。
⑰② 宮本勇一「近代教育課程成立期における体育教授の陶冶意義に関する研究——ペスタロッチーとの比較からみたフンボルトの身体論」『教育学研究紀要』第 63 巻、2018 年 3 月、430-435 頁。
⑰③ 伊藤敦広「『個別的理想』と大学の理念——フンボルトの陶冶・教養プロジェクト」『シェリング年報』第 26 号、2018 年 7 月、 4 -13

紀要』第 38 巻、2011 年 2 月、21-30 頁。
⒂ 金子勉「ドイツにおける近代大学理念の形成過程」『大学論集』第 42 号、2011 年 3 月、143-158 頁（同『大学理念と大学改革――ドイツと日本』（東信堂、2015 年 5 月）所収）。
⒃ 八木浩雄「篠原助市の W. von フンボルト解釈について――フンボルトと『陶冶』の理論の関係を中心に」『総合社会科学研究』第 3 巻第 3 号、2011 年 3 月、51-59 頁。
⒄ 吉永圭「『教養』概念の思想史的展開――『リバタリアニズムの人間観』後の研究をふまえて」『大東文化大学法学研究所報』第 31 号、2011 年 3 月、23-31 頁。
⒅ 吉永圭「1810 年代におけるヴィルヘルム・フォン・フンボルトの政治思想」『立教法学』第 83 号、2011 年 9 月、71-114 頁。
⒆ 森邦昭「フンボルト理念をどう受け継ぐか」『文芸と思想』第 76 号、2012 年 2 月、80-100 頁。
⒇ 森邦昭「フンボルト理念と教養」『ディルタイ研究』第 23 号、2012 年 11 月、92-105 頁。
(157) 潮木守一「大学大衆化時代の大学像――フンボルト理念をもとに」『世界平和研究』第 39 巻第 1 号、2013 年 2 月、43-50 頁。
(158) 櫻井佳樹「ヴィルヘルム・フォン・フンボルトとドイツ書簡文化」『教育学研究紀要』第 58 巻第 2 部、2013 年 3 月、303-308 頁。
(159) 伊藤敦広「フンボルト陶冶論における自然哲学的前提」『慶應義塾大学大学院社会学研究科紀要 社会学・心理学・教育学 人間と社会の探究』第 77 号、2014 年 8 月、19-38 頁。
(160) 宮嶋秀光「人間性の発展における個性と普遍性――フンボルト人間学の研究」（1）『人間学研究』第 12 号、2014 年 12 月、1-31 頁。
(161) 伊藤敦広「『他なるもの』の理想化としての陶冶――フンボルト陶冶論における古代ギリシャの意義」『教育哲学研究』第 111 号、2015 年 5 月、53-71 頁。
(162) 金子勉『大学理念と大学改革――ドイツと日本』（東信堂、2015 年 5 月）。

⑭0 元根朋美「大学開放の理念的構築にむけて——大学の起源と近代大学の理念を中心にして」『人間文化研究科年報』第 24 号、2009 年 3 月、239-250 頁。
⑭1 金子勉「大学論の原点——フンボルト理念の再検討」『教育学研究』第 76 巻第 2 号、2009 年 6 月、208-219 頁（同『大学理念と大学改革——ドイツと日本』（東信堂、2015 年 5 月）所収)。
⑭2 トラバント、ユルゲン、齋藤元紀／村井則夫訳「フンボルトのグラマトロジー——言語の本性への斬新な洞察」『思想』第 1023 号、2009 年 7 月、240-271 頁。
⑭3 吉永圭『リバタリアニズムの人間観——ヴィルヘルム・フォン・フンボルトに見るドイツ的教養の法哲学的展開』（風行社、2009 年 8 月）。
⑭4 斉藤渉「フンボルトにおけるネイションの問題」『ヘーゲル哲学研究』第 15 号、2009 年 12 月、87-95 頁。
⑭5 櫻井佳樹「フンボルトとヘンリエッテ・ヘルツ」『教育学研究紀要』第 55 巻、2010 年 3 月、6-11 頁。
⑭6 バイザー、フレデリック・C.「ヴィルヘルム・フォン・フンボルトの初期政治理論」（同、杉田孝夫訳『啓蒙・革命・ロマン主義——近代ドイツ政治思想の起源 1790—1800 年』（法政大学出版局、2010 年 3 月)）221-271 頁。
⑭7 元根朋美「近代大学の理念と職業教育——J. デューイと W. v. フンボルトの比較研究」『奈良女子大学文学部教育文化情報学講座年報』第 7 号、2010 年 3 月、97-108 頁。
⑭8 渡辺学「ヴィルヘルム・フォン・フンボルトの言語論における『古典古代』の意味」『研究年報』第 56 号、2010 年 3 月、75-92 頁。
⑭9 石澤将人「フンボルトとニーチェの差——その教養理念およびギリシア観について」『社会システム研究』第 14 号、2011 年 2 月、33-43 頁。
⑮0 鈴木篤「教育学における経済と教育の相克に関する一試論——知識社会下におけるフンボルト陶冶理論の再解釈」『兵庫教育大学研究

——高等教育』(日本図書センター、2009年9月) 所収)。
(129) 吉永圭「国家における人間の自由と陶冶の問題——ヴィルヘルム・フォン・フンボルトの前期思想」(3)『国家学会雑誌』第120巻第9・10号、2007年10月、595-656頁。
(130) ————「国家における人間の自由と陶冶の問題——ヴィルヘルム・フォン・フンボルトの前期思想」(4)『国家学会雑誌』第120巻第11・12号、2007年12月、799-863頁。
(131) ニッパーダイ、トーマス「プロイセンと大学」(同、坂井榮八郎訳『ドイツ史を考える』(山川出版社、2008年2月) 125-158頁。
(132) 吉永圭「国家における人間の自由と陶冶の問題——ヴィルヘルム・フォン・フンボルトの前期思想」(5・完)『国家学会雑誌』第121巻第1・2号、2008年2月、1-50頁。
(133) 潮木守一『フンボルト理念の終焉?——現代大学の新次元』(東信堂、2008年3月)。
(134) 杉浦忠夫「ベルリン大学創設前後(1)——フンボルトの『覚え書』からフィヒテの学長就任演説まで」『明治大学教養論集』第431号、2008年3月、57-78頁。
(135) 吉永圭「ヴィルヘルム・フォン・フンボルトの教育論における『民族』と『言語』」『法哲学年報2007』、2008年10月、201-209頁。
(136) 櫻井薫「フンボルト理念から歯科大学・大学歯学部の教育を考える」『日本歯科医学教育学会雑誌』第24巻第3号、2008年12月、243-244頁。
(137) 山元有一「ヴィルヘルム・フォン・フンボルトに関する若きシュプランガー」『鹿児島女子短期大学紀要』第44号、2009年2月、189-208頁。
(138) 斉藤渉「フンボルトにおける大学と教養」(西山雄二編『哲学と大学』(未来社、2009年3月)) 50-77頁。
(139) 杉浦忠夫「ベルリン大学創設前後(2)——フンボルトとシュライアマハーとのあいだ(その1)」『明治大学教養論集』第444号、2009年3月、1-17頁。

学研究』第2巻第7号、2005年3月、1-11頁。
⑲ 八木浩雄／甲斐規雄「W. von Humboldtの教育行政課題考——1809年2月の総務報告までの宗教＝教育局を中心に」『明星大学研究紀要 人文学部』第41号、2005年3月、165-175頁。
⑳ 吉永圭「ヴィルヘルム・フォン・フンボルト『国家活動の限界を確定せんがための試論』」（森村進編『リバタリアニズム読本』（勁草書房、2005年3月））184-187頁。
(121) 大川勇「ニーチェの教養理念——『われわれの教育機関の将来について』にみられるフンボルトへの回帰」『社会システム研究』第9号、2006年2月、1-11頁。
(122) 櫻井佳樹「フンボルトにおける友愛・愛と陶冶の問題」『教育学研究紀要』第51巻、2006年3月、7-11頁。
(123) ヘンリエッテ・ヘルツ、野口薫／沢辺ゆり／長谷川弘子編訳「若き日の盟友　ヴィルヘルム・フォン・フンボルト（1767〜1835）」（同『ベルリン・サロン——ヘンリエッテ・ヘルツ回想録』（中央大学出版部、2006年3月）所収）45-50頁。
(124) 八木浩雄／甲斐規雄「W. vonフンボルトの新人文主義的視点」『明星大学研究紀要 人文学部』第42号、2006年3月、191-202頁。
(125) 吉永圭「法の限界問題と法の公共性——ミルとフンボルトの議論を素材として」（井上達夫編『公共性の法哲学』（ナカニシヤ出版、2006年12月）所収）209-227頁。
(126) ————「国家における人間の自由と陶冶の問題——ヴィルヘルム・フォン・フンボルトの前期思想」（1）『国家学会雑誌』第119巻第11・12号、2006年12月、715-767頁。
(127) ————「国家における人間の自由と陶冶の問題——ヴィルヘルム・フォン・フンボルトの前期思想」（2）『国家学会雑誌』第120巻第1・2号、2007年2月、1-61頁。
(128) 潮木守一「フンボルト理念とは神話だったのか——パレチェク仮説との対話」『大学論集』第38集、2007年3月、171-187頁（塚原修一監修、廣田照幸編『リーディングス日本の教育と社会第12巻

⑯ トラバント、ユルゲン、村井則夫訳『フンボルトの言語思想』（平凡社、2001 年 8 月）。
⑰ 飯森伸哉「フンボルトの人間観とユダヤ人解放」『人文研紀要』第 43 号、2002 年 9 月、123-141 頁。
⑱ 太田博之「19 世紀初頭のプロイセンにおける W・v・フンボルトの中等教育制度改革に関する一考察――ケーニヒスベルク学校計画、リトアニア学校計画を中心に」『歴史研究』第 41 号、2003 年 3 月、27-62 頁。
⑲ 村井則夫「起源と歴史――フンボルトにおける媒体としての言語」『思想』第 949 号、2003 年 5 月、97-124 頁。
⑩ 別府昭郎「ヴィルヘルム・フォン・フンボルトとベルリン大学創設の理念」『教育学研究』第 70 巻第 2 号、2003 年 6 月、51-62 頁。
⑪ 櫻井佳樹「フンボルトの教養旅行」『香川大学教育学部研究報告 第Ⅰ部』第 119 号、2003 年 7 月、11-21 頁。
⑫ 堀和弘「フンボルトにおける個性の概念」『教育学科研究年報』第 30 巻、2004 年 3 月、25-29 頁。
⑬ 八木浩雄「W. von Humboldt の大学論について」『明星大学教育学研究紀要』第 19 号、2004 年 3 月、105-114 頁。
⑭ 八木浩雄／甲斐規雄「W. von Humboldt の受容に関する研究」『明星大学研究紀要 人文学部』第 40 号、2004 年 3 月、163-171 頁。
⑮ 木村裕之「フンボルトの大学理念からの決別――大学と市民社会」（木前利秋編『トランスナショナリティ研究――グローバル化と市民主義』（大阪大学 21 世紀 COE プログラム「インターフェイスの人文学トランスナショナリティ研究」プロジェクト、2004 年 12 月））111-140 頁。
⑯ 大川勇「フンボルトの教養理念――フンボルトからシュティフターへ」『ドイツ文学研究』第 50 号、2005 年 3 月、31-77 頁。
⑰ 八木浩雄「W. von Humboldt の『個』の視点について」『明星大学教育学研究紀要』第 20 号、2005 年 3 月、69-77 頁。
⑱ ――――「フンボルトの『宗教音楽に関して』の考察」『総合社会科

理』第40巻第5号、1997年8月、425-427頁。

⑨⑤ 馬場昭夫「ヴィルヘルム・フォン・フンボルト『国家活動の限界を決定するための試論』の研究」『暁星論叢』第41号、1997年12月、1-7頁。

⑨⑥ 坂井榮八郎「19世紀ドイツにおける大学と国家」（同『ドイツ近代史研究――啓蒙絶対主義から近代的官僚国家へ』（山川出版社、1998年6月））279-308頁。

⑨⑦ 三ツ木道夫「翻訳と歴史意識――ヴィルヘルム・フォン・フンボルトの翻訳論」（1）『言語文化』第1巻第3号、1999年1月、569-595頁。

⑨⑧ 菊池城司『近代日本における「フンボルトの理念」――福田徳三とその時代』（広島大学大学教育センター、1999年3月）。

⑨⑨ 平野正久「教師と学生は共に学問研究のためにある」（寺崎昌男編『教育名言辞典』（東京書籍、1999年5月））568-569頁。

⑩⓪ 亀山健吉『言葉と世界――ヴィルヘルム・フォン・フンボルト研究』（法政大学出版局、2000年2月）。

⑩① 櫻井佳樹「フンボルトの人間形成論と近代教育思想」（小笠原道雄監修、林忠幸／森川直編『近代教育思想の展開』（福村出版、2000年2月））78-91頁。

⑩② ――――「フンボルトの思想形成――ベルリン啓蒙主義による教育とその離脱過程を中心に」『教育学研究紀要』第45巻、2000年3月、41-46頁。

⑩③ 川瀬邦臣「フンボルト」（教育思想史学会編『教育思想事典』（勁草書房、2000年5月、増補改訂版、2017年9月））621-622頁。

⑩④ 宮坂正英「〈国際会議参加報告〉国際シンポジウム『フンボルト・インターナショナル、19世紀・20世紀におけるドイツ大学モデルの輸出』に参加して」『大学史研究』第16号、2000年11月、71-83頁。

⑩⑤ 斉藤渉『フンボルトの言語研究――有機体としての言語』（京都大学学術出版会、2001年3月）。

育学会紀要』第 20 号、1993 年 11 月、15-26 頁。

⑻ 関正夫「現代大学における教育改革の一方向――フンボルトの教養理念『学問による教養』の現代的意義の検討」『大学論集』第 23 集、1994 年 3 月、 1 -25 頁。

⑼ 三輪貴美枝「W. v. フンボルトの『徳』形成論について――„sittlich“と „moralisch“ をめぐって」『教育と教育思想』第 14 集、1994 年 3 月、51-57 頁。

⑽ ――――「Bildung 概念の成立と展開について――教育概念としての実体化の過程」『教育学研究』第 61 巻第 4 号、1994 年 12 月、353-362 頁。

⑾ 江島正子／ルメール、クラウス「フンボルトによる人間形成理念――『国家の権限の限界を明らかにするための試論』を中心に」『関東学園大学紀要 Liberal Arts』第 3 集、1995 年 2 月、25-42 頁（江島正子『フンボルトの人間形成論』（ドン・ボスコ社、1996 年 5 月）所収）。

⑿ 江島正子「フンボルト論」（村田昇編『シュプランガーと現代の教育』（玉川大学出版部、1995 年 3 月））226-245 頁（「シュプランガーのフンボルト研究」と改題のうえで、江島正子『フンボルトの人間形成論』（ドン・ボスコ社、1996 年 5 月）所収）。

⒀ ――――『フンボルトの人間形成論』（ドン・ボスコ社、1996 年 5 月）。

⒁ 山崎英則「シュプランガーのフンボルト論」『広島女子大学生活科学部紀要』第 2 号、1996 年 12 月、 1 -23 頁。

⒂ Ishihara, Aeka, „Wilhelm von Humboldt als Geothes junger Briefpartner Der frühe Briefwechsel zwischen Goethe und Wilhelm von Humboldt (1795-ca.1800)“『慶応義塾大学独文学研究室研究年報』第 14 号、1997 年 3 月、119-140 頁。

⒃ 山崎英則「フンボルトの歴史哲学――シュプランガーのフンボルト論を中心に」『教育学研究紀要』第 42 巻、1997 年 3 月、64-69 頁。

⒄ 有本建男「フンボルトが築いた近代大学の教育と研究制度」『情報管

41-62 頁。

⑦③ Naka, Naoichi, „W. v. Humboldt und die Oeffentliche Erziehung“『ゲーテ年鑑』第 30 巻、1988 年 10 月、141-150 頁。

⑦④ 江島正子「日本のフンボルト受容に関する一試論」『関東学園大学紀要経済学部編』第 15 集、1989 年 3 月、93-117 頁（同『フンボルトの人間形成論』（ドン・ボスコ社、1996 年 5 月）所収）。

⑦⑤ 中直一「フンボルトにおける自由と陶冶——教養論としての国家論」『ドイツ文学』第 82 号、1989 年 3 月、13-21 頁。

⑦⑥ メンツェ、クレメンス「ヴィルヘルム・フォン・フンボルトの人と業績」（同編、クラウス・ルーメル他訳『人間形成と言語』（以文社、1989 年 4 月）所収） 9 -21 頁。

⑦⑦ 藤田正勝「形成・教養・教育（1）——ヘルダーとフンボルト」『ユスティティア』第 1 号、1990 年 3 月、132-137 頁。

⑦⑧ 西村貞二『人と思想 86——フンボルト』（清水書院、1990 年 4 月）（新装版：2015 年 9 月）。

⑦⑨ 中直一「フランス革命とドイツ——フォルスター、ゲンツ、フンボルトに即して」『比較文化研究』第 29 輯、1991 年 3 月、 1 -44 頁。

⑧⓪ メンツェ、クレメンス、小宮芳幸訳「人間性陶冶を目指した W. v. フンボルトのベルリン大学の構想——『研究と教育の一致』という理念を中心として」『四国学院大学論集』第 76 号、1991 年 3 月、191-222 頁。

⑧① 大崎功雄『プロイセン教育改革研究序説』（多賀出版、1993 年 2 月）。

⑧② 篠木芳夫「フンボルトにおけるカント的要素とヘーゲル的要素——フンボルトにおけるカント的要素」上『北海道教育大学紀要（第 1 部 A）人文科学編』第 44 巻第 1 号、1993 年 7 月、 1 -10 頁。

⑧③ ————「フンボルトにおけるカント的要素とヘーゲル的要素——フンボルトにおけるカント的要素」下『北海道教育大学紀要（第 1 部 A）人文科学編』第 44 巻第 1 号、1993 年 7 月、11-23 頁。

⑧④ 三輪貴美枝「民族形成論としての W. v. フンボルト陶冶論」『関東教

学出版局、1984年12月））601-665頁（同『言葉と世界――ヴィルヘルム・フォン・フンボルト研究』（法政大学出版局、2000年2月）所収）。
62 弘睦夫「大学の理念についての一試論――カントとフムボルトを手掛りに」『大学論集』第13号、1984年12月、59-75頁。
63 渡辺学「フンボルト研究の近況と展望――没後150周年にあたって」『獨協大学ドイツ学研究』第15号、1985年10月、83-105頁。
64 ――――「言語と自然――フンボルトを読む」『独協大学ドイツ学研究』第15号、1985年10月、107-172頁。
65 長井和雄「言語と人間形成――フンボルト、啓蒙主義とロマン主義」（長井和雄他編『ロマン主義教育再興』（東洋館出版社、1986年1月））35-53頁。
66 三室次雄「W. v. フンボルトの根本思想――人間・自然・言語」『教養論集』第6号、1986年5月、27-56頁。
67 西村貞二「フンボルトの教育理念――没後150年に」『西洋史研究』第15号、1986年11月、65-80頁。
68 江島正子「フンボルトの人間形成論とギリシア人の連関性について」『関東学園大学紀要　経済学部編』第12集、1987年2月、1-15頁（同『フンボルトの人間形成論』（ドン・ボスコ社、1996年5月）所収）。
69 渡辺学「東ドイツのフンボルト研究について」『獨協ドイツ学研究』第17号、1987年2月、35-52頁。
70 木村周市朗「絶対主義末期の干渉主義批判の一類型――市民的自由と国家干渉」（2）『成城大学経済研究』第97号、1987年9月、21-62頁（同『ドイツ福祉国家思想史』（未来社、2000年3月）所収）。
71 中直一「初期フンボルトの国家論とプロイセン国家」『教養学科紀要』第20号、1988年3月、79-90頁。
72 メンツェ、クレメンス、高祖敏明訳「ヴィルヘルム・v・フンボルトとフランス革命」『ソフィア』第37巻第2号、1988年6月、

頁。

52 木村直司「ヴィルヘルム・フォン・フンボルトとゲーテ」『モルフォロギア——ゲーテと自然科学』第2号、1980年11月、63-73頁。

53 江島正子「フンボルトの人間形成における言語の役割」『星美学園短期大学研究論叢』第13号、1981年3月、11-23頁（同『フンボルトの人間形成論』（ドン・ボスコ社、1996年5月）所収）。

54 亀山健吉「ヴィルヘルム・フォン・フンボルトとヤーコブ・グリムの学的交流について」『日本女子大学紀要 文学部』第31号、1981年10月、209-238頁（同『言葉と世界——ヴィルヘルム・フォン・フンボルト研究』（法政大学出版局、2000年2月）所収）。

55 江島正子「フンボルトにおける『人間学的』教育理念——『比較人類学構想』を中心とした一考察」『星美学園短期大学研究論叢』第14号、1982年3月、11-25頁（同『フンボルトの人間形成論』（ドン・ボスコ社、1996年5月）所収）。

56 大崎功雄「W. v. フンボルトにおけるプロイセン憲法構想と教育改革」『北海道教育大学紀要（第1部C）教育科学編』第32巻第2号、1982年3月、31-46頁。

57 川瀬邦臣「プロイセン教育改革期初期におけるフンボルトの中等学校改革」（2）『東京学芸大学紀要 第1部門 教育科学』第33号、1982年3月、1-12頁。

58 福本喜之助『フンボルトの言語思想とその後世への影響』（関西大学出版部、1982年6月）。

59 亀山健吉「ヴィルヘルム・フォン・フンボルト」『ゲーテ年鑑』第24巻、1982年10月、157-175頁（同『言葉と世界——ヴィルヘルム・フォン・フンボルト研究』（法政大学出版局、2000年2月）所収）。

60 西村貞二「ヴィルヘルム・フォン・フンボルト」（同『悪人が歴史をつくる』（中央公論社、1984年6月））229-242頁。

61 亀山健吉「フンボルトの日本語研究」（ヴィルヘルム・フォン・フンボルト、亀山健吉訳『言語と精神——カヴィ語研究序説』（法政大

考察」『山梨県立女子短期大学紀要』第9号、1976年3月、1-15頁。

㊶ 山本治夫「カルル・ヴィルヘルム・フォン・フンボルト——18世紀的ユマニテの基質と自由主義政治思想挫折の典型」（1）『福岡大学人文論叢』第7巻第4号、1976年3月、839-869頁。

㊷ 木村直司「ゲーテとフンボルト——自然と言語における比較の原理」『月刊言語』第55号、1976年10月、70-78頁。

㊸ 泉井久之助『言語研究とフンボルト——思想・実践・言語』（弘文堂、1976年11月）。

㊹ 亀山健吉「ハイデガーとW. v. フンボルト」『実存主義』第77号、1976年12月、108-114頁（同『言葉と世界——ヴィルヘルム・フォン・フンボルト研究』（法政大学出版局、2000年2月）所収）。

㊺ 柴山隆司「W・v・フンボルトの政治思想——国家活動とその限界」『法と政治』第28巻第3・4号、1978年3月、527-564頁。

㊻ 山本治夫「カルル・ヴィルヘルム・フォン・フンボルト——18世紀的ユマニテの基質と自由主義政治思想挫折の典型」（2）『福岡大学人文論叢』第10巻第1号、1978年6月、95-127頁。

㊼ 亀山健吉『フンボルト——文人・政治家・言語学者』（中公新書、1978年12月）。

㊽ 西山勤二「フンボルトの哲学と歴史とのあいだを宥和する企て」『橘女子大学研究紀要』第6号、1979年2月、34-54頁。

㊾ 江島正子「フンボルトにおける言語と陶冶——その契機と起源」『星美学園短期大学研究論叢』第11号、1979年3月、37-49頁（同『フンボルトの人間形成論』（ドン・ボスコ社、1996年5月）所収）。

㊿ 川瀬邦臣「プロイセン教育改革期初期におけるフンボルトの中等学校改革」（1）『東京学芸大学紀要 第1部門 教育科学』第31号、1980年3月、95-106頁。

(51) 清水昌生「ウィルヘルム・フォン・フンボルトの文芸論『ヘルマンとドロテーア』」『ドイツ文学研究』第12号、1980年10月、1-8

㉙ シェルスキー、ヘルムート、田中昭徳他訳『大学の孤独と自由――ドイツの大学ならびにその改革の理念と形態』(未来社、1970年11月)。
㉚ 伊藤恒夫「ベルリン大学の誕生とその理念」(1)『松山商大論集』第22巻第2号、1971年6月、73-100頁。
㉛ ――――「フィヒテとフンボルトの大学論――ベルリン大学の誕生とその理念」(2)『松山商大論集』第22巻第5号、1971年12月、57-112頁。
㉜ 藤平悳郎「ヴイルヘルム・フォン・フンボルトと18世紀」『明治大学教養論集』第68号、1972年2月、32-52頁。
㉝ 梶嘉一郎「ドイツ的フマニスムスとヴィルヘルム・フォン・フンボルト――フンボルト言語哲学の背景」『同志社外国文学研究』第3号、1972年3月、1-25頁。
㉞ 上山安敏「官僚制・国家試験・官僚法学――ヘーゲル哲学と歴史法学派の役割」(1)『法学論叢』第91巻第2号、1972年5月、1-30頁。
㉟ 水谷重男「フンボルトの政治思想」(糸永寅一他監修『ヨーロッパ・キリスト教史5――近代』(中央出版社、1972年5月))245-262頁。
㊱ 川瀬邦臣「W. v. フンボルトの『一般的人間陶冶』論についての一考察――プロイセン教育改革『原理』としてみた」『教育学研究』第39巻第3号、1972年9月、12-22頁。
㊲ カッシーラー、エルンスト、中埜肇訳『自由と形式――ドイツ精神史研究』(ミネルヴァ書房、1972年11月)。
㊳ 千代田寛「W. v. フンボルトの国家観について」『史学研究』第121・122号、1974年6月、33-48頁。
㊴ 藤平悳郎「ネオ・ヒューマニズムとフランス革命――ヘルダーとフンボルトの場合」『Beitrage zur Germanistik. Festschrift』第2巻、1975年3月、80-89頁。
㊵ 川瀬邦臣「W. v. フンボルトの大学論――その理念的側面に対する一

⑰ 平野一郎「Berlin 大学成立史小論――Stein-Hardenberg 改革との関連において」『日本の教育史学――教育史学会紀要』第 1 集、1958 年 10 月、154-182 頁。
⑱ 西村貞二『人と業績シリーズ 13――フンボルト』（有斐閣、1959 年 11 月）。
⑲ 高坂正顕『大学の理念――系譜と問題』（創文社、1961 年 10 月）。
⑳ 砂沢喜代次「フンボルト」（教育人名辞典刊行会編『教育人名辞典』（理想社、1962 年 2 月））557-559 頁。
㉑ 高坂正顕他「大学に対する社会的要請と大学の理念に関する研究」『京都大学教育学部紀要』第 11 号、1965 年 3 月、102-132 頁。
㉒ 松井春満「フンボルト的理念とヤスパースの大学論」『大阪経大論集』第 52 号、1966 年 7 月、41-75 頁。
㉓ 西村貞二「フンボルト生誕 200 年に寄せて」『学鐙』第 64 巻第 5 号、1967 年 5 月、19-23 頁。
㉔ マイネッケ、フリードリヒ「18 世紀 90 年代のヴィルヘルム＝フォン＝フンボルト」「1812―1815 年代のシュタイン、グナイゼナウおよびヴィルヘルム＝フォン＝フンボルト」（同、矢田俊隆訳『世界市民主義と国民国家――ドイツ国民国家発生の研究』（岩波書店、1968 年 7 月））43-65 頁、175-220 頁。
㉕ 宮寺晃夫「新人文主義教育理論における人間形成と公教育――W. v. フムボルトを中心に」『教育学研究集録』第 8 集、1969 年 3 月、1 -8 頁。
㉖ 小倉志祥「大学の理念――歴史的考察」『実存主義』第 47 号、1969 年 4 月、80-96 頁。
㉗ 宮寺晃夫「W. v. フムボルトの教育理論における『陶冶』と『教育』――新人文主義の人間形成論」『教育哲学研究』第 20 号、1969 年 10 月、1 -17 頁。
㉘ 天野正治「現代西ドイツ大学改革におけるフンボルト的理念の有効性――H・シェルスキーと R・ダーレンドルフの所論を中心として」『教育哲学研究』第 22 号、1970 年 10 月、1 -19 頁。

月、1-76頁。
⑤ 佐野一彦「フンボルトの『イデェン』覚書」『国民経済雑誌』第61巻第4号、1936年10月、521-546頁。
⑥ 泉井久之助『フンボルト』（弘文堂書房、1938年7月）（再版：1939年9月、3版：1947年1月、4版：1947年11月）。
⑦ 西村貞二「フンボルト」（1）『批評』第8巻第1号、1946年8月、50-59頁。
⑧ ―――「フンボルト」（2）『批評』第8巻第2号、1946年10月、66-76頁。
⑨ ―――「フンボルト」（3）『批評』第8巻第3号、1946年12月、44-54頁。
⑩ 篠原助市「フンボルトと全体性」（同『独逸教育思想史』上巻（創元社、1947年10月）286-301頁）（同『欧州教育思想史 改版』上巻（相模書房出版部、1956年）286-301頁と同内容。後者は、1972年10月に玉川大学出版部より再刊。なお、初版：創元社、1950年6月）。
⑪ 砂沢喜代次「国家の機能と教育の自由――フンボルトの『国家機能限界論』を中心として」『教育学研究』第20巻第4号、1953年8月、35-50頁。
⑫ 香原一勢「歴史家と詩人――フンボルトに於ける」『日本歴史』第69号、1954年2月、45-47頁。
⑬ 砂沢喜代次「フンボルトの教育改革――フンボルト研究の一断章」『教育科学』第13号、1955年5月、53-90頁。
⑭ 高尾正男「ヴィルヘルム・フォン・フンボルトと浪漫的思想――若きフンボルトの政治論文を中心として」『八幡大学論集』第6巻第1号、1956年1月、91-115頁。
⑮ 砂沢喜代次「フンボルトの新人文主義」『理想』第281号、1956年10月、85-96頁。
⑯ 西村貞二「フンボルト」『法学セミナー』第20号、1957年11月、66-68頁。

の理想的、歴史的な見解」「徳性形成に関する宗教と詩文の連関について」「言語の国民的性格について（断篇）」「言語一般の性格と特性について」「ケーニヒスベルク学校計画」「リトアニア学校計画」「1809年7月24日付　ベルリン大学設置申請書」「ベルリン高等学術施設の内的ならびに外的組織について」「書簡の抜粋」を収録)。
⑬ 江島正子訳「国家活動の限界」（第1章および第3章の抄訳）（江島正子『フンボルトの人間形成論』（ドン・ボスコ社、1996年5月））34-48頁。
⑭ 馬場昭夫訳「国家活動の限界」（第13章の抄訳）『暁星論叢』第41号、1997年12月、5-6頁。
⑮ 村岡晋一訳『双数について』（新書館、2006年9月）。
⑯ 杉田孝夫／菅野健訳「性差およびその有機的自然に及ぼす影響について」『お茶の水女子大学ジェンダー研究センター年報』第16号、2013年3月、75-92頁。
⑰ ――――「男性の形式と女性の形式について」『お茶の水女子大学ジェンダー研究センター年報』第17号、2014年3月、129-154頁。
⑱ 石澤将人／阪本尚文訳「『ドイツ憲法論』他」『行政社会論集』第28巻第3号、2016年1月、111-149頁。

フンボルトの邦語二次文献一覧

① 海後宗臣「フムボルトと文化教育学」『教育思潮研究』第1巻第1輯、1927年10月、52-62頁（同『海後宗臣著作集第3巻 教育思想研究』（東京書籍、1981年5月）所収)。
② 十河佑貞「ヰルヘルム・フムボルトの歴史理念説に就いて」『史苑』第5巻第4号、1931年1月、258-269頁。
③ 船田三郎「フンボルトの歴史的理念説――その歴史記述家の任務についてを読んで」『史学』第11巻第4号、1933年2月、1-17頁。
④ 伊藤猷典「ウイルヘルム・フオン・フムボルトの個別的人間学について」『台北帝国大学文政学部哲学科研究年報』第1輯、1935年5

④ 岡田隆平訳『言語と人間——人間的言語構造の相違性に就て』（冨山房、1941 年 10 月）（「ジャヴァ島に於けるカーヴィ語に就て」の序説。1948 年 7 月に創元社より、1998 年 3 月にゆまに書房より再刊）。

⑤ 小口優訳『教養への道——或る女友達への書簡』上・下（モダン日本社、1942 年 6－8 月）（1949 年 4－8 月に春秋社より『ある女友達への書簡』の表題で 3 巻本として再刊）。

⑥ 西村貞二訳『世界史の考察——歴史哲学論文集』（創元社、1948 年 4 月）（「人間諸力発展の法則について」「古代、特にギリシア古代の研究について」「比較人間学草案」「人間の精神について」「一民族において学問及び芸術の栄える条件について」「世界史の考察」「世界史の動因の考察」「歴史家の課題について」を収録）。

⑦ ————『人間の諸問題』（創元社、1950 年 1 月）（「フランス新憲法によつて誘発された国家憲法に関する諸理念」「人間育成論」「両性の区別とその有機的自然に及ぼす影響について」「男性形式と女性形式」「人間知の手段としての観相学」「ローマとギリシア、別題、古典的古代の考察」を収録）。

⑧ 小倉志祥訳「ベルリン高等学術機関の内外の組織について」『実存主義』第 47 号、1969 年 4 月、72-79 頁。

⑨ 梅根悟訳「ベルリン高等学問施設の内的ならびに外的組織の理念」（フィヒテ他、梅根悟訳『世界教育学選集 53——大学の理念と構想』（明治図書出版、1970 年 4 月））209-222 頁。

⑩ 川瀬邦臣訳「公的国家教育について」『西洋教育史研究』第 1 号、1972 年 2 月、80-88 頁。

⑪ 亀山健吉訳『言語と精神——カヴィ語研究序説』（法政大学出版局、1984 年 12 月）（2011 年 4 月に復刊）。

⑫ メンツェ、クレメンス編、クラウス・ルーメル他訳『人間形成と言語』（以文社、1989 年 4 月）（「市民福祉に関する国家の関与はどこまで及ぶか」「公的国家教育について」「人間形成の理論（断篇）」「比較人類学草案」「いろいろな人相」「ギリシア人の性格について

付録――フンボルトの作品の邦訳および邦語二次文献一覧

以下に掲げるのは、フンボルトの作品の既存の邦訳および主に教育思想・政治思想・法思想分野におけるフンボルトの邦語二次文献の一覧である。ただし、後者は、日本人著者によるドイツ語論文も含む。もとより網羅的なものではなく、しかも、我が国におけるフンボルトの受容史については、すでに江島正子の詳細な研究が存在する（江島正子「日本のフンボルト受容に関する一試論」『関東学園大学紀要経済学部編』第15集、1989年3月、93-119頁（同『フンボルトの人間形成論』（ドン・ボスコ社、1996年）所収）。しかし、①90年代以降も陸続と文献が公刊されていること、②文献検索にCiNii（国立情報学研究所文献情報・学術情報検索サービス）が利用可能になり、1989年以前の文献で江島が必ずしもカヴァーしきれなかったものを発見できるようになったこと、の二点に鑑みて、訳者が収集したフンボルトに関する邦語二次文献を、わが国におけるフンボルト研究史を知るための資料として紹介することにもいくばくかの意味はあるかと考えて、付録として掲載することにした。第一部解説におけるヴァイマル期までのドイツにおけるフンボルト研究史と合わせてご覧いただければ幸いである。なお、仮名遣いは原文のテクストのとおりとしたが、原則として旧漢字は人名を除いて新漢字に改めた。

フンボルトの作品の邦訳一覧

① 枡田啓三郎訳「比較人間学の計画」（池島重信／桝田啓三郎訳『人間学とは何か』（鐵塔書院、1931年12月））1-54頁。

② 泉井久之助訳「史家の課題について」『哲学研究』第222号、1934年9月、971-996頁。

③ 天野貞祐訳「ベルリンにおける最高学府の内的及び外的組織について」（抄訳）『図書』第61号、1941年2月、2-8頁（『天野貞祐著作集II 教育論』（細川書店、1950年4月）73-81頁に再録）。

ヤ行

ラ行

ワ行

マ行

ナ行

ハ行

タ行

サ行

事項索引

＊事項索引については、索引語は本文中の作品名・地名・歴史的固有名詞などからとった。

リウィウス（Livius） 242, 419
リッター、ゲルハルト（Ritter, Gerhard）★ 621
リュクルゴス（Lycurgus） 65, 240, 401, 418
ルイ十四世（Louis XIV） 244
ルソー、ジャン＝ジャック（Rousseau, Jean-Jacques） 7, 18, 92, 389, 392, 395, 435, 462, 484, 487
ルドルフィ、アズムント（Rudolphi, Asmund）★ 584
レーニ、グイド（Reni, Guido） 100, 403
レーニング、アルトゥール（Lehning, Arthur）★ 497
レマー、ヴィルヘルム・ヘルマン・ゲオルク（Renner, Wilhelm Hermann Georg） 309, 437
ローハウ、アウグスト・ルートヴィヒ・フォン（Rochau, August Ludwig von）★ 475, 500
ロールズ、ジョン（Rawls, John）★ 495, 511
ロジエ、ジャン＝フランソワ・ピラトル・ド（Rozier, Jean-François Pilâtre de） 57, 400
ロック、ジョン（Locke, John）★ 495

ヘルバルト、ヨハン・フリードリヒ（Herbart, Johann Friedrich）309, 437
ボイエン、ヘルマン（Boyen, Hermann）★ 487, 490, 506-507
ボナパルト、ナポレオン（Bonaparte, Napoléon）★ 403, 432-433, 436, 438, 443-444, 447-448, 452, 455-456, 461, 477, 542, 553-554, 573, 576, 611-612, 614-616, 618, 623-624
ホフマン、ヨハン・ゴットフリート（Hoffmann, Johann Gottfried） 272, 425, 428-429, 593
ホメロス（Hómēros） 54, 498, 543

マ行

マイネッケ、フリードリヒ（Meinecke, Friedrich）★ 486-494, 506-510, 522, 547, 621, 628
マッソウ、ユリウス・エバーハルト・ヴィルヘルム・エルンスト・フォン（Massow, Julius Eberhard Wilhelm Ernst von）★ 439, 569-570, 598-599, 601
ミュンスター、エルンスト・フリードリヒ・ヘルベルト・ツー（Münster, Ernst Friedrich Herbert zu） 372, 433, 452, 457, 562, 619-620
ミラボー、オノレ＝ガブリエル・リケティ・ド（Mirabeau, Honoré-Gabriel Riqueti de） 143, 389, 408, 421
ミル、ジョン・ステュアート（Mill, John Stuart）★ 394, 398-399, 401, 406-408, 460, 475-477, 480, 485, 495, 497, 503-504, 511
ミンゲッティ、マルコ（Minghetti, Marco）★ 486
メーザー、ユストゥス（Möser, Justus）★ 416
メッテルニヒ、クレメンス・フォン（Metternich, Klemens von）★ 443, 461, 541, 617, 627
モール、ロベルト・フォン（Mohl, Robert von）★ 480
モンテスキュー、シャルル＝ルイ・ド（Montesquieu, Charles-Louis de） 239-241, 411, 417-419, 450-451, 531, 547

ヤ行

ヤコブセン、イエンス・ペーター（Jacobsen, Jens Peter）★ 509

ラ行

ラーデマッハー、フランツ・カール・ルートヴィヒ（Rademacher, Franz Karl Ludwig） 388, 458
ライツマン、アルバート（Leitzmann, Albert）★ 403, 419, 528-529, 546, 548, 549
ラサール、フェルディナント（Lassalle, Ferdinand）★ 499
ランケ、レオポルト・フォン（Ranke, Leopold von）★ 498

フォルマン、ラルフ（Vollmann, Ralf）★　499-500
ブットマン、フィリップ・カール（Buttann, Philipp Karl）★　564, 593
プフィツァー、パウル・アハティウス・フォン（Pfizer, Paul Achatius von）★　628
フライターク、グスタフ（Freytag, Gustav）★　492, 509
プラトン（Plato）　7, 10, 58, 238, 240, 245, 389, 396-397, 400, 403-404, 418, 420, 478, 484, 504, 543
プラマン、ヨハン・エルンスト（Plamann, Johann Ernst）　304, 435
ブランデス、カール・ハインリヒ（Brandes, Carl Heinrich）★　463-464, 467, 594
フリーゼ、カール・フェルディナント（Friese, Karl Ferdinand）　262, 425
プリニウス（Plinius）　57, 400
ブリンクマン、カール・グスタフ（Brinkmann, Carl Gustav）★　514, 515-516, 518-520, 524, 526, 534, 545, 551
ブルッフ、リューディガー・フォム（Bruch, Rüdiger vom）★　570, 589-590
ブルンチュリ、ヨハン・カスパー（Bluntschli, Johann Caspar）★　479-481, 505, 608
ブレドウ、ゴットフリート・ガブリエル（Bredow, Gottfried Gabriel）　310, 438
フロリープ、ルートヴィヒ・フリードリヒ（Froriep, Ludwig Friedrich）★　562, 593
フンボルト、アレクサンダー・フォン（Humboldt, Alexander von）★　438-439, 463-464, 517, 568, 597, 604-605
フンボルト、ヴィルヘルム・フォン（Humboldt, Wilhelm von）　568, 597
フンボルト、ヘルマン・フォン（Humboldt, Hermann von）★　463, 464
フンボルト＝ダッヘレーデン、テオドール・フォン（Humboldt-Dachroeden, Theodor von）★　542
フンメル、ヨハン・エルトマン（Hummel, Johann Erdmann）　313, 439
ペイシストラトス（Peisistratos）　244, 419
ペーターセン、イエンス（Petersen, Jens）★　495, 500
ベール、ピエール（Bayle, Pierre）　241, 418
ヘシオドス（Hēsíodos）　54
ペスタロッチ、ヨハン・ハインリヒ（Pestalozzi, Johann Heinrich）　297, 303-304, 434-435, 437, 574, 602
ベック、フィリップ・アウグスト（Böckh, Philipp August）★　498, 584, 609
ベッセル、フリードリヒ・ヴィルヘルム（Bessel, Friedrich Wilhelm）　309, 438

リヒ（Nicolai, Christoph Friedrich）★　404
ニコロヴィウス、ゲオルク・ハインリヒ・ルートヴィヒ（Nicolovius, Georg Heinrich Ludwig）297, 434, 438, 578, 583, 588
ノージック、ロバート（Nozick, Robert）★　495

ハ行

バーク、エドマンド（Burke, Edmund）★　516, 519–524, 526, 530–533, 540–541, 545, 547, 587
バイザー、フレデリック・チャールズ（Beiser, Frederick Charles）★　396, 414, 519, 541, 544, 546–547
ハイネ、クリスティアン・ゴットロープ（Heyne, Christian Gottlob）★　412, 462, 483, 533, 536, 543, 547, 593
ハイム、ルドルフ（Haym, Rudolf）★　472–475, 478, 481, 483–485, 502–504, 542
ハインリヒ王子（Friedrich Heinrich Ludwig von Preußen）281, 310, 431, 565, 594
ハッセル、ゲオルク（Hassel, Georg）　360, 448
ハルデンベルク、カール・アウグスト・フォン（Hardenberg, Karl August von）★　457–458, 461, 470, 477, 484, 506–508, 553, 556, 560, 576, 586, 601, 612, 615, 620, 623
バロー、ジョン・ワイオン（Barrow, John Wyon）★　495
ビースター、ヨハン・エーリヒ（Biester, Johann Erich）★　399, 403, 416–417, 514–515, 517
ピウス七世（Pius VII）★　542
ファガースン、アダム（Ferguson, Adam）　65, 401
ファーター、ヨハン・ゼヴェリン（Vater, Johann Severin）　309, 437
フィヒテ、ヨハン・ゴットリープ（Fichte, Johann Gottlieb）★　425, 441, 479, 505, 559, 563–565, 569–570, 582, 593, 595, 597, 600, 608
フーバー、エルンスト・ルドルフ（Huber, Ernst Rudolf）★　452–453, 615, 621
フーバー、ルートヴィヒ・フェルディナント（Huber, Ludwig Ferdinand）★　550
フーフェラント、クリストフ・ヴィルヘルム（Hufeland, Christoph Wilhelm）★　430, 593
フェーダー、ヨハン・ゲオルク・ハインリヒ（Feder, Johann Georg Heinrich）★　404
フォルスター、テレーゼ（Forster, Therese）★　533, 550
フォルスター、ヨハン・ゲオルク（Forster, Johann Georg）　250, 420–421, 467, 514, 533–536, 539, 548–551, 580
フォルスター、ヨハン・ラインホルト（Forster, Johann Reinhold）★　533

スウェーデン皇太子　→カール十四世
スミス、アダム（Smith, Adam）★　429, 532, 592
ゾルムス＝ラウバッハ、フリードリヒ・ルートヴィヒ・クリスティアン（Solms-Laubach, Friedrich Ludwig Christian）　388, 458

タ行

ダールベルク、カール・テオドール・フォン（Dalberg, Karl Theodor von）　250, 254, 392, 404, 416, 420-421, 476, 514, 526, 542, 546, 626
ダールベルク、ヨハン・フリードリヒ・フーゴ・フォン（Dalberg, Johann Friedrich Hugo von）★　404
ダールマン、フリードリヒ・クリストフ（Dahlmann, Friedrich Christoph）★　502
ダインハルト、ハインリヒ（Deinhardt, Heinrich）★　499
ダッヘレーデン、カール・フリードリヒ（Dacheröden, Karl Friedrich）★　542
ダッヘレーデン、カロリーネ・フォン（Dacheröden, Caroline von）★　542
タレーラン＝ペリゴール、シャルル＝モーリス・ド（Talleyrand-Perigord, Charles-Maurice de）★　420, 618
チョムスキー、ノーム（Chomsky, Noam）★　511
ツェラー、カール・アウグスト（Zeller, Karl August）　297, 302-303, 435
ティーデマン、ディートリヒ（Tiedemann, Dieterich）　10, 390
テイラー、チャールズ（Taylor, Charles）★　495, 511
ディルタイ、ヴィルヘルム（Dilthey, Wilhelm）★　487, 557
ドーナ＝シュロビッテン、アレクサンダー・ブルクグラーフ・フォン（Dohna-Schlobitten, Alexander Burggraf von）★　433, 438, 555, 565, 573
ドーム、クリスティアン・ヴィルヘルム（Dohm, Christian Wilhelm）★　395-396, 411-413
トライチュケ、ハインリヒ・フォン（Treitschke, Heinrich von）★　472, 475-481, 484, 486, 492, 503-506
トレヴェント、エドゥアルト（Trewendt, Eduard）★　463-464
ドロイゼン、ヨハン・グスタフ（Droysen, Johann Gustav）★　479, 486

ナ行

ニーブール、バルトホルト・ゲオルク（Niebuhr, Barthold Georg）★　578
ニコライ、クリストフ・フリード

(Schön, Theodor von) ★ 555, 575, 592, 603
シェリング、フリードリヒ・ヴィルヘルム・ヨーゼフ (Schelling, Friedrich Wilhelm Joseph) ★ 441, 559, 591
シャイドラー、カール・ヘルマン (Scheidler, Carl Hermann) ★ 467-470, 472-473, 478
シュヴァイガーアウグスト・フリードリヒ (Schweigger, August Friedrich) 309, 437
シュタイン、ハインリヒ・フリードリヒ・カール・フォム (Stein, Heinrich Friedrich Karl vom) 398, 423-425, 427, 432, 440, 443-444, 450-455, 457-458, 461, 470, 477, 484, 487, 491, 508, 553-554, 560, 563, 575-576, 586, 593, 600-612, 614-617, 619-621, 625-628
シュックマン、フリードリヒ・フォン (Schuckmann, Friedrich von) ★ 584-585
シュナイダー、フリードリヒ・コンラート・レオポルト (Schneider, Friedrich Konrad Leopold) 306, 436
シュピーカー、クリスティアン・ヴィルヘルム (Spieker, Christian Wilhelm) 310, 438
シュピーゲル、カスパー・フィリップ・フォン (Spiegel, Kaspar Philipp von) 388, 458
ジュフェルン、ヨハン・ヴィルヘルム (Süvern, Johann Wilhelm) ★ 425, 434, 438, 578, 583
シュプランガー、エドゥアルト (Spranger, Eduard) ★ 435, 493, 502, 510, 544-545, 551, 576
シュマルツ、テオドール (Schmalz, Theodor) ★ 562-563, 565, 593
シュメッディング、ヨハン・ハインリヒ (Schmedding, Johann Heinrich) 292, 433
シュメル、ヨハン・ゴットリープ (Schummel, Johann Gottlieb) 305, 435
シュライアーマッハー、フリードリヒ・ダニエル・エルンスト (Schleiermacher, Friedrich Daniel Ernst) ★ 559, 565, 570, 582-585, 591, 593-594, 597-598, 600, 607-608
シュルツ、ダーフィト (Schulz, David) 310, 438
シュレーツァー、アウグスト・ルートヴィヒ (Schlözer, August Ludwig) ★ 411-412, 421
シュレッター、フリードリヒ・レオポルト・フォン (Schroetter, Friedrich Leopold von) ★ 588
シュロッサー、フリードリヒ・クリストフ (Schlosser, Friedrich Christoph) ★ 497
シラー、フリードリヒ・フォン (Schiller, Friedrich von) ★ 401, 462, 470, 475-476, 478, 483, 514-517, 526, 535, 540, 542, 551, 580

ン（Gaspari, Adam Christian） 309, 438
ガルヴェ、クリスティアン（Garve, Christian） 77, 402
カント、イマヌエル（Kant, Immanuel） 10, 98–99, 105, 325, 402–404, 434, 437, 440–441, 454, 462, 465, 475, 477–478, 484, 487, 504–505, 508, 541, 557, 559, 590, 592, 603, 606
カンペ、ヨアヒム・ハインリヒ（Campe, Joachim Heinrich）★ 526
キュスティーヌ、アダム・フィリップ・ド（Custine, Adam Philippe de）★ 534
クトゥーゾフ、ミハイル（Kutuzov, Mikhail） 373, 452, 614
クライン、エルンスト・フェルディナント（Klein, Ernst Ferdinand）★ 390, 392, 406
クラウス、クリスティアン・ヤーコプ（Kraus, Christian Jakob）★ 429, 592
クレヴィッツ、ヴィルヘルム・アントン（Klewitz, Wilhelm Anton）★ 555, 575
クレーエ、エンノ・エドワード（Kraehe, Enno Edward）★ 621, 627–628
ゲーテ、ヨハン・ヴォルフガング・フォン（Goethe, Johann Wolfgang von） 16, 394, 397, 400, 402, 462, 470, 475, 478, 483, 508, 538, 542, 551, 580, 590
ゲープハート、ブルーノ（Gebhardt, Bruno）★ 481–487, 501–502, 505–506, 590, 603–604
ケーラー、ジークフリート・アウグスト（Kaehler, Siegfried August）★ 392, 416, 486, 492–494, 497, 509, 522–523, 545
ゲッシェン、ゲオルク・ヨアヒム（Göschen, Georg Joachim）★ 515
ゲディーケ、フリードリヒ（Gedike, Friedrich）★ 598, 599
ゲンツ、フリードリヒ・フォン（Gentz, Friedrich von） 232, 236, 355, 379, 416–417, 421, 447, 456, 469, 502, 513, 516, 519–525, 527–533, 535, 539–541, 545–547, 549–550, 580, 587, 611, 617, 626–627
コーンリング、ヘルマン（Conring, Hermann）★ 411
ゴットホルト、フリードリヒ・アウグスト（Gotthold, Friedrich August） 309, 438
コラチェク、アドルフ（Kolatschek, Adolph）★ 499

サ行

サヴィニー、フリードリヒ・カール・フォン（Savigny, Friedrich Carl von）★ 497, 584, 609
サッルスティウス（Sallustius） 399
ジーベル、ハインリヒ・フォン（Sybel, Heinrich von）★ 479, 482, 487
シェーン、テオドール・フォン

人名索引

＊人名索引ついては、索引語は本文・訳註・解説からとった。★は訳註ないし解説にのみ登場する人物である。

ア行

アヘンヴァル、ゴットフリート（Achenwall, Gottfried）★ 411
アリストテレス（Aristotélēs） 10, 240, 390, 393
アレクサンドル一世（Aleksandr I）★ 614
アンチロン、ヨハン・ペーター・フリードリヒ（Ancillon, Johann Peter Friedrich）★ 578
イェルク、ヨハン・ゴットフリート（Jörg, Johann Gottfried） 309, 438
イデラー、クリスティアン・ルートヴィヒ（Ideler, Christian Ludwig） 306, 436
ヴァーグナー、ヴィルヘルム・リヒャルト（Wagner, Wilhelm Richard）★ 499
ウィーナー、フィリップ・ポール（Wiener, Philip Paul）★ 497
ヴィーラント、クリストフ・マルティン（Wieland, Christoph Martin）★ 515
ヴィルヘルム、フリードリヒ三世（Wilhelm, Friedrich Ⅲ）★ 430-431, 438-439, 498, 562
ウーデン、ヴィルヘルム（Uhden, Wilhelm）★ 578, 583-586, 602, 609
ウェーバー、マックス（Weber, Max）★ 475
ヴェルナー、ヨハン・クリストフ（Wöllner, Johann Christoph）★ 406, 439, 543
ヴォルフ、フリードリヒ・アウグスト（Wolf, Friedrich August） 307, 310, 425, 436, 441, 462, 483, 498, 518, 524, 543-544, 551, 563-565, 567-569, 579-581, 583, 593-594, 596-599, 606-607
ヴォルフラム、エルトマン（Wolfram, Erdmann） 307, 437
エアフルト、カール・ゴットロープ（Erfurdt, Karl Gottlob） 309, 404, 437, 514, 542, 546, 562
エトヴェシュ、ヨージェフ（Eötvös, József）★ 480, 505

カ行

カール十四世（Karl XIV） 452
カウアー、エドゥアルト（Cauer, Eduard）★ 395, 398, 463-467, 469-470, 472, 474, 478, 482-483, 485-500, 510
ガウス、カール・フリードリヒ（Gauß, Carl Friedrich）★ 579
ガスパリ、アダム・クリスティア

訳者紹介

西村　稔（にしむら　みのる）（編訳者）
岡山大学名誉教授・京都大学名誉教授。
専門は西洋法史。

主な著訳書

『文士と官僚――ドイツ教養官僚の淵源』（木鐸社、1998 年）、『丸山眞男の教養思想――学問と政治のはざまで』（名古屋大学出版会、2019 年）、ウォルター・ラカー『ドイツ青年運動――ワンダーフォーゲルからナチズムへ』（人文書院、1985 年）、フリッツ・リンガー『読書人の没落――世紀末から第三帝国までのドイツ知識人』（名古屋大学出版会、1991 年）ほか。

石澤　将人（いしざわ　まさと）
京都大学非常勤講師。

主な著訳書

「教養の故郷としてのギリシア――ニーチェとブルクハルトの教養理念」『ゲルマニスティク京都』第 10 号、2009 年、「フンボルトとニーチェの差――その教養理念およびギリシア観について」『社会システム研究』第 14 号、2011 年、『読むためのドイツ語文法』（共著、郁文堂、2013 年）ほか。

阪本　尚文（さかもと　なおふみ）
福島大学行政政策学類准教授。

主な著訳書

「シエイエスは一院制論者か？――フランス革命初期の立法府分割論の軌跡」『法律時報』第 84 巻第 12 号、2012 年、「戦後憲法学と経済史学」『行政社会論集』第 28 巻第 4 号、2016 年、フリードリヒ二世『反マキアヴェッリ論』（共訳、京都大学学術出版会、2016 年）ほか。

国家《こっか》活動《かつどう》の限界《げんかい》　近代社会思想コレクション26

2019年8月10日　初版第一刷発行

著　者　ヴィルヘルム・フォン・フンボルト

編訳者　西《にし》　村《むら》　稔《みのる》

発行人　末　原　達　郎

発行所　京都大学学術出版会
京都市左京区吉田近衛町69
京都大学吉田南構内(606-8315)
電話　075(761)6182
FAX　075(761)6190
http://www.kyoto-up.or.jp/

印刷・製本　亜細亜印刷株式会社

Printed in Japan
ISBN978-4-8140-0237-5
定価はカバーに表示してあります

近代社会思想コレクション刊行書目

（既刊書）

01 ホッブズ『市民論』
02 J・メーザー『郷土愛の夢』
03 F・ハチスン『道徳哲学序説』
04 D・ヒューム『政治論集』
05 J・S・ミル『功利主義論集』
06 W・トンプソン『富の分配の諸原理1』
07 W・トンプソン『富の分配の諸原理2』
08 ホッブズ『人間論』
09 シモン・ランゲ『市民法理論』
10 サン－ピエール『永久平和論1』
11 サン－ピエール『永久平和論2』
12 マブリ『市民の権利と義務』
13 ホッブズ『物体論』
14 ムロン『商業についての政治的試論』
15 ロビンズ『経済学の本質と意義』
16 ケイムズ『道徳と自然宗教の原理』
17 フリードリヒ二世『反マキアヴェッリ論』
18 プーフェンドルフ『自然法にもとづく人間と市民の義務』
19 フィルマー『フィルマー著作集』
20 バルベラック『道徳哲学史』
21 ガリアーニ『貨幣論』
22 ファーガスン『市民社会史論』
23 トクヴィル『合衆国滞在記』
24 D・ヒューム『人間知性研究』
25 ヴィーコ『新しい学の諸原理〔一七二五年版〕』
26 フンボルト『国家活動の限界』